新型城镇化与职业教育供给侧改革蓝皮书

New-type Urbanization and Supply Reform of Vocational Education

上·综合篇

中国教育发展战略学会
新型城镇化与教育发展课题组

教育顾问：郝克明 闵维方
经济顾问：厉以宁 郑新立
主　　编：谈松华
副 主 编：张双鼓 江 波 杨子健

同济大学出版社
Tongji University Press

图书在版编目(CIP)数据

新型城镇化与职业教育供给侧改革蓝皮书. 上册,综合篇/谈松华主编. —上海:同济大学出版社,2018.8
(新型城镇化与教育发展)
ISBN 978-7-5608-8124-9

Ⅰ.①新… Ⅱ.①谈… Ⅲ.①城市化-关系-职业教育-教育改革-研究报告-中国 Ⅳ.①G719.21

中国版本图书馆 CIP 数据核字(2018)第 195097 号

新型城镇化与职业教育供给侧改革蓝皮书
(上·综合篇)

中国教育发展战略学会　新型城镇化与教育发展课题组
主　编　谈松华

责任编辑　姚赟絜　　责任校对　徐春莲　　封面设计　唐思雯

出版发行	同济大学出版社　www.tongjipress.com.cn
	(地址:上海市四平路1239号　邮编:200092　电话:021-65985622)
经　销	全国各地新华书店
排　版	南京新翰博图文制作有限公司
印　刷	上海安兴汇东纸业有限公司
开　本	787mm×1092mm　1/16
印　张	38.75
字　数	775 000
版　次	2018年8月第1版　2018年8月第1次印刷
书　号	ISBN 978-7-5608-8124-9
定　价	158.00元(全2册)

本书若有印装质量问题,请向本社发行部调换　　版权所有　　侵权必究

新型城镇化与教育发展丛书

编委会

教育顾问：郝克明　闵维方
经济顾问：厉以宁　郑新立
主　　任：谈松华
副 主 任：张双鼓　江波　杨子健
编　　委：(按姓氏笔画为序)

于立平	王　建	王　烽	王　雁	王奕俊
王继新	方　芳	邬志辉	刘　辉	江　波
严东权	杨广泽	杨子健	吴雪萍	张双鼓
张可伟	张丽娟	张佳伟	赵　曼	胡大强
柯　玲	顾月华	柴清林	徐国庆	殷建华
栾　峰	郭建如	谈松华	黄晓婷	崔永平
屠晓东	蒋　承	熊贵营	魏亚萍	魏晓峰

序

深化职业教育供给侧改革,助推新型城镇化健康发展

谈松华

国家教育咨询委员会委员
中国教育发展战略学会顾问
新型城镇化进程中的教育战略与人才培养
课题组组长

序一

从2013年开始,中国教育发展战略学会和国经基金合作进行了"新型城镇化进程中的教育发展与人才培养"课题研究。在著名教育学家郝克明教授、闵维方教授和著名经济学家厉以宁教授、郑新立教授的关心和指导下,先期进行了"新型城镇化与基础教育布局调整"课题研究,研究成果作为"新型城镇化与教育发展"丛书的第一批报告已出版,成为我国这一领域首批比较系统的研究成果,为新型城镇化与教育发展关系研究做了初步探索。接着,课题组又与教育部教育发展研究中心、教育部职业教育中心研究所、北京大学、同济大学、华中师范大学等高校和研究机构及部分地方教育行政部门合作,继续进行"新型城镇化技能需求与职业教育供给侧结构性改革"课题研究,通过文献研究、实地调研、案例研究和专题研讨,对我国若干有代表性的地区在新型城镇化推进过程中,由产业结构、技术结构和空间布局结构变化所产生的人力资源技能结构与质量需求的变化进行了有重点的调查分析,同时对职业教育的技能供给现状进行多层次、多侧面研判,从地域结构、院校结构、专业结构、技能结构以及产业集群与专业集群、产业园区与职校园区及至职教城建设等诸多维度,进行文献梳理和案例剖析,对新型城镇化背景下的职业教育供给所面临的新情况、新矛盾、新挑战进行了较为系统的分析评估,进而提出了推进职业教育结构性改革的思路框架和对策建议。本书是这些研究成果的结集,目的在于提出相关问题、引起多方面的关注和讨论,以期更好地发挥职业教育在推进新型城镇化建设中的积极作用。

新型城镇化的基本特征是以人为本、"四化同步"、产城互动,核心是人的城镇化,使农村富余劳动力向城镇和非农产业转移,把促进有能力在城镇稳定就业和生活的常住人口有序实现市民化作为首要任务。习近平总书记在十九大报告中指出,"以城市群为主体构建大中小城市和小城镇协调发展的城镇格局,加快农业转移人口市民化"。李克强总理在2018年政府工作报告中提出:"新型城镇化的核心在人,要加强精细化服务、人性化管理,使人人都有公平发展机会,让居民生活得方便、舒心。"教育促进人的城镇化,是促进人的全面发展和社会公平正义的基本途径,特别是职业教育作为与经济社会联系最直接、最密切的教育类型,兼具教育属性和经济属性,作为培养劳动力专业技能的人力资本投资形式,通过提升转移人口素质和就业技能,改善城镇人口结构、产业结构和就业结构,直接影响着城镇化质量。城镇化与职业教育发生关系的基本逻辑是:基于城镇化发展带来的经济增长、产业结构、空间布局以及城乡收入差距的变化,引起就业市场人才需求数量、结构及其技能需求的变化,这必然与原有的技能人才供给模式产生矛盾;通过职业教育布局、层次、专业结构和人才培养模式、治理机制和投入体制等供给侧的改革,平衡城镇化进程中人才和技能供给与需求的结构性矛盾,助力新型城镇化健康发展。

随着我国工业化进程整体进入中后期阶段,信息技术快速发展并广泛应用,推动信息化和工业化深度融合,城镇化作为载体和平台,承载工业化和信息化发展空间,带动农业现代化加速发展,实现城镇化的途径从传统城镇化的"工业化路径"转向新型城镇化的"多元化路径",不同的城市可以结合自身禀赋特色和区域功能定位发展第三产业或第一产业,包括商业、交通、物流、旅游、文化创意、设施农业等多种产业要素推动城市化发展。在全球经济、技术、组织、社会等一系列结构变化的背景下,产业发展和区域经济通过分工专业化形成的产业集群,在区域经济发展中发挥着越来越重要的作用,由其带来的人口快速流入与长期集聚推动城镇发展和功能完善。产业集群作为众多企业和机构在空间地理上的集中,有一个产生、成长、成熟和衰落的过程,只有持续不断地升级,集群的竞争力才能得以维持和延续。产业集聚和人才集聚是相互关联的,产业集群在其发展的不同阶段需要吸纳不同的个体人力资本,包括各种层次和类型的技术技能人才、研发人员和企业家,而由不同个体人力资本所形成的整个组织的人力资本反过来影响集群的发展,产业集群内人力资本的竞争、合作、互动关系影响和推动着产业集群的发展和转型升级。技术技能型人力资本拥有丰厚的专业知识和操作技能,因而更能在学科交叉和产业融合的基础上找到创新的灵感,从而促进企业对新技术的应用、新产品的开发和产品质量的提高,技术技能人力资本是企业乃至整个集群生产和发展的基础。然而,促进技能型人力资本形成与积累的形式或途径是多方面的,主要的投资途径包括职业教育、在职培训与"干中学"。职业教育以培养应用型、技能型人才为己任,同时具有形成一般人力资本和专业人力资本的功能。基于产业集聚对技能型工人的大量需求和劳动力市场中的技能错配,不仅需要大力发展职业教育,更重要的是根据产业集群人才需求的特点、各城市优势产业和产业结构升级的需要来进行职业教育专业集群的建设,增强专业集群和产业集群的吻合度。

职业教育能够在产城人融合系统中为经济繁荣、社会和个体发展作出积极贡献,但只有在技能开发、需求匹配及其使用整合在一起时,即与产业发展和市场需求契合、与社会公共服务相协调、与国家治理制度相适应时,才能使职业教育的技能供给作用和影响最大化。应该说,我国职业教育发展面临的问题,供给和需求两侧都有,但矛盾的主要方面在供给侧,职业院校的布局结构与新型城镇化战略不相匹配,专业结构与产业结构不相适应,院校办学水平与培养质量难以满足人的城镇化发展要求,集中反映了当前职业教育资源配置中的结构性过剩与错位问题。因此,深化职业教育改革发展需要从供给侧发力,以结构性调整和管理改革为突破口,通过对职业教育的布局结构、专业结构、形态结构、体制结构等进行战略性调整,基于产城教融合发展的原则科学规划职业教育体系布局结构,用改革的办法推进职教资源要素的合理配置和高效利用,去除供给约束,释放潜力、增强活力,为满足区域经济社会发展需要和个体个性发展需要,提供高质量、高效率的精准供给,提高供给结构对需求结构的适应性和匹配度。

合理的职业教育体系布局结构是职业教育供给侧结构性改革的重要基础,要基于产城教融合发展的原则进行科学规划。在科学规划职业教育布局结构时,新增职业学校主要向中小城市布局,引导职业教育资源逐步向产业和人口集聚的新建城市、城市新区和各类产业集聚区集中，更加贴近服务的企业和社区。科学规划职业教育优势专业集群和集团化发展，建立紧密对接产业链、创新链、人才链的学科专业体系，推动区域内职业院校科学定位，使每一所职业院校集中力量办好当地经济社会发展需要的特色优势专业群，形成一批支持产业转型升级、对区域发展有重大支撑作用的技术技能人才培养专业集群，同步规划覆盖全产业链的职业教育集团。发挥企业重要办学主体作用，推进产教融合、校企合作、工学结合的人才培养模式，推进职业学校和企业联盟、与行业联合、同园区联结，加强产教融合实训环境、平台、载体和师资队伍建设，促进人才培养供给侧和产业需求侧对接、结构要素全方位融合。加快人才培养结构调整，形成定位清晰、科学合理的职业教育层次结构，构建从中职、高职高专、应用型本科以至专业学位研究生教育各层次纵向衔接的现代职业教育体系，满足各层次技术技能人才的教育需求，服务一线劳动者的继续学习和职业成长。

职业教育发展涉及教育、经济、规划、财政、劳动、人事等多领域、多部门，需要加强统筹协调，明确职责，通力合作，基于跨界合作治理原则重构职业教育发展保障制度。以深化产教融合为主线，按照"管办评"分离原则，建立政府、行业、企业、学校和社会各方面共同参与的职业教育治理机制。加快政府职能转变，在国家层面建立对职业教育的统筹协调（管理机构），综合运用法律法规、政策规划、公共财政、信息服务、督导监测等政策工具，保障基础设施建设、生均拨款或政府购买服务的财政资金投入。完善政府、行业、企业、个人、社会共同参与的多元投资机制，鼓励社会力量参与职业教育办学、管理和评价，发挥行业组织人才需求预测、用人单位职业能力评价作用，建设市场化、专业化、开放共享的产教融合信息服务平台。推进现代学校制度建设，扩大职业院校在专业设置和学制调整、人事管理、教师评聘、资金使用等方面的自主权，发挥职业院校主体能动性，促进供需对接、流程再造和有效供给。加快全民学习、终身学习的学习型社会建设，统筹职业教育和普通教育、继续教育发展，着力建立基于国家资历框架下的学分银行制度,发展工学交替、双元制、学徒制、半工半读、远程教育等各种灵活学习方式的职业教育,探索普通学校、职业院校和行业企业开展课程和学分互认转换,畅通人才成长通道,为学生多样化选择、多路径成才搭建"立交桥"。

目录

序

一、研究背景 ··· 001
（一）问题提出 ··· 001
（二）新型城镇化与职业教育相关核心概念界定 ··· 007
（三）研究设计与分析框架 ··· 013
（四）研究过程与方法 ··· 016

二、新型城镇化发展路径与劳动力技能需求变化 ··· 017
（一）城镇化进程中的产业发展战略与技能需求 ··· 018
（二）人才分类与职业教育的技能积累 ··· 023
（三）新型城镇化视角下职业教育存在的问题 ··· 024

三、职业教育供给侧的结构性改革 ··· 027
（一）产教城融合与职业教育布局结构调整 ··· 027
（二）产业集群发展与职业教育专业集群建设 ··· 030
（三）校企合作、工学结合与人才培养模式改革 ··· 043
（四）现代职业教育结构与学习型社会建设 ··· 053

四、推进职业教育结构性改革的政策制度保障 ··· 071
（一）跨部门和跨界别的组织平台与制度架构 ··· 071
（二）以管办评为核心的政府、行业、企业和学校多元治理机制创新 ··· 073
（三）新型城镇化进程中的职业教育财政投入机制 ··· 076
（四）多方参与、公私合作、公办与民办共同发展的办学体制 ··· 084
（五）学习型社会建设中学习成果认证、互认、积累和转换的制度 ··· 099

2013年,中国教育发展战略学会和国经基金签署战略合作协议,联合开展新型城镇化与教育发展战略课题研究。2016—2017年度确定合作研究主题为:"新型城镇化进程中的技能需求与职业教育供给侧结构性改革"。这是一项基于理论引领、问题导向的实证研究和政策研究,报告基于新型城镇化背景下产城人融合发展产生的多元技能需求,着重从供给侧角度探究职业教育改革的路径、政策和制度保障,促进职业教育供给质量和效率的提升。

一、研究背景

(一) 问题提出

新型城镇化以人为本,注重人的发展。《国家新型城镇化规划(2014—2020年)》提出:"以人的城镇化为核心,合理引导人口流动,有序推进农业转移人口市民化,稳步推进城镇基本公共服务常住人口全覆盖,不断提高人口素质,促进人的全面发展和社会公平正义,使全体居民共享现代化建设成果。"[1]教育促进人的城镇化,是促进人的全面发展和社会公平正义的基本途径,特别是职业教育作为与经济社会联系最直接、最密切的教育类型,兼具教育属性和经济属性,是培养劳动力专业技能的教育方式,通过提升转移人口素质和就业技能,改善城镇人口结构、产业结构和就业结构,促进农民工市民化和社会公平等,在促进新型城镇化健康发展中担负着重要的使命。

1. 职业教育是产业转移、城市转型的前提和支撑

工业革命以来,科技进步成为现代经济增长的核心驱动力,并成为决定工业化进程和城市结构的关键因素。科技和产业在城市的空间结合点上自

---

[1] 中共中央,国务院. 国家新型城镇化规划(2014—2020年)[EB/OL]. 2014-3-16. http://www.gov.cn/zhengce/2014-03/16/content_2640075.htm.

发或规划形成产业集群和产业园区,特别是以研发、生产、分配、交换和消费等环节组成的全球生产体系,提升了城市在国家或区域经济发展中的地位和重要性。在全球化供应链中,不同的生产流程在靠近原材料产地、市场或者有廉价或熟练劳动力的地方择址。在以核心国家生产和输出制造业商品,边缘国家输出原材料为基础的第一次制造业劳动分工或第一次全球转移中,位于发展中或欠发达国家的分支工厂仅仅承担由发达世界设计的产品的装配工作。随着信息与通信技术的发展,跨国企业采用将分布于世界各地的服务技能结合起来的商务模式,与制造业共生的服务工作开始从发达经济体迁往低成本地区,形成一种新型国际劳动分工,被称为第二次全球转移。这种新的专业技术空间分配是由境外服务者的教育水平和语言能力所决定的,转移的地点也可能是但也不一定是低成本地点,受过良好教育、有专业技术的劳动力,在这次全球转移中扮演着比其在制造业劳动国际分工的发展历程中重要得多的角色。①

我国正处于工业化和城镇化的中后期,伴随经济全球化和外商直接投资增加,以国际贸易为导向,以园区经济为载体,通过参与国际分工承接产业转移以及本土企业公司的创新创业形成了一批外向型和内源型的产业集群,这些产业集群共同成就了我国"世界工厂"的地位。随着劳动力、土地、能源等各类要素成本的集中上升,我国低成本制造的优势被削弱,劳动密集型产业特别是低端制造业加速向低成本国家和地区转移,就业机会越来越多地向处于价值链高端的岗位汇集。目前经济比较发达的东南沿海地区已着力推进产业结构升级和实施城市空间"腾笼换鸟",不仅要求大量素质高、技术精湛的专业技术人才、经营管理人才、技能人才,而且要求广大的生产操作人员和服务人员成为"技能型"甚至是"知识技能型"或"多种技能复合型"的新型工人。人力资源结构的调整只有通过合理的教育结构调整才能实现,职业教育在促进工艺产品创新、本地化人才培养、技能形成和隐性知识转移中发挥着重要作用。

---

① [英]彼得·丹尼斯,等.人文地理导论:21世纪的议题[M].邹劲风,顾露雯,译.南京:南京大学出版社,2014:544-554.

2. 产城人融合发展系统需要职业教育发挥中介和催化作用

世界经济发展在地理上的突出特征是在空间上分布不均匀。现代工业和服务业等快速发展的部门通常集聚于城市地区,产业布局呈现出最初向城市中心靠拢,然后向城市外围重新布局的演化态势。阿尔弗雷德·马歇尔(Alfred Marshall,1842—1924)指出,投入品的分享、劳动力市场群聚以及知识的溢出是导致集聚的三个根本原因。世界银行经济学家将这三个方面的规模经济机制总结为共享、配置和学习。① 共享指共同使用的、排他的、不可分割的和拥挤的设施,能够拓宽投入生产要素市场,为生产者利用生产的内部规模经济创造条件(随着规模的增加,平均成本降低),投入生产资料的共享,允许供应者根据购买者的需求提供高度专业化的商品和服务。配置是指在更大的市场范围内,各种生产要素可以更好地匹配。学习是指加速知识溢出,允许工人和企业家互相学习。知识、信息和技术密集型产业大多集中于城市,尤其是大都市地区。纽约市的服装区即时尚中心,不仅受益于集聚经济,而且包括公路、学校、购物中心以及银行等在内的社会基础设施降低了包括相关服务在内的生产成本。

产业、人口(人才)和城市是现代城市发展的三个基本要素,三者相互促进、互为条件。产业发展带来人口(人才)集聚,促进城市繁荣;城市是产业发展和人口(人才)集聚的承载空间。产业在城镇集聚过程中,带来大量生产要素,积累了更多的高技能劳动力资源,企业能够很容易获得生产所需的物质资本和劳动力,降低了生产成本;技术和知识溢出效应促进产业结构提档升级,通过专业化分工,产业链条中各个企业都实行专业化生产,从而推动城镇化发展,提高整个产业集群的生产效率。迈克尔·波特(Michael E. Porter)在《各国竞争优势的钻石模式》报告中,重点强调了技能型劳动者的重要作用,将其称为与资本和基础设施同等重要的"条件因素",认为其与需求条件、战略条件和空间条件同等重要。在那些建立了有效职业教育体系的国家中,

---

① 世界银行.2009年世界发展报告:重塑世界经济地理[M].胡光宇,等,译.北京:清华大学出版社,2009:133.

具有前瞻性的政策能够保证持续提供接受过良好教育的技能型人才,从而提高产业集群的创新能力,并最终增加国家的竞争优势。[①]

长期以来,我国城镇化发展存在一个突出问题,"产""城""人"分离,城镇化进程与产业发展不同步,产业发展滞后于城镇扩张,人口城镇化滞后于土地城镇化。2000—2011年,全国城镇建成区面积增长76.4%,是同期城镇人口50.5%增长速度的1.51倍。[②] 尤其是中小城市集聚产业和人口不足,潜力没有得到充分发挥,"有城无产""有产无城"等不健康的城镇化模式,生活服务不配套,行政主导的新城新区往往因入住率低,导致"空城""睡城""鬼城"或"工业孤岛"等形形色色的产城人分离现象。包括职业教育在内的公共服务配套设施规划缺项漏项,空间布局不合理,建设投入不足等现实问题使产业的发展陷入新的瓶颈。

3. 职业教育弥合农民工身份转化过程中的"技能缺口"

由比较收益驱动的劳动力转移有利于经济增长,人口流动和包容性增长能够促进地区收入趋同,促进城乡之间以及城市内部居民的社会融合。阿瑟·刘易斯(Arthur Lewis)的二元经济结构论认为,因收入差异农业部门会有大量劳动力涌入工业部门,人口流动促使农村收入和城市收入趋向一致,城乡差别慢慢消失,城市化得以完成。[③] 源自集聚的规模和溢出回报,尤其是人力资本相关溢出的报酬递增,强化了人们对远方劳务市场的机会意识,受教育程度较高的人往往拥有更多的工作机会以及更广的地理可达范围。二元经济最重要的特征是劳动力无限供给,劳动力成本低廉使得劳动密集型产业具有国际竞争优势,但随着劳动力市场开始跨越刘易斯拐点,资本和劳动的相对价格发生变化,一些劳动不再具有比较优势的任务,将会为资本所

---

① [德]费利克斯·劳耐尔,鲁珀特·麦克林.国际职业教育科学研究手册[M].赵志群,译.北京:北京师范大学出版社,2014:357.
② 何立峰.国家新型城镇化报告(2016)[M].北京:中国计划出版社,2017:71.
③ 李斌.走向更具包容性发展的新型城镇化理论[J].湖南师范大学社会科学学报,2016(6).

替代,诱发技能偏向型的技术变迁,劳动力市场对技能工人的需求大幅度增加。①

改革开放以来,我国城镇化速度和规模的空前发展,从人口的空间转移中获得了巨大的经济增长红利,约有 6 亿人从农村地区转移到城市地区,较大规模城市吸引了更多的劳动力转移,并逐渐分化出农民工阶层 2.87 亿人左右(表 1)。然而,这些农民工受教育水平仍以初中文化程度为主,绝大多数人没有接受过任何形式的技能培训(表 2 和图 1)。受城乡分割的户籍制度影响,劳动力的自由流动受到一定限制,不仅城乡分割的二元体制还没有解决,城乡之间的收入差距未见根本缓解;城市内部出现了新的二元结构,表现为进城务工的农民工不能平等地享受提供给城镇居民的公共服务,从而造成与户籍身份差异有关的福利差距,同时能力约束、制度约束的叠加使他们很难深层次融入现代城市生活(图 2)。职业教育具有专业针对性强、实用性高、覆盖面广的特点,紧密贴近新型城镇化对提高全民素质、培养大量应用型技能人才、加强农村劳动力转移培训和促进农民工市民化的内在要求,无论是民工荒、技工荒,大学生难就业、中高级人才荒,还是下岗失业人员的再就业,都需要职业教育的及时介入与适时调整,促进新型城镇化走上更加高效、包容和可持续的发展道路。

表1　　　　　　　　1994—2017 年我国城镇化率与农民工人数

年份	城镇化率	农民工人数(万人)	年份	城镇化率	农民工人数(万人)
1994	28.51%	12 297	2006	44.34%	15 529
1995	29.04%	13 386	2007	45.89%	16 196
1996	30.48%	14 266	2008	46.99%	22 542
1997	31.91%	14 198	2009	48.34%	22 978

---

① 都阳,贾朋,程杰.劳动力市场结构变迁、工作任务与技能需求[J].劳动经济研究,2017(3).

续 表

年份	城镇化率	农民工人数（万人）	年份	城镇化率	农民工人数（万人）
1998	33.35%	13 844	2010	49.95%	24 233
1999	34.78%	13 214	2011	51.27%	25 278
2000	36.22%	12 891	2012	52.57%	26 261
2001	37.66%	12 572	2013	53.73%	26 894
2002	39.09%	12 090	2014	54.77%	27 395
2003	40.53%	12 247	2015	56.1%	27 747
2004	41.76%	13 455	2016	57.35%	28 171
2005	42.99%	14 524	2017	58.52%	28 652

资料来源：国家统计局.中国统计年鉴,全国农民工监测调查报告[EB/OL].http://data.stats.gov.cn.

表2　　　　　　　　　　农民工文化程度构成

教育程度	合计		外出农民工		本地农民工	
	2011	2016	2011	2016	2011	2016
未上学	1.5%	1.0%	0.9%	0.7%	2.1%	1.3%
小学	14.4%	13.2%	10.7%	10.0%	18.4%	16.2%
初中	61.1%	59.4%	62.9%	60.2%	59.0%	58.6%
高中	17.7%	17.0%	18.5%	17.2%	17.1%	16.8%
大专及以上	5.3%	9.4%	7.0%	11.9%	3.4%	7.1%

资料来源：国家统计局.农民工监测调查报告(2011,2015)[EB/OL].http://www.stats.gov.cn/tjsj/zxfb/.

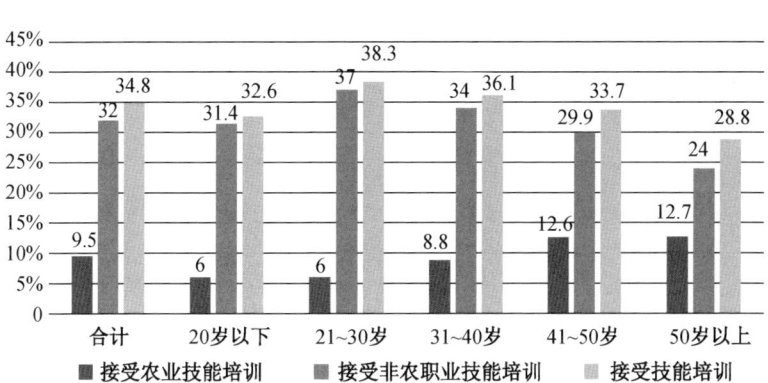

资料来源:国家统计局.2014年农民工监测调查报告[EB/OL].http://www.stats.gov.cn/tjsj/zxfb/201504/t20150429_797821.html.

图1 2014年接受过技能培训的农民工比例

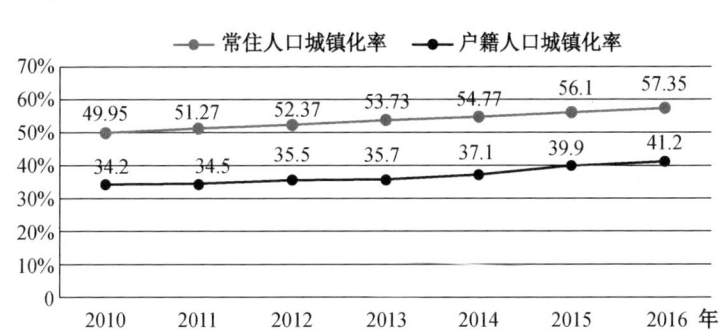

资料来源:何立峰.国家新型城镇化报告(2016)[M].北京:中国计划出版社,2017:57.

图2 2010—2016年我国城镇化率变化

(二)新型城镇化与职业教育相关核心概念界定

1.新型城镇化

新型城镇化相对于传统的"土地城镇化"而言,核心在于人的城镇化。2012年,党的十八大报告提出走中国特色新型城镇化道路,强调"科学规划城市群规模和布局,增强中小城市和小城镇产业发展、公共服务、吸纳就业、人口集聚功能"。① 2013年,党的十八届三中全会提出要完善城镇化健康发展的体制机制,"坚持走中国特色新型城镇化道路,推进以人为核心的城镇化,推动大中小城市和小城镇协调发展、产业和城镇融合发展,促进城镇化和新农村建设协调推进"。② 2014年,中共中央、国务院印发的《国家新型城镇化规划(2014—2020)》明确提出,要全面提高城镇化质量,加快转变城镇化发展方式,以人的城镇化为核心,有序推进农业转移人口市民化;以城市群为主体形态,推动大中小城市和小城镇协调发展;以综合承载能力为支撑,提升城市可持续发展水平;以体制机制创新为保障,通过改革释放城镇化发展潜力,走以人为本、四化同步、优化布局、生态文明、文化传承的中国特色新型城镇化道路。③ 2016年,十二届全国人大第四次会议通过的《国民经济和社会发展第十三个五年规划纲要》提出推进新型城镇化,"坚持以人的城镇化为核心、以城市群为主体形态、以城市综合承载能力为支撑、以体制机制创新为保障,加快新型城镇化步伐,提高社会主义新农村建设水平,努力缩小城乡发展差距,推进城乡发展一体化"。④ 党的十九大报告提出:"以城市群为主体构建大中小城市和小城镇协调发展的城镇格局,加快农业转移人口市民化。"⑤ 新型城镇化是对传统城镇化偏差的纠正,在经济、生态、形态和社会等城镇功能方面体现出全方位、多维度和系统性的优化和升级,加快职业教育是新型城镇化建设的基本内容和必要条件。

---

① 胡锦涛.坚定不移沿着中国特色社会主义道路前进为全面建成小康社会而奋斗——在中国共产党第十八次全国代表大会上的报告[EB/OL].2012-11-8.http://www.xj.xinhuanet.com/2012-11/19/c_113722546_4.htm.
② 本书编写组.《中共中央关于全面深化改革若干重大问题的决定》辅导读本[M].北京:人民出版社,2013:24.
③ 国家新型城镇化规划(2014—2020年)[EB/OL].2014-03-16.http://www.gov.cn/zhengce/2014-03/16/content_2640075.htm.
④ 中华人民共和国国民经济和社会发展第十三个五年规划纲要[EB/OL].http://sh.xinhuanet.com/2016-03/18/c_135200400_8.htm.
⑤ 本书编写组.党的十九大报告学习辅导百问[M].北京:党建读物出版社,2017:26.

2. 技能

最早研究技能（skills）的是心理学，指人们通过练习而获得的动作方式和动作系统，它既可以指操作活动方式，也可以指心智活动方式。[①] 经济学中的"技能"定义与心理学不同，尽管经济学研究者还未形成关于技能的一致定义，不过，不同研究者都认可技能是一个比较宽泛的概念，涵盖各种知识、特征与潜能。如经济合作与发展组织（OECD）将技能定义为"完成一项任务或活动所必须具备的知识、特征与潜能的集合。一个国家在一定时间内所具备的技能总和，就构成了这个国家的人力资本"。[②] 技能分解为三大部分，所有这三大部分都可在生命周期中获得。一是学术技能，个人可在学校学习的技能，运算和读写能力是主要的学术技能，但在科技发达的今天，信息、通信和计算机技能也是非常重要的。二是技术技能，代表个人在劳动力市场中的主要资产，这些专业能力能帮助劳动者开展工作，这些能力可在学校获得，也可在工作中，可能主要还是在工作中获得。三是行为技能，这种技能的获得贯穿所有人的一生，尤其是在家庭和社会生活中。与他人交往可帮助个人建立他们所谓的"软技能"，如人际交往、沟通和管理技能。除了学术技能和技术技能之外，雇主在招聘新员工时也正越来越多地考虑应聘者的行为技能。[③] 教育在很大程度上有助于技能的形成，但并不是唯一的方法，其中职业教育是技能发展的重要途径。

3. 职业教育

职业教育因其特定内容或目的的不同而有不同的定义，通常由各国在不同文化传统基础上按照各自对职业教育的定义及其教育结构决定。由于各国职业教育分级分类方式不同，在一个国家被称为"职业教育"的学习过程，在另一个国家可能是"高等教育"的一部分，而在第三个国家或许根本就不存

[①] 彭聃龄. 普通心理学[M]. 北京：北京师范大学出版社，2004：404-405.
[②] OECD. Better Skills, Better Jobs, Better Lives: A Strategic Approach to Skills Policies[R]. Paris: OECD Publishing, 2012：12.
[③] 经合组织发展中心. 世界变革中的产业政策[M]. 上海：上海人民出版社，2015：133.

在。在国际组织的文献中,职业教育的全称为"技术与职业教育和培训"(TVET),联合国教科文组织(UNESCO)的定义是:"一个综合的术语,指教育过程中——在普通教育之外——涉及技术和相关科学的学习的方面,以及与经济和社会生活各部分的职位相关的社会实践技能、态度、理解和知识的获取。"[1] 在国际教育标准分类(ISCED,2011年版)中,根据课程定向从2级初中教育开始,逐渐延伸到3级高中教育,到5级短期高等教育,区分为普通和职业两个类别。其中职业教育是指"使学习者获取某种职业或行业或数种职业或行业特定的知识、技艺和能力的教育"。职业教育有基于工作的成分(即实习),成功完成这样的课程将得到由有关国家当局和/或劳务市场承认的与就业有关的职业资格证书。职业教育被确定为一种教育类型,同时将职业教育体系层次高移、上下贯通,即从第2级初等职业教育开始,到中等职业教育,到中等后非高等职业教育,再到短期高等职业教育,甚至直到本科、硕士、博士阶段的专业教育。[2]

尽管不同国家和地区对职业教育有不同的限定,如果将职业教育与劳动力的社会发展联系起来,职业教育通常被定义为年轻人或成年人为进入职场所做的准备,且普遍认为教育过程具有技术和实践的特性,包括培育、提高和再生产具有专门素质的劳动者,使潜在的劳动者在进入不同职业和技能场所时能够具有一技之长。[3] 根据我国《职业教育法》(1996),"职业教育"是一个广义的概念,包括职业学校教育与职业培训,其中职业学校教育分为初等、中等、高等职业学校教育,与国际上普遍使用的"技术和职业教育与培训"这一综合名词同义。随着改革开放以来的恢复、改革和发展,我国已建立和形成包括初等职业教育、中等职业教育、高等职业(专科)教育、应用技术本科、专业学位研究生教育和职业培训为主体的现代职业教育体系(图3)。

---

[1] Philip Hughes. 为什么人人可接受TVET对达到全民教育是必需的[M]//教育展望(中文版). 上海:上海教育出版社. 2007:12.

[2] UNESDOS. International Standard Classification of Education, 2011[EB/OL]. (2011-09-05)[2013-03-25]. http://unesdoc.org/images/0021/002191/219109e.pdf.

[3] [英]琳达·克拉克,克里斯托弗·温奇. 职业教育、国际策略、发展与制度[G]. 翟海魂,译. 北京:外语教学与研究出版社,2011:9,69.

2. 技能

最早研究技能(skills)的是心理学,指人们通过练习而获得的动作方式和动作系统,它既可以指操作活动方式,也可以指心智活动方式。[①] 经济学中的"技能"定义与心理学不同,尽管经济学研究者还未形成关于技能的一致定义,不过,不同研究者都认可技能是一个比较宽泛的概念,涵盖各种知识、特征与潜能。如经济合作与发展组织(OECD)将技能定义为"完成一项任务或活动所必须具备的知识、特征与潜能的集合。一个国家在一定时间内所具备的技能总和,就构成了这个国家的人力资本"。[②] 技能分解为三大部分,所有这三大部分都可在生命周期中获得。一是学术技能,个人可在学校学习的技能,运算和读写能力是主要的学术技能,但在科技发达的今天,信息、通信和计算机技能也是非常重要的。二是技术技能,代表个人在劳动力市场中的主要资产,这些专业能力能帮助劳动者开展工作,这些能力可在学校获得,也可在工作中,可能主要还是在工作中获得。三是行为技能,这种技能的获得贯穿所有人的一生,尤其是在家庭和社会生活中。与他人交往可帮助个人建立他们所谓的"软技能",如人际交往、沟通和管理技能。除了学术技能和技术技能之外,雇主在招聘新员工时也正越来越多地考虑应聘者的行为技能。[③] 教育在很大程度上有助于技能的形成,但并不是唯一的方法,其中职业教育是技能发展的重要途径。

3. 职业教育

职业教育因其特定内容或目的的不同而有不同的定义,通常由各国在不同文化传统基础上按照各自对职业教育的定义及其教育结构决定。由于各国职业教育分级分类方式不同,在一个国家被称为"职业教育"的学习过程,在另一个国家可能是"高等教育"的一部分,而在第三个国家或许根本就不存

[①] 彭聃龄. 普通心理学[M]. 北京:北京师范大学出版社,2004:404-405.
[②] OECD. Better Skills, Better Jobs, Better Lives: A Strategic Approach to Skills Policies[R]. Paris: OECD Publishing, 2012: 12.
[③] 经合组织发展中心. 世界变革中的产业政策[M]. 上海:上海人民出版社,2015:133.

在。在国际组织的文献中,职业教育的全称为"技术与职业教育和培训"(TVET),联合国教科文组织(UNESCO)的定义是:"一个综合的术语,指教育过程中——在普通教育之外——涉及技术和相关科学的学习的方面,以及与经济和社会生活各部分的职位相关的社会实践技能、态度、理解和知识的获取。"① 在国际教育标准分类(ISCED,2011年版)中,根据课程定向从2级初中教育开始,逐渐延伸到3级高中教育,到5级短期高等教育,区分为普通和职业两个类别。其中职业教育是指"使学习者获取某种职业或行业或数种职业或行业特定的知识、技艺和能力的教育"。职业教育有基于工作的成分(即实习),成功完成这样的课程将得到由有关国家当局和/或劳务市场承认的与就业有关的职业资格证书。职业教育被确定为一种教育类型,同时将职业教育体系层次高移、上下贯通,即从第2级初等职业教育开始,到中等职业教育,到中等后非高等职业教育,再到短期高等职业教育,甚至直到本科、硕士、博士阶段的专业教育。②

尽管不同国家和地区对职业教育有不同的限定,如果将职业教育与劳动力的社会发展联系起来,职业教育通常被定义为年轻人或成年人为进入职场所做的准备,且普遍认为教育过程具有技术和实践的特性,包括培育、提高和再生产具有专门素质的劳动者,使潜在的劳动者在进入不同职业和技能场所时能够具有一技之长。③ 根据我国《职业教育法》(1996),"职业教育"是一个广义的概念,包括职业学校教育与职业培训,其中职业学校教育分为初等、中等、高等职业学校教育,与国际上普遍使用的"技术和职业教育与培训"这一综合名词同义。随着改革开放以来的恢复、改革和发展,我国已建立和形成包括初等职业教育、中等职业教育、高等职业(专科)教育、应用技术本科、专业学位研究生教育和职业培训为主体的现代职业教育体系(图3)。

---

① Philip Hughes. 为什么人人可接受TVET对达到全民教育是必需的[M]//教育展望(中文版). 上海:上海教育出版社. 2007:12.
② UNESDOS. International Standard Classification of Education,2011[EB/OL]. (2011-09-05) [2013-03-25]. http://unesdoc.org/images/0021/002191/219109e.pdf.
③ [英]琳达·克拉克,克里斯托弗·温奇. 职业教育、国际策略、发展与制度[G]. 翟海魂,译. 北京:外语教学与研究出版社,2011:9,69.

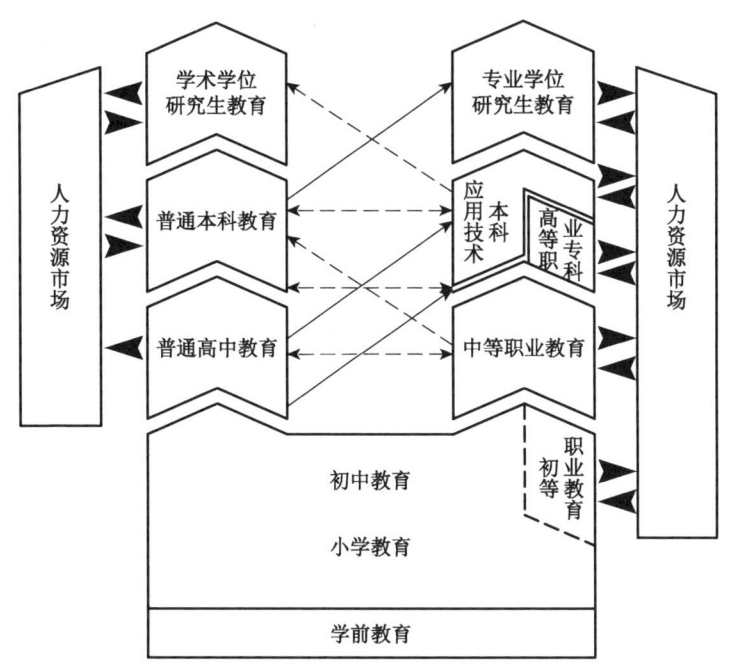

资料来源:教育部、国家发展改革委等.现代职业教育体系建设规划(2014—2020年)(教发〔2014〕6号).2014-6-16.

图3 我国现行教育体系

4. 供给侧改革

在经济学中,供给和需求是市场经济内在关系的两个基本方面,二者相互依存、互为条件。从供求理论上看,一直存在着是需求决定供给,还是供给创造需求的争论,也就是凯恩斯学派和供给学派之间的论争。现代经济学一般认为,在经济发展的初始阶段,需求的水平决定着供给,而当需求发展到一定阶段之后,创造性的供给可以扩大需求者的需求欲望。[①] 2015年11月,中共中央总书记习近平在中央财经领导小组第十一次会议上提出"供给侧结构性改革"的概念,"在适度扩大总需求的同时,着力加强供给侧结构性改革,着

---

① 陈晨明.从要素投入到结构优化:职业教育供给侧改革的路径选择[J].教育学术月刊,2016(9).

力提高供给体系质量和效率,增强经济持续增长动力,推动我国社会生产力水平实现整体跃升"。① 所谓供给侧结构性改革,是指从提高供给质量出发,用改革的办法推进结构调整,矫正要素配置扭曲,扩大有效供给,提高供给结构对需求变化的适应性和灵活性,提高全要素生产率,更好地满足广大人民群众的需要,促进经济社会持续健康发展。②

职业教育是与市场关系最为密切的教育类型,市场是推动职业教育发展的主要力量,市场中行业企业的需求决定着职业教育的发展方向。通常来说,需求侧管理重在解决总量性问题;供给侧管理重在解决结构性问题。从需求侧看,要将职业教育布局于需求主体的行业企业周围,与企业紧密对接,提升企业和学生的需求预期,并逐步降低受教育者的成本,不断提高就业质量和水平。从供给侧看,我国职业教育在经历大规模的数量扩张之后,也面临着结构性改革问题。职业教育吸引力不足导致的供求矛盾与失衡问题,即职业教育供给侧与社会需求侧(主要指行业企业用人单位和职业教育学生)之间不协调、不适应,职业院校办学机制和管理体制与市场经济发展不相适应的矛盾十分突出。供给侧结构性改革从矛盾的主要方面——供给侧入手,提高职业教育的供给质量、效率与创新水平,满足社会发展需求和职业院校学生个性发展的需求。③ 在需求侧思维方式的影响下,职业教育关注的仅仅是企业当前的劳动力需求。随着经济的快速发展,企业需求由于战略的转变、地区的转移、服务的转化会发生持续的变化,这与职业教育人才培养的周期性产生了矛盾,造成人才供给的相对过剩。供给侧改革能够帮助职业教育尽快从争取就业岗位的思维中摆脱出来,通过优质人才的供给创造需求,以此新视角审视职业院校的结构调整问题。为此,职业教育是供给侧结构性改革的基础组成部分,改进供给侧的劳动力、技术、管理和创新等要素对于推动经济增长和产业转型升级具有十分重要的作用。当然,职业教育供给侧改革

---

① 习近平主持召开中央财经领导小组第十一次会议[EB/OL]. 2015-11-10. http://news.xinhuanet.com/politics/2015-11/10/c_1117099915.htm.
② 赵玲玲. 供给侧改革加速国企清退"僵尸企业"[N]. 北京:中国企业报,2015-12-07.
③ 陈克军. 职业教育供给侧改革:目标、内容和路径选择[J]. 河南科学院学报,2017(4).

绝不是无视需求侧,恰恰相反,是为了更好地满足升级的需求和创造新的需求,促进经济增长。

(三) 研究设计与分析框架

课题研究从新型城镇化的战略基点——产城人融合的形态和模式入手,依据产业—人口—城镇—教育各系统之间相互作用、协同演化的规律,探寻彼此在时间和空间上的有序或无序的量变引致彼此双方或多方质变的路径。如通过职业教育供给格局的变化对产业发展和城镇化产生引动效应;反过来,产业发展的自身张力也会对职业教育或城镇化产生反馈效应,如此循环往复,便形成职业教育与产业发展或城镇化协同演化的融合发展系统。当然,这种演化过程既受来自系统内部惯性力的驱动,又有来自系统外部如政治环境、经济环境、自然环境、社会环境的作用,如相关政府部门形成的组织体系及其制定相关产业发展、城镇化、职业教育发展的制度、规划和政策等(图4)。

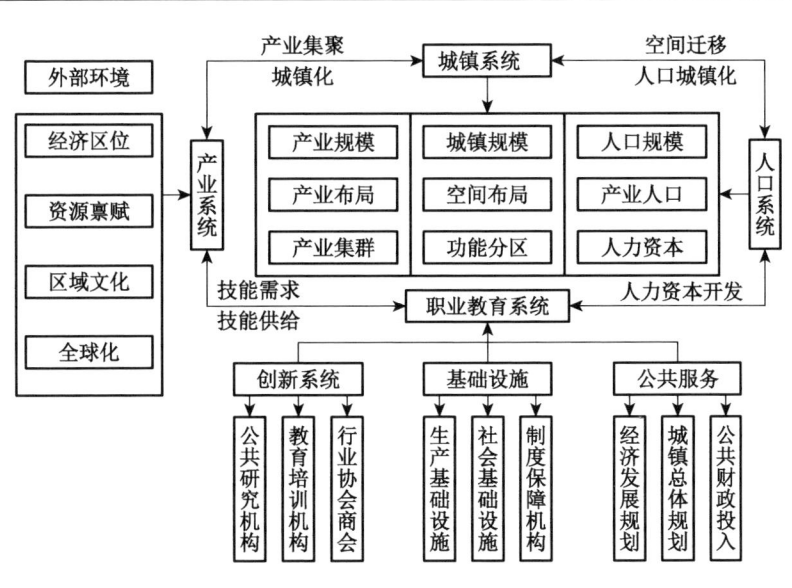

图4　分析框架

1. 产城人融合内涵及其互动关系

产业、人口、城市在区域经济发展中有着天然而密切的联系,三者的集聚在内容、速度、规模、周期上不同,但三者的集聚过程又相互交织在一起,没有一个明确的起始点,互为基础,相互促进,相互影响,相互制约。

产业集聚与扩散是城镇化发展的重要动力。任何区域中心城市的形成和发展,都必须以其主导型产业的专业化生产和可持续发展为基础,城市的功能和性质通常取决于该城市集聚的主导产业的性质。只有一个城市具备了一定规模的主导产业的集聚,才可能对其他周边城市和腹地产生集聚作用,发挥中心城市的辐射功能。

人口是制约产业发展和城市发展的重要因素。城市是具有一定规模、数量的非农业人口的聚居地,产业的集聚势必要求生产性活动的规模提高,进而涉及对人口集聚的要求,同时产业存在和发展还需要足够数量的消费者。一般来说,人口通过劳动力的数量和素质、劳动力成本、人口的空间迁移和行业流动等几方面对产业布局、城市布局产生影响,进而作用于产业集聚和城市集聚的过程。

城市是产业和人口的空间承载,通过集聚大量生产性和收入性人口成为财富的集聚地以及购买力的输出地。产业和人口是城市一切经济活动的动因,产业集聚实现城市经济能力提升,人口人才集聚提高城市人气和活力。与此同时,产业需要人才作为支撑,城市人口又需要产业解决就业和收入,对城市设施和配套服务提出需求,包括硬件基础设施以及软件服务制度等。区域内城市体系功能逐渐完善,会带动整个区域甚至国家的经济发展。

产城人融合是指产业与城市(城镇)融合发展,人口依托城市(城镇)集聚发展产业经济,驱动城市(城镇)更新和完善配套服务,以达到产业、城市、人三者之间的协调发展。产业发展是产城人融合的基础和动力,其关键要素包括资本、技术、人才、创新能力;城市功能是产城人融合的依托和载体,其关键要素包括基础设施、公共服务、创新体系、制度保障机构等;人是产城人融合的核心和能动因素,使产业和城市发展更具可持续性。在一种理想状态下,当产业规模适应城市规模和人口规模,城市公共资源满足产业和人口发展需要,人口能够在相对有限的城市资源承载能力下自由流动并服务于产业发展时,产城人三者就进入了真正融合的阶段。[①]

2. 职业教育促进产城人融合发展

职业教育是国民教育体系和人力资源开发的重要组成部分,肩负着培养多样化人才、传承技术技能、促进就业创业的重要职责。[②] 在产城人融合发展系统中,职业教育将产业发展与人口就业、人口流动与市民化、城市和农村发展串接起来,在促进人口素质提升、产业转型升级、社会融合稳定中发挥着关键作用。职业教育通过改善经济发展中的劳动力、技术创新、管理等要素,着力提高产业素质和竞争力,促进劳动者就业,带动和创造相关产业的发展,促进经济增长;通过提高农业转移人口的整体素质和就业能力,促进转移农民市民化;同时,作为社会公共服务设施的配套建设和供应,职业教育传承和创造先进的物质文化和精神文化成果,构成一个城市精神文化发展的源头,提升城市经济、科技和文化的辐射功能。

在产城人融合系统中,职业教育能够为经济繁荣、社会和个体的发展作出积极贡献,但作为人力资源开发和技能供给主体,只有将技能的开发、需求、匹配及其使用整合在一起,即与产业发展和市场需求契合、与社会公共服务相协调、与国家治理制度相适应,才能使其作用和影响最大化。用供给侧结构性改革的视角审视职业教育的改革与发展,职业教育供给远远没有满足经济社会发展和人民群众的客观需要,这既有教育总量的问题,更关键的也是由于教育供给与需求之间不匹配而产生的结构性矛盾问题。职业教育结构性改革的核心内涵就是遵循职业教育本质属性和技术技能型人才培养规律,从供给侧入手,通过对职业教育的布局结构、专业结构、形态结构、体制结构等进行战略性调整,用改革的办法推进职教资源要素的合理配置

[①] 侯汉坡,李海波,吴倩茜.产城人融合——新型城镇化建设中核心难题的系统思考[M].北京:中国城市出版社,2014:87.
[②] 习近平.加快发展职业教育让每个人都有人生出彩机会[EB/OL]. 2014-06-23. http://news.xinhuanet.com/politics/2014-06/23/c_1111276223.htm.

和高效利用,去除供给约束,释放潜力,增强活力,为满足区域经济社会发展需要、个体个性发展需要,提供高质量、高效率的精准供给,促进新型城镇化健康发展。

(四) 研究过程与方法

1. 研究过程

基于职业教育的跨界特性,课题组将职业教育问题放在新型城镇化背景下经济社会结构变迁过程中来研究。课题组成员吸收了国家教育发展研究中心、教育部职业技术教育中心研究所、北京大学、同济大学、华中师范大学、华东师范大学、东北师范大学、浙江大学、浙江工业大学、成都工业职业技术学院、中央农村广播电视学校、杨凌职业技术学院等12家教育研究机构,以及苏州市、青岛市、佛山市、黑龙江省等部属及地方科研院所的专家进行跨学科、跨领域、跨部门研究。2016年5月,课题组在北京开题,特别邀请厉以宁和郑新立两位先生分别就"加强职业技术教育和中国蓝领中产阶级的成长""德国双元制职业教育与制造业强国建设"作辅导报告,就课题研究意义、研究目标、总体框架、研究内容、研究方法和研究组织进行讨论,会后承担课题研究任务的单位和个人积极开展工作。2016年11月,课题组在苏州召开研讨会,各子课题组围绕新型城镇化进程中的技能需求变化与职业教育供给侧结构性改革进行有关专题汇报,总结交流课题前期研究成果。总课题组对专题报告和案例研究提出具体意见,要求突出新型城镇化与职业教育改革主线,突出问题导向,突出地方特色,突出应用性和学术性的结合,对初步研究成果充实完善。

2. 研究方法

课题研究注重理论与实践相结合,全国层面研究与区域层面研究相结合。在进行理论研究、历史经验总结和国际比较的同时,更加重视不同区域和不同领域的行动研究与案例剖析,探索我国不同地区新型城镇化进程中职业教育改革和发展的战略与政策选择。课题组先后于2016年9月赴广东省佛山市、东莞市,2016年11月赴上海市、江苏省苏州市,2017年4月赴重庆市开展实地调研,了解各地新型城镇化战略规划、城镇体系建设和职业教育改革的实践与经验,探讨区域新型城镇化进程中的产业园区规划与职业教育发展政策创新。许多专题研究和地方案例课题组组建了由教育科研、行政和院校共同参加的研究团队,认真制订研究方案,积极开展调查研究,撰写研究报告,总报告即在这些专题报告的基础上汇总而成。

3. 成果呈现

课题组在组织上分为综合研究组、专题研究组和案例研究组,分别承担综合研究、专题研究、案例研究任务。专题研究以一个或几个同类案例加以剖析和理论研究,提出问题和建议,以实地调研案例为主,侧重理论研究和趋势分析,重点研究新型城镇化背景下区域产业发展与职业教育改革的理论与政策问题;案例研究重在展现地方和院校职业教育改革发展的原貌和特色,分析基于不同城镇化格局、产业发展战略和职业教育改革的经验与策略。课题最终成果呈现采用总报告、专题报告和案例研究报告相结合的形式,共形成1份总报告、9份专题报告和10份案例报告,力求形成以总报告为统领,专题报告突出学术性与应用性的结合,案例报告突出地域特点和注重可操作性的研究体系。

二、新型城镇化发展路径与劳动力技能需求变化

综观各地城市的形成,在不同发展阶段,城市生长与竞争的优势能力有所不同,城镇化实现的途径是多元的,即根据城市发展的自身特征与需求,借助多种途径,结合多种要素推动城市化的发展。[①] 产业发展作为城镇化发展的驱动力,主导产业选择、转型与升级都必须依托于人力资源的有效供应,并根据人力资源结构与产业结构的匹配关系,合理进行就业引导和人才培养。

---

① 北京大学"多途径城市化"研究小组. 多途径城市化[M]. 北京:中国建筑工业出版社,2013:35.

当然,拥有不同现实基础与发展需求的城市化区域采用不同的应对策略。

(一) 城镇化进程中的产业发展战略与技能需求

产业作为新型城镇化的重要支撑,城市对人口的吸引和集聚效应是通过产业发展来实现的。具体来说,由现代工业、服务业和农业发展驱动的产业结构优化和升级是城镇化发展的重要推动因素。当然,并不是所有的城市都是按照工业化的发展模式,不同的城市也可以结合自身禀赋特色和区域功能定位发展第三产业或第一产业,包括商业、交通、物流、旅游、文化创意、设施农业等多种产业要素推动城市化发展。产业发展战略选择与人力资源的数量和质量息息相关,产业发展和日益完备的城市功能吸纳越来越多的人聚集到城市,为产业发展提供良好的人力资源准备。同时高质量的人力资源和适切的技能又能够实现主导产业的适时接续、更替,有效降低城市衰退风险。

城镇化发展的动力模式包括以下三种。

1. 工业驱动型

自第一次工业革命以来,工业化拉动城市发展,工业化与城市化相互促进并行发展已成为世界上多数地区城市化进程的一般模式。而工业化背后的内在动力则是科技的发展,纵观历史上每一次工业革命的轨迹,社会时代的变迁,都源于当时科技的发展推动。18世纪以来,每一次技术发展推动的工业革命都有一套典型的产业程式和具有代表性的产品,新的产业类型又会产生新的城市空间特征(表3)。产业结构在区域中的空间化形成不同的产业群落,进一步形成城镇体系,城市在经济运行中凭借技术优势发展为区域中心。

表3　　　　　　　　工业社会中产业变革的主要阶段及其主要特征

年份	第一次工业革命 (1760—1840)	第二次工业革命 (1840—1950)	第三次工业革命 (1950—)
时代类型	蒸汽时代	电气时代	信息时代
主要更新项目	水力、蒸汽机	电力、化学	空间技术、半导体、计算机、互联网、生物工程

续 表

年份	第一次工业革命 (1760—1840)	第二次工业革命 (1840—1950)	第三次工业革命 (1950—)
主要产业	棉纺织业、煤、铁	钢材、铁路、汽车、化工、石油	电子、计算机、通讯、航空制造业、医药、服务业
工业组织	小工厂、自由贸易	大型工厂、资本集聚、企业联合	大型企业、小型企业、跨国公司
空间特征	劳动力向城镇流动	煤矿地区城镇发展,城市化	郊区化、新工业开发区、科技园

资料来源:吴建伟,毛蔚瀛.大规划:城市与产业[M].同济:同济大学出版社,2009:91.有改动.

在全球化背景下,世界范围内的产业结构调整和产业转移,对我国特别是沿海地区制造业为主的工业化和城市化发挥了巨大的推动作用。但是,这种工业驱动型的城市化发展模式基本上是以大量资源消耗为特征的粗放型发展模式,开始面临自然资源短缺、环境问题日益严峻、国际分工和价值链环节处于低端等各方面的挑战。因此,克服传统发展模式的种种弊端,探索出一条科技含量高、经济效益好、资源消耗低、环境污染少、人力资源优势得到充分发挥的新型工业化道路,成为关系到我国经济社会发展全局的战略选择。《中国制造2025》提出,到2025年基本实现工业化,以加快新一代信息技术与制造业深度融合为主线,以推进智能制造为主攻方向,大力发展先进制造业,改造提升传统产业,推动生产型制造向服务型制造转变,实现从"中国制造"向"中国创造"的跨越,迈入制造强国行列。同时,优化产业空间布局,培育一批具有核心竞争力的产业集群和企业群体,带动人口流入与集聚,最终带来城镇化质量和水平的提升。支撑和引领新型工业化和新型城镇化发展需要培养和造就一支数量充足、结构合理、素质优良、充满活力的制造业人才队伍;提高制造业创新能力迫切要求着力培养具有创新思维和创新能力的拔尖人才、领军人才;强化工业基础能力迫切要求加快培养掌握共性技术和关键工艺的专业人才和高技能人才;信息化与工业化深度融合要求全面增强从业人员的信息技术应用能力;发展服务型制造要求培养更多复合型人才进入新业态、新领域;发展绿色制造要求普及绿色技能和绿色文化;打造"中国品牌""中国质量"要求提升全员质量意识和素养等。

2. 服务业驱动型

服务业分为生产性服务业和生活性服务业。其中生产性服务涉及其他产品的生产和服务的中间需求或援助，生活性服务涉及产品的最终消费和服务。近几十年来，发达经济体最主要的特征是服务业部门的兴起，增长尤为显著的部门有金融、商业服务业、零售、休闲及娱乐业，最主要的体现是都市区生产性服务业的兴起和发展，大城市形态已经从生产型向消费型转变。作为"娱乐机器"存在的城市，文化、艺术和休闲娱乐等方面的市民参与和消费实践正演变成一种新动力，推动着城市经济增长和人口流动，重塑着城市发展的后工业路径。

随着区域经济结构的加快调整和城镇化水平的不断提高，我国服务业出现了向城市特别是向大城市集聚发展的趋势。特大城市和区域性中心城市成为服务业发展的主要载体，金融服务业、信息与互联网、创新与科技、文化与艺术消费、城市生活品质与社区环境等对城市发展的作用越来越重要，并形成中央商务区、金融街、物流园区、创意产业园区、软件产业基地和服务外包基地等服务业高度集聚的发展区域。而大多数中小城市在进一步加速工业化的同时，有一部分结合自身条件积极探索有特色的服务业发展，分别以商业贸易活动、交通物流、文化创意、旅游休闲为核心驱动力，带动人口、资源、相关产业在区域集聚而逐渐实现区域城市化（表4）。

表4　　　　　　　　服务业驱动城市化模式类型举例

模式类型	主要特征	类别及代表性实例
商业驱动型城市化	● 商贸活动在城市产业结构中占据重要地位； ● 拥有发达的商业资本市场和活跃的商业文化氛围； ● 以多元、齐全的商贸活动相关产业部门和配套服务为依托； ● 具有相对完备的商贸功能区和便捷的商业交通； ● 一定规模和专业技能的商业人力资源	● 专业市场模式：商贸小城镇形成和发展的重要途径，如浙江省义乌市 ● 边贸城市模式：边境贸易区，如云南省瑞丽市

续 表

模式类型	主要特征	类别及代表性实例
交通物流型城市化	● 依托一定的区位优势,如水路或陆路交通的枢纽中心或物流运输线上的重要节点; ● 便捷的交通运输条件及良好的通达性; ● 具有一定规模的腹地; ● 具有繁荣的商业贸易往来	● 水运港口型:如浙江省宁波市; ● 内陆枢纽型:如河南省郑州市; ● 空港驱动型:如北京顺义空港城
文化创意驱动型城市化	● 具有鲜明的城市个性与文化特色; ● 具有较发达的创意产业,创新成为城市发展的核心理念; ● 城市本身具有良好的经济基础与技术条件,以支撑创意理念的实践; ● 重视创意产业相关人才的储备与培养; ● 良好的文化发展氛围与环境	● 科技创新型城市:如深圳市; ● 文化创新型城市:湖南省长沙市
旅游驱动型城市化	● 具有一定区域范围影响力的旅游吸引物,包括自然文化遗产资源以及人工吸引物等; ● 旅游产业链完整,在地方经济中占据主导地位并带动了相关配套产业的发展; ● 旅游及相关产业提供的就业机会吸纳了大量劳动力; ● 形成以旅游资源或旅游区为核心的城市空间增长趋势; ● 旅游服务体系完备,整体服务水平较高	● 资源驱动观光度假导向型城市:如海南省三亚市; ● 资本驱动休闲娱乐导向型城市:中国澳门

资料来源:北京大学"多途径城市化"研究小组.多途径城市化[M].北京:中国建筑工业出版社,2013:120-172.

现代服务业尤其是知识技术密集型服务业的兴起与发展需要强大的人才资源支撑,这种支撑不仅体现在数量上,更表现在对人才的能力和素质提出了新的更多更高的要求。传统服务业发展主要受劳动力要素影响,而现代服务业发展则主要受人才资源要素的制约,现代服务业以高技术含量、高增值服务、智力密集为显著特征,对从业者的职业技能和综合素质要求更高,既要精通专业知识、熟悉行业规则,又要富有创新精神和国际视野的多层次、多规格的技术技能型人才。

3. 现代农业驱动型

不同国家的农业发展与其城市化进程有着密切的联系,不同发展阶段的国家其农业的类型也不同。世界银行将发展中国家分为三类。第一类是传统农业国,其主要特征是:农业是经济增长的主要来源,对于经济增长的贡献率平均达到32%;农业人口比重高,达到68%;贫困人口比重也很高,达到51%;人均GDP平均为374美元。第二类是转型中国家,其主要特征是:农业不再成为经济增长的主要来源,对经济增长的贡献率仅为7%;农村人口比重仍然很高,占63%;贫困人口比例为28%;人均GDP达到1 000美元。第三类是城市化国家,其主要特征是:农业对经济增长的直接贡献相当低,平均只有5%;全国的贫困发生率已较低,仅13%,其中仅45%的贫困人口分布在农村。① 发展中国家大都按照这一演变路径走向发达国家或高收入国家,但各个国家农村内部普遍存在着异质性,在一个国家内部可能出现传统农业、转型中农业和城市化农业并存,大规模农业企业与小自耕农并存的局面。2016年,我国第一产业增加值占国内生产总值的比重为8.6%,人均国内生产总值53 980元(约8 127美元),常住人口城镇化率为57.35%,户籍人口城镇化率为41.2%,②我国整体上已从传统农业国家转变为转型中国家。在与都市中心密切相连或者尽管离中心较远,却拥有丰富的自然资源、良好的交通枢纽或环境品质吸引游客、新居民及企业的城镇中,农业与科技、旅游以及创意文化的完美结合,形成的现代设施农业、观光农业、创意农业促进小城镇发展,推动农村城镇化进程。

农业现代化是农业技术变迁和农业制度变迁以及两者之间相互作用的过程,主要体现在农业生产技术的提高,农业生产与经营模式的转变以及农业结构的转变,核心是依靠提升农业科技含量、拓展农业产业链和扩大规模经营,关键是要依靠培养一支有文化、懂技术、善经营、会管理的新型职业农民队伍,包括掌握现代作物种植技术人才、各类农业科技应用人才、现代农

---

① 世界银行.2008年世界发展报告——以农业促发展[M].北京:清华大学出版社,2008:4.
② 国家统计局.2016年国民经济和社会发展统计公报[EB/OL].2017-02-28. http://finance.people.com.cn/n1/2017/0228/c1004-29113654.html.

业经营管理人才、农村经纪人等多方面的农业科研、推广、经营人才。陕西省杨凌农业高新技术产业示范区即以现代农业为支柱产业，探索出一条以农业科技和职业教育促进农业产业化、农村社区化、农民职业化的城镇化模式。

（二）人才分类与职业教育的技能积累

现代社会各产业系统所需要的人才既分层次又分类型，层次区分人才知识和能力的深度，类型区分人才知识和能力的结构。关于人才分类，虽有各种不同的教育观点，但比较一致的看法是根据人力资源在社会活动过程中的主要功能划分为两大类：一类是发现和研究客观规律的人才——称为学术型人才；另一类是应用客观规律服务于社会生产生活的各个领域，为社会谋求直接利益的人才——称为应用型人才。应用型人才根据不同层次或工作范围，又可分为三类：工程型人才、技术型人才、技能型人才。[①] 人才分类与教育分类之间大致的对应关系如表5所示。当然，由于社会和经济的不断变化，职业岗位也随之呈现出复杂多变性，人才的多样化发展愈加明显。教育分类与人才分类并非呈现一一对应关系，技术型人才和技能型人才的学历层次在不断提高，各类院校也并非只承担某一类人才的培养任务，而是相互之间已出现更多的交叉和衔接关系。

表5 教育分类与人才分类的对应关系

人才类型	科学家	工程师	技师	技术工人
人才性质	学术型	工程型	技术型	技能型
工作内容	揭示自然规律、科学原理、知识与思想	产品与服务的开发、设计、规划	技术指导、现场管理、产品与服务的推广	一线生产与操作
教育内容	系统科学知识	工程学	生产技术	操作技能

---

① 薛飞.基于教育分类与人才分类的技术本科教育探讨——兼论专科类高职院校升本后的定位问题[J].职业技术教育，2008(28).

续表

人才类型	科学家	工程师	技师	技术工人
培养机构	研究型大学	综合性大学、理工大学	综合性大学、理工大学、应用技术院校	职业院校
教育类别	科学教育	工程教育	技术教育	职业教育

资料来源：董鸣燕.教育分类与高层次应用技术型人才培养体系[J].世界教育信息,2015(24).

我国职业教育包括职业学校教育和职业培训。职业学校教育分为初、中、高三个层次。其中，中等职业学校是我国职业教育的基础，主要培养普通技术岗位的技能型人才。高等职业教育主要培养复合型的高技能人才，一类是多工种的不同技能复合；另一类是技能与智能的复合，这类人才也可归入技术型人才，符合技术型人才兼有理论知识和操作技能的特点。在现代职业教育体系建设过程中，承担职业技术教育的高等学校必然要进行一系列的调整和改革，其中地方新建本科院校（含独立学院）转型为培养技术型人才，转型前后培养的人才处于技术型和技能型人才的交叉结合部分，在国际教育标准分类中同属ISCED(2011)的6级"学士或同等学位"。即便人才培养的层次不发生变化，但人才培养的类型和模式却要发生根本性变化，转向以职业需求为导向、以实践能力培养为重点、以产教融合为基础的发展路径。随着我国加快产业转型升级和发展方式转变，对人才的层次需求更趋高端，专业技术型人才、智能型人才等高级技术人才的需求量逐渐加大，而这类人才将主要由高等职业教育和应用本科教育来培养。

（三）新型城镇化视角下职业教育存在的问题

职业教育作为我国人力资源开发和技能积累的重要途径，改革开放以来取得长足发展，培养了数以亿计的高素质劳动者和技术技能人才，为经济发展、促进就业和改善民生作出不可替代的贡献。但是，在我国转方式、调结构、促升级和惠民生的新形势下，尤其是推进新型城镇化进程中，空间形态、产业结构和布局、人口分布和就业结构都将发生巨大变化，职业教育要适应经济社会发展的需要，存在着一些亟待解决的突出问题。

1. 职业院校布局结构与新型城镇化规划分布不匹配

新型城镇化将根据资源环境承载能力构建科学合理的城镇格局,区域发展和产业布局紧密衔接,城市群、大中小城市和小城镇协调发展,为此在城镇化建设中必须构建和培育与城镇发展格局相应的教育体系,科学规划职业教育,使院校布局更加贴近所服务的产业和社区。从我国职业院校的布局看,高职院校分布具有明显的城市聚集现象,尤其是中心城市一般会成为各省高职院校的主要集中地,非中心城市高等教育资源相对匮乏。2015年,我国有高职院校1 334所(除四个直辖市外共1 216所),位于中心城市的高职院校数为592所,51.4%的高职院校分布在非中心城市(图5)。中等职业学校绝大多数在县城办学,不少未能将服务网络延伸到社区、村庄。职业院校布局与新型城镇化发展规划存在一定的偏差。

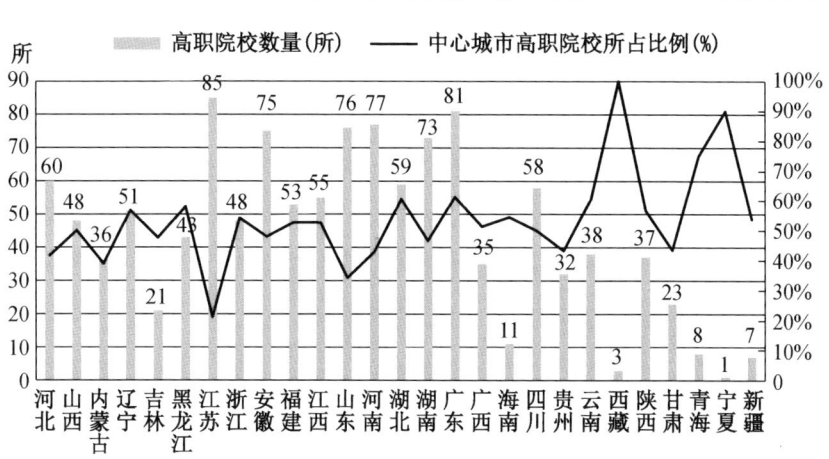

注:中心城市指各省、自治区省会城市及大连、青岛、宁波、厦门、深圳五个计划单列市。其中,北京、上海、天津、重庆四个直辖市未纳入统计范围。
资料来源:李小娃.我国高职院校区域布局结构特点及改进策略[J].职业技术教育,2016(1).

图5　2015年部分省域高职院校数量及中心城市所占比例

2. 职业教育层次和专业结构与城镇化经济结构调整对人力资源的需求不适应

伴随城镇化经济增长和发展方式的转变，产业结构转型升级带来就业结构调整和职业分布的改变，进而影响到职业教育的层次和专业设置。目前，我国结构性失业压力比总量性失业压力更大，劳动力市场对技能人才和熟练劳动力的需求一直处于短缺状态，突出表现在：全国范围内的"技工荒"明显，技术工人、专技人员、高级技术人员的供给不能满足经济发展需求而形成缺口（表6）。

表6　　　　　　　　2015年部分城市劳动力市场技能资格需求

季度	用人单位通过公共就业服务机构招聘各类人员（万人）	进入劳动力市场的求职者（万人）	明确对劳动力技术等级提出要求的比例	明确对劳动力专业技术职称提出要求的比例	岗位空缺与求职人数比例		
					高级工程师	高级技师	技师
第一季度（100个城市）	525	469	33.3%	19.3%	2.25%	1.93%	2.11%
第二季度（101个城市）	560	528	34.7%	21.3%	1.81%	1.94%	2.0%
第三季度（101个城市）	505	462	35.2%	21.3%		1.9%	2.04%
第四季度（87个城市）	439	400	35.8%	22%	1.99%	1.89%	1.9%

资料来源：中国人力资源市场信息监测中心.对部分城市公共就业服务机构劳动力市场供求分析[EB/OL]. http://www.lm.gov.cn/DataAnalysis/node_1522.htm.

3. 职业教育发展的多重体制分割与新型城镇化发展的集聚效应和城乡一体化要求不协同

新型城镇化是以城乡统筹、城乡一体、产城互动、增长集约、资源节约、生态宜居、和谐发展为基本特征的城镇化，需要建立健全与城镇化健康发展相适应的财税、行政管理和公共服务等制度。我国职业教育在发展过程中面临着城乡之间、地区之间和部门之间的多重体制分割。在城乡二元结构下的教育体制下,职业教育发展战略以城市为中心,农村职业教育资源缺乏,未能对农村人口的技能培养形成吸引和拉动作用。地区之间由于财政和户籍制度的影响,跨区域流动的劳动力难以及时在新地点获得有效的职业教育和培训。职业教育管理和提供的职权、责任分散在不同的政府部门及其附属机构,行业协会参与办学和管理的能力不强,整个系统存在某种程度的无序状态,缺乏由行业引导的、以能力为基础的职业标准和资格认证体系,阻碍了职业教育质量的提升。

三、职业教育供给侧的结构性改革

职业教育结构是指职业教育系统内部各要素相互联系和作用的方式或秩序,主要由布局结构、专业结构、内容结构、形态结构、体制结构等组成。[①] 剖析我国职业教育发展面临的问题,供给和需求两侧都有,但矛盾的主要方面在供给侧,特别是新型城镇化背景下,职业院校的布局结构与新型城镇化战略不匹配,专业结构与产业结构不相适应,院校办学水平与培养质量难以满足人的城镇化发展要求,集中反映了当前职业教育资源配置中的结构性过剩与错位问题。因此,深化职业教育改革发展需要从供给侧发力,以结构管理为重要突破口,通过解决结构性问题,扩大职业教育的有效供给,满足经济转型发展在规模、结构和质量等方面提出的需求,实现职业教育的可持续发展。

(一)产教城融合与职业教育布局结构调整

产城融合发展和产业结构调整的动态性决定了职业教育布局也具有动态变化的特征,职业教育的布局结构优化应围绕城镇的功能定位、产教融合、生源市场和转移劳动力的特点开展,在城市规划和产业园区规划中要把教育培训机构作为重要内容优先布局,以保障居民和从业者能够及时、快速、方便

[①] 张萌,张光跃. 新型城镇化中职业教育结构的适应性研究[J]. 南方职业教育学刊,2015(1).

地获取高效、适切的公共教育培训服务,同时新增职业教育资源必须向新的城镇化地区、产业集聚区延伸。

1. 城市规划、产业规划与产业园区转型

理想中的城市应该是产业功能与空间形态完美的结合,产业规划和城市规划相结合的整体性设计被称为"大规划"。[①] 现代城市规划的主线是产业的构成和发展方向,产业的选择和发展直接影响城市的职能和经济发展。大规划的产业结构是通过城市形态和功能设计,利用好一些产业经济原理如规模经济、范围经济、产业价值链、集聚经济、知识经济等,以产业价值链在空间上的布局为线索,通过城市规划落实到城市片区、开发区等功能组团和交通网络中。改革开放以来,建立产业园区或开发区成为我国城市发展的重要形式,园区数量最多的是工业园,成长效果最显著的是经济技术开发区或高新技术开发区,其中大部分正在由以"产"为主导的产业园区向产城融合的综合性新城转变,而完善城市功能、配套服务设施成为由"园"向"城"转变的关键。为此,城市规划导向需由产业至上向产业、社会、文化和生态多元导向转变,配套设施建设的重点从满足产业需求向完善城市功能、提升环境品质转变,通过统筹生产区、办公区、生活区、商业区等功能区规划,选定高附加值的产业,打造产业集群,并通过完善基础设施、公共服务、生活服务设施的建设和运营,形成"城市—组团—邻里"多层级服务体系,成为城市与园区完美结合的新城区,实现产城人有机融合。

2. 职业教育园区规划和建设模式

技能是产业发展的一个关键组成部分,职业教育和培训通常被视为增强产业能力最有效的政策工具。职业教育与产业结构、劳动力市场和工作场所有着非常紧密的联系,其质量是以教育培训项目和目标产业劳动需求的匹配度来衡量的,模仿、借鉴产业园区的模式与特色建设职业教育园区,以邻近性

---

① 吴建伟,毛蔚瀛. 大规划:城市与产业[M]. 上海:同济大学出版社,2009:3.

促进职业教育与产业深度融合,以规模化和集约共享整合职业教育资源,成为许多地方政府统筹现代职业教育发展,促进技术技能积累的重要政策创新。

1996年,我国第一个职教园区在浙江省温岭市规划建设。据初步统计,截至2016年,全国已建或在建的职教园区150余个。[①] 职教园区建设是一项复杂的工程,涉及园区定位、土地使用、资金投入、产业对接、校企合作等方面,所处区域不同、经济实力不同、职业教育资源基础不同、政府支持力度不同,职教园区规划建设的规模和方式也各不相同。职教园区空间设计的本质是以职业教育要素集聚而实现资源集约和规模效益,根据园区与产业和城市空间结构的关系特点,职教园区规划建设主要有三种模式。

(1) 职教城型园区。这类职教园区在城市建设过程中,职业院校分布于城市的各个轴上,校区建设与城市空间布局融为一体,城市的基础设施和社区综合服务设施与职业院校共享;政府和企业共同投资建设公共实训基地;职业院校的图书资料、实验中心、网络资源与社区共享,构建起城中有校、校中有城、城校结合的格局,实现园区与城市融合发展。最为典型的是重庆市永川区"城校互动"职教发展模式,"城市建设以职业教育为特色,职业教育以城市建设为依托,校区建设与城市发展融为一体"。

(2) 城市新区型职教园区。这类职教园区是按照一个新的城市区域来规划的,通常是将多所职教院校集中到一个区域内,共同承担职业教育的作用,形成职业教育产业,通过设施共建共享实现职教园区教学功能和技能实训功能的整合,形成集职业教育、社会服务、产业开发于一体的城市教育生活区,承担老城区职业教育、创新研发等功能的疏解任务,带动新城区的发展。这类职教园区的规划通常需要综合考量由职业院校组成的职校校区、由企业工厂组成的产业园区、由民用设施组成的生活社区以及区域自然环境"三区一景"生态圈,还要考虑职教园区与区域内产业结构和产业布局的关系、与产

---

① 全国教育科学规划领导小组办公室."职教园区建设模式与实证研究"成果报告[J].大学(研究版),2016(12).

业对接互动的关系、与城市功能布局的关系等,让园区成为城市系统价值链的重要一环,达到园区与城市深度融合。最为典型的是广州职教城,采取"集约共享、功能融合、弹性设计"的理念,对园区与产业对接、城市发展及其园区内空间结构、功能布局和土地使用等进行超前规划和科学设计,规划为岭南风格、低碳智慧、山水田园型的生态教育城。

(3) 城园结合型职教园区。职教园区作为城市的一部分,甚至成为城市建设的一个基点,园区既是产业的集聚区,也是职业院校的集聚地,产业链和教育链互动,园区发展与产业培育同步进行,实现学校与城市的互动交融。最为典型的是东莞职教城,集职业教育、技能培训、职业鉴定、科技研发、公共服务等功能于一体,从单一教育功能的职教园区转变为产学研一体、校企共赢、功能多元、形象独特并体现现代制造业名城的职教城。

职业教育作为一种跨界教育,联结学校和产业,产城人融合的职业教育园区成为许多地方加快特色小镇建设规划的重要途径。杭州大江东产业集聚区建设大江东职业教育校企合作共同体示范小镇(简称"职教小镇"),突出"职业教育升级版"特色,打造以职业教育、培训、创新、研发、孵化为主体,以职教主题体验、文化旅游休闲为配套,极具职教特色的文化创意产业链,通过3~5 年的建设,大江东着力将职教小镇打造成长三角职教驱动产业转型的示范区,现代职业教育模式创新的试验区,生产、学习与生活交融的样板区。这种"以教引产、以产促城、产城教结合"的发展模式成为探索小城镇建设的新途径。

(二)产业集群发展与职业教育专业集群建设

产业集聚是在全球经济、技术、组织等一系列结构变化的背景下,产业发展和区域经济通过分工专业化形成的,在城市经济发展中发挥着越来越重要的作用,并且产业集聚带来的人口快速流入与长期集聚推动城镇发展和功能日益完善。从根本上说,产业集聚的实质是要素的集聚,其中包括人力资本要素的集聚。技能型人才的供给是影响产业集群发展的重要因素,职业教育培训是集群人力资本形成和知识溢出的重要途径。根据区域内产业集群经济特点,建设与之相适应的职业教育专业群、专业集群和教育集团,分别从微观到宏观各个层面统筹规划职业教育的专业结构、布局,优化配置区域内职业教育资源,提高办学效益和人才培养质量,更好地为区域经济社会发展服务。

1. 产业集群发展与技能需求

产业集群作为众多企业和机构在空间地理上的集中,有一个产生、成长、成熟和衰落的过程,只有持续不断地升级,集群的竞争力才能得以维持和延续。产业集聚和人才集聚是相互关联的,产业集群在其发展的不同阶段需要吸纳不同的个体人力资本,包括各种层次和类型的技术技能人才、研发人员和企业家,而不同个体人力资本形成的整个组织的人力资本反过来会影响集群的发展。产业集群内人力资本的竞争、合作、互动关系,影响和推动着产业集群的发展和转型升级。

改革开放以来,伴随经济市场化、国际化发展,我国特别是沿海地区的镇、县(市)出现了以"一村一品""一镇一业""块状经济""专业镇经济"等为特征的高度专业化的中小企业空间集聚现象,几乎覆盖了国民经济行业分类中的大多数行业,主要以第二产业中的制造业为主,包括纺织、服装、皮革、五金制品等大部分传统行业,在信息技术、生物工程、新材料以及文化创意产业等高新技术领域加速发展,并涌现出一批龙头骨干企业和区域品牌,且几乎每个省市都有培育程度不同的产业集群,其中以浙江、广东、江苏、山东等省最为集中。根据工信部中小企业局对全国 29 个省市的不完全统计,2014 年,我国形成销售收入超过 20 亿元的产业集群 2 530 个,拥有企业 94.68 万户,吸纳就业 5 257.56 万人,销售收入 48.26 万亿元,实现利润 2.69 万亿元。①产业集群凸显系统优势和集体效率,成为促进区域经济社会发展的重要力量。在珠三角地区,蓬勃发展的乡镇(街道)产业集群即专业镇成为广东区域

---

① 赵晓辉,张辛欣. 推动产业集群转型升级 引导中小企业集群式发展[EB/OL]. 新华网,2015-7-23. http://news.xinhuanet.com/fortune/2015-07/23/c_1116023378.htm.

发展的基本载体和主要形态。

产业集群本身并不是一个静态的结构,而是一个动态的发展过程。梅迪纳(Francisco López Medina)根据世界经济论坛竞争力研究和新兴经济体产业集群转型升级的经验,提出集群发展一般经过要素驱动、效率驱动、创新驱动三个阶段,同时指出每个发展阶段的政策制定方法。集群发展的初期一般是依靠低工资和原生自然资源等要素驱动的,以非技能的劳动力市场、商品销售、低工资、技术发展缺失和全球经济周期的敏感性为特征,此时相应的集群发展政策包括制度、基础设施、宏观经济稳定、健康与初级教育四个条件。当集群发展到一定程度时,要素的相对价格上升,就需要高效率、高质量驱动集群成长,对有效率的生产过程和产品质量的关注能够为竞争力提供支持和稳定性,减少对外部因素的经济敏感性,此时需要教育水平、市场效率、劳工市场效率、资本市场等六个要素。成熟的商业和创新支柱代表通向难以模仿的竞争优势之路,也是建设强大经济的基础,创新阶段以保持高工资能力、独特和差异化的产品为特征(表7)。产业集群发展到高级阶段,迫切需要高级生产要素来提升集群对先进技术的学习、消化、吸收和创新能力,需要大量具有创新精神的科技开发人员以及具有工匠精神的技能型人才。

表7　　　　　　　　　产业集群发展和竞争力阶段的特征

特征	阶段1:要素驱动	阶段2:效率驱动	阶段3:创新驱动
劳动力市场	非技能	技能	高技能
产品	基础	质量制造	独特和差异化
工资	低	中	高
技术	从国外获取或模仿	在本土改进技术	在本土发展高技术
经济敏感性	高	中	低
竞争力基础	低工资	高效率生产	高阶集群
关注支柱	1, 2, 3, 4	5, 6, 7, 8, 9, 10	11, 12

续表

特征	阶段1:要素驱动	阶段2:效率驱动	阶段3:创新驱动
政策支柱清单			
1. 制度	4. 健康与初级教育	7. 劳动力市场效率	10. 市场规模
2. 基础设施	5. 高等教育和培训	8. 资本市场	11. 成熟的商业
3. 宏观经济稳定	6. 市场效率	9. 技术准备	12. 创新

资料来源:Medina F L. "Cluster Policies in Two Emerging Economies:Mexico and China"[EB/OL]. *Korea Review of International Studies*, http://gsis.korea.ac.kr/wp-content/uploads/2015/04/13-2-01_Lopez.pdf.

  我国作为赶超型经济体,伴随世界产业转移,遵循引进—消化—吸收—创新的技术路径,在企业试图通过提升其在全球价值链的位置来提升市场地位,以及寻找技能型劳动力方面却面临困难,劳动力市场出现比较严重且频繁的技能错配现象。中国城市劳动力调查数据显示,尽管职位空缺比例较大且在不断提高,但应届大学毕业生找专业对口的工作却很困难(图6)。很多毕业生即便找到了工作,也会认为工作没有达到目标预期。2013年麦克思对毕业生的调查显示,半数以上应届本科毕业生及60%以上的高等职业学校毕业生认为自己的工作没有达到期望值,期望与现实的差距导致离职率较高。43%的高职毕业生在就职半年内离职,24%的本科毕业生在就职半年内离职,离职率过高,导致企业无法高效使用员工拥有的技能,不利于推动企业为员工培训投资,也影响员工能力与经验的积累。[①] 基于产业集聚对技能型工人的大量需求和解决劳动力市场中的技能错配问题,不仅需要大力发展职业教育,更重要的是根据产业集群的人才需求特点、主导产业发展和产业结构升级的需要来进行职业教育专业集群的建设,着力增强专业集群和产业集群的吻合度。

---

① 经合组织. OECD中国经济调查(官方中文版)[M]. 巴黎,2015:45.

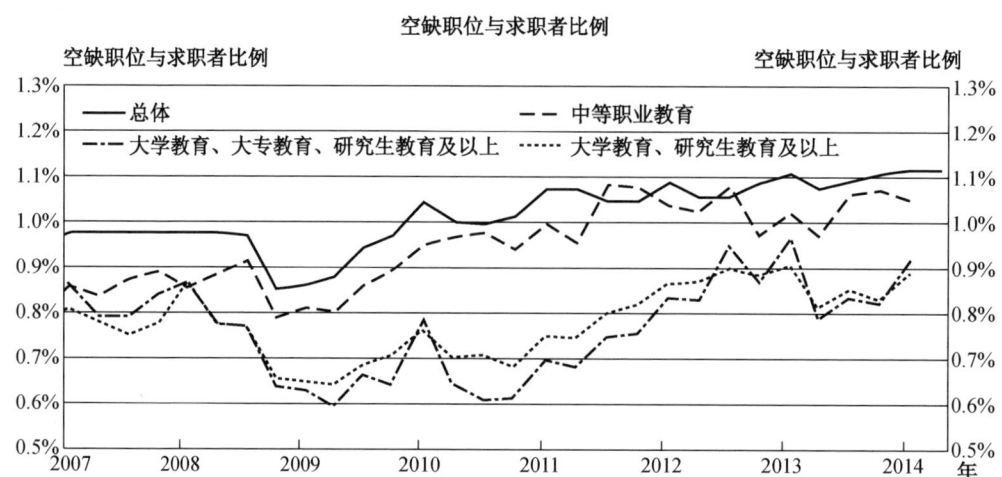

注：比例大于1表示相应类别职业数量大于求职者数量。
资料来源：经合组织．OECD中国经济调查（官方中文版）[M]．巴黎，2015：44．

图6 中等职业学校毕业生人均职位空缺率高于大学毕业生人均职位空缺率

2. 产业集群与职业教育专业集群

产业集群作为一群地理或关系邻近、在产业上具有关联性和专业化特征的众多企业与机构形成的网络系统，随着科技不断进步和产业集群内竞争加剧，必将产生大量与高新技术相关的职业岗位群，增大产业集群对技术技能型人才的需求，进而对职业教育的专业发展模式提出更新更高的要求。专业设置作为职业教育和社会需求紧密结合的纽带，对接产业集群建设专业集群，是职业院校实现特色发展、资源整合与共享、提高核心竞争力的有效途径。

（1）职业教育的专业设置依据。专业是指高等学校或中等学校按照学术门类和职业门类来划分形成的各个不同的专门化领域，明确每一个专门化领域人才的知识要求、技能要求、素质要求。[1] 对于职业教育，其"专业"的内涵与普通高等教育中"专业"的内涵有着本质上的区别。普通高等教育中"专

---

[1] 樊平军．知识视野中的中国大学专业设置[M]．北京：北京师范大学出版社，2010：9．

业"主要依据学科门类、社会发展和工作领域而划分,更侧重于学科门类的学术性,且趋向于拓宽专业面,向综合性发展。而职业教育中的"专业"主要是按照职业技术分工与职业岗位群对专门人才的要求而设置,强调职业性、技术性、强调综合能力的培养,同时也注意基础性和就业的适应性,[①]以就业为导向是职业教育与普通教育的明显不同之处。《中华人民共和国职业分类大典》(2015年)根据以"工作性质相似性"为主、以"技能水平相似性"为辅的原则,将各类职业归为8个大类、75个种类、434个小类、1481个职业,职业结构体系与职业教育专业体系映射关系见图7。

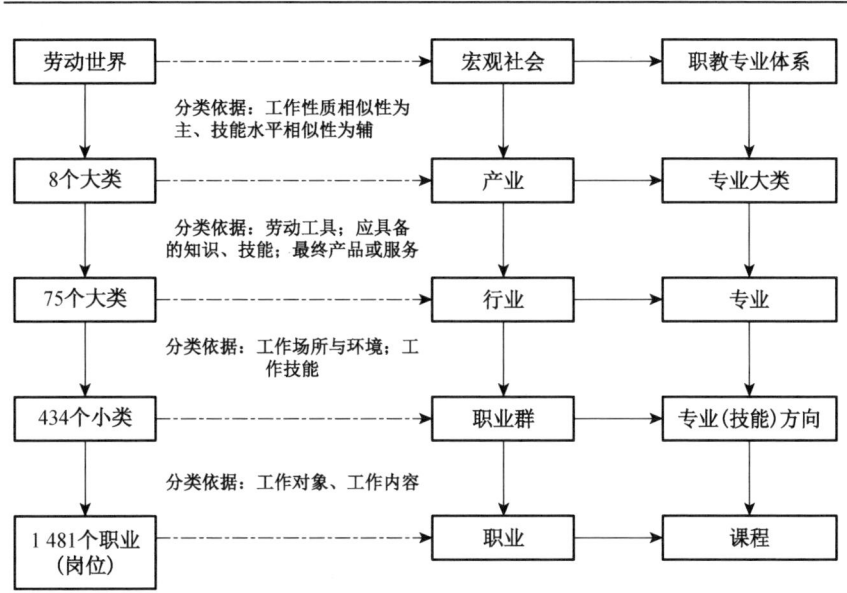

资料来源:盛晓君.论职业结构与职业教育专业结构的关系[J].职业教育研究,2016(3).有修改.

图7 职业结构体系与职业教育专业体系映射关系图

尽管职业教育的专业强调职业性,与职业有着极为紧密的联系,但它与

---

① 高红梅.服务与支撑——基于产业集群的职业教育专业集群建设研究[M].沈阳:辽宁人民出版社,2012:14.

社会职业之间并不是一一对应的关系。我国现行《中等职业学校专业目录（2010年）》的修订参考《国民经济行业分类（2002）》《三次产业划分规定（2002）》《全国人才市场供求信息分类标准（2000）》《国家职业分类大典》《普通高等学校高职高专教育指导性专业目录（试行）》和《普通高等学校本科专业目录》等，设定了与《国家职业分类大典》相匹配的目标，适应学生就业和职业生涯发展的需要，强调适应服务经济社会发展、产业振兴规划、产业结构调整、经济发展方式转变、科学技术进步以及人才市场用人需求，强调学生就业创业能力、继续学习能力的培养，构建与产业结构、职业岗位对接的专业体系，即专业与产业、企业、岗位对接，专业课程内容与职业标准对接，教学过程与生产过程对接，学历证书与职业资格证书对接，职业教育与终身学习对接，罗列出专业类19个、专业321个，专业（技能）方向927个，列举对应职业（岗位）1185个，列举职业资格证书720个，列举继续学习专业方向554个。重点发展面向现代农牧业、先进制造业特别是装备制造业、现代服务业和战略性新兴产业的专业，加强服务区域特色产业，尤其是民族文化艺术、民间工艺等领域的专业建设。

2015年，全日制中等职业教育在校生达到1200.15万人，各专业大类在校生人数排在前五位的分别是信息技术、加工制造、财经商贸、医药卫生、教育等专业大类（图8）。根据教育部公布的数据，2016年全国中等职业学校毕业生人数为474.71万，就业人数为459.15万，就业率为96.72%，对口就业率为75.60%。从就业结构看，从事第一产业的占直接就业人数的8.55%，第二产业占31.43%，第三产业占60.02%，服务业成为中职毕业生就业的主渠道。从就业地域分布看，中职毕业生就业地域仍然以本地为主，占直接就业人数的67.26%，在异地就业的占32.40%，中职毕业生成为地方产业大军的主要来源和经济社会发展的重要人才支撑。[①]

---

① 高靓. 2016年中职毕业生就业率达96.72%[N]. 中国教育报，2017-4-23.

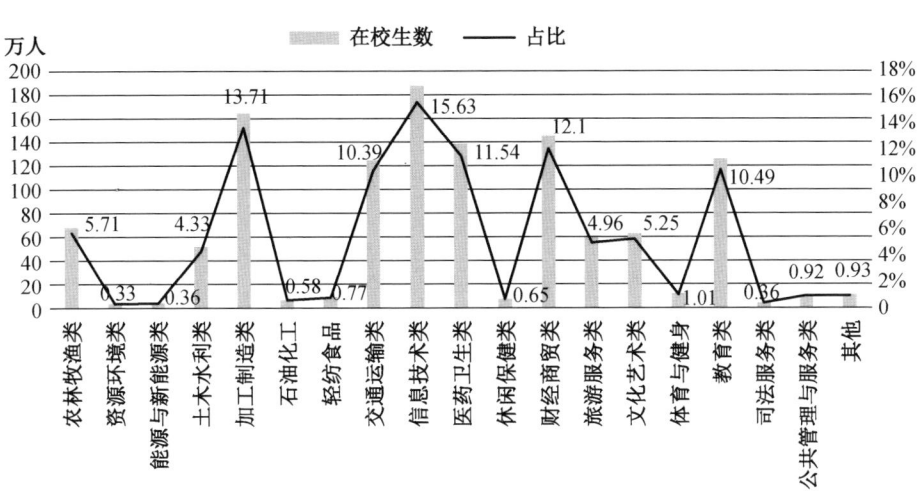

资料来源:教育部. 2015年教育统计数据[EB/OL]. http://www.moe.gov.cn/s78/A03/moe_560/jytjsj_2015/2015_qg/201610/t20161018_285277.html.

图8 2015年中等职业教育专业大类在校生情况

《普通高等学校高等职业教育专科(专业)目录(2015年)》的修订参考《国民经济行业分类(2011)》《三次产业划分规定(2012)》《国家职业分类大典(2015版)》《中等职业学校专业目录(2010年修订)》《普通高等学校本科专业目录(2012年)》等,以产业、行业分类为主要依据,兼顾学科分类进行专业划分和调整,按专业大类、专业类和专业三级划分,部分专业可设置专业方向。专业大类19个,原则上对应产业;专业类99个,对应行业;专业747个,对应职业岗位群或技术领域;列举专业方向749个、主要对应职业类别291个、衔接中职专业306个、接续本科专业344个。高等职业教育专业设置突出职业性和高等教育属性,在"专业名称"之后列举了"主要对应职业类别",列举了1 635次共291个职业类别,占《职业分类大典》全部434个小类的67%,基本覆盖适合高职院校毕业生就业的职业类别。2015年,普通高等职业教育(专科)在校生达到1 048.61万人,各专业大类在校生人数排在前五位的分别是财经、制造、土建、医药卫生、文化教育等专业大类(图9)。根据上海市教育科学研究院和麦可思研究院共同编制的《2016中国高等职业教育质量年度报告》,2016届高职毕业生的就业率为91.5%,专业相关度稳中有升,理工农艺类专业毕业生有65%,中小企业、地级市及以下地区等成为高职毕业生主要就业去向。①

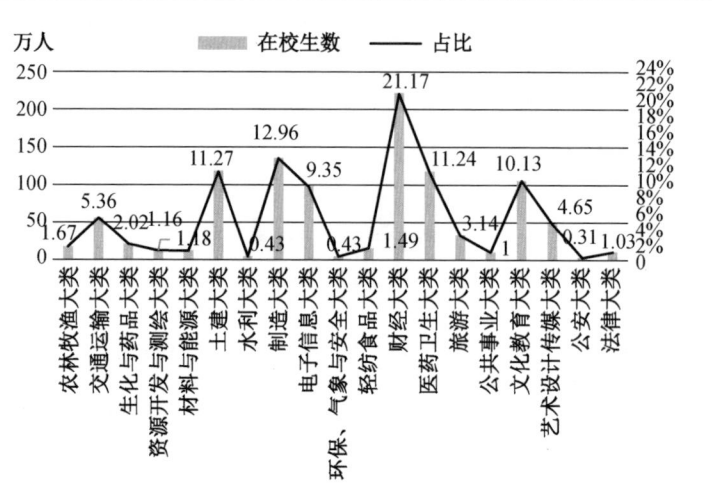

图9　2015年高等职业教育专业大类在校生情况

职业教育的专业与学术专业的本质区别在于不是按传统的知识体系来构建,而是要适应产业、经济结构调整对人才的需求,来自职业群/岗位群所需要的知识、技能或者态度的共性要求。不同区域由于经济发展水平、产业结构和经济发展重点的不同,必须把职业院校的人才培养纳入整个区域经济社会发展规划中,使职业教育的专业结构与区域的产业结构相对接。由于技术变革、经济发展和社会职业经常发生变动,所以职业教育专业也经常发生变动,需要建立专业目录动态调整机制。教育部每3年对中等职业学校专业目录进行一次修订,对高等职业教育专科(专业)目录每5年修订一次。随着

---

① 2016高等职业教育质量年度报告发布会[EB/OL]. 2016-7-15. https://www.tech.net.cn/web/index_zlbgh2016.aspx.

产业集群尤其是特色产业集群在区域经济发展发挥着越来越重要的作用,职业院校如何根据产业群"产业相关+地理相聚"的特点,依托产业集群设置和创办出自己的特色专业群,成为提高办学效益和增强服务能力的必然选择。

(2)职业院校专业群建设。专业群通常是指以一个或多个办学理念先进、特色鲜明、办学实力强、就业率高的重点专业为龙头,结合若干个工程对象相同、技术领域相近或专业学科基础相近的相关专业为支撑而组建的一个集合。[①]专业群建设一般基于院校层面,旨在通过对接区域产业的发展,优化调整院校内部专业结构与资源配置,提高人才培养质量,进而提高职业院校为区域经济社会发展服务的能力。2006年,教育部、财政部《关于实施国家示范性高等职业院校建设计划加快高等职业教育改革与发展的意见》(教高〔2006〕14号)中指出:"中央在100所示范院校中,选择500个左右办学理念先进、产学结合紧密、特色鲜明、就业率高的专业进行重点支持。形成500个以重点建设专业为龙头、相关专业为支撑的重点建设专业群,提高示范院校对经济社会发展的服务能力。"2017年,国务院印发的《国家教育事业发展"十三五"规划》(国发〔2017〕4号)提出:"根据各主体功能区的定位,推动区域内职业学校科学定位,使每一所职业学校集中力量办好当地经济社会发展需要的特色优势专业(集群)。"职业教育专业群建设已成为近些年来各地探索职业教育适应经济社会发展要求、对接产业升级转型提质的一种发展新路径,重点专业群、示范性专业群、特色专业群等项目连续出现在各省市的职业教育重点项目的立项文件之中,各职业院校也都重新调整专业布局,按有关要求将学校的专业整合为若干专业群,提高学校的核心竞争力。职业院校专业群作为一个以重点建设专业为龙头、相关专业为支撑的独具特色的专业体系,专业群组建的方法和路径主要有三种方式。[②]

一是围绕产业链构建专业群。按照产业归属一致性原则,专业群的布局

[①] 高红梅.服务与支撑——基于产业集群的职业教育专业集群建设研究[M].沈阳:辽宁人民出版社,2012:15.

[②] 高红梅.服务与支撑——基于产业集群的职业教育专业集群建设研究[M].沈阳:辽宁人民出版社,2012:25-28.

和调整应与产业结构相衔接,通过对产业链所需人才结构进行分析,构建与其发展要求相一致的专业群体系,形成链条式专业群。东莞市中职学校实施"一校一特色"工程,服务专业镇产业集群发展,专业群内的专业围绕某一行业或支柱产业形成一类专业。

二是围绕职业岗位群构建专业群。以职业岗位(群)为依据,或针对一个职业岗位,或针对一组相关职业岗位,或针对一些社会通用岗位来设置专业,逐步形成相应的专业群。在专业群中根据不同专业的优势和特色确定品牌专业、特色专业和一般专业,通过品牌专业促进其他专业的发展,从而形成由品牌专业、特色专业和一般专业组成的具有内在联系、相互支撑的专业群结构。佛山职业技术学院专业设置瞄准佛山的产业集群和专业镇发展,面向区域产业集群的共性需求,做优重点专业、培植新兴专业、打造特色专业、争创品牌专业、构建专业集群。

三是围绕学科基础构建专业群。高等职业教育专业是具有一定的学科基础的,依据学科背景相似的优势,延伸与拓展相关专业的知识与技能培养,对于学科基础相同的若干专业可以构建成一个专业群,有助于增强学生在该专业领域的综合素养,更宽泛地涵盖行业需求。如在建筑领域中以数学、力学等学科为基础的建筑工程技术、道路与桥梁工程、水利水电工程等专业可以构建成建筑施工类专业群;以化学、水力学学科为基础的暖通空调、给排水工程、环境工程等专业可以构建成建筑设备类专业群;以经济、管理学科为基础的工程造价、工程监理、房地产经营与管理等专业可以构建成建筑经济类专业群。对于中等职业教育则一般不以学科为基础,专业设置主要面对具体的工作岗位,可以依据专业的学科联系,各种理论知识仅以够用为度。

(3)职业教育区域专业集群建设。基于产业集群的职业教育专业集群是指区域职业教育专业集群化发展的一种模式,是指在某一特定区域中,在政府对区域职业教育发展的宏观统筹、调控、规划与引导下,以区域内某一特色或优势主导产业或支柱产业集群为服务对象,紧密围绕区域产业集群发展而形成的以区域内一所或若干所重点建设中等和高等职业院校的品牌特色专业和专业群为核心,形成相关专业与专业群在空间上的集聚,实现人才培养与培训的规模化与集约化,在该专业领域形成人才培养的规模化、专业化优势,推动区域职业教育的协调与一体化发展,为区域经济发展提供有力的人力资源支撑,全面提升区域职业教育发展的竞争力。[①] 与基于院校层面的专业群建设不同,专业集群是基于区域层面的职业教育专业建设,围绕区域产业布局和特色产业集群发展,对区域内职业院校专业布局结构进行宏观调控,在空间上贴近产业集群,形成对接产业集群建设的职业教育专业集群。专业集群与专业群在涵盖范围、组成要素、目标特点、建设方式、管理体制以及运行发展等方面有所不同(表8)。

表8　　　　　　　　　专业群与专业集群的比较

项目	专业群	专业集群
涵盖范围	分散的、校内的	整体的、跨院校的
组成部分	校内相关专业	专业或专业群、行业企业、社会部门、政府
建设方式	核心(重点)专业带动	部门联动,动态调整
目标特点	集中优势,共同发展	优化结构,差异化发展
管理体制	教育行政部门主管	探索创新型管理
发展运行	单一型发展	合作型竞争

资料来源:魏明.集群思想下区域职业教育专业建设逻辑[J].教育与职业,2014(18).

产业集聚使各生产部门产生了对相似或同一生产链条各岗位合格人才的集中性或关联性需求,专业集群建设是根据区域产业集群主导产业和新兴产业发展、人才需求状况的分析,从宏观层面统筹规划职业教育的专业结构布局及院校布局,优化配置区域内职业教育资源,整合同类院校的相近专业乃至学院,在某一专业方向上做大做强,实现专业的差异化发展。近些年来,我国各地不断基于产业集群的职业教育专业集群空间集聚模式,创造性地开展了有借鉴意义的实践活动,主要有职业教育园区模式和职业教育集团

---

① 赵昕,张峰.基于产业集群的职业教育专业集群基本内涵与特征[J].职业技术教育,2013(4).

模式。

一是建设职业教育园区。职业教育园区建设是推进职业教育集群化发展，使职教园区与产业园区融为一体，实现学校与企业互动，产教融合发展的重要途径。职教园区建设是整合、优化、共享职教资源和提高办学效益的重要手段，不仅包括园区内部职业院校物质资源、空间资源、专业资源、人力资源、教学资源和文化资源的整合，还包括园区外部学校、企业与社会之间的共享平台建设。天津海河教育园区开展专业群对接产业群建设，整体优化园区职业院校专业结构，最大限度地实现集中办学、集约办学。

二是组建职业教育集团。职业教育集团化发展是推动职业教育专业集群建设的重要途径，也是专业集群发展的重要载体。职业教育集团是一种基于集群价值链理论，在政府主导下，以校企合作和资源整合为基本支点，将职业教育机构在地理位置上集中规划，院校之间合理分工，整体上优势互补的职业教育发展模式。2014年，国务院印发的《关于加快发展现代职业教育的决定》（国发〔2014〕19号）提出："研究制定院校、行业、企业、科研机构、社会组织等共同组建职业教育集团的支持政策，发挥职业教育集团在促进教育链和产业链有机融合中的重要作用。鼓励中央企业和行业龙头企业牵头组建职业教育集团。探索组建覆盖全产业链的职业教育集团。"截止到2015年11月，全国已组建职教集团1 142个，共有4.6万余个成员单位，涉及中职学校7 200所、高职学校950所、本科院校180所、行业协会1 680个、企业2.35万个、政府部门1 630多个、科研机构920个、其他机构1 450个，牵头单位以学校为主。在1 142个职教集团中，有1 079个牵头单位为学校，占94.5%，政府牵头的职教集团为54家，企业牵头的职教集团仅为9家。从各地职教集团数量来看，浙江、山东、广东、福建、河南、四川和江苏7个省份的职教集团数量接近占全国总数一半（48.6%）[①]，形成了一批有特色、成规模、效果明显、影响广泛的职教集团。职业教育集团要服务国家区域发展战略和

[①] 职教集团化办学：高职院校内涵建设的重大战略创新[EB/OL]. 2017-05-03. http://www.sohu.com/a/137986823_451178.

主体功能区战略,必须依托区域内或行业内优质的职业教育资源,依据区域规划和产业结构特征,以专业为纽带,以政府为主导,职业院校、行业企业和其他机构共同组建面向区域主导产业、特色产业的区域型职业教育集团,如佛山市顺德职教集团统筹成员学校的专业布局和培养结构,形成以专业群与产业群协同发展的"集群对接"模式。

(三)校企合作、工学结合与人才培养模式改革

新型城镇化进程加快、技术和工作组织方式变化推动经济结构调整和产业转型升级,并通过工作岗位结构和能力要求的变化,更新劳动力市场对人才结构、规格和质量的要求,导致对从业者核心能力和关键能力要求的提高。职业院校作为高素质技能型人才培养的基地,要按照校企合作、工学结合的总体要求,以培养职业能力为基础,推进人才培养模式改革,健全职业教育与劳动力市场之间过渡、衔接的路径和机制,确保职业教育发展能够转化为技能供应与需求之间的良好匹配。

1. 确立以职业能力为基础的职业教育培养目标

人才培养是一个系统工程,职业教育以就业为导向,对劳动力市场中技术技能人才能力标准的认识和解读是构建职业教育人才培养模式的前提,它规定着企业的人力资源发展的方向和职业教育所要达到的人才培养要求,成为确定和实施职业教育教学过程和评量的依据。职业能力的内涵是国际职业教育学术界一直以来关注和研究的主题,对职业能力的不同认识,演绎出了不同的职业教育课程标准、教学模式和评价体系,职业教育机构采取不同的应对策略,为此各国职业教育呈现出各自独特的风格和特色。

在早期,职业能力等同于"操作能力""动手能力",职业教育就是使学生掌握一门技术获得一种谋生的手段。但自20世纪70年代起,由于科技进步和宏观经济萧条,企业和研究人员普遍认为个体拥有的职业技能并不足以保持其在劳动力市场和工作场所中持久的位置,劳动者需要具备市场应变能力,即拥有"可转移的"技能显得特别重要,使得被雇用者在不稳定的劳动力

市场中减少伤害。1972年,德国的梅滕斯(D. Mertens)最早提出了"关键能力"的概念,也称"核心能力"或"普通能力",指的是具体的专业技能和专业知识以外的能力,即从事任何一种职业的劳动者都应具备的能力,常被认为是跨职业的基本能力,关键能力具有相通性和可转换性,对劳动者未来的发展起着关键性作用。[1]"关键能力"提出以后,在欧盟及澳大利亚等国家和地区引起了极大反响。20世纪80年代,关键能力逐渐被职业行动能力取代,劳尔·恩斯特(Laur·Ernst)认为职业行动能力指的是解决典型的职业问题和应对典型的职业情境,并综合应用有关的知识技能的能力。职业行动能力包括了关键能力的所有要素,由专业能力、方法能力、社会能力和个性能力四部分组成。[2] 20世纪90年代,职业能力的概念就更广泛了,演变为一种用工单位和劳动者本人共同分担的责任,越来越多的国家和国际组织关注21世纪所需要的技能、能力和素养。联合国教科文组织在分析青年人的就业能力时,将技能分为三类:基础技能、可转移技能和职业技术技能,同时指出了青年获得这些技能的环境。基础技能包括找到薪金能够满足日常需要的工作所需的读写和计算技能,这些基础技能也是接受进一步教育和培训以及获得可转移技能和职业技术技能的前提条件。可转移技能是指可以转移和适应不同工作需求及环境的多种技能,包括分析问题,找到适当的解决办法,有效地交流思想和信息,具有创造力,体现出领导能力和责任感,以及展示出创业能力。在一定程度上,这些技能是在学校环境外培养而成的,但可通过教育和培训来进一步完善这些技能。职业技术技能是指从事特定工作需要的特定技能,可以通过与中学教育和正规职业技术教育相联结的工作场所项目获得,或通过包括传统学徒制和农业合作社在内的基于工作的培训获得。[3]

尽管由于各国经济发展与劳动力市场状况不同,对职业能力构成的侧重点有所不同,但都普遍认为职业能力是由知识、技能和个性心理特征构成的

---

[1] 翟海魂.发达国家职业技术教育历史演进[M].上海:上海教育出版社,2012:212-213.
[2] 徐朔."关键能力"培养理念在德国的起源和发展[J].外国教育研究,2006(6).
[3] 联合国教科文组织.反思教育:向"全球共同利益"的理念转变?[M].北京:教育科学出版社,2017:32.

一个混合结构。根据工业与组织心理学的理论,可以将这些能力划分为四个维度:思考能力、执行能力、对外连接能力和自我提升能力,国际组织与部分国家对职业能力结构的认识参见表9。

表9　　　　　　　　　　国际组织和部分国家职业能力评价体系

维度	能力项	联合国教科文组织	经济合作与发展组织	欧盟	美国	加拿大	澳大利亚	新西兰	德国	瑞士	荷兰	芬兰	比利时	奥地利
思考能力	批判性思维		✓				✓	✓	✓	✓	✓		✓	✓
	问题解决	✓		✓	✓		✓	✓	✓	✓	✓	✓	✓	✓
	创新能力	✓	✓	✓	✓	✓	✓	✓	✓	✓	✓	✓	✓	✓
执行能力	语言与写作	✓	✓	✓	✓	✓	✓	✓	✓	✓	✓		✓	✓
	阅读理解		✓		✓	✓								✓
	应用科学		✓	✓	✓	✓		✓		✓	✓	✓		✓
	应用数学		✓	✓	✓		✓	✓		✓		✓	✓	✓
	信息技术		✓	✓	✓	✓					✓	✓		
	时间管理					✓				✓				
对外链接	理解他人	✓		✓	✓	✓	✓	✓	✓	✓	✓	✓	✓	✓
	演讲能力							✓	✓	✓	✓		✓	✓
	沟通能力	✓		✓	✓	✓	✓	✓	✓	✓	✓	✓	✓	✓
	冲突管理									✓			✓	
	团队合作	✓		✓	✓	✓	✓	✓	✓	✓	✓	✓	✓	✓
	领导力		✓		✓	✓	✓	✓	✓	✓	✓	✓	✓	✓
自我提升	心理弹性		✓		✓	✓		✓		✓	✓		✓	✓
	责任感与职业道德	✓		✓	✓						✓			
	成就动机		✓		✓		✓	✓	✓	✓		✓	✓	✓
	学习能力	✓					✓	✓	✓		✓			✓
	积极心态						✓	✓		✓				✓

资料来源:黄晓婷.基于行业需求的职业能力评价研究:以学前师资为例[R].2017.

我国对职业能力的关注和研究是在改革开放后随着国际职教合作项目的开展而开展的,主要以能力为基础的职业教育(CBE)和德国双元制试验为代表。2006年,教育部、财政部下发的《关于实施国家示范性高等职业院校建设计划加快高等职业教育改革与发展的意见》(教高〔2006〕14号)明确要求:"各地要引导示范院校科学合理地调整和设置专业,改革课程体系和教学内容,将职业岗位所需的关键能力培养融入专业教学体系,增强毕业生就业竞争能力。"该文件明确提出了"关键能力"的概念。2013年,人力资源和社会保障部编制的《国家技能人才培养标准编制指南(试行)》,将"职业能力"界定为在真实的工作情境中整体化地解决综合性专业问题的能力,是人们从事一个或若干相近职业所必备的本领,是通用能力和专业能力的综合。其中通用能力是指从事相应职业所应具备的社会能力和方法能力,包括职业素养、与人交流、与人合作、自我学习、解决问题、信息处理、数字应用、外语应用、创新能力、管理能力等;专业能力是指人们运用知识和技能解决某一特定职业工作中实际问题的能力,包括工作标准的把握、工作方法的运用、劳动工具的使用、劳动材料的选择等。关键能力和核心素养新思维正在引领和推动职业院校对学生职业能力的培养培训工作。

2. 建立以职业资格标准为依据的职业教育标准

职业资格是指能够完成一系列具体的专业任务所包含的知识、技能和态度,代表着"劳动力市场"层面的培训和就业之间的关系。① 职业资格证书包括三个要素,即标准、模块和证书。标准是指对职业资格证书等级进行划分的基本依据,反映了雇员必须知道并能应用于专业实践的知识,这些标准要制成文件,获得政府部门和社会团体的认可。模块是指培训课程的构成成分,通过学习这些模块,个体可能获得被专业团体正式认可的职业资格证书,这些模块可被学校和培训提供者用于开发特定的课程,且必须获得专业团体

---

① [德]费利克斯·劳耐尔,[澳]鲁伯特·麦克林.国际职业教育科学研究手册[M].赵志群等,译.北京:北京师范大学出版社,2014:275.

的正式认可。证书是对标准的正式认可,通过一个评价过程,确认个体达到标准后就可颁发职业资格证书,意味着获得了政府认可,可以进入劳动力市场以及获得继续教育的机会。[①] 在这三个要素中,核心要素是标准,因为模块实际上是标准的具体化,而证书则是标准的正式认可凭证,技能标准帮助劳动者完成层级式的技能认证。

国家职业标准是在职业分类的基础上,根据职业(工种)的活动内容,对从业人员工作能力水平的规范性要求,是从业人员从事职业活动、接受职业教育培训和职业技能鉴定以及用人单位录用、使用人员的基本依据,在整个国家职业资格体系中处于龙头位置。由于我国现行职业标准源于计划经济体制下制定的工人技术等级标准,通常采用知识分析法,更多地强调带有学科体系的框架和特征,尽管近年来开始采用工作分析法,但更多地是直接反映或调控劳动者使用的生产技术工艺和设备,而不是直接映射和调控劳动者胜任各种职业所需的综合职业能力。为此,完善国家职业标准编制应当在以职业活动为导向、以职业技能为核心的总原则指导下,运用职业功能分析法,按照模块化、层次化、国际化和专业化的方向发展,使国家标准成为基于职业必备能力,构建以综合职业能力培养为核心的技能人才培养标准和培养模式,并为一体化课程规范的开发提供依据。

我国职业资格证书存在"证出多门""分头管理"的现象。根据有关部门对专业技术类职业资格的不完全统计,国内所有依据国家单项法律规定和国务院条例设置的职业资格占全部职业资格总数的20.8%,依据部门和省市文件设置的职业资格占51.2%,其他事业单位、协会、企业等设置的职业资格占28%。[②] 这种对职业资格证书的多方认证与管理,影响了职业资格证书制度的权威性和统一性,抬高了就业门槛,更阻挡了就业创业之路。自2013年以来,针对原有职业资格设置缺乏法律法规依据、过多过滥等问题,国务院

---

① 石伟平.时代特征与职业教育创新[M].上海:上海教育出版社,2006:397.
② 张涵,肖健.我国职业资格证书制度的现状、问题与发展对策[J].职业教育研究,2008(7).

分七批取消了 434 项职业资格,占总数的 70% 以上[①],有效降低了社会就业创业门槛,减轻各类人才和用人单位的负担,推动职业资格纳入依法管理轨道。职业资格证书作为接受培训者知识、技能和能力特质的认证,应更多运用法律的办法和市场的办法加以规范,将依法设置的职业资格纳入国家清单目录,建立统一而权威的国家职业教育与培训质量管理机构,协同行业企业和其他部门团体为不同职业开发技能标准,并负责职业资格认定和证书管理,保证职业资格证书质量的一致性和效力的权威性。同时,建立健全技能人才多元评价体系,对个体在工作过程中和工作之外的活动中所获得的能力进行鉴定,推进企业技能人才评价,促进教育培训与企业生产活动更紧密地结合,使职业资格证书教育紧跟生产与技术的发展。

职业资格证书制度是国际上管理劳动力的一种通行做法,伴随着我国进一步扩大对外开放,"走进来"和"走出去"并举,劳动力的国际流动和境外就业更加普遍,但职业技能鉴定与评价活动本身属于一项技术性工作,我国在职业技能标准和考评技术领域的研究和使用起步较晚,开展国际交流合作十分必要,学习和引进国际先进、成熟、适用的职业资格证书体系和技能人才培养模式,开发与国际先进标准对接的专业标准和课程体系,加快培养适应我国企业走出去要求的技术技能人才,提升职业教育服务贸易的国际竞争力。

3. 开展以现代学徒制为范式的职业教育人才培养模式改革

职业能力作为在真实的工作情境中整体化地解决综合性专业问题的能力,是人们通过学校教育、工作和培训等多种互动机制学习、获得并形成的。然而,由于学校教育通常按照学科来划分,劳动力市场不仅需要有关学科领域知识和技能的"硬能力",更需要沟通能力、团队合作、价值观和道德等"软能力",这些能力通常需要大量的实践来培养,需要企业的深度介入,工作场

---

① 李克强再谈清理职业资格:政府要管住那只"闲不住的手"[EB/OL]. 2017-05-24. 中国政府网, http://www.gov.cn/guowuyuan/2017-05/24/content_5196545.htm.

所学习是学习者发展工作能力的重要途径,现代学徒制成为当前国际上职业教育培养技术技能人才的成熟方法和流行模式,凡是拥有发达和富有成效的职业教育的国家,都有良好的职业教育学徒制人才培养模式。现代学徒制与非正式的学徒制或其他基于工作场所学习形式的区别参见表10。

表10 现代学徒制与非正式学徒制或其他基于工作场所学习安排的特性比较

类型	工资	法制框架	基于工作场所	学习项目	在职培训	脱产培训	正式评估	认证证书	持续时间
受训	可能	无	有	无	可能	无	无	无	可变
实习	无	无	有	无	可能	无	无	无	可变
非正式学徒制	零用钱或之类的	无	有	无	可能	无	无	无	可变
工作场所学习	有	无	有	无	可能	无	无	无	可变
学徒制	有	有	有	有	有	有	有	有	固定

资料来源:H Steedman. Overview of Apprenticeship Systems and Issues:ILO Contribution to the G20 Task Force on Employment[EB/OL].(2012). https://papers.ssrn.com/sol3/papers.cfm?abstract_id=2283123.

我国在计划经济时代形成过非常成熟的厂内学徒制,改革开放以后,技术技能人才形成的路径由厂内培养主要转向学校培养,这对于处于市场供给不足和发展方式粗放阶段的企业和经济运行还算可行,但对定位于高技术、精湛和创新工艺以及智能化生产的企业来说就远远不够了。为此需要重构基于深度校企合作的现代学徒制,积极探索联合培养、订单培养、工学交替等多样化的人才培养模式,推动专业设置与产业需求、课程内容与职业标准、教学过程与生产过程相对接,使职业院校真正培养出社会生产、建设、服务、管理第一线需要的、具有综合职业能力和全面素质的技术技能人才。2014年2月,国务院常务会议部署加快发展现代职业教育,提出开展校企联合招生、联合培养的现代学徒制试点。2015年8月,教育部公布首批165家试点单位,人社部和财政部在12个省份开展企业新型学徒制试点工作。校企结合、工学结合的人才培养模式改革是现代学徒制试点的核心内容。

（1）订单培养。订单培养是职业院校与企业就人才供需与培养达成契约或合同关系，由职业院校根据企业提出人才的数量、知识水平以及职业技能等要求，开设专门的订单班或专班（通常以某企业名称命名），培养企业所需相应数量与质量的人才，学生毕业后直接到该企业就业。企业根据双方的协商，与学校共同制订人才培养计划（包括专业设置、课程建设、教学实施、考核鉴定等），学生的基础理论课和专业理论课由学校负责完成，学生的生产实习、顶岗实习在企业完成，毕业后即参加工作实现就业，达到企业人才需求目标。在东莞，全市中职学校均与国内外大型企业组建企业专班，不少企业专班还实行校企联合招生、联合培养，实行招生即招工、毕业即就业。

（2）教学工厂。这种模式是把工厂的环境和教室融合在一起，将工厂的工作环境、应用技术尽可能多地模仿到学校的教学过程中去，将传统教室教学转变为"教学工厂"，通过在学校建立实验室、车间、厨房、饭店、模拟企业、仿真或者实体企业项目等进行职业教育与培训，在学校内实行理论学习与顶岗实训相结合。这种模式把企业的生产车间引进校园，让学生在真实的企业生产环境中学习训练，构成必修课程的一部分，实现学校教学与企业培训、用人标准与培养目标、实训实习与企业生产的有机结合。如顺德职业技术学院与佛山市顺德区工大先行微电子技术有限公司开展"校中厂"合作，建立了面向行业的"校中厂"合作平台，实行以企业运作为导向的教学。

（3）现代学徒制试点。由企业和学校共同推进的一项育人模式，其特点是坚持校企双主体育人、学校教师和企业师傅双导师教学，明确学徒的企业员工和职业院校学生双重身份，签好学生与企业、学校与企业两个合同，形成学校和企业联合招生、联合培养、一体化育人。[①] 这是一种以企业为主导的

---

① 教育部．关于开展现代学徒制试点工作的意见（教职成〔2014〕9号）[EB/OL]．http：//www.moe.edu.cn/srcsite/A07/s7055/201408/t20140827_174583.html．

深层次的校企合作模式。到 2016 年底,教育部备案审核了 163 家首批现代学徒制试点单位(牵头单位为高职院校的试点单位共计 100 所),共计参与企业 1 878 家,院校 370 所,试点专业 535 个,涉及学生 36 228 人,各试点共承诺投入资金 5.9 亿元,发挥企业重要办学主体作用,联合开展工学交替的育人模式。[①] 如顺德陈村职业技术学校 2013 年和广东科达洁能股份有限公司共同开展机械加工技术专业、机电技术应用专业现代学徒制试点,探索出"双轨四段制、一体化、八共同"的人才培养模式。

(4) 国际合作办学。中外合作办学是引入境外学校、企业和组织的优质资源,特别是引进和借鉴欧美先进、成熟适用的职业标准、专业课程、教材体系、数字化教育资源和职业资格认证体系,以中外合作办学机构和项目的形式联合培养高技能人才。国家鼓励在职业教育和高等教育领域开展中外合作办学,具体形式包括职业院校与国外机构合作举办独立职业教育机构,或合作开办专业课程项目、共建实验室或实训基地,建立教师交流、学生交换、学分互认等合作关系。一些地方和职业院校通过对中外合作办学人才培养目标与学生培养全过程进行系统设计,对引进的教育理念、课程体系和教学模式进行消化、吸收和创新,实现了国外先进职业教育模式的本土化。

(5) 推进信息技术应用。顺应"互联网+"的发展趋势,以促进信息技术与职业教育教学深度融合为着力点加快推进职业教育信息化,是职业人才培养模式创新和提高人才培养质量的重要环节。许多职业院校以建设数字校园、智慧校园为引领,完善宽带、泛在、安全的网络基础设施,重点建设多媒体教室、数字化实验室、网络教室、仿真实训基地、远程教育培训中心等职业教育信息化环境,开展虚拟仿真实训、触控操作、远程辅导等信息化教学革新,如在现场实习安排困难或危险性高的专业领域,开发替代性虚拟仿真实训系统;针对教学中难以理解的复杂结构、复杂运动等,开发仿真教学软件,推进

[①] 职成司. 高职创新发展扬帆起航行动计划落实后程可期——《高等职业教育创新发展行动计划(2015—2018 年)》2016 年执行情况综述[EB/OL]. http://www.moe.cn/s78/A07/zcs_ztzl/ztzl_zcs1518/zcs1518_zcjd/201706/t20170613_306783.html.

优质教育资源共建共享与有效配置,推广教学过程与生产过程实时互动的远程教学,形成微课程、翻转课堂等新型教学模式和个性化学习、自主学习等新型学习模式,促进大数据支持的人才培养全过程质量监控、评估与改进,不断提高技术技能人才培养质量。

(6)学业+创业。与国家提出的"大众创业、万众创新"政策相呼应,深化高等学校创新创业教育改革,是推进高等教育综合改革、促进高校毕业生更高质量创业就业的重要举措。职业院校是实施大众创业、万众创新的重要基地,培养大量具有创业精神和创业能力的高素质技能型人才,从就业教育走向创业教育,无疑会增加职业教育的吸引力和生命力,无疑会提升职业院校学生走向成功的自信心。许多职业院校纷纷将创业教育工作纳入学生培养体系,通过搭建创新创业实践平台、开设创业教育课程、开展创新创业训练项目、举办各类科技创新、创意设计比赛等形式,营造人人都能创新的氛围,学生的创新成果不断涌现,毕业生自主创业群体不断扩大。浙江省义乌工商职业技术学院紧密依托义乌市场优势,结合办学实际和市场需求走出了一条以"创"立校的特色办学之路,形成了创业教育、创意教育、国际教育三大特色教育,在培育创业创新人才,服务地方经济方面取得了突出成绩。

4. 加强职业教育"双师型"教师队伍建设

基于职业教育在教育过程中的实务导向,教师作为教学计划设计与执行的关键人员,自身必须具备良好的专业实务能力。德国的学徒制之所以质量得到保证,关键在于拥有良好的师傅制度,有着企业内稳定的师徒关系作保障。正是这种师徒关系,使其技术技能人才能获得大量特殊的技术专业知识,并能通过师徒传承持续地在某技术领域进行创新改进。企业接收及教育学徒必须以拥有一定比率的合格师傅为前提,规定"只有具备相应人品资质者,才能接收学徒;只有具备相应人品和专业资质者,才能教育学徒"。实训教师资格通常通过师傅证书考试而获得。[①] 在我国,对于"双师型"教师标准

---

① 苗晓丹.创新背景下的德国职业教育体系及质量研究[M].北京:光明日报出版社,2017:123-130.

不统一,认定及评聘存在较大差异。2013年,教育部在制定的《中等职业学校教师专业标准(试行)》(教师〔2013〕12号)中明确了国家对合格中等职业学校教师专业素质的基本要求,但各地对"双师型"教师的认识不统一,地方政府出台的"双师型"教师认定和评聘标准存在较大差异,有些地方认为有"双证书"即是"双师型"教师,有些地方把教师参加企业实践和培训的时间作为"双师型"教师的认定指标。当前急需进一步制定和完善"双师型"教师认定和评聘标准,并对不同层次、专业类别的"双师型"教师提出不同要求,比如学历要求、所在专业的实践工作经历、实践能力水平、应用技能水平或培训要求,以保证职业教育的教师水平和职业教育质量。

改革教师管理制度,聘请企业管理人员、工程技术人员和能工巧匠担任专、兼职教师,是加强职业院校"双师型"教师队伍的重要途径。2012年,教育部、财政部、人力资源和社会保障部等制定的《职业学校兼职教师管理办法》(教师〔2012〕14号),鼓励和支持职业学校面向企事业单位广泛聘请专业技术人员和高技能人才担任兼职教师,兼职教师可按照相应系列的教师评价标准参与职务评价,给予兼职教师从事职业学校相应教学岗位工作的专业身份。建立促进"双师型"教师专业化发展的校企合作伙伴关系,建立一批职业教育教师实践企业基地,实行新任教师先实践、后上岗和教师定期实践制度。东莞建立技能大师工作室(技师工作站),以拜师结对方式培养高技能人才。

(四)现代职业教育结构与学习型社会建设

现代职业教育是适应现代社会发展和劳动力市场需求、面向所有职业人的教育,随着新型城镇化的加快推进,城市成为越来越多的人实现社会价值和全面发展的主要社会活动空间,面对传统产业改造升级、新兴产业发展和新型城镇化过程中一线劳动者技术提升、职业转换、城市融入,将产生庞大的职业教育需求,包括从中等职业教育、高等职业教育等学校类型的职业教育到结合实际工作岗位开展的行业企业培训以及其他形式的社会职业教育,促进这些多种层次、多种形式的职业教育相互衔接、相互沟通,实现我国技术技能人才培养的系统化、人才成长道路的多样化和国家技术技能积累的制度化,是建设现代职业教育结构的重要任务。

1. 创新发展中等职业教育

中等职业教育是我国高中阶段教育的重要组成部分,一方面承担着普及高中阶段教育的责任,另一方面肩负着培养一线劳动者和实用型人才的责任。中等职业教育改革要适应产业结构和技术结构升级的需求。既要考虑到未来非常规脑力劳动需求显著增加的趋势,区域经济发展对人才需求的多样化差异化的趋势,又要考虑劳动密集型和资金密集型制造业仍将占有一定比例,在高中阶段仍将实行普职分流。

进入21世纪以来,随着我国高等教育大众化进程的加快,高等教育毛入学率和普通高中毕业生升学率不断提高(图10),2015年高等教育毛入学率已达到40%,普通高中升学率达到92.5%,在高中适龄人口剧减的情况下,招生难已经不限于中职学校,以普通高中毕业生为主要生源的普通高等教育也开始出现生源危机,部分高职乃至本科院校出现了招生难现象。同时,随着中职升高职途径的放开,部分发达地区中等职业教育的升学功能超过了就业功能,大多数学生毕业后选择升学而不是直接就业,许多中职学校甚至开设"高考班",以此来吸引生源,使得职业学校与普通高中别无二致,违背了职校的办学初衷。2016年,全国中等职业学校毕业生人数为474.71万人,升入各类高一级学校就读的占25.10%,中高职衔接为更多中职毕业生接受更高层次教育提供了机会。① 在有些地区和学校,中职教育已演化为高等职业教育的预备教育。

---

① 教育部. 2016年中职毕业生就业率达96.72%[EB/OL]. 2017-4-21. http://www.moe.edu.cn/jyb_xwfb/gzdt_gzdt/s5987/201704/t20170421_303035.html.

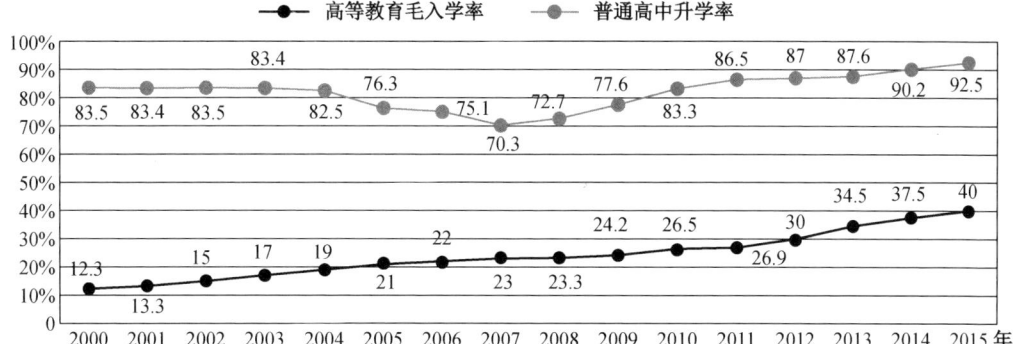

注：普通高中升学率为普通高校招生数与普通高中毕业生数之比。
数据来源：教育部发展规划司.中国教育统计年鉴(2015)[M].北京：人民教育出版社，2016.根据提供的数据绘制.

图 10　高等教育毛入学率和普通高中升学率

中等职业教育发展面临困境，根本上不是社会发展不需要职业教育。不论是经济发展新常态下加快产业结构调整，高科技发展趋势下适应工作岗位技能的需求变化（表11），还是新型城镇化背景下实现劳动力就业，以培养中级技能型人才为主的中等职业教育仍大有用武之地，关键是中等职业教育的吸引力不足，即使在国家为家庭经济困难学生就读中职免除学杂费的情况下，普职比"大体相当"依然难以维持。研究表明，在经济发展初期，职业教育呈现上升趋势，当经济发展进入中等收入阶段以后，普通教育的比重又开始提高。① 中等收入向高收入过渡必将伴随着经济结构的剧烈变动，相应地，就业岗位、职业与行业特征都将发生明显变化，在经济结构变化方向并不明确的情况下，普通高中与通识教育所积累的一般性知识能够在更长的时期里对人力资本的更新产生作用。从我国目前的发展阶段看，将增量教育资源配

---

① G Bertocchi，S Michael. The Evolution of Modern Educational System：Technical vs General Education，Distributional Conflict，and Growth[J]. Journal of Development Economics，2004(73)：559-582.

置到普通高中对于未来的经济结构调整有重要意义,同时为降低对职业教育既有投资造成的潜在风险,应该加大职业教育改革的力度,切实提高中等职业教育的质量。① 各地在加快普及高中阶段教育的过程中,统一固守普职比"大体相当"的要求需要重新考虑,中等职业教育发展模式需要创新。

表11　　　　　　　　工业机器人应用岗位、核心技术和人才需求

岗位	核心技术	中职	高职	应用本科	合计
现场编程	指令应用	10%			10%
生产线维护	机电技术(含编程)	10%	30%		40%
生产线改进、维修	机电技术设计(含编程)		3%	10%	13%
工作站开发	工艺、机电、夹具开发、通信		2%	5%	7%
工作站方案工程师	仿真、工艺、机电设计		3%	2%	5%
销售			4%	6%	10%
技术支持	生产线维护经验		5%	10%	15%
合计		24%	49%	27%	100%

资料来源:姜大源.关于加固中等职业教育基础地位的思考[J].中国职业技术教育,2017(12).

因地制宜,中等职业教育发展不再统一固守普职比"大体相当"的硬性规定。基于经济发展和科技进步的人力需求,发达国家对高技能人才的需求呈上升趋势。据世界银行提供的资料,欧洲高技能工人的比例将由目前占技能人才总量的31%增加到38%,到2025年低技能工人将从目前的22%降至14%;在美国,呈现出同样的变化趋势,到2025年,大部分就业机会的增长主要在商业和服务业领域,并且都需要高技能资质。② 我国基本上借鉴欧洲以初中后分流为主的模式,考虑到未来非常规脑力劳动需求显著增加的趋势,以及区域经济发展对人才的差异需求,充分尊重家长和学生受教育的选择权,普职分流比例不能搞"一刀切"的硬性规定,在经济相对发达的地区或城

---

① 都阳.低生育率时代的经济发展:结构、效率与人力资本投资[J].国际经济评论,2015(2).
② 于志晶."十二五"以来我国职业教育重大政策举措评估报告[J].职业技术教育,2017(12).

市,职业教育重心应放在高职,把一大批技能人才的文化程度从初中水平提高到普通高中毕业水平。①

扩大服务对象,进一步拓宽中等职业学校的生源渠道和区域范围。中等职业教育不等同于15~17周岁年龄段的学校学历职业教育,不能仅仅局限于需要接受早期技能训练或者接受普通教育有困难或缺乏机会的学龄人口,应当引导往届初中毕业生、未升学普通高中毕业生、青年农民、城乡劳动者、退役士兵等接受中等职业教育,乃至高等教育后"回炉"和中年或老年人接受中等职业教育,实现面向所有人的教育。特别是要适应城镇化发展趋势,有序落实进城务工人员随迁子女参加中考、接受高中阶段教育的相关政策,让外来人口能够在城市接受优质的职业教育,支持中西部贫困地区学生到东部地区接受优质中职教育。优化中等职业学校结构布局,推动县区职业教育中心(中等职业学校)成为区域学历教育、技术推广、扶贫开发、劳动力转移培训和社会生活教育的开放平台,将服务网络延伸到社区、村庄、合作社、农场、企业。

推进普职融合,构建开放而灵活的职业教育结构。高中教育的复杂性,办学目标与任务的多样性以及高中学生需求的多样性,客观上要求高中要将升学目标与就业目标结合起来。鉴于目前普通高中与中等职业学校体制分割,要着力建立普通高中与中职互通机制,实现课程互选、学分互认、资源共享,探索将一部分中职学校并入普通高中,或者改办成综合高中或其他特色高中。普通高中也应增开职业技术课程,使学生根据自己的兴趣、能力和需要,选择适合自己的职业生涯发展计划和课程方案,将课程选择权利还给学生,普通高中与职业学校也不再是泾渭分明的两种完全不同的学校。畅通中等职业学校毕业生的升学通道,中职和高职之间应构建更有效的内部联系,实现专业有所对口、课程有所对应、内容有所区分、知识与技能由浅入深、能力递进应成为中高职衔接的主线。

---

① 欧阳河.未来职教重心应放在高职[N].中国青年报,2016-12-2.

2. 优化中高职衔接模式

中高职衔接是指按照建设现代职业教育结构的要求，推动中等和高等职业教育协调发展，系统培养适应经济社会发展需要的技能型特别是高端技能型人才。我国中高职衔接起步于 20 世纪 90 年代，比较典型的模式有高职五年一贯制、高职院校对口招生、中高职衔接"三二分段"等模式。从 2012 年开始，我国开展了"中职升本"教育模式的探索，主要采取两种形式：一种是中职学校和普通本科联合开展"中专＋本科"分阶段培养，另一种是中职对口本科培养模式。

高职五年一贯制模式。招收参加中考的初中毕业生，达到录取成绩后，直接进入高等职业技术院校学习，进行一贯制的培养，完成五年学习，达到毕业条件由学校颁发高职毕业证书。五年制高职以独立设置的职业技术学院为主要办学主体，定位在一些特殊行业的相关专业，一般 2 学年中等职业教育课程学习，2 学年高等职业教育课程学习，1 学年企业顶岗实习，由于五年学习过程在一所学校内完成，其教学计划的整体性强，课程内容、难度和体系上便于统筹设置，从而避免了课程内容的重复或遗漏。因为培养周期长，在高规格人才方面有更多优势。在一些地区，五年一贯制成为初中毕业生直接接受高等教育的一种重要途径，人才培养的衔接主体主要在中职学校自己举办的高职班，演变为中职的变相升格。

高职对口招生模式。从全国范围来看，面向中职生源自主招生的院校是国家示范、国家骨干和省级示范性建设院校。具体招生方式有三种：一是高职对口自主招生。如广东省高职院校突出以技能为核心的职业教育教学特色，在制定实施对口招生方案中，试点高职院校自主制订考试大纲、自主命题、单独考试、提前录取考生。优秀的应、历届中职生皆可报考，所学专业与所报考的高职院校招生专业大类相对应，并取得与所报考的高职院校招生专业大类相关的职业资格技能等级证书。二是面向"三校生"（中等专业学校、职业高中、技工学校）的全省统一的技能高考，提高中职毕业生升入高职的比例。如山东省自 2012 年率先建立春季高考制度，重点面向中等职业学校毕业生，同时也面向普通高中毕业生，实行"知识＋技能"考试模式，由省统一命题,统一组织考试,主要为高职院校选拔合格生源。三是自主招生免试入学。2005年,天津市率先实行中高职衔接"技能优胜晋升"模式,凡在全市中等职业学校技能竞赛中获得一等奖、二等奖的中职毕业生,可以免试直接保送到高职院校继续深造。这类中高职衔接模式,尽管在一般情况下高职招生专业要求对应中职学校专业及技能(证书),但存在培养目标、课程内容、教材等方面衔接不紧密的问题。

中高职"三二分段"贯通培养模式。中职学校和高职院校选取对应专业招收初中应届毕业生,制定中职学段(三年)和高职学段(二年)一体化的人才培养方案,分段开展教学活动,中职学校按照一体化的专业人才培养方案负责实施前三年的教学和学生管理工作,组织学生参加相关专业技能证书考试,确保教学质量。高职院校负责督导中职学校执行人才培养方案,实施后两年的教学和学生管理工作,高职学段的转段招生选拔考核由高职院校会同对口中职学校自主组织,原则上在中职学段的第五学期至第六学期进行,考核内容包括综合文化知识、专业知识和专业技能,鼓励积极探索过程考核和综合评价,突出专业技能。广东省从2010年开始启动中高职"三二分段"试点,有10所高职和48所中职参加,对口招生8 680人,到2016年已发展到试点院校为49所高职和178所中职,582个专业点,招生26 000余人。[①] 由于现行国家中职专业目录和高职专业目录并不存在一一对应的关系,专业设置的口径宽窄不一,中高职专业衔接宜以专业群的形式宽口径衔接,以增强中高职相近专业的相容性和衔接性。

中职直通本科"3+4"分段培养模式。高等本科职业教育是培养基础理论扎实的高素质的技术应用型和职业技能型高级专门人才,"3+4"分段模式,即3年上中职、4年上本科,实行"一体化"培养,7年培养期间,由中职学校与本科院校共同制定对口专业理论知识课程和技能训练课程相衔接的教学体系,系统培养本科层次的复合型、应用型技术人才,学生经7年学习毕业

---

① 广东省教育研究院.广东教育蓝皮书——广东教育改革发展研究报告[M].广州:广东高等教育出版社,2017:85-86.

考核合格,由本科院校颁发本科教育学历证书。试点中职学校选择国家中职改革发展示范学校,试点专业为省级骨干专业和特色专业;试点本科院校选择有技术技能人才培养经验的省属本科院校;对于试点项目学生的转段升学考试,本科院校应组织中职学校共同研究制定转段升学实施方案,明确过程考核、综合评价、课程考试的内容和要求,以人才一体化培养为核心,推进在人才培养目标、行业指导作用、校企深度合作等方面的衔接。

  在国家和地方职业教育政策的指导与保障下,我国中高职衔接在实践层面取得了一定的进展,职业教育结构内部中职和高职已在学制和招考制度等形式上实现了接轨,但整体来看,在培养目标定位、课程体系衔接、成果评价机制等实质性方面推进困难重重、问题颇多。构建现代职业教育结构,推进中等和高等职业教育紧密衔接,根本目的在于增强职业教育支撑产业发展的能力,为学生多样化选择、多路径成才搭建"立交桥",为此需要在深化中高职内涵衔接上寻求新路径,如加快完善国家职业资格标准体系,充分发挥行业企业在制定国家职业标准中的重要作用,为实现中等和高等职业教育在培养目标、专业内涵、课程体系等方面的延续和衔接搭建平台。

3. 发展本科层次职业教育和引导一批普通本科高校向应用技术型高校转型

  随着我国高等教育进入大众化阶段并向普及化发展,人才供给与需求关系发生了深刻变化,高等教育人才培养与经济社会发展需求的结构性矛盾却日益突出,引导部分地方普通本科高校向应用型转变即高校转型发展,着力改变高等教育的类型结构和人才培养模式,实质上是我国高等教育供给侧结构性改革。2014年5月,国务院印发《关于加快发展现代职业教育的决定》(国发〔2014〕19号),提出引导一批普通本科高校向应用技术类型高校转型,重点举办本科职业教育,建立专业学位研究生培养模式。2014年和2015年中共中央、国务院颁布的《国家新型城镇化规划(2014—2020年)》《关于深化体制机制改革加快实施创新驱动发展战略的若干意见》和《中国制造2025》(国发〔2015〕28号)都明确要求引导、推动部分地方普通本科高校向应用型高校转型发展。2015年10月,教育部、国家发改委、财政部联合下发《关于引导部分地方普通本科高校向应用型转变的指导意见》(教发〔2015〕7号)强调,坚持试点引领、示范推动、强化评价引导等方式,推动部分普通本科高校转型发展,明确提出了四个转变:一是办学思路要转到服务地方经济社会发展上来;二是办学方式要转到产教融合校企合作上来;三是人才培养定位要转到培养应用型、技术技能型人才上来;四是人才培养目标要转到增强学生就业创业能力上来,从而实现转型高校服务区域经济社会发展和创新驱动发展的能力提升,不断完善促进转型发展的政策体系,引导高校从治理结构、专业体系、课程内容、教学方式、师资结构等方面进行全方位、系统性的改革。2017年1月,国务院印发《国家教育事业发展"十三五"规划》(国发〔2017〕4号),再次强调推动具备条件的普通本科高校向应用型转变,提出到"十三五"末,建成一批直接为区域发展和产业振兴服务的中国特色高水平应用型高校,形成科学合理的高等教育结构。

转型的主体是学校,转型的责任在地方。到2016年3月,有20多个省、200多所学校开展推进转型试点工作[①],各地根据区域经济社会发展和高等教育整体布局结构,制定转型发展的实施方案。上海、浙江、辽宁、山东、广东、河北、河北、重庆、四川、湖北、吉林等省市相继出台地方高校转型发展实施方案和实施意见,遴选一批转型发展试点高校、试点二级学院和试点专业(集群),出台了一系列支持政策(表12),促进地方高校走应用转型发展之路。

表12 部分地区推进地方本科高校转型发展的实践方式与做法

地区	转型方式	试点情况	文件
上海市	专业	确定上海第二工业大学的"机械工程"等26个专业列入第一批上海市属高校应用型本科试点专业	《上海市教育委员会关于开展上海市属高校应用型本科试点专业建设的通知》(沪教委高〔2014〕43号)

---

① 袁贵仁.全国两百多个高校正在积极稳妥地推进转型试点工作[N].人民日报,2016-3-11.

续　表

地区	转型方式	试点情况	文件
浙江省	整体	浙江师范大学等41所普通本科院校(含独立学院)走应用型发展道路,名单所列高校的应用型专业将占所在院校专业数的70%以上,在应用型专业中就读的学生将占所在学校在校生的80%以上	浙江省教育厅、省发展和改革委员会、省财政厅《关于积极促进更多本科高校加强应用型建设的指导意见》(浙教高教〔2015〕47号)
辽宁省	整体、专业	2015年,遴选10所左右高校(包括民办高校)、100个左右专业先期开展学校转型和专业转型	辽宁省人民政府办公厅《关于推动本科高校向应用型转变的实施意见的通知》(辽政发〔2015〕89号)
山东省	整体、专业	到2020年,建成60个左右高水平应用型重点专业,进入全国同类专业前10%,推动10所左右高校综合实力排名进入全国应用型本科高校前10%;培育建设40个左右专业,逐步达到高水平应用型重点专业建设标准	山东省教育厅、财政厅《关于实施普通本科高校应用型人才培养专业发展支持计划试点工作的通知》(鲁教高字〔2014〕14号)
广东省	整体	大部分普通本科高校原则上要向应用型高校转变,广东金融学院、广东财经大学等首批14所普通本科高校将试点转变为应用型本科高校	广东省教育厅、发展改革委和财政厅《关于引导部分普通本科高校向应用型转变的实施意见》(粤教高〔2016〕5号)
河南省	整体	黄淮学院、黄河科技学院等5所转型发展试点院校	河南省教育厅、发展改革委财政厅《关于引导部分本科高校向应用型转变的实施意见》(豫教发规〔2016〕95号)
河北省	整体	到2020年,建成10所左右普通本科高校转型发展示范校	河北省教育厅、发展和改革委员会、财政厅《关于印发河北省本科高校转型发展试点工作实施方案的通知》(冀教发〔2016〕40号)
重庆市	整体	6所本科院校开展整体转型试点	重庆市教委、发展和改革委、财政局《关于引导市属高校向应用型转变的意见》(渝教计〔2015〕15号)

续　表

地区	转型方式	试点情况	文件
四川省	整体	到2020年全省建成15所普通本科转型发展示范院校、200个应用型示范专业、400门应用型示范课程,实现校企合作的应用型专业在转型高校中达到70%以上,应用型专业在校生占所在院校在校生的比例不低于80%	四川省教育厅、发展和改革委、省财政厅、经济和信息化委员会、省人力资源和社会保障厅《关于引导部分地方普通本科高校向应用型转变的实施意见》(川教〔2016〕17号)
湖北省	整体、专业(集群)	确定23所本科院校作为试点高校,有18所高校整体改革,5所高校拿出部分本科专业和专业群试点,还有1所(武汉轻工大学)开展专业硕士试点	湖北省教育厅《关于在省属本科高校中开展转型发展试点工作的通知》(鄂教发〔2014〕5号)
吉林省	整体、二级学院、专业(集群)	确定整体转型试点高校9所、二级学院转型试点4个、专业(集群)转型试点23个	吉林省教育厅《关于在省属普通本科高校中开展转型发展试点工作的通知》(吉教高字〔2015〕31号)

资料来源:根据相关资料整理。

　　地方本科院校转型发展是深层次的结构性变革,地方普通本科院校的多样性决定了在转型发展的路径上没有唯一和统一的模式,根据所服务区域、行业的发展需求和办学基础、特色与优势,明确办学定位,立足改革,找准切入点、创新点、增长点,探索多样化转型发展路径。

　　明确办学定位,加快向应用技术大学转型。地方本科高校转型的本质,是服务面向、办学方向和办学思路的转变。应用技术大学不是一个大学名称,是产业转型升级和产业技术进步的产物,是基于实体经济发展需求,服务国家技术技能创新积累,立足现代职业教育结构,直接融入区域产业发展,集职业技术教育、高等教育、继续教育于一体的新型大学类型。[①] 在国家高等教育分类体系中,应用技术大学归属于应用型高等学校,即主要从事服务经

---

① 应用技术大学(学院)联盟,地方高校转型发展研究中心.地方本科院校转型发展实践与政策研究报告〔R〕. 2013-11. https://www.sogou.com/link?url = DSOYnZeCC_rLeEdbJ8z_pgzG6-3UXO0a6v75rjAyPHH9zGR_OaqRt01F_26FbsbLf8Cekb1q9iAdouMFti24HlK53QgBhpJDAR7mG_leOWg.

济社会发展的本科以上层次应用型人才培养,并从事社会发展与科技应用等方面的研究,区别于主要以培养学术研究的创新型人才为主,开展理论研究与创新,学位授予层次覆盖学士、硕士和博士,且研究生培养占较大比重的研究型高等学校,以及主要从事生产管理服务一线的专科层次技能型人才培养,并积极开展或参与技术服务及技能应用型改革与创新的职业技能型高等学校。① 在我国高等教育科类结构调整中,应将应用技术大学作为国家高等教育的重要组成部分,置其与普通大学同等地位。

调整服务面向,加快融入区域经济社会发展。地方性是应用技术大学的区域特征。一般来说,一个地(市)级城市只有一所地方本科高校,向应用技术大学转型成功的关键在于立足地方、依赖地方、面向地方、服务地方,特别是学科产业结构要与地方支柱产业及产业链(群)紧密对接,与当地创新要素资源对接,与经济开发区、产业聚集区创新发展对接,与行业企业人才培养和技术创新需求对接,适应、融入、引领所服务区域的新产业、新业态发展,形成地方(行业)急需、优势突出、特色鲜明的专业集群。在新型城镇化快速发展过程中,地方本科高校作为开展人才培养、技术创新、科技服务的重要平台和基地,增强其职业教育功能是提升劳动者技能与素质的最有效途径,开展继续教育和社区教育能够满足人们终身学习的需要,一部分地方本科高校转型发展为新型的城市大学。

加强内涵建设,构建应用型人才培养体系。在我国高等教育进入以质量提升为核心的内涵式发展新阶段,转型院校要从盲目追求培养层次升格和学生规模扩大转变为注重培养质量和提高办学效益,以产教融合、校企合作为突破口,实现学科专业建设、人才培养模式、科学研究、社会服务、师资队伍建设等方面的整体转型。围绕产业链、创新链调整专业设置,形成根据社会需求、学校能力和行业指导依法设置新专业的机制,集中力量办好地方(行业)急需、优势突出、特色鲜明的专业;重组以培养学习者技术技能和创新创业能

---

① 教育部.关于"十三五"时期高等学校设置工作的意见(教发〔2017〕3号)[EB/OL]. http://www.moe.edu.cn/srcsite/A03/s181/201702/t20170217_296529.html.

力为重点的人才培养流程,人才培养目标与行业需求对接,人才培养规格与工作岗位要求对接,课程内容与职业标准、教学过程与生产过程对接,建立校企一体、产学研一体的大型实验实训实习中心;制定多样化人才培养方案,根据学习者来源、知识技能基础和培养方向的多样性,探索有利于技术技能人才职业发展的考试招生制度,适当扩大招收中职、专科层次高职毕业生和在职技术技能人员的比例,全面推进模块化教学和学分制,建立与普通高中教育、中等职业教育和专科层次高等职业教育的衔接机制;科学研究以解决生产实际问题的应用技术研究为主,将企业技术革新项目作为人才培养的重要载体,主动承接地方继续教育任务,成为区域和行业的科技服务基地、技术创新基地、继续教育基地。

强化省级统筹,加大政策和经费支持力度。充分发挥省级政府统筹权,加强区域内产业、教育、科技资源的统筹和部门之间的协调,制定校企合作相关法规制度和配套政策,共同建设技术技能人才培养体系和技术技能积累创新体系。结合国家高等教育分类体系框架和本地区高等教育事业发展实际,因地制宜地构建符合本地省(区、市)情和发展需要的高等教育分类体系,积极探索建立不同类型高等学校的拨款标准、质量评估、人事管理、监测评价等管理制度。落实和扩大试点高校的专业设置、考试招生、教师聘任聘用、教师职务(职称)评审、财务管理等方面的自主权,建立起行业企业参与的治理结构。开展转型发展成效评估,对改革成效显著的省(区、市)给予奖励,推广一批试点方案科学、行业企业支持力度较大、实施效果显著的试点典型高校,并加大政策和经费支持力度。

4. 推进工作场所学习与创建学习型企业

随着知识经济时代的来临,工作世界变得日趋复杂和充满不确定性,快速的发展使得人们很难预测到职业的未来和非常特殊的技能需求,工作场所不仅被视为工作生产的场域,而且被视为一种学习和发展的重要环境,工作场所学习被视为企业人力资源开发和员工个体职业能力提升的重要途径,它以个体(成人)、群体或组织为学习本体,广义上包括一切与工作相关的学习、关于工作的学习、为了工作的学习、通过工作的学习和在工作中学习等。[①]工作场所学习的内涵和内容已远远超出了人们离开学校进入职场后个体持续发展和组织不断进步的培训范畴,学习不再是需要从生产中抽取出时间来进行的活动,而是把学习视为一项生产活动,把生产活动视为一项学习活动,"工作组织"向"学习组织"转变,创建学习型组织成为一种促使企业获得竞争优势的手段,特别是在员工的招聘和培养、创新实践的发展和新知识的生产等方面具有重要意义。此外,基于工作场所学习能够满足个体自主发展和工作适应的需求,而且是诸如交际、问题解决、团队工作、信息技术、客户服务等技能发展的关键场所,在德国、芬兰、澳大利亚等一些国家,将工作场所学习作为职业教育系统的重要组成部分,以促进学生职业知识和技能的获得,帮助学生快速进入和适应劳动力市场。

长期以来,我国行业、企业一直是职业教育的重要办学主体,主要以职工大学、职工中专、技工学校和企业培训中心的形式存在和发展,面向企业在职职工和社会人员,承担着学历教育和技能教育的双重任务。随着20世纪90年代建立市场经济体制过程中劳动力市场政策调整、政府机构改革和企业分离办社会工作的推进,多数由中小国企举办的技工学校或关闭或改制为民营惨淡维持,大型国企举办的职工大学或转为企业培训中心或单独举办职业技术学院。进入21世纪,随着知识经济时代的来临,经济转型升级、产业结构调整使得人才资源成为转型发展的第一资源,国家鼓励行业和企业举办或参与举办职业教育政策密集出台,出现了校中厂、厂中校、职教集团、企业冠名学院与科技产业园等校企一体化办学形式。同时,承担企业员工技能培训的企业培训机构成为成人职场教育及终身学习的重要途径,其中一些转变为具有人才培养、知识创新、文化传承、前瞻研究、变革管理、价值链整合、提升竞争力等多重功能价值的企业大学,自1998年海信集团和春兰集团分别创建自己的企业大学,到2013年,中国企业大学的数量已超过2 000所,近5 000

[①] 马颂歌,吴刚.工作场所学习的类型辨析——历史渊源与理论模式[J].远程教育杂志,2016(1).

万人接受了企业大学的教育。① 企业自身则向学习型组织转变,通过组织学习实现员工知识更新和保持企业创新能力,并使组织绩效得到提高。

考察我国企业推进工作场所学习和构建学习型组织的实践,主要有三种模式:一是岗位胜任能力导向的模式。胜任能力模型是工作场所学习的基础,由于职工的能力与其当前岗位或预期岗位所需要的能力有一定差距,因此需要进行学习。二是绩效技术导向的学习模式。在对当前人力绩效和绩效差距进行现状分析的基础上,寻找最有效、最具成本效益的解决方案和策略。一个组织、部门或者一位职工的绩效下降的原因有多种,如果其原因是由知识、技能的缺乏或者态度的不足引起的,那么就可能通过学习与培训来改进绩效。三是基于职业生涯发展的学习模式。职工从入职到退休,职业生涯是一个动态的、不断上升变化的过程,职工的学习规划也需要针对职工不同的发展阶段而做出不同设计,为职工的职业生涯服务,最终为企业的战略服务。华为技术有限公司作为由知识型员工构成的高新技术企业,在创建学习型组织的过程中,将绩效、能力与职位三方面打通,通过目标管理和任职资格评价构建了一个基于绩效的员工管理体系,为其他企业提供了一个具有普遍性的借鉴和参考。

5. 建设学习型社区和城市

学习型社会作为一个全纳性的术语,可以适用于不同的地理区域,用来描述一个国家或地区的学习共同体,②但国家作为整体,本质上是由地区、城市及社区一起形成的共同体,在不同的地区、城市及社区才是建设学习型社会的实施层面,一个国家的学习型社会只能通过逐个省份、逐座城市、逐个社区依次建立。③ 进入21世纪,面对发展中国家城市化的快速发展,建设学习

---

① 赵怡雯.中国企业大学数量已超2 000所[N].国际金融报,2013-12-11.
② [英]诺曼·朗沃斯.学习型城市、学习型地区、学习型社区——终身学习与地方政府[M].欧阳忠明,马颂歌,陈晓燕,译.北京:中国人民大学出版社,2016:23.
③ [英]迈克尔·奥斯本,[澳]彼得·凯恩斯.学习型城市——发展包容、繁荣和可持续发展的城市社区[M].苑大勇,译.北京:教育科学出版社,2016:2.

型城市逐渐成为世界范围内较为普遍的实践。2013年,联合国教科文组织邀请102个成员国代表在北京召开"首届国际学习型城市大会",会议通过的《建设学习型城市北京宣言——全民终身学习:城市的包容、繁荣与可持续发展》指出:"城市在促进社会包容、经济增长、公共安全和环境保护中发挥着重要作用,因此城市应该是终身学习和可持续发展战略的设计师和践行者。"其主要特征是:"学习型城市调配其资源,促进从基础教育到高等教育的包容性学习,重振家庭和社区学习活力,促进工作场所学习,推广运用现代学习技术,提高学习质量,培育终身学习文化。"[1]会议发布的《学习型城市主要特征》参考文件,构建了一个山形墙、立柱以及基座阶梯的学习型城市框架(图11),为探讨和制定学习型城市关键指标评估体系提供参照依据。到2012年,估计世界上超过1 000个城市已经成为或者承诺要建设成为学习型城市/教育型城市。[2]

20世纪90年代末,我国沿海发达地区的部分城市如上海市(1999)、北京市(2001)、大连市(2001)和常州市(2001)等,开始纷纷开展建设学习型城市实践探索。2002年,党的十六大报告明确提出"形成全民学习、终身学习的学习型社会,促进人的全面发展"。自此国内掀起了建设以城市空间形态为特征的学习型城市热潮。2010年,中共中央、国务院颁布的《国家中长期教育改革和发展规划纲要(2010—2020年)》提出:"到2020年,基本实现教育现代化,基本形成学习型社会,进入人力资源强国行列。"2014年,教育部、中央文明办、国家发改委等七部门联合印发的《关于推进学习型城市建设的意见》(教职成〔2014〕10号)提出,推动全国各类城市广泛开展学习型城市创建工作,形成一大批终身教育体系基本完善、各级各类教育协调发展、学习机会开放多样、学习资源丰富共享的学习型城市。到2020年,东中西部地区市(地)级以上城市开展创建学习型城市工作覆盖率分别达到90%、80%和70%,各区域都要有一大批县级城市开展创建工作,由此促进我国的学习型

---

[1] 联合国教科文组织终身学习研究所.学习型城市主要特征[J].职业技术教育,2013(33).
[2] [英]迈克尔·奥斯本,[澳]彼得·凯恩斯.学习型城市——发展包容、繁荣和可持续发展的城市社区[M].苑大勇,译.北京:教育科学出版社,2016:5.

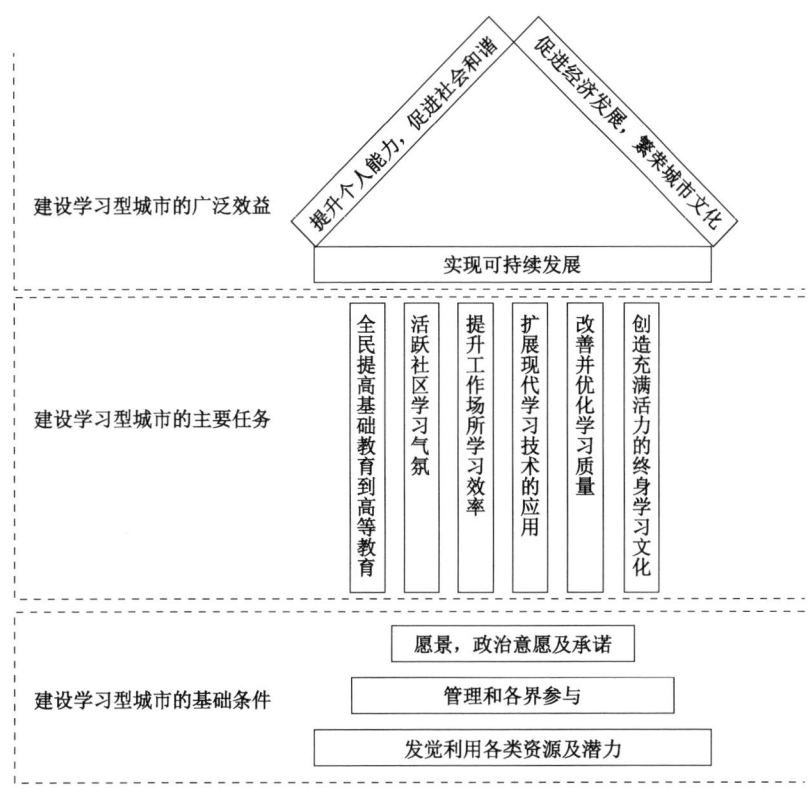

资料来源：联合国教科文组织终身学习研究所.学习型城市主要特征[J].职业技术教育,2013(33).

图11 学习型城市主要特征框架

社会建设。目前,全国已有100多个城市开展了学习型城市创建工作,其中,北京、上海、杭州等一大批城市的建设成效十分显著,走出了具有自身特色的学习型城市发展之路。[①]

根据联合国教科文组织全球学习型城市网络制定的《学习型城市建设指南》,[②]建设有活力且可持续的学习型城市,需要重点关注以下六大关键行动

---

① 刘建同.建设有中国特色的学习型城市:进展与任务[J].职业技术教育,2015(34).
② 联合国教科文组织全球学习型城市网络.学习型城市建设指南[EB/OL].http://www.goschool.org.cn/d/file/zt/jkw/px/20160719/83df74982dd85b13c7edcd9ea78aa10f.pdf.

领域。

(1) 制定学习型城市建设的规划。根据每个城市面临的发展中的挑战和工作重点的不同,城市领袖和代表应参与确定该城市需要解决的主要问题,列出改善城市学习状况所采取的行动。我国城市正在经历一系列前所未有的新问题,如大量外来流动人口涌入城市,不仅使城市人口激增,其中有很多没有受过技能培养和受教育水平低的农民工,以及居住在郊区或棚户改造区未能就业的大学毕业生都渴望能找到工作和融入城市社区,还有非常迅速的人口老龄化等,学习型城市项目的引入与社区教育的具体实践成为寻求新的解决方案的一部分。①

(2) 创建包含所有利益相关方的协调机制。在学习型城市中,所有组织和市民都是利益相关方,建立一个由各部门代表组成的学习型城市建设委员会,就学习型城市的建设、实施、监测和资金供应达成共识,保证所有利益相关方在学习型城市规划的设计和实施过程中都拥有明确的角色和职责,与教育部或其他任何相关部门保持强有力的联系,将地方的发展与全国的发展相结合,与国内外其他城市建立联盟,以便交流经验、知识、理念和最佳实践。政府主导是我国学习型城市建设的优势和特点,普遍建立多部门共同参与的学习型城市建设领导协调机制,形成党委领导、政府统筹、行业联动、社会协同、全民参与的学习型城市建设工作格局。

(3) 启动并通过组织系列活动保持学习型城市的建设过程。加快发展继续教育,广泛开展企业职工教育和农民继续教育,倡导全民阅读,推进学习型城市、学习型社区、学习型乡镇(街道)、学习型家庭等学习型组织建设,广泛开展城乡社区教育和老年教育,举办旨在鼓励所有市民参与的实践性活动。

(4) 保证所有市民均可参与学习。建立一个包容性的社会,提供平等机会,为所有市民提供充分的信息、指导和支持,创建、推广和维护以社区为基

---

① [英]迈克尔·奥斯本,[澳]彼得·凯恩斯.学习型城市——发展包容、繁荣和可持续发展的城市社区[M].苑大勇,译.北京:教育科学出版社,2016:60.

础的学习空间，识别和响应市民的学习需求和兴趣，制定鉴定、验证和认可学习成果的流程，特别是非正式学习成果。以灵活的形式为边缘化群体提供支持，包括有流动人口背景的家庭、有特殊学习需求的市民和失业人群。

（5）建立监测与评估程序。对城市实施全民终身学习方面取得的进展和工作绩效进行持续监测和评估，建立记录进程、评估市民兴趣和需求及收集数据的机制，授权并定期发布报告，总结经验教训，并提出改善建议，确立一套通知所有利益相关方并收集反馈信息的共同战略。

（6）保证资金供应的可持续性。拓宽学习型城市建设经费投入渠道，并以公平方式分配。加大对学习型城市建设的财政投入支持力度，企业依法履行职工教育培训和足额提取教育培训经费的责任，鼓励社会资金积极投入学习型城市建设，逐步形成政府、用人单位和学习者分担学习成本、多渠道筹措经费的投入机制，为进城农民工、新型职业农民、现代产业工人和退役军人等重点人群提供优质的继续教育服务。

四、推进职业教育结构性改革的政策制度保障

推进职业教育供给侧结构性改革是一项复杂的系统工程，涉及职业教育系统内外部方方面面，对内主要是激发教育主体与受教育主体的主动性，对外需要激活行业企业参与的积极性，形成供需匹配和平衡的运行机制，这需要科学合理的政府治理、制度供给以及机制创新予以保障。

（一）跨部门和跨界别的组织平台与制度架构

职业教育是跨界教育，吸引各利益相关方参与，推进产教融合、校企合作，需要探寻政府、行业、企业与职业院校互利共赢的利益共同点和结合点。近年来，各地不断探索，通过建立各种形式、多主体的战略联盟、信息平台和制度建设，更好地把职业教育与培训、劳动力市场连接起来，增强人才培养的有效性和针对性。

1. 政校行企协同合作育人平台

政校行企四方联动,即在政府主导、协调下,依托行业和企业,成立工作机构,签订战略合作协议,建立职业教育与产业的对话协作机制,完善校企合作联席会议机制,制定落实推进校企合作的有关政策举措,搭建校企共同培养人才的桥梁。在国家层面,2010年成立及2012年重组的62个行业职业教育教学指导委员会,受教育部委托,由行业主管部门或行业组织牵头组建和管理,主要职能是:分析研究国家经济建设、科技进步和社会发展,特别是经济发展方式转变和产业结构调整升级对本行业职业岗位变化和人才需求的影响,提出本行业职业教育人才培养的职业道德、知识和技能要求;指导推进相关职业院校与企业校企合作、联合办学、校企一体化和行业职业教育集团建设;指导推进本行业相关专业职业院校教师到企业实践工作,提高教师专业技能水平和实践教学能力;推进职业院校相关专业实施"双证书"制度;研究本行业职业教育的专业人才培养目标、教学基本要求和人才培养质量评价方法,对专业设置、教学计划制定、课程开发、教材建设提出建议,等等。① 上海市早在2007年成立了市高技能人才校企合作培养协调指导委员会,下设若干专业理事会,由相关行业主管部门或行业协会牵头,行业协会、集团公司和企业、教育培训机构代表及有关专家组成,作为推进校企合作培养高技能人才的技术支撑,负责指导、协调相关专业校企合作培养的方案制定、指导服务等工作。

2. 公共服务信息化平台

技能错配是一系列因素造成的,大多数都源于技能市场中主要参与者之间缺乏协作,但产教融合、校企合作存在的信息沟通障碍也不可忽视,由于信息不完整、滞后及不对称,使得技能人才供求几乎处于盲目、无序状态。国内一些地区注重公共服务平台的搭建,促进劳动力市场信息的可视

---

① 教育部关于公布全国行业职业教育教学指导委员会(2015—2019年)组成人员的通知(教职成函〔2015〕9号)[EB/OL]. http://www.moe.gov.cn/srcsite/A07/moe_953/201507/t20150710_193364.html.

性和有效传播。如广东省人力资源职业开发评价公共服务平台,集职业能力需求调查与分析、职业能力评价认证和职业能力开发应用为一体,使人力资源开发配置所涉及的劳动者、用人单位、培训教育机构、测评机构、职业研究机构都能通过平台进行有效对接和深度合作,促进技能供给和需求的契合。

3. 立法和制度建设

通过立法用法律规范职业教育的合作伙伴关系,完善政策、体系和制度建设是促进职业教育校企合作成功的重要保障。尽管我国在1996年颁布了《职业教育法》,但主要规范的是学校职业教育,虽然有些条款涉及企业行业的办学,但对行业企业的权利与义务实际上并没有法律意义上的约束权,而且在颁布后一直没有制定实施细则,也没有制定配套的法律规范。[①] 由于法律法规滞后与不完善,企业参与职业教育还未形成有效的制度基础,致使校企合作无法可依。2009年,宁波市颁布了《宁波市职业教育校企合作促进条例》,是全国首创的"校企合作"的地方性法规,明确了政府在促进职业教育校企合作的工作职责,以及企业和职业院校在校企合作中的权利与义务,并对预防学生在实习期间发生的意外伤害作了相应规定,要求职业院校为实习学生统一办理意外伤害的保险。各省、各地市纷纷出台相关条例或意见,从经费投入、税收优惠等方面支持企业建设实习实训基地,建立企业专业技术人员到职业院校任教及教师到企业锻炼的制度,鼓励企业通过多种形式与职业院校合作,支持职业教育发展。

(二)以管办评为核心的政府、行业、企业和学校多元治理机制创新

职业教育涉及政府、行业、企业和学校等多元主体利益,推进职业教育供给侧改革,协调各方行动迫切需要进行制度创新。加快推进管办评分离,积

---

① 国家发改委社会发展司,上海市教科院.中国职业教育发展战略及制度创新研究[M].北京:中国计划出版社,2015:58.

极发展政府、职业院校、行业企业和社会组织之间的伙伴关系,建立广泛的社会对话机制,推动职业教育管理体制由原来政府单一主体的行政管理和职业院校一元办学向由政府、行业组织、职业院校、企业多主体参与的多中心治理模式转变。

1. 转变政府职能,提高政府统筹协调能力

进行宏观调控和提供公共服务是政府的基本职能,发展职业教育是政府的重要职责。在新型城镇化的职业教育发展中,政府作为经济政策、产业政策的制定者和教育部门的管理者,应从办学者角色向管理者、促进者、投资者角色转变,即从直接办学退出来,重点转向宏观调控、资源配置和优化发展环境,综合运用法律法规、政策规划、公共财政、信息服务、督导监测等政策工具,对职业院校办学进行引导、调节和监督。目前职业教育管理职能分散在多个职能部门,中专、职高等由教育部门管理,技工院校和培训机构由人社部门主管,还有一些培训资源与管理职能分散在农业、妇联、工会等部门,多头管理和条块分割使有限的职业教育资源分散,管理成本高。由于相关职业教育校企合作政策的制定往往涉及劳动人事、经济、科技、工商、税务等多个部门的协调,并且不同行业之间还存在较大的差异性,在国家层面,需要提升中央政府对全国职业教育进行立法、规划与宏观政策协调的有效性,有必要成立职业教育综合管理部门,加强对职业教育资源的整合与统筹协调能力。在地方层面,基本上是建立职业教育联席会议制度或成立职业教育领导工作小组,在有些地方成立实体管理机构,统筹地方职业教育发展规划、学校布局与专业设置、实训基地等教学资源、中高职衔接与职普融通、毕业证书与职业资格证书、招生与经费、管理与督导等。2010 年,辽宁省鞍山市成立鞍山市职教城管理委员会,将进入职教城的各级各类职业教育机构纳入管委会管理,统筹教育与人社部门职业教育管理职能;2011 年,河南省信阳市平桥区成立了职业教育和就业服务局,级别与教育局、人社局平级,综合了教育局的职业教育和成人教育职能以及人社局的培训和就业职能;2015 年,安徽省淮北市成立淮北市职业教育管理委员会办公室,打破职业教育管理体制分割的体制性障碍,为职业教育资源的统筹奠定基础。①

2. 规范行业协会运行机制,加强行业指导能力

行业是连接教育与产业的桥梁和纽带,在促进产教结合,密切教育与产业的联系,确保职业教育发展规划、教育内容、培养规格、人才供给适应产业发展实际需求等方面发挥着不可替代的作用。目前我国行业协会在参与管理职业资格证书、技能标准等方面发挥了重要作用,但由于行业协会的职责边界不清晰,没有充分发挥行业协会在组织企业方面的社会性和自治性,参与社会治理的空间有限。② 建立有效的职业教育治理体制,需要规范政府与行业协会的关系,充分发挥行业协会的教育管理职能,通过政府授权委托、购买服务等方式,把适宜行业组织承担的职责交给行业组织,给予政策支持并强化服务监管,使原来政府对学校的直接管理转变为通过行业协会而实现间接管理。自2013年,广东省依托行业协会和大型企业,由行业企业、教育研究机构、职业院校共同研制职业教育等级证书标准,开发行业高度认可的职业教育等级证书,在校企合作基础好的数控技术、汽车维修与检测技术两个专业开展职业教育等级证书制度试点工作。③ 行业协会负责职业教育等级证书标准的研制、考核、发布和监督评价,增强了行业企业在职业教育中的话语权,以行业标准引领职业教育发展。

3. 健全企业参与制度,发挥企业重要办学主体作用

企业办学具有天然的校企合作的优势,需要进一步完善法律法规,规范企业参与和举办职业教育的权利与义务,制定税收优惠政策,建立补偿机制,补偿和减少企业参与和举办职业教育的成本,支持企业通过校企合作共同培

---

① 佛朝晖. 地市统筹职业教育从哪儿发力[N]. 中国教育报,2017-07-04.
② 国家发改委社会发展司,上海市教科院. 中国职业教育发展战略及制度创新研究[M]. 北京:中国计划出版社,2015:97.
③ 广东省教育厅. 关于开展职业教育等级证书制度试点研究的通知(粤教高函〔2013〕32号)[EB/OL]. 2013-03-07. http://www.gdjy.cn/show.php? contentid=41398.

养培训人才,将企业开展职业教育的情况纳入企业社会责任报告。在德国双元制模式中,就将符合《联邦职业教育法》的规定并经过行业办学资质认定的企业赋予"教育企业"称号,这些"教育企业"同公益性的学校一样,必须承担教育的社会责任而绝不允许通过教育来赢利,从而具有至高无上的社会地位。[①] 2017年,浙江省嘉兴市通过认定"教育型企业",让企业直接参与职业教育,使之成为发挥企业在现代学徒制中的主体作用的有效途径。

4. 建立现代学校制度,激发职业学校发展活力

建设现代职业学校制度是职业学校一项重要的管理创新,要求政府从职业院校组织特点出发,明确政府与学校权力、权利、责任之间的边界,改变职业学校作为政府附属机构的现状,扩大职业院校在专业设置和调整、人事管理、教师评聘、收入分配等方面的办学自主权,依法制定体现职业教育特色的章程和制度,建立学校、行业、企业、社区等共同参与的学校理事会或董事会,建立健全民主决策的内部管理制度和灵活的教育教学改革机制,全面增强职业学校的办学活力,促进办学特色与多样化,满足社会各种不同需求。苏州工业园区工业技术学校借鉴园区管理机制,推行"事业单位,企业管理"的体制机制创新,充分调动了教职工的工作积极性。

(三)新型城镇化进程中的职业教育财政投入机制

鉴于职业教育类型多样,不同阶段的职业教育准公共产品的特性也不相同,并决定能否纳入基本公共服务的范围,相应地,政府、社会和个人成本分担的比例各异。义务教育阶段的职业教育属于纯公共产品,如职业初中,由公共财政出资、免费向社会提供;而义务教育阶段后的职业教育都属于准公共产品,其中属于高中阶段教育重要组成部分的中等职业教育,具有明显的外部效应,公共性较强,公共财政应承担较大比例;而属于高等教育的高等职业教育、高等专科教育,虽然具有一定的外部效益,但与受教育者的内部收益

---

① 房风文. 现代学徒制下教育型企业的设置探析[J]. 中国职业技术教育,2016(21).

相比,则要小得多,私人产品的属性要强一些,为此个人应是高职类教育的主要负担者。[①] 自改革开放以来,在宏观政策和法律法规的引导下,中央和地方不断加大职业教育投入力度,逐步形成了覆盖学校能力建设、学生资助、教师素质提升等全方位、普惠与特惠相结合的职业教育财政政策框架,有力地推动了职业教育改革发展。"十三五"期间,中等职业教育国家助学金、中等职业教育免除学杂费、职业技能培训和技能鉴定等被列入基本公共服务清单(表13)。

表13 "十三五"国家基本公共职业教育和培训服务清单

序号	服务项目	服务对象	服务指导标准	支出责任	牵头负责单位
5	中等职业教育国家助学金	中等职业学校全日制正式学籍一、二年级在校涉农专业学生和非涉农专业家庭经济困难学生;六盘山区等11个集中连片特困地区和西藏、四川省藏区、新疆南疆四地州中等职业学校农村(不含县城)学生	国家助学金每生每年2 000元,中央财政按区域确定家庭经济困难学生比例,西部地区按在校学生的20%确定,中部地区按在校学生的15%确定,东部地区按在校学生的10%确定	中央和地方财政按比例分担:西部地区(不分生源地)以及中部、东部地区(生源地为西部的),中央与地方分担比例为8∶2;对中部地区(生源地不是西部的)以及东部地区生源地为中部的,中央与地方分担比例为6∶4;东部地区(生源地不是西部、中部的)分担比例分省(市)确定	财政部、教育部、人力资源社会保障部
6	中等职业教育免除学杂费	公办中等职业学校全日制正式学籍一、二、三年级在校生中所有农村(含县镇)学生,城市涉农专业学生和家庭经济困难学生(艺术类相关表演专业学生除外),符合条件的民办职业学校学生	按各省(区、市)人民政府及其价格、财政主管部门确定的学费标准免除学杂费。公办中等职业学校,中央财政统一按平均每生每年2 000元标准,与地方按比例分担免除学杂费补助资金。符合条件的民办职业学校学生参照当地同类型、同专业公办学校免除学杂费标准予以补助	中央和地方财政按比例分担:西部地区(不分生源地)以及中部、东部地区(生源地为西部的),中央与地方分担比例为8∶2;对中部地区(生源地不是西部的)以及东部地区生源地为中部的,中央与地方分担比例为6∶4;东部地区(生源地不是西部、中部的)分担比例分省(市)确定	财政部、教育部、人力资源社会保障部

[①] 辛斐斐.全覆盖战略下职业教育财政政策研究[M].北京:人民出版社,2015:47-48.

续 表

序号	服务项目	服务对象	服务指导标准	支出责任	牵头负责单位
14	职业技能培训和技能鉴定	城乡各类有就业创业、提升岗位技能要求和培训愿望的劳动者	贫困家庭子女、毕业年度高校毕业生、城乡未继续升学的应届初高中毕业生、农村转移就业劳动者、城镇登记失业人员,以及符合条件的企业在职职工可按规定享受职业培训补贴;按规定给予参加劳动预备制培训的农村学员和城市低保家庭学员一定生活费补贴;符合条件人员享受职业技能鉴定补贴	地方人民政府负责,国家给予适当补助	人力资源社会保障部、财政部

资料来源:国务院关于印发"十三五"推进基本公共服务均等化规划的通知(国发〔2017〕9号)[EB/OL]. http://www.gov.cn/zhengce/content/2017-03/01/content_5172013.htm.

新型城镇化的核心是人口的非农化和市民化,提供技能和素质的职业教育起着关键性作用。一些实证研究表明,职业教育对城镇化发展具有明显的促进作用,提高了地方政府对职业教育的财政努力程度。杨顺光、李玲和刘雅奇基于2000—2013年全国31个省级面板数据的研究发现,城镇化进程推动了地方政府对中等职业教育的重视和财政投入努力,城镇化水平越高的地区,当地政府对中等职业教育的投入努力程度越高。[①] 以2014年全国31个省级面板数据,分析地方政府对职业教育的重视和财政投入努力程度,以排除中央财政转移支付的地方职业教育公共财政预算安排的经费投入占地方一般预算财政支出的比重来体现,发现在城镇化水平较高的东部沿海发达地区,地方政府对职业教育财政投入的努力程度较高(图12)。在现行财政体制下,地方政府承担主要的财政投入责任,因而地方政府的财政能力和努力程度决定了职业教育的发展水平。东部沿海地区一些人口流入和产业集聚

[①] 杨顺光,李玲,刘雅奇.地方政府对中等职业教育财政投入努力程度的实证研究——基于2000—2013年全国31省的面板数据[J].中国职业技术教育,2016(9).

的城市,面对"技工荒"和"人才荒"困境,地方政府已经意识到职业教育在城镇化进程中的重要作用,不断加大对职业教育的财政支持力度。

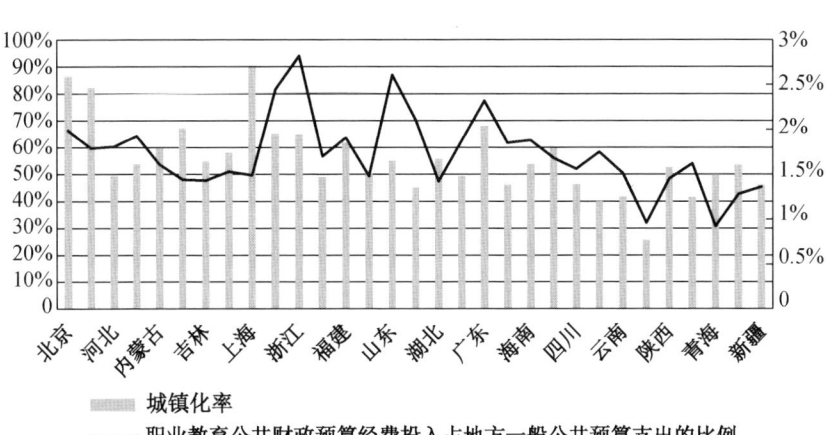

资料来源:根据《国家统计年鉴》(2015)和《中国教育经费统计年鉴》(2015)提供的数据绘制。

图 12　全国各地区城镇化率与职业教育公共财政预算经费投入占地方一般预算支出比例之间的关系

1. 职业教育财政投入面临的困难与问题

尽管近年来国家和地方持续加大对职业教育的经费投入,但无论是投入的总量和投入的区域分布,还是职业教育的经费来源和支出结构,与职业教育事业发展还存在较大差距,尤其是财政资源分配与快速城镇化进程中的流动人口教育需求错位,降低了职业教育财政资金的使用效益。

(1)职业教育经费投入仍不能满足事业发展需要,与同阶段普通教育相比偏低。尽管近年来财政对职业教育的经费投入持续加大,但职业教育经费投入总量与事业发展规模不匹配。2014 年和 2005 年相比,尽管中等教育和高等教育学历教育在校生所占比例与公共财政预算内教育拨款所占比例趋向协调,中职在校生所占比例有所下降,财政预算内拨款占比有所提升,且中职生均财政预算内拨款数量一直略高于普通高中。高职高专与普通本科相比,在校生规模所占比例相差不大,但财政预算内教育拨款所占比例相差极大,且生均公共财政预算内教育拨款只有普通本科的 60.74%(表 14)。然而,世界银行 20 世纪 90 年代的研究表明,职业教育的生均成本应是同级普通教育的 2.53 倍[①],职业教育经费投入严重不足。

表 14　　　普通高中、中职、普通本科、高职高专学生规模与财政拨款比较

类别	学历教育在校生数构成		公共财政预算内教育拨款构成		生均公共财政预算内教育拨款(元)	
	2005	2014	2005	2014	2005	2014
普通高中	9.36%	7.85%	10.03%	9.86%	2 114	9 283.81
中等职业学校	6.06%	5.70%	5.74%	6.11%	2 410	9 425.66
普通本科	3.30%	5.01%	20.06%	15.34%	6 795	16 719.34
高职高专	2.77%	3.27%	2.36%	3.39%	2 959	10 155.61

资料来源:《中国教育统计年鉴》(2005,2014)、《中国教育经费统计年鉴》(2006,2015)。

(2) 省域间经济发展水平差异大,职业院校生均拨款执行标准差异悬殊。由于省域之间经济发展水平差异较大,一些地方基本上按照本地财力投入情况制定和执行生均拨款标准。2014 年,中职和高职高专生均公共财政预算经费支出,最高的北京和最低的河南分别相差 3.7 倍和 6 倍,总体上呈现出"中部凹陷"的东西中分布格局(图 13)。在"分级办学、分级管理"的体制下,省域内中职由地市、县管理,各地市之间以及地市内县市之间生均经费拨款水平差异较大;近半数的高职归地市管理,由市级财政负责,省级财政统筹力度不够,地市高职院校大多生均拨款水平不高。2015 年全国职业教育工作专项督导检查发现,个别省份有些县级职业高中经费补贴仅为省定标准的 32%;少数省份的市属高职院校生均经费只达到省定标准的三分之一。[②]

---

① 杨进. 回归本质,推进职教改革[N]. 光明日报,2016-3-1.
② 教育部. 全国职业教育工作专项督导报告[EB/OL]. 2015-09-15. http://www.moe.gov.cn/jyb_xwfb/gzdt_gzdt/s5987/201509/t20150915_208334.html.

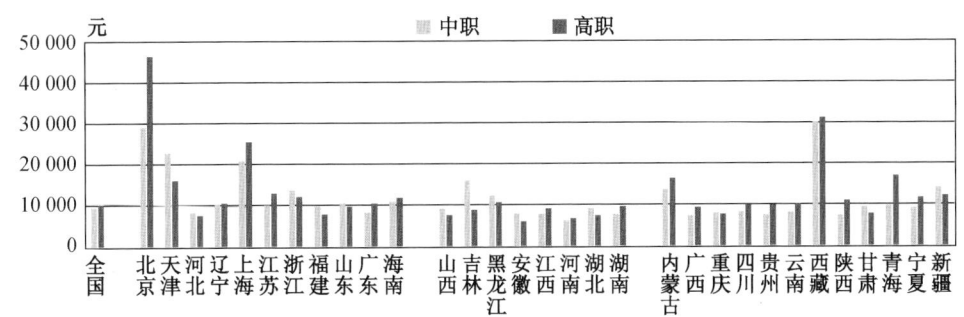

资料来源:教育部财务司,国家统计局社会科技和文化产业统计司.中国教育经费统计年鉴(2015)[M].北京:中国统计出版社,2016.根据提供的数据绘制.

图13　2014年全国与各地中职和高职学校生均公共财政预算经费支出

(3) 全面推进中职免学费政策进度不均衡,实施效果与政策预期存在差距。在中等职业教育逐步实现免学费的背景下,各地对中等职业教育的投入总量逐年递增,但这在背后存在着投入结构不合理、办学经费紧张、区域差异等方面的问题。到2015年底,已有15个省(区、市)出台中职学生全部免学费政策。[①] 地方财政作为中职教育的支出责任主体,受地方财政承受能力限制,一些地方落实情况不尽如人意。就总体情况来说,中职免收学费后,财政对职业学校的支出总量并没有同步增加,而只是进行了结构性调整,相应减少了对学校基础设施类的项目支出,政府拨付的免学费补助主要用于保障学校的日常运转,包括水电气、维修、劳务、差旅等,很难再有经费用于学校专业建设和改善办学条件,很多发展中职内涵、提升软实力的政策措施变成"无米之炊",有些外来人口流入地区为了减少本地财政负担,往往缩减了本地优质中职教育对非户籍学生的开放空间。[②] 以江苏省为例,中职生均事业费支出与普通高中的比例在2008年为90.45%,随着2009年中职免费政策逐步实

[①] 袁贵仁.国务院关于落实职业教育法执法检查报告和审议意见的报告——2016年2月24日在第十二届全国人民代表大会常务委员会第十九次会议上[EB/OL].2016-2-26.http://www.gov.cn/guowuyuan/vom/2016-02/26/content_5046412.htm.
[②] 韩风芹.中职学校免学费政策的反思[N].中国财经报,2016-11-20.

施后该比例呈逐年下降趋势,到 2014 年该比例仅为 67.51%。① 在佛山市,将中等职业学校纳入一类公益事业单位管理,主要或全部依靠政府财政拨款运行,原学校收费和服务社会收入中部分可以用于对师资的绩效补助项目取消,导致教师收入水平降低,学校服务社会的积极性下降。

(4) 基于户籍制度的属地办学和投资体制,职业教育财政资源分配与产业集聚和进城务工人员职业教育需求之间存在空间错位。目前我国职业院校分布基本上是按照行政层级和区划进行设置,在基于户籍制度的属地办学和投资体制下,一方面,在农民工户籍所在地尤其是劳动力人口输出最多的中西部地区,地方政府及其所举办的职业学校正在为达到高中教育阶段大体相当的普职比要求、争取国家职业教育免学费补助资金而苦苦寻觅生源;另一方面,在农民工所在的流入城市,基于户籍的公共教育服务制度却阻挡农民工就读当地政府举办和财政支持的职业院校,不能享有国家中等职业教育免学费补助等优惠政策,特别是中职免学费政策加重地方财政负担,直接影响到流入地招收外地生源。这种属地模式的职业教育发展布局与流动性的进城务工人员分布存在空间上的错位,尤其是以户籍为基础的职业教育投入体制既影响教育公平,更影响教育资源配置效率。

2. 构建适应新型城镇化发展的职业教育经费保障机制

在新型城镇化进程中,进城务工人员及其随迁子女对职业教育和培训的需求不断增加,且其流动性导致其受教育地域不再固定,职业教育的办学体制及其财政支付方式也应灵活调整。

(1) 构建中央、省、市三级财政共担的新型职业教育财政体制,加大中央财政转移支付的力度。在我国现行"分级管理、地方为主、政府统筹、社会参与"的职业教育管理体制中,地方为主的政府统筹主体不断在变化,如中职强化市级统筹,高职强化省级统筹,但并没有清晰界定各级政府统筹的职责范

---

① 葛涛.免学费条件下中等职业教育生均投入经费比较研究——基于江苏 2008—2014 年的面板数据分析[J].无锡职业技术学院学报,2016(6).

围尤其是财政责任。基于中等职业教育已纳入基本公共服务体系，中等职业教育经费保障机制的构建可以借鉴农村义务教育经费保障机制的经验，构建中央、省、市三级财政共担的职业教育财政体制，在强化市县政府承担职业教育经费责任的同时，适当加大中央财政分担职业教育投入的责任，加大中央和省级财政对产业集聚地区的职业教育的转移支付力度，根据各城市吸纳农业转移人口定居的规模，定向给予财政补助，补偿其由于招收流动人口而承担的成本，缓解由于人口跨区域流动给地方政府造成的财政压力。① 高等职业教育要进一步加强省级政府统筹力度，对高等职业教育投入给予普通本科的"同等待遇"，中央财政通过转移支付、援助项目等重点支持中西部省份和东部困难地区，同时在保基本、补短板、体现公平的基础上，扶强扶特，推动地方政府加大职业教育投入，形成正确的导向机制和激励约束机制。

（2）制定职业院校生均经费拨款标准和动态调整机制，建立与办学规模和培养要求相适应的财政投入制度。制定实施职业院校生均拨款经费标准是建立健全职业教育投入保障机制的关键，省级政府要对区域内年生均拨款水平进行清晰的定义，明确生均拨款的构成、合理增长的路径和模式，通过多指标参数设计兼具公平和绩效的精细化拨款办法，针对不同类型学校、不同专业进一步细分生均拨款标准和系数，并进一步体现绩效导向，实行适度差异拨款政策，并保持动态增长机制。如江苏、浙江等地探索实行差异化的生均拨款系数或引入绩效拨款系数，鼓励和引导职业院校加强内涵建设，注重办学效益。

（3）构建基于"税籍"和需求方为主的职业教育财政投入体制，建立职业教育转移支付与学生流动相适应的管理机制。从公共财政的受益原则而言，政府收取的税收本质上是其提供公共服务包括教育服务的价格，纳税人（包括居民和企业）在当地纳税，便有权利享受当地政府提供的教育服务。而且产业集聚地区往往经济发达，地方财力雄厚，主动向进城务工人员尤其是其中的常住人口开放当地的职业院校，将持有居住证人口纳入基本公共服务保

---

① 章浩.新型城镇化进程中职业教育财政投入机制创新研究[J].职教论坛，2016(13).

障范围,提供灵活多样的职业技能培训,由此形成的人力资本优势也能够推动本地产业升级和城市经济社会发展。对于跨区域教育问题,在职业教育事权和支付责任归地方的基本框架下,适当通过建立中央、输出地、流入地分摊费用机制,加大中央财政和省级财政对职业教育的财政转移支付或经费补助,应随职业教育对象的流动而流动,职业教育减免学费和学生资助利用信息化手段实现"跨地域""可携带""跨年份""可结余"。[①] 支持集中连片特殊困难地区内限制开发和禁止开发区初中毕业生到省(区、市)内外经济较发达地区接受职业教育,支持东部地区职业院校扩大面向中西部地区的招生规模。推进职业教育集团化办学,统筹成员学校的专业布局和培养结构,强化区域合作、城乡一体,支持优质职业教育集团开展跨区域服务,深化招生就业、专业建设、课程开发、资源共享、学校管理等合作,促进区域间职业教育协调发展。完善面向农民、农村转移劳动力、在职职工、失业人员、残疾人、退役士兵等接受职业教育和培训的资助补贴政策,积极推行以直补个人为主的支付办法或教育券制度,通过补助职业教育的需求方实现财政资源的合理配置。

(四)多方参与、公私合作、公办与民办共同发展的办学体制

根据教育经济学成本-收益分析,职业教育主要的收益是学生在培训过程中以及培训结束后为社会产生的额外社会价值,如果受训者或者雇主得到了职业教育的收益,那么他们就要承担成本,但事实上经常有第三方,如其他工人、企业行业乃至整个社会都受益,鉴于这种外部相关性,如果工人和雇主承担所有成本,那么职业教育将会出现供应不足的情况,因此职业教育需要其他渠道的支持。非基本公共教育服务供给在发挥政府财政投入主导作用的同时,应适当引入灵活的市场机制,充分调动社会力量参与办学的积极性,提升职业教育整体供给水平。

---

① 章浩.新型城镇化进程中职业教育财政投入机制创新研究[J].职教论坛,2016(13).

1. 完善企业举办和投入职业教育的体制机制

企业参与职业教育是企业利用自身的资源参与到教育教学过程中，参与的形式有很多种，企业举办职业教育是其中之一，并在我国由来已久，企业举办职业教育曾是我国职业教育发展中的重要组成部分。在计划经济时期，企业办职业学校经费来源于企业。20世纪90年代中期以后，随着市场经济体制改革深化和企业转换经营机制，推进企校分离，明确提出分离企业自办普通中小学，但许多企业将其举办的职业学校转移到地方。2002年，国务院颁布的《关于大力推进职业教育改革与发展的决定》（国发〔2002〕16号）强调："要充分依靠企业举办职业教育。企业要根据实际需要举办职业学校和职业培训机构。""城市教育费附加安排用于职业教育的比例不低于15%，已经普及九年义务教育的地区不低于20%，主要用于职业学校实验实习设备的更新和办学条件的改善。""一般企业按照职工工资总额的1.5%足额提取教育培训经费，从业人员技术素质要求高、培训任务重、经济效益较好的企业可按2.5%提取，列入成本开支。"2005年，国务院《关于大力发展职业教育的决定》（国发〔2005〕35号）提出："依靠行业企业发展职业教育，推动职业院校与企业的密切结合。""企业要强化职工培训，提高职工素质。要继续办好已有职业院校，企业可以联合举办职业院校，也可以与职业院校合作办学。"2014年，国务院印发的《关于加快发展现代职业教育的决定》（国发〔2014〕19号）提出："鼓励行业和企业举办或参与举办职业教育，发挥企业重要办学主体作用。""企业要依法履行职工教育培训和足额提取教育培训经费的责任，一般企业按照职工工资总额的1.5%足额提取教育培训经费，从业人员技能要求高、实训耗材多、培训任务重、经济效益较好的企业可按2.5%提取，其中用于一线职工教育培训的比例不低于60%。"至此，企业举办职业教育在我国相关的政策文本中的表述经历了从"与国家办学并举"到"充分依靠"再到"参与"再到"重要办学主体作用"，在实践中，企业举办的职业院校数量在减少，企业办学中企业拨款占全国教育经费的比例连年下降（图14）。2014年，企业举办学校拨款总数为375 860万元，在向各级各类教育机构的分配中，主要投入幼儿园和高职高专，分别为31.16%和28.78%，对中等职业学校的投入比较少(图15)。

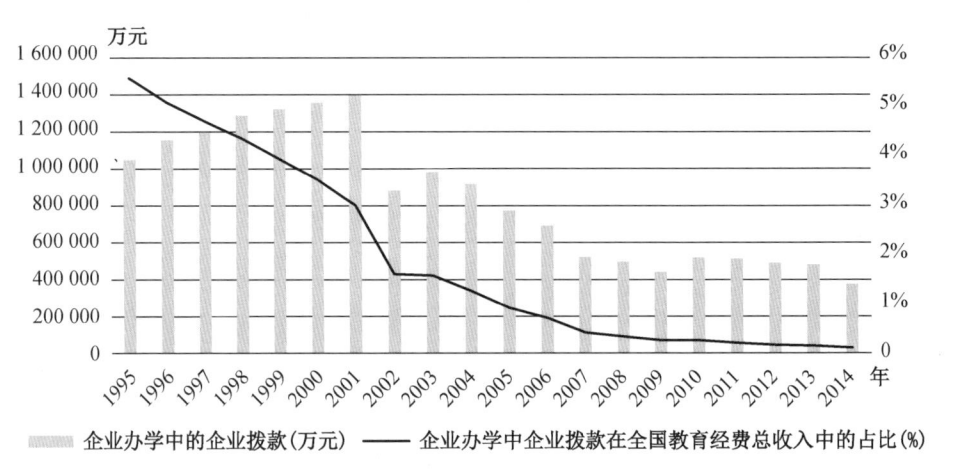

资料来源:刘红.经费投入视角下企业举办职业教育发展研究[J].教育学术月刊,2017(4).

图14 企业办学中企业拨款状况

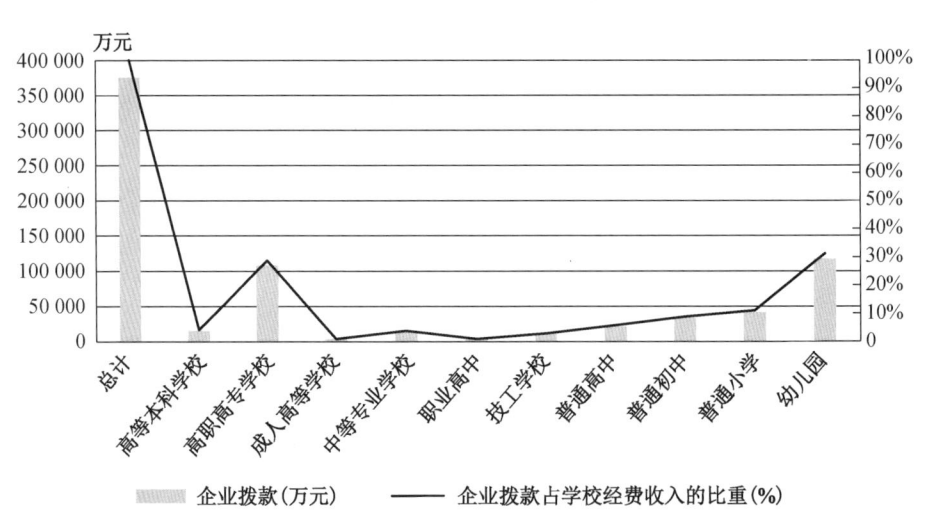

资料来源:教育部财务司,国家统计局社会科技和文化产业统计司.中国教育经费统计年鉴(2015)[M].北京:中国统计出版社,2016.根据提供的数据绘制.

图15 企业办学中各级各类学校的企业拨款状况

企业办职业教育在实践中已被证明在校企合作、学生实习实训、就业、师资队伍培养培训等方面具有天然的优势,鼓励企业参与举办和投入职业教育,首先要完善职业教育法律法规,明确企业在职业教育中承担投入等责任。1996年颁布实施的《职业教育法》第二十八和第二十九条规定:"企业应当承担对本单位的职工和准备录用的人员进行职业教育的费用,具体办法由国务院有关部门会同国务院财政部门或者由省、自治区、直辖市人民政府依法规定。"有必要尽快修订和完善《职业教育法》,推进校企合作和投入制度化,同时完善执法监督机制,加大对违法行为的惩罚力度。其次,强化企业参与和投入职业教育的激励机制,推动一批深度参与职业教育的"教育型企业"发展,对积极参与校企合作和加大教育培训投入的企业给予一系列的政策倾斜,包括财政补贴、税收优惠和信贷激励政策,企业发生的职工教育经费支出、职业教育投入和捐赠,在一定额度或比例内准予税收上的扣除,使企业能够得到经济上的回报。通过财政资助、政府购买等奖励措施,引导企业和职业院校积极开展现代学徒制试点。再次,设立企业职业培训基金,由国家设立、以法律形式固定向国有和私营企业筹措经费,规定所有企业无论培训和非培训企业在一定时期内都须向该基金缴纳一定数量的资金,通常按企业员工工资总额的一定百分比提取。国家根据经济发展状况确定和不断调整比例,中央基金由国家统一分配和发放,并规定有一套严格的分配制度和资金申请使用条件,举办培训的企业可申请得到这些资金。[①] 基金可由专门机构进行投资运作,投资收益用于资助职业教育发展。

2. 基于非营利性和营利性分类管理制度差异化扶持民办职业教育发展

民办教育是我国改革开放以后恢复和发展起来的,始于20世纪80年代助学性的民办高等教育以及各种职业技能培训和文化补习,90年代以后逐

---

① 国家发改委社会发展司,上海教科院.中国职业教育发展战略及制度创新研究[M].北京:中国计划出版社,2015:123.

步进入学历教育和各级普通教育领域。进入 21 世纪以来,伴随着《民办教育促进法》的颁布实施,民办教育快速发展,已经成为社会主义教育事业的重要组成部分(表 15)。然而,由于《民办教育促进法》制度设计回避了民办教育营利性和非营利性分类管理问题,深入实施过程中一些潜在的矛盾和问题开始显露并日趋尖锐,导致该法规定的相关扶持政策难以有效落实。2016 年 11 月,第十二届全国人大会常委员会审议通过了《关于修改〈中华人民共和国民办教育促进法〉的决定》,核心是实施分类管理,从法律层面破解民办教育发展面临的法人属性、产权归属、扶持政策、平等地位等方面的突出矛盾和关键问题,为进一步鼓励社会力量兴办教育,促进民办教育健康发展提供制度保障。

表 15　　　　　　　　　　民办职业教育发展状况

年份	民办中等职业学历教育			民办高职高专学历教育		社会培训	
	学校数（所）	在校生人数（万人）	占全国同级同类教育在校生人数的比重	在校生人数（万人）	占全国同级同类教育在校生人数的比重	机构数（万所）	培训（万人次）
2003	1 382	79.38	6.32%	49.2	10.26%	2.90	889.5
2004	1 633	109.94	7.80%	63.32	10.63%	2.35	876.84
2005	2 017	154.14	9.63%	94.76	13.29%	2.23	884.68
2006	2 559	202.63	11.20%	121.25	15.34%	1.96	834.76
2007	2 958	257.54	12.96%	141.94	16.49%	1.94	844.93
2008	3 234	291.81	13.98%	178	19.42%	1.83	929.78
2009	3 198	318.1	14.49%	193.66	20.07%	2.14	955.46
2010	3 123	306.99	13.71%	195.7	20.26%	2.02	860.64
2011	2 856	269.25	12.21%	193.25	20.15%	2.01	943.56
2012	2 649	240.88	11.40%	191.94	19.91%	2.00	867.94
2013	2 482	207.94	10.81%	195.85	20.12%	2.01	898.66

续表

年份	民办中等职业学历教育			民办高职高专学历教育		社会培训	
	学校数（所）	在校生人数（万人）	占全国同级同类教育在校生人数的比重	在校生人数（万人）	占全国同级同类教育在校生人数的比重	机构数（万所）	培训（万人次）
2014	2 343	189.57	10.80%	212.28	21.09%	2.90	889.5
2015	2 225	183.37	11.07%	227.52	21.70%	2.35	876.84
2016	2 115	184.14	11.52%	242.46	22.35%	1.95	846

资料来源：教育部.全国教育事业发展统计公报(2003—2016).

民办职业教育的经费来源中国家财政投入数量和所占比重逐年增长；民办学校举办者投入所占的比例较小，呈现逐渐减少趋势；学杂费是职业教育收入的主要来源。2007—2014年，民办中等职业学校经费收入中，国家财政性教育经费所占的比例大幅度增长，而学杂费所占的比例逐步下降，2014年两者分别为39.5%和40.68%，而举办者的投入仅占5.76%（图16）。民办高职高专学校的经费来源主要依靠学杂费，2014年学杂费占经费总收入的比例为72.52%，国家财政性经费所占比例为10.35%，而举办者的投入比例下降到5.54%（图17）。总之，民办职业教育主要依赖学费生存，对社会资金

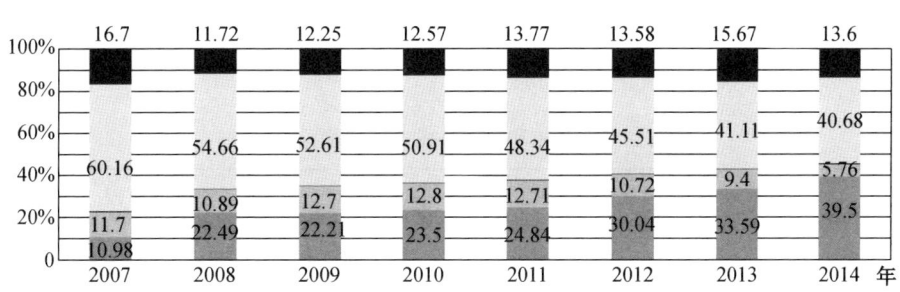

资料来源：教育部财务司，国家统计局.中国教育经费统计年鉴(2008—2015)，根据提供的数据绘制.

图16 民办中等职业学校经费来源结构

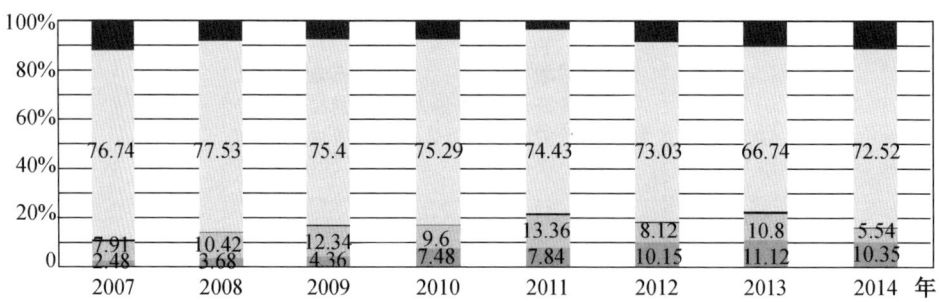

图 17　民办高职高专学校经费来源结构

的吸引力不强。

《民办教育促进法》修改的核心是实施非营利性民办学校和营利性民办学校分类管理,非营利性民办学校的举办者不得取得办学收益,学校的办学结余全部用于办学;营利性民办学校的举办者可以取得办学收益,学校的办学结余依照公司法等有关法律法规的规定处理。两者的区别在于,学校存续期间举办者能否取得办学收益、学校终止时能否分配办学结余,进而两者在法人属性和登记、产权归属和扶持政策等方面存在一定的差异,具体参见表 16。

表 16　　　　　　　　非营利性民办学校和营利性民办学校差异性比较

项目	营利性民办学校	营利性民办学校
法人属性	非营利性法人	营利性法人
登记机构	1. 民政部门或者编办登记; 2. 民办非企业单位或事业单位	1. 工商部门登记; 2. 企业法人
投资回报	1. 不取得办学收益; 2. 办学结余全部用于办学	1. 可以取得办学收益; 2. 办学结余依据国家有关规定进行分配

续 表

项目	营利性民办学校	营利性民办学校
产权处理	1. 捐资举办的民办学校终止时,清偿后剩余财产统筹用于教育等社会事业; 2. 新法颁布前的学校,按照国家有关规定给予出资者相应的补偿或者奖励,其余财产继续用于其他非营利性学校办学	1. 新法颁布前设立的民办学校财产依法清偿后有剩余的,依照《公司法》有关规定(出资比例和股份)处理,具体办法由省、自治区、直辖市制定; 2. 新法颁布后设立的民办学校终止时,财产处置按照有关规定和学校章程处理
会计制度	1. 民间非营利组织会计制度; 2. 事业单位会计制度	企业会计制度
税收政策	1. 非营利性民办学校与公办学校享有同等待遇; 2. 按照税法规定进行免税资格认定后,免征非营利性收入的企业所得税	1. 征收企业所得税; 2. 所得税税率待定
土地政策	享受公办学校同等政策,按划拨等方式供应土地	1. 按国家相应的政策供给土地; 2. 只有一个意向用地者的,可按协议方式供地
扶持政策	政府补贴、政府购买服务、基金奖励、捐资激励、土地划拨、税费减免	政府购买服务、税收优惠
收费政策	1. 通过市场化改革试点,逐步实行市场调节价; 2. 具体政策由省级人民政府确定	1. 实行市场调节价; 2. 具体收费标准由民办学校自主确定
法人治理结构	理事会领导下的校长负责制,建立监事(会)制度	出资人(股东)会议未来将是最高权力机关,董事会为执行机构、强化监事会制度

资料来源:根据相关资料整理。

实施民办教育非营利性和营利性分类管理,是促进民办教育健康发展的基础性制度建设。修改后的《民办教育促进法》明确了民办教育的分类管理办法,对规范、促进和扶持民办教育转型发展具有重要意义,且全面开放非义务教育阶段的营利性民办教育,必将有更多社会资金进入职业教育领域,将极大地拓展教育产业、教育融资、办学激励等方面制度创新的空间。民办教育分类管理以往在民办学校的定位和定性上存在混淆,通过对非营利性教育与营利性教育的清晰界定,从法律层面破解了民办教育发展面临的法人属性、产权归属、扶持政策、平等地位等方面的矛盾和问题,有利于与其他法律制度相衔接,有利于制定非营利性和营利性民办学校在财政、税收优惠、用地、收费等方面的差别化扶持政策。非营利性民办教育会在政策上逐渐向公办教育看齐,享受更多财政、税收、土地等方面的优惠政策;营利性民办教育则会在管理方面具有更高的自主性,充分利用其市场化的优势吸纳人才、筹集资金,实现多样化发展。民办学校的举办者可以自主选择设立非营利性或者营利性民办学校。同时,发挥政府保基本、促公平的职能,加大公共财政对民办非营利性职业院校的扶持力度,给予公办学校同等待遇和竞争机会,可以有效地提高资源利用率,有力促进教育公平乃至整个社会的公平。基于教育行业良好的成长性,越来越多的商业机构选择跨界进入职业教育、高等教育和继续教育领域,也意味着更多的资本进入教育行业,通过投资、并购以及上市三种形式直接或间接参与教育产业,资本强势进入教育市场,而且可能更会偏向营利性。根据德勤中国教育行业团队的研究,中国教育产业正迈入"黄金时代",预计2017年职业教育包括学历职业教育与非学历职业教育二者的市场规模将分别达到2 225亿元和5 281亿元,至2020年中国职业教育市场规模将达1.24万亿元,上市为营利性教育注入强大动力。①

民办教育实行非营利性和营利性分类管理,除了明确分类标准外,更为重要的是加强规范管理和强化监管。非营利机构的价值主要依赖能否有效地实施那些与非分配约束相关的法律与管制规则,执行效果差往往会导致出现"伪装成非营利机构的营利性组织",必须建立高效的执行机制以确保非营利机构遵守非分配约束。政府监管、社会监督和行业自律是民办教育外部监督的三种手段,其中政府监管是最为重要的外部监督力量,社会监督和行业

---

① 德勤中国教育行业团队.迈向新高度:2017年德勤教育行业报告[R].2017-8. https://www2.deloitte.com/content/dam/Deloitte/cn/Documents/technology-media-telecommunications/deloitte-cn-tmt-education-industry-report-2017-zh-170821.PDF.

自律在我国现阶段还显得非常微弱。① 政府作为教育行业的监管者,必须建立更加透明的教育行业准入标准、年度报告和年度检查制度,完善民办学校办学许可和注册登记制度、资产管理和财务会计制度、审计监督制度、法人治理和内部管理制度、风险防控和退出机制以及信息强制公开制度,对民办学校办学行为、教师资质准入、教育服务标准等进行监管,建立民办学校信息公示、信用档案制度和违规失信惩戒机制,加快培育教育中介组织,扩大社会参与和监督,强化行业自律,开展民办学校第三方质量认证和评估,促进不同性质和类型的民办学校规范发展。

3. 政府和社会资本合作(PPP)

政府和社会资本合作是指政府采用竞争性方式选择社会资本方,双方订立协议明确各自的权利和义务,由社会资本方负责基础设施和公共服务项目的投资、建设、运营,并通过使用者付费、政府付费、政府提供补助等方式获得合理收益的活动。② 在职业教育领域推行政府与社会资本合作是职业教育公共服务供给方式与供给机制的一种创新,不仅可以拓宽融资渠道,激发民间投资活力,形成可持续的多元化投入机制,而且有利于政府职能转变,全方位对接行业企业贴近市场需求,提升职业教育服务的供给水平和管理效率。2014 年,国务院印发的《关于加快发展现代职业教育的决定》(国发〔2014〕19 号)提出:"创新民办职业教育办学模式,积极支持各类办学主体通过独资、合资、合作等多种形式举办民办职业教育。"明确职业教育领域推行 PPP,引导社会力量兴办职业教育的发展方向。职业教育领域政府与社会资本的合作内容可以包括校园基础设施、教学楼、图书馆、宿舍楼、食堂、实训基地建设、设备器材的采购等"硬件"内容,也可以包括与教学相关的师资安排、课程设计、就业指导以及后勤服务等在内的"软件"内容。具体合作设施中,可以根

---

① 董圣足.民办院校良治之道——我国民办高校法人治理问题研究[M].北京:教育科学出版社,2010:192.
② 国务院法制办.基础设施和公共服务领域政府和社会资本合作条例(征求意见稿)[EB/OL].2017-7-24. http://www.cpppc.net.cn/article/zc/zyzc/2017/0721/12530.html.

据需求,将软硬件的部分内容分别打包进行局部合作,也可以将学校的所有软硬件内容联合整体打包进行合作。按职校类型,可以分为已建公办职校和新建职校;按合作领域可以分为教学服务、硬件设施及整体运营;合作模式包括委托经营、改建—运营—移交(ROT)、移交—经营—移交(TOT)、建设—运营—移交(BOT)等。具体操作中,根据合作项目的内容,可以将职业教育PPP模式分为教育服务类、基础设施类和整体运营类三大类型,具体形式参见表17。

表17　　　　　　　　　　职业院校PPP实施模式

合作领域	合作模式	具体操作方式	适用条件	社会资本类型
已建职业院校				
教学服务领域	委托经营管理	政府将职业院校教学服务经营管理权委托给社会资本,并基于绩效评价结果通过购买服务的形式以运营补贴等作为社会资本提供公共服务的对价	适用于基础设施条件较好,但办学相对困难、教学质量不高或与市场需求对接不畅的现有职业教育学校	(1)办学质量高、社会声誉好的优质民办职业院校; (2)规模化运作和专业化经营的职业教育集团; (3)具有人才需求的大型生产型企业
	改建—运营—移交(ROT)	社会资本对职业院校的教学服务相关管理运行机制进行重建,并承担相应的运营管理责任,政府基于绩效评价结果通过可行性补贴、购买服务付费等方式作为社会资本提供公共服务的对价	适用于基础设施投入不足,办学条件较差、发展模式僵化、教学体制机制以及学校运营管理机制难以适应市场需求、入学吸引力不足的已建职业院校	
硬件设施领域	移交—经营—移交(TOT)/改扩建—运营—移交(ROT)	社会资本通过购买(或购买+改造)的方式获得基础设施经营权,承担基础设施管理、运营、维修等责任,由相关使用基础设施的单位向社会资本支付费用,不足部分政府基于绩效评价结果通过财政补贴的形式支付	适用于经费投入不足或基础设施运营管理水平较差的已建职业院校	(1)既具有资金实力又具备相关设施建设与运营管理能力的企业; (2)存在人才需求的技术密集型生产企业(主要参与实训基地运营管理)

续表

合作领域	合作模式	具体操作方式	适用条件	社会资本类型
后勤服务领域	委托经营管理	由专业化的后勤服务公司承担学校后勤服务与管理工作,以准公益性的使用者付费、政府购买服务、可行性补贴等多种方式保障社会资本收益	适用于社会化程度较低、后勤服务管理成本较高、服务水平较差、规模效益难以体现的传统公办职业院校	具备学校或类似大型组织后勤服务运营管理经验及能力的后勤服务集团或管理公司
整体运营	移交—经营—移交(TOT)	政府将学校运营管理权转让给社会资本,社会资本承担职业院校的全部管理经营活动,职业院校获得的财政经费、学费收入作为社会资本主要收入来源,不足部分由政府根据绩效评价结果予以补贴。政府鼓励社会资本在合作过程中开拓新的创收项目,减少财政补贴、提高投资人的收益水平	适用于财政经费投入不足、基础设施条件较为落后、学校整体运营困难、教学质量不高、与市场需求对接不畅的已建职业院校	在资金实力、办学经验、市场资源、社会声誉、规模化经营等多方面具备较强综合实力的社会资本,或是多个社会资本组成的联合体

新建职业院校

合作领域	合作模式	具体操作方式	适用条件	社会资本类型
教学服务领域	政府购买服务/委托经营管理	由社会资本为职业院校提供教学服务,对于教学服务中的公益性服务,政府以运营补贴等作为社会资本提供公共服务的对价,以绩效评价结果作为对价支付依据;对于教学服务中的准公益性服务,以使用者付费为基础,政府以绩效评价结果为依据,不足部分给予适当运营补贴	适用于职业教育财政经费相对充足,但政府职业教育办学经验不足、效率低下、管理人员有限或对市场需求把握不清的地区新办职业院校	(1) 办学质量高、社会声誉好的优质民办职业院校;(2) 规模化运作和专业化经营的职业教育集团;(3) 具有人才需求的大型生产型企业
硬件设施领域	建设—运营—移交(BOT)/建设—拥有—运营(BOO)/建设—拥有—运营—移交(BOOT)	由社会资本承担基础设施的融资、设计、建设、运营、维修等责任及相应风险,政府基于对项目的建设标准以及运营维护标准进行监督和评估,并根据绩效评价结果,通过财政拨款、学费以及相关单位使用基础设施的付费向社会资本支付费用	适用于新建的体量较大的职业学校、职业教育园区,或存在改扩建需求的现有职业教育院校	既具有资金实力又具备相关设施建设与运营管理能力的企业

续表

合作领域	合作模式	具体操作方式	适用条件	社会资本类型
后勤服务领域	政府购买服务/委托经营管理	由专业化的后勤服务公司承担学校后勤服务与管理工作,以准公益性的使用者付费、政府购买服务、可行性补贴等多种方式保障社会资本收益	适用于社会化程度较低、后勤服务管理成本较高、服务水平较差、规模效益难以体现的职业院校	具备学校或类似大型组织后勤服务运营管理经验及能力的后勤服务集团或管理公司
整体运营	建设—运营—移交(BOT)/建设—拥有—运营(BOO)/建设—拥有—运营—移交(BOOT)	社会资本承担职业院校战略规划与定位、基础设施建设与维护、教学培训及后勤服务管理与运营等全部职责。职业院校获得的财政经费、学费收入作为社会资本主要收入来源,不足部分由政府根据绩效评价结果予以补贴	适用于财政经费投入不足、政府融资难,同时职业教育办学经验不足、效率低下、管理人员有限或对市场需求把握不清的地区新办职业院校	在资金实力、办学经验、市场资源、社会声誉、规模化经营等多方面具备较强综合实力的社会资本,或是多个社会资本组成的联合体

资料来源:中国财政科学研究院课题组.职业教育领域推进政府和社会资本合作研究[J].经济研究参考,2016(61).

我国自 2014 年开始推动新一轮 PPP 改革,并在全国范围得到迅速发展。从实践看,PPP 模式主要在交通设施和市政设施等领域运用比较广泛,而在公共服务领域特别是教育领域运用比较少,且具体形式比较单一,仅限于在学校基础设施建设领域引进社会资本进行合作。从国家发改委 2015 年 5 月公布的 PPP 项目库中可以看到,全部 1 043 个项目中,涉及教育的 PPP 项目一共有 47 个,其中涉及职业教育的 PPP 项目一共有 11 个。这些项目主要集中在职业院校的基础设施建设等非教学类功能上。①

4. 探索发展股份制、混合所有制职业院校

股份制和混合所有制是经济领域的专业术语,党的十八届三中全会通过的《中共中央关于全面深化改革若干重大问题的决定》提出"积极发展混合所

---

① 陈晟,韩凤芹.中等职业教育领域推进 PPP 模式的思路研究[J].经济研究参考,2016(61).

有制经济",其核心特征是"国有资本、集体资本、非公有资本等交叉持股、相互融合"。2014年,国务院印发的《关于加快发展现代职业教育的决定》(国发〔2014〕19号)提出要"探索发展股份制、混合所有制职业院校,允许以资本、知识、技术、管理等要素参与办学并享有相应权利"。2015年,教育部下发的《高等职业教育创新发展行动计划(2015—2018年)》(教职成〔2015〕9号)提出探索混合所有制办学,"深化办学体制改革,鼓励社会力量以资本、知识、技术、管理等要素参与公办高等职业院校改革。试点社会力量通过政府购买社会服务、委托管理等方式参与办学活力不足的公办高等职业院校改革"。"鼓励企业和公办高等职业院校合作举办适用公办学校政策、具有混合所有制特征的二级学院。"分任务(项目)承接省份启动情况一览表显示,有22个省(区、市)提出关于"混合所有制"的项目,19个省(区、市)于2016年正式启动。[①]

股份制、混合所有制职业院校区别于传统的公办和民办职业院校,可以理解为两个以上不同性质的所有制主体通过以资本、场地、设备、人员等有形或无形资产"入股"的方式共同举办的职业院校,即国有资本与集体资本、私有资本、外资等不同资本中的一种或几种混合,共同举办职业院校,实现产权主体多元化。其核心要素应包括两个方面:一是国有资本与非公有资本中的一种或几种的混合;二是混合所有制的主体必须为独立法人,参与各方按出资比例享有相应股份,产权明晰,实行董事会管理等。[②] 这就排除了不涉及实质性产权合作或资金投入的职教集团、合作联盟或协作组织之类的松散型校企合作。国家鼓励探索混合所有制办学,虽然有吸引社会资本投入职业教育发展的初衷,但主要还是从激发办学活力、提高人才培养质量出发,深化办学体制改革,优化职业院校的治理结构,推动公办职业院校与企业建立持久

[①] 教育部职成司.关于2016年《高等职业教育创新发展行动计划(2015—2018年)》执行情况及有关工作完成情况的通报(教职成司函〔2017〕33号)[EB/OL]. http://www.moe.cn/s78/A07/A07_gggs/A07_sjhj/201704/t20170424_303162.html.

[②] 童卫军,任占营.发展混合所有制职业院校的问题对策与实现形式[J].高等工程教育研究,2016(5).

深入的利益纽带关系,解决目前职业教育校企合作缺乏资本纽带、机制保障的难题。①

探索发展混合所有制职业院校具有多种途径,一些混合所有制职业院校是在混合所有制办学概念提出之前,因各自需要自发先行进入该领域的探索与实践。各地职业院校的混合所有制办学改革主要通过三种方式去探索。一是公办职业院校引入社会资本。公办职业院校通过改制主动引入民营、个体等社会资本,举办混合所有制的职业院校,以充分激发公办职业院校的活力。如苏州工业园区职业技术学院开办之初属公立性质,后经过一系列改制、兼并、重组、转让,由上海翔宇教育集团、苏州光华集团、苏州市教育局等六家股东按比例占股,完全按股份制运作。二是社会力量举办的职业院校吸引国有资本投资共同举办混合所有制的职业院校。如江苏紫琅职业技术学院,2000年成立时的办学主体为江苏江海科教开发公司,2012年引入了江苏省教育发展投资中心的资本,成为有国资参与的"混合所有制"院校。② 三是不同资本合作投资新办职业院校。公办院校、社会资本、外资等不同资本共同投资新办一所混合所有制的职业院校。此种模式以国有资本所占比例来区分办学性质,参与各方以土地、设备、知识、管理等要素作价入股,参与办学并享受相应的权利。例如,广西理工职业技术学院由广西理工职业技术学校与广西左江水泥厂、广西信尔房地产投资有限公司、南宁驰晨信息科技有限公司等企业以股份制方式联合成立,投入资金1亿多元,学校与左江水泥厂拥有50%的股份,其他民企(个人)拥有50%的股份。③

目前,职业院校混合所有制办学仍处于试点阶段,尚有诸多亟待解决的理论、法律、体制等问题,需要国家政策的顶层设计、法律法规的修订完善,更需要地方政府和职业院校举办方的实践探索、试点突破,并及时将成功经验上升为制度和政策。

---

① 陈艳艳,阚明坤.探索发展混合所有制职业院校研究综述[J].中国职业技术教育,2016(12).
② 陈斌,唐永泽.民办高职院校实施"混合所有制"的探索与思考[J].职教论坛,2015(3).
③ 徐桂庭.混合所有制办学:政策分析与实践探索——对广西理工职业技术学院混合所有制办学模式的调研与思考[J].中国职业技术教育,2015(13).

（五）学习型社会建设中学习成果认证、互认、积累和转换的制度

在终身学习框架下，学习和教育可以通过多种途径和形式在不同的场合中进行，国外都在积极探索和实践如何认证人们在非学历、非正规、非正式和无一定形式学习中所获得的学习成果。经合组织在《资格认证体系：通向终身学习的桥梁》报告中强调，学习成果认证是终身学习政策制定和推行中最为关键的，构建终身学习成果认证制度可以使人们的学习成果得到公平、正当的评价和尊重，对于激发人们的学习动机、加速学习型社会的构建具有重要意义。① 联合国教科文组织终身学习研究所研制并发布了《非正规与非正式学习成果的识别、验证和认证指南》（2012），以指导各国的相关研究和实践。② 欧盟委员会也出台了类似的认证指南。

近年来，我国也在不断探索终身学习体系建设，积极开展终身学习成果认证、积累与转换工作试点。2010年，中共中央、国务院颁布的《国家中长期教育改革和发展规划纲要（2010—2020年）》提出了2020年基本形成学习型社会的目标，并提出要促进各级各类教育纵向衔接、横向沟通，搭建终身学习"立交桥"，为学习者的学习需求提供多次选择机会，满足个人在终身发展中对学习多样化的需求。同时，还提出建立继续教育学分积累与转换制度、实现不同类型学习成果的互认和衔接等一系列重大战略构想。2014年，国务院印发的《关于深化考试招生制度改革的实施意见》提出："探索建立多种形式学习成果的认定转换制度，试行普通高校、高职院校、成人高校之间学分转换，实现多种学习渠道、学习方式、学习过程的相互衔接，构建人才成长'立交桥'。"同年，教育部等七部门下发的《关于推进学习型城市建设的意见》（教职成〔2014〕10号）提出推进各级各类学校（教育培训机构）实行学分制，积极开展终身学习成果积累与转换工作试点，拓宽终身学习通道。2016年3月，全

---

① OECD. Qualifications systems: Bridges to Lifelong Learning[M]. Education and Training Policy, OECD Publishing, Paris. 2007.
② Unesco Institute for Lifelong Learning. Unesco Guidelines for Recognition, Validation and Accreditation of the Outcomes of non-formal and Lifelong Learning (2012)[EB/OL]. 2012-12-07. http://unesdoc.unesco.org/images/0021/002163/216360e.pdf.

国人大四次会议审议通过的《国民经济和社会发展第十三个五年规划纲要》提出:"建立个人学习账号和学分累计制度,畅通继续教育、终身学习通道,制定国家资历框架,推进非学历教育学习成果、职业技能等级学分转换互认。"2016年9月,教育部印发的《关于推进高等教育学分认定和转换工作的意见》(教改〔2016〕3号)提出,普通本科院校、高职院校与成人高校等各类高校学生,除学习本校课程获得学分外,还可通过学习外校课程、参加高等教育自学考试、转换非学历学习成果等方式获得学分,其他社会成员可通过学习高校课程、参加高等教育自学考试、转换非学历学习成果,经所申请的高校认定后获得学分。到2020年,高等教育学分认定和转换体系将更加完善,国家级公共服务平台初步建成,人才成长"立交桥"逐步完善,继续教育、终身学习资源更加丰富、方式更加灵活、渠道更加畅通,为基本形成全民学习、终身学习的学习型社会提供有力支撑。

目前一些省(市、区)、高校或行业企业已先行开展学习成果认证方面的探索,北京市、上海市、江苏省、广东省、云南省以广播电视大学作为改革试点单位,正在探索开放大学新的建设模式和尝试建立不同类型学习成果的认证、评估与转换制度,取得初步成果。其主要路径和经验如下。

1. 出台区域性的政策法规,建立组织管理机构

以立法形式推进和实施终身学习,可以确保学习成果认证的合法性、有效性和权威性。如上海市《终身教育促进条例》作为规范终身学习的地方性法规,提出:"本市逐步建立终身教育学分积累与转换制度,实现不同类型学习成果的互认和衔接。成人高等教育同等学力水平同类课程的学分可以在各类成人高等教育机构之间相互转换。普通高等学校的普通高等教育课程的学分,可以转换为电视大学、业余大学等的成人高等教育同等学力水平同类课程的学分。"2012年,上海市教育委员会《关于成立上海市终身教育学分银行的通知》(沪教委终〔2012〕6号)明确学分银行是面向全体上海市民,开展继续教育学习成果认定、积累和转换的平台,是市民学习能力认证和终身学习成果记录的平台。学分银行管理委员会是学分银行的决策机构,学分银

(五)学习型社会建设中学习成果认证、互认、积累和转换的制度

在终身学习框架下,学习和教育可以通过多种途径和形式在不同的场合中进行,国外都在积极探索和实践如何认证人们在非学历、非正规、非正式和无一定形式学习中所获得的学习成果。经合组织在《资格认证体系:通向终身学习的桥梁》报告中强调,学习成果认证是终身学习政策制定和推行中最为关键的,构建终身学习成果认证制度可以使人们的学习成果得到公平、正当的评价和尊重,对于激发人们的学习动机、加速学习型社会的构建具有重要意义。[①] 联合国教科文组织终身学习研究所研制并发布了《非正规与非正式学习成果的识别、验证和认证指南》(2012),以指导各国的相关研究和实践。[②] 欧盟委员会也出台了类似的认证指南。

近年来,我国也在不断探索终身学习体系建设,积极开展终身学习成果认证、积累与转换工作试点。2010年,中共中央、国务院颁布的《国家中长期教育改革和发展规划纲要(2010—2020年)》提出了2020年基本形成学习型社会的目标,并提出要促进各级各类教育纵向衔接、横向沟通,搭建终身学习"立交桥",为学习者的学习需求提供多次选择机会,满足个人在终身发展中对学习多样化的需求。同时,还提出建立继续教育学分积累与转换制度、实现不同类型学习成果的互认和衔接等一系列重大战略构想。2014年,国务院印发的《关于深化考试招生制度改革的实施意见》提出:"探索建立多种形式学习成果的认定转换制度,试行普通高校、高职院校、成人高校之间学分转换,实现多种学习渠道、学习方式、学习过程的相互衔接,构建人才成长'立交桥'。"同年,教育部等七部门下发的《关于推进学习型城市建设的意见》(教职成〔2014〕10号)提出推进各级各类学校(教育培训机构)实行学分制,积极开展终身学习成果积累与转换工作试点,拓宽终身学习通道。2016年3月,全

[①] OECD. Qualifications systems: Bridges to Lifelong Learning[M]. Education and Training Policy, OECD Publishing, Paris. 2007.
[②] Unesco Institute for Lifelong Learning. Unesco Guidelines for Recognition, Validation and Accreditation of the Outcomes of non-formal and Lifelong Learning (2012)[EB/OL]. 2012-12-07. http://unesdoc.unesco.org/images/0021/002163/216360e.pdf.

国人大四次会议审议通过的《国民经济和社会发展第十三个五年规划纲要》提出："建立个人学习账号和学分累计制度，畅通继续教育、终身学习通道，制定国家资历框架，推进非学历教育学习成果、职业技能等级学分转换互认。"2016年9月，教育部印发的《关于推进高等教育学分认定和转换工作的意见》（教改〔2016〕3号）提出，普通本科院校、高职院校与成人高校等各类高校学生，除学习本校课程获得学分外，还可通过学习外校课程、参加高等教育自学考试、转换非学历学习成果等方式获得学分，其他社会成员可通过学习高校课程、参加高等教育自学考试、转换非学历学习成果，经所申请的高校认定后获得学分。到2020年，高等教育学分认定和转换体系将更加完善，国家级公共服务平台初步建成，人才成长"立交桥"逐步完善，继续教育、终身学习资源更加丰富、方式更加灵活、渠道更加畅通，为基本形成全民学习、终身学习的学习型社会提供有力支撑。

目前一些省（市、区）、高校或行业企业已先行开展学习成果认证方面的探索，北京市、上海市、江苏省、广东省、云南省以广播电视大学作为改革试点单位，正在探索开放大学新的建设模式和尝试建立不同类型学习成果的认证、评估与转换制度，取得初步成果。其主要路径和经验如下。

1. 出台区域性的政策法规，建立组织管理机构

以立法形式推进和实施终身学习，可以确保学习成果认证的合法性、有效性和权威性。如上海市《终身教育促进条例》作为规范终身学习的地方性法规，提出："本市逐步建立终身教育学分积累与转换制度，实现不同类型学习成果的互认和衔接。成人高等教育同等学力水平同类课程的学分可以在各类成人高等教育机构之间相互转换。普通高等学校的普通高等教育课程的学分，可以转换为电视大学、业余大学等的成人高等教育同等学力水平同类课程的学分。"2012年，上海市教育委员会《关于成立上海市终身教育学分银行的通知》（沪教委终〔2012〕6号）明确学分银行是面向全体上海市民，开展继续教育学习成果认定、积累和转换的平台，是市民学习能力认证和终身学习成果记录的平台。学分银行管理委员会是学分银行的决策机构，学分银行专家委员会是学分银行的咨询机构,学分银行管理中心设在上海开放大学,各区县设立学分银行分部负责受理相关业务。作为国内首家成立并运行的省级学分银行,到2017年8月,全市建有20个分部和68个网点,储户人数达232万人。①

2. 制定认证标准体系,明确工作流程

学习成果认证、积累和转换制度标准体系包括基础标准和工作标准两部分,基础标准主要包括资格标准、认证单元标准、学分标准、转换规则等;工作标准包括业务规范、规程和流程等。为此,需要建立科学、公正的学分认定(包括考核评价标准、评价结果的审核、登记、复查)制度、学分登录(包括注册开户、学分存入登记等)制度、学分查询制度、学分完成后的毕业制度和在不同学习教育机构之间的转换等有关制度。② 如国家开放大学学分银行建设选择基于资格框架为引领的制度模式和"框架+标准"的技术路径,形成了操作工具和方法,包括手册类、规程类、办法类和评价标准类,推进了非学历与学历教育学习成果的转换和不同层次学历教育之间的纵向衔接。学习成果框架(图18)共分10个等级,从第一至第十,第一级为最低级,第十级为最高级。各个等级的成效特性,由一套学习成果等级指标加以描述,根据我国国民经济行业分类标准,框架中的学习成果分属于20个行业领域。同时,根据学习成果的不同呈现形式,可将其分为学历教育学习成果、非学历教育学习成果和无一定形式学习成果三种类型。学习成果框架中各个等级学习成果的成效特性,由一套学习成果等级指标加以描述,等级指标描述指明该等级对应的每个学习成果所承载的知识、技能以及能达到的能力水平。学习成果参照等级指标描述,确定其在学习成果框架中的等级。学习成果框架通过相关标准和规范,有效提高了学习成果的透明性、可比性和转换性。目前国家开放大学正在重点推进的项目包括教师终身教育学分银行建设项目、继续教育学

---

① 学分银行为终身学习架设"立交桥"[N]. 文汇报,2017-8-30.
② 郝克明.终身学习与"学分银行"的教育管理模式[J]. 开放教育研究,2012(1).

习成果认证、积累与转换试点以及高等职业教育学习成果积累与转换试点等。

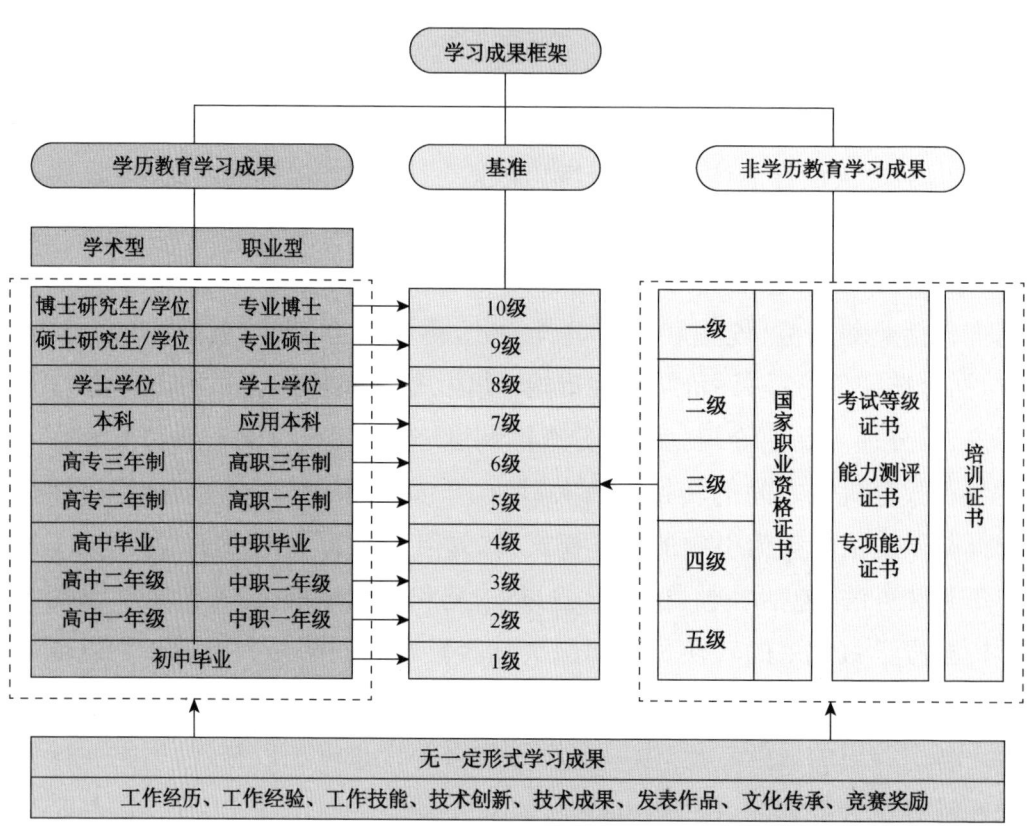

资料来源：国家开放大学学分银行.学习成果框架[EB/OL]. http://cbouc.ouchn.edu.cn/gkcms/wwwroot/cbank2/kj/xxcgkj/index.shtml.

图 18　国家开放大学学习成果框架

3. 构建终身学习和服务平台，建立个人终身学习账户

搭建信息技术系统平台，实现教学、管理、服务一体化，为学生注册、学习、考试、学分存储等提供一站式在线服务。整合各类学习资源和平台，形成优质课程"超市"，方便学习者选择学习；搭建终身学习学习成果学分存储、认定和转换公共服务平台，建立个人学习账户，如实记录、存储学习者在不同学校或渠道获得的学习成果；建设质量保障体系，监督在线平台的课程质量、教

学与学习过程、学分认定和转换结果,保障学习者权益。如北京市于2016年开始启动"学分银行"建设工程,分阶段为500万市民建立终身学习账户,发放"京学卡",建立市民终身学习档案,为普通高校、职业院校、成人高校之间学分积累与转换提供平台。同时,与行业企业合作共同开发行业领域的能力标准,作为课程标准和学习成果认证的基础,推动办学主体之间学习成果的合理互认和相互衔接,提供学习成果积累与转换服务。①

总的来说,我国在终身学习和建立不同类型学习成果的认证、评估与转换制度方面,还处在起步和摸索阶段,目前主要是通过普通学校、职业学校学历教育所获得的课程学分认定、累积与转换做了一些工作,而对学习者通过培训、自学等非学历和非正规教育以及通过实践等途径获得的学习成果的认证、累积以及与学校相关专业学历教育学分的沟通、转换则基本上还未进行,需要在部分地区和教育机构试点的基础上,研究和借鉴国外的先进经验,在国家层面加快推进资历框架、学分认定、评估、转换制度(包括总体设计、标准、技术方案等)的研究和制订工作,加强各类终身教育机构所提供的终身教育课程质量的监督和评估,完善与终身学习理念和学分银行制度相配套的人才选拔、使用和评价机制,促进全体国民学有所教、学有所成、学有所用,形成全民学习、终身学习的学习型社会。

执笔人:王 建
审定:郝克明 谈松华 张双鼓

---

① 牛伟坤.北京将建终身学习"学分银行"为市民发"京学卡"[EB/OL].北京晚报,2016-11-04.

新型城镇化与教育发展丛书
NEW-TYPE URBANIZATION and
EDUCATION DEVELOPMENT

新型城镇化与职业教育供给侧改革蓝皮书

New-type Urbanization and Supply Reform of Vocational Education

下·专题案例篇

中国教育发展战略学会
新型城镇化与教育发展课题组

教育顾问：郝克明　闵维方
经济顾问：厉以宁　郑新立
主　　编：谈松华
副 主 编：张双鼓　江　波　杨子健

图书在版编目(CIP)数据

新型城镇化与职业教育供给侧改革蓝皮书.下册,专题案例篇/谈松华主编.—上海:同济大学出版社,2018.8

(新型城镇化与教育发展)

ISBN 978-7-5608-8124-9

Ⅰ.①新… Ⅱ.①谈… Ⅲ.①城市化—关系—职业教育—教育改革—案例—研究报告—中国 Ⅳ.①G719.21

中国版本图书馆 CIP 数据核字(2018)第 195101 号

新型城镇化与职业教育供给侧改革蓝皮书
(下·专题案例篇)

中国教育发展战略学会　　新型城镇化与教育发展课题组
主　编　谈松华

责任编辑　姚赟契　　**责任校对**　徐春莲　　**封面设计**　唐思雯

出版发行	同济大学出版社　www.tongjipress.com.cn
	(地址:上海市四平路1239号　邮编:200092　电话:021-65985622)
经　销	全国各地新华书店
排　版	南京新翰博图文制作有限公司
印　刷	上海安兴汇东纸业有限公司
开　本	787mm×1092mm　1/16
印　张	38.75
字　数	775 000
版　次	2018年8月第1版　2018年8月第1次印刷
书　号	ISBN 978-7-5608-8124-9
定　价	158.00元(全2册)

本书若有印装质量问题,请向本社发行部调换　　版权所有　侵权必究

新型城镇化与教育发展丛书
NEW-TYPE URBANIZATION and
EDUCATION DEVELOPMENT

新型城镇化与职业教育供给侧改革蓝皮书

New-type Urbanization and Supply Reform of Vocational Education

下·专题案例篇

中国教育发展战略学会
新型城镇化与教育发展课题组

教育顾问：郝克明 闵维方
经济顾问：厉以宁 郑新立
主　　编：谈松华
副 主 编：张双鼓 江　波 杨子健

图书在版编目(CIP)数据

新型城镇化与职业教育供给侧改革蓝皮书.下册,专题案例篇/谈松华主编.—上海:同济大学出版社,2018.8

(新型城镇化与教育发展)

ISBN 978-7-5608-8124-9

Ⅰ.①新… Ⅱ.①谈… Ⅲ.①城市化-关系-职业教育-教育改革-案例-研究报告-中国 Ⅳ.①G719.21

中国版本图书馆 CIP 数据核字(2018)第 195101 号

新型城镇化与职业教育供给侧改革蓝皮书
(下·专题案例篇)

中国教育发展战略学会　　新型城镇化与教育发展课题组
主　编　谈松华

责任编辑　姚赟挈　　**责任校对**　徐春莲　　**封面设计**　唐思雯

出版发行	同济大学出版社　　www.tongjipress.com.cn	
	(地址:上海市四平路1239号　邮编:200092　电话:021-65985622)	
经　销	全国各地新华书店	
排　版	南京新翰博图文制作有限公司	
印　刷	上海安兴汇东纸业有限公司	
开　本	787mm×1092mm　1/16	
印　张	38.75	
字　数	775 000	
版　次	2018年8月第1版　2018年8月第1次印刷	
书　号	ISBN 978-7-5608-8124-9	
定　价	158.00元(全2册)	

本书若有印装质量问题,请向本社发行部调换　　版权所有　　侵权必究

新型城镇化与教育发展丛书

编委会

教育顾问： 郝克明　闵维方
经济顾问： 厉以宁　郑新立
主　　任： 谈松华
副 主 任： 张双鼓　江波　杨子健
编　　委： (按姓氏笔画为序)

于立平	王　建	王　烽	王　雁	王奕俊
王继新	方　芳	邬志辉	刘　辉	江　波
严东权	杨广泽	杨子健	吴雪萍	张双鼓
张可伟	张丽娟	张佳伟	赵　曼	胡大强
柯　玲	顾月华	柴清林	徐国庆	殷建华
栾　峰	郭建如	谈松华	黄晓婷	崔永平
屠晓东	蒋　承	熊贵营	魏亚萍	魏晓峰

目录

专题篇

新型城镇化进程中社会服务需求与职业教育供给研究 ……… 蒋　承　张潇潇　2

新型城镇化背景下职业教育重点专业人才需求与培养
　　　　……………………………… 徐国庆　李　政　曾东升　郭　晨　11

新型城镇化进程中新型职业农民培育的政策与实践
　　　　……………………………… 严东权　魏亚萍　胡　越　李　君　33

国外产城人有机融合与职业教育发展的实践与经验 ……… 江　波　王　雁　45

地方高校转型发展研究 ………………………………………………… 王奕俊　64

新型城镇化进程中产城人互动的机理和模式研究 ………… 张　引　栾　峰　78

"互联网+"职业技能培养培训体系模式研究报告
　　　　………………………………………… 王继新　付卫东　陈文竹　102

新型城镇化进程中的科技创新与职业教育的供给侧
　　结构性改革研究 …………………………………… 北京师范大学课题组　120

基于行业需求的职业能力评价研究
　　——以学前师资为例 ………………………………………………… 黄晓婷　140

案例篇

供给侧改革背景下青岛职业教育服务地方经济社会发展
　　策略研究 ………………………………………… 青岛市教育科学研究院　154

职业教育促进新型城镇化发展——杨凌模式 ……… 杨凌职业技术学院课题组　174

苏州市城市供给侧结构性改革与职业教育发展路径研究
　　………………………………………………………………………… 顾月华　180

附件 1　苏州区域职业教育规划布局研究 ………………………… 熊贵营　210

附件 2　双元制教育本土化实践探索
　　——以苏州健雄职业技术学院为例 ………………………………… 魏晓锋　278

附件 3　区域职业教育标准化建设研究
　　………………………………… 屠晓东　桂德怀　魏　力　周　芳　304

附件 4　苏州职业教育学生核心素养研究 ……………… 殷建华　宋一丹　330

附件 5　城市供给侧改革与职业教育终身化研究
　　……………………………………………………… 张可伟　杨海华　355

东部中小城市产业发展新型城镇化与技能培养体系
　　——以东莞与佛山为例 ……………………………… 郭建如　371
产教城融合发展机制——成都模式 …………… 成都工业职业技术学院课题组　409
特色小镇建设背景下高技能人才开发策略研究
　　——以浙江为例 ………………………………… 刘　辉　雷兴国　423
黑龙江省职业教育培训适应传统产业转换研究 ……… 黑龙江省教育科学研究院　438
职业教育混合办学体制与校企合作实践创新研究
　　——以苏州健雄职业技术学院为例 ……………………… 魏晓峰　459
城镇化背景下县域中职学校"双师"师资队伍建设路径
　　研究——以江苏省太仓市中等专业学校为例 ………… 东北师范大学课题组　467
民办高等教育服务于区域新型城镇化初探 …………… 现代管理大学课题组　482

后记 ……………………………………………………………………… 496

专题篇

新型城镇化进程中社会服务需求与职业教育供给研究[①]

蒋 承　张潇潇[②]

摘要：城镇化是我国全面建设小康社会的必然发展阶段，而关注人的发展的新型城镇化建设对社会服务业提出了更专业和更全面的要求。职业教育作为一种为经济建设和社会发展，特别是为社会服务业升级提供专业技术人才的重要方式，与社会服务业共同作用于新型城镇化建设。本文在对新型城镇化的内涵，社会服务业的发展需求，以及职业教育的发展概况进行综合研究的基础上，着重探讨社会服务业需求与职业教育供给的关系，并为职业教育更好的支撑新型城镇化发展提出了相应的政策建议。

关键词：新型城镇化；社会服务业；职业教育

一、新型城镇化背景下的社会服务现状分析

目前我国已经进入城镇化发展的中后期[1]，城镇化速度加快，城镇化水平明显提高；中小城市和中小城镇成为我国城镇化体系的重要组成部分，成为吸纳转移人口的重要渠道[2]。《国家新型城镇化规划（2014—2020年）》指出，大量的农村转移人口难以融入城市社会，市民化进程滞后，成为我国城镇化发展进程当中必须要高度重视并需要着力解决的问题。人的城镇化，就是实现农村转移人口的城镇化和市民化，是新型城镇化的应有之义和核心意涵。随着新型城镇化建设的推进，涌向城镇的流动人口数量增多，其各项社会服务需求也开始受到了社会和学界的关注。研究发现城镇流动人口未能在享受社会服务方面得到满足，原因可能是社会服务覆盖面窄，服务内容单一，供给规模小，缺乏专业人才。

（一）新型城镇化过程中对社会服务的需求总况

发展社会服务业是解决新型城镇化进程中所遇问题的现实需求，也是我国经济社会发展到一定阶段的必然要求。根据文献研究与政策梳理，社会服务包括低收入人群的社会救助和对特定需要照顾的个体提供相应的帮助。在形式上，既有经济资助也提供服务，呈现多元化趋势；在供给方

---

① 本研究得到国家自然科学基金项目(71573008)的资助。
② 蒋承，中国教育发展战略学会常务理事、北京大学教育学院副教授；张潇潇，北京大学教育学院科研助理。

式上,政府、企业、社会组织共同承担服务责任,通过政府购买、社会组织、社区服务、社会工作者、服务评估和监督部门共同实现服务提供。从性质上来说,社会服务具有福利、非营利性、救助的特征和属性;从责任主体角度出发,民间、政府和企业三者共同承担社会服务的责任;从供给方式上来看,政府在公共财政上承担了最重要的责任,通过捐助、购买服务、特许经营等方式使企业和民间组织发挥作用。[3]总之,社会服务是增进公民福利水平的社会政策,提供面向个人、家庭的照顾、咨询、护理等服务,以服务导向、个性化提供、专业的社会工作者递送为主要特征。[4]

根据民政部社会服务发展统计公报,截至2016年底,全国共有社会服务机构和设施174.5万个,职工总数1 239.3万人,固定资产原价5 393.6亿元;社会服务事业基本建设在建项目建设规模3 050.9万平方米,全年实际完成投资总额245.8亿元;全国持证社会工作者共计28.8万人,其中社会工作师6.9万人,助理工作师21.9万人;全国社会服务事业费支出5 440.2亿元,比上年增长10.4%,占国家财政支出比重为3.4%,其中中央财政向各地转移支付社会服务事业费2 484.0亿元,比上年增长9.4%,占社会服务事业费比重为45.7%,同比下降0.4个百分点。

据相关学者估算,在登记的社会组织中,目前大概有三成在提供与农村流动人口相关的服务,分布在流动人口输入大省(市)如广州、上海、北京等大型城市,以及劳务输出大省;并且,越来越多的社会组织进入流动人口服务领域。[5]总的来看,我国为流动人口提供服务的社会组织有三种:一是专门为农村流动人口服务的社会组织;二是工会、妇联等人民团体;三是服务领域中包含为流动人口服务的社会组织。这些组织在为农民工提供社会服务、提供利益表达诉求渠道、推动建立农民保障体系等方面发挥了巨大作用。

(二) 社会服务的供给形式

根据目前的资料,我国提供的社会服务主要有社会组织、社区服务中心以及企业等三种形式。

(1) 社会组织提供社会服务

在过去的几十年中,政府为了更好地回应社会的需要,通过合同(契约)方式与社会组织协作提供服务的范围不断扩大,社会组织成为政府重要的合作伙伴,也成为社会服务最重要的形式之一。

(2) 社区服务中心提供社会服务

社区是流动人口居住和生活的空间场所,满足流动人口的社会服务需求要从社区入手,在社区解决。

(3) 企业提供社会服务

社会责任要求企业在创造价值、追求利润的同时,关注人的价值,对环境、消费者和社会有所贡献,因此很多企业也开始逐步为员工提供社会服务。作为我国最大的互联网平台,腾讯致力于推动全民参与公益活动,建立透明的服务体系,并通过企业的实践构筑爱心力量,履行社会责任。

(三) 重点群体的社会服务需求

据统计资料显示,我国的城镇化水平已经达到51.27%。全国"十二五"规划提出,要积极稳妥地推进城镇化,要把符合落户条件的农业转移人口逐步转为城镇居民作为推进城镇化的重要任务,以农民工进城就业并逐步定居融入城市作为核心工作推进城镇化进程。由此产生的社会服务需求值得业界和学界重点关注:它们分别是处于流出地区的居村农民的需求和位于流入地区的城镇流动人口的需求。

1. 居村农民的需求

居村农民群体主要由留守老人、妇女和儿童构成。目前我国农村留守老人现象已很普遍,且队伍不断壮大,它是我国农村大量青壮年劳动力长期外流的产物,是中国社会变迁过程中的特殊群体。根据民政部 2013 年统计,中国农村留守老人已超过 5 000 万人。张玉扣等学者在一项针对宝鸡市农村留守老人需求的研究中发现,农村留守老人对安全及感情的需求是最为迫切的。他们担心自己的健康状况和经济状况,也担心在外工作子女的健康安全,同时也渴望家庭的温暖。由于缺少子女的精神陪伴,留守老人相对于其他老年人群体,更难适应壮年到老年角色的转变。[6] 有调查表明,一半以上的老人希望子女在精神上与其沟通,但是只有很少的老人获得了这一需求。[7] 根据《中国 2010 年第六次人口普查资料》推算,全国有农村留守儿童 6 102.55 万,占农村儿童的 37.7%,占全国儿童的 21.88%(《我国农村留守儿童、城乡流动儿童状况研究报告》)。邬志辉在对 10 个省(市)9 448 名农村留守儿童的实证调查研究中发现,留守儿童呈现低龄化趋势,且在身体发育、教育监管方面弱于非留守儿童。[8] 随着流动儿童数量的增长,其在教育、安全、心理等方面的问题越来越突出。在教育和安全方面,因为家庭教育和监管功能的缺失,学校缺乏有效的安全管理和教育,留守儿童保护意识弱,缺乏自救能力,其发生溺水、中毒等意外伤害事故以及性侵害、被拐卖等刑事犯罪伤害的概率大为增加。[9] 在心理上,由于缺乏父母的心理引导,一些留守儿童的价值观出现了偏差,存在性格孤僻、与人交往困难、行为极端、容易冲动等心理问题[10],留守儿童渴望家庭温暖,渴望他人的关注与认同,渴望社会关注。

2. 城镇流动人口的需求

根据国家统计局调查结果,农村劳动力外出务工的人数在逐年增加。2014 年全国农民工总量为 27395 万人,比上年增加 501 万人,增长 1.9%。农民工在城乡之间流动,但同时也在发生变化:由城乡流动转向城市融入,由谋求生存转向追求生活质量的提高[11],长期居住于城镇的农民工对教育、医疗、住房等方面的要求越来越强烈。在教育上,虽然选择在城镇长期工作的农民工在数量上越来越多,但是其整体文化水平和综合素养偏低。《2014 年全国农民工监测调查报告》显示,外出农民工中,高中及以上受教育程度的仅占 26%,大专及以上的仅占 9.3%。培训是获取技术、提升技能最普遍的途径,是农民工增强就业竞争力的重要手段。2003 年,农业部、劳动保障部、教育部、科技部、建设部、财政部等联合出台《2003—2010 年全国农民工培训规划》,首次将农民工培训纳入战略高度,表明了农民工培训工作的重要性。而且有研究证实,农民工,特别是新生代农民工对教育培训有着强烈的需求。[12] 他们不仅关注工资福利,是否有职业发展前景和是否有职业培训也是他们关注的重点内容。黄焕山认为农民工的教育具有特殊性,对农民工的教育要关注其城市融入和技术提升。[13] 在卫生医疗上,有调查表明,流动人口的卫生服务利用水平低,医保的覆盖率低,同时其感染职业疾病、受到意外伤害的概率高于非流动人口。[14]另外,大部分流动人口不知道社区卫生服务中心的存在,在健康出现问题的时候,他们更倾向选择去私人诊所看病。[15]与此同时,流动人口的文化程度对其享受的卫生服务也有影响。文化程度越高的流动人口,选择性越强,相对而言更能选择到合适的医疗保障。[16]我国大部分城市的资源配置还是以户籍人口为基础,在流动人口大量涌入的地区,卫生资源明显短缺。在住房上,大部分在城市务工人员都居住在城郊、城中村和城乡接合部,居住面积小,居住环境差,"脏乱差"现象突出。[17]除此之外,流动人口聚集区治安管理差,消防设施不完备,缺乏安全保障。

(四) 社会服务业所需人才资源不足

随着我国经济高速发展,许多社会问题也随之增加。在国外,社会工作比较早地成为解决现代社会问题、满足大众需求的方法与制度。社会工作有效整合各种资源,对于提升农村流动人口的生产和生活质量具有不可替代的作用。同时,如果有专业的组织和实施人员,在服务过程中可以为农村转移人口争取更多有效资源、提供精准的专业化服务。然而有研究表明,流动人口所享受的社会服务项目单调,缺乏发展型和享受型的服务;而且,服务层次低、服务范围小、服务次数少。总体来看,目前农民工社会福利服务水平整体低下。造成这种局面的原因之一是专业人才紧缺与流失并存、人才结构不尽合理、人才培养与培训体制不健全等问题。根据相关研究统计,2016年底全国60岁以上老年人口23 086万人,占总人口的16.7%。这意味着我国已基本上迈入老龄化社会,因此养老行业对社会服务人才的整体需求量剧增。据估计,2050年养老市场规模将增至106万亿元。[18]值得注意的是,现阶段我国养老服务人才只有不到100万人,其中持证上岗的专业养老护理员尚不足10万人。这将严重影响养老服务产业的规范化运行和整体质量提升。

新型城镇化背景下的社会服务业是对专业技术水平要求较高的产业,因此要实现社会服务业的快速发展,专业人才素质的提升是必由之路。然而,长期以来由于我国传统观念对服务业的歧视和偏见,造成对服务业发展的限制和漠视;对服务业人才的培养也不够重视,造成服务业人员素质普遍偏低,服务质量较差。虽然我国服务业已经成为吸纳劳动力的主要产业,但其吸纳的也以低文化、低技能、低素质的劳动力为主,现阶段我国高层次专门人才的缺乏非常严重。另外,教育培训尤其是技能培训的滞后,也造成人力资本积累不够,导致人才在数量、素质、结构等方面不符合社会服务业的发展需求。上述综合因素造成我国服务业专业技能人才的缺乏。尤其是对于社会服务业来说,专业人才储备是促进其产业发展的关键。因此,现阶段我国人力资本供给状况导致我国社会服务业高素质从业者的缺乏,发展动力不足,限制了社会服务业整体的发展水平。

二、城镇化进程中的职业教育与社会服务供给

习近平总书记在十九大上强调,建设教育强国是中华民族伟大复兴的基础工程,必须把教育事业放在优先位置,加快教育现代化,办好人民满意的教育;完善职业教育和培训体系,深化产教融合、

校企合作。与普通教育相比,职业教育侧重于在理论指导下行为和技能的培养,以应用型人才的培养为教育目标。十九大明确指出,要大规模开展职业技能培训,注重解决结构性就业矛盾,鼓励创业带动就业。提供全方位公共就业服务,促进高校毕业生等青年群体、农民工多渠道就业创业。破除妨碍劳动力、人才社会性流动的体制机制弊端,使人人都有通过辛勤劳动实现自身发展的机会。

(一)职业教育与社会服务发展的互动关系

历经三十多年的发展,我国高职教育已取得显著成就,办学规模逐步扩大,学生人数持续上升,管理水平和教学质量也有较大提高。特别是在深化教育改革、创新人才培养模式、提高社会服务能力等方面取得了明显进步,为经济和社会的可持续发展培育了大量高素质劳动者和技术人才。职业教育因其具有鲜明的职业性和社会性,在推进新型城镇化中具有不可替代的作用。截至2017年5月,全国高等学校共计2 914所,其中普通高等学校2 631所,成人高等学校283所。职业教育完成了跨越式的发展,一些职业院校已经设置了门类齐全、运转科学的教育体系。然而在产业结构调整的背景下,我国高等职业教育发展规模、专业设置、区域布局和层次结构存在着一系列问题。比如,高等职业教育总体规模与产业的快速增长不适应;高等职业教育专业设置与产业需求不匹配;高等职业教育整体布局与区域发展不协同;高等职业教育层次结构与技术需求不相符等。总之,当前我国高等职业教育与产业结构之间还存在诸多矛盾,如何促使人才培养满足社会经济发展的需要,如何充分发挥人才在产业结构调整中的能动作用,是我国高等职业教育建设迫切需要解决的重要任务。

理论和实践都证实,随着就业比重上升,就业人数增加,服务业将成为我国吸纳第一产业转移人口的最重要产业。这对职业教育提出了新的需求和挑战。近年来,我国高职院校对社会服务有了更充分和深入的认识。主要推动因素表现为,一是高等教育、职业教育与社会经济更加紧密结合的趋势对我国区域高职教育的影响,促进高职院校通过开展社会服务开拓生存和发展空间;二是知识经济使社会经济发展方式发生转变,对高职院校的人才和智力为社会经济服务提出了更高的要求。高职院校转变观念、挖掘潜力、拓宽思路,根据本校的条件和实际,结合本区域社会经济的需要,在现有的条件下,逐步拓展社会服务功能,通过各种渠道,积极开展各种形式的教育、经济、文化、科技、信息等服务,同时为本地区各级政府提供多种形式的决策服务。社会服务的类型、形式、途径、方式日趋多样化,服务层次也不断深入和提高。社会服务的领域正在拓展,形式多样且内容丰富,层次逐渐提高。

在肯定职业教育对社会服务业作出巨大贡献的同时,也应该注意到目前存在的困难和问题。职业教育虽然为社会服务业作出了巨大贡献,但与社会服务的需求相比还有差距。职业教育还需要继续改革发展模式,推动职业教育和社会服务的深度融合。新型城镇化背景下的社会服务业对从业者就业能力提出了更高的要求,需要职业教育界的更大支持。职业院校在人才培养方面具有很大优势,也具有很大的发展空间,需要结合实际做出改革以助推社会服务业发展,帮助其提升产业竞争力。

（二）新型城镇化建设对职业教育的要求

城镇化的推进，带来了劳动力市场需求的旺盛，而大都市、中小城市和小城镇等产业布局的调整和生产性服务业的兴起，也引起了人力资源需求结构的变化。尤其是人的城镇化强调适应城镇产业发展和劳动力市场需求，强调实行就地就业或就近就业。这不仅对院校人才培养的层次、类型和结构提出了新要求，同时也对毕业生就业能力和就业方向提出新要求。满足人的城镇化对各类人才培养的需求，为城镇产业发展提供支撑，成为新时期地方院校面临的一项重要任务。关于具体的工作突破口，进行如下讨论。

1. 根据实际需求，创新课程设置

为经济基础服务是职业教育的一项重要功能，职业教育的课程设置和课程安排要主动适应市场经济发展的需求。随着新型城镇化建设的推进，产业结构的调整，对教育的要求也发生了改变。职业教育应当密切关注社会动向，根据社会需求设置相应的课程，并落实培养目标和教育层次定位。[19]

以老年照护为例。在我国，城镇化的发展与老龄社会的高龄化、空巢家庭增多几乎是同步的，且家庭养老模式在逐渐弱化。[20]照护老年人对从业人员有着较高的要求，一般家庭也不具备长期照看老人，特别是失能老人的专业能力和设施。老年照护有产业化发展的趋势，成为城镇经济新的增长点，同时也为在城镇寻求工作机会的农村人口提供了更多的就业机会。在城镇化进程中，无论是失地农民家庭，还是农村的留守群体，女性的数量都占很大的比例。相对于男性群体，女性更适宜从事照护服务行业，但是其自身能力又达不到目前从事老年看护所需的能力要求。因此，开设相关专业，对该群体进行专业的培训，对于吸纳劳动力，同时满足社会需求具有很大的意义。研究显示，目前我国老年护理从业人员缺乏正规教育，老年护理专业人才培养尚属空白[21]，开设养老服务相关专业的院校数量少，人才培养规模小。现有的关于老年护理的教育教学基本都倾向于医护专业的人才培养，比如几乎所有的老年护理专业都开设在医学院和护理学院。而对于老年护理过程中医疗以外的技能缺乏相关课程，例如老年人心理、营养等。近年来，国内一些培训机构开始关注老年护理市场，在提供护理服务的同时进行培训。例如深圳中家职业技能培训学校设有养老护理员的培训，提供初级、中级、高级的培训课程，课程内容涵盖护理、急救、营养、法理、心理学等。

职业教育要关注社会的实际需求，设计相关的培训课程，同时建立高素质的实践教学队伍，提升学生的实践能力。围绕老年看护开展专业的技能培养的同时，与社区养老服务中心进行对接，建立合作关系，明确不同社区对老年看护人员的不同需求，并针对不同需求有重点地进行人才培养和人才输送。由于老年人的护理涉及多个领域的专业知识，职业院校还要建设跨专业的教师队伍，深入推进实践教学。

2. 培养应用型人才，解决社会供需矛盾

解决教育供需矛盾需要发展职业教育。目前，我国教育供给与教育需求之间的矛盾有进一步加剧的趋势，主要存在结构性矛盾。目前我国共有普通本科院校1 171多所，每年毕业生近700

万人,2011年全国高校毕业生的初次就业率只有77.8%,大批高校毕业生找不到工作。但是与此同时,在我国很多地方,众多企业又难以找到所需要的大量应用型人才。因此,目前我国人才培养不是数量不足的问题,而是教育供需之间出现了问题,导致人才培养规格与社会经济发展需求出现了错位对接。出现这种现象的关键原因是培养应用型人才的职业教育在整个国民教育体系中发展相对落后。一个人可选择就业机会的多少和就业岗位的层次与其受教育水平密切相关,受过良好教育、有较好职业素质和技能的人在就业中就会处于优势地位。职业教育可以从人才培养方面解决城市流动人口的增加与企业用人需求之间的错位问题。

正如上文所述,城市流动人口以及迁移到城市的新移民对于教育和培训都有强烈的需求,因为具有某方面突出技能的劳动力在就业市场上与不具备专业技能的劳动力相比,毫无疑问具有更强的竞争力。而且,在城市中成长的新一代流动人口,与他们的父辈相比,更加渴望在城市扎根,所以,他们也更加强烈地意识到掌握知识技能的重要性。随着经济发展和市场对劳动力配置的调控作用不断增强,企业对高技能型人才的需求越来越旺盛。因此,只有大力发展职业教育,扩大职业教育规模,提高职业教育质量,增加职业教育供给,才能满足这种社会需求,有效解决教育供需矛盾。

3. 创新培养模式,做好职后教育与社会融合教育

现代服务业业务覆盖面广,对于促进就业有优势,但同时对从业人员的技术能力和素质有着不同层次的要求,而这需要继续教育的有效支撑。职业教育要做好与继续教育的衔接,重视面向社会的继续教育,通过承接企业职工的培训等方式推动实现劳动力技能的提升和综合素质的提高。加强职后教育的目的是使劳动者弥补自身知识和能力的不足,增强就业能力。上文提到,技术能力水平影响流动人口的择业,而且越来越多的劳动者认识到持续学习的重要性,具有学习的意愿和学习的热情。由于有过工作经验,相对于没有经验的劳动者,他们更清楚自己的学习目的和学习目标。在希望接受职后培训的人群当中,一部分是现有的工作能力不能满足工作需求,一部分是目前可以应对工作,但是有危机感,希望可以通过学习提升业务能力,还有一部分是为提升职业发展空间做准备。

因此,职业教育中的职后教育要根据劳动者的不同需求,制订相对应的课程计划,达成学习目标。由于流动人口的特殊性,在针对这个群体设计课程时,要考虑到他们对课程的需要,设计相关课程,在课程形式和内容上进行创新。流动人口在城市中缺乏认同感和归属感,二元社区现象普遍。随着流动人口在居留地居住时间的延长,他们对融入主流社会、享受同等公共服务和社会待遇、实现身份认同和文化认同的需求不断变得强烈。流动人口的社会融合包含经济、社会、文化和心理四种层面上的融合。流动人口要实现最终的文化和心理上的认同,需要适应并接纳城市的风俗习惯、文化理念等。

在职业教育中要加入社会融入课程,使流动人口从多个方面逐渐融入变化的社会环境,可以帮助流动人口在心理层面和生活实践层面实现社会融入。以法律教育为例,在城市流动人口中,有很大部分都没有接受过专业的法律教育,因而在自身权利受到侵害时,无法通过法律途径来维护自己的合法权益,甚至无法意识到自身的权益受到了侵害。虽然目前有专业的社会服务机构对城市流动人口提供相关的法律服务,但是还有很多流动人口的思维还停留在依靠亲戚朋友解决问题的层面,缺乏寻求法律援助的意识。在职业教育中增加法律常识的学习,提升受教育者的法律意识,帮助其在面对相关问题时寻求专业的法律援助,通过法律的途径解决问题,同时也有利于其树立公民意识、权利意识、平等意识,培养其在多元利益分配格局中的安全感、话语能力和依法维权能力。社会融入课程中还应当包含生活必备常识的普及型培训,例如社区卫生服务中心的宣传,公共服务设施的应用等,以及城市文化、思想道德教育,政策法规等形势教育,以帮助流动人口完成向市民角色的转变。

4. 根据区域特色,发挥优势设计课程

在城镇化的快速发展过程中,美国旧金山城市学院设立了经济与劳动力发展中心,密切关注经济发展动态,追踪行业发展及市场劳动力供需关系,对未来产业发展进行预测,加强与社会的联系,为学院提供应对社会形势变化的建议。我们可以借鉴国外发展经验,使教学、科研和社会服务充分互动,社会服务职能部门提供动态信息,教学和科研部门根据其提供的信息进行自我更新和调整。陈芳认为目前我国的职业教育在专业设置上与区域经济之间的吻合度不高,所培养的人才还不能满足区域经济发展的需要。

职业教育要服务经济,首先在专业上要与区域的经济结构相吻合,但是目前我国职业教育考虑比较多的是资金投入和现有的师资、设备条件等。由于开设新的专业以及相关专业课程的开发需要一定的周期,同时在全球经济迅速变化的现在,技术不断进步,对职业的需要也在变化,所以要在专业上做到与区域经济的当前要求和未来发展趋势相吻合有一定的难度。而这对我国未来职业教育的发展提出了更高的要求。以上海长宁区为例,长宁区位于上海市中心城区的西部。在经济转型过程中,长宁区根据自身完善的立体交通网络、涉外的商务中心、良好的生态环境和以高中档住宅为主的居住区的特点,选择了现代服务业为区域经济重点发展的产业。长宁区的职业教育和职业培训已经取得了一定的成绩,其中东华大学服装设计、服装制版专业、华东政法大学的司法考试培训等在上海乃至全国都有很高的声誉,培训的结果也受到了用人单位的普遍认可。因此,适应区域的经济发展特色,发挥优势设计课程,也是未来职业教育的必然要求。

综上,随着新型城镇化建设的推进,城乡流动人口数量增多,社会服务的需求类型与总量都急剧增加。发展职业教育为社会服务业提供人才储备和保障,对于改善就业结构,增强经济社会的综合竞争力,加速劳动力流动,推动城乡一体化,实现人的城镇化具有巨大的积极意义。

参考文献:

[1] 任远. 人的城镇化:新型城镇化的本质研究[J]. 复旦学报(社会科学版),2014,56(4):134-139.
[2] 景朝阳. 城镇化:成果显著任重道远[J]. 经济,2010(11):58.
[3] 丁元竹. 关于社会服务的概念及其与公共服务的关系[J]. 中国民政,2011(5):9-10.
[4] 高娜,张欢. 社会服务概念与内涵辨析[J]. 行政科学论坛,2015,2(1):13-18.
[5] 丁开杰. 农民工社会服务的第三方供给研究[J]. 中共杭州市委党校学报,2013(2):37-42.

[6] 张玉扣,郭宇鹏,李夏,等.农村留守老人的生存需求分析[J].新西部旬刊,2014(5):10.
[7] 方菲.劳动力迁移过程中农村留守老人的精神慰藉问题探讨[J].农村经济,2009(3):107-110.
[8] 邬志辉,李静美.农村留守儿童生存现状调查报告[J].中国农业大学学报(社会科学版),2015,32(1):65-74.
[9] 符婧.农村留守儿童安全问题研究[J].求知导刊,2015(12):110.
[10] 朱雅妮.农村留守儿童的心理问题与教育对策[J].教育,2016(6):151.
[11] 李会娟.不同居住点农民工教育需求研究[D].华东师范大学,2007.
[12] 黄晓赟,马建富,等.基于新生代农民工需求的职业教育与培训体系建构研究[J].职业技术教育,2010,31(34):69-73.
[13] 黄焕山.论民工教育的特殊性[C]//成人教育协会年会暨和谐社会与成人教育论坛.2005.
[14] 崔斌,周红.各国流动人口主要卫生服务利用障碍及改善基本卫生服务可及性的措施[J].中国药物经济学,2009(6):47-56.
[15] 张璐莹,程晓明,邹振东,等.上海市闵行区外来人口卫生服务研究[J].中国卫生经济,2006,25(7):45-48.
[16] 江婷婷,赵颖智,石智雷.流动人口就医行为及公共卫生服务利用质量分析——基于湖北省2013年流动人口动态监测调查[J].宏观质量研究,2015(1):111-119.
[17] 王凯,侯爱敏,翟青.城市农民工住房问题的研究综述[J].城市发展研究,2010,17(1):118-122.
[18] 谭泽晶.新型城镇化背景下养老服务产业人才培训转型的挑战与对策研究[J].社会福利,2017(9):10-11.
[19] 苏俊玲.试论职业教育课程设置与现代服务业发展的结合[J].职业教育研究,2008(6):8-9.
[20] 张晓华.城镇化进程中老年照护服务社会支持体系实践模式探索[J].老龄科学研究,2014(1):38-44.
[21] 魏平峰,魏茜.老年护理从业人员严重不足职业教育需增老年非医疗护理专业[J].科技视界,2015(26):36.

新型城镇化背景下职业教育重点专业人才需求与培养

徐国庆　李　政　曾东升　郭　晨[①]

摘要：新型城镇化有助于发挥市场在资源配置中的基础作用，有助于农业转移人口的市民化，是推动我国经济转型、实现可持续发展的重大战略举措。当前，我国新型城镇化进程中产业发展还存在产业结构不合理，服务业推动城镇化发展的动力机制尚未形成；产业创新能力不强，城镇化质量较低；城镇化空间和规模格局"双失衡"；城镇建设与产业发展脱节以及产业绿色发展动力不强等诸多问题。职业院校必须要针对城镇化建设中出现的现实问题，紧紧围绕产业发展的定位、结构和布局，对专业体系进行优化和调整，为社会经济发展提供不同层次、类型和规模的技术技能人才支持，以人才支撑推进新型城镇化向纵深发展。新型城镇化背景下职业教育重点专业人才培养应实施以下基本策略：一是，以同步协调规划促进职业教育与城市产业统筹融合发展；二是，以产教融合实现教学活动与企业技术状态相同步；三是以现代学徒制促进职业院校人才培养模式改革；四是，以人才贯通培养提升技术技能人才培养层次；五是，以特色化办学彰显职业教育发展的内生动力与外部价值。

关键词：新型城镇化；职业教育；专业人才培养

党的十九大明确提出要以城市群为主体构建大中小城市和小城镇协调发展的城镇格局，加快农业转移人口市民化。要完善职业教育和培训体系，深化产教融合、校企合作。加快发展现代职业教育，优化专业设置和人才培养是农业转移人口市民化的重要基础，是城镇化顺利推进的重要保障。

一、新型城镇化背景下的产业发展特征与趋势

新型城镇化是市场发挥资源配置基础作用的城镇化，是以农业转移人口的市民化为重点的城镇化，是着眼于经济转型、追求可持续发展的城镇化[1]。所以在新型城镇化的背景之下，产业发展在保有基本特征的同时，也被赋予新的内涵、动力和目标。

---

① 徐国庆，华东师范大学教育学部职业教育与成人教育研究所教授；李政，华东师范大学教育学部职业教育与成人教育研究所博士；曾东升，南京科技职业学院副教授；郭晨，教育部职业技术教育中心研究所助理研究员。

（一）农业现代化：以现代技术与现代管理为特征的区域农业

城镇起源于农业与非农业的分离，发展于商业的扩大与人口的聚集之中，而支撑城镇发展的基础力量是农业[2]。但是传统的城镇化是以牺牲农村、农业、农民的经济利益来片面强调城市发展，是以破坏生态环境为代价的非持续的城市化道路。历史上英国、德国、日本等西方发达国家城镇化过程曾经历过较为严重的环境污染、农业生产萎缩等问题，在我国城镇化初期，农业发展与城镇化也曾有过冲突和矛盾。《国家新型城镇化规划（2014—2020年）》明确提出要"坚持走中国特色新型农业现代化道路，加快转变农业发展方式，提高农业综合生产能力、抗风险能力、市场竞争能力和可持续发展能力"，就是要克服城镇化过程中农业发展出现的低效、污染、萎缩等问题。樊明等人认为采用现代农业科技、规模化生产、土地私有制和家庭农场经营是农业现代化的基本特征。这些基本特征又派生出其他特征，或要求相应的前提条件[3]。在这里，重点讨论现代农业科技、规模化生产、家庭农场经营这三大要素，因为这三大要素与职业教育专业设置有着更为紧密的关系。土地私有制涉及制度层面的变革，需要在顶层设计层面予以解决，本研究暂不讨论。

在工业化背景下，采用现代农业科技是必然结果，是现代农业的基本保证。现代农业科技在农业生产中的应用最直观的表现就是农业机械化。"十三五"时期，农业机械化发展将坚持目标导向和问题导向，推动农机装备和服务组织由数量增长向质量、效益并重转型升级。力争2020年农作物耕种收综合机械化水平超过68%，其中粮食作物超过80%，在全国建成500个以上实现主要农作物生产全程机械化的示范县，有条件的省率先基本实现农业机械化[4]。农业机械化就要求规模化生产，尤其基于大型农业机械的机械化。只有实行规模化生产，农业机械才能实现技术上有效率和经济上的合理。在工业化不断向前推进的条件下，工业将向农业提供先进的技术装备，使得农业生产率大幅度提升，进而产生规模经济效益，促进家庭农场规模的不断扩大。当农场规模充分扩大后，农民的专业化也有着必然性，因为大农场的生产活动足以让农民成为全日制农民。

可以看出，以上这条关系链反映出新型城镇化过程中现代农业发展的几个关键节点或特征：一是现代农业科技，尤其是农业机械化的广泛运用；二是专业农民群体的形成，也就是以农民为职业，专业从事农产品生产的职业群体；三是新型农业生产经营形式的出现。这三个特征反映出现代科技元素与管理元素将引领新型城镇化背景下的农业走"规模化、技术化、绿色化、市场化"的道路。

（二）工业现代化：以信息化带动传统工业转型升级

随着经济的不断增长和人民生活水平的不断提升，传统工业化带来的城市环境污染、劳动效率低下、自然资源破坏等弊端不断涌现，矛盾日益突出，传统高投入、高消耗、高排放的工业化城镇化发展模式难以为继，新型城镇化对新型工业化的要求应运而生。就二者的关系而言，新型工业化能为新型城镇化提供支持和动力：其一，注重创新和效益的新型工业化将推动城市的集约化发展；其二，突出就业和绿色的新型工业化将促进城镇化的和谐发展；其三，增强集聚和附设的新型工业化将加快城镇化的统筹发展[5]。而新型城镇化对于新型工业化而言也具有积极作用：一方面,城镇化是工业化发展的载体,新型城镇化将依托城市聚集生产、交换、分配和消费等多种经济活动,直接为工业化提供所需的各种要素;另一方面,新型城镇化能够增强城市的集聚效应和辐射能力,具有"促工"作用[6]。

新型工业化是坚持以信息化带动工业化,以工业化促进信息化,是科技含量高、经济效益好、资源消耗低、环境污染少、人力资源优势得到充分发挥的工业化道路。信息化是指培养、发展以计算机为主的智能化工具为代表的新生产力,并使之造福于社会的历史过程。"四化"中更强调的是突出信息化对工业化的促进作用[7]。所以新型城镇化背景下的工业现代化,需要更加强调以信息化带动城市传统工业转型升级,在技术、结构和布局等方面取得突破。

《中国制造2025》是工业现代化顶层设计的集大成之作。它强调我国制造业要围绕"一条主线",实现"四大转变",并实施"八大对策",以因应新型城镇化的工业现代化发展诉求。所谓"一条主线",指的是以体现信息技术与制造技术深度融合的数字化、网络化、智能化制造为主线;"四大转变"指的是要素驱动向创新驱动转变,低成本竞争优势向质量效益竞争转变,资源消耗大、污染物排放多的粗放制造向绿色制造转变,生产型制造向服务型制造;"八大对策"分别是:推行数字化网络化智能化制造、提升产品设计能力、完善制造业技术创新体系、强化制造基础、提升产品质量、推行绿色创造、培养具有全球竞争力的企业群体和优势企业、发展现代服务制造业。智能制造、工业强基、绿色制造是这一制造业发展规划的三大主题。同时该规划还强调发展如下重点领域(表1)。

表1 《中国制造2025》中强调突出发展的重点领域

一级领域	二级领域
新一代信息技术产业	信息通信设备 操作系统及工业软件 集成电路及专用装备
高档数控机床和机器人	高档数控机床 机器人
航空航天装备	航空装备 航天装备
海洋工程装备及高技术船舶	—
先进轨道交通装备	—
节能与新能源汽车	—
电力装备	—
农机装备	—
新材料	—
生物医药及高性能医疗器械	—

(三)服务业现代化:以"生产+生活"服务业构筑城镇发展的新动力

《国家新型城镇化规划(2014—2020年)》指出,城镇化是加快产业结构转型升级的重要抓手。产业结构转型升级是转变经济发展方式的战略任务,加快发展服务业是产业结构优化升级的主攻方向。目前我国服务业增加值占国内生产总值比重仅为46.1%,与发达国家74%的平均水平相距甚远,与中等收入国家53%的平均水平也有较大差距。城镇化与服务业发展密切相关,服务业是就业的最大容器。城镇化过程中的人口集聚、生活方式的变革、生活水平的提高,都会扩大生活性服务需求;生产要素的优化配置、三次产业的联动、社会分工的细化,也会扩大生产性服务需求。城镇化带来的创新要素集聚和知识传播扩散,有利于增强创新活力,驱动传统产业升级和新兴产业发展。可见,生产性服务业和生活性服务业是新型城镇化不断推进的重要动力,也是新型城镇化发展的内在诉求,两者分别服务于工业现代化与居民生活现代化,共同形塑支撑城市生产生活的现代服务业。有学者利用灰色关联分析方法,单独研究中国服务业发展对城镇化的促进作用,结果发现:服务业是三次产业中对城镇化促进作用最强的产业;在近二十几年来的城镇化过程中,服务业发展对城镇化的促进作用呈上升趋势[8]。

生产性服务业是指为保持工业生产过程的连续性、促进工业技术进步、产业升级和提高生产效率提供保障服务的服务行业。它是与制造业直接相关的配套服务业,是从制造业内部生产服务部门而独立发展起来的新兴产业,本身并不向消费者提供直接的、独立的服务效用。它依附于制造业企业而存在,贯穿于企业生产的上游、中游和下游诸环节中,以人力资本和知识资本作为主要投入品,把日益专业化的人力资本和知识资本引进制造业,是二、三产业加速融合的关键环节。生产性服务业具有以下几个特征:知识密集型或技术密集型;拥有专业化厂商或专家;与生产过程的联系紧密;是人力资本和知识资本进入生产过程的途径;生产性服务业对生产过程的依附性强;发展迅速[9]。

生产性服务业的发展对于城镇化过程而言具有如下积极意义:一方面,生产性服务业集聚会加速城镇化的进程,因为生产性服务业(如房地产、物流、商务服务)的发展会加速人口的集聚,带来高端产业在城市的集聚,同时还可以促进城市空间的扩展;另一方面,生产性服务业的集聚能够促进城市转型升级、提高城镇化质量,生产性服务业的发展将倒逼资源型城市、区域中心型城市和工业型城市的发展转型,同时也将提高工业生产的附加值。

生活性服务业直接向居民提供物质和精神生活消费产品及服务,其产品、服务用于解决购买者生活中(非生产中)的各种需求。生活性服务业的发展与新型城镇化的进程互相促进。一方面,生活性服务业的发展提升了城市生活的整体水平,满足了人民群众日益增长的物质文化需求,同时由于生活性服务业属于劳动密集型行业,就业门槛低,再就业周期短,可吸纳不同年龄段、不同文化程度的人口就业,所以客观上促进了人口向城市的汇聚和新型城镇化的不断推进。另一方面,新型城镇化的不断推进为生活性服务业发展提供了重要条件,尤其是城镇化形成的庞大的消费市场、人力资源市场、创意市场等。

二、新型城镇化进程中产业发展存在的问题

(一)产业结构不合理,服务业推动城镇化发展的动力机制尚未形成

我国产业结构一直存在农业基础薄弱、工业水平较低、服务业发展滞后的问题。从城镇化与

服务业的发展水平看,1978年至2011年,我国城镇化率增加33个百分点,平均每年增加1个百分点,但同期服务业占GDP的比重仅提高19.5个百分点,平均每年只有0.6个百分点,服务业发展滞后于城镇化发展。从服务业就业弹性变化看,与国际平均水平相比,在相同产出的情况下,我国服务业吸纳的劳动力数量虽然已高于国际标准,但从1986年以来,服务业就业弹性呈下降趋势,由1986年的0.43下降到2008年的0.25,服务业就业容量有待进一步挖掘。根据国家统计局发布的数据,2011年农村转移劳动力在制造业和建筑业从业比例为53.7%,而在服务业从业比例只有34.2%,可见,服务业在吸纳农村转移劳动力方面还有很大空间。大力发展城市服务业,吸纳农村剩余劳动力就业,将是挖掘服务业就业潜力、促进城镇化与服务业良性互动的重要途径。

(二) 产业创新能力不强,城镇化质量较低

由于创新能力不强,我国产业发展主要依靠廉价的土地、劳动力等初级生产要素,产业价值链主要集中在生产和加工制造环节的中低端,而研发设计、供应链管理、营销、品牌等高附加值环节严重缺失,这种产业发展道路被概括为"代工—出口—微利化—品牌、销售终端渠道与自主创新能力缺失—价值链攀升能力缺失"的路径依赖,本质上是一种依靠低成本要素竞争的外生发展模式。在城镇化过程中,用地粗放低效、占地过多,"圈地""造城"等现象较为普遍,各类工业园区、开发区建设过多过滥。这种过度依赖低成本资源进行数量扩张的外生式产业发展模式导致城镇化质量不高。

(三) 城镇化空间和规模格局"双失衡"

我国产业向东部地区和大城市的过度集中,造成城镇化空间格局和规模格局的比例不协调。从空间看,制造业50%以上布局在东部地区。2011年,轻工业在东中西部三大地区的比例为56∶26∶18,重工业东中西部三大地区的比例为61∶23∶15。以就业弹性较高的纺织服装鞋帽制造业为例,该产业在东部地区的比重超过80%。产业布局失衡必然导致城镇化"东密西疏"的空间结构失衡,即东部地区城镇过于密集,400万以上人口的特大城市占全国的57%,100万~400万人口的大城市占40%;而中西部地区城镇稀疏、规模较小,缺乏带动效应强的城市群,城市吸纳能力不足。从城镇规模结构看,产业过度集中在大城市和特大城市,导致大城市和特大城市急剧膨胀,中等城市和小城镇相对落后,形成"大城市太大,小城市(镇)太小""大城市承载力不足,小城市(镇)吸纳力不足"的失衡局面。

(四) 城镇建设与产业发展脱节

2000年至2011年,我国城镇建成区面积增加76.4%,而城镇常住人口只增长了50.5%,城镇人口密度由8 500人/平方公里降至7 300人/平方公里,城市规模和占用土地面积迅速扩大,产业单一或缺乏相应的产业支撑,大量转移劳动力被排斥在城镇化进程之外,使土地城镇化明显快于

人口城镇化。我国一些地区由于盲目城镇化出现"空城"现象，造成资源的巨大浪费，并侵占宝贵的耕地资源。

（五）产业绿色发展动力不强

新型城镇化建设要求通过产业转型实现资源要素的节约集约利用，从而实现新型城镇化和生态文明建设一体化。我国在促进产业发展方式转变过程中，主要依靠行政手段，如"节能减排"目标责任制，强制淘汰落后产能，通过提高环评标准、控制信贷和土地审批等遏制高耗能产业过快增长等，产业发展主体企业主动进行绿色转型和发展的动力不足。发达国家的经验表明，实现经济发展与环境保护的协调发展，必须充分发挥市场作用，通过运用价格、税收、财政、信贷、收费、保险等经济手段，制定和实施财政补贴、碳排放税、标签计划、自愿协议、能源合同管理等环境经济政策，调节或影响市场主体的行为，调动企业绿色发展的积极性。

职业教育的专业结构是否同区域内的产业结构相适应，不仅关系到职业教育能否发挥其对产业发展的促进作用，更重要的是，还关系到职业教育自身的切实发展。职业教育作为服务区域经济发展、为地方输送技术技能型人才的教育形式，只有主动的适应经济社会、产业结构的战略性调整对人才提出的实际需求，适时优化专业结构，才能够促进职业教育专业同区域产业的联动发展，通过职业教育培养的人才才能够"适销对路"。换言之，职业教育专业结构与产业结构之间形成的良好的协调发展关系，有利于职业教育自身的可持续发展。

三、新型城镇化背景下职业教育重点专业的遴选

新型城镇化背景下产业发展所表现出的特点直接影响职业教育重点专业的确定。职业院校必须要紧紧围绕产业发展的定位、结构和布局，对专业体系进行优化和调整；同时要满足所在省、市高职教育重点（骨干）专业的发展要求，为社会经济发展提供必要的人力资源支持。

（一）遴选标准

前面提到，新型城镇化背景下的农业、工业和服务业有着不同的发展趋势与重点发展领域，且由于新型城镇化的进程必将带来城市人口数量和结构的变迁，所以新型城镇化背景下职业教育重点专业的确定需要关照产业转型升级以及社会结构变迁这两大主题。具体而言，重点专业的遴选应从以下三个方面入手：①培养相应领域的紧缺型人才。重点专业应能够响应产业发展对紧缺型人才的培养诉求，重点关注产业内新兴行业对从业人员的各类需求以及部分行业对高层次技术技能型人才的需求。②国家确定的各产业重点发展领域，例如制造业中的智能制造、服务业中的现代物流。③行业需要职业教育层次的人才，或某类人才可以通过职业教育培养。这是可行性层面的要求，在确定相关重点专业时，需要考量该专业所培养的人才是否能够满足行业人才素质要求，例如航空航天领域内职业教育应重点关注航空零部件制造技术人才的培养，而非航天器设计人才的培养。

（二）新型城镇化背景下职业教育重点专业/专业群

结合新型城镇化背景下的产业发展趋势，表2中的专业应被纳入重点发展的行列之中。宏观上看，这些专业所对应的产业具有三个特点：一是技术含量较高。这些专业已经脱离其传统的发展模式，更加强调科学知识对于技术发展的引领作用，以及知识经济驱动下的技术发展效应，对于新兴产业而言更是如此；二是符合现代经济社会发展理念，包括绿色发展、创新发展等，强调产业发展与环境保护的适应性、技术进步与创新发展的互动性、服务生产与服务生活的融合性；三是行业中的若干岗位具有融合性，某个岗位将承载更多的工作任务，且工作任务相较于以往的传统行业而言更为复杂。相应的，重点专业也具备以下几个育人特征：一是强调理论知识学习的有效性及其对技术技能人才培养的价值；二是培养具有较高技术含量，能够胜任高技术岗位的从业人员；三是人才培养需要关注其方法与社会能力的培养，如决策能力、判断能力、沟通能力等。

表2　　　　　　　　　　　　　　新型城镇化背景下职业教育重点专业/专业群

产业	重点领域	重点专业
农业	现代种业 农业机械化 农业信息化 农业生态环境 农业资源高效利用 农作物耕种栽培管理 农作物灾害防控 畜禽水产养殖 动物疫病防控 农产品质量安全 农产品加工	粮食、果蔬、花卉、茶叶、蚕桑、棉花、烟草生产与加工 种子生产与经营 设施农业生产技术 农业机械使用与维护 农村电气技术 观光农业经营 循环农业生产与管理 农产品营销与储运 农资连锁经营与管理专业 农村环境监测 畜禽生产与疾病防治 淡水、海水生态养殖
工业	新一代信息技术产业 高档数控机床和机器人 航空航天装备 海洋工程装备及高技术船舶 先进轨道交通装备 节能与新能源汽车 电力装备 农机装备 新材料 生物医药及高性能医疗器械	机电一体化技术 安全技术管理 智能制造技术与应用 生物技术及应用 计算机网络技术 农机制造技术 电气自动化技术 动车组、高速铁道技术 材料工程技术 模具制造技术 船舶、轮机工程技术 软件技术 飞机机电设计与维修 城市轨道车辆维修 新能源汽车技术
服务业	研发设计 第三方物流 融资租赁 信息技术服务 节能环保服务 检验检测认证 电子商务 商务咨询	物流管理 电子商务 包装技术与设计 环境监测与治理 信息技术服务 市场营销

续 表

产业	重点领域	重点专业
	服务外包 售后服务 人力资源服务 品牌建设	
服务业	居民和家庭服务 健康服务 旅游服务 体育服务 文化服务 法律服务 批发零售服务 住宿餐饮服务 教育培训服务	护理与康复治疗 酒店管理与服务 旅游管理与服务 老年服务与管理 会展策划与管理 影视、动画设计与制作 烹饪技术 现代殡仪技术与管理 民航服务 城市轨道运营管理 物业管理 学前教育

四、重点专业人才供需情况分析

重点专业的遴选廓清了专业设置层面的问题,但目前这些专业及所对应的行业在人才供需上是否平衡?供需结构是否存在问题?这些也将影响重点专业人才培养策略的制订。

(一)按照人才层次分析

人才层次反映了目前各行业在人才需求的质量上是否能够得到满足。如果各行业对人才学历或技术层次的需求较高,而职业院校只培养出大量中低端技术技能人才,那么这种人才供需状况则呈现出结构性矛盾。

反映人才层次供给状况的主要变量是求人倍率。求人倍率是劳动力市场在一个统计周期内有效需求人数与有效求职人数之比。它表明了当期劳动力市场中每个岗位需求所对应的求职人数。求人倍率可以反映一个统计周期内劳动力市场的供需状况,当求人倍率大于1,说明人才供不应求;如果求人倍率小于1,说明人才供过于求。这个指标既是反映劳动力市场供求状况的重要指标,也是反映整个经济景气状况的重要指标,其计算方式为:求人倍率=有效需求人数/有效求职人数。

这里我们重点考量高层次人才的求人倍率变化情况,根据人社部截至2015年第二季度的数据统计,我国各行业高层次人才的求人倍率变化如图1所示。可以看出,无论是高级工程师、技师还是高级技师,各个季度的求人倍率均维持在1.5以上,部分季度甚至接近3。这反映出当前职业院校对高层次技能人才的培养不能满足行业发展的需求,职业人才培养的供给侧与需求侧出现较为严重的错位。《高技能人才队伍建设中长期规划(2010—2020年)》(以下简称《人才规划》)对各级别技能人才的需求量进行了预测(表3),其中,高级技师的规模需要比2009年增加约3倍,技师与高级技师规模将达到2009年的3倍。就人才培养层次而言,中高职重点专业的人才培养应向高层次人才培养倾斜,或在专业设置、课程体系设计等方面为技术技能人才提供生涯发展保障。

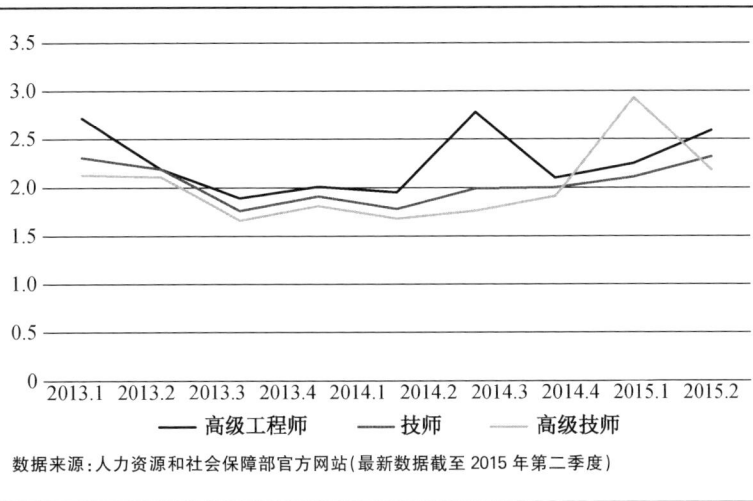

数据来源:人力资源和社会保障部官方网站(最新数据截至2015年第二季度)

图1 2013年第1季度至2015年第2季度我国高技能人才求人倍率变化图

表3 《人才规划》中2015年、2020年各等级技能劳动者需求增长预测

技能劳动者结构	2009年技能劳动者需求规模(人)	2009—2015年加权方式下技能劳动者需求增长(人)	2009—2020年加权方式下技能劳动者需求增长(人)
高级技师	1 141 688	214 314	401 897
技师	5 292 948	963 859	1 781 466
高级工	24 236 005	4 269 010	7 759 835
中级工	43 368 086	7 364 523	13 130 332
初级工	41 734 680	6 069 583	9 836 133
合计	115 773 408	18 881 288	32 909 662

(二)按照产业类型分析

各产业类型对人才的需求情况也各不相同。下面将对农业、工业和服务业未来人才需求情况进行分析,并在各产业中选取部分行业作为案例进行具体阐释。

1. 农业——以粮食行业为例

农业现代化发展的历史使命对农业机械、种业、作物种植、农业信息化、农产品营销等行业的发展提出了更高要求,这其中,保产量、增效益、促环保成为发展的中心思想。相应的,掌握现代作物种植技术人才、各类农业科技应用人才、现代农业经营管理人才需求数量将大幅度增加,农业技术技能人才需求结构也将优化调整。《人才规划》对2009—2020年我国农业技能人才以及高技能人才的需求数量进行了预测(表4—表5),可以看出,到2020年,农业高技能人才数量将占各行业总需求人数的1.4%。高技能人才需求量占各行业总需求的1.44%。《"十三五"全国新型职业农民培育发展规划》对农民人才队伍建设提出了相应的目标(表6)。而根据《人民日报》的报道,到2020年我国约需要农业企业经营人才150万人,各类技术服务型人才150万人,农业生产性服务人才550万人。农村实用人才需求总量在1 800万人以上[10],而目前市场存量只有1 000万人左右[11]。

表4 《人才规划》中对2009—2020年我国农业技能人才的需求预测

行业分布	2009—2020年技能劳动者需求增长量(人)	2020年农业需求(人)	2020年需求占比	2009—2020年需求增长占比
农、林、牧、渔业	621 577	2 081 766	1.4%	1.89%

表5 《人才规划》中对2009—2020年我国农业高技能人才的需求预测

行业分布	2009—2020年高技能人才需求增长量(人)	2020年农业需求(人)	2020年需求占比	2009—2020年需求增长占比
农、林、牧、渔业	160 895	585 933	1.44%	1.62%

表6 "十三五"新型职业农民培育发展主要指标

指标	2015年	2020年	年均增长	指标属性
新型职业农民队伍数量(人)	1 272万	2 000万	146万	预期性
高中及以上文化程度占比	30%	≥35%	1个百分点	预期性
现代青年农场主培养数量(人)	1.3万	≥6.3万	≥1万	约束性
农村实用人才带头人培训数量(人)	6.7万	16.7万	≥2万	约束性
农机大户和农机合作社带头人培训数量(人)	示范性培训为主	≥5万	1万	约束性
新型农业经营主体带头人培训数量	示范性培训为主	新型农业经营主体带头人基本接受一次培训	≥60万	预期性
线上教育培训开展情况	试点性开展	完善在线教育平台,开展线上培训的课程不少于总培训课程的30%;开展线上跟踪服务	≥6%	预期性

数据来源:"十三五"全国新型职业农民培育发展规划

以粮食行业为例,根据《全国粮食行业中长期人才发展规划纲要(2011—2020年)》粮食行业人才培养的基本预测,到2020年,粮食行业从业人员中受过高等教育的比例达到25%;各类高层次人才总量明显增长;高技能人才占技能劳动者的比例达到28%。人才的结构趋于合理。到2020年,企业经营管理专业技术人才总量达到21万人,占从业人员的12%,高级、中级、初级专业技术人才比例为10∶40∶50;到2020年,行业高技能人才总量达到15.4万人,占技能劳动者的比例达到28%,其中技师、高级技师达到3.9万人。到2020年新增粮食行业特有工种技师、高级技师1.8万人。但是目前我国粮食行业人才队伍结构存在两大问题:一是学历层次偏低(表7);二是高技能人才匮乏,技师和高级技师的数量有所增长但总量不大(表8)。

表7　　　　　　　　　　　　　粮食行业从业人员队伍学历结构

类别	研究生	大学生	高职	中职	高中	初中及以下
人数(人)	124 57	113 993	207 402	190 796	316 825	271 834
占比	1.12%	10.24%	18.63%	17.14%	28.46%	24.42%

数据来源:《中国粮食年鉴》《中国粮食发展报告》等

表8　　　　　　　　　　　粮食系统内技能人才队伍职级结构　　　　　　　　　　(单位:人)

年份	高级技师	技师	高级技工	中级工	初级工	普通工人	学徒工
2011	687	6 107	22 191	32 644	31 061	202 946	2 278
2012	926	6 084	22 811	31 398	31 675	196 675	1 729
2013	916	6 064	22 735	31 080	31 321	194 733	1 729
2104	1 126	8 140	20 943	30 651	35 649	219 210	2 198

数据来源:《中国粮食年鉴》《中国粮食发展报告》等

国家粮食局在2010年编制的《全国粮食行业中长期人才规划纲要(2011—2020年)》中的调研结果表明,2011年粮食行业工人队伍约有42.5万人(2013年粮食行业工人队伍约有28.9万人),10年内估计有15%(48 500人左右)将面临退休,其中5年内即将退休的就有5%(15 053人);作为上规模的民营与外商企业,技术工人估计10年内也需补充10%至15%(10 840～16 260人);再加上其他粮食经营企业(13 889个)10年内对技术工人的补充,按每个企业平均补充1人测算,共需14 000人左右。10年内对新技术工人的需求总的估计为73 300人,及每年单位自然减员需补充新技术工人7 300人左右(表9)。

表9　　　　　　　　　　　未来10年粮食行业从业人员工种需求　　　　　　　　　　(单位:人)

项目	粮油保管员	粮油质量检验员	制米工	制油工	制粉工	粮油购销员
粮油仓库	71 980	35 990				17 995
米厂	15 374	15 374	23 061			15 374
粉厂	5 574	5 574			8 361	5 574
油厂	1 321	2 642		11 889		2 642
合计	94 249	59 580	23 061	11 889	8 361	41 585

数据来源:中国粮食研究培训中心《粮食行业技能人才需求报告》

2. 工业——以船舶、机械设计制造、生物技术、食品加工四个行业为例

《人才规划》对我国2009—2020年工业技能人才与高技能人才的需求量进行了预测(表10—表11),预测显示,工业技能人才需求数量占到三大产业总需求数的69.46%,其中制造业占37.95%,构成了工业各行业中技能人才的主力军。就工业中各行业看,房屋和土木工程建筑业所需技能人才占总需求数量的22.28%,成为工业领域中技能人才占比最高的行业。此外,工业高技能人才需求数量至少占到三大产业对高技能人才需求总数的51.22%,房屋和土木工程建筑业是工业领域中高技能人才占比最高的行业(表12)。

表10   《人才规划》中对2009—2020年我国工业技能人才的需求预测

行业分布	2009—2020年技能劳动者需求增长量(人)	2020年分行业需求(人)	2020年需求占比	2009—2020年需求增长占比
制造业	11 684 466	56 422 311	37.95%	35.5%
建筑业	9 311 563	39 218 244	26.38%	28.29%
采矿业	1 942 581	7 621 866	5.13%	5.9%

表11   《人才规划》中对2009—2020年我国工业内部分行业技能人才的需求预测

行业分布	2009—2020年技能劳动者需求增长量(人)	2020年分行业需求(人)	2020年需求占比	2009—2020年需求增长占比
房屋和土木工程建筑业	7 858 623	33 126 094	22.28%	23.88%
交通运输设备制造业	1 148 134	5 470 222	3.68%	3.49%
通用设备制造业	1 050 982	5 069 660	3.41%	3.19%
煤炭开采和洗选业	1 296 184	4 827 210	3.25%	3.94%
化学原料及化学制品制造业	950 595	4 089 545	2.75%	2.89%
专用设备制造业	833 383	3 932 492	2.64%	2.53%
非金属矿物制品业	563 174	3 589 973	2.41%	1.71%
黑色金属冶炼及压延加工业	543 793	3 442 523	2.32%	1.65%
通信设备、计算机及其他电子设备制造业	859 433	3 117 277	2.1%	2.61%
建筑安装业	586 691	3 063 231	2.06%	1.78%
纺织业	409 384	3 032 666	2.04%	1.24%
电气机械及器材制造业	635 673	2 852 035	1.92%	1.93%
纺织服装、鞋、帽制造业	603 191	2 681 542	1.8%	1.83%
金属制品业	534 892	2 154 019	1.45%	1.63%

表12   《人才规划》中对2009—2020年我国工业内部分行业高技能人才的需求预测

行业分布	2009—2020年高技能人才需求增长量(人)	2020年分行业需求(人)	2020年需求占比	2009—2020年需求增长占比
房屋和土木工程建筑业	1 794 390	7 228 266	17.8%	18.05%
交通运输设备制造业	373 788	1 560 202	3.84%	3.76%
通用设备制造业	349 465	1 446 197	3.56%	3.51%
专用设备制造业	308 566	1 242 352	3.06%	3.1%
煤炭开采和洗选业	323 371	1 211 833	2.98%	3.25%
化学原料及化学制品制造业	314 541	1 210 848	2.98%	3.16%
非金属矿物制品业	239 065	1 078 683	2.66%	2.4%
黑色金属冶炼及压延加工业	229 458	1 033 550	2.54%	2.31%
纺织业	198 208	925 892	2.28%	1.99%
建筑安装业	198 967	861 801	2.12%	2%

续 表

行业分布	2009—2020年高技能人才需求增长量(人)	2020年分行业需求(人)	2020年需求占比	2009—2020年需求增长占比
通信设备、计算机及其他电子设备制造业	228 489	854 803	2.1%	2.3%
电气机械及器材制造业	184 145	785 556	1.93%	1.85%
纺织服装、鞋、帽制造业	188 870	765 394	1.88%	1.9%
金属制品业	154 712	603 849	1.49%	1.56%

就制造业而言,根据《制造业人才发展规划指南》中的相关描述,目前我国制造业规模以上企业人力资源总量 8 589 万人,专业技术人员 809 万人。装备制造业规模以上企业人力资源总量近 1 794 万人,据不完全统计,其中人才总量近 736 万人,具有大学本科和研究生学历的人员分别占人才总量的 29% 和 2%。同时,制造业人才队伍建设还存在一些突出问题,例如制造业人才结构性过剩与短缺并存,传统产业人才素质提高和转岗转业任务艰巨,领军人才和大国工匠紧缺,基础制造、先进制造技术领域人才不足,支撑制造业转型升级能力不强。我国制造业十大重点领域的人才需求量存在较大缺口(表 13),迫切需要加大相关人才培养力度。

表 13　　　　　　　　　　制造业十大重点领域人才需求预测　　　　　　　　(单位:万人)

序号	十大重点领域	2015年	2020年		2025年	
		人才总量	人才总量预测	人才缺口预测	人才总量预测	人才缺口预测
1	新一代信息技术产业	1 050	1 800	750	2 000	950
2	高档数控机床和机器人	450	750	300	900	450
3	航空航天装备	49.1	68.9	19.8	96.6	47.5
4	海洋工程装备及高技术船舶	102.2	118.6	16.4	128.8	26.6
5	先进轨道交通装备	32.4	38.4	6	43	10.6
6	节能与新能源汽车	17	85	68	120	103
7	电力装备	822	1 233	411	1 731	909
8	农机装备	28.3	45.2	16.9	72.3	44
9	新材料	600	900	300	1 000	400
10	生物医药及高性能医疗器械	55	80	25	100	45

(1) 船舶制造业

船舶制造业是集劳动、资金、技术于一体的行业,需要高层次的技能人才和管理人才。当前,世界船舶工业正从劳动密集型向资金密集型转变,但是我国仍然以劳动密集型为主。在船舶制造业中,技能人才主要包括焊接工、管工和钳工等。江苏科技大学张光明教授运用灰色理论对船舶制造业未来人才需求情况做了预测(表 14)。而近几年虽然高职院校进入企业的毕业生数量不断增加,但仍然无法满足企业的高需求[12]。

表 14 2014—2018 年我国船舶制造业技能人才需求及其预测情况 （单位：人）

年份	2014	2015	2016	2017	2018
人数	256 709	282 635	311 179	342 605	377 205

（2）机械行业

机械行业方面，我国机械工业规模以上企业的从业人员构成为工程技术人员占 16.15%，管理人员占 14.86%，技能人员占 68.99%，相比发达国家，工程技术人员的比例偏低。根据我国机械工业产业发展速度，未来三年机械工业每年新增从业人员数量为 50 万~80 万，其中高职 12 万~20 万，中职 30 万~50 万，且需要迅速提高中级工及以上技能人员的数量和比例[13]。

（3）生物技术行业

从生物技术行业来看，按照我国发展战略性新兴产业部署，依托国家级产业园区建设，在长江三角洲、珠江三角洲、京津冀地区建设和完善 20~30 个产业基础好、发展后劲足、具有国际影响力的生物产业化示范园区，带动整个生物产业的发展。在未来的 15~20 年间，我国至少需要专门从事生物应用基础研究的人才 3 万~4 万人，生物产业工程化开发人才 4 万~5 万人，各种高级管理人才、复合型人才 1 万~2 万人，以满足届时 1 万家以上生物公司的需要（表 15）。

表 15 2020 年中国生物产业发展对人才数量和机构的需求

技术类别	企业（个）	年产值（万亿）	研发人员（万人）	工程技术人员（万人）	一般从业人员（万人）
前沿生物技术	500	0.10	3.0	2.0	10
医药生物技术	4 000	0.40	5.0	10.0	170
农业生物技术	3 000	0.25	4.0	8.5	120
工业生物技术	2 000	0.15	3.5	7.5	100
林业生物技术	500	0.10	2.5	3.0	50

（4）食品行业

食品行业方面，从专业技术人才要求来看，目前我国食品行业企业中专业技术人员占 10%，专科及中等职业教育占 44.9%，与《国家中长期人才发展规划纲要（2010—2020 年）》中的规划相比，初级专业技术人才缺少 5%，中高级专业技术人才缺少 40%。从高技能人才队伍建设上看，目前我国食品行业企业中，高级技师占 0.6887%，技师占 3%，高级工占 9%，中级工占 18%，初级工及以下占 39%。技师、高级技工缺口很大。结合我国食品行业企业对职工素质的要求，未来我国食品行业在专业技术人才以及高技能人才数量上的需求较大，专业技术人才需求重点在中高级专业技术人才，缺口高达 40%[14]。

3. 服务业——以护理、餐饮、商业零售三个行业为例

《人才规划》同时对我国服务业在 2009—2020 年期间的技能人才与高技能人才需求情况进行了预测（表 16—表 17）。预测显示，2020 年我国服务业技能人才需求数量将达到 4 334 万人，占各产业所需技能人才总数的 26.46%，其中高技能人才需求量将达到 1 260 万人，至少占各行业高技

能人才需求总数的 31.35%。批发零售业所需要的技能人才与高技能人才在服务业各行业中所占比例最高。

表 16　《人才规划》中对 2009—2020 年我国服务业技能人才的需求预测

行业分布	2009—2020 年技能劳动者需求增长量(人)	2020 年分行业需求(人)	2020 年需求占比	2009—2020 年需求增长占比
批发和零售业	1 989 409	8 087 692	5.44%	6.05%
交通运输、仓储和邮政业	1 189 076	5 606 983	3.77%	3.61%
电力、燃气及水的生产和供应业	642 002	3 979 886	2.68%	1.95%
租赁和商务服务业	1 196 932	3 880 254	2.61%	3.64%
公共管理和社会组织	711 532	3 378 144	2.27%	2.16%
教育	542 744	3 009 457	2.02%	1.65%
房地产业	699 081	2 718 867	1.83%	2.12%
住宿和餐饮业	508 731	2 676 633	1.8%	1.55%
科学研究、技术服务和地质勘查业	391 886	2 298 168	1.55%	1.19%
水利、环境和公共设施管理业	342 589	2 003 632	1.35%	1.04%
信息传输、计算机服务和软件业	335 443	1 729 980	1.16%	1.02%
居民服务和其他服务业	279 890	1 339 535	0.9%	0.85%
卫生、社会保障和社会福利业	264 923	1 305 951	0.88%	0.81%
文化、体育和娱乐业	149 429	902 545	0.61%	0.45%
金融业	105 808	421 157	0.28%	0.32%

表 17　《人才规划》中对 2009—2020 年我国服务业中部分行业高技能人才的需求预测

行业分布	2009—2020 年高技能人才需求增长量(人)	2020 年分行业需求(人)	2020 年需求占比	2009—2020 年需求增长占比
批发和零售业	579 246	2 270 877	5.59%	5.83%
交通运输、仓储和邮政业	407 315	1 668 080	4.11%	4.1%
电力、燃气及水的生产和供应业	282 573	1 247 439	3.07%	2.84%
公共管理和社会组织	234 211	973 021	2.4%	2.36%
租赁和商务服务业	268 074	957 158	2.36%	2.7%
科学研究、技术服务和地质勘查业	223 512	938 064	2.31%	2.25%
教育	204 393	888 646	2.19%	2.06%
房地产业	192 632	746 839	1.84%	1.94%
住宿和餐饮业	169 221	721 674	1.78%	1.7%
水利、环境和公共设施管理业	142 114	628 150	1.55%	1.43%
信息传输、计算机服务和软件业	119 328	495 311	1.22%	1.2%
卫生、社会保障和社会福利业	92 771	391 787	0.96%	0.93%
居民服务和其他服务业	80 935	335 072	0.83%	0.81%
文化、体育和娱乐业	71 444	328 295	0.81%	0.72%
金融业	34 473	13 341	0.33%	0.35%

(1) 护理行业

护理行业方面,2008—2012 年,我国注册护士人数、每千人口拥有的注册护士人数均呈逐年上升的趋势。2012 年我国注册护士 249.7 万人,每千人口注册护士仅为 1.85 人,落后于世界平均水平和国家提出的发展目标。护理人力资源配置不均衡,城乡间、地区间、不同级别医疗机构间、不同类别医疗机构间均存在差异。每千人口注册护士数、护士数与床位数的比值、医生护士比值、人口年龄结构改变、疾病谱改变、护理人才流失等因素使护理人才需求呈上升趋势。根据护士培养需求量预测公式:x 年护士培养需求量 = ($x+1$) 年护士需求量 - (x 年护士拥有量 - x 年护士流失量),依据规划提出的 2020 年我国每千人口注册护士达到 3.14 人的要求进行预测,2015 年全国共需培养护士 60.4 万,2020 年全国共需培养护士 65.0 万(表 18)。

表 18　　　　　　　　　　全国护理人员培养需求量预测　　　　　　　　　　(单位:万人)

预测年份	护士拥有量预测	护士需求量预测	护士培养需求
2015	290.3	323.0	60.4
2016	311.9	347.8	64.1
2017	335.2	372.9	66.6
2018	360.2	398.4	67.6
2019	387.0	424.2	67.1
2020	415.8	450.3	65.0

(2) 餐饮行业

餐饮行业方面,根据趋势预测法预测,到 2018 年,我国餐饮行业人才需求总量将达到 51 802 万人,从表 19 和表 20 中可以看出,即使考虑目前餐饮行业在职从业人员的存量部分,我国餐饮行业人才供给仍然远远不能满足需求[15]。

表 19　　　　　　　　　　餐饮行业人才需求预测　　　　　　　　　　(单位:万人)

类别	2013 年人才状况	2015 年人才状况	2018 年需求预测
技能人才	198.10	220.49	257.17
高技能人才	50.20	53.26	65.62
一线服务人员	149.00	165.84	31.02

数据来源:餐饮行业人才需求与职业院校专业设置指导报告

表 20　　　　　　　　2018 年餐饮从业人员需求与供给对比表　　　　　　　　(单位:万人)

指标		需求预测	供给状况	供给预测
需求总量		518.02	76.10	168.5
职业类型	烹调工艺		55.40	88.6
职业类型	中西点工艺		9.80	34.2
职业类型	餐饮管理与服务		10.50	35.6
职业类型	营养配餐		0.10	9.8
职业类型	烹饪教育		0.30	0.3

续表

指标		需求预测	供给状况	供给预测
受教育层次	研究生	0.50	0.004	0.1
	本科	9.50	0.125	1.5
	高职	40.17	4.90	20.8
	中专	100.00	8.60	60.2

数据来源:餐饮行业人才需求与职业院校专业设置指导报告

(3) 商业零售业

商业零售业方面,目前我国商业从业人员文化程度从总体上说仍然较低,大专及以上文化程度所占比例比第三产业平均值低10多个百分点,无法满足新时代商业新销售模式发展的要求。2016—2018年,商业零售行业对专科人才需求量最多,达到58.42%,且对专科学历人才需求最多的专业为市场营销专业。就岗位来看,对专科人才需求最多的是销售岗、运营岗和财务岗。网络营销人才、电子商务人才、品牌管理人才、卖场形象提升人才等属于新型紧缺专业人才[16]。

中国连锁经营协会、沃尔玛中国暨"零售明日之星培养计划"项目组发布的《2014中国连锁零售业基础岗位人才需求及中职院校毕业生就业状况调研报告》显示,大部分连锁零售企业基层实操型人才缺口较大,普遍愿意为中职连锁经营与管理等商贸类专业毕业生提供基层操作性岗位,如导购员/营业员、收银员、理货员、采购专员、防损员、客服专员等(图2)。近几年连锁零售企业规模的不断扩张和竞争加剧了对中职生的需求,尤其是对中高技能人才的需求量非常大。

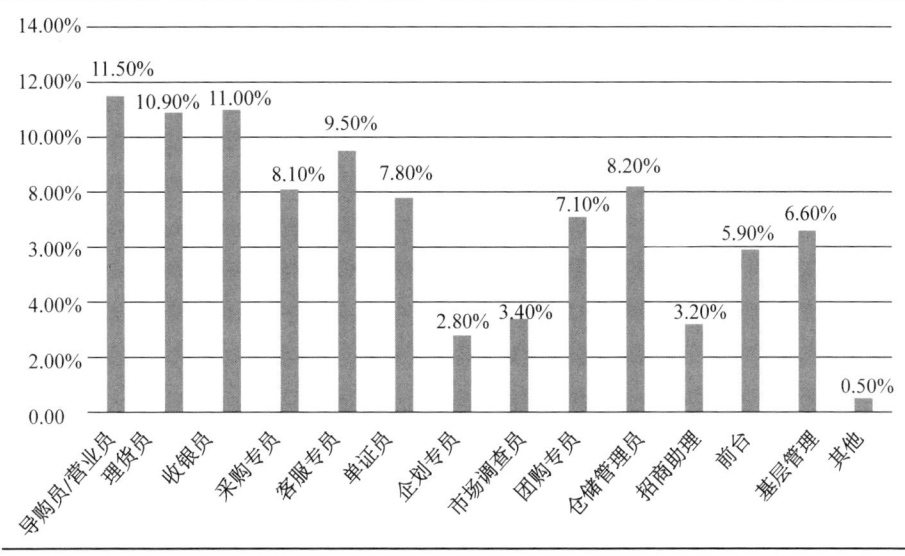

图2 商贸类企业各类人才需求情况

4. 环保产业

环保产业是新型城镇化背景下的新兴产业,横跨农业、制造业和服务业三大产业。这里单独将环保产业作为分析对象,剖析该产业发展对职业院校专业设置和人才培养的影响。根据《第四次全国环境保护相关产业综合分析报告》,2011 年全国环境保护相关产业从业人员 319.5 万人,与 2004 年的 159.5 万人相比,每年的增长率为 10%,以此计算 2015 年我国环保行业人才需求量为 467.8 万人。考虑到我国环境问题在"十二五"及以前突出显现的情况,环保从业人员增长速度较快,预测未来 5 年环保产业人才需求时采用 5% 的增长率进行计算。根据环保公益项目"生态系统管理方式下的环境管理体制研究",2015 和 2020 年,生态环保人才资源中专科学历人才占比分别为 59.4% 和 35.0%。预测中采用两者的平均值 47.2% 预测 2016 年到 2020 年专科人才缺口。预测结果如表 21 和表 22 所示。

表 21 　　　　　　　　　2016—2020 年环境保护相关产业人才需求数量　　　　　　　　　(单位:万人)

年份	2016	2017	2018	2019	2020
人数	497.2	515.7	541.5	568.6	597.0
人才缺口	23.4	24.6	25.8	27.1	28.4
专科人才缺口	11.0	11.6	12.2	12.8	13.4

表 22 　　　　　　　　　2016—2020 年其他工业企业环保人才需求数量　　　　　　　　　(单位:万人)

年份	2016 年	2017 年	2018 年	2019 年	2020 年
人数	528.3	551.6	575.9	601.2	627.60
人才缺口	22.3	23.4	24.3	25.3	26.5
专科人才缺口	10.5	11.1	11.5	12.0	12.5

环保行业职业院校专业设置应:①加强污染治理、环境监测、资源环境与城市管理等专业的建设;②增强环保人才培养数量,满足环保行业对环保人才的巨大需求;③提高环保人才的培养质量,加强职业技能鉴定,鼓励学生在校期间考取从业资格证书,比如污水处理工、污水化验监测工等,促进环保行业的专业化发展;④在教学中增加紧缺专业内容的教学,包括核与辐射安全监管、非常规污染物防治、饮用水源地环境保护、地下水污染防治、矿山地质恢复整治、水土保持、水资源保护、荒漠化防治、生物多样性保护、生态环境监测预警等。

五、新型城镇化背景下职业教育重点专业人才培养的基本策略

从推进新型城镇化建设的角度来说,一方面,需要职业院校基于区域经济社会发展对人才的需求以及学校实际情况,按照国家专业设置管理办法的要求规范设置并合理调整专业。《中等职业学校专业设置管理办法(试行)》(2010)《普通高等学校高等职业教育(专科)专业设置管

理办法》（2015）都明确要求各地和职业院校应做好专业建设规划，优化资源配置和专业结构，根据学校办学实际和区域产业发展情况设置专业。另一方面，需要职业院校深化专业教学改革，创新职业教育体制机制，提高技术技能人才系统化培养水平，提升技术技能人才培养质量，办出特色。

（一）以同步协调规划促进职业教育与城市产业统筹融合发展

职业教育承载着为区域经济发展服务的重大历史使命，教育部颁发的《教育部关于推进高等职业教育改革创新引领职业教育科学发展的若干意见》（教职成〔2011〕12号）《教育部关于深化职业教育教学改革全面提高人才培养质量的若干意见》（教职成〔2015〕6号）等文件中明确指出：职业院校要及时跟踪市场需求的变化，主动适应区域、行业经济和社会发展的需要，持续提高专业发展与产业需求的契合度，提升高等职业教育服务经济社会能力。职业教育专业设置和人才需求应紧跟中央职教政策形势要求，按照国家推进新型城镇化的建设要求，从同步协调规划视角统筹考虑职业教育的发展，合理布局。2018年中办、国办联合下发《国务院办公厅关于深化产教融合的若干意见》，要求将产教融合发展要求融入经济社会发展规划中，将教育优先、人才先行融入各项政策；同时要结合实施创新驱动发展、新型城镇化、制造强国战略等，同步规划产教融合发展政策措施、支持方式、实现途径和重大项目。上述要求反映出当前国家更加注重发挥职业教育在区域发展、产业发展、城市建设和重大生产力布局规划等领域中的作用。职业教育重点专业设置和人才培养除了对接产业发展需求、改革人才培养模式以外，更需要从政府决策规划视角统筹考虑职业教育发展布局，既要适应以城市群为主体的新型城镇化发展趋向，同步协调教育与经济社会发展的各项政策，又要推动专业建设与产业转型升级相适应，健全需求导向的人才培养结构调整机制，按照区域功能、产业特点探索差别化职业教育发展路径。

（二）以产教融合实现教学活动与企业技术状态相同步

由于重点专业所对应的产业往往是新兴产业、高技术产业，这些产业具有较高的技术含量，配备较为先进的操作设备，故职业院校在人才培养的过程中需要强调教学内容、教学方式、教学手段与载体、教学环境等的先进性。产教融合是实现技术跟进、内容更新的必要路径，也是提升校企合作、工学结合效果的核心举措。重点专业人才培养应将产教融合置于首位，重点瞄准区域内在技术、管理等方面具有代表性特点的企业，在教学内容、教学资源开发、学生实训等方面实现产教联动，使人才培养始终能够与区域产业人才需求层次与数量大体吻合。

具体来说，产教融合的中心工作包括以下几点：一是教学内容的及时更新。职业院校应与企业和行业联合制定专业教学标准和课程标准，课程内容要反映企业先进技术手段、技术标准等，学生要能够通过课程学习实现对先进技术原理的不同程度的理解和操作。二是教材的及时更新。学校在选择行政部门推荐的教材的同时，还应从区域行业人才培养的角度出发，联合企业技术专家量身定制校本教材，教材应反映企业先进生产与管理技术，理论知识的组织应围绕技能学习展开,使教材真正成为辅助学生学习和教师教学的有效手段。三是教学环境的及时更新。与传统产业发展模式与生产环境不同,新兴产业的发展往往衍生出很多全新的工作体系与工作环境。例如现代农业生产更加强调规模生产和机械化操作,家庭农场式生产环境与过去的小农生产完全不同;智能制造在工厂的普遍运用导致传统企业生产车间中的人工流水线生产组织形式消失,取而代之的是工业机器人的自动操作与生产岛等生产组织形式的普及。所以学校应注重教学环境的更新,尤其是实训环境的更新。要让学生能够真正沉浸于现代产业发展的最前沿,接触先进的生产技术、设备、技术专家与生产组织形式,帮助学生建立科学的生产经营认知图式。

(三) 以现代学徒制促进职业院校人才培养模式改革

现代产业背景下的技术技能人才的形成过程与传统技能人才相比有所不同,除了在学习内容、学习方式、学习载体等外在形式上发生变化外,最重要的在于技术技能人才知识结构这一内在特征发生了变化。现代产业下的企业技术专家不仅要能够凭借扎实的理论功底和操作技能解决各类问题,还要能够根据复杂的工作情境和多元化的客户需求,进行独立设计、思考和决策,这就需要充分运用专家在长期的工作中形成的方法型知识,而这同时也是现代产业背景下技术技能人才培养的难点。传统的人才培养模式在理论学习与实践学习上呈现分离状态,缺乏问题引导、项目引领、情境熏陶。校企合作模式也停留在表面的合作渠道与方式,未真正围绕人才培养开展深度融合。从技术技能人才培养的现代趋势以及解决校企合作体制机制不畅问题的角度来看,现代学徒制能够成为促进职业院校人才培养模式改革的有效工具。

现代学徒制强调学生在企业中直接参与一线工作,在具有丰富生产经验和教育资质的企业师傅的带领下围绕生产实际进行技能训练与方法学习。其优势在于学生能够贴近真实的生产情境,获取大量的、多样化的生产一线资料、问题、项目,并围绕问题解决与项目完成开展有目的性的学习。这就摆脱了以往顶岗实习带来的无目的性和低效率,充分发挥问题情境与具体项目的导向作用,让企业真正成为学生获取有效实践经验的场所。此外,现代学徒制的一大核心特征是建立稳定的师徒关系。这是传统师徒制的标志,在前工业社会时期发挥着不可替代的技能传承作用。现代学徒制继承了这一特质,并将其与现代技术的学习创造性的结合。师徒关系的建立可以有效保障学生技能学习与师傅技能传承的稳定性,尤其是学徒可以在跟随师傅参与一线工作的过程中学习到师傅独有的方法型技术知识,从而促进学徒理论知识与实践经验之间的互动与转化。可以说,师徒关系的建立是校企合作深入人才培养机理的充分体现。这一举措将为学生技术知识结构的完善乃至重构提供社会基础[17]。

(四) 以人才贯通培养提升技术技能人才培养层次

无论是农业机械化的广泛运用,还是工业智能制造的普及,抑或是现代服务业中个性化定制服务的兴起,这些都传递出一个非常重要的信号——对简单劳动的淡化与对复杂能力的重视。这种复杂能力的形成既需要更为体系化的培养机制,也需要更长的学时,同时也应该配备更高层次的培养平台。所以,建立人才贯通培养机制有利于发挥长学制培养高技能人才的优势,为产业转型升级提供充分的人才保障。目前,职业教育人才贯通培养主要包括中高衔接、中本贯通和专本衔接三种形式。这三种形式的共同点在于通过延长学制和提升层次来满足更高层次技能人才培养的需求。这种方式的优势在于既能够保证技能形成的连贯性,也能够保证理论基础和综合素养培养的连贯性。在生涯导向职业教育发展理念不断深入人心的背景下,职业教育贯通培养也将成为提升社会大众教育层次与文化素质的重要平台。

(五) 以特色化办学彰显职业教育发展的内生动力与外部价值

职业教育的发展必须服务于产业需求,这样才有利于人才的培养和城镇化的发展。一些职业院校在专业设置中没有根据产业和区域经济的发展需求来突出自己的主导专业,受暂时的经济利益驱使,专业设置出现"大而全"的现象。还有一些院校追求社会热点培训项目,只考虑眼前的经济利益,忽视职业教育服务于产业发展的责任与功能。

特色化办学是产城联动的重要体现。产业与城镇化发展的互动迫切需要一大批具有技术技能人才的支撑,城镇化过程中产生的人口素质问题、社区养老问题、民工就业问题等也需要通过职业教育加以解决。职业院校在专业设置和品牌建设中,应以产业需求和区域经济发展需求为导向,在政府的统筹安排下,结合本校的办学优势和教育特色,创建与本地经济发展相适应的特色专业群、品牌专业,密切联系和满足市场需求,实现多层次、多模式的办学模式,形成职业教育多元化发展的格局。

参考文献:

[1] 上海发展研究基金会.新型城镇化:抉择和路径[M].上海:上海人民出版社,2013.
[2] 张占斌.中国新型城镇化健康发展报告2016[M].北京:社会科学文献出版社,2016.
[3][7] 樊明.工业化、城镇化和农业现代化:行为与政策[M].北京:社会文献出版社,2014.
[4] 2015年农作物综合机械化水平或超62%[EB/OL].(2016-1-21). http://cp.amic.agri.gov.cn/nxtwebfreamwork/zz/detail.jsp?articleId=ff8080815239e99f015262bd3afc60e4.
[5] 陈晓雨,刘幼昕.重庆市新型工业化和新型城市化的互动关系研究[J].湖北农业科学,2012(05):1052-1056.
[6] 徐斌.中国新型工业化与新型城镇化研究——基于中部六省的视角[M].上海:复旦大学出版社,2015.
[8] 魏勇.城镇化与服务业关联发展的机理和实证分析[D].杭州:浙江财经大学,2013.
[9] 韩坚.生产性服务业、城镇化与中国经济发展[M].黑龙江:黑龙江人民出版社,2011.
[10] 现代农业陷入专业人才瓶颈期[EB/OL].(2014-06-10). http://finance.sina.com.cn/review/jcgc/20140610/102119365458.html.
[11] 农村实用人才缺口大农业劳动力大专以上仅占3.3%[EB/OL].(2013-12-08). http://news.xinhuanet.com/fortune/2013-12/08/c_125824485.html.
[12] 全国行业职业教育教学指导委员会.机械设计制造类人才需求与职业院校专业设置指导报告[M].北京:高等教育出版社,2016.
[13] 全国行业职业教育教学指导委员会.船舶行业人才需求与职业院校专业设置指导报告[M].北京:高等教育出版社,2016.
[14] 全国行业职业教育教学指导委员会.焙烤食品糖制品行业人才需求与职业院校专业设置指导报告[M].北京:

高等教育出版社,2016.
[15] 全国行业职业教育教学指导委员.餐饮行业人才需求与职业院校专业设置指导报告[M].北京:高等教育出版社,2016.
[16] 全国行业职业教育教学指导委员.商业零售行业人才需求与职业院校专业设置指导报告[M].北京:高等教育出版社,2016.
[17] 李政.职业教育现代学徒制的价值审视——基于技术技能人才知识结构变迁的分析[J].华东师范大学学报(教育科学版),2017(01):54-62,120.

新型城镇化进程中新型职业农民培育的政策与实践

严东权　魏亚萍　胡越　李君[①]

摘要：大力培育新型职业农民已经成为国家战略，党和国家多个重要会议和文件对培育工作进行了部署安排。相关部委和各地积极落实，新型职业农民培育工作取得初步成效，新型职业农民培育经费投入实现突破，教育培训、规范管理、政策扶持"三位一体"的新型职业农民培育制度框架基本确立，以各级农业广播电视学校（农民科技教育培训中心）为主体的"一主多元"新型职业农民教育培训体系加快构建，师资队伍、教学资源、田间学校、信息化手段运用等基础支撑不断加强。深入推进新型职业农民培育工作，还需要进一步促进新型职业农民组织化发展，落实新型职业农民扶持政策和解决新型职业农民职业教育资助等有关体制机制等问题。

关键词：新型城镇化；新型职业农民培育；政策；实践

新型城镇化是我国现代化进程中的重要命题，是我国实现现代化的必由之路。近年来，国家出台一系列政策举措推进新型城镇化建设。随着各地户籍制度改革不断深化，城乡基本公共服务均等化积极推进，大批农村转移人口进入城镇，大量劳动力从农村解放出来。这不仅为推动农村土地适度规模经营、提高农业机械化和集约化水平以及农业质量效益奠定了基础，而且为新型职业农民提供了宝贵的发展空间和资源条件。2016年10月，国务院印发《关于激发重点群体活力带动城乡居民增收的实施意见》，提出实施新型职业农民激励计划，明确在加快推进新型城镇化、有序推进农业转移人口市民化的同时，加大对新型职业农民的培育和支持力度，加快职业化进程，带动广大农民共享现代化成果。党的十九大报告明确指出，要推动新型工业化、信息化、城镇化、农业现代化同步发展。这为加快培育新型职业农民、促进城乡统筹发展进一步明确了方向。

在新型城镇化进程中，培育新型职业农民需要充分考虑城镇化建设速度、农村劳动力转移速度、当地农业资源禀赋等因素，从政策支持、资金投入、建立制度、强化保障等方面采取有力措施，从而推进新型职业农民培育健康有序开展。本文在回顾近年来国家和地方推进新型职业农民培

[①] 严东权，中央农业广播电视学校副校长、农业农村部农民科技教育培训中心副主任；魏亚萍，中央农业广播电视学校体系建设处副处长、副研究员；胡越，中央农业广播电视学校助理研究员；李君，中央农业广播电视学校博士。

育的相关政策基础上,系统梳理了各地培育实践探索工作,分析了当前培育工作中存在的发展性、苗头性问题,以期为有关部门决策提供参考、为地方推进工作提供借鉴。

一、新型职业农民培育的主要政策

自国家提出大力培育新型职业农民以来,原农业部、教育部等部门强化顶层设计,积极推进新型职业农民培育工作,部分地方政府相继出台政策措施,为新型职业农民培育提供了有力保障。

(一)国家高度重视新型职业农民培育

2012年中央1号文件提出"大力培育新型职业农民",由此拉开了新型职业农民培育的序幕。此后中央连续出台七个1号文件,对新型职业农民培育工作进行部署。2017年中央1号文件,从农村人力资源开发的角度强调要优化农业从业者结构,深入推进现代青年农场主、林场主培养计划和新型农业经营主体带头人轮训计划,探索培育农业职业经理人,培养适应现代农业发展需要的新农民。2018年中央1号文件对实施乡村振兴战略做出全面部署,并将新型职业农民作为乡村振兴的关键人才支撑,提出全面建立职业农民制度,完善配套政策体系。

此外,党和国家也在其他多个文件和会议中强调培育工作。如2013年中央农村工作会议强调,要以吸引年轻人务农、培育职业农民为重点,建立专门政策机制,构建职业农民队伍,为农业现代化建设和农业持续健康发展提供坚实人力基础和保障。2014年国务院印发《关于加快发展现代职业教育的决定》,中办、国办印发《关于引导土地经营权有序流转发展农业适度规模经营的意见》;2015年国务院办公厅印发《关于加快转变农业发展方式的意见》,中共中央办公厅和国务院办公厅印发《深化农村改革综合性实施方案》;2016年中共中央印发《关于深化人才发展体制机制改革的意见》,国务院印发《关于激发重点群体活力带动城乡居民增收的实施意见》和《关于印发全国农业现代化规划(2016—2020年)的通知》;2017年中共中央印发《关于加快构建政策体系培育新型农业经营主体的意见》《关于创新体制机制推进农业绿色发展的意见》《关于深化教育体制机制改革的意见》,国务院印发《国家教育事业发展"十三五"规划》《"十三五"促进就业规划》,这些文件为新型职业农民培育工作推进提供了有力的政策指引。总的看来,近年来新型职业农民培育工作已形成政策连年有、要求不断高的良好态势。

(二)相关部委大力推进培育工作

按照国家培育新型职业农民的战略部署,财政部、原农业部、教育部先后下发文件,积极推进新型职业农民培育工作。2014年,教育部办公厅、原农业部办公厅印发《中等职业学校新型职业农民培养方案试行》,明确通过"送教下乡""农学结合""弹性学制"等方式培养新型职业农民。2016年《教育部等九部门关于进一步推进社区教育发展的意见》,要求提升农村社区教育服务供给水平,大力开展新型职业农民培训。2012年原农业部在全国100个县启动了新型职业农民培育试点工作,决定通过三年时间在总结各地培育经验的基础上,形成教育培训、认定管理、政策扶持等互相衔接配套的新型职业农民培育制度体系,全面推动我国新型职业农民培育工作。2014年原农业部、财政部在两年试点基础上启动实施新型职业农民培育工程[1],在 2 省、14 市和 300 县开展示范培训,工程按照"科教兴农、人才强农、新型职业农民固农"的要求,以做大做强新型农业经营主体为导向,重点开展制度探索、培育示范、体系构建三大工作,着力培养一支有文化、懂技术、会经营的新型职业农民队伍。2015 年示范培训范围扩大到 4 省、21 市、487 县,同时原农业部会同团中央、教育部启动实施现代青年农场主培养计划。2016 年示范范围扩大到 8 省、30 市、800 示范县,并组织实施新型农业经营主体带头人轮训计划和现代青年农场主培养计划[2]。2017 年培育工作范围达到 2027 个县,基本覆盖全国农业县,并提出培育农业职业经理人。在国家政策指引和相关部门的大力推动下,新型职业农民培育工作在全国范围内开展。

(三)地方出台政策促进工作落实

各地政府将新型职业农民培育作为一项重要工作来抓,陕西、湖南、安徽、云南、山西、广西、江苏、四川、上海、山东、河南等省(市)以省(市)政府名义出台专门意见,将新型职业农民纳入政府惠民工程重点推动。例如,江苏省委省政府将"新型职业农民培育程度"纳入农业基本现代化指标体系,省农委将新型职业农民培育增长率纳入全省农业系统重点工作考核指标,各市县将新型职业农民培育纳入目标考核重点内容,通过指标引领培育工作已上升为政府行为,成为现代农业建设的有力抓手。各示范县将新型职业农民培育列为当地农业农村重点工作,明确相关部门责任,强化组织领导,探索教育培训模式,制定认定管理办法,出台专门支持政策,推动试点示范深入开展。在国家政策支持和示范县带动下,有条件的省在国家示范县基础上进一步扩大实施范围,带动全省培育工作。据不完全统计,自 2014 年以来,中央和地方每年培育农民超过 100 万人。截至 2015 年底,全国新型职业农民总量达到 1 272 万人①。

随着新型职业农民培育工作深入开展,一批新型职业农民逐渐成长起来。一批专业大户、家庭农场主、合作社骨干等新型经营主体带头人主动参加培训,提高综合素质、生产经营能力和专业化水平,一批大学生、返乡农民工和退伍军人加入新型职业农民队伍中,为现代农业发展注入新鲜血液。据原农业部对 2016 年申报的 1.26 万现代青年农场主统计,其中高中/中专学历占 53.5%,大专及以上学历占 31.2%,整体素质较高。新型职业农民培育工作成效初显。

二、新型职业农民培育的实践探索

新型职业农民是近年来出现的新概念,开展培育工作首先需要界定新型职业农民。目前社会

---

① 数据来源于《2016 年全国新型职业农民发展报告》。

各界对新型职业农民的概念类型已基本达成共识。新型职业农民是指以农业为职业、具有一定的专业技能、收入主要来自农业的现代农业从业者。主要包括生产经营型、专业技能型和社会服务型职业农民。生产经营型职业农民主要是专业大户、家庭农场主、农民合作社带头人等。专业技能型职业农民主要是农业工人、农业雇员等。专业服务型职业农民主要是农村信息员、农村经纪人、农机服务人员、统防统治植保员、村级动物防疫员等农业社会化服务人员。

培育新型职业农民是一项系统工程，不仅涉及教育培训，而且需要后续认定和跟踪扶持，不仅需要资金支持，而且需要探索路径、强化保障。各地在培育中边探索边实践，已形成较为完善的做法和经验。

（一）地方加大投入力度

自2014年启动实施新型职业农民培育工程以来，中央财政每年安排11亿元专项资金用于工程实施，2016年该项投入增加至13.9亿元，2017年增加至15亿元。在中央财政的示范引导下，各地也纷纷加大新型职业农民培育资金投入力度。例如，近几年江苏省财政每年投入1亿元，省内不少市县级财政也在加大扶持力度，2015年苏州市安排财政专项资金800万元。山西省财政每年整合1亿元专项资金用于培育工作。陕西省财政每年投入4 000万元，实施新型职业农民塑造工程和县级农广校标准化建设项目。安徽省财政每年安排4 000万元专项资金，2016年将新型职业农民培育工作纳入省民生工程，整合各类资金1亿元。福建省财政每年投入3 000万元，实施新型职业农民学历提升工程，2016年新增3 000万元，用于全省全面开展新型职业农民培育工作。各地的资金投入为进一步扩大培育规模、提升培育质量提供了有力支撑。

（二）探索培育实施路径

新型职业农民培育的目标，是培养一支高素质的现代农业生产经营者队伍。根据这一目标，2012年培育试点工作提出建立教育培训、认定管理、政策扶持"三位一体"的新型职业农民培育制度。其中教育培训是核心，规范管理是手段，政策扶持是动力，三者互相依存，缺一不可。

1. 加强教育培训

教育培训包括学历教育和职业培训两大部分。其中学历教育又包括全日制学历教育和非全日制学历教育。

1）学历教育

从教育层次上看，主要分为中等职业教育、高等职业教育、大学本科以上教育。从教育对象上看，分为务农农民和"农二代"等农业后继者两大类。当前对务农农民开展学历教育集中在中职和高职层面，对"农二代"等农业后继者开展学历教育集中在高职及大学本科以上。

（1）务农农民学历教育

2014年教育部办公厅、原农业部办公厅印发的《中等职业学校新型职业农民培养方案试行》（以下简称《培养方案》），对推进农民接受中等职业教育起到了一定的助推作用。根据《培养方案》

要求,中等职业学校可以招收年龄在 50 岁以下的务农农民和农村新增劳动力,重点是专业大户、家庭农场经营者、农民合作社负责人、农村经纪人、农业企业经营管理人员、农业社会化服务人员和农村基层干部,鼓励通过半农半读、农学交替、弹性学制的方式,将其培养成适应现代农业发展和新农村建设要求的新型职业农民。此外,《培养方案》对农民中职教育的学制、专业、课程设置、学时数、教学形式、教学管理、考试考核等方面进行了明确规定,充分体现了"服务产业、农学结合、实用开放、方便农民、科学规范"的特点。

《培养方案》下发后,部分地区相继组织实施。例如福建省由省级财政安排专项资金,每年培养 1 万名具有中专学历的新型职业农民。江苏省自 2015 年起加大"半农半读"农民中等职业教育力度,每年招生 4 000～5 000 名农民,由省财政安排每生每年 1 200 元的学费补助。此外,浙江省、河南省也依托涉农职业学校和农业广播电视学校(以下简称"农广校"),面向新型职业农民开展中等职业教育试点工作。但是对于大多数省来说,由于农民接受中等职业教育还未被纳入国家免学费和助学政策范围内,明显影响了农民参加学习的积极性。

此外,北京市对农民接受高等职业教育进行了探索。2016 年北京市实施新型职业农民学历提升项目,依托北京农业职业院校和农广校,首批招收 113 名农民学员,通过 3 年学习,学员考核合格后将获得大专学历。

(2) 农业后继者学历教育

部分地区对培养农业后继者进行了积极探索,这方面江苏省走在前列。2015 年张家港市采取"定点招生、定向培养、协议就业"的方式,与扬州大学合作开设"张家港班",计划用 10 年时间累计培养 300 名左右的本科毕业生。太仓市政府采取政校合作的方式,委托苏州农业职业技术学院等涉农院校定向培养新型职业农民,计划用 3 年时间从全市应往届高中毕业生中选拔 200 名高中毕业生报考省内农业类职业技术学院,实行 3 年制大专学历定向培养,毕业后到相关村从事农业技术服务或参与合作农场经营工作。苏州市政府 2015 年〔1〕号文件明确,对本地户籍的涉农专业高等院校学生,政府给予全额学费资助。2015 年南京市出台大学生引进政策,对省内外大专以上全日制高校毕业生进入本市农业领域就业创业满 3 年的,给予全额学费补助。

安徽省对培养本科层次的青年农场主进行了探索。安徽农业大学、安徽荃银高科有限公司和共青团安徽省联合设立"荃银班",以有意愿的在校本科生为培养对象,采取校企共同制定人才培养目标和方案、多学科专业交叉培养人才、共同开展培养过程管理、共同推动创业实训和创业孵化等一系列措施,探索开展本科层次青年农场主学历教育。

总体来看,尽管部分地区对务农农民接受学历教育给予了大力支持,但是从全国范围看由于缺乏国家财政支持,务农农民学历教育发展受到很大制约。农业后继者接受学历教育特别是中等职业教育可以享受国家资助,但是由于农业比较优势低、教育离农倾向等多种因素影响,这部分群体目前尚不能成为新型职业农民主要来源。

2) 职业培训

近年来各地在新型职业农民培训对象、培训方式、培训环节、课程设置、组织管理、考核评价等方面逐步探索，形成了相对完善的做法，新型职业农民培育逐步向规范化、标准化方向发展。

遴选重点对象。对专业大户、家庭农场、农民合作社、农业企业等新型经营主体带头人，以及返乡创业人员、村干部等群体开展调查摸底，准确掌握其生产情况、经营规模、技能水平、政策需求等，建立新型职业农民培育对象库，从中选取重点培育对象。

明确培训目标。对生产经营型职业农民，以提高综合素养、提升生产经营水平和产业发展能力，发挥示范带动作用为培训目标。对专业技能型和专业服务型职业农民，以提高专业技能和岗位从业能力为培训目标。

合理设置课程。以生产经营型职业农民为例，各地一般开设综合课程、专题课程和专修课程三大类。综合课程注重培养提高农民综合素质，培养农民的现代农业生产经营理念，主要开设农民素养与现代生活、现代农业生产经营方面的课程。专题课程注重提高农民自我发展能力，使其具备农业生产经营通用知识，主要开设现代农业创业、家庭农场经营管理、农民合作社建设管理、农产品电子商务、农业支持保护政策、农产品质量安全等方面课程，各地根据实际情况进行选择。专修课程注重提高农民的产业发展能力，使其掌握从事产业生产经营必需的专业知识和技能，主要开设粮油、经作、园艺、家畜、家禽、水产等方面的产业生产经营课程，各地自行选择。

创新培训方式。对生产经营型职业农民，基本实行"一点两线、全程分段"的培训，即以产业发展为立足点，以生产技能和经营管理水平提升为两条主线，按农业生产重点环节，分阶段安排课堂教学、现场教学和跟踪服务，实现产业周期全程覆盖。课堂教学采取集中授课、典型介绍、案例教学等形式，现场教学采取实验实习、观摩研讨、技能实训、岗位实践等形式，跟踪服务则由产业技术专家为培训对象持续提供生产经营指导、技术支持和信息服务。对专业技能型职业农民和专业服务型职业农民，以专业技能培训和岗位培训为主，依托产业链突出实践教学，使其胜任所从事的农业生产或服务工作。

科学考核评价。培训结束后，教育培训机构对农民学习情况进行考核。一般采取过程性与终结性考核、实践技能操作与理论知识考核、笔试与口试、专业考核与能力评估、教师评价与学生自评和互评相结合的方式。对考核评价合格的学员，教育培训机构颁发新型职业农民培训证书，并记载相应受训情况，作为今后认定新型职业农民和衔接职业教育的依据。

3) 继续教育

对通过认定的新型职业农民，各地积极对接农业技术推广服务部门，将新型职业农民纳入其服务范围，为他们提供农业新技术、新品种指导服务，并采用在线培训等信息化手段，传播国家最新惠农政策、农业发展新趋势与农产品市场新信息等内容，扩大培训群体覆盖面，促进新型职业农民知识再更新。

2. 实行规范管理

在地方政府的支持下，部分示范县开展了新型职业农民认定管理工作，出台了认定管理办法，明确了认定的原则、主体、机构、对象、条件、标准、程序以及认定后的管理等内容。

认定工作由一般政府主导，同时坚持农民自愿、公开公平公正、动态管理、与扶持政策挂钩等原则。县级政府是认定主体,可委托农业部门作为认定机构,2015年原农业部明确由农业广播电视学校(农民科技教育培训中心)等公共服务机构作为认定承办机构,负责受理审核、建档立册、证书发放、信息库管理及相关组织服务等认定事务。在对象上,认定对象应为自然人。在条件上,主要考虑综合素质、身体状况、收入来源、从业时间、产业规模、教育培训等情况。在标准上,各地根据地方产业发展状况因地制宜制定认定标准。在程序上,一般应经过摸底测算、个人申请、逐级申报、评审认定、公示公布等环节。在认定后的管理上,各地正在建立新型职业农民信息库,实行有进有出的动态管理。例如陕西省,截至2015年底共认定高级职业农民266名、中级职业农民1 576名、初级职业农民13 959名。

3. 推进政策扶持

扶持政策涉及面广,包括教育培训、土地流转、农业补贴、金融信贷、农村保险、社会保障等。目前国家出台了诸多对农民合作社、家庭农场等新型农业经营主体的扶持政策,但是从个体层面看,目前尚没有专门针对新型职业农民的扶持政策。部分省(市)及各示范县在推进培育工作过程中,相继出台了促进新型职业农民发展的政策。例如,山西省农业厅与邮储银行山西分行、中国人寿保险公司山西财险合作,探索建立新型职业农民证书和授信等级挂钩机制,让新型职业农民证书等同于授信证书,有效解决新型职业农民信贷和保险需求。上海市将新型职业农民证书作为新型农业经营主体申请示范家庭农场和示范农民合作社的必要条件,实行一票否决,不是新型职业农民则不能申请示范农场和示范社。福建制定了利率优惠、小额免抵押等针对新型职业农民的金融优惠政策。山东采取分级授信方式,对新型职业农民按认定等级给予相应信用的贷款额度。江苏、黑龙江等部分地区明确要提高新型职业农民养老、医疗等社会保障水平,对于通过认定的新型职业农民,将其社保与城镇养老、医疗社保对接。

(三)健全教育培训体系

开展教育培训需要汇集各方优势力量,共同推进。原农业部于2013年提出构建"一主多元"新型职业农民教育培训体系[3]。各级农业广播电视学校(农民科技教育培训中心)作为承担新型职业农民培育专门职能的公益性机构,主要负责需求调研、学员遴选、认定管理、跟踪服务等基础性、长期性工作,有条件的也直接承担教育培训任务。涉农院校和科研院所可发挥专家、教学优势,开展教育培训。推广机构在促进农业科技成果转化和技术推广中,可实现对农民的跟踪指导服务。农民合作社和农业企业可发挥产业化经营优势,参与新型职业农民教育培训工作[4]。在"一主多元"指引下,各地实践初显成效[5]。例如,河南、重庆等地在农民合作社、农业企业等建设农民田间学校,促进新型职业农民培育走进产业、服务产业。隆平高科、中化化肥、金正大、中联重科、先正达等涉农企业也加强与农业部门合作,建设农民田间学校,提供相应服务。

(四)强化培育基础保障

要全面推进培育工作,除了以上提到的投入、路径、体系之外,还需要师资队伍、教学资源、田间学校、信息化手段运用等作为基础支撑。在师资队伍建设上,目前各地正在推进新型职业农民培育师资库建设,从教育培训机构、农业院校、科研院所、技术推广单位、行政管理部门以及专业大户、家庭农场、农民合作社、农业企业、农业园区等单位中遴选优秀师资,使其承担教育培训、技术指导和跟踪服务等工作。在教学资源开发上,原农业部于2015年下发通知要求加强新型职业农民教材建设,地方农业部门、农广校、相关农业职业院校和科研单位积极开发适合本区域的培育教材,一批优质教材成为全国新型职业农民培育规划教材。在田间学校建设上,有关农业科研院所、大专院校、推广机构以及社会力量,依托农民合作社、农业企业、农业园区等新型农业经营主体建立农民田间学校,采用参与式、互动式教学方法,为农民提供教育培训、技术推广、生产指导、信息咨询等服务活动。在信息化手段应用上,农业部门正在建设"云上智农"农业教育平台,通过互联网、APP、移动终端等方式为职业农民用户提供线上教学、专家跟踪问答、农业资讯行情、农业电商服务等综合性服务。

三、地方新型职业农民培育典型案例

(一)河南省夏邑县——产教衔接培育新型职业农民

夏邑县地处豫东平原,属传统的农业大县,主导产业有小麦、玉米、蔬菜、食用菌、生猪等,夏邑县农广校承担主要新型职业农民培育任务。根据新型职业农民"三位一体"培育制度,夏邑县在制定培育实施方案、出台认定管理办法和扶持奖励政策的基础上,特别探索教育培训有效途径,形成了"开设一个专业、办好一个教学班、搞好一个生产示范点、培养一批科技骨干、扶植一项支柱产业、致富一方农民"的教育培训模式。

在教育培训方式上,夏邑县农广校紧贴"三农"、围绕主导产业,深入到产业链上在专业村(或农民专业合作社、农业园区、农业企业)举办专业教学班、开展教育培训,做到教学、示范、推广、服务一体化和教学、培训、指导规范化,创新教学培养方法,实现了专业和产业的有效对接、理论和实践的有效对接、教师和农民的有效对接,确保了教育培训质量。在人才培养上,拓展了教育层次,延伸了人才培养链条。由于实现了中职学历教育与专项技能培训的有效对接,提高了新型职业农民的综合水平,凸显了新型职业农民高素质特征。由于实行"把农民培养成新型职业农民,把新型职业农民培养成党员,把党员培养成村干部,把优秀党员干部培养成村支部书记"的培养方法,拓宽了新型职业农民的成长渠道,使新型职业农民更有奔头。在师资队伍建设上,组建了一支60多人的专业从事新型职业农民培育的师资队伍;同时聘请大专院校、科研院所专家教授,农业推广机构科技人员,农村致富带头人,乡土人才作为兼职教师队伍,实行专兼职教师相结合,满足新型职业农民学习的需要。在培训服务手段上,建立新型职业农民信息库,加强教师和新型职业农民的沟通和联系,实行导师制,强化跟踪服务指导。开通夏邑新型职业农民微信平台和短信平台,确保新型职业农民离校不离训,实现新型职业农民终身教育。

（二）江苏省苏州市——政策引导新型职业农民培育

近年来，苏州市围绕构建以家庭农场、专业合作社、现代农业园区和农业龙头企业为主体的新型农业经营体系，在新型职业农民培育政策设计、培育方式、保障措施等方面开展了一系列改革和探索，收效良好。

在教育培训上，苏州市以优先选择本地青年培育为重点，通过提升一批在职务农农民、培养一批农业后继者、吸引一批新生力量从事农业三种途径，不断壮大新型职业农民队伍。一是在职培训。以各类农业经营主体的负责人、带头人、种养能手、骨干人员和社会化服务人员等为主要对象，分类别、分层次、分产业集中举办培训班，提高其组织生产、开拓市场、适应现代农业发展的综合素质。二是学历教育。大力支持本地户籍的优秀初高中毕业生报考涉农专业的高等院校。鼓励有条件的地方与涉农高等院校联合办班，委托或定向培养一批高素质的新型职业农民后备人才，确保农业后继有人。三是继续教育。引导鼓励有志从事农业的非农专业高校毕业生、复员军人、农民工、工商企业人士等青年，参加涉农专业继续教育，加快吸引一批青年热爱农业、回归农业、发展农业。

在政策设计上，2015年苏州市政府下发了《关于进一步加强新型职业农民培育的意见》，同年苏州市农委、人社局、财政局联合制定下发《苏州市新型职业农民社会保险补贴办法》，2016年苏州市政府下发了《关于加快推进新型职业农民认定管理工作的通知》。这些文件对加快建立健全新型职业农民培育机制，助推新型职业农民培育工作发挥了积极作用。

在保障措施上，一方面实行创业扶持，积极试行在现代农业园区设立创业园、科技孵化基地，为大学毕业的新型职业农民提供创业支持。对自主创业达到一定规模，且建立家庭农场、专业合作组织、社会化服务组织等经营主体的大学毕业的新型职业农民，享受政府现有的创业扶持政策。另一方面提供社会保险。苏州市建立由个人缴费、政府补贴相结合的新型职业农民养老医疗等社会保险制度。以单位或灵活就业方式参加社会保险，对于缴纳满一年的大学毕业的新型职业农民，政府每年分别给予相应的定额补贴，补贴实行"先缴后补"，补贴期限暂定为五年。这些措施解决了大学生创业兴业的后顾之忧，吸引越来越多的大学生加入新型职业农民队伍。

（三）山东省德州市凌城区——新型职业农民组织化程度逐步提升

近年来，凌城区新型职业农民队伍逐步壮大，在凌城区农林局和农广校的支持下，部分优秀青年农场主于2016年2月成立新型职业农民发展协会，并在民政部门登记注册，成为社团法人。该协会以"交流、共享、互助、发展"为宗旨，以相信会员、发动会员、依靠会员、服务会员为发展出路，先期通过对会员提供配方施肥、配肥配送、农作物病虫害统防统治作业、农业机械化耕种灌收等农业生产技术服务，已经凝聚了200多名新型职业农民会员，涵盖了全区15个乡镇，有效增强了新型职业农民凝聚力，在解决新型职业农民单打独斗、信息不畅、资源分散等问题，实现新型职业农民风险共担、利益共享、合作共赢、建立发展共同体方面发挥了积极作用。下一步，该协会计划通过农资、农机、农技、信息等资源的统筹整合，实现统一规划布局、统一农资供应、统一管理、统一收获、统一销售、统一品牌运作,带领会员向订单农业、绿色农业方向发展,促进该地区农业领域的强强联盟,推动陵城区新型职业农民队伍取长补短、共同发展。

(四)安徽省含山县——"双新人才"带动脱贫

近年来,含山县新型职业农民、新型经营主体"双新"人才,通过产业带动、贫困劳动力就业带动、代养托管生产带动、资金带动等形式,积极开展带动脱贫。截至2017年底,含山县"双新人才"带动发展3 046户贫困户,有效帮助了贫困村与贫困户产业发展。

一是通过扶贫小额贷款增加贫困户收入。通过新型职业农民和贫困户"分贷统还"模式,贫困户申请贷款,新型职业农民统一经营管理并负责偿还贷款本金,收益共享。截至2017年底,全县共发放扶贫小额贷款7 925万元,为1 578位贫困户增加收益47.34万元。

二是安排贫困户就业增收。新型职业农民给贫困人口提供长期就业或季节性务工岗位,合理确定工资水平,保障贫困户工资收入。全县共有281位新型职业农民给406名贫困人员安排了就近就地就业务工。

三是发展贫困村"一村一品"。新型职业农民王传平是省级龙头企业安徽联邦农业科技有限公司董事长,2017年公司与全县15个贫困村中的8个签订了绿色中籼稻生产订单5 500亩和无公害生产订单15 900亩。符合绿色生产和无公害生产的水稻每斤分别按1.68元和保护价加价0.03元保底收购。

四是代种代养进行扶贫。新型职业农民通过代养代种模式,帮助有发展特色种养业意愿,但自身养殖设施、种植技术或劳动力等条件不足的贫困户发展产业。新型职业农民林苏彤,是安徽亿禾源农业科技有限公司董事长,为233位贫困户代种280亩小金菊、切片苦瓜等中药材品种,并免费提供种苗和技术。全县通过代种代养共为贫困户发展特色种植业面积650亩,代养猪、羊等家畜2 155头。

四、值得关注的几个问题

随着各地新型职业农民培育工作的深入开展,一些共性、关键性制约问题亟待解决,一些趋势性、发展性问题逐步显现,概括起来主要有以下几个方面。

(一)新型职业农民组织化程度

随着国家强农惠农富农政策的实施和培育工作的推进,越来越多的农民逐步成长为新型职业农民,越来越多的返乡创业农民、新农人、退伍军人等新生力量加入新型职业农民队伍。这些新型职业农民或自发、或在政府引导下,逐步联合起来,互相交流、抱团发展。例如,江西省第一批青年农场主自发成立了江西农业企业商会和江西现代青年农场主"绿色创业联盟",重庆市500名青年农场主自发成立了协会性质的青年农场主联盟,湖北省由种养大户、家庭农场主和农业企业负责人等自发成立湖北职业农民协会,上海、山东、广西、四川等地也先后成立或准备成立类似组织。这些组织在开拓市场、提供社会化服务、救灾互助等方面发挥了重要作用。但是,其中很多在民政部门登记注册遇到困难,导致大部分地区新型职业农民组织化一直处于"民间"状态,难以走上正规化发展道路。另外,新型职业农民组织化尚处于初级发展阶段,需要政府部门加强引导和管理。

(二)培育政策扶持瓶颈

政策扶持是推进培育工作的根本动力。在推进新型职业农民培育过程中,各地探索制定了一些扶持政策。但是从国家层面看,目前还没有专门针对新型职业农民的扶持政策。国家强农惠农政策中与新型职业农民相关的是新型农业经营主体政策,如《农民合作社法》《关于促进家庭农场发展的指导意见》等。这些政策仅针对组织形态的农民合作社、家庭农场而言,新型职业农民作为个体形态不一定都能享受到这些优惠政策。此外,地方制定的新型职业农民扶持政策与家庭农场、农民合作社等其他新型经营主体扶持政策之间缺乏有效衔接。因此,需要国家出台专门针对职业农民的扶持政策,完善政策间衔接,促进现有新型农业经营主体扶持政策向职业农民倾斜,进而提高政策针对性和执行效果。

(三)有关体制机制问题

随着新型职业农民培育工作深入推进,一些制约培育工作的体制机制问题进一步凸显。一是务农农民接受非全日制中等职业教育尚未纳入国家免费学费和助学金资助范围。职业教育和职业培训是培养高素质新型职业农民的主要途径。由于务农农民不能放弃正常的农业生产来参加连续较长的脱产学习,因此传统全日制学历教育并不适合务农农民,农学结合弹性学制的非全日制职业教育受到农民的欢迎。但目前国家没有将务农农民接受非全日制中等职业教育纳入免学费和国家助学政策范畴,使得务农农民接受职业教育的机会大为减少。二是农民教育体制内部缺乏衔接。农业高等教育与农民职业教育存在明显的鸿沟,农民职业培训到农民中、高等职业教育之间尚未建立有机衔接,从而使得任何形式、任何层次的农业教育都成为终结性的一次性教育。三是农民教育培训管理体制不畅。目前农业、教育、人社、妇联、残联等部门都有对农民教育培训的项目,但是这些教育培训资源之间缺乏统筹,出现重复培训等问题,在一定程度上造成了农民教育培训资源的浪费。这些问题都需要进一步研究,探索解决的对策措施。

五、结语

新型职业农民是一个阶段性概念,随着现代农业的发展,新型职业农民的内涵也在不断丰富完善。新型职业农民培育是一项长期性、基础性系统工程,在培育过程中遇到的诸多问题,有些浅层次、内部性问题会随着工作推进逐步得以解决,有些体制机制性问题会在一段时间内长期存在。无论如何,新型职业农民培育"围绕现代农业发展,加快构建职业农民队伍"的工作主线不会变。

在国家的高度重视和有关部门的大力支持下,在各地的有力推进和社会资源的积极参与下,新型职业农民培育的路径将不断完善、体系将进一步健全、成效将逐步显现。新型职业农民队伍将不断发展壮大,并将在现代农业建设中逐步发挥重要的主导作用。

参考文献:

[1] 张桃林. 实施新型职业农民培育工程　培养造就高素质现代农业生产经营者队伍[J]. 农民科技培训,2014(8):4-7.
[2] 张桃林. 在全国新型职业农民培育经验交流会暨农广校工作会议上的讲话[J]. 农民科技培训,2016,08:6-11.
[3] 刘天金. 搭建专业化多元化的新型职业农民培育平台[J]. 农村工作通讯,2015,11:55-56.
[4] 刘天金. 高素质新型农业生产经营者队伍培养研究[J]. 中国职业技术教育,2016,07:86-88.
[5] 严东权. 新型职业农民培育研究与实践[M]. 北京:中国农业出版社,2016.

国外产城人有机融合与职业教育发展的实践与经验

江 波 王 雁[①]

摘要： 本文通过对国外产城人融合与职教发展的研究，得出以下4个方面的结论：第一，人得到发展才能推动产业发展，产业发展进而能不断提升城镇化水平。因而城镇化过程中要注重"人"在产城融合中的主导作用。第二，职业教育能为城市发展提供重要的智力支持和人才资源，是城市和产业发展的推动力，应发挥职业教育在产城人融合中的功能。第三，不同城市的产城人融合发展的路径各有不同，各地在发展产业和推进城镇化进程中，应注重凸显产城人融合中的特色与优势。第四，根据现有国情，需要在"产业""城镇"和"人"三个方面同时坚持走可持续发展之路，实现可持续发展的良性循环。

关键词： 城镇化；产城人融合；职业教育；经验

一、引言

城镇化是现代化的必由之路，是我国最大的内需潜力和发展动能所在。党的十八大以来，党中央就深入推进新型城镇化建设做出了一系列重大决策部署。各地区各部门以五大发展理念为引领，以人的城镇化为核心，注重提高户籍人口城镇化率，注重城乡基本公共服务均等化，注重提升人民群众获得感和幸福感。中国共产党十八届三中全会通过的《中共中央关于全面深化改革若干重大问题的决定》也强调要"坚持走中国特色新型城镇化道路"，推进以人为核心的城镇化，推动"大中小城市和小城镇协调发展、产业和城镇融合发展，促进城镇化和新农村建设协调推进"。党的十九大报告继续强调坚持新发展理念，"推动新型工业化、信息化、城镇化、农业现代化同步发展"。城镇化发展不仅仅是一个区域经济聚集的问题，更是一个"产业""城镇""人"互动发展的过程，需要产城人实现有机融合。

在社会发展的不同阶段，产城融合应有不同的层次和融合标准。新型城镇化背景下的产城融合应着重体现以人为本的产城人协调发展。人应作为城镇和产业发展的能动要素，"产城融合"要求城市给人创造良好的生存和发展环境，以使产业和城镇发展更具持续性。职业教育在促进新市

[①] 江波，英国诺丁汉大学教育学博士，同济大学党委常委、副校长，兼同济大学中法工程和管理学院院长；王雁，同济大学高等教育研究所副所长、副教授。

民素质提升、加速推进市民化进程和吸纳就业方面的功能不容小觑。西方高等教育发达国家的实践表明，不同类型大学集聚在一起的大学城建设，是促进高等教育集约化发展、优化城市空间、提升人口素质、推进产业结构升级、推动城市和区域发展的重要路径。

本研究基于已有研究的不足以及新型城镇化建设的需要，通过文献及实证调研等方式开展国外产城人有机融合与职业教育发展的实践与经验研究，旨在梳理发达国家产城人融合与职业教育互动关系的成功经验，为我国新型城镇化建设提供借鉴，并通过对国外先进典型案例的深入剖析，总结归纳国外产城人融合的范式。

二、产城人融合的内涵及其互动关系

1. 产城人融合概念的提出、内涵及实质

改革开放以来，在我国城市工业化进程中，在主城区边缘设立以开发区为代表的产业园区，或者在远郊以产业园区配合综合住区设立独立新城，是大城市拓展城市发展空间普遍采用的形式，因各类产业园区大都以分散组团形式布局在城市主城区外围，同时以功能分区规划思想为指导，产业园区与城市功能服务区普遍采取相对分离的布局模式，不仅表现在城市空间结构的不连续性，也表现在内在主体功能、发展布局、发展重点的差异性和独立性。随着城市发展进入到以服务经济为主的产业结构时期，转型发展对城市功能提出更多、更高的要求，不仅需要大幅提升产业区内综合服务能力，同时也要求提高综合居住区内产业服务功能，创造和培育服务经济发展空间，促进城市住区和产业区的融合发展、核心功能的提升，从而在城市发展上体现为"产城融合"。"产城融合"是在我国经济社会转型升级的背景下相对于"产城分离"提出的一种发展思路，它要求产业与城市功能融合、空间整合，以产促城，以城兴产，产城融合。

在社会发展的不同阶段，产城融合应有不同的层次和融合标准。产城融合的过程是城市合理布局产业功能与城市功能，承载产业聚集和城市发展的重任，在新型城镇化背景下的"产城融合"应着重体现以人为本的产城人协调发展，即以"产城人"互动为基点，构建产城人互动的有机体系，以人的发展为目标，以城市功能为载体，以产业高级化为动力，进而达到产业、城市、人之间有活力、持续向上发展的城镇发展模式。可以说，"产城人融合"是指产业与城市（城镇）融合发展，以城市（城镇）为基础，发展产业经济，以产业为保障，驱动城市（城镇）更新和完善配套服务，以达到产业、城市、人三者之间协调发展。

具体来说，产城人融合是一定区域范围内产业发展与城市功能协同共进、相辅相成、良性互动的一种科学发展格局或发展状态，其本质是以人为核心要素，实现多元要素的均衡协调发展。产业发展是产城人融合的支撑和基础，其关键要素包括资金、技术、人才、创新能力等，其中技术是硬支撑，人才是软实力，资金是基础，创新是动力，这四要素之间相互促进，彼此带动；城市功能是产城人融合的依托和载体，其关键要素包括基础设施、公共服务、居住休闲、商业商务、文化娱乐、医疗教育等，其中基础设施是硬支撑，公共服务是软环境，其余各要素有机融入社区单元，为人们提

供完备的生活服务和配套支撑。这些要素围绕人这个核心要素需求,互相支撑、互相影响、互相耦合,不但需要注重聚集资源配置的科学性、资源要素的匹配性,同时也要注重空间布局的合理性、生态环境的协调性,最终实现人口、产业、城市功能生态等多元要素的均衡协调发展。

2. 产城人发展的互动关系

产业、人口、城市之间存在相互依存、相互促进的关系。通过集聚大量生产性和收入性人口成为城市财富的集聚地,以及购买力的输出地。同时建立具有创新能力的主导产业,能够自力更生增长,并带动腹地产业发展。城市有为自身以及腹地提供居住、商贸、文化以及相关服务的城市综合功能,并与区域核心城市以及周边城市保持经济和社会联系,起到承上启下,沟通城乡关系的作用。产业、人口、城市之间的角色轻重也不尽一致。

"产":指产业在城市中的集聚与扩散,是一个城市实现城镇化的基本驱动力之一。

"城":指城市的空间承载与综合系统功能,包括硬件基础设施以及软件服务制度等。城市是对产业和人口的承载支撑,但本身并不构成城镇化的驱动力。在产业和人口没有集聚扩散的前提下,造城无助于城镇化。

"人":指人口在城市中的空间迁移与行业流动。人口的迁移和流动是城镇化的另一个基本驱动力,且产业集聚扩散与人口迁移流动互为因果。

城市是一切功能和要素的载体,是城市系统的硬件部分。产业和人口是城市的两翼,在城市系统发展运行过程中,产业和人口是城市一切经济社会活动的动因,产业聚集实现城市经济能力提升,人口人才聚集提高城市人气和活力。与此同时,产业需要人才作为支撑,城市人口又需要产业解决就业和收入,产业与人口的匹配能够为城市减轻运行压力,而产业对城市功能和城市设施的需求以及人口对城市配套和城市服务的需求,对城市作为产业与人口的物理空间载体提出更高

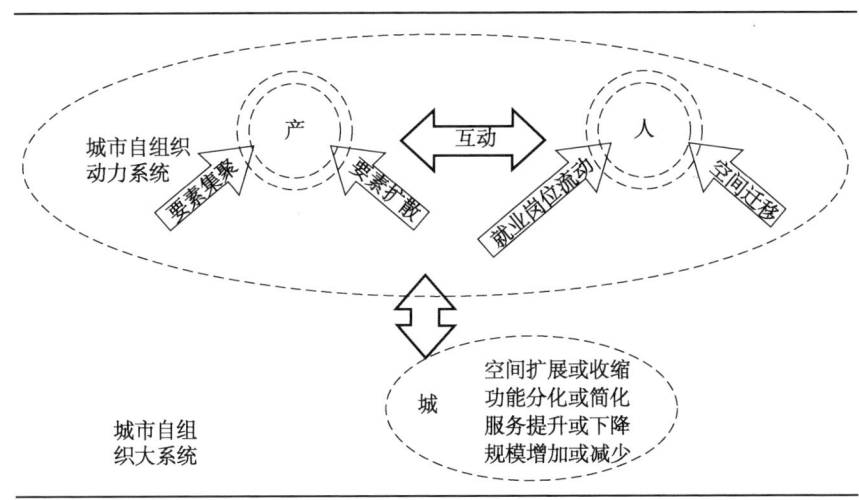

图1 推动城市实现产城人融合的逻辑关系

的要求。在一种理想状态下,当城市公共资源满足产业和人口发展需要,当产业规模适应城市规模和人口规模,当人口能够在相对有限的城市资源承载能力下自由流动并服务于产业发展时,产城人三者就进入了真正融合的阶段。

总而言之,城市是对产业和人口的承载支撑,但本身并不构成城镇化的驱动力。驱动产城人系统发展的动力来自产业和人口的集聚扩散。在产业和人口没有集聚扩散的前提下,单纯造城无助于城镇化。这也是目前大量新城、园区开发过程中本末倒置的根源所在。因此,产城人融合模型首先在于三种基本构成要素缺一不可,有产无城、有城无产、有城无人等都是跛脚而不可持续的发展。但是,产城人三种要素同时具备并不必然意味着产城人的融合,需要三者在空间、结构、功能以及运作上存在相对合理的匹配。

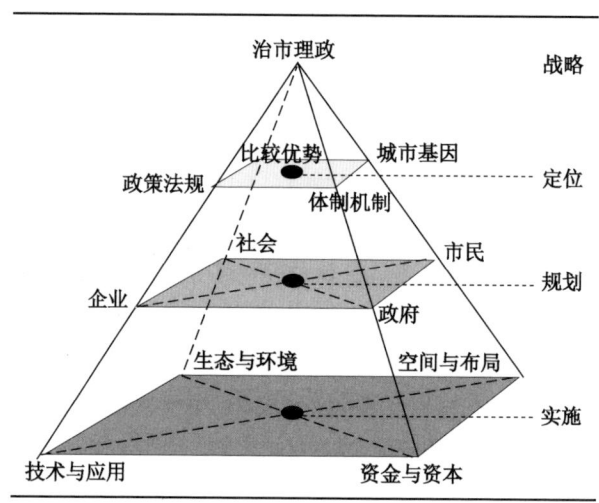

图2 产城人融合的金字塔战略体系

3. 产城人融合与职业教育相关研究

近年来,国内外一些城市以产业园区、产业城、研发科技城、新城建设等为载体深入探索推进产城融合,具有各自鲜明的特点,并呈现出理念人本化、功能复合化、产业高级化、环境低碳化等新的发展趋势,为加快推进我国产城人融合提供了有益的经验启示。已有研究对国外大、中城市产城融合发展的案例也开展过深入的探讨,总结日本筑波科学城、美国尔湾科技城、新加坡裕廊岛化工城、美国底特律汽车城、日本川崎重工城等国外大、中城市产城融合的成功经验和先进典范。

然而,就产城人融合方面而言,现有研究还为数不多。《产城人融合新型城镇化建设中核心难题的系统思考》是国内当前可查资料中唯一关于产城人融合的研究专著,对产城人融合背景下的城市提出新的思考,构建出产城人融合的模型,并对产城人融合的实践展开探索。为深入理解产城人融合的新型城镇化之路提供重要的理论参考和实践指导,但遗憾的是,此书并未就国外产城人融合的实践与经验作出介绍,也未曾对产城人融合与职业教育发展的关系展开探讨,而是仅限于对国内产城人融合的实践进行梳理,这为本研究开展的必要性和现实意义提供了依据和支持,将成为本研究的创新所在。

从最新研究看,国内关于"产城人融合"的典型实践案例还有佛山产城人融合发展模式,佛山高新区:产城人融合的广佛副中心,以北京未来科技为例的产城人融合发展,打造港产城人融合的品质城区的北仑模式以及从产城联动迈向产城人融合的宁波杭州湾新区等。同时,也有学者对产城人融合提出的城建模式新动向,开展多规合一视角下鞍山市产城人互动发展路径分析等。就国内对国外产城人融合实践与经验的研究而言,只有个别专家在相关会议中对国外产城人融合的成功案例有所提及,如"匹兹堡,原来是港铁之都,现在是医药城;比如凤凰城,原本是建在沙漠上的城市,没有资源,最后成为一个退休养老行业非常发达的城市",又如"像纽约的格林威治是比较成功的案例,它有一所很好的大学——纽约大学,有商业,又有很多人居住在那里",但目前都还不曾见过专门针对国外产城人有机融合与职业教育发展实践与经验的相关研究,亟待补充与完善。

总体而言,尽管国内关于产城融合的研究已取得较为丰硕的成果,也积累了较为成熟的经验,但大部分已有研究成果都主要围绕产城融合发展的实现路径展开,并未全面凸显人在产城融合中的主导作用,较少关注职业教育与产城人融合之间的互动关系,更鲜见对国际产城人融合与职业教育发展经验的介绍与研究。本研究基于已有研究的不足以及新型城镇化建设的需要,通过文献及实证调研等方式开展国外产城人有机融合与职业教育发展的实践与经验研究,旨在梳理发达国家产城人融合与职业教育互动关系的成功经验,为我国新型城镇化建设提供借鉴,并通过对国外先进典型案例的深入剖析,总结归纳国外产城人融合的范式。

三、职业教育与产城人融合发展的关系

职业教育作为现代国民教育体系的重要组成部分,在实施科教兴国战略和人才强国战略中具有特殊的重要地位,承担着为社会培养大批能够适应经济发展方式转变和经济结构调整要求的技能型、应用型人才的重任。产城人融合发展要求提高转移人口的素质和职业技能,同时,伴随经济结构调整、产业结构升级,就业结构的改变也对职业教育提出了越来越高的要求。

1. 产城人融合发展对职业教育的要求

产城人融合发展的直接结果是城市经济、社会结构和功能的不断变迁,产城人融合带来的城市规模的扩大、城市人口的增加、城市产业结构的升级和就业结构的改变都对职业教育发展提出了越来越高的要求。职业教育结构的调整、规模的扩大、质量的提高,都是职业教育适应产城人融合发展的必然结果。职业教育除了要满足产城人融合进程中转移人口的基本教育需求,还要满足受教育者为提高自身素质、提高就业层次而提出的接受更高层次和更高质量职业教育的要求。

(1) 经济结构调整需要职业教育与之相适应

产城人融合在相当程度上影响和制约着经济发展,而经济发展与职业教育相互促进又相互制约,是推动职业教育规模扩大、专业结构调整和层次结构提升的根本动力。在两者的相互作用中,

经济发展处于主导地位,经济结构制约和影响着职业教育结构,一定的经济结构必然要求相应的职业教育结构与其相适应,随着经济结构的调整,职业教育结构必须进行相应的调整。

经济结构是指一个国家或地区社会经济生活中各要素的构成。主要包括两部分内容:一是所有制结构,即生产资料所有制的构成形式与比例关系;一是国民经济各个部门和社会再生产各方面的比例构成,如产业结构、分配结构、消费结构、技术结构等。随着产城人融合和经济体制改革的不断向前推进,我国经济结构调整突出表现在四个方面:一是我国生产资料所有制结构发生了重大变化,在整个国民经济中,国有经济的比重逐年下降,混合所有制经济等非国有经济得到快速发展;二是随着工业化的高速发展,产业结构逐步升级,国民经济中第一产业的比例逐步下降,第二产业缓慢增长,第三产业增长迅猛;三是行业结构发生显著变化,纺织服装、钢铁、煤炭等传统行业日渐衰落,电子、计算机、新材料等一些新兴行业快速崛起;四是传统的劳动密集型产业向技术资本密集型转变。我国经济结构的调整必然对职业教育提出了更高的要求。

所有制结构变化要求职业教育与之相适应。我国经济已经形成了以公有制为主体、多种所有制经济共同发展的基本经济制度,国有经济、集体经济、私营经济、外资经济并存。未来国有资本、集体资本、非公有资本等交叉持股、相互融合的混合所有制经济将得到更快更大更好发展。根据《中国统计年鉴》的相关统计数据,目前混合所有制经济占我国经济的比重大致为1/3,在我国经济中起骨干与关键作用。多种所有制并存的格局带来了就业结构的变化,这些变化必然要求职业教育结构和体系做出相应的调整。通过发展多种类型的职业教育为多种所有制经济服务,通过调整办学形式、专业设置、课程内容、培养手段适应劳动力市场的需求,培养各种层次、各种规格的劳动力。

产业结构的调整要求职业教育与之相适应。从世界各国经济发展趋势看,随着产城人融合的不断推进,产业结构的调整必然迫使原来的劳动力转换生产部门,从而带来社会职业结构的变化。这就要求社会就业人员必须具备适应职业结构变化的专门知识和技能,形成相应的职业能力结构。职业结构的复杂性必然要求教育结构多样化。产城人融合进程中,国民经济各产业部门的劳动对象各有所不同并处于不断变化之中,因此,要求劳动力的规格、数量也各有不同。在对产业结构发展变化趋势进行预测的基础上,职业教育结构和体系必须及时进行调整,以保证受教育者的学习程度和专业结构与劳动力市场需求相一致,为产业结构的调整和升级超前性地培养各种层次、各种规格的高技能人才。

技术结构的发展变化同样要求职业教育与之相适应。技术结构是指国家、部门、地区或企业在一定时期内不同等级、不同类型的物质形态和知识形态技术的组合和比例。随着经济社会的发展,科学技术日益进步,企业的技术改造必将引起生产设备和生产工具的日益更新,以劳动密集型为主的生产活动逐渐被技术密集型和资金密集型的生产活动所代替,这就必然对劳动者的素质提出更高的要求,经济发展对高素质技能型人才需求将越来越大,为了培养适出符合市场需求的高素质技能型人才,职业教育必须通过自身层次结构和专业结构的调整,来适应技术结构调整的需要。

(2) 转移人口素质提高需要发展职业教育

随着产城人融合的推进,我国农村剩余劳动力将向城市进行有序转移。根据对未来产业结构调整趋势预测,到 2020 年,我国将有 2 亿农村人口转移到城市。长期以来,由于受二元经济结构和户籍制度的限制,我国农村教育发展水平与城市相比差距很大,在快速产城人融合进程中,将有大量农村剩余劳动力进入城市,但是这部分转移人口的整体素质和技术技能水平相对比较低,如此大规模的人口迁移将给城市的社会发展和经济建设带来不少新问题。产城人融合不仅是地域的融合,更重要的应该是人的融合。因此,必须通过大力发展包括职业教育在内的各级各类教育,加强对转移人口的培训,提高他们的素质,实现转移人口市民化。

确保农村劳动力向城市有序转移需要发展职业教育。一般来讲,农村劳动力素质和技能水平与其向城市转移的速度正相关,劳动力素质高的地区,转移速度要快于劳动力素质低的地区。根据预测,到 2020 年,我国的城镇化水平将提高到 55% 左右,未来几年,大约 2 亿人口将从农村转移到城市。要实现如此大规模的人口转移,只有对其进行教育和培训,提高其受教育水平,提高他们适应城市生活的能力和水平,使他们掌握在城市生活的职业技能,才能确保农村剩余劳动力向城镇的有序转移。

提高转移人口素质需要职业教育。2010 年第六次全国人口普查资料显示,我国 15 岁及以上人口的人均受教育年限达到 9.05 年,而 2010 年日本 25 岁及以上人口的人均受教育年限为 11.6 年,美国为 12.4 年。可见,我国人口的文化素质比以往有了相当大的提高,但是与发达国家相比仍然存在很大差距。这部分只接受了义务教育的人口将是未来向城市转移的重要群体,如果不能提高他们的受教育水平和素质,将对我国的城镇化进程、整体国民素质和建成全面小康社会的目标将产生严重的负面影响。通过职业教育对转移人口进行教育,一方面是提高他们的素质,另一方面也是提高整体国民素质的有效途径。

提高转移人口就业层次和就业质量需要发展职业教育。经济发展和产业结构升级是产城人融合的直接动力。不同产业对从业者的文化素质和技术技能水平要求不相同,从业者为了满足产业升级对其素质和技能的要求就必须主动接受更高层次的职业教育和技能培训,进一步提高自己的文化层次和职业能力,以实现其就业部门和岗位的升级并以此提高自身的就业收入。

(3) 农业现代化需要发展农村职业教育

"三农问题"是我国产城人融合进程中必须重视的问题,没有"三农"的现代化,就没有我们整个国家的现代化,也不可能建成小康社会。因此除了通过职业教育提高转移人口的职业素质、职业技能外,为了使广大农民掌握现代生产技术,运用先进设备代替人们的手工劳动,在产前、产中、产后各环节中大规模采用机械化、自动化作业,实现农业现代化,提高劳动生产率,同样需要大力发展农村职业教育。农业现代化是指将先进的农业生产技术应用于农业生产过程从而不断提高科技对增产贡献率的过程,是从传统农业向现代农业转变的过程。在这个过程中,先进的科学技术要靠人去探索,先进的生产工具要靠人去创造,先进的管理经验靠人去总结,这些都需要高素质的农村劳动力来实现,没有农村劳动力自身素质的提高,就不可能实现"三农"的现代化。

在产城人融合过程中,过分悬殊的城乡收入差距,严重影响着农村和农业的发展,也影响着我国国民经济的持续健康发展,缩小城乡收入差距的关键在于进一步提高农民收入水平。因此,发展职业教育,提高农民的就业能力,从而提高他们的就业层次和工资收入,是缩小城乡收入差距的重要途径。通过职业教育对农村地区和农业人口进行从事现代农业所需要的职业理论知识和职业技能的教育和培训,才能实现农业现代化、解放更多的农村剩余劳动力,才能进一步促进产城人融合发展。

(4) 解决教育供需矛盾需要发展职业教育

目前,我国教育供给与教育需求之间的矛盾有进一步加剧的趋势,教育供给存在结构性矛盾。目前我国共有普通本科高校1 171所,每年毕业生近700万人,2011年全国高校毕业生的初次就业率只有77.8%,大批高校毕业生找不到工作,但是与此同时,在我国很多地方众多企业又难以找到所需要的大量应用型人才。因此,目前我国人才培养不是数量不足的问题,而是教育供需之间出现了问题,导致人才培养规格与社会经济发展需求出现了错位对接。关键问题是培养应用型人才的职业教育在整个国民教育体系中发展落后了。

一个人可选择就业机会的多少和就业岗位的层次与其受教育水平密切相关,一般来讲,受过良好教育、有较好职业素质和技能的人在就业中就会处于优势地位。不管是迁移到城市的新移民还是原有城市居民都有进一步接受良好职业教育的需求。产城人融合进程中,一方面,大量农村剩余劳动力迁移到城市,为了获得更好的工作和更稳定的生活,他们接受职业教育的意识和自觉性都在加强;另一方面,随着经济发展和市场对劳动力配置的调控作用不断增强,企业对高技能型人才的需求越来越旺盛。因此,只有大力发展职业教育,扩大职业教育规模,提高职业教育质量,增加职业教育供给,才能满足这种社会需求,有效解决教育供需矛盾。

2. 职业教育在产城人融合发展中的促进作用

职业教育对现代城市发展的要求与作用主要体现在三个方面,一是职业教育能为城市发展提供重要的智力支持和人才资源。职业教育能够为城市发展培养所需要的各级各类人才,提高市民的文化素质和文明素养,推动城市社会的协调发展。二是职业教育是城市发展的推动力。职业教育规模的扩大、教育层次的提升,提高了劳动者的素质,促进了劳动者就业,解决了劳动力市场的供需矛盾,带动了交通运输业、房地产业、服务业等相关产业的发展,促进了经济增长。三是职业教育是提升城市文明程度的重要途径。职业教育能够创造先进的物质文化和精神文化成果,提升城市经济、科技、文化等的辐射功能。先进的职业教育理念、优良的办学传统、独特的办学特色,是一个城市精神文化发展的源头和城市精神的重要组成部分。四是职业教育能够促进农村剩余劳动力的有序转移。产城人融合的过程是农村剩余劳动力向城市有序转移的过程,通过职业教育提高转移农民的整体素质和就业能力,使他们在城市顺利就业,促进城市经济社会发展,是职业教育对城市发展的重要贡献。

(1) 职业教育能够促进经济发展

推进产城人融合的根本动力是经济发展,而经济发展的内在驱动力在于经济结构的调整。因此,只有经济结构从以第一产业为主体逐步发展成为第二、第三产业为主体,经济才会产生较大的增长,才会引发和推动产城人融合的快速发展。就业结构是经济结构中劳动力在三个产业中的配置及其比例关系,职业教育能够通过提高劳动力的就业能力,进而提高劳动生产率来促进就业结构的改变,促进经济结构的升级,促进经济发展,进而推进产城人融合。

职业教育能够提高劳动力配置效益。职业教育具有培养人才、选拔人才、分配人才的功能,可以通过专业结构、层次结构的调整和在职培训促进劳动力的合理流动。一个人在职业方面的兴趣、倾向和适应性以及职业岗位对劳动者的素质要求是不断发展变化的。通过职业教育,根据劳动者个体特征及其在职业方面的倾向性和适应性,将每个人合理地导向他们适合的职业和岗位是职业教育的重要内容。随着经济的快速发展,现代社会的职业结构日趋复杂,劳动力配置效益问题越来越突出。就业者需要了解职业需求情况和就业岗位的要求,用人单位需要能够胜任岗位要求和与职业发展相适应的劳动者。职业教育不仅培养劳动者的职业道德、职业技能而且可以最大限度地使劳动者个体特征与社会需求紧密结合,提高劳动力的配置效益,从而最大程度地提高人力资源的开发效果,更好地促进经济社会发展。

职业教育能够提高劳动生产率。职业教育与社会生产的关系非常紧密,它能够通过培养劳动力的职业道德、专业素质和专业技能来提高劳动者的劳动生产率,从而促进经济发展。职业教育通过传授系统的技术知识和生产技能,开发受教育者在职业方面的潜力,使受教育者获得就业所需要的知识和技能,提高受教育者在职业岗位上的劳动生产率。通过职业教育,能够使劳动者掌握运用新设备、新工艺、新技术的能力,培养劳动者的集体观念、职业道德和积极主动的劳动态度,培养劳动者的安全意识、减少生产事故、降低生产工具和设备的损坏率,这些都可以提高劳动者的劳动生产率,促进经济发展。

职业教育能够改善人才结构。职业教育是我国国民教育体系中与社会经济发展联系最直接、最紧密的一种教育类型,能够为城乡新增劳动力及广大在职职工提供多种类型、层次的学历教育和职业培训。在产城人融合进程中,职业教育的规模和水平直接影响着我国人口结构、人才结构的改变和劳动力素质的提高,从而影响着经济结构、产业结构的调整。人才结构主要包括人才的类型结构和人才的层次结构。人才的类型结构是指人才在各种专业类型和工种门类之间的比例;人才的层次结构主要是指人才在高级、中级、初级之间的分布。合理的人才结构对于促进城市发展、提高经济效益具有重要作用。通过对经济发展所需人才的预测,调整各级各类职业教育发展的规模、质量和速度,促进就业结构改变,达到调整人才结构的目的,为经济社会发展提供数量充足、专业对口的高素质、技术技能型劳动者,促进经济发展,推进产城人融合进程。

(2)职业教育能够促进转移农民市民化

产城人融合的核心问题不是地域的融合,而是人的融合,也就是农民的市民化。农民市民化是产城人融合进程中农民再社会化的主要表现。转移农民市民化是指产城人融合进程中,大量从农村转移到城市的剩余劳动力从农民转化为市民的过程,在这一过程中,转移农民逐渐改变原来的农村生活方式,逐步适应城市的生活方式。

职业教育是实现农民市民化的重要途径。主要原因有三个：一是因为职业学校或教育机构是知识、信息相对集中和学习地点相对固定的场所，它不仅有专门教授知识和技能的教师，有基本的实验实习条件，还有严格的制度、严密的组织、完整的计划。通过系统的文化知识学习和技术技能训练，使转移农民能够根据社会需要和自己本身的水平，树立正确、实际的生活目标和职业目标，帮助他们学会协调理想与现实之间的冲突，适应复杂的城市生活，加速农民的内化和社会的教化过程。二是因为职业教育具有社会规范性。社会规范是约束和调节人与人、人与自然、个体与集体关系的行为准则。职业教育通过教授受教育者传统文化、思想意识、风俗习惯、法律制度等内容，对转移农民的行为进行规范和施加外在的影响，使他们充分认识城市社会规范的内容和意义，从而约束他们的行为，自觉按照现代文明社会的要求行事，维护城市社会稳定。三是因为职业教育具有职业角色培养功能。通过职业教育，可以使转移农民在进入城市相应的职业或岗位之前，获得与职业和岗位要求相一致的知识和技术，以适应在城市就业的职业角色和社会角色，实现农民市民化。

职业教育对转移农民市民化的意义主要体现在，职业教育通过与真实的社会生产生活环境联系紧密的教育内容和手段对转移农民进行教育，促进其再社会化。通过对教育内容和教学方式方法的选择和加工，职业教育在教授转移农民从业知识和技能的同时，也传授其城市生活的基本常识、社会规范和价值观念，是使受教育者积极内化的教育过程。职业教育的社会化过程具有很强的目的性、组织性和计划性，是高度专门化、规范化的农民市民化途径。

（3）职业教育能够促进人的全面发展

产城人融合主要是人的融合。人的全面发展是产城人融合和新型城镇化的重要体现，职业教育通过改变人的数量、质量和结构来实现对产城人融合的推动作用。

职业教育的发展带动了城市人口数量的增加。随着我国产城人融合的推进，我国第二、第三产业迅速发展，城市为转移人口提供了越来越多的就业岗位，这无疑对转移人口具有很大的吸引力。同时，我国各级各类职业教育的快速发展和规模的扩大，使转移人口拥有了更多的受教育机会，能够为他们提供更高层次的职业教育，使它们能够顺利就业，这更增加了城市对转移人口的吸引力。因此职业教育的发展能够促进农村剩余劳动力向城市的有序转移，从而带动城市人口规模的扩张。

职业教育的发展提高了城市劳动力的质量。面对我国劳动力素质普遍低下的现状，在基本普及九年义务教育的基础上，针对大量只具有初中及以下文化水平的劳动力，大力发展高中阶段教育，包括中等职业教育，快速提高劳动力的从业技能和基本从业素质，是当前我国提高劳动力素质、解决农村剩余劳动力转移问题的最实际而有效的途径；同时，对具有高中或中等职业教育水平的劳动力实施本科以上等更高层次的职业教育，也是当前我国提高劳动力职业素质和能力的有效途径。

（4）职业教育能够促进社会公平和社会稳定

产城人融合进程中，随着经济结构的升级和就业结构的改变，劳动力从农业转向非农产业，从农村转向城市,转移人口由于在思想意识、行为方式、生活方式上都与城市居民有很大的差异,这种差异必然会引发转移人口与城市居民之间的各种冲突,影响社会稳定。转移农民在逐渐融入城市生活的过程中,要完成自身在身份、地位、价值观念及工作方式、生活方式等方面的再社会化。转移农民和城市居民之间收入差距拉大导致我国的社会公平问题日益突出。教育具有公平效益,这种效益同样存在于职业教育中。国家在中、高等职业教育上的公共开支具有向穷人进行财产再分配的效果,由于职业教育的个人收益大于社会收益,这就使得更多的穷人受益于国家的公共教育支出,这种受益的结果实际上促进了社会公平。通过职业教育促进教育公平,进而促进社会公平,维护社会稳定,也是我国产城人融合进程中需要解决的社会问题。

职业教育促进产城人融合进程中的收入公平。人力资本理论认为,教育投资是一种生产性投资,包括正规的初、中、高等普通教育和职业教育投资以及各种在职培训项目。舒尔茨认为,对学校教育的投资是把投资直接用于培养个人将来的生产能力和谋生能力上,教育投资可以使个人就业机会增加,就业的稳定性增加,就业收入增加。从劳动力市场的价格规律来分析,劳动力在市场中的价格主要通过其智力、体力、创新能力来体现,剩余劳动力通过接受职业教育,使其生产某种商品的个别劳动时间低于社会必要劳动时间,提高自身劳动生产率,从而增加市场竞争能力,他的劳动力价格将得到提升,转移农民的工资水平将得到提高。通过职业教育提高贫困人口的生存能力、提高其收入,是减少贫穷、消除城乡差别、扩大社会公平的重要途径,也是国家稳定、持续、协调发展的基本要求。

职业教育促进产城人融合进程中的教育公平。社会公平是一个社会和谐稳定的基石,教育公平作为社会公平重要组成部分,是社会公平在教育领域的延伸和体现,主要包括教育权利平等与教育机会均等两个方面。随着我国产城人融合进程的推进,大量的农村剩余劳动力进入城市,他们在城市工作生活,却并不能与城市居民一样享有城市的教育,这就造成了我国事实上的受教育权利和受教育机会的不平等。要做到受教育权利和受教育机会的平等,就应该做到每一个人都有受教育的权利,不管他出身在什么家庭、经济条件好坏;每个人通过自己的努力,都能够享受到良好的教育的机会。教育公平是教育改革与发展的基本方向和目标,教育公平的扩大能够促进社会公平的提升。职业教育通过增强农民的现实的就业能力和就业收入,为农民提供了改变自身生存状态、生活水平甚至社会身份的机会和途径,这对于缩小我国的社会不公平、缩小阶层差距、促进社会稳定和社会和谐也具有积极的作用。

职业教育促进产城人融合进程中的社会稳定。通过职业教育可以改变人们的思想观念,增加他们之间的沟通和交流,改善旧的行为规范并创建新的行为规范,提高人们对同一的价值观的认可和接受,引导人们通过需求合理的途径和方式来解决矛盾,可以实现社会稳定。发展职业教育维护社会稳定还表现在对初高中没有得到继续升学的毕业生的教育,由于这些毕业生身心发展尚未成熟,自控能力比较弱,遇事容易冲动,他们步入社会加入四处流动的求职大军中,极易受到社会的不良风气影响,成为影响社会稳定的诱因。通过各种学历教育和职业培训,加强对他们的引导和塑造,使他们能够控制自己的情绪,规范自己的言行,自觉遵守社会的法律和公共秩序,促进社会稳定。此外,通过职业教育加强法制教育和宣传,切实提高公民学法、懂法、守法的自觉性,减少违法行为,防止社会矛盾的激化,维护社会稳定。

四、国外产城人融合发展案例

近年来,国内外一些城市以产业园区、产业城、研发科技城、新城建设等为载体深入探索推进产城人融合,具有各自鲜明的特点,并呈现出理念人本化、功能复合化、产业高级化、环境低碳化等新的发展趋势,为我国加快推进产城人融合提供了有益的经验启示。

1. 美国尔湾市

尔湾位于加利福尼亚州以南50公里处,是美国最大的规划城市社区之一,占地88平方公里,现有人口17.5万。尔湾南临太平洋,拥有著名的Laguna海滩和Long Beach海滩,是闻名世界的"加州阳光地带"。由于是新开发的社区,规划设计水平较高。近年来,尔湾已成为加州的高尚住宅区之一。尔湾市保持着美国最安全、规划完善、商业活动最佳社区等荣誉,吸引了大量居民和商业机构。尔湾产城人融合的主要经验有以下几点。

一是严格进行规划。尔湾形成之初就经过严格的规划,其推动者为拥有尔湾及其附近大片土地的"尔湾公司"。1959年尔湾公司应加州大学请求,同意捐出1 000英亩土地作为加州大学校区,州政府也配套捐出500英亩用作校区建设。建筑师威廉·佩德拉和尔湾公司策划部提议在环绕大学周边设计一个能容纳5万人口的城市社区。在设计规划书中,对新城进行了明确的功能区划,分设工业区、商业区、住宅区、休闲区及绿地等。1970年,"尔湾工业区"改为"尔湾商业综合体",并对外开放。同时,龟岩、大学公园、牧场、核桃及Culverdale等住宅区也陆续建成。

二是多元的产业结构。17 000家公司形成以高科技为主导的多元化产业结构。

三是完善的基础设施。约翰韦恩机场提供通向22个美国城市的直达航班。还有便捷的高速公路与城市快速路系统。

四是构建良好的人居环境。尔湾良好的人居环境吸引了大量的企业和居住人口。主要包括:安全的居住环境,在整体规划思想指导下进行社区治安管理和安全标准监督;良好的自然环境,有超过100个公园、公共游泳池和美丽的高尔夫球场;完善的运动设施,尔湾市提供自行车道系统,以鼓励使用自行车作为安全和方便的交通和娱乐工具;80%以上的社区规划良好,大多数拥有网球场、游泳池、小公园等,有的有木桥区,甚至有人工湖;齐备的教育和商业配套,尔湾全市任何一个角落,只用十几分钟车程便能抵达商业中心。商业中心一般配有大型超市、餐饮、洗衣店、服装百货等商店,生活非常便利。

五是提供充分的就业机会。尔湾各行业的总体工资水平都处于上等,拥有就业岗位16.8万,其中2/3的岗位由当地居民消化,其余1/3的岗位用来吸引外来人口。

六是良好的协调关系和市场化运作机制。城市发展和环境、居住舒适度等方面保持良好的平衡关系;没有政府指令和行政干预,市场主导下形成,并由市场来检验。

尔湾是"先规划，后发展"的城市发展典范，是环境优美、宜居的现代化新兴城市的代表。优美的城市环境、完善的基础设施、多元化的产业结构及灵活完备的商业机制是其健康发展的根本保障，较高的城市管理水平和净化的社会环境也是其成功的重要条件。

2. 法国航空谷图卢兹

图卢兹是法国西南的一个古城，19世纪工商业的兴起带动了城市的扩展。日臻完善的基础设施和科教文化又促进了产业的提升发展。特别是在第二次世界大战后，欧洲航空航天产业在图卢兹的布局助推其快速发展，至今已成为法国重要的经济、行政、文化和商业中心。在这个过程中，政府在完善基础设施、引进大学科研机构与职业技术学院、保护生态环境等方面发挥了重要作用。图卢兹产城人融合的主要经验有以下几点。

一是具有清晰的产业定位和完整的航空产业链。图卢兹重点发展航空产业、电子信息等三大产业集群，在世界上均处于领先地位。拥有完整的航空链，图卢兹是空中客车全球总部所在地，围绕空中客车的生产与总装，拥有 ATR 公司、达索航空、EADS Socata 等飞机制造商。航空产业集群包括发动机制造商、机载系统制造商、材料研制、试验和维修、机身建造和组装等，分包商涉及各个航空行业和工艺。

二是积极构建雄厚的科研和教育基础。图卢兹是欧洲航空航天和机载系统领域高级人才的摇篮，该地区有 17 个研究中心、42 个培训中心，拥有 400 多所科研单位、10 500 名科研人员。图卢兹是仅次于巴黎的法国第二"大学城"，拥有 4 所大学、25 所高等专业学院以及众多科技机构。

三是营造舒适的生活环境。建成通畅的无人驾驶的轨道交通体系、四通八达的高速公路体系以及内河航运基础设施体系。图卢兹具有悠久的文化底蕴，历史上是个旅游、文化、商贸城市，拥有很多著名的教堂、博物馆，其国家交响乐团闻名于世。

四是注重保护优美的生态环境。图卢兹生态优越，被誉为"玫瑰之城"。开凿于 17 世纪的南方运河将图卢兹市与地中海相连接，成为城市亮丽的风景线。共有 1 000 多公顷公共绿地，人均占有绿地达 18 平方米。

图卢兹产城人融合具有明显的政府主导特征，政府在产城人融合中发挥了重要的保障作用，主要是充分抓住航空航天产业的布局的机遇，大力推动产业发展、要素集聚和功能配套建设，从而有效地促进了产城人融合。

3. 德国斯图加特汽车城

斯图加特是德国巴登-符腾堡州首府，全德第 6 大城市，面积 207 平方公里，人口 60 万。该市是著名的奔驰、保时捷汽车公司所在地，也是世界上第一辆汽车的诞生地。目前，斯图加特是欧洲经济最发达、人均产值最高的大城市之一。奔驰、保时捷汽车生产量超过 60 万辆，全市有 8 万多人从事汽车业。斯图加特产城人融合的主要经验有以下几点。

一是推动高科技产业和大学、科研机构集聚。斯图加特共有 15 万家公司，并以高科技产业著称，其中包括世界著名的戴姆勒-克莱斯勒、保时捷、博世、惠普、IBM 等公司。拥有德国最密集的科研机构，全德 11% 的科研成果出自这里，每年带来 43 亿欧元的利润。共有 6 个弗劳霍恩夫研究所,2个马克思·普朗克研究所,拥有斯图加特大学、霍恩海姆大学和斯图加特媒体学院,在校生数量超过3.5万人。

二是重视交通基础设施建设。斯图加特是巴登-符腾堡州重要的交通枢纽。该市拥有全州最大的斯图加特机场,有多条铁路线,2条德国重要的高速公路,1条内陆河。斯图加特拥有庞大、先进、便利的市内外公共交通网,6条轻轨、18条地铁、1条有轨电车线,给市民提供了极大的交通便利。

三是建设多元化城市。斯图加特是一个多元化城市,集文化、体育、金融、旅游等优势于一身,吸引了众多定居者和国内外游客。文化之都:是哲学家黑格尔、诗人席勒的故乡;拥有美术馆、汽车文化博物馆、历史博物馆和歌剧院等。体育之都:拥有大型体育馆,曾举办过世界杯、田径世锦赛等赛事。金融中心:是除法兰克福之外德国第二大证券交易所所在地,许多重要的金融机构总部也设在该市。

四是建设大型社区。斯图加特在低端制造到高端研发等产业服务一条龙的产业发展过程中,打造了若干生产、教育、学习、生活、休闲高度融合的综合大型社区。

而同为汽车城的美国底特律与斯图加特形成了鲜明对比。底特律曾经是世界汽车工业的中心之一,该市集聚了福特、通用、克莱斯勒等世界著名汽车公司及其科研机构,汽车产量一度占美国的1/4,汽车从业人员占全市人口的2/5以上。与汽车相关的钢材、仪表、塑料、玻璃、轮胎、发动机等零部件生产企业集聚并形成产业链。在汽车产业十分兴盛时,底特律也有过众所周知的辉煌时代。底特律的人口在20世纪50年代达到最高峰,超过200万人。然而随着汽车产业的衰落,治安状况不断恶化,越来越多的居民外迁,人口在2005年降到88.67万人,不足高峰时的一半。特别是白人大量外迁,使得黑人比例高达81.55%,白人只占12.26%。底特律败落的主要原因之一是产业结构过于单一。当城市发展到一定阶段,必须考虑走多元化的产业发展道路,适时引入并扶持有发展潜力的新兴产业成长。底特律在汽车产业的全盛时期没有这样做,因而丧失了发展的大好机遇。另外,在产业发展的过程中,对于城区发展未予以足够重视,使得自然和社会环境恶化,基础设施多年失修,这也是底特律败落的重要原因。

斯图加特以汽车制造为主,形成集工业制造、研发、教育、文化、体育、金融、旅游等诸多优势于一身的多元化城市。金融、物流、生产与生活型商业在城市发展中占据主流,为制造业带来了巨大的乘数效应。城市在产业进步和城市功能提升相互促进过程中不断发展。城市发展需要多种产业共同繁荣,底特律由于汽车产业的衰落,导致城市基础设施和建筑多年失修,最终败落。

4. 日本筑波科学城

筑波科学城位于日本东京东北约60公里、成田国际机场西北约40公里处,总面积29平方公里,包括研究园区和周边开发区两大部分。现有人口20万,其中国家技术研究院人员13 000余人、博士数千人,是日本最大的科学研究中心。自20世纪80年代末以来,日本30%的国家研究机构及40%的研究人员集聚在筑波,国家研究机构全部预算50%左右投资在这里。因此,筑波有日本"硅谷"之称。筑波科学城是在日本确立"技术立国"基本国策和解决"三湾一海"地区人口激增、环境恶化、小规模土地开发效率偏低问题的背景下设立的。筑波科学城融合的主要经验有三个方面。

一是科学有序地进行用地规划和功能布局。筑波先后于1965、1966、1967、1969年进行了四轮用地规划。城市中心区面积大约在80公顷左右,与东京新宿面积相仿,列入住宅项目计划的地区占整个居住区(总计670公顷)面积的25%,划分为3个群落。研究和教育设施区域,面积大约1 465公顷,占学院园区的54%。当研究和发展工业园区的建设进入稳定阶段时,都市边缘区用地与筑波快线的建设进行同步开发。

二是进行科学的人口规划。筑波科学城的原规划人口为22万人,其中研究与教育园区10万人,周边都市区12万人。1998年修订计划,拟定未来2030年将达到人口35万,其中研究与教育园区10万人,周边开发区25万人。

三是重视功能性和基础性设施建设。筑波市拥有筑波中心大楼、大规模的商业中心、筑波会展中心、筑波大学、筑波公共图书馆、筑波文化中心、筑波艺术博物馆和社区活动设施等。还有配套完善的市政功能隧道、有线电视系统、行人步行道及管道排污系统等。

筑波科学城的成功要素
◆筑波大学在联系科研机构中的纽带作用;
◆健全的立法保障和优惠政策;
◆环境协调发展的规划理念;
◆1985年筑波世界博览会促进了筑波的城市发展

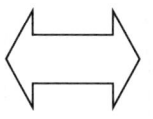

筑波科学城存在的问题
1. 未能达到缓解东京人口压力的目的
◆与东京相比基础设施和配套设施不足、对人口缺乏吸引力;
◆交通距离阻碍了人们离开发达的东京

2. 投入产出不成比例
◆高新技术开发机制滞后;
◆政府直接管理模式存在弊端;
◆没有形成健康的园区文化

图3 筑波的成功要素和存在的问题

筑波是由国家推动构建,以科研、教育为目的的城市,也是科教集聚发展的一个典型区域,它有利于集聚效益的发挥与城市品牌的塑造,虽然城市支柱产业是研发和教育产业,但是与之相关的其他服务业也十分发达,形成了研发、教育、商贸、服务等高端产业并行发展的局面,这也是未来城市发展的一种模式。

5. 东京新宿CBD产城人融合发展之路

新宿区位于东京都中心区以西,距银座约6公里,是东京规划中的7个副中心之一,繁华程度仅次于银座和浅草上野。20世纪中叶,东京都政府为控制、缓解中心区过分集中的状态,同时结合周边地区发展的需要,提出建设副中心的设想,并首先从新宿着手。新宿开发用地规模约11个街区计50公顷,开发超高层办公建筑面积160万平方米。目前,建成的商务区总用地面积16.4公顷,商业办公及写字楼建筑面积为200多万平方米,并形成东京的一大景观——超高层建筑群,共有40栋大厦,其中百米以上建筑8栋。

保险业、不动产业、零售批发业、服务业成为新宿的主要行业。IT产业和文化产业的集聚是新宿CBD的两大产业特色。新宿CBD的商业配套与全球其他CBD相比首屈一指。据统计,目前新宿商务区的日间活动人口已超过了30多万人,周末达到50万人。巨大的客流不仅有上下班的乘客和购物者,而且还有大量来自全国各地及世界各地的观光游客,使新宿成为每天24小时运转的充满活力的区域。

新宿CBD发展体现了产业多元、商业繁华和多中心系统的突出特点,是实现经济发展与配套服务较好结合的发展典范。带给我们三个重要的启示。

一是追求经济和生活的平衡。新宿在制定CBD计划之初,就以新宿车站为中心进行了明确的规划:东站由商业街和娱乐为主的歌舞伎街组成;西站以银行、证券贸易、信息、传媒等大公司总部,写字楼、政府机关、高级饭店等集聚区为主;南站是信息产业、办公和购物中心混合的多功能区域。正是在这种细致的规划下,新宿CBD成为拥有不同特色和功能街区的集合体。同时,新宿CBD在有限的空间非常重视CBD区域内公共设施的规划和建设,最大限度方便行人出行生活。

二是城市综合体塑造活力CBD。城市综合体是由城市中多种单一功能的建筑通过赋予建筑商业综合价值,有机组合在一起并互为依存的庞大建筑或建筑组群。一个全功能复合型的综合体能够推动城市经济发展。东京新宿之所以成为日本享誉世界的CBD,其最大的功能莫过于六本木这个标志性建筑综合体的出现,它真正使城市的商业、办公、居住、旅店、展览、餐饮、会议、文娱和交通等城市生活空间完美组合,为人们创造了一个多功能、高效率的生活体,也正是六本木成就了新宿CBD的繁华。

三是注重产业关联发展,以商招商。新宿CBD内人流、物流、资金流和信息流的相互结合,使新宿形成了一个以金融为龙头、以电子信息产业为总部主体、以动漫创意为特色,上下游产业链共存的现代化、都市化产业集群。产业关联发展,为入驻企业提供了抓住市场需求的地利,就近人才储备的人和,以及跟进行业前沿的天时,使CBD内企业的资源配置综合成本较低,从而"滚雪球"式地吸引更多相关联产业的加入,实现"以商招商"的良性循环。

6. 国际产城人融合实践的成功经验

从国际产城人融合的实践来看,不同区位条件、城市化水平、产业结构特征、人口结构和集聚程度将形成不同的产城人融合做法。即使同一城市在不同发展阶段也会形成不同的产城人融合特点。尽管产城人融合有不同的发展模式,但各种模式仍然可以找到一些共性因素:一是产城人融合需要规划的引导。上述城市对于主导产业位置、相关产业拓展空间、生活配套服务等功能区都有明确布局,并对各类要素在不同阶段的发展有一个预见性的安排,为区域产业和城市发展提供蓝图式的先导指引。二是产城人融合需要建立多元产业体系。上述城市都有明确的产业发展导向,大力发展高科技含量和极具竞争力的主导产业,并围绕主导产业积极培育发展生产性服业和生活性服务业,形成了多元化的产业体系。三是产城人融合需要完善的城市基础设施体系。上述城市高度重视城市功能性和基础性设施建设,城市交通体系发达,商业、教育、医疗、文化、体育、生态设施完善,社区功能齐全,为居民营造了舒适的人居环境。四是产城人融合需要高度集聚的创新要素。上述城市大力推动高等教育资源和科研机构在区域内集聚,加快建设创新创业基地,创新创业氛围浓厚,为城市发展带来了强大的活力。五是产城人融合需要发挥政府和市场的作用。上述城市在产城人融合进程中,既充分发挥政府主导作用,同时又不违背市场规律,重视市场导向在城市投资建设中的作用,为产城人融合提供了有力的保障。

7. 国际产城人融合发展新趋势

(1) 理念人本化,更加注重以人为本

国外一些城市将"以人为本的理念"更积极地融入到产城人融合实践当中,以实现产城人融合的最终目的。主要表现在:一是满足舒适的生活居住需求。大力改善产业园区周边公共设施如道路、民众活动设施、社区景观工程等,以齐全完善的生活配套设施、便捷的民众活动设施为居民营造良好的生活环境。二是完善的创业就业环境。高度重视区域居民的创业就业需求,积极为创业就业者提供相对宽松的创新环境,提供多样化的政策资金支持,创业就业环境不断优化完善。三是便捷的沟通交流空间。高度重视综合大型社区建设,在社区内以人本化的安排布局提供生活和商务等多元功能,既增加了沟通交流、密切了邻里关系,也方便了社区生活、改善了人居环境和城市面貌。四是营造和谐的人文环境。将人文精神和文化因素渗透到规划建设之中,建筑物充分考虑人的精神需求,使人文景观和自然景观相互交融,增强了生活品味,让居住区真正成为宜居、宜业的美好家园。

(2) 功能混合化,更加注重功能集成

与传统的产业园区和城市功能区功能分立、隔离封闭不同,国外一些城市更加强调工业园区和城市功能区的功能混合,并随着产城人融合的深化,功能将更加集成,且与城市整体发展有机结合。功能混合化主要体现在:一是单一生产功能向多元功能转化。在产业功能基础上,积极发展生产性和生活性服务功能,适当配置居住功能,努力提升生态功能,统筹产业发展与城市建设,实现多元功能的有序发展。二是合理的空间布局。不仅注重现代服务业、新兴制造业的科学布局发展,同时也合理布局居住区,产业功能、居住功能和生态功能有机共生,在融合过程中实现资源的有机整合和高效利用。三是充分联动周边。充分依托周边资源,以更深层次的多方联动实现资源共享、产业共联、功能共升,实现更大范围内要素的统筹、均衡、协调发展。

(3) 产业高端化,更加注重结构优化

产业高端发展是产业园区产城人融合的重要发展方向,在产业多元化的基础上,通过引入产业链高端环节,进一步优化产业结构体系,支撑产城人融合不断深化。一是产业发展能级提升。积极发展高能级、高技术含量、高附加值的产业,如新能源、生物医药、节能环保、信息技术等各类战略性新兴产业。二是产业结构不断优化。以主导产业为核心,向产业链上下游拓展,重点引入行业链高端产业,如生产性服务业、发展总部经济等;发展支撑产业和功能的各类配套服务,形成主导产业和配套产业相互促进、相互支撑的格局。

(4) 环境低碳化,更加注重生态保护

生态低碳是现代城市的发展趋势,产城人融合的深化必然要求实现人与自然的和谐发展。一是发展环境友好型产业。通过大力发展生态化、高科技的低碳产业,努力构建环境友好型产业体系,实现可持续发展。二是合理布局生态功能区。合理设计园区绿化空间,重点建设"绿带""绿轴",成为园区环境保护的"绿肺"。三是全面实践低碳理念。将低碳的理念全方位贯彻到区域发展的各方面,开发建设低碳社区、倡导低碳出行方式、建设低碳建筑楼宇、发展利用可再生能源等。

国际实践证明,产城人融合是实现产业与城市协同共进、良性互动的有效路径,也是更深层次地实现两者之间的资源共享、产业共联、功能共生的有效举措。根据国际产城人融合经验和发展新趋势,深化产城人融合必须做到:一是深刻把握产城人融合内涵,从本质上推进深度融合;二是注重产业多元化,从产城人融合的角度构建现代产业体系;三是注重功能集成,满足人民生活的各种需求;四是注重联动提升,实现全方位多层次融合提升;五是注重低碳环保、生态绿色,实现产业、环境可持续发展;六是注重规划引导发展,为产城人融合提供有力保障。

五、国际产城人融合与职业教育发展关系的启示

1. 注重"人"在产城融合中的主导作用

产业发展是产城融合的物质基础,而"产人融合"是产城融合发展的必然要求。人是城市的灵魂,是城市建设和产业发展的主要推动者,人的发展是产城融合发展的应有之义。推进城镇化与产业融合发展,首先要遵循新型城镇化的发展规律,明确发展的核心。当下的城镇化是以人为本的城镇化,城镇化的发展需要人来带动,反过来城镇发展的成果满足人的需求,促进人的全面发展。产城融合要与新型城镇化这一核心要义高度契合,产、城、人三个要素不是相互独立的,而是相互联系、不可分割的一个系统,人是产业的一个生产要素又是产业发展的受益者,产城融合过程中,要更加重视人这一活跃要素。人得到了发展才能推动产业发展,产业发展进而会不断提升城镇化水平。因而要注重"人"的作用,坚持以人为本,充分发挥人的主观能动性。

2. 发挥职业教育在产城人融合中的功能

建设现代职业教育体系是加快转变经济发展方式的重要基础,以人为本是职业教育的根本出发点和最终归宿。"以人为本"的职业教育发展理念是时代发展的产物,它的意义在于把职业教育受益人群放在第一位,以人为教育的出发点,尊重人的禀赋,挖掘人的潜能,关注人的全面发展。随着科学技术的发展和人性的自我觉醒,以人为本的教育成为必然。职业教育能为城市发展提供重要的智力支持和人才资源,是城市和产业发展的推动力,应当坚持从受教育者的发展需要出发,立足受教育者的实际情况,充分发挥受教育者的主体作用,通过转变观念,合理组织教育过程,进行教育理念、教育内容、教育方法等方面的改革与创新。随着我国城市化的快速推进,跨越式发展态势迫切要求我们站在科教兴国和建设人力资源强国的战略高度,充分认识和把握职业教育面临

的机遇与挑战,深入思考职业教育如何适应、助推和支撑城市化进程以及如何更好地实现职业教育自身的持续健康发展,实现以人为本的职业教育,推动产城人融合。

3. 注重凸显产城人融合中的特色与优势

不同城市的产城人融合发展的路径各有不同,各地在发展产业过程中,要从实际出发,尊重地方特色,紧密结合地方资源禀赋情况,因地制宜大力发展地方特色产业,走差异化发展之路。作为全国或地区的经济、政治和文化中心,中心城市的产城人融合发展程度总体水平较高。为进一步增强中心城市的辐射力和影响力,提升其产城人融合发展水平,更好地发挥其示范和带动作用,应当依托城市建设运营系统,进一步加大城市建设力度,特别是加强城市新城区基础设施建设和加快老城区改造,提升城市宜居水平,优化城市公共服务系统,提高城市公共服务的质量与水平。非中心城市的大城市、特大城市应着力发挥区位优势,引领优质要素资源充分集聚,增强技术和知识创新能力,提升产业效率。与此同时,要进一步加强和深化与区域中心城市间的分工协作,抱团发展,实现城市功能互补,提升区域一体化水平。在产业发展基础上,加强城市建设,提升城市服务水平,促进人的全面发展。中小城市应根据自身资源禀赋条件和环境承载能力,发展特色产业,夯实产业基础,具有特色资源、区位优势的县城和小城镇,要通过规划引导、市场运作,培育成为资源加工、文化旅游、商贸物流、交通枢纽等专业特色镇。在城市建设与服务水平提升方面,中小城市(城镇)要依托城市建设运营系统,加强市政基础设施建设,优化公共服务供给。

4. 坚持维护产城人有机融合的可持续性

产城人互动融合是城市化发展到成熟阶段的产物,也是城市实现可持续发展的基本保证,无论从马克思人类解放理论,还是从国外城市化发展实践来看,产城人融合都是人类社会发展的必然趋势。在强调可持续发展的今天,我国产城人融合发展是在产业结构、消费结构转型升级的背景下相对于"产城分离"提出的一种发展思路。它不仅是我国城镇经济保持持续健康发展的基本途径,是大中小城市和小城镇协调发展的基础,更是互动发展的必然过程。任何脱离产业、脱离人的发展的城镇化构想都是不切实际的。在我国,片面强调城市生产功能的倾向,在强有力的政府拉动和市场推动下,使得城镇化进程狂飙突进,产业、城市与人的发展之间的协调性较弱,亟需引起重视。因而我们需要在"产业""城镇"和"人"三个方面同时坚持走可持续发展之路,不片面地着眼于某一个元素的可持续性,继而将三者进行有机结合,共同作用推进产城人融合,从而实现可持续发展的良性循环。

地方高校转型发展研究

王奕俊[①]

摘要：当前我国地方高校普遍面临自身困境与外部变化的双重挑战，转型发展势在必行。本文从地方高校转型的内涵分析入手，基于国际比较的视角，分析发达国家在产业经济转型升级的历史背景和现实背景下，应用技术型大学在人才培养的供给侧如何转型调整，以适应需求侧的变化。在此基础上，文章进一步分析了我国地方高校转型发展的定位和策略建议。

关键词：地方高校；转型；国际比较

引言

我国目前共有普通本科院校1 000余所，其中新建地方本科院校600多所（1999年高校扩招后形成），这些短时间内迅速发展起来的地方本科高校，曾经为区域的社会经济发展起到积极的促进作用。但是，受传统的学术型人才培养导向的影响，多数地方高校片面沿袭综合型、研究型大学的人才培养思路，人才培养与社会需求失配的问题突出。近年来地方高校毕业生在就业市场上普遍缺乏竞争力，教育部2012年全国高校毕业生就业率排名依次为"985"高校、高职院校、"211"大学、独立学院、科研院所、地方普通高校。地方高校毕业生就业率甚至还不如高职生，因而寻求转型发展势在必行。

《现代职业教育体系建设规划（2014—2020年）》明确提出："采取试点推动、示范引领等方式，引导一批普通本科高等学校向应用技术类型高等学校转型，重点举办本科职业教育。"自2013年初以来，我国启动部分本科高校向应用技术型高校转型发展工作，并成立了由多所高校共同成立的应用技术大学（学院）联盟，各地纷纷展开地方高校转型试点工作。

同时，当前中国正经历技术与产业经济的快速变化，诸如"机器换人"、智能制造、3D打印等，对高技能人才的需求空前迫切，并可能出现发达国家劳动力市场普遍存在的"技能溢价"。这既为地方高校转型发展提供了难得的契机，也意味着更大的挑战。

十八大以来，习近平总书记指出要注重教育的内涵式发展，"提高质量，优化结构为核心的内涵式发展，增强质量意识，实现内涵式发展"。党的十九大报告更是强调要实现高等教育内涵式发

[①] 王奕俊，同济大学职业技术教育学院副院长、副教授、博士。

展,完善职业教育和培训体系,深化产教融合、校企合作,这为地方高校的转型发展指明了方向。

发达国家曾经历过地方高校的转型,并且也正面临因技术变革带来的人才培养变革的挑战。本文分析我国地方高校转型的内涵,并通过借鉴发达国家在经济转型的历史背景和现实背景下地方高校转型发展的经验与做法,结合我国部分地方高校转型试点的探索,为我国地方高校转型发展提供借鉴。

一、地方高校转型内涵解析

(一)地方高校转型的必然性——应对自身困境与外部变化的双重挑战

1. 地方高校人才培养与社会需求的失配

2015年,开展了一项针对全国部分高校工作1~6年毕业生的大范围调查,目的是分析毕业生所在工作岗位对能力的要求与高校能力培养之间的关系。调查将能力分为非正式能力、通识性能力和专业知识运用能力三种。其中非正式能力包括:人际沟通与协调能力、解决问题能力、把握细节能力、抗压与情绪管理、适应与变通能力、时间管理、责任心、团队合作、组织能力、忠诚度等;通识性能力包括:批判分析能力、创新创造能力、自主学习能力、操作技能与实践能力、书写能力、计算机运用能力、数理分析能力、外语能力等。

从企业的人才招聘也能佐证这一调研结论:懂具体技术的现场工程师并不难找,而企业更希望招募的是那些具有人文素养、同时具备较强专业背景和动手能力的工程人才。相对于专业知识,沟通与团队协作能力以及宽广的视野更为重要。

当前高校培养明显不足的是非正式能力,其次是通识性能力,最后才是专业知识运用能力。包括地方高校在内的大多数高校在培养目标上与工作岗位实际需要之间存在较大的偏差。

高等教育人才培养与行业企业对人才需求的失配是当前高校较为普遍的问题,尤其对于地方高校,千校一面、人才培养与地方经济社会脱节等问题突出,如何通过转型实现与产业经济对技术人才需求的对接是当务之急,也是解决新增劳动力就业结构性矛盾的紧迫要求。

2. 产业经济转型为高技能劳动力培养带来的挑战

当下中国产业经济的转型发展日益受到技术创新的影响,以"云计算"为例,该技术已经越来越多地应用到了工业、企业、金融甚至是日常生活中,正成为下一轮经济发展的重要推动力量,同时也将进一步加剧云计算人才的供应缺口。工信部数据统计显示,未来3年将是我国云计算产业人才需求迅猛增长的时期,人才缺口将达百万。

以产业梯度推进理论分析产业经济转型对技能型人才带来的挑战,可以得出不同国家或不同地区间存在着产业梯度和经济梯度,存在梯度地区技术经济势差,就存在着技术经济推移的动力,就会形成生产力的空间推移,即由处于高梯度地区的产业自发地向处于较低梯度上的地区转移。借用该理论,产业梯度推进同样存在着时间上的推移,即某一地区的产业发展会由较低梯度向较高梯度推进。与更高的产业梯度与生产力水平相适应,对劳动力的知识结构与技能水平要求也随之提高。

进一步地,从劳动的主导因素与劳动的特点两个维度出发,可以进一步剖析未来劳动力活动性质的变化。劳动力活动可分为以下四类:规则性体能劳动、规则性智能劳动、非规则性体能劳动和非规则性智能劳动。随着技术的进步和产业经济的转型升级,劳动力活动朝着向后迭代和向上迭代两个方向发展:规则性体能劳动将逐步被机器人所取代,规则性智能劳动不断分化,旧职业的被取代与新职业的大量产生并存,而非规则性智能和体能劳动无法被机器取代,也是未来较长一段时期内劳动力需求的发展方向。

基于此,《中国制造 2025》对制造业应用技术型人才培养提出了具体要求:建立核心队伍,掌握先进制造技术的国际型、复合型、高素质专业技术人才队伍与门类齐全、技术精湛、爱岗敬业的高技能人才队伍,重点培养"高端紧缺人才",包括高层次、急需紧缺专业技术人才和创新型人才,以及既懂制造技术又懂信息技术的复合型人才。

总体而言,我国地方高校面临人才培养与社会需求失配、产业升级所带来的劳动力需求升级的双重挑战,因而转型发展需要针对这两种挑战做出回应。

(二)地方高校转型的基本定位

1. 正确认识地方高校转型发展

从目前地方高校试点的情况看,许多地方高校已充分意识到转型的迫切性,但在认识上还存在偏差。代表性的看法有:①降格论。这种观点认为地方高校向应用型本科转型,就是举办本科层次的职业教育,是低层级的高等教育;②形式论。这一观点仅在固有的人才培养体系中进行局部的修补和调整,未从培养定位、培养模式等人才培养的根本问题上进行突破和创新。

地方高校转型是针对人才培养方向和培养规格的转变,并不涉及孰高孰低的问题,转型不是"降级",而是破解劳动力市场中"用工荒"与"就业难"的双重矛盾。美国、欧盟高校毕业生80%是应用型人才,20%是学术型人才。中国高校毕业生则相反,40%是应用型人才,60%为学术型人才,与社会需求背离严重,必须下决心从根本上进行全方位的变革,不是形式上、局部的、外在的调整,而是系统的、实质性的改变。

2. 转型后地方高校在原有职业教育体系及高等教育体系的地位

从现代职业教育体系建设的视角看,当前我国职业教育体系仅有中等职业教育和高等职业教育两个层次,而高等职业教育属于大专层次,选择职业教育的学生没有上升和进一步发展的空间与机会,使职业教育成为"断头教育",进而形成了普通高等教育一枝独大,职业教育空间不足的"h"形教育结构体系。地方高校转型发展,就是要建立本科或更高层次的职业技术教育,促进高等教育结构从"h"形向"H"形转化,形成较为完善的教育体系。

转型后的地方高校既是现代职业教育体系建设的有机组成部分,也是高等教育的重要组成部分。对于前者,地方高校承担着职业教育的层级提升,要系统梳理与中职、高职的衔接,并在现代职业教育体系建设中发挥引领作用;对于后者,应用技术型高校与学术型、研究型高校只有类型差异,没有层次高低之分,地方高校向应用技术型高校转型,凸显其"应用性、职业性、技术性"特征,是高等教育不可替代的组成部分。

二、发达国家地方高校在社会经济转型历史背景下的经验分析

欧美发达国家应用技术型大学也曾因社会经济转型而经历转型,目前普遍定位于以应用型人才培养促进区域经济发展和国家竞争力提升,建立包括本科职业教育在内的现代职业教育体系越来越成为一种共识。

(一)德国战后应用技术大学与双元制大学的发展

1. 德国应用技术大学的发展

20世纪中期,第二次世界大战结束后世界经济开始复苏。随着战后重建工作的开展,大规模地扩大生产的需求逐渐浮现,德国产业界对提升工程技术人员培养层级的呼声越来越高。这直接推动了原有的工程技术类学校的改革升级,从而在20世纪70年代正式组建形成了一大批今天的应用技术大学,即Fachhochschule(FH)。德国大约2/3的工程师、企业经济师和1/2的计算机工程师都是应用技术型大学的毕业生。1981年,德国科学评议会将应用技术大学定性为"和其他大学是不同类型但是等值"的高等学校,这实质上是对应用技术大学的办学定位进行明确化。

德国的应用技术大学紧跟产业经济发展的需求设置与调整办学的方向和重点,体现在专业设置、课程设置上,与地方经济密切结合;其人才培养具有极强的实践性和应用性导向,强调实习环节的必要性、师资配备注重实际工作经验、毕业设计与实践应用密切结合等,在培养具有良好理论知识和文化基础、同时具备专业技能和实践能力的高层次应用型人才方面树立了典范。以多特蒙德应用技术大学为例,该校位于德国莱茵河流域的传统工业区——鲁尔区,依赖天然煤炭资源优势和优越的地理位置,这一地区从19世纪工业革命一直到20世纪中期一直都是以煤炭、钢铁等资源型产业为特色的重工业基地,因此该校同样以传统的机械工程专业为特色。但是,随着鲁尔区在20世纪70—80年代进行产业结构调整,以煤炭、钢铁为核心的粗放型产业逐渐被由高新技术产业和服务业引领的资源节约型产业代替。配合产业结构的调整对人才需求的变化,多特蒙德应用技术大学80年代以来先后开设了一系列新的专业,目前已经形成了以电子信息、计算机和通信技术为核心的专业群。德国应用技术大学的重新定位和转型不仅促进了自身的蓬勃发展,也有力地促进了产业经济的发展和科研成果的转化,保证了学生的高质量就业。

2. 德国双元制大学的发展

与此同时,德国的双元制职业教育一直以来处于世界领先地位并备受瞩目。20世纪70年代,德国出现了一种新型教育模式——双元制高等教育,这一教育模式成功地将德国引以为傲的"双元制"教育模式从职业教育移植到了大学教育体系中,并由此出现了一种新的高等教育类培养机构——双元制大学。它是传统职业教育与高等教育的结合,所提供的教育非常强调实践导向。

双元制大学是德国除了大学、应用技术大学之外的国家认可、具有特殊地位的教育机构。这类形式的教育由两部分构成,即学院与企业,也就是双元形式的高等教育,学校的老师与企业共同计划、组织与指导。它是双元制在高等教育的延伸,将理论学习与企业的实践训练二者相结合。这与传统意义上的大学教育相比有着根本区别,实践学习不是围绕课程内容来展开,而是与企业所期望的具体联系起来。由于企业能够获得所需要的受到良好教育的毕业生,毕业生能够拥有美好的职业前景,因而双元制大学在德国发展迅速。

而无论是传统的综合性大学,还是应用技术大学,双元制的课程体系都能赋予实践领域更大的空间,将大学基础理论教育和职业技能实践更加紧密地结合在一起。

当前,德国的应用技术大学(FH)和职业学院(BA)广泛使用"双元制"的教育模式。据统计,当前双元制高等教育的主要承担者还是应用技术大学。以德国巴登-符腾堡州双元制应用技术大学为例,其前身巴登-符腾堡州双元制职业学院于1974年建立,于2009年正式升级为双元制应用技术大学,进入高等教育领域。作为一个双元制大学,其与九千多家企业有着合作关系,这其中更是包括了许多德国的知名企业,如保时捷、西门子、奔驰、汉莎航空、德意志银行、德国铁路等。学院的领导阶层也由大学教授及企业当前领导两部分组成。

而21世纪后,由于德国失业率的逐年升高,综合性大学的毕业生就业率也在下降。为改善这种情况,德国综合性大学也开始逐渐引入"双元制"的教育模式,往双元制大学的方向发展。双元制教育模式在综合性大学中的应用虽然开始不久,但受到很多学生欢迎,越来越多的综合性大学开始尝试引入这种培养模式。

以德国马歌德堡(Magdeburg)大学为例,马歌德堡大学建于1993年,其计算机学系率先开展"双元制"教育模式,让其学生能在接受大学教育的同时在企业受到专业的IT行业培训。其计算机科学学院、电子与信息工程学院、工艺技术和系统学院、机械制造学院、人文社会和教育学院等院系均已开始了双元制的教育模式。至2010年已有16家企业和马歌德堡大学签署了合作协议,如西门子莱比锡培训中心(SPE)、大众汽车沃尔夫堡培训中心(VWW)等。其学生在毕业后通常可以获得相关职业资格证书和大学的学士学位证书两类证书。

(二)美国地方院校的发展

美国地方院校的兴起也是出现在第二次世界大战之后,随着国际竞争的加剧,政府倡导地方院校将本地区当前和长远发展作为自身的发展目标,从学术研究型院校转向职业培训型院校,致力于培养各种高级人才,为地方经济社会发展服务。

美国的地方院校包括了社区学院和部分州立大学学院两类院校。以社区学院为例,第二次世界大战后,美国各州通过立法明确了其在美国高等教育结构体系中的地位及角色,社区学院以培养专业技术人才为核心,具有鲜明的"职业性"特征:根据市场需求,调整其专业设置和课程安排,培养应用型人才,积极为其就业做准备;坚持教学为主,努力成为教学性大学;提倡社会广泛参与办学,并形成了发达国家高校职业教育的重要模式——产学社合作教育。

位于美国俄亥俄州代顿的两年制辛克莱（Sinclair）社区学院，成立于1887年，其劳动力发展和企业服务部（WFD&CS）下属的先进集成制造（AIM）中心和附近的代顿大学结成伙伴关系，共同帮助在代顿地区的制造企业进行严谨的精益实施过程改进，提供员工培训，设计和制造复杂的模型。该社区学院与蒙哥马利工作与家庭服务部（MCDJFS）以及国家复合材料中心三方合作，提供免费的复合材料技术员培训项目，侧重于车间培训，而非课堂教学，培训者将在当地的复合材料制造商那里获得超过一半学分的在职培训，因此具有很高的实用性。同时，培训项目也可以取代雇主必须提供的对新入职员工的在职培训，这大大激励了复合材料制造业雇主在当地增加新的就业机会，从而促进了当地整体经济发展。

同时，由于辛克莱学院地处的代顿属于美国航空基地，该学院响应当地航空航天产业聚集的需求，通过其国防合作学院与蒙哥马利工作与家庭服务部（MCDJFS）参加承包和采购物流（Contracting and Acquisition Logistics）培训项目。课程按照国防员工合同和收购物流Ⅰ级资质的培训要求改进。有商贸、预算、金融、项目管理、技术、运输配送、仓储等学科背景的培训者通过参加培训，可以适应严格的国防部工作要求，所以完成这项培训的人将在求职竞争中有很强的优势；通过与美国最先进的传感器研究和发展中心——代顿大学商业与发展传感器研究所合作提供无人机培训，将课堂教学和专注于传感器的仿真技术、地理信息系统（GIS）、不同的环境中无人机的操作、数据链和路径，以及无人机系统的整合。辛克莱通过为区域产业需求提供量身定制的教育计划，可以创造和留住就业机会。

社区学院紧贴产业经济发展的需要与牢牢把握服务地方的定位，既满足了经济发展的要求，又通过提供转学教育、职业教育等多种教育功能，同时满足了普通民众的教育和就业需求，从而获得了蓬勃发展。

三、发达国家地方高校在社会经济转型现实背景下的探索

受技术的快速变化与相对反应迟缓的教育培训体系之间不匹配的影响，技能失配当前已成为世界范围内存在的问题。以欧洲为例，2013年欧洲培训基金会（ETF）的一项调研报告表明，大约四成的企业报告难以找到满足岗位技能需要的员工，大约34％的企业认为应聘者缺乏技术能力，同时19％的企业认为他们还缺乏必要的软技能，比较典型的技能缺失包括团队合作、人际沟通、领导力、学习的意愿、问题解决的能力、外语和ICT技能等。欧美发达国家地方高校同样面临适应技术经济转型的挑战。

（一）德国工业4.0背景下应用技术型大学的定位目标、发展策略和政策支持

2013年4月汉诺威工业博览会上提出的德国"工业4.0"战略是由德国联邦教研部和联邦经济技术部联合资助，德国学术界和产业界共同推动的国家级战略，旨在提高德国工业竞争力，在新一轮工业革命中抢占先机。以工业4.0为代表的下一次工业革命将可能为德国乃至整个欧洲带

来巨大机遇。第四次工业革命将是实体物理世界和虚拟网络世界融合的时代,网络物理融合式生产系统是其核心,涉及智慧工厂和智能生产两大主题。

工业4.0对于培养多元化的创新复合型高级人才提出了更高、更新的要求,一项主题为"工业4.0下的高等教育"的报告,对德国有代表性的300家企业开展的问卷调查结果显示:75%的企业认为,管理工作将自动化;39%的企业预测,学术工作将被机器代替,数字化能力被认为是工业4.0背景下的核心能力。同时,学科与专业间日益交互渗透,特别是电子技术、计算机技术和机械制造等跨学科的能力尤为重要。相应地,对于应用技术型大学而言,工业4.0对教学内容提出了新的要求,主要在于从用户端到工厂的数字化、智能化,以及由此需要的物联网、机器人、虚拟物理系统、大数据分析等关键技术。

在德国政府提出工业4.0战略之后,从高等院校到技术应用研究所再到各种经济促进机构和企业,各方迅速响应形成一个多层次、多维度的工业4.0研究体系,持续推进工业4.0从概念走向实际应用。

在工业4.0背景下,应用技术型大学的教学模式将产生重大变革:未来德国企业将作为大学教育的合作伙伴深度参与人才培养的全过程,大学的传统培养课程将被压缩,增加企业实践与深度研习内容;同时,知识的传授不局限于工程领域,还将涉及技术技能,而且技能的跨学科性越来越突出;将大量采用与工作相关的知识与技能传授新方法,数字化学习技术与数字化媒体将得到普遍运用。

同时欧洲各国也普遍认识到企业在技能型人才培养中的重要作用,并出台多项政策加强学徒制的推广实施。2012年1月欧洲理事会上欧洲联盟通过促进实习的决议,成员国已经承诺大量增加学徒和受训人员的数量;G20峰会2012年在墨西哥也提出,"促进(必要时加强)实习体系的质量""成功完成学校到工作的过渡——促进实习、在职培训的有效方案"等,G20也促成了代表企业界的B20与L20组织间的合作,双方就提供高质量的学徒体系达成共识,并制定一系列基本原则,与政府部门合作实现共有的目标。

(二)美国《先进制造业国家战略计划》背景下应用技术型大学的定位目标、发展策略和政策支持

美国制造业研究所的一项研究表明,70%制造企业的CEO和高管表示,现有的工人和新工人缺乏专业技能和计算机技能;67%的人认为工人缺乏最基本的技术培训;78%的人认为"技能缺失"影响企业新技术的实施、扩张战略和盈利能力。"技能缺失"的劳动力不仅阻碍了企业的壮大,也阻碍了国家整体生产力水平的提高。2012年,美国发布《先进制造业国家战略计划》,从投资、劳动力和创新等方面提出了促进美国先进制造业发展的五大目标及相应的对策措施。其中明确提出扩大具备先进制造业增长所需技能的工人数量,使教育和培训制度对先进制造业雇主的技能需求做出反应。

美国参议院通过立法,指定25个大学作为美国的制造大学(USMU),每年投入500亿美元的

资金用于先进制造业的高等教育,并呼吁与制造业的深度合作和开展学徒制,希望通过建立制造业与学校教育的伙伴关系模型,补足机器人技术和先进制造技术的"技能缺失",重新铸造美国的制造业,利用大学、企业和政府的专业知识和资源来创造经济增长,这种策略被称作"大学—企业—政府"三方合作螺旋框架(三重螺旋模型)。

与此同时,参议院还专门提出对于教育部门的扶持建议:为教育和劳动部门提供专项资金,支持国家和社区学院与企业的伙伴关系,以此来促进增长性行业的工人技能;支持新型制造业前期学徒计划,加强现有社区学院和当地产业之间的教育合作等措施,帮助国家和地方发展应用性专业知识;建议把两年制学位转变为四年制学位,为高级技术工人提供获得更多教育和收入的机会等。

以纽约州立大学纳米科学与工程学院(以下简称 CNES)为例,为促进当地经济发展,在"大学—企业—政府"三方合作螺旋框架下,由纽约州和 IBM 共同投资 1.5 亿美元,建设了一个致力于纳米电子学和纳米技术创造的研究中心。并且 CNES 在半导体制造领域与 IBM、SEMATECH、德克萨斯仪器、通用电气开展了广泛的合作研究。CNES 的学位项目被运用在材料工程、纳米生物学、纳米电子学工程、能源应用与经济领域的交叉学科课程,使得毕业生在就业市场更具有竞争力;在由美国国家科学基金会—东北先进技术教育中心牵头下,与多所社区技术学院的合作中,CNES 开设的新型专业化半导体制造技术副学士学位课程,提供纳米制造技术训练模块和专业学位,旨在培养纳米相关工作的一线技术人员或工作站操作员;其他非学位项目的各级各类的劳动力培训,首先了解到当地企业对纳米领域的劳动力需求,再设置培训以模拟真实的工作经验。

四、我国地方高校转型的案例分析

(一)山东英才学院计算机专业产教深度融合转型发展

由于不同类型和层次的高校普遍开设计算机专业,而且在培养方向、课程设置上雷同,人才培养同质化趋势严重,造成地方高校该专业毕业生就业存在困难,而另一方面行业企业对计算机人才的需求非常旺盛,表明高校在该专业人才培养目标与培养方案上与产业经济发展的实际需求脱节。随着政府工作报告中提出制定"互联网+"行动计划,推动移动互联网、云计算、大数据、物联网等与现代制造业结合,国内计算机行业进入高速发展阶段。特别是"云计算"技术已经越来越多地应用到了工业、企业、金融甚至是大家的日常生活中。然而,与产业增长相适应的人才储备却明显不足。以云计算、通信网络、物联网等为代表的新一代信息技术,作为国家战略性新型产业,正成为下一轮经济发展的重要推动力量。因此,可以预见到未来几年通信产业又将迎来一个高速发展期。同时也将进一步加剧计算机科学与技术专业(云计算方向)人才的供应缺口。工信部数据统计显示,未来 3 年将是我国云计算产业人才需求迅猛增长的时期,人才缺口将达百万。

山东英才学院与中兴通讯围绕创新校企联合培养人才机制,推进专业管理体制、投入体制、办学体制、科研体制等四个方面的改革,建立山东英才学院ICT产教融合创新基地。基地开展"企业主导、学校主体、师生参与、校内实施"的高校人才培养及科研新模式,形成科研与教学协同发展的工程教育模式,推动新电信产业背景下ICT专业群的快速发展。该基地承担着成为中兴通讯经营政企业务市场的有效研发力量、应用技术型本科院校科研创新基地、校企开展专业合作的平台和提供社会服务的职能。

校企合作的目标包括:共同探索应用技术大学转型发展,共同建设实践教学与科研平台,共同建设校企协同育人专业,共同建立校企协同科研体系。具体措施包括:①共建实验室,包括云计算实验室、数据通信实验室等;②共同制定人才培养方案,遵循"岗位—任务—能力—课程"(PTAC)的设计路径;③共育混编师资队伍,由校企双方共同组成具有丰富工程实践经历和较强工程科研能力的"校企混编"教学团队;④共同推行教学改革,使核心课程契合企业岗位技能需求,以工程项目为主导,以专业技能和职业素养为重点,改革考核方式。采用由中兴通讯自主编写的教材,以相对独立的工程项目为模块,并综合采用"任务驱动"式教学法、"项目式教学""翻转课堂""分组讨论"等多种形式;⑤共同打造职业素养,建立职业规划体系,开设职业素养课程,实施职业素养能力与专业核心技能"双主线培养";⑥共同评价人才培养质量,实施KPI考核制度,定期开展教学满意度调查,不断提高教学质量。

中兴通讯为云技术专业方向提供全面技术支持,包括创新校企合作人才培养模式、培养方案设计、课程设计及教材开发、工程技术能力培养、职业能力培养、合作企业资源池构建、开放企业师资培训环境等。企业方同时为基地捐赠一套技术先进的云计算创新开发平台,并提供若干名教师的免费培训。

为了积极响应十九大"深化产教融合,校企合作"的号召,英才学院不断拓展与企业的合作育人。山东高速集团旗下的高速信博愿意为英才学院学生提供实习与就业的平台,支持校企共建专业,建立实习实训基地,合作开展企业软件研发、管理等课题研究,培养技术性人才。产学研深度培养,将有助于全面提升学生的综合素质与实践能力,充分将理论知识转化为生产力。

(二)上海建桥学院重构汽车服务工程专业定位,推进应用技术型人才培养

汽车产业是我国国民经济重要的支柱产业,产业链长、关联度高、就业面广、消费拉动大,在国民经济和社会发展中发挥着重要作用。汽车服务领域人才的需求量很大,在发达国家,从事汽车制造业的人数与从事汽车相关服务行业的人数比例通常为1∶10。如果照此比例推算,我国在汽车整车销售、零部件销售、检测维修、钣金修复与涂装、保养装饰与美容、改装、二手车流通、保险理赔、汽车进出口、汽车运动与文化、汽车教育传媒等汽车服务领域人才的需求量应超过2 000万人。

随着现代汽车服务业的高速发展,汽车服务工程专业人才呈现供不应求的状态。面对我国汽车产业和二手车市场新一轮发展态势,作为正处于转型发展的上海建桥学院,根据行业企业对汽车服务人才的要求,构建新型的人才培养体系,探索汽车服务工程专业的改革建设之路。

1. 紧贴社会经济需要准确定位人才培养目标

根据中国汽车人才网统计数据显示,五类汽车服务人才较为稀缺:高级维修人才、高级销售人才、维修配件经理、维修站服务经理、二手车鉴定评估师。汽车营销和维修企业(包括二手车企业)现有科技人才中,拥有高级技师证书的不到10%;在有专业职称的人员中,高级工程师及以上人员不足二成。因此,汽车服务工程专业应用技术型本科存在较大的发展空间。建桥学院实施试点专业建设培养应用技术型高级专门人才,以缓解上海二手车市场应用技术型高级专门人才的紧缺状况。

调研显示,一个具有核心竞争力的汽车营销和维修专门人才,应具备以下基本能力:自我学习能力、机电液一体化能力、商务评价能力、逻辑推理能力、标准化规范化观念、互联网应用能力。同时,汽车服务企业最为重视的人才职业素质已不仅限于专业知识、技术能力等,而是对职业道德、敬业精神、合作精神等有了更高要求。

汽车营销与维修人才培养具有明显的层次性,分别对应中职、高职、本科和硕士等不同层次的培养目标和人才类型,我们以汽车营销企业、汽车维修企业、二手车企业人才需求为例进行了分析,结果如表1所示。

表1　　　　　　　　　　中职、高职、本科和硕士不同层次的培养目标和人才类型比较

教育层次	中职	高职	本科	硕士
专业设置	汽车商务专业 汽车维修专业	汽车技术服务与营销专业 汽车运用技术专业	汽车服务工程专业	汽车服务工程专业
适应岗位	汽车销售 汽车保养 二手车推销	汽车营销 汽车维修 二手车交易服务	汽车营销策划 汽车检测诊断 二手车鉴定与评估	汽车营销管理 汽车检测诊断管理 二手车贸易管理
培养目标	汽车销售员 汽车保养工 二手车推销员	汽车营销技师(预备) 汽车维修技师(预备) 二手车交易服务技师(预备)	汽车营销工程师(见习) 汽车检测诊断工程师(见习) 二手车鉴定与评估师(见习)	汽车营销管理工程师 汽车检测诊断管理工程师 二手车贸易管理工程师
人才类型	操作型初级人才	技能型中级人才	应用技术型高级人才	应用管理型高级人才
核心能力	具有开展汽车销售、保养、二手车推销的基本能力	具有开展汽车营销、维修、二手车交易的基本能力; 具有对汽车产品进行技术评价的基本能力	具有开展汽车营销策划、检测诊断、二手车鉴定与评估的能力; 具有判断各品牌及其产品汽车市场价值的能力	具有应用多种贸易方式实施汽车营销管理、汽车检测诊断管理、二手车贸易管理的能力; 具有通过售后服务提高客户信任度和满意度的能力

上海建桥学院准确定位汽车服务本科层次的培养目标,即应用技术型次高级人才,如"汽车营销工程师""汽车检测诊断工程师""二手车鉴定与评估师"(见习工程师)。在此基础上,构建与汽车服务相关中、高职专业有效衔接的本科汽车服务工程专业培养模式和课程体系,建成职业教育特征鲜明、行业认可度高、达到国际同类先进水平的应用技术型本科专业。

2. 专业建设与课程建设对标国际认证标准

上海建桥学院依据《中国汽车工程学会专业技术资格认证工作办法》,引入"汽车营销与汽车维修工程师专业技术资格认证(AER认证)标准和考核大纲"。AER认证标准是国际互认的认证

标准,该标准与汽车服务工程专业建设相一致,与汽车服务工程专业培养目标和专业定位相吻合。通过认证的学生将获得由中国汽车工程学会颁发的《汽车工程师专业技术资格证书》,这是国际认可的执业资格证书。

汽车服务工程专业是一个宽口径专业,按汽车运用工程方向、汽车营销方向和二手车鉴定与评估方向三个专门化方向,分别设置专门化方向课程。上海建桥学院以汽车服务工程行业组织制定的汽车服务工程专业职业能力标准为依据,开发以项目任务为载体的一体化课程,具体内容和安排由行业组织、企业和职业院校联合制定,并根据汽车服务市场变化情况不断修订。

3. 根据职业标准培养学生的职业素养和实践能力

教学遵循以能力为本位的指导思想,教学工作的重点放在训练学生汽车服务工程的实际工作能力上,探索教、学、做一体化的教学方式。以机电工程为基础,与现代汽车技术、现代电子技术、现代服务贸易等现代科学技术有机结合,培养具有机电工程技术基础、掌握市场经济和工业管理方面的相关知识,获得工程师良好训练,基础理论扎实、专业知识宽厚、实践能力突出,能够从事有关汽车服务工程专业领域的技术服务、经营管理、科学研究和教学培训等工作,具有继续学习能力、创新能力、国际视野和领导意识的汽车服务工程卓越工程师。

4. 组建"产学研创新联盟"为人才培养提供保障

为加快建立以市场为导向、产学研相结合的汽车专业人才培养创新体系,进一步提升汽车服务工程专业人才培养创新能力,结合学校产学研合作的实际情况,2011年11月23日组建了"汽车专业人才培养产学研创新联盟",形成了汽车专业人才联合培养、优势互补、利益共享、风险共担的产学研创新合作组织。创新联盟由上海市行业组织、相关企业、研究机构以及高等院校等14个单位组成,其中包括上海永达、上海东昌、上海宝钢、上海冠松、上海云峰、上海百联等汽车销售服务企业。

创新联盟组织充分利用相关企业、研究机构、高等院校等现有产业优势和教学条件,结合相关企业对专业人才的需要,为学生提供了稳定的校外实习基地,为高质量人才培养提供了组织机制保障。更为重要的是,基于创新联盟平台,企业深度参与人才培养的全过程,如:完成了汽车营销专业标准的制订;完成了汽车科技人才状况与需求的研究;完成了汽车实验实训基地的建设;校企联合举办了专业技术资格认证培训班。

为使汽车服务行业应用技术型人才的培养更好地符合社会经济的需要,上海建桥学院与上海百联汽车服务贸易有限公司共同创立了"百联汽车学院"。"百联汽车学院"依托建桥学院高等职业教育优势和"百联汽车"专业技术优势,逐步形成高等职业教育、在职培训和科学研究三大基本功能。其中,重点结合企业对专业人才的需要,以高质量培养人才为目标,开展对接职业能力的专业能力标准的制订;人才培养模式的探索,把"双证制"纳入"百联汽车学院"的教学计划;构建"以能力为中心"的新型教学体系;双师教学团队的建立和高级专门人才的培养等。

5. 持续推进教学方法改革与师资队伍转型建设

为了实现课程内容与职业标准相对接、教学过程与生产过程相对接,需要按一体化要求进行教学方法改革。一体化课程的教学方式是高效率的职业教育课程教学方式。要求教学过程中注意一体化安排,即:知识、理论、实践一体化;教、学、做一体化;时间、地点、内容、教师的一体化,使知识、理论、实践紧密结合,相互支持,相互促进。

教师努力从"以知识为基础"的传统教学转移到"以能力为基础"的新型教学,从"以教师为中心"转移到"以学生为中心",要求教师、学生、管理者的角色必须发生转换。将努力建立以汽车行业为先导、专业能力为基础、学生(学员)为中心的新型教学团队。通过师资队伍建设,使教师成为本专业的行家里手;了解本行业的职业需求;具备以本领域能力为导向的教学能力;具有双师型的整体素质;具备国际标准的教师核心能力。

五、地方高校转型的策略建议

(一)办学定位应体现"应用性""地方性"特色

不少地方高校人才培养定位不清晰,未能对自身的优势与不足有充分的认识,未能充分挖掘外部的机会与资源、凝练自身的特色,亦步亦趋,导致地方高校转型"千校一面"现象。地方高校转型的基本任务之一是解决人才培养与地方经济社会脱节问题,应成为应用型人才形成的高地。因此,转型的出发点是高层次技术技能人才,落脚点是服务区域社会经济发展。坚持"地方性",明确专业定位,一是要充分依托地方资源走特色发展道路,包括当地的自然资源、产业资源、人文历史资源、旅游资源等;二是专业建设必须面向地方,服务于地方产业经济转型升级的需要,建设特色专业群,结合学科优势,推进产学研融合。

(二)人才培养定位上,由学科体系转向工作过程导向,指向职业能力的培养

地方高校现有的教学过于强调知识记忆,忽视了知识的应用。当代国际社会普遍认为,职业教育最重要的任务是为青年人走入"工作世界"(the world of work)奠定基础,工学结合是职业教育的基本规律,因此需要以工作过程导向取代学科导向,指向未来的关键职业能力,重塑理实一体的课程体系,实现理论与实践的贯通培养。

教学上,需要对教学要素进行重构,体现"理实一体"的教学理念,通过内在的自我激励,促进学生积极主动地参与学习,实现从教师中心的被动学习向学生中心的主动学习的根本性转变,即学生成为课堂的主体,教师不仅是知识的传授者,更是学生行为的指导者和咨询者。

引导教师从原有"教学型""学术性""研究型"转变为"应用型""技术服务型",凸显教师队伍的"双师素质",通过政策倾斜吸引企业人员成为教师,建设"双师型"教师队伍。

(三)企业深度参与和政府部门前瞻引领,将产教融合切实落到实处

在前文所提到的德、美现实背景下的地方高校转型发展中,企业和政府都以不同的角色参与其中并发挥着各自的作用:高校主要开展基础研究,而企业提供现实案例,政府则负责提供引导和

支持、打造适宜的环境。

应用技术型人才的培养离不开校企的深度合作,有效地解决技能失配问题,需要政府、企业、工会多方结成伙伴关系,尤其教育界与经济界的密切合作是成功开展技能培训所必需的。如果没有企业的深度合作,仅靠教育界难以为学生提供基于工作的学习机会,这意味着所有利益相关者的参与是通过向学生提供在岗学习的机会从而保障匹配技能及达成高质量教育的关键。

地方高校可以借鉴采用职业教育领域在企业深度参与人才培养的经验和探索,如双元制联合培养、产教融合、现代学徒制等。以太仓为代表的经济发达地区,利用德资企业集聚的优势,开展双元制本土化的探索,有力地提升了技能型人才培养质量,形成了校企合作双赢的格局;产教融合为学校教育与产业深度合作的模式,主要集教育教学、生产劳动、素质养成、技能历练、社会服务于一体,以行业为导向,培养具有创新能力的应用型技术人才。2017 年 12 月 19 日,随着《关于深化产教融合的若干意见》的出台,也意味着产教融合发展进入新阶段。现代学徒制是通过学校、企业深度合作,教师、师傅联合传授,对学生以技能培养为主的现代人才培养模式。由校企共同主导人才培养,体现了校企合作的深度融合。

虽然上述探索取得了初步成效,但必须清楚地认识到,我国地方高校要成功转型,需要突破现有的体制机制,包括办学模式、组织机构、投入机制、用人机制、评价机制、激励机制等,从根本上改变传统的育人模式。目前不少地方高校未能突破现有的治理格局,充其量只是"改良",而非"改革"。

而要实现充分转型发展,政府亦需作为校企合作外的第三股重要力量参与其中,起到规划引领的作用。引导及促进地方高校的转型发展,并从而结成"U—G—S 三位一体(高校—政府—社会)"的合作共同体,实现治理机制创新。各主体各司其职,发挥各自的优势:地方高校主动与行业企业对接,借鉴当前职业教育普遍推行并取得的经验,实现校企间的深度合作,真正落实产教融合,并努力提高自身的社会服务能力;企业积极参与地方高校人才培养的全过程,实现人才培养与社会需求之间的匹配;政府层面要构建应用型人才培养的政策体系,建立对企业和高校的激励机制以及针对企业参与应用型人才培养的评估体系。

参考文献:

[1] Employment GACO. Matching skills and labour market needs: building social partnerships for better skills and better jobs[J]. World Economic Forum, 2014.
[2] 阎光才. 我们的教育究竟缺什么?[J]. 党政视野, 2016(3): 95-96.
[3] 陈宇. 产业变革中的创新创业大趋势[J]. 中国人力资源社会保障, 2016(11): 21-23.
[4] 倪可, 唐湘宁. 职业取向与双元机制:德国应用技术大学质量保障体系研究[J]. 成人教育, 2016, 36(2): 90-94.
[5] 秦琳. 以应用性人才培养促进区域经济发展和国家竞争力提升——德国应用技术大学的经验[J]. 大学:学术版, 2013(9).
[6] 任晓霏, 戴研. 德国双元制大学创新驱动产学研合作之路——巴登-符腾堡州立双元制大学总校长盖尔斯德费尔教授访谈录[J]. 高校教育管理, 2015, 9(5): 5-8.
[7] 马璐瑶. 我国新建地方本科院校转型的路径——以美国地方院校发展史为视角[J]. 四川文理学院学报, 2015,

25(4):126-130.
[8] 陆霞.德国报告:高校尚未做好迎接工业4.0的准备[J].世界教育信息,2016,16:73-74.
[9] 许方舟.德国如何培养高质量应用型工科人才——访德国马格德堡应用技术大学电气工程学院院长丁永健[J].世界教育信息,2016(6):29-32.
[10] Executive Office of the President. Report to the President Capturing A Domestoc Competitive Advantage in Advanced Manufacturing(Report of the Advanced Manufacturing Partnership Steering Committee Annex 3): Education and Workforce Development Workstream Report [R]. President's Council of Advisors on Science and Technology,2012.
[11] 杨雪梅.地方高校与新型城镇化协同创新发展研究[J].河南社会科学,2016,24(2):114-118.

新型城镇化进程中产城人
互动的机理和模式研究

张 引 栾 峰①

摘要： 新型城镇化相较于传统城镇化,存在非常大的战略转变,其不再简单地聚焦生产,而是将"以人为本"作为核心内涵。在这一核心内涵基础上,新型城镇化还更关注于多要素的统筹协调,其协同及路径突破了传统的单向度模式而呈现出非常多元化的特征,由此带来了"产""城""人"之间新互动关系的多元化建构。

"十九大"报告指明了我国经济发展进入新阶段,并且提出了供给侧改革、乡村振兴战略等一系列新发展理念。宏观背景与我国不同区域和城市之间的发展差异,是形成"产城人"多元化互动模式及机理的重要因素。本文选取的四个典型案例中,上海这类国际大都市表现为"以城择人—促产"模式;山东临沂临港经济开发区表现为"以产促城—聚人"模式;新疆英吉沙表现为"以人定产—择产"模式;新疆和丰表现为"以城聚人—择产"模式。

在我国多元化的"产城人"互动中,职业教育是嵌套在整个模式之中的,其未来发展必须考虑在多元化"产城人"互动模式下的不同发展策略,围绕不同主导因素特点提供有针对性的职业教育服务配置,助力解决当地城镇化发展的制约瓶颈。

关键词： 新型城镇化；"产城人"互动；区域差异

一、研究概述

（一）研究构思

我国正经历快速城镇化的发展阶段,城镇化率已从1978年的18%,提升到2017年的58%。随着新型城镇化战略的提出,我国开始更为注重"以人为本"的城镇化。特别是"十九大"报告等一系列最新国家政策提出的发展理念,对产业、城市、人口提出了新的发展要求,并将建立新的协调联动发展关系。

对"产城人"互动机理与模式的研究,是深入剖析以人为核心的人口、城市、产业新关系的重要

---

① 张引,上海同济城市规划设计研究院规划师；栾峰,通讯作者,同济大学城市规划系院长助理、副教授、博士生导师,中国城市规划学会乡村规划与建设学委会秘书长。

基础。另外,人才在"产城人"互动中占据着核心的地位,而职业教育对于人才的教育、技能、素质等有着重要的提升作用,能够提供充足的人力资源,是保障产业发展、助力城市竞争力的重要设施,因而"产城人"互动与职业教育之间具有密切联系。

本文旨在通过对新型城镇化进程中的产业、城市、人口进行分析,通过案例剖析三者之间互动关系,从而归纳其互动模式及机理,并延伸探讨职业教育与"产城人"互动的关系。

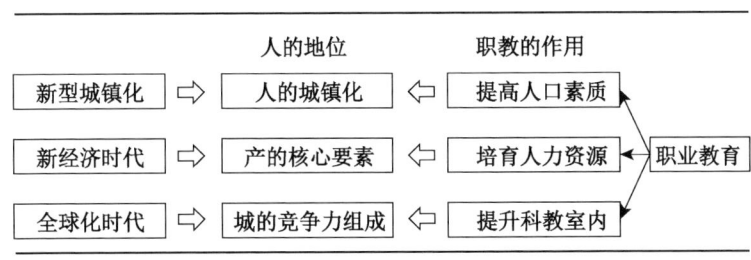

图1 新型城镇化及相关时代因素与"产城人"互动及职业教育间的关系

(二) 研究重点与创新

我国地区城镇化发展差异大,其"产城人"互动关系也不尽相同,每一类型关系都有着复杂的表现特征及背后的影响因素。例如东部地区城镇化发展水平高,人才资源相对集聚,其"产城人"互动关系显著不同于城镇化发展水平较低、人才资源缺乏的中西部地区。本文重点对几种典型的"产城人"互动类型进行深入解析,辨析其机理及模式的差异。

研究注重多维度、多要素的典型案例研究方法,综合分析其人口流动、经济发展、社会文化、政策导向等外部因素的影响,建立起包含时间、空间等多项维度以及多种影响要素的分析体系,全方位地剖析典型案例。

二、"产城人"关系的理论缘起与时代内涵

(一)"产城人"的理论缘起

"产城人互动"这一概念是在"产城融合"的基础上进一步发展而成的,与后者有着密切的联系。产城融合的提出,是对我国开发区建设热潮中暴露出的种种问题的反思。各类开发区建设初期通常选址于城市郊区且功能单一,出现了职住不平衡、配套服务不足、产业升级缺乏动力等一系列问题[1,2]。针对这些问题,产城融合主要面向三大方面,一是实现功能复合;二是完善配套服务;三是优化空间组织[3,4]。其模式、机理研究一般对成都天府新区、苏州工业园区、上海张江高科技园区等国内典型案例进行归纳总结。

党的"十八大"提出"新型城镇化"战略后,我国城镇化转向由大规模物质资本投入向"以人为本"的导向回归[5],"人"在城镇化过程中的核心地位正日益突出,因此学界近年来开始关注"人"与

产城融合的关系,提出了"产城人互动"的概念[6, 7]。

(二)"产城人"的时代内涵

这一理念主要包含了以下两大时代内涵。一是新经济时代下,"人才"已取代传统生产要素,成为新兴产业发展的核心要素。传统的产业发展理论主要关注于资本、土地、原材料等[8, 9]。而新经济增长理论则建立在知识经济的基础上,更注重人才、知识、技术、创新等内生变量。其将新古典增长模型(Neoclassical Growth Model)中的"劳动力"的定义扩大为人力资本,不仅包括劳动力的绝对数量,更重要的是还包括劳动力的教育水平、生产技能训练和相互协作能力的培养等。可见,"人"对"产"的发展具有重要的影响。

二是随着全球化进程的加快,国内更多地区进入全球性的发展竞争环境中,营造更具竞争力的地方发展环境,已经成为各地推进发展所必须关注的重要议题。Michael Porter(1998)已将创新能力和拥有特定创新能力的人才纳入到了地区发展的核心因素层面[10],Krihs(2001)指出了公共知识基地、产学研有机协作体系、高质量劳动力对地区创新发展的重要性[11]。围绕地方对"人才"的吸引能力,Richard Florida(2005)的3T理论将社会环境的安全宽容作为核心因素[12, 13],Elizabeth Currid(2007)突出强调了核心人才、特定社交网络、必要的场所和社会环境等因素的影响[14]。可见,"城"与"人"之间的关系正经历重新定义。

以上分析可以发现,"人"与"产"、"人"与"城"之间关系的重要性不断凸显,而职业教育将通过对于新时代"人才"的教育水平、技能素质的提升作用,参与到"产城人"的新互动关系中。

三、新型城镇化及政策主要导向

我国新型城镇化战略不同于传统的城镇化发展道路,对我国未来城镇化发展的诸多方面都将产生非常大的影响。此外,"十九大"报告及其中提出的一系列新要求同样是未来城镇化发展的重要指引。

(一)新型城镇化的新内涵

传统的城镇化主要还是围绕生产本身,包括经济总量、产出价值、产业类型等。而新型城镇化则是将"以人为本"作为其核心内涵,更关注多要素的统筹协调。这一概念是针对我国人口多、资源相对短缺、生态环境比较脆弱、城乡区域发展不平衡等现状提出的,其内涵创新强调"以人为本、四化同步、优化布局、生态文明、文化传承"等方面。

其特征主要体现在:一是实现真正以人为核心的"城镇化",实现职业上从农业到非农业、地域上从农村到城镇、身份上从农民到市民的转换。二是实现社会待遇的"平权化",让进城务工者享受与市民同等待遇,让农民进城"进得来、留得下、有尊严"。三是实现资源配置上的"均衡化",在资源配置上向农村地区倾斜,实现城市反哺农村、工业反哺农业。四是实现生态环境的"优质化",

走一条环境友好型、资源节约型的新发展道路。五是尊重地域空间的"差异化",探索符合地方特色,因地制宜,把握实质的发展模式。

(二)"十九大"报告的新要求

"十九大"报告中对于我国所处的发展阶段进行了新的定位,指出我国经济已由高速增长阶段转向高质量发展阶段,这一发展阶段的判断意味着我国的发展方式、经济结构、增长动能都处于重要的转换期,这一转换期对于产、城、人及其相互间关系都将提出新的要求。

具体来看,"十九大"报告中,"深化供给侧结构性改革""加快建设创新型国家"等一系列新的发展理念不仅对于产业提出了总的转型升级方向,更重要的是对人才、城市发展目标等提出新的要求。人才培养必须支撑和保障供给侧改革、创新型国家等一系列国家战略对于人力资源的需求。城市发展目标也必须以这些重要理念为引领,特别是诸如北京、上海、广州、深圳等重要城市需要有效承载和落实这一理念。

"实施乡村振兴战略""实施区域协调发展战略"等更强调城乡统筹以及区域协同发展。对农村地区提出了一二三产业融合发展、培育乡村发展新动能等要求。对于我国区域进一步强化提出了东北振兴、中部崛起、西部大开发等区域协同发展格局。此外,"加快完善社会主义市场经济体制"与"推动形成全面开放新格局"也同样对"产城人"关系影响深远。

四、我国"产城人"的总体区域发展差异

我国不同区域在发展水平、发展阶段等方面存在较大差异,其人口、产业、城市的发展状况也不尽相同,这些差异对于"产城人"互动模式与机理存在非常大的影响。并且随着新型城镇化战略的不断推进,各区域都将面临新的影响。以下从宏观区域层面上的人口与城镇化发展态势,中观城市群层面上的城市发展格局,以及微观城市层面上的产业结构特征进行解析。

(一)人口与城镇化

1. 区域人口流动规模增长增速放缓

2011—2014年,我国流动人口年均增长约800万人,到2014年末达2.53亿人。2015年,我国流动人口规模为2.47亿人,占总人口的18%。

东部地区的流动人口比重有所下降,西部地区人口流动渐趋活跃。从流动人口的区域分布看,2013年,东部地区流动人口占全国流动人口的比例为75.7%,西部地区为14.9%;2015年的相应比例分别为74.7%、16.6%。由此可见,东部地区依然是流动人口最集中的地方,但占比有所下降,而西部地区占比有所增长。

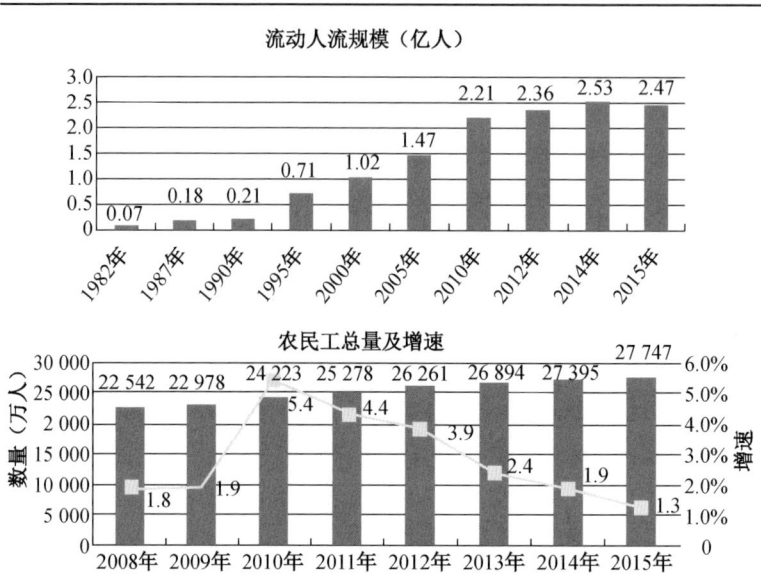

图2 流动人口分析

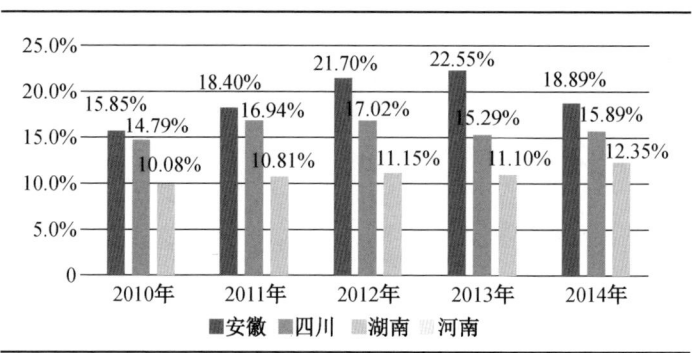

图3 部分省份流出人口

2. 城镇化率增速中西部呈现后发优势

从城镇化阶段上看,我国四大区域城镇化水平都已经或即将突破50%这一关键的节点,根据城镇化发展的一般经验,该阶段过程中城镇化仍将保持较高增长,但增速逐步放缓。

表1 四大区域城镇化水平

	城镇化率				年均增幅		
	2000年	2005年	2010年	2014年	2001年—2005年	2005年—2010年	2011年—2014年
全国	36.2%	43.0%	50.0%	54.8%	1.4%	1.4%	1.2%
东部	44.6%	51.8%	59.7%	63.6%	1.4%	1.6%	1.0%

续 表

	城镇化率				年均增幅		
	2000年	2005年	2010年	2014年	2001年—2005年	2005年—2010年	2011年—2014年
东北	52.3%	55.2%	57.6%	60.8%	0.6%	0.5%	0.8%
中部	29.8%	36.6%	43.6%	49.8%	1.4%	1.4%	1.6%
西部	28.7%	35.4%	41.4%	47.4%	1.3%	1.2%	1.5%

城镇化水平增长趋势上,东部地区自 2011 年到 2014 年的城镇化率增速出现了明显下降,而中西部地区增速则出现了明显的加快,并且超越了东部地区。这表明我国区域城镇化水平提高已明显呈现出中西部地区加速追赶东部地区的态势。东北地区增长较慢,但增速也出现了加快的势头。

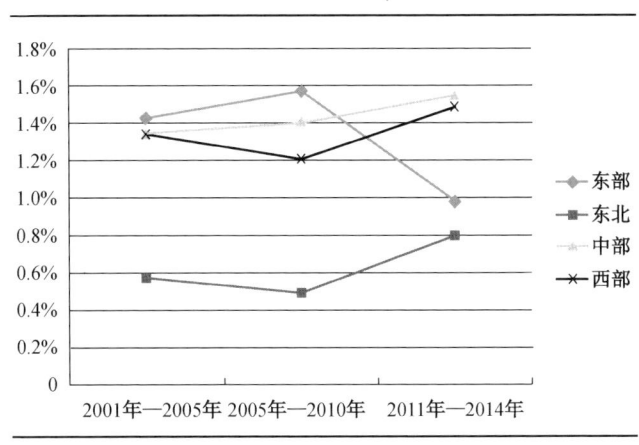

图 4　四大区域城镇化率增速

(二) 城市发展格局

进入 21 世纪,我国城市发展格局日益表现出以城市群为空间单元的特征,城市群也日益成为国家制定各项区域性规划的重要载体,《国家新型城镇化规划(2014—2020 年)》明确强调了城市群在推进新型城镇化战略中的主体地位。近期国家出台了《加快城市群规划编制工作的通知》,并已批复了长三角城市群、长江中游城市群、成渝城市群等 7 个城市群规划。总的来看,我国城市群地区可分为国际级、区域级、地区级三种类型,具有特征突出的城市发展格局。

表 2　城市群类型

能级	城市群
国际级	长三角、京津冀、珠三角
区域级	山东半岛、辽中南、海峡西岸、武汉
	哈长、成渝、中原、长株潭
地区级	淮海、昌九、江淮、太原
	滇中、黔中、北部湾、太原、呼包鄂、兰西、宁夏沿黄、天山北坡

1. 国际级城市群——超大城市主导的多中心结构

我国的国际级城市群有长三角、京津冀和珠三角三座。其能级地位突出,在我国对外开放格局中,是国家参与全球化协作与竞争的三大核心门户地带,表现为资本、人才、信息、技术等各要素的高度全球化交流。并且,城市活动的规模及密度强大,城市间具有深度的联系与协作。

该类城市群的规模结构特征表现为以超大城市为主导的多中心结构。首位城市强大,上海、北京、广州均为超大城市,规模与实力遥遥领先于其他城市,其地位与能级无可替代。这种核心城市主导的规模结构特征正在进一步强化。随着工业化、城镇化带来的人口流动性不断增强,上海、北京、广州这些超大城市各项要素的吸聚能力和规模效应不断增强,成为了人口流动的主要目的地。

2. 区域级城市群——分散化的多元中心结构

该类城市群首位城市与第二大城市差异较小,在实际中以双核心模式居多,例如山东半岛城市群的"济青双核"等,而其他城市之间规模接近,数量较多。该类城市群覆盖了我国区域性的增长核心地区,这些地区包括了省会及其他重要城市,总体发展水平处于中上游。在近年来快速城镇化和工业化背景下,这些城市群获得了发展成长。

3. 地区级城市群——高度集中的极核结构

地区级城市群的城市结构总体表现为明显的高度集中特征,一般为由一座大城市和多个小城市形成的倒T形规模结构。在发展过程中,随着中小城市的成长,扩散作用加强,体系逐渐趋向分散,其规模结构特征有向上一级的区域级城市靠拢接近的趋势。

地区级城市群虽大多仍为潜在的城市群地区,但国家已将其作为重点培育地区,未来具有诸多成长机遇。特别是随着国家"西部大开发"战略及新近出台的"一带一路"倡议的推进,滇中、北部湾、天山北坡、银川平原等发展现状较弱的城市群将具有面向东南亚及中亚的区位优势,为城市群发展带来动力。

(三)产业结构特点

我国不同地区经济结构可根据三次产业比重进行经济结构分类,在此基础上可进行进一步的类型细分。本文以县市单元作为分析单元,经统计计算,我国各县市可分为a) Ⅰ>Ⅱ>Ⅲ、b) Ⅰ>Ⅲ>Ⅱ、c) Ⅱ>Ⅰ>Ⅲ、d) Ⅱ>Ⅲ>Ⅰ、e) Ⅲ>Ⅱ>Ⅰ、f) Ⅲ>Ⅰ>Ⅱ共6种类型(Ⅰ指第一产业、Ⅱ指第二产业、Ⅲ指第三产业)。从总体统计结果来看,我国县市的产业结构类型分布较为集中,其中d)类占比最大,达60%,其次是e)类,占比达20%,其余类型占比均不超过10%,这两类县市是我国较为典型的经济结构类型。

表3　　　　　　　　　　　我国县市经济结构类型及占比

类型	经济结构类型	单元数量占比
a)	Ⅰ>Ⅱ>Ⅲ	2%
b)	Ⅰ>Ⅲ>Ⅱ	4%

续 表

类型	经济结构类型	单元数量占比
c)	Ⅱ>Ⅰ>Ⅲ	6%
d)	Ⅱ>Ⅲ>Ⅰ	60%
e)	Ⅲ>Ⅱ>Ⅰ	20%
f)	Ⅲ>Ⅰ>Ⅱ	8%

a)类和b)类县市都是以一产为主导产业的县市,根据相关理论,这两类县市都是处于前工业化阶段,仍以农业为主导产业,制造业及服务业都不发达。这两类县市仅占全部县市的6%,说明我国大部分县市已离开了前工业化阶段,进入了更高发展阶段。其中a)类县市相较b)类县市,其第二产业更为发达,具有一定的初期工业化基础,而b)类县市第三产业占比更高,具有初级的商贸服务、旅游等产业作为重要动力。

c)类和d)类县市都是以二产为主导产业的县市,这两类县市都已进入到工业化实现阶段,制造业等成为推动县市发展的主导力量,吸纳大量制造业劳动人口,并创造出主要的经济价值,推动城镇化快速发展。这两类县市占比达66%,说明我国大部分城市都是处于工业化实现阶段的过程中。其中,绝大部分县市均属于c)类,即二产和三产产值已超越一产产值,是我国经济结构发展的典型状态,而少部分城市虽二产已超越一产,但三产仍规模较小,一产仍占有较大比重。

e)类和f)类县市都是以三产为主导产业的县市,这两类县市共计占到全部县市的28%,在全国县市中占有一定比重。这类县市虽为三产为主的经济结构,但并非都属于后工业化阶段,实际上存在两种差异非常大的情况。第一种情况是诸如北京、上海、广州等经济水平较高的城市,已进入相关发展阶段理论所界定的后工业化阶段,服务业已取代制造业成为推动城市发展的新力量;第二种情况是不少发展水平较低的县市,受到自然条件制约,第一产业发展水平相对不高,但传统的低能级的商贸服务职能较为发达,从而产生了三产高于一产的状况。

以第三产业为主导的城市中,一种类型是具有全国性、区域性综合服务职能的中心城市,例如北京、上海、广州等面向全球、全国的城市,是以现代服务业及各类创新产业为支撑,发挥中心城市的作用。其他则是以旅游服务、商业贸易等专业性职能为主导的城市。

(四) 多元化案例选择

从前文可以发现我国区域差异大,在这一背景下我国不同地区的"产城人"互动的模式与机理也呈现出多元化的特征,在东部、西部、中部、东北不同的区域,甚至同一个地区的不同类型城市其"产城人"互动的模式与机理也不尽相同。以下选取了四个不同区域、不同类型、特点突出的城市作为案例,对其"产城人"互动模式与机理进行解析。

五、上海——"以城择人—促产"模式

上海作为全国最大的城市,其城市发展目标是以服务国家战略为核心导向的,在城市确定的总体目标下,城市以其产业面向国际化与科创中心的提升作为实现城市发展目标的重要立足点,并且通过人力资源结构的优化来支撑产业及城市发展,城市的各项发展都是围绕如何提升城市空间环境及基础设施品质来满足以上"产城人"的要求这一主线展开的。

作为城市发展的重要指引,《上海市城市总体规划(2017—2035年)》的发布明确了上海至2035年并远景展望至2050年的总体目标、发展模式、空间格局、发展任务和主要举措。

1. 服务国家战略的城市发展目标

上海等超大城市是承载国家参与全球化竞争与合作的重要节点,城市发展目标是以服务国家战略为前提面向全球的。在这一要求下,上海的城市性质确定为"我国的直辖市之一,长江三角洲世界级城市群的核心城市,国际经济、金融、贸易、航运、科技创新中心和文化大都市,国家历史文化名城,并将建设成为卓越的全球城市、具有世界影响力的社会主义现代化国际大都市",体现了城市发展目标对于国家战略的承载。并且,进一步将总体性的目标分解为"一座繁荣创新之城、韧性生态之城、幸福人文之城"三大分目标,进一步围绕国家战略强化支撑措施。

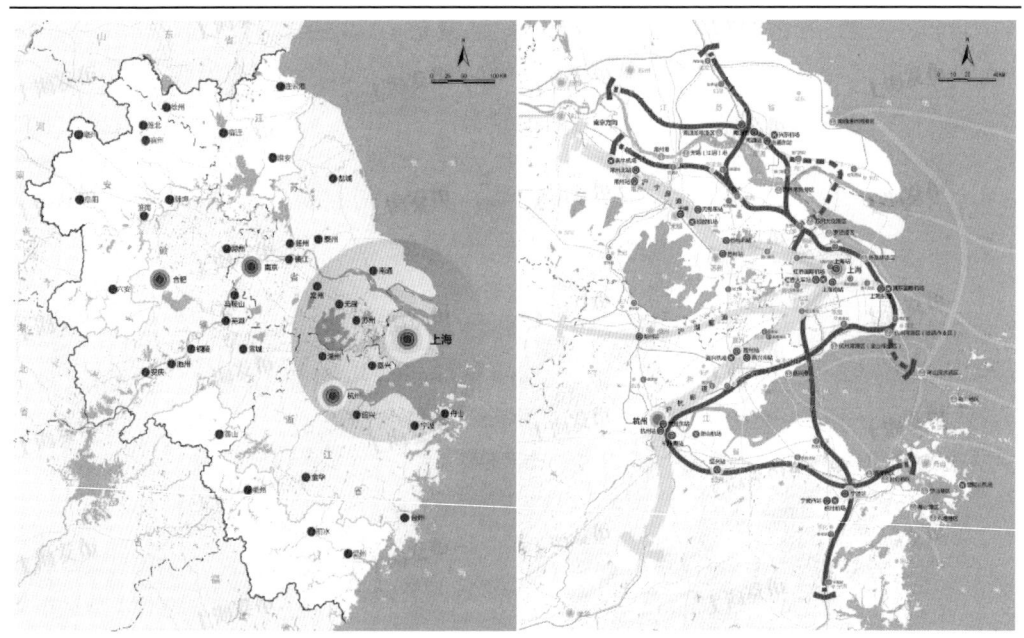

图5 上海在长三角中的发展区位

2. 通过核心产业功能提升实现城市目标

城市通过优化和提升国际金融、贸易、航运中心等全球服务功能，促进城市产业向高端化、服务化发展。强化全球资本集聚中心、财富管理中心和金融创新中心功能，增强国际文化影响力，实现各功能之间的联动发展和相互支撑。

同时，城市产业生态应对全球新技术革命和新产业革命，应当融入全球创新网络，培育城市创新能力，完善相应创新生态要素。建设一批世界级重大科学基础设施集群和具有世界领先水平的综合性科学研究实验基地。结合城市工业用地转型促进创新功能与城市功能融合，激活城市创意产业发展。

3. 促进人力资源提升支撑城市目标

在城市总体发展目标及产业发展要素需求下，上海的规模不再是以简单的增长为引导目标，而是思考如何在资源条件约束之下，控制城市规模，优化人口结构。以人力资源水平提升，获得充足的城市新产业核心发展要素，支撑城市实现发展目标。

城市坚持"底线约束、内涵发展、弹性适应"，探索高密度超大城市可持续发展的新模式。缓解人口快速增长与资源环境约束之间的矛盾，严格控制常住人口规模，至 2035 年常住人口控制在 2500 万人左右。在人口调控措施上，综合采取控制土地供应规模、以产业结构调整推动就业结构调整等一系列配套举措，实现人口结构的优化。

4. 上海——"以城择人—促产"模式小结

上海"产城人"模式的核心命题是围绕"城"来决策"人"和"产"的问题。这是因为上海的城市目标一定程度上并不是一个城市提出来的，而是国家对上海提出的要求，并且必须思考在世界全球化的进程中城市要承担何种责任。

基于国家战略对于上海的命题，其中之一是全球创新城市。但根据一些研究的测算结果显示，上海创新人才的积累，创新环境的积累距离伦敦、纽约等国际一流水准尚存在差距，存在着对上海在目前阶段提全球创新城市这一目标是否尚早的担忧。但是，基于国家的全局战略的要求，城市的发展目标必须往这方面转型，城市发展的所有资源投入方向都必须围绕着这个方向来运转。

在城市目标一定的情况下，就必须思考既然是建设创新城市，那城市需要怎样的创新人才，如何集聚创新人才。所以城市将围绕着创新人才对城市的需求，来促进发展、优化资源配置。

因此，上海的"产城人"互动重点就在于城市需要怎样的创新人才，在此基础上城市应该形成怎样的吸引力，应该发展怎样的产业。创新人才对于环境的要求是非常高的，在全国基本就集中在北京、上海、深圳的一小块区域，如果这些城市相关配套无法满足要求，那这些创新人才将会在全球范围内选择流动目的地，所以城市适应创新环境及配套是影响创新人才集聚的重要影响因素。相应地，所有的这些配套也包括职业教育，并且不仅仅只是职业中专、职业大专，而是全过程的专业化或者专业化教育。

六、山东临沂临港经济开发区——"以产促城—聚人"模式

山东省临沂临港经济开发区位于中国东部沿海发达地区,其所在的临沂市全市 GDP 总量达到 3 820 亿元,是具有一定产业和城镇化基础的东部大城市。这一类型城市未来将以产业转型升级作为城市发展的重要目标,实现原有农业转移人口技能提升并留城市民化。

在这一过程中,工业园区的转型发展是该类大城市未来发展过程中的一个重要问题,现有工业园区普遍存在功能单一、职住分离、传统产业受到经济新常态影响较大等问题。临沂临港经开区是临沂市重要工业园区之一,该园区未来将以"产业新城"来实现开发区产城融合,形成"以产促城—聚人"的"产城人"互动模式。

1. 实现传统产业转型升级

临港经开区现有产业主要为传统制造业,缺乏大型龙头企业,主要集中在农副产品加工、建材、金属冶炼、铸造等产业。多数产业的产业链条很不完善,完整的产业体系尚未建立,主导产业竞争能力有限,产业层次相对低端。企业创新能力弱、产品科技含量较低,直接影响到临港经开区的经济规模扩大。

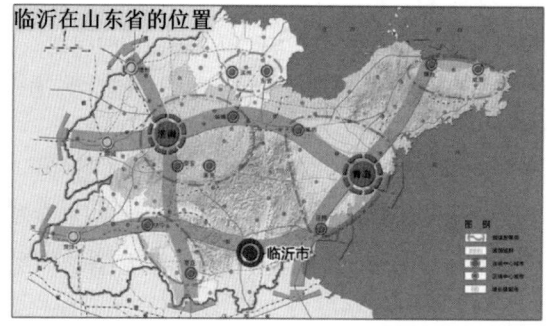

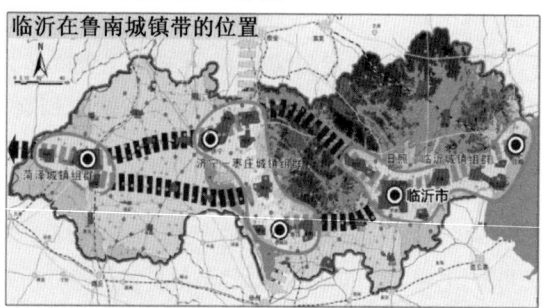

图 6 临沂市总体发展区位

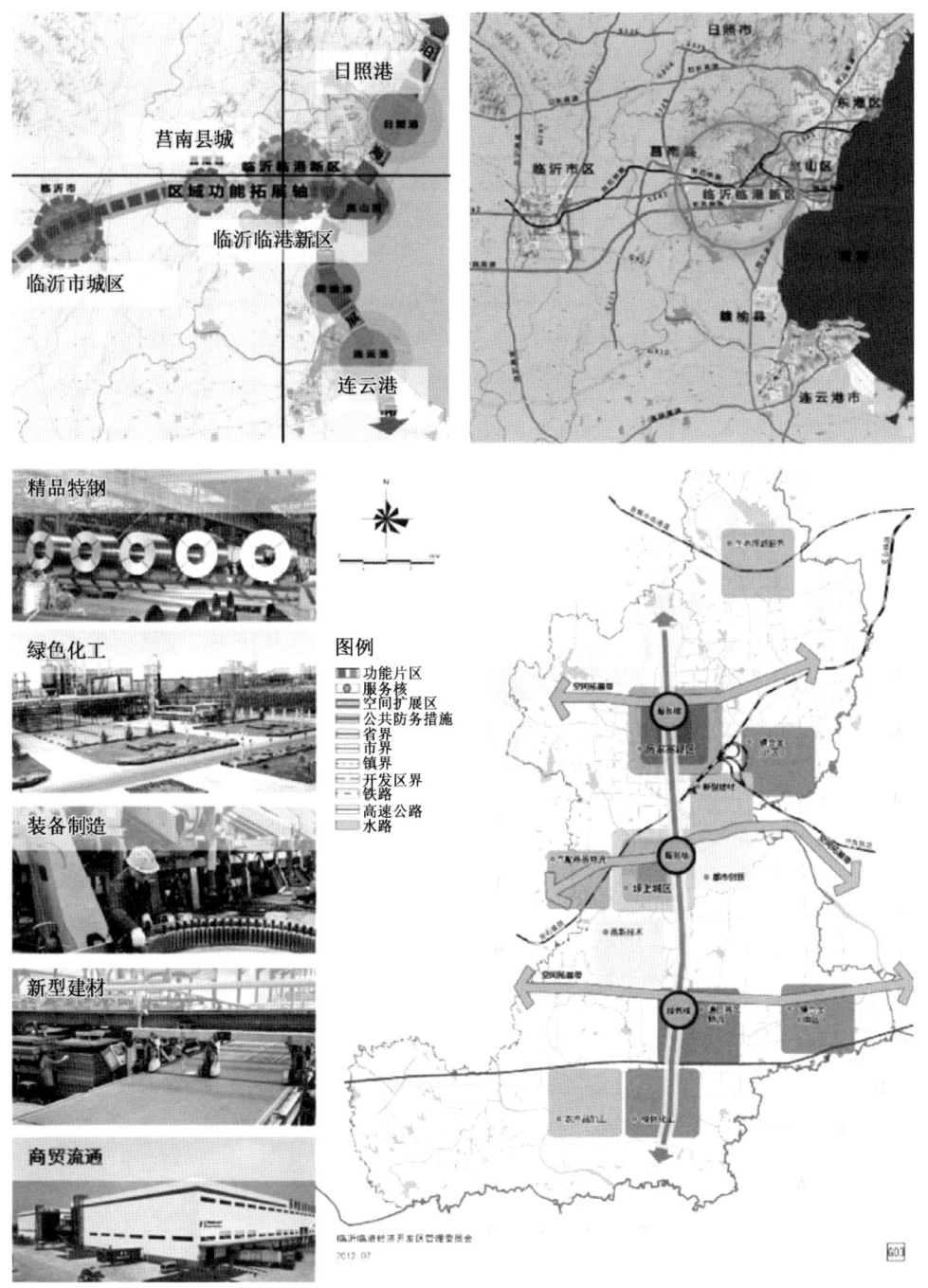

图7 临沂临港经开区产业发展方向

"产业新城"的功能组织模式

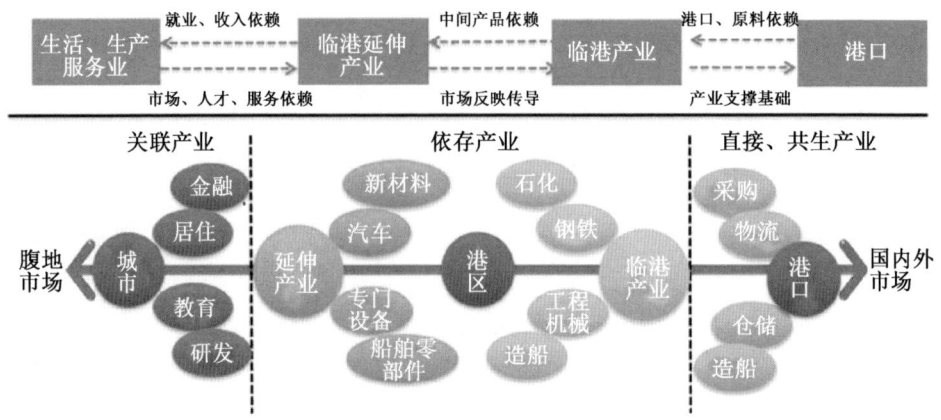

"产业新城"的空间组织模式及用地布局

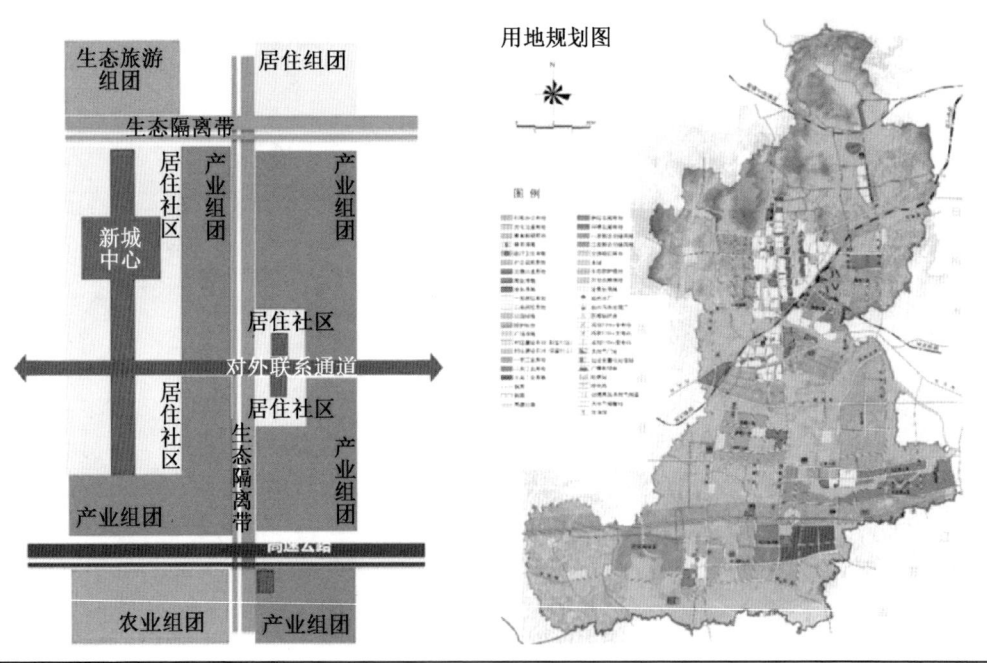

图8 产业新城发展模式

未来以产业转型升级为重点发展目标,核心产业包括精品特钢及配套产业,形成绿色化工、装备制造、新型建材、商贸流通四大主导产业。对于未来产业发展目标,产业升级目标需要各类专门人才,目前临港经开区人才缺乏制约产业转型升级现象明显。人才的聚集要求对临沂临港经开区的空间营造提出了要求,只有形成环境良好的人居空间,完善的服务设施,摆脱与主城距离远带来的生活、服务不便利,才能吸引各类人才进入。

2. 打造"产业新城"促进传统园区人居吸引力提升

园区现状与周边乡镇、城区距离远,现状生活、服务功能薄弱,人居活力与吸引力弱。临沂临港经开区提出了"产业新城"的创新发展模式,摒弃传统产业园区单一的功能与空间关系,融合生产、服务、居住、生态四大功能,吸引各类人才,实现现代产业发展。通过功能适度混合、城乡协同发展、培育综合服务中心,形成新的一体化发展格局。

产业新城主中心作为全域的公共服务中心,承载政治、文化和商贸、教育基地等服务功能,其选址摆脱传统开发区依托交通区位优势形成中心的模式,充分考虑与原有产业空间和新规划居住空间之间的相互融合。围绕这一强有力的新城中心,临沂临港新区在空间布局上采取"同心圆+组团"模式,新城区注重综合服务、居住及部分生产功能的整合。另外,"城镇社区+村庄住区"的居住架构使得新型农村社区成为新区空间中的重要功能组成部分,延续了城镇的服务和居住层次。

3. 山东临沂临港经开区——"以产促城—聚人"模式小结

该类地区经历了传统产业的快速发展与瓶颈期,目前正处于传统产业转型升级的关键时期,并且还面临传统工业园区普遍具有的功能单一、职住分离等问题。这带来了产业目标既定的情况下,工业园区如何实现转型发展的问题。在确定的产业目标之下,发展需要解决的不仅仅只是产业本身,还需要考虑与城市的关系。因为不提高城市品质就聚集不了相应的人才,而人才的缺乏是制约产业转型升级的重要因素,因此必须注重"城"的发展,将"城"作为产业发展的重要支撑。

目前该地区的重化产业实际上是个高技术投入型的产业,而不是以传统低端劳动为主的产业。因此在这种情况下,"城"的发展目标就应该围绕提升所承载人口的技能水平,其中教育配套是非常重要的,特别是职业教育要适合当地重化产业发展的要求。

并且,当地职业教育发展的选择已有意识地基于城市产业的发展目标来配套相应学科。可见通过城市配套有针对性的职业教育,以此培养具有一定技能的人才,来保障产业的生产和发展,是"产城人"互动中的一个重要方面。

七、新疆英吉沙——"以人定产"模式

英吉沙县位于新疆南部喀什地区,具有非常典型的南疆产业、人口及城镇化发展特征。其城镇化率非常低,非农化率仅有不到20%,存在大量的农业人口。并且由于绿洲耕地少,因此农村形成了大量的剩余劳动力。由于当地工业化水平低、就业吸纳能力弱,加上人口教育水平、技能素质低,语言存在障碍,工作观念不适应现代企业工作制度等因素,非农产业的人口拉动力严重不足。另外,人口的迁移意愿弱进一步制约了农村劳动力转移。人口受观念、福利等影响,不愿意离开农村,特别是人口对于转移空间距离敏感性高,仅能勉强接受本乡镇尺度迁移,从而形成了半城

市化现象。以上因素都导致了农村富余劳动力沉淀现象突出,成为影响地区发展的重要问题。

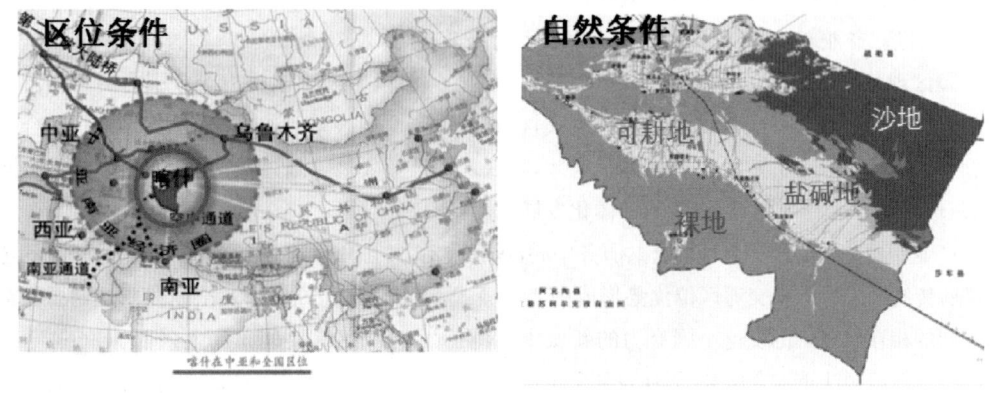

图9 英吉沙区位及自然条件

围绕这一关键问题,英吉沙的"产城人"互动表现为"以人定产"模式,以解决农村剩余劳动力为问题导向,选择产业门类及产业发展方式,重点发展纺织服装等劳动密集型、低技能要求型产业,并且通过"卫星工厂"(即鼓励工厂在乡镇、村内设立加工点)的形式增强农村剩余劳动力入厂就业意愿。

1. 以"卫星工厂"模式推动农村人口转移

推动农村剩余劳动力转移就业,是英吉沙产业发展的重要导向,围绕这一目标英吉沙采取了一系列促进就业的举措。推广在园区设立总部、在乡镇设立卫星工厂等模式,扶持发展吸纳就业多的服务业、中小微企业、民营企业和"短平快"项目,鼓励乡镇中小微企业做大做强,积极探索刺绣、地毯等特色民族手工业扩大经营规模的发展路径与帮扶政策。发挥乡镇对农村非农就业的延伸带动作用。探索"公司+农户"等就业进村的新模式,发展电子组装、服装加工等易于结合农户的工作,并通过卫星车间将卫星工厂进一步下沉。增加农民工资性收入,鼓励农村剩余劳动力就近培训、就地上岗,实现农村人口在家门口就业、增收、致富。

山东济宁中兴手套集团是全球最大的滑雪手套生产企业之一,2014年6月在对口援疆机制推动下,在英吉沙县投资成立喀什中兴手套有限公司。为适应当地劳动力习惯及就业观念特征,中兴手套公司创建了"中心工厂+卫星工厂"的经营生产模式:在县城设立总部,在乡镇建卫星工厂。总部将订单下达至各个工厂,员工加工的手套经过质检、包装,最终通过物流发送给用户。企业组织对农业转移人口进行培训,安排在就近的工厂上班,目前企业培训了200名优秀员工,已成为各个工厂的管理人员和技术骨干。截至2015年底,中兴手套公司已在英吉沙建成12个工厂,吸纳2 100多人就业,其中90%是维吾尔族农村妇女,预计到2016年底工厂将达到35家,可带动4 000人就业。

"卫星工厂"模式在实践中促进了农村剩余劳动力就近转移,在"十三五"期间将进一步推广。

未来"十三五"期间,英吉沙中兴手套将继续推动"卫星工厂"项目,继续在县城周边村镇建设30个卫星工厂。另外,英吉沙如意纺织也将推动"1 000万件服装加工进村入户项目",采取"公司+合作社+农户"的模式,在30个村实现企业进村入户。

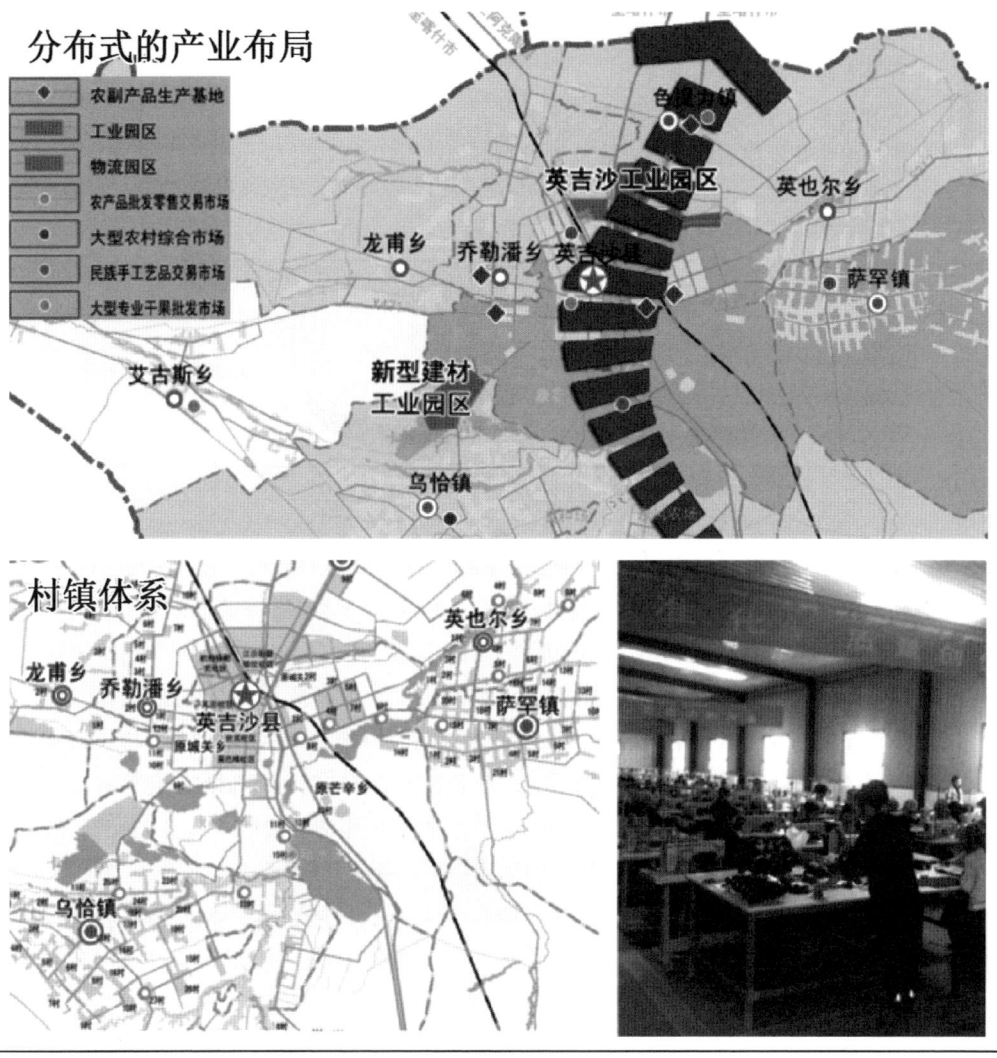

图10 产业布局及卫星工厂

2. 打造适应性的就近城镇化策略

结合当地农村居民不愿远离现状居住地的转移意愿特点,重点加强乡镇的城镇化承载能力建设,完善乡镇教育、卫生、文体、就业培训等公共服务设施,将设施空间布局进行整合,打造富民发展单元。提升乡镇面向农村地区的服务辐射能力。优化乡镇初中、小学教育设施布局,提升硬件建设,完善乡镇及以上寄宿制初中学校标准化建设。改善乡镇医疗服务体系与基本公共卫生服务体系建设,对乡镇卫生院进行标准化改造。完善乡镇一级文体设施建设,实现乡镇文化站、百姓大舞台、文体建设广场100%全覆盖。并且大力推动特色产业、文化旅游、生态宜居等特色乡镇建设,结合特色乡镇的各项特色资源发展条件,大力加强发展扶持力度,制定差异化扶持政策,分类推进、分步实施,明确特色化产业定位,创新开发模式积极引导社会资本投资,强化用地、财政、服务设施配置等方面的政策倾斜力度。

3. 发挥职业教育提升技能促进转移的作用

当地近年来非常重视职业教育在推动农村剩余劳动力转移就业过程中的培训作用,大力发展职业教育,中职与高中招生比达到4∶6。

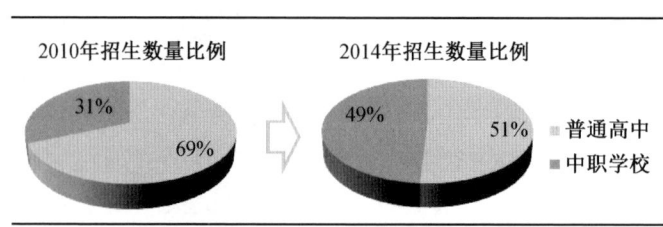

图11 中职学校招生增长

推行校企合作等新培养模式,大力发展适应当地人口特点的现代职业教育,逐步提高高中阶段教育普职招生比例,加强专业与课程体系建设,根据本地产业用工类型需求设置培训专业科目。大力推进校企合作,开展订单式培训,有针对性地培养各类企业的产业工人。支持开展劳动力输出前就业引导性培训,重点开展语言、法律法规、厂规厂纪、常用知识等培训,提高劳动力就业适应能力。

注重职业技能与通用语言培训,强化劳动纪律及生活习惯培养。针对制约就业增长的瓶颈因素,加大在技能和语言两大方面的培训投入力度,整合各项培训计划与培训措施,化解劳动力结构性矛盾。在劳动力培训过程中,注重语言培训、劳动纪律培训、生活习惯培养、基本技能学习,尽快使培训劳动力适应现代企业文化,适应现代生活,提高培训劳动力长期稳定就业率。

加强实训基地建设。结合重点特色产业与职业培训机构,共同建设职业技能培训实训基地。重点提升县、乡两级培训实训能力,在乡镇全面建设转移就业国家通用语言培训站。在有条件的企业建立职业培训实训基地、创业实训基地。通过购买培训成果的方式,引导动员社会培训资源参与重要培训项目。建设一批以初、中、高级技能培训为主的职业技能实训基地。

4. 新疆英吉沙——"以人定产"模式小结

该案例地处新疆南疆,具有非常鲜明的特征,其非农化率只有不到20%。这个地方人口数量大,因此就业是个很大的问题,如果无法达到充分就业,人口规模优势是展现不出来的,并且也难以做到国家提出的精准脱贫。

前些年的援疆过程中东部地区所援建的产业比较高端,这些高端产业在这边较难找到合适的劳动力。并且,因为人口观念特点,农村人口一般不愿意离家。如果产业功能集中在县城,那么县域大部分转移人口必须转移到县城,而很多农村劳动力不愿意离开家,因此县城的产业很难拉动人口转移。

因此该类地区的产业发展必须考虑劳动力特点,一些在东部地区逐步退出的低资本投入、高劳动投入型产业反而可能更能发挥就业效益。并且应注重城镇化布局,这些产业在空间上应该向村、镇转移,而不能完全集中在县城。一家乡镇上的卫星工厂能解决七八十人就近就业,村民可以当天前来上班,当天回家照顾自己的家庭。

并且当地加强了工厂和职业教育的校企合作,年轻人可以先到职业学校学习,然后再到服装厂、手套加工厂工作。当地的职业教育很大程度上是给低技能、不适应城镇化的人群一种生存技能,使其能够进入农村富余劳动力转移的过程。

八、新疆和丰——"以城聚人—择产"模式

和丰位于北疆西部地区、中哈边境,隶属于塔城地区,距离塔城地区行署驻地约 280 公里,距离乌鲁木齐约 500 公里,距离克拉玛依市区约 200 公里。

县辖区面积约 2.88 万平方公里。城镇主要分布在和布克谷地及和布克河沿线。县辖 2 镇 6 乡 4 牧场及兵团等驻县单位。全县总人口 6.6 万人,以汉、蒙、哈族为主,城镇化率 55.3%,城镇人口主要集中在县城及和什托洛盖镇区,县城人口 1.6 万人,和什托洛盖镇区人口 1.5 万人。

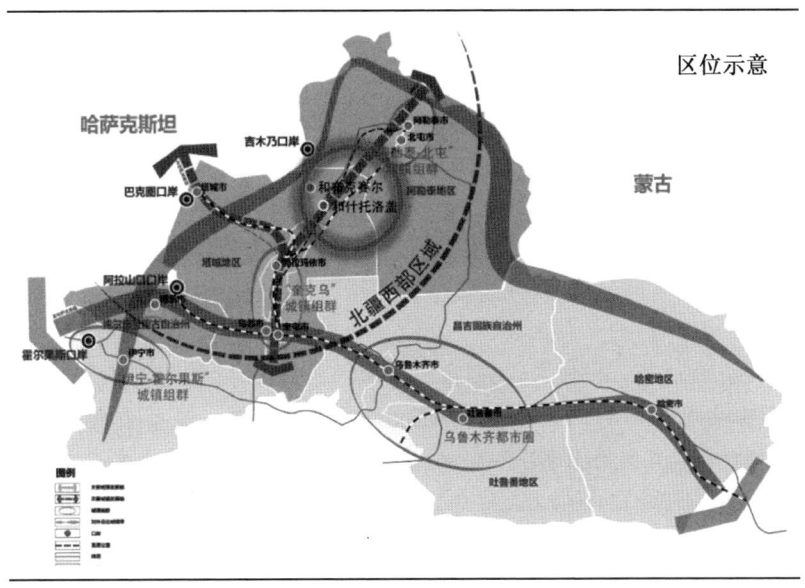

图 12 和丰的空间区位

社会经济方面,2011年县生产总值22亿元,三次产业比重为12.6∶67.4∶20.0。一产以牧业为主导;二产以重化产业为主导,包括煤电煤化工、盐产品盐化工、金属非金属、建材四大产业;三产近年来商贸物流、旅游、服务业发展迅速。

由于和丰的高价值生态本底条件以及牧区特点,其制定了更适合当地牧民人口的城镇承载模式,并在此要求之下探索产业的发展。

1. 注重历史传承与生态保护的发展

和丰有着独具特色的历史文化资源,和布克赛尔县是新疆唯一的蒙古族自治县,是土尔扈特东归英雄的故乡,也是《江格尔》史诗的故乡。县域古墓、古城遗址等历史文化资源丰富。和丰的生态环境特征明显,县域北部的赛尔山、中部的哈同山,两山之间雪山融水滋润形成了高山草场,地质上称和布克谷地,谷地中部雪山融水形成泉水溢出带,被列为国家级湿地公园。

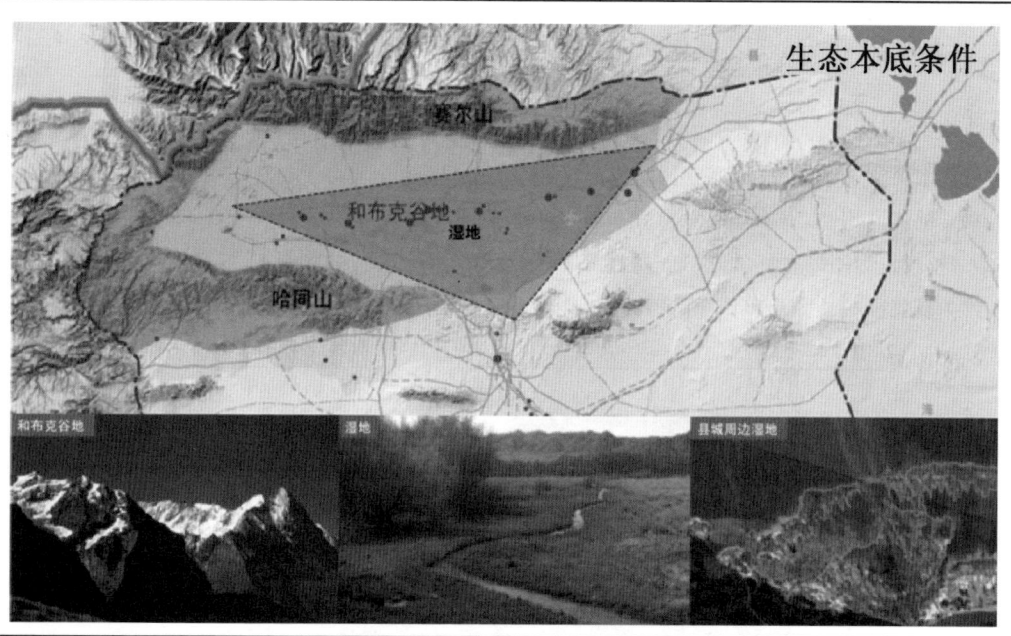

图13 和丰的生态本底条件

县城西南侧为山体,东部、南部、北部皆为湿地斑块,其县城建设在湿地上。县城连续向东拓展将阻断南北湿地斑块的联系,对湿地生态环境造成破坏。因此,根据对县城周边地形的汇水分析,结合植被分布情况梳理湿地水系,和丰划定了南北湿地联系的生态廊道并加以控制。基于湿地生态保护的前提,结合南北向生态廊道,和丰确定了组团发展的县城空间结构。在县城旧城地区梳理并恢复部分次级湿地通廊,在新区建设中则严格控制湿地通廊。

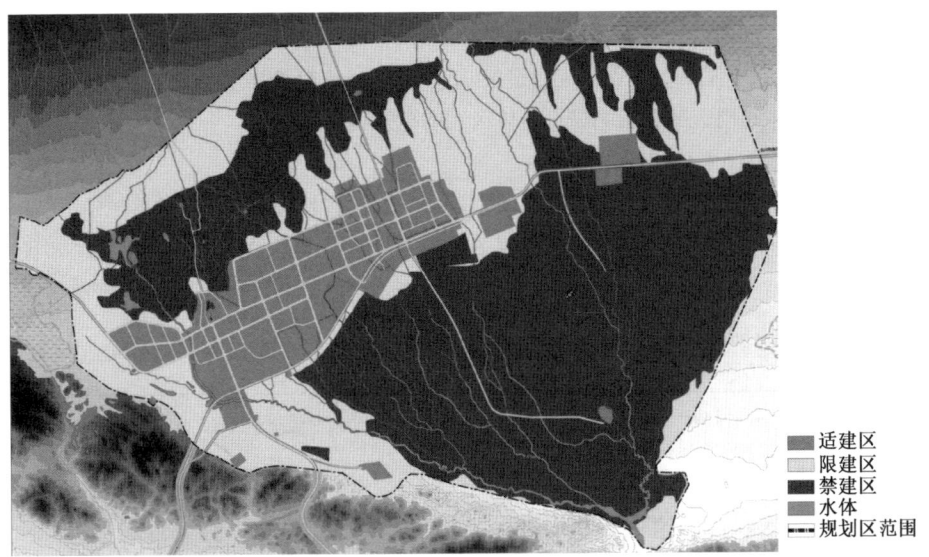

图 14　县城空间管制

图 15　县城重要风貌要素

另外,作为新疆唯一的蒙古族自治县,和丰将彰显蒙元文化特色保护作为重点,落实空间以延续历史文脉。延续"古列延"的传统特色,县城发展强调中轴线和核心建筑对空间的统领作用。对县城重要文化建筑——江格尔宫周边进行整治,结合湿地河流打通南北轴线,确保江格尔宫空间效果,控制了江格尔宫周边部分影响城市整体风貌的拟建项目。

2. 全域统筹的牧民安居适应性策略

和丰实施"富民安居"政策,引导牧民进城定居,并结合"富民安居"政策对县域的"空心村"进行了村庄整合。在实施过程中,部分牧民出现了生产和生活分离的情况,为继续落实"富民安居"政策,同时解决牧民实际问题,在撤并村庄的同时,创新性地在县域布局农牧业生产服务点,为牧民日常生产提供基本的生活服务。

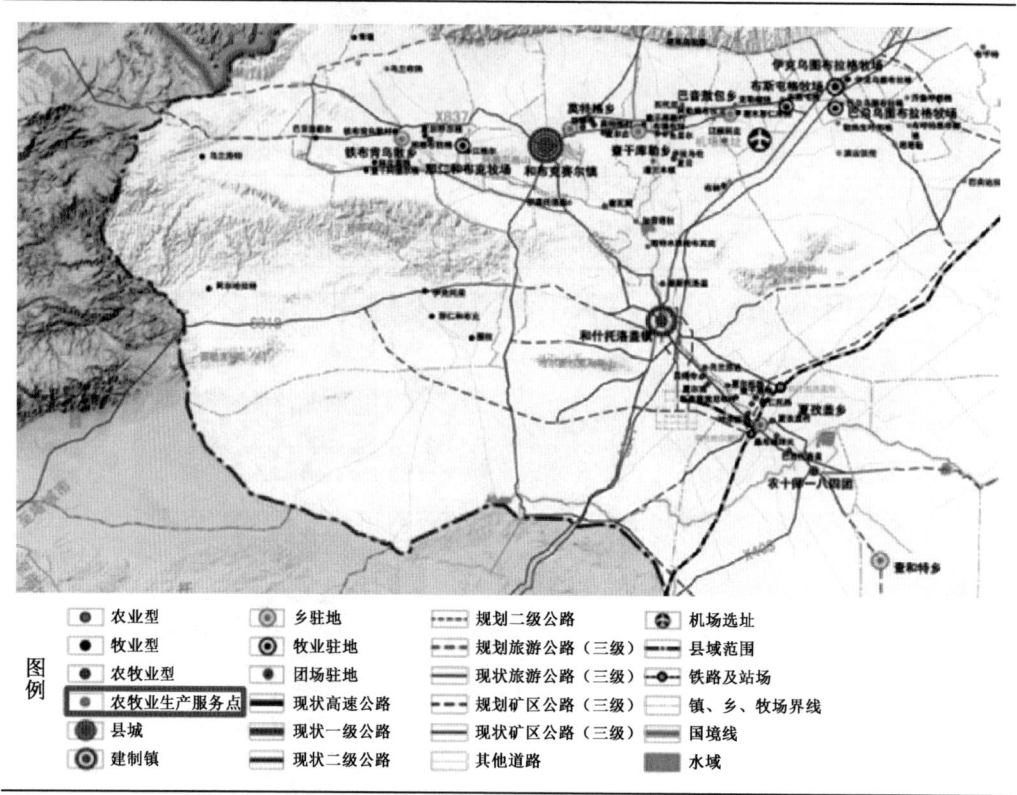

图 16 全域统筹的村镇体系

并且,突破城乡二元模式,从县域到乡镇域进行空间统筹,将规划延伸至乡村级。针对和丰工业园带来的全县发展变化,实施全域主导功能发展引导,相应确定了和什托洛盖镇区为县域快速发展重心,县城则以打造精品小镇为目标,缩减至合理规模。此外,还重点对城乡居民点与工矿点之间的空间关系进行统筹协调,加强居民点与独立工矿点之间的联系。进一步针对重化产业集中发展存在污染等情况,提出了城镇与工业园区统筹规划、分离布局的发展模式,重化产业集中入园,临近镇区作为产业配套服务基地。

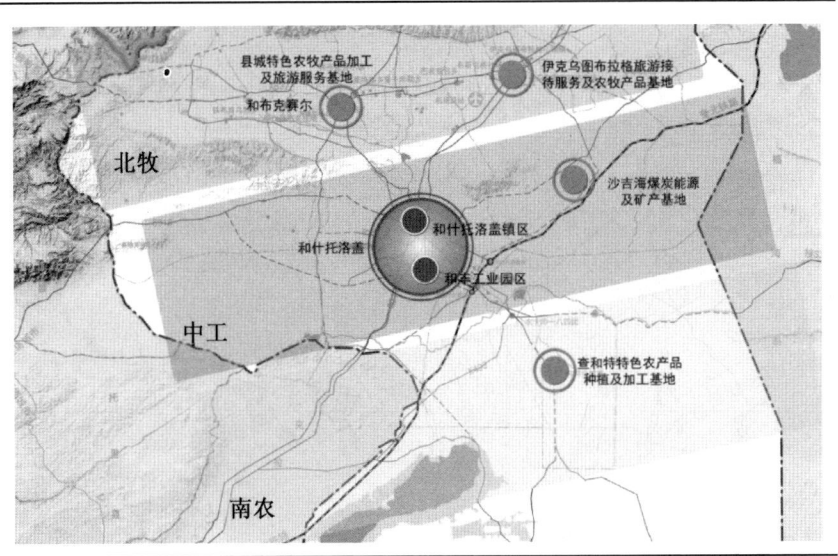

图 17 县域产业发展布局

3. 和丰——"以城聚人—择产"模式小结

和丰位于新疆北疆,是典型的农牧型地区。当地希望改善牧民的生活条件,大力打造小县城,把一个5万人的小县城的环境做得非常好。农牧民冬天不需要游牧,年龄大的老人可以享受县城设施带来的便利,年龄小的儿童可以集中到县城享受教育资源。

因此对于和丰而言,城的环境足够好是个首要条件,在此基础上再来考虑人需要就业的问题。职教培训需要为人提供怎样的技能,使人在城里能从事合适的工作,也是在当地"产城人"互动中的重要因素。

九、研究总结

新型城镇化战略相较传统城镇化路径,带来了巨大的战略转变。传统的城镇化偏重于产业发展,所关注的重点主要是经济总量、产出价值、产业类型等。在传统城镇化路径下,"产城人"互动关系是单一的,表现为以产业发展为核心,通过产业来集聚非农人口,推动城镇建设发展。

而新型城镇化则是将"以人为本"作为其核心内涵,对"产城人"赋予了更为丰富、更具有主导性的内涵。"人":通过特定人才的集聚推动产业发展,或者根据当地社会文化特征来发展产业以满足就业,不同出发点对于战略措施和评价方法有着深刻影响;"产":满足地方经济发展、满足国家和区域发展,满足就业生存;"城":作为生活和生产核心目的的城、作为吸引人和产聚集的城。

在多要素的多元主导下,新型城镇化将聚焦点从传统的"产业",调整为更为多元的"产、城、人"关系,并由此带来了传统发展路径之外更为多元化发展途径。并且新型城镇化更关注多要素的统筹协调,实现"产、城、人"多要素的协同发展是新型城镇化进程中所关注的核心目标。

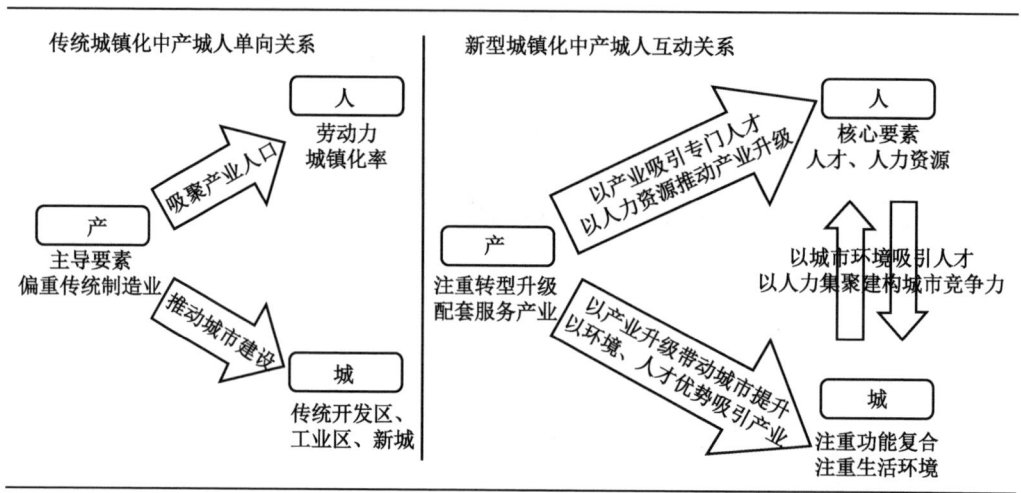

图18 传统城镇化与新型城镇化中的"产城人"关系

传统城镇化路径中,对于产业发展目标的制定,一般是基于一个地方所处的发展阶段,来研究需要发展何种产业类型,诸如霍夫曼系数、钱纳里理论等国际理论都遵循这一逻辑。基于这些理论,地区在制定产业发展战略时会根据自身所处阶段制定相应产业目标,并着力补齐所欠缺的发展条件,在这一思路下明确城市需要提供怎样的支撑,需要吸引怎样的人才。

而从本文诸多案例中可以发现,新型城镇化背景下的"产城人"互动,未必是遵循产业链逐级升级的过程,而是会从产业、城市、人口等多视角出发,进行多维度的判断。核心因素包括了城市发展的目标选择、产业发展类型与方向、所需集聚的人才类型、城市的人才发展策略等。

在新型城镇化背景下的职业教育发展,必须考虑到多元的途径,因为未来的发展将是多元化的路径。"人"虽是新型城镇化的核心,但是在不同的情况下其核心要素仍存在差别。必须明晰"产城人"之中制约发展的核心问题,从而聚焦在这个核心问题上促进发展。在"产城人"的互动关系中,职业教育是嵌套在内的,因此应当针对不同的"产城人"互动关系及其核心问题,制定有针对性的职业教育发展策略,实现"产城人"良性互动。

参考文献:

[1] 王慧. 开发区与城市相互关系的内在肌理及空间效应[J]. 城市规划,2003(03):20-25.
[2] 刘瑾,耿谦,王艳. 产城融合型高新区发展模式及其规划策略——以济南高新区东区为例[J]. 规划师,2012,28(04):58-64.

［3］刘畅,李新阳,杭小强.城市新区产城融合发展模式与实施路径[J].城市规划学刊,2012(S1):104-109.

［4］许健,刘璇.推动产城融合,促进城市转型发展——以浦东新区总体规划修编为例[J].上海城市规划,2012(01):13-17.

［5］刘栋.新型城镇化背景下产城人融合的模式探索——以佛山为例[J].城市观察,2014(03):118-125.

［6］黄伟锋.新常态背景下的新区"产城人融合"发展之路——以宁波杭州湾新区为例[C]//中国城市规划学会,贵阳市人民政府.新常态:传承与变革——2015中国城市规划年会论文集(12区域规划与城市经济).北京:中国建筑工业出版社,2015.

［7］朱晓芳,许鉴.生态视角下产城人融合规划实践——以苏州吴中区太湖新城为例[J].城乡建设,2015(09):45-47.

［8］Alfred Marshall. Principles of Economics[M]. US:Nabu Press,2011.

［9］Alfred Weber. Theory of the Location of Industries[M]. US:University of Chicago Press,1965.

［10］Michael E. Porter. Compeitive Advantage of Nations[M]. US:Free Press,1998.

［11］Krihs. Pioneers in Spatial Theories [M]. Seoul:Hanwool,2001.

［12］Richard Florida. The Rise of the Creative Class:And How It's Transforming Work, Leisure, Community, and Everyday life [M]. US:Basic Books,2003.

［13］Richard Florida. Flight of the Creative Class:The New Global Competition for Talent [M]. US:Harperbusiness,2005.

［14］Elizabeth Currid. The Warhol Economy:How Fashion Art and Music Drive New York City[M]. US:Princeton University Press,2008.

"互联网+"职业技能培养培训体系模式研究报告

王继新　付卫东　陈文竹[①]

摘要：新型城镇化是新时期党和政府实施的重要发展战略，具有以人为本、"四化"同步、注重质量和可持续性发展的特点，而传统的职业技能培养体系和模式已难以满足新型城镇化对职业教育的需求。党的十九大报告中指出要"完善职业教育和培训体系"，在当前技术变革的大环境下，"互联网+"职业技能培训体系模式具有先天的优势。鉴于此，本文提出了构建新型城镇化背景下"互联网+"职业技能培训体系：加强顶层设计，统筹规划"互联网+"职业技能培训体系；建立职业教育信息化综合平台，保证中高职一体化、职业培养和职后培训一体化；建立虚拟仿真系统和在线学习平台，全面提升职业院校教师能力；建立大数据资源库和网络平台，全面提升职业教育人才评估质量。并在此基础上，分析了当前涌现的三种具体代表性的新型"互联网+"职业技能培养培训模式——O2O混合式职业技能培养培训模式、基于虚拟仿真实训的职业技能培养培训模式、基于云环境多终端服务的职业技能培养培训模式，通过分析各模式的特点、实践案例及其成效，发现各模式在实践过程中存在的问题，并提出相应的解决策略及建议。

关键词：新型城镇化；互联网+；职业技能；培训；体系；模式

2000年，美国经济学家诺贝尔经济学奖获得者斯蒂格利茨说，影响21世纪人类社会进程中的两件事情：一是以美国为首的新技术革命，二是中国的城镇化。城镇化是伴随工业化发展，非农产业在城镇集聚、农村人口向城镇集中的自然历史过程，是人类社会发展的客观趋势，是国家现代化的重要标志。1978年我国城市化率只有17.9%，生活在城镇的人口不过1.7亿，而到了2011年，我国城镇化率首次越过50%的历史转折点，城镇人口开始超过农村人口，这就标志着我国从传统的"乡村社会"迈入城市社会。[1]但是，长期以来，我国城镇化速度快、规模大，半城镇化特征明显，突出表现为"土地城镇化"快于人口城镇化，农业转移人口难以融入城市社会，市民化进程严重滞后。城镇化在区域与规模发展上也存在明显的不平衡，不同区域间存在明显的差异，且不同规模的城镇发展差异显著。为此，党和政府郑重提

[①] 王继新，华中师范大学教育信息技术学院教授、博士生导师；付卫东，华中师范大学信息化与基础教育均衡发展协同创新中心副教授、硕士生导师；陈文竹，华中师范大学信息化与基础教育均衡发展协同创新中心博士。

出新型城镇化发展战略。职业教育是实现经济可持续发展的万能钥匙,随着"互联网+"时代的到来和国家信息化整体发展水平的不断提高,信息技术对于职业教育的影响、信息技术在职业教育系统人才培养的地位和作用越来越重要。研究新型城镇化背景下"互联网+"职业技能培训体系模式,对于促进经济可持续发展,实现新型城镇化发展战略,具有重要的现实意义。

我国的新型城镇化建设进入到一个加速发展的新阶段,产业的转移、转型和升级成为新型城镇化发展的关键性因素,国家和社会对高素质的技能型人才的需求显得尤为迫切。然而全国范围内出现的"技工荒""人才荒"现象,却体现出教育供给无法适应经济发展需求的现状。在"互联网+"的浪潮席卷全球,并给全球各行各业都带来革命性变化的同时,现有的教育模式也面临着极大的挑战,教育逐渐从旧有的局限和封闭走向开放和共享。[2]"互联网+"这一概念将"互联网"作为当前信息化发展的核心特征提取出来,其关键突破点就在于创新,只有创新才能让"+"实现真正的价值和意义。因此,许多学校借助于"互联网+"的力量形成了具有地方特色的多样化职业技能培养模式;社会上也涌现出大批涉足职业技能培训领域的新兴互联网企业,其产品包括各类工具App、在线教育平台、网络学校等。从学习形式上来看已形成在线自主学习、泛在学习、线上线下混合式学习等多种模式,这些模式有何利弊,如何在"互联网+"的环境下使得这些现有的模式进一步完善,是我们关注的重点。

一、新型城镇化的特点

所谓新型城镇化,是指坚持以人为本,以新型工业化为动力,以统筹兼顾为原则,推动城市现代化、城市集群化、农村城镇化、全面提升城镇化质量水平,走科学发展、集约高效、功能完善、环境友好、社会和谐、个性鲜明、城乡一体、大中小城市协调发展的城镇化建设路子。新型城镇化的基本特点有:一是以人为核心的城镇化。新型城镇化是以人为核心的城镇化,合理引导人口流动,有序推进农业转移人口市民化,稳步推进城镇基本公共服务常住人口全覆盖,不断提高人口素质,促进人的全面发展和社会公平正义。推进新型城镇化,必然注重人口变化,促进城镇化建设与教育协调互动,保障城乡居民平等地接近和融入城市。二是实现"四化"同步。新型城镇化,是坚持推动工业化和城镇化良性互动、城镇化和农业现代化协调发展,促进工业化、信息化、城镇化、农业现代化同步发展。三是坚持可持续性发展。新型城镇化是以生态文明理念为引领,构建绿色产业体系,形成绿色消费模式,增强绿色保障能力,实现人和自然和谐相处。四是注重质量。在新时期,生态环境、资源承载力和可持续发展是考核新型城镇化的重要标尺,同时注重经济效益、社会效益、生态效益、政治效益和文化效益,增强城市发展的可持续性,都是新型城镇化的重要内容。

二、现行的职业技能培养培训体系难以满足新型城镇化对职业教育的需求

(一) 职业技能人才培养培训通道不畅

我国职前和职后教育基本上处于相互不协调、不沟通的情况。也就是说,职业培训和职业资格体系与正规职业教育之间还没有形成和谐统一、机制完整的有机整体。就学校职业教育而言,目前以职业学校为主的学制体系仍然相对封闭,缺乏对行业、企业参与的吸引力和规范要求。中等职业教育和高等职业教育在专业、课程、教学过程和评价、师资等方面存在脱节、断层或重复的现象,不能很好地适应新型城镇化技能型人才成长规律的要求,也不能满足行业、企业对高技能人才的需求。不仅如此,我国现行的职业教育培养体系的开放性程度仍不够。主要表现为正规职业教育基本只面向适龄青少年,青少年一旦离开正规教育系统,将难以重新回到正规教育系统,只能选择非正规的职业教育与培训。

(二) 职业技能人才培养培训模式不合理

在"互联网+"环境下,职业教育人才培养,既要具备基本的基础知识与专业技能,又要掌握必要的职业技能和信息技术素养,成为"专业知识、职业技能、信息技术"三位一体,"专业知识与职业技能融合、职业技能与信息技术融合"的高素质技术技能人才。但目前我国职业院校学生信息技术素养普遍不高,难以适应工业化和新型城镇发展对数字化素养能力的需求。同时产业结构优化升级要求提升人才供给结构匹配度,职业教育必须按照建设现代产业体系和产业结构调整升级的总体要求,调整专业设置、健全课程体系,保证各行业技能型人才的有效供给。但是,我国职业教育在专业设置方面存在专业设置滞后、专业定位不准、专业内涵不深等问题。

(三) "双师型"职业教育教师严重不足

目前我国职业院校教师主要来源于普通高校毕业生,他们多数没有接受正规、系统的实践业务培训,缺少在企业生产一线进行专业实习的机会,实践经验明显不足。而企业的"能工巧匠"由于各种原因很难进入职业院校任教,因此,职业院校"双师型"人才很难补充。建设"双师型"教师队伍是职业院校教师队伍建设的方向,但目前一些职业院校在"双师型"教师的培养上还没有形成一套科学完整的新机制,仍旧照搬普通高等教育的模式,背离了对职业院校教师强化应用的本质要求,表现出了严重的学科化倾向。有些高职院校教师的第二职称证与学院开设的专业不相符,还有的与自己的专业不相称,不能真正发挥指导实践性教学的作用。

(四) 职业技能人才质量评估欠科学

目前职业院校人才培养质量评估模式非常单一,现行的评估方法和模式都是"墨守成规",

千篇一律,缺乏创新精神,不仅缺乏对职业院校人才培养质量地区差异性和个性化特征的考虑,更缺乏利用信息技术对职业院校人才培养质量评估的尝试。而且,职业教育人才评估体系尚不够完善,没有实行人才质量评估的全程性和实时性,导致职业院校人才质量评估的片面性和单一性。

三、"互联网+"职业技能培养培训体系的优势

信息技术是当今世界创新速度最快、通用性最广、渗透力最强的高技术之一,信息化是对人类生产生活方式影响最为深刻、对世界文明最为深远的大趋势之一。[3]在新型城镇化背景下,构建"互联网+"职业技能培养培训体系优势尤为明显。

(一)信息化可以促进职业技能人才培养培训通道通畅

中高职一体化、职前培养和职后培训一体化是健全完善职业教育体系的必然要求,有利于促进职业教育健康协调发展。造成中高职一体化、职前培养和职后培训一体化困难的根本原因在于:中高职培养体系和职前培养及职后培训长期各自为政,缺乏沟通和协调。要解决这些问题,就必须填补中高职教育以及职前培养和职后培训之间的鸿沟,搭建有效的沟通桥梁,而以互联网为核心的信息技术可以很好地填补这一鸿沟。例如,针对中高职一体化过程中体制、机制和环节中严重脱节的问题,我们可以借助信息化手段,发挥互联网"连接一切"的优势,搭建中高职人才培养的立交桥,让中高职教育在招生与就业、专业设置和课程开发、学习和评价、资源与共享以及学习者终身学习记录方面实现无缝式对接,通过建立中高职一体化信息综合平台,在中高职之间搭建数字化立交桥,打破中高职学校的封闭状态,利用综合信息平台实现中高职学校间培养目标、课程体系的统一和协调,促进中高职学习资源共享和利用,通过建设学分银行和学分互认的方式来保证中高职一体化。针对职前培养和职后培训难以衔接的难题,我们可以借助职前培养和职后培训信息化综合平台,利用信息技术延长学习者的学习链,职后培训者可以利用信息化手段在家里或单位学习,通过网络自主学习,并可以随时与教师在线交流,极大地方便了职后培训者,通过信息化综合平台使职前培养和职后培训一体化。总之,利用信息化手段可以弥补中高职一体化、职前培养和职后培训一体化的鸿沟,保证职业技能人才培养通道通畅。

(二)信息化可以助力职业技能人才培养培训模式创新

信息素养是技能型人才必需的基本素养,也是"互联网+"环境下素质教育的重要内容。通过信息技术手段,在提升学习者专业知识和职业技能的同时,有效地增强他们的信息素养,使他们成为"专业知识与职业技能融合、职业技能与信息技术融合"的高素质技术技能型人才。利用现代远程技术,可以促进职业院校校内教学过程和工厂、企业等工作场所生产过程实时互动。通过线上线下混合式教学模式,将面对面教学和在线学习两者有机结合,通过在线交互引导和促进职业院

校学生实现自主学习。就实践教学而言,教育信息化为职业教育提供真实的、仿真的教学设施或教学环境,让职业院校师生通过"做中学""做中教",真正把教、学、做统一起来,使学生在实践中运用专业知识、在岗位操作中提高专业技能、在生产过程中培养职业素养,大大提高了实习实训的效果,不仅有利于解决学生实习岗位紧缺和不足的问题,而且也有利于解决在真实环境下难以呈现的教学和生产问题。[4]针对企业员工职后培训所要承担的培训成本高的难题,通过信息技术手段,发挥在线学习的优势,可以很好地节约培训成本,还能满足学员随时随地的个性化学习,实现职后培训效果最大化。

(三)信息化是实现"双师型"职业教育教师培养的捷径

现在从事职业技能培养培训领域的教师一般分为两种,一种是经验丰富的实践型兼职教师,它是职业教育师资队伍建设的一大特色,是师资队伍构成的有效组成部分,也是世界各国在职业教育发展和师资队伍建设过程中的成功做法;另一种是理论素养深厚的理论型教师,这两种人员各有优势和不足,其中实践型兼职教师有丰富的一线实战经验,其培训内容具有很强的针对性,易于被培训学员接受与认同,但普遍缺乏授课的基本经验,教学技巧严重不足;而理论型教师授课经验非常丰富,但授课内容相对缺少针对性与实用性,其实践经验严重不足。培养同时具备实战经验与丰富授课技巧的职业院校教师刻不容缓。信息化可以很好地兼顾二者的优势,利用信息技术手段,可以很好地解决职业院校理论型教师自身实践性、操作性的空白或欠缺,通过网络平台和虚拟仿真系统,有效地解决了他们到企业实践难的问题,提升理论型教师的实践经验,使自身从"纯教育型"向"双师型"教师发展;通过信息化手段,充分发挥通过在线学习的方式,创新"线上、线下、一体化"的混合式研修新模式,提升实践型兼职教师的理论知识水平,使实践型兼职教师成为既具备实践经验又具备理论素养的"双师型"教师。

(四)信息化有利于提升职业教育人才质量评估的效率和准确性

信息技术的迅猛发展为职业院校人才培养的质量保障和监控提供了全新的方式。将人才培养质量评估过程数字化,以大数据支持人才培养全过程评价,便于资料的永久性存储和有序管理,大大提高了职业教育人才培养质量评估过程的检索效率。[4]同时,我们依靠网络平台无处不在的网络连接环境,借助日新月异的现代信息技术,通过计算机巨大的存储能力和快速的处理能力,可以大大提高职业教育人才评估的时间和效率。还有,利用信息技术优势,结合网络技术智能化、个性化和高速化的特点,建立职业教育人才培养过程电子档案袋,可以实现人才评估过程性评价。由于网络资源的共享性、公开性和开放性,促使整个评估工作在公开透明的环境下进行,可以保证职业教育人才质量评估的科学性和公正性。这种能够收集和分析海量数据的信息技术,可以帮助职业院校更好地了解教师的教学行为以及学生的学习过程和学习行为,更有针对性地管理和评估职业院校的教学与管理,大大促进职业教育人才培养质量的改进。

四、新型城镇化背景下"互联网+"职业教育培养培训体系模式的构建

（一）加强顶层设计，统筹规划新型城镇化环境下"互联网+"职业技能培养培训体系

随着新型城镇化的推进和"互联网+"时代的到来，统筹规划我国"互联网+"职业技能培养培训体系刻不容缓。首先，要科学制定"互联网+"职业技能培养培训体系发展规划，将职业教育信息化纳入国家教育信息化整体发展战略和职业教育重大发展战略，着眼于长远发展。其次，认真做好顶层设计。顶层设计主要包括宏观设计、中观设计和微观设计，其中宏观设计就是根据新型城镇化发展的需要，科学地规划"互联网+"职业教育发展的理念和规划、管理体制、投入体制、师资队伍、科研和制度建设等。中观设计，即根据新型城镇化发展的现实需要，科学地预测未来一段时期内新型城镇化发展对技能型人才的需求，合理地规划"互联网+"职业教育发展的规模质量、层次结构、质量规格和评价标准等，保证职业教育培养的技能型人才满足新型城镇化发展的需要。微观设计，也就是根据我国新型城镇化发展规划，合理确定"互联网+"职业教育的培养目标、专业设置、课程体系与教材、教学资源、教学过程等。

（二）建立职业教育综合信息平台，确保中高职一体化和职前培养、职后培训一体化

我们要建立全国统一的职业教育信息化综合平台，保证职业培养和职后培训一体化。就职前培养而言，利用信息技术实现中高职一体化改革，搭建中高职数字化立交桥，通过信息化综合平台实现培养目标对接，形成总体布局、总体规划、总体实施、总体管理和总体评估等一体化协调机制；通过信息化综合平台实现中高职培养体系对接，形成培养目标、专业设置、课程安排、招生制度、管理体系等有机衔接；通过信息化综合平台实现中高职学习资源对接，整合各自的数字化学习资源，减少重复建设，积极发挥慕课等开放在线课程在公共课、基础课等方面的作用，形成中高职学习资源的有效对接和共享机制。就职前培养和职后培训一体化来说，建立数字化学分银行以及终身学习记录库，实现职前培养和职后培训不同学习阶段的学分互认，减少课程的重复学习，也避免职前培养和职后培训"两头都没有学到"的盲区。通过信息化综合平台，让职后培训学员通过自己的学号，随时进入职业院校数字校园，自主学习，查阅资料，在线和教师交流沟通，实现职前培养和职后培训的自主化和一体化。

（三）充分利用"互联网+"的优势，创新职业技能人才培养培训新模式

我们要借助信息技术手段，充分发挥在线学习的优势，构建课内与课外相结合、校内与校外相结合、学校与企业相结合、分散与集中相结合、短岗与顶岗相结合的多元化职业教育教学体系。同时，我们也要打破传统课堂教学的时空限制，改变传统教学模式，探索和创新"互联网+"环境

下的职业教育教学新模式,引导职业院校学生自主学习、泛在学习、移动学习、个性化学习,促进教与学、学与学的全面互动,通过计算机和网络弥补传统课堂在教学资源、异步交流、多信道交互、学习者主体性发挥等方面的缺陷,让计算机和网络技术全面介入职业院校学生的学习和实训活动中。还有,我们要利用信息技术,积极推动职业教育中教学过程与实践过程实时互动,教师利用课程资源库中的图片、视频、动画、课件向职业院校学生介绍仪器设备、演示实训过程、展示实验现象和讲述实验步骤,利用课程网络交互平台,对实训过程进行全程模拟,并就实训中可能出现的问题进行交互讨论,最大程度地发挥"互联网+"教学环境的效果和调动学习者的主观能动性。

(四)建立虚拟仿真系统和在线学习平台,全面提升职业院校教师能力水平

对于职业院校教师来说,理论能力和实践技能的双重发展,是其专业发展的主要路径。首先,利用虚拟仿真系统,实现理论型教师实践技能的提升。职业院校专业授课教师到企业一线实践难度大,且由于安全等因素的影响,职业院校专业授课教师难以在企业一线岗位上实践操作,我们利用虚拟仿真系统,通过虚拟现实创造的仿真视觉、听觉、触觉甚至嗅觉的模拟环境,使职业院校理论型授课教师获得与企业一线真实条件下的体验极其相似或相同。利用虚拟环境进行实践,弥补了真实环境下难以实现的实践训练。其次,建设数字化教师职业教育资源库,创建在线培训课程模块,引导职业院校实践型兼职教师在线进行视频学习、测试、讨论交流和作业提交等活动,在教学内容初步学习的基础上,组织进行深度消化与以应用为目标的面对面培训,实施翻转课堂、混合式研修等模式,来提升职业院校实践型兼职教师的理论素养。同时,构建职业院校教师电子档案,记录、分析教师成长发展轨迹,便于职业院校教师能力水平的全面提升。

(五)建立大数据资源库和网络平台,有效提高职业教育人才评估质量

教育环境的设计、教育实验场景的设置、教育时空的变化、学习场景的变革、教育管理数据的采集和决策,在云计算、物联网、大数据背景下,正在变成一种数据支撑的行为科学。[5]信息技术在处理和传输领域已二进制进行存储,将原先用纸张或其他媒介存储的内容转变为用计算机处理和传输的信息。这样一来,人才培养全过程包括评估过程所产生的资料,不论是文字、符号,还是图片、视频等都可以转变为易于计算机网络技术存储和处理的信息,并按照一定的逻辑关系组成相互关联的大数据库。我们要建立大数据资源库,借助大数据的分析技术,对职业院校学生的知识建构和复杂能力进行有效评估,为他们提供更加个性化、有效的支持。并且,充分利用云计算技术,将职业院校在校生电子档案袋永久储存在云端,便于跟踪他们毕业后的发展情况,为职业院校提供更全面、更准确的科学数据分析结果,实现"智慧化"职业教育人才智力评估。同时,依托网络平台,建立职业院校人才培养质量的实时评价和监控系统,全面追踪职业院校学生培养过程,保证人才质量评估的全面性和全过程性。

五、O2O 混合式职业技能培养培训模式

（一）O2O 混合式职业技能培养培训模式的特点

O2O(Online to Offline,线上到线下)一词来源于电子商务,是指买卖双方通过互联网进行线上交易,随后消费者进行线下体验的一种模式,比如我们所熟知的大众点评、苏宁易购、美团等。该种模式的一个重要特征是线上线下一体化,对于消费者来说,能够通过互联网获取全面的商家信息,选购适合的商品;而商家也能通过大数据了解消费者的购物需求和爱好,从而实现精准营销。O2O 模式运用于教育中即线上学习与线下学习相结合,该种模式一般通过在线学习平台把传统的线下面授教学或操作实践与线上优质师资资源有机结合,将理论知识学习与技能实践无缝连接,学习者根据自己的学习特征和学习需求挑选线上资源,从而满足学习者随时、随地的学习要求。而学习平台可以通过对学习者相关学习路径和行为的大数据分析,为其推送适切的优质资源,从而真正实现"以学习者为中心"的个性化学习。其次,O2O 混合式职业技能培训模式可以弥补学校职业教育中师资力量尤其是"双师型"教师匮乏的问题。由于中国职业教育培养体系中以学校培养为主导的特点,校企之间的教学联结一直处于较为薄弱的状态,职校专任教师在一线工作岗位的实战技能方面普遍薄弱,实践教学能力缺乏,而来自企业的"兼职教师"由于岗位、时间等因素的限制,一直处于供不应求的状态。O2O 混合式职业技能培训模式不受制于时间空间,也能满足教师灵活的多方位教学要求,通过互联网实现职校—企业教学共同体,满足学生专业知识和实践技能等多元需求,通过"互联网＋"实现学校、企业、行业的跨界融合。最后,O2O 混合式职业技能培训模式能够有效节省实地培训的开支,缩减培训资金和成本,使得更多学习者从中受益。

（二）O2O 混合式职业技能培养培训模式的实践与成效

由于不受时空限制的灵活使用特点,O2O 混合式职业技能培训模式可以适用于职业学校教育、职前职后培训以及社会培训等多种形式。

从学校教育层面上来看,由教育部牵头建立的职业教育资源库和学习平台,以及各省高等职业教育专业教学资源库和各校根据自身专业设置所建立的数量丰富的校本资源,共同构成国家、省、学校三级数字教育资源共建共享体系,为 O2O 混合式职业技能培训模式的实施打下了坚实的基础。我国于 2011 年正式开启国家示范性职业学校数字化资源共建共享计划,根据教育部 2016 年 10 月发布的教提案,在职业教育领域,目前职业教育专业教学资源库建设项目,实现了对高职 19 个专业大类的全覆盖。[6]中央财政投入 3.8 亿元实施职业教育专业教学资源库建设项目,"形成由 71 个专业教学资源库、1 个民族文化传承与创新资源库和 1 个学习平台构成的资源库建设体系,覆盖了农林牧渔等 19 个高职专业大类。截至 2015 年底,共有 745 所院校、1 377 家行业企业参与了资源库建设。共建各类多媒体资源 71 万余条,资源总量达 15.8TB。"[7]其中,国家级资源主要面向专业布点多、学生数量大、行业企业需求迫切的专业领域;省级资源根据本地发展需

要和职业教育基础,与国家级资源错位规划建设;校级资源根据院校自身条件补充建设,突出校本特色。[8]

广东省顺德职业技术学院自1997年起开始把课程建设作为重点任务,迄今已历经四轮改革,从本科压缩饼干式课程到理实一体化课程,继而从项目化课程再到现阶段以学习者为中心的课程建设与教学改革,该校师生在不断尝试和探索。该校依托线上线下一体化的O2O翻转课堂教学模式,以专业教学资源库为支持,开展课程建设与教学改革。该校的O2O翻转课堂教学模式采取以学生为主体、教师辅教结合企业培训的方式,由学生自主预先学习线上课程,而线下的课堂主要用于师生互动、答疑解惑、分组讨论等。用于支持该模式运作的专业教学资源库包含课程定位、课程设计、课程内容、教学方法和手段、实践条件、师资队伍、教学资源七个方面的内容,该校同时建立多功能的平台支持O2O教学模式的顺利开展。平台以在线微视频为基本教学单元,通过即时反馈的交互式练习、个性化的服务与因材施教、社交网络化的互动交流全面支持和保障师生的教与学。而从学生的学习效果上来看,学生自主学习能力增强,通过边学边练,学生专业知识和技能水平得到更为熟练的掌握,更适应企业的人才需求,获得在校师生和企业单位的一致认可。

除中高职院校以正式学习为主的学校教育外,我国开展职业技能培养培训的方式还有企事业单位、社会机构等开展的职业岗位培训等。前者是学历教育,为就业者任职前打下坚实的专业知识和技能基础,但往往并不能充分满足企事业单位对员工的需求,因而后者也成为职业技能培养培训的重要部分。在传统面授式的培训中,企事业单位通常面临着培训任务繁重、师资力量匮乏、培训资金短缺的问题,随着"互联网+"拓宽了教育的路径,当前也有越来越多的企业培训向O2O模式转型,世界500强企业中已有超过90%采用在线培训模式[9],在我国也有诸多大型企事业单位成立了企业大学并搭建了各自的网络学习平台,通过线上线下培训相结合的手段,增加了培训的覆盖面并有效提升了培训质量。如IBM公司2003年的"经理角色@IBM"项目,对公司32 000名主管和经理人开展全球经理人培训(Manager Development,MD),由于培训学员遍及全球50多个国家和地区且学员平日工作事务繁忙,要抽出固定的时间线下培训是很难实现的。因此IBM采用了O2O在线学习与线下面授结合的混合式培训模式,依托公司局域网培训平台"经理人Jam""电子顾问"在线帮助各位学员量身订制培训内容,同时为众多经理人提供了一个开放的互动板块,让来自不同部门、不同层级的学员分享经验和教训,帮助做出决定和采取行动。该项目全球统一进行,为期一年,同时为各学员分配指定辅导师开展线下辅导。另外,IBM还开发了一所名为Global Campus的网络学校,其中包含2 000多门培训课程,并支持下载学习、互动学习以及多人协作学习,员工们可根据自身需要,量身定制"自助餐式"的培训课程,并结合线下实践实时提高技能,从而避免了短期集中培训中信息量繁杂易忘的弊端。该模式得到了员工的一致好评,还为公司节省了大量成本开支。2005年,以上这些在线培训产品为IBM带来了近2.8亿美元的经济收益,超过投入成本。[10]

（三）O2O 混合式职业技能培养培训存在的问题

1. O2O 混合式职业技能培养培训模式在不同区域之间的应用水平存在较大差距

由于经济文化发展的差异,我国各区域的职业教育资源的投入和发展存在严重的不均衡性。[11]对 O2O 混合式培养培训模式的应用,我国中西部的欠发达地区要远远落后于东部等发达区域。这主要由于以下几个方面的因素导致:一是资金投入上的差异,O2O 混合式培养培训模式需要配套软硬件学习环境和资源的支持,发达区域对该种创新模式的支持程度较高,投入更多的资金用于平台和资源的打造,从而覆盖率更高;二是师资力量的差距,发达区域能吸引更多的优秀师资前往就业,并为教师提供相关信息化教学能力方面的培训,指导教师更好地应用于教学实践中;三是信息技术应用水平的差距。O2O 混合式技能培养培训模式对学员的信息技能有一定的要求,我国发达地区的信息化发展水平要普遍高于欠发达地区,学员的信息素养也相应较高,观念上更易接受该模式,学习过程也更加得心应手。而欠发达区域由于硬件设施、学员思想观念方面的差异,即使国家层面提供了优质的学习资源,也未能得到充分有效的利用,导致应用水平仍存在较大差距。

2. 学员学习动机不强

O2O 混合式职业技能培养培训模式的线上培训部分多是由学员自主进行,缺乏一定的约束力,同时也出现了部分学员积极性不高的现象。究其主要原因有如下两点:一是缺乏相应的学习激励机制,学员在学习初期由于有充足的兴趣和明确的学习目的,学习效果好,但在学习中后期会产生倦怠心理,学习动机也会削弱,需要一定的激励措施来推进;二是由于培训内容是面向大规模的群体,缺乏针对性,学习过程中互动不足,难免使学员感觉枯燥乏味,从而影响其学习的积极性。

3. 评价和反馈机制有待完善

目前 O2O 混合式培养培训模式多关注于资源、平台的建设与应用,但对受众的学习反馈环节缺乏相应的评价机制,该问题尤其凸显在线上教育部分。在线课程尤其是大规模在线课程中,经常出现一位教师或一个教学团队面对数百上千名学员的现象,在短期内完成如此数量庞大的学习评价几乎是不可能的任务,因而很多在线课程采取同伴互评和自评的模式,然而从学习者自身的层面来看,一门课程中很多学习者都是初次接触该课程内容,由于评价者对知识掌握不充分,很容易影响评价的准确性。在 O2O 混合式教育模式中,线上线下是既有分割又有结合的两个环节,如何找到真正适合二者又能将二者有效融合的评价和反馈机制是目前亟待解决的难题。

（四）对策及建议

1. 加强各级职能部门的重视,发挥管理和引导作用

不同于高等教育的办学模式和结构体系,职业教育的发展水平在很大程度上依赖地方经济,若要在短期内一味地通过加大投入来提高办学水平,从而消除职业教育的区域差异、实现均衡发展是不实际的。首先应当从政府层面和领导部门开始着手,转变思想观念,加强各级职能部门对于职业教育信息化发展的重视程度并对职业院校师生以及各企事业单位加以宣传引导,同时根据地方经济发展特征因地制宜出台适合本地的行动计划方案;其次,为欠发达区域的职业院校设立专项资金,保障基础的软硬件环境和资源配置;再次,开展多途径的教师培训,提升教师的信息化教学能力,更好地开展线上线下的教学,促进教师专业发展。

2. 创新教学方法,优化学习过程,制订激励机制

O2O 混合式技能培养培训模式不同于传统的面授式课程,也与单纯的在线课程(E-learning)有所区别,它是二者的有机结合体,故而教学方法也应当有所创新来更好地适应该模式。O2O 混合式技能培养模式具有较大的灵活性,可根据具体的专业内容、学习者的特征和需求等来制订具体的学习过程,比如线上线下分别占据的比重,交流互动、答疑解惑环节的次数和时长,在线活动和线下活动的设计和组织等,从而在学习过程中提高学生的学习兴趣,增强学员的参与度,获得更好的学习效果。另外设置奖励措施,可效仿网络游戏中的通关机制和奖牌徽章奖励等,从而增强学员的参与度和用户黏着度,更加激发学员的学习热情。

3. 完善培训中的评价和反馈机制

O2O 混合式技能培养培训模式面向的受众数量庞大,线上线下结合的方式能够更好地记录学员的学习行为,在这种情况下,传统的技能考核方式就被凸显得更为单一、片面。技能掌握是一个多方位的过程,在 O2O 的培养培训模式中应当更加注重过程性的评价。此外,学员的学习行为记录会产生数量庞杂的学习数据,面对海量的教育数据,传统数据的收集、记录、管理和分析的方式也已无法满足需要。针对以上问题,可在该种模式的评估机制中引入大数据的概念,利用大数据技术,提取学习行为记录数据中的有效信息,用于过程性的评价。同时打破传统评价中知识掌握这一单一维度,以学习者的行为数据为依据,实现对学习者态度、思想、行为等方面的多元评价,关注学习者的全面发展。基于大数据的学习数据分析,能够更为精准地得出学习者的风格和需求,进而方便学员进行自我评估,也方便教师或公司为学员制订出个性化的学习方案,真正实现以学习者为中心的教学和培训。

六、基于虚拟仿真实训的职业技能培养培训模式

(一)基于虚拟仿真实训的职业技能培养培训模式的特点

虚拟仿真技术(Virtual Simulation)是以仿真技术(Mod-tiling and Simulation, M&S)与建模为基础,以计算机图形学(Computer Graphics, CG)为主要支撑的综合性技术。它充分利用了三维建模软件的强大功能,在系统仿真技术的基础上,实现对某一对象系统或过程的动态可视化。[12]基于虚拟仿真实训的职业技能培养培训模式建立在虚拟的实训环境之上,注重的是实训操作的交互性和结果的仿真性。基于该模式的培养手段主要包括模拟演示和仿真实训。模拟演示是通过计算机模拟实现实际场景和工作流程,并对其进行展示的过程;仿真实训则借助仿真、多媒体、增强现实和虚拟现实等技术,在计算机或特定设备上,营造可辅助、部分替代甚至全部替代传统实训中各操作环节的相关软硬件操作环境,让使用者可以像在真实的环境中一样完成各种实训

项目,特别是部分实际操作中难以实现的培训内容,同时还能在使用过程中提供必要的操作提示,及时反馈实训过程中出现的问题,并对结果进行合理化评价。[13]在教学内容上,虚拟仿真技术很好地弥补了传统教学模式理论与技术脱节的缺陷,其更新迭代也更为便捷;在教学形式上,虚拟仿真技术具有较强的趣味性和交互性,能为学生提供更贴近实际操作的环境;在教学效果上,虚拟仿真技术提高了老师教学和学生学习的效率;在教学管理上,虚拟仿真技术在一定程度上降低了教学成本,避免了学生因实操产生的安全隐患。

(二)基于虚拟仿真实训的职业技能培养培训模式的实践与成效

随着虚拟仿真技术的成熟和完善,各职业院校都将这种模式应用到了不同学科的教学中。

广西电力职业技术学院将自主研发的丰田花冠A215E自动变速器三维虚拟仿真模型应用于教学工作中。伴随该校汽车类专业的发展扩大,实训设备——花冠A215E自动变速器的数量逐渐无法满足教学的需要。为了解决这一影响教师教学和学生学习的问题,该校教师通过科研立项,自主研发了丰田花冠A215E自动变速器的三维虚拟仿真模型。该仿真模型从根本上改变了原有的教学模式,学生不再像以往围在设备旁听教师讲解原理和检修过程然后轮流在有限的几台机器上进行实际操作,而是形成了一人一台计算机,教师通过广播进行讲解和教学的新模式。这一模式在提高教学质量的同时,也为学生提供了模拟仿真操作的机会。在理解了设备运行原理的基础上,学生可以在计算机上进行自主训练,这一方面能切实提升学习效率,优化学习效果;另一方面可大幅降低设备的损耗率,压缩了学校的持续性投入,并且在很大程度上解决了汽车类专业的快速发展与实训设备不足的矛盾。[14]

针对电梯专业的机械设备成本较高、学生实训设备不足、教师教学难度大等问题,福州建筑工程职业中专学校尝试将虚拟仿真应用于电梯施工技术等学科的教学中,取得了预期的效果。电梯安装主要有机械安装和调整尺寸两大步骤,其对精度的要求非常高。传统教学中,老师在讲解强调技术指标等概念时,学生通常只能采取机械性记忆的方法来学习,而涉及攀爬、吊装、大型重物搬运、井道内作业等危险性动作的内容则通常由老师亲自示范,学生进行观察。这种教学模式,一方面难以让学生获得直观的体验,容易浮于表面;另一方面要求教师在合理安排教学进程让学生能够轮流完成学习任务的同时拥有较好的体力,能下井作业,对教学存在不利影响。通过虚拟仿真,学生对知识的理解更深刻,掌握更牢固。在虚拟操作的过程中,系统会适时提出应用技术指标问题,增强学生对技术指标的敏感度,强化记忆。同时,可以在一定的时间段内展现部件安装的整个过程,扩大教学内容演示的范围,破除过去学生分批进入实训车间,教师悬挂顶端作业、多次重复演示的弊端,在有限的时间内让学生获得更多的具体经验,进而有效地提高了教学效率,降低了教师的工作量。[15]

由于生化制药专业的特殊性,教学过程中通常会穿插大量的实验和实训课程,然而经过长期对教学过程和教学效果的评估,台州职业技术学院发现这一模式存在诸多问题。例如,传统教学模式由老师主讲,学生难以获得直观的体验,同时受限于成本,学生不能自由操作,使得教学效果难以达到预期目标。又如,许多装置复杂、药品稀贵、操作技术要求高、反应速率过慢、反应现象不明显的实验难以进行,不能很好地满足教学需要。同时,生化制药技术专业实验常常伴随特定实验产物和废料,其中不乏有毒有害的物质,对人体和环境都造成威胁。此外,由于受到实验经验积累的限制,学生容易存在不熟悉实验流程、不明确实验原料和产物危害等情况,这在一定程度上也增加了实验时的安全隐患。因此,学校在开展这类实训时通常更为谨慎,部分难以控制的实验甚至会被剔除。为了解决这一问题,学校引入了虚拟仿真系统,既提升了学生的积极性,又降低了实验的危险性,与此同时还拓展了实验的条件范围、减少了学校的成本开支,取得了良好的效果。[16]

(三) 基于虚拟仿真实训的职业技能培养培训模式存在的问题

1. 教学类虚拟仿真软件的质量有待提高

由于国家尚未出台相关行业标准和技术规范,虚拟仿真软件设计与制造的准入门槛较低。一方面导致重复建设、互相抄袭的现象严重;另一方面也导致部分在教学设计和知识性、交互性等方面尚不完善的产品进入市场,对教师的教学工作和学生的使用情况产生不利的影响。

2. 企业研发难,学校投入大

由于虚拟仿真产品对研发技术有较高的要求,从企业层面来看,难以保证产品的科学性、交互性、实用性;对学校而言,虚拟仿真技术对计算机的显卡、内存等硬件设施有较高的要求,大量机器的定期维护也需要花费成本,同时,企业的虚拟仿真教学产品要价较高,少则数万,多则上百万,这些对大多数职校来说都是不菲的开支。

3. 教师经验和能力缺乏

一方面,大部分教师虽然比较关注虚拟仿真技术,但是很少接触到虚拟仿真教学系统,在教学中运用的经验尚有欠缺;另一方面,一些教师对新技术新媒体不熟悉,难以在日常教学中发挥虚拟仿真技术的优势,仍需要花大量的时间和精力来熟悉操作系统本身和这种新型的教学方式。

4. 学生学习目标偏离

和传统教学相比,虚拟仿真教学虽然提高了学生的参与度和积极性,但是,在一些情况下,学生参与学习的目的性不强,缺乏明确的学习目标。虚拟仿真实训模式能很好地激发学生的兴趣,但对学习内容关注度的提升没有直接影响,甚至会导致课堂气氛过于活跃,从而偏离了学习目标,难以达到良好的学习效果。

(四) 对策及建议

1. 加快建立相关标准和评价体系

国家和政府有关部门应尽快出台中国职教虚拟仿真教学资源管理的相关标准和技术规范,同时建立准入机制和评价体系。一方面从源头上促进优质资源的研发,提高产品的实用性,同时净化市场环境;另一方面打破行业技术壁垒,引导资源共享,促进整体行业的正向发展。

2. 加强"产""学"合作

虚拟仿真技术贯穿于职业技能培养的各教学环节,使企业与学校密切配合,通过供给侧的改革,充分发掘并精准定位需求,从而在降低研发和使用成本的同时,提升产品的科学性和实用性,彻底改变过去"企业卖不掉,学校用不起"的尴尬局面。

3. 提升教师相关专业知识和能力

可通过加大教师培训,一方面为教师提供虚拟仿真技术产品的使用说明,引导其正确使用;另一方面可在"产""学"合作的过程中让教师充分地参与进来,解决教师教学过程中遇到的困难,以及学生在使用过程中暴露出来的问题,使得这一系统能在教学过程中发挥最大的价值,同时满足更多用户的需求。

4. 培养学生自主学习的意识

通过制定学习目标等方式,要求学生合理安排自主学习的任务和时间,从而激发其学习的兴趣和主动性,充分体现学生的主体地位,同时培养其通过虚拟仿真技术发现和解决问题的能力,探索并发现自身的特长与优势,进而实现教学目标,优化学习效果。

七、基于云环境多终端服务的职业技能培养培训模式

(一)基于云环境多终端服务的职业技能培养培训模式的特点

"云环境"是基于云计算技术支持的网络服务环境,而"云计算"这一概念自2006年Google首席执行官首次提出后,其相关研究便迅速在全球范围推广开来,基于此技术的各项服务目前也已被运用在电子政务、医疗、教育、娱乐、交通、工程多个领域,推进传统企业的纷纷转型。云计算是一种基于互联网的计算技术,它能够将计算机处理的资源和数据信息按需求在电脑和其他终端上共享。[17]美国国家标准与技术研究院将云计算的基本特征归纳为五项:按需自助式服务、泛在的网络接入、资源池化、高速弹性化、服务计量化。[18]

云计算在教育领域的渗透形成了教育云的概念,目前关于教育云的研究在我国尚处于起步和探索阶段,但已成为当前热点话题,相关教学应用已如雨后春笋般纷纷逐渐崭露头角。目前应用于职业教育领域的一种较受欢迎的模式即基于云环境多终端服务的职业技能培养培训模式,该模式以云平台为支撑,将学习资源切割重组为碎片化的微资源,以计算机、平板、智能手机等多种终端为载体对学习者的职业技能开展培养培训。该模式具备如下特征:第一,基于云环境的网络教学平台能为教师和学生创设彼此独立又相互关联的一体化教与学空间。在教师的教学空间,平台可为其提供课前、课中、课后三个环节的教学辅助功能,并能为专家型、成熟型、新手型等各个不同阶段的教师按需提供不同的支持和服务,方便教师的教学,促进教师专业发展;另一方面,多终端的泛在学习空间能够满足学习者随时随地的学习需求,帮助学生实现一体化的预习、学习和复习过程,并能够有效为学习者记录学习路径与学习档案,达到更好的学习效果。第二,从资源层面来看,基于云环境的教与学资源打破了传统的线性资源教学模式,在系统化学习架构的基础上结合

非线性的学习理念,建立更符合学习者特征的碎片化资源;同时能够整合来自不同地域不同平台的优质资源,每个人都可以是资源的上传者和受用者,实现资源的即取即用。第三,基于云环境多终端服务的职业技能培养培训模式重构了教学方式和学习过程,包括教师备课、教学方法、教学活动、学习内容、学习方式、评价体系等教与学的全过程。

(二)基于云环境多终端服务的职业技能培养培训模式的实践与成效

随着云计算技术的风靡和发展,国家政府机关层面也愈加重视,先后出台多项政策支持云计算的技术创新和应用示范,加快云计算服务的产业化发展。

湖南省的职教系统在 2009 年依托北京禾田雨橡互联网科技有限公司的"世界大学城"服务系统,通过租赁购买服务的方式,在短期内以低成本搭建起"职教新干线"云平台,服务于全省范围的职业教育教学。[19]湖南省基于职教新干线云平台,至 2013 年已建立 190 个机构平台,50 余万个个人空间。在此平台上,教师可依托个人教学空间开展交互式、探索式教学,进行多样化的数字教育资源建设;学生可以依托个人学习空间开展自主学习、个性化学习、订制化学习、社会化学习以及终身学习。[20]如长沙民政职业技术学院基于云平台开展的职业院校空间教学探索,学校向全校师生配发了 2 万余个教学空间,组织教师按照"解构工作、重构学习"的理念,对岗位需求进行要素分解,从而重构知识点,重构开放型交互式课程环境与资源,创新教学方法,共建设 448 门空间资源课程,上传资源 180 万个。[21]教学效果得到显著提升,学生对教师课堂教学满意度的十项指标已连续六个学期稳步上升。[22]

佛山市是响应国家政策号召的云计算先行先试城市之一,位于佛山市高新技术产业园区的佛山职业技术学院,周边有 8 000 余家制造业企业,为了更好地向企业输送人才,学校同园区、企业合作,开启了"基于园区校企合作育人工程"。学校专门成立了云计算数据中心,建立混合服务云平台,整合政府、学校、企业等优势资源,带动园区各行业及组织共同转型发展。该校的混合服务云平台共有六个,其中网络教学与评价平台、课程建设与申报平台、专业建设与展示平台、网络课程共享联盟平台是基于校企资源的服务云平台,另外两个校内外实训基地开放管理平台和定岗实习管理平台是校企合作育人管理平台,服务于全校师生及校外企业。网络教学与评价平台主要服务于专兼职教师、校内学生、企业实习员工、现代学徒制学员,现已有累计 11 270 人参与学习,课程总访问量达 1 783 万次,学习者可用移动智能终端扫取二维码;专业建设与展示平台主要用于建设与展示专业资源库,可有院校专兼职教师与企业骨干型教师共同建设,实现优质资源的共建共享;网络课程共享联盟平台主要是对企业员工及学生开展职业技能培训,目前已累积培训30 000 人次。在学习过程中,学习者只需用手头上的任何终端设备扫取二维码即可登录进入云平台服务系统,系统根据学习者需求和特点设计学习路径,并精准推送经由教师精心设计的碎片化学习资源,学习完成后需进行知识点测验。随后进入实训阶段,包括实训任务发放、实训过程实施、实训评价、互动问答等环节,这些学习行为大数据都被记录在学习者的个人空间,用于整体评估其技能掌握情况。同时,该系统还为师生及企业提供了一个良好的互动平台和服务平台,企业不需再花费大量成本购置服务器,也无需再专门设立机房及管理人员,同样可享受各种资源服务,并可按需定制管理空间,节省了大量的财力人力物力。

(三) 基于云环境多终端服务的职业技能培养培训模式存在的问题

1. 我国现有的信息化基础设施尚不能满足规模化教育云发展的需要

规模化教育云的发展需要依托高带宽、高稳定的网络,但从我国目前的互联网建设现状来看,网络性能尚难以满足云环境中大量数据传输的要求。另外,基于云环境的应用服务平台需要稳定的数据中心的支撑,目前我国诸多科技园区和大企业的数据中心仍是传统设施,且存在分布分散、高能耗、低效率等问题,无法满足发展需要。

2. 云端数据信息的安全性无法保证

云计算技术的发展仍处于起步阶段,诸多关键技术未得到解决,其中尤为迫切的即如何确保数据信息的安全私密性。对于职业教育领域的用户来说,云环境下的系统服务可能存在数据丢失,或者由于黑客攻击造成用户信息泄露的安全隐患。由于云环境中数据的集中存储,一旦发生以上问题,造成的侵害和损失将是大面积且难以修复的。

3. 传统教学理念、资源和模式仍占主导地位

云计算技术为职业教育提供了全新的平台环境和服务模式,重构了教与学的全过程。云环境下的多终端系统服务培养培训模式主要依托于学习者的自发、自主性学习。但目前来看,许多教师的教学理念仍未转变,教学资源也未按照云环境下学习者的新型学习模式进行改装与重构,新壶装旧酒,教学效果也随之大打折扣。

4. 云环境的搭建和发展缺乏统一的行业标准

现如今云计算在全球范围尚未形成统一的技术标准,已搭建了云环境的各大企业之间的云计算技术架构和解决方案也存在着差异,因此云与云之间无法实现系统的互联互通。当前职业院校和多数企业是通过租赁购买大型企业云服务的方式来开展云平台建设的,虽然打破了之前固定服务器的区域局限性,但同时又由于企业间不同的云服务体系和标准形成了新的划分范围,这就制约了职业教育技能培养培训资源的整合与共享。因此,建立统一标准实现数据资源的互联互通成为当前亟待解决的问题。

(四) 对策及建议

1. 从国家政策层面引领职业教育云的建设与发展

国家在开展信息化建设规划布局时应当把职业教育云的发展纳入考虑之中,加大对职业教育信息化建设的投入,评估云环境的建设与扩展对网络性能的需求,加强网络基础设施建设。此外,应从国家整体层面规划云计算数据中心的建设,制定相关政策来引领和规范区域云服务中心的布局和建设,避免重复建设导致的资源浪费。

2. 加强技术攻关，完善相关制度和法规，保障云环境运行的安全性

针对云环境的安全隐私问题，首先应当重视对云计算关键技术的研发和突破，从技术层面攻克安全隐患；其次，应当完善相关法律法规，明确用户与服务商之间的责任和义务，签订协议共同保障双方的权利；再次，由政府层面建立第三方安全审查机制，定期对云环境运行的安全性进行全面检查，公示检验结果并对不合格的企业服务商进行不同程度的惩处。

3. 转变传统理念，重构云环境下教与学新生态

基于云环境多终端服务的职业技能培养培训模式改变了师生教与学的路径，一味固守传统的理念和模式便无法顺应时代发展改革的浪潮从而一蹶不起。云环境下教师应当重新定位自身角色，创新教学方法，同时应当重构教学资源以适应新的学习路径和范式，基于新的教与学模式重新建立评价体系，从而构建云环境下的教与学新生态。

4. 多方配合，制定云计算行业的统一标准

目前，部分国际机构已积极倡导并开展云计算国际标准的制定，我国的全国信标委、IT 服务标准工作组以及产业联盟这三家组织也开展了对云计算标准的研究。[23] 在这种情形下，要时刻保持与国际云计算标准制定机构的交流和对话，由政府部门牵头，协同国内相关龙头企业尽快制定我国云计算行业的统一标准。

参考文献：

[1] 李培林. 新型城镇化道路的思考[J]. 前线，2013，(12).

[2] 张萍，曹辉. "互联网+"时代的开放教育资源运动及其走向[J]. 教学与管理，2016，24：71-74.

[3] 刘延东. 把握机遇，加快推进开创教育信息化工作新局面——在全国教育信息化工作电视电话会议上的讲话[EB/OL]. http://www.tvet.org.cn/law/hooo/h02/1357542789d2.html，2015-08-18.

[4] 职业教育信息化课题组. 职业教育信息化研究导论[M]. 北京：清华大学出版社，2015.

[5] 唐斯斯，等. 智慧教育和大数据[M]. 北京：科学出版社，2015.

[6] 教育部. 中华人民共和国教育部关于政协十二届全国委员会第四次会议第 1923 号（教育类 201 号）提案答复的函：教提案〔2016〕第 189 号[EB/OL]. http://www.moe.gov.cn/jyb_xxgk/xxgk_jyta/jyta_kjs/201611/t20161123_289725.html，2016-10-26.

[7] 教育部. 关于政协十二届全国委员会第四次会议第 1044 号（教育类 113 号）提案答复的函：教提案〔2016〕第 100 号[EB/OL]. http://www.moe.gov.cn/jyb_xxgk/xxgk_jyta/jyta_zcs/201611/t20161123_289787.html，2016-10-20.

[8] 教育部. 教育部关于印发《高等职业教育创新发展行动计划（2015—2018 年）》的通知：教职成〔2015〕9 号[EB/OL]. http://www.moe.edu.cn/srcsite/A07/moe_737/s3876_cxfz/201511/t20151102_216985.html，2015-10-21.

[9] 胡菲. 浅谈 E-learning 在企业培训中的实践[J]. 北京石油管理干部学院学报，2016，04：73-76.

[10] HYSONN CHEN. 在线培训：IBM 的培训创新[EB/OL]. http://www.ceconline.com/ART/200000/MA/8800046680/01.HTM，2006-12-11.

[11] 王琴. 我国职业教育均衡发展的问题与对策[J]. 职教论坛，2010，04：70-73.

[12] 王永超. 面向职业教育的抽象知识虚拟仿真技术[J]. 广东技术师范学院学报，2009，04：63-65.

[13] 王海，李波. 虚拟仿真技术在职业教育实践性教学环节中的应用[J]. 中国职业技术教育，2011，14：48-51.

[14] 郑军龙，罗黎，严景明，等. 三维虚拟仿真技术应用于高职教学的研究[J]. 电子世界，2012，20：153-154.

［15］严慧萍.虚拟仿真在中职实训教学中的应用研究[D].福州:福建师范大学,2014.

［16］柯中炉,牟惠康,杨林生.以虚拟仿真技术提升高职实践教学有效性的探索——以生化制药技术专业实践教学为例[J].中国职业技术教育,2009,05:64-66.

［17］Hassan Q. Demystifying cloud computing[J]. The Journal of Defense Software Engineering,2011,1:16-21.

［18］Mell P,Grance T. The NIST definition of cloud computing[J]. National Institute of Standards and Technology,2009,53(6):50.

［19］王键.运用云计算探索新机制开创教育信息化建设新途径——湖南教育信息化的实践与展望[J].中国教育信息化,2011,17:12-13.

［20］周惠,曾红,陈剑利,等.基于云计算的职业教育教学资源的研究——以"世界大学城"中湖南职教教学资源建设为例[J].职教通讯,2014,17:1-3.

［21］刘晓.基于云计算的空间教学助推职业教育跨越与腾飞——以湖南省职业院校空间教学与管理为例[J].中国教育信息化,2012,01:87-89.

［22］刘洪宇.创建特色激发活力促进跨越办人民满意的现代职业教育[J].长沙民政职业技术学院学报,2013,02:2-5.

［23］田杰棠.我国云计算产业发展趋势及政策建议[J].经济纵横,2011,08:31-35.

新型城镇化进程中的科技创新与职业教育的供给侧结构性改革研究

北京师范大学课题组[①]

摘要：在"以人为本"的新型城镇化的背景下，科技创新与职业教育供给侧结构性改革是适应和引领经济发展新常态的主动选择。本研究以十九大精神作为指引，通过理论分析、现状研究、政策梳理及国际比较对城镇化进程中的科技创新与职业教育供给侧结构性改革研究进行了探讨，以期为教育供给侧结构改革的路径和策略提出建设性意见，从而加快推进职业教育现代化，全面完成新时代职业教育的新任务。

关键词：职业教育；供给侧结构性改革；科技创新

一、引言

自改革开放以来，我国经济迅猛发展，城镇化进程日益加快，十九大报告在回顾过去 5 年工作和历史性变革时指出，我国城镇化率年均提高 1.2 个百分点，八千多万农业转移人口成为城镇居民。人们在享有日益扩大和完善的城市居住环境的同时，也在建立一个不断自我生产和膨胀的社会复杂体系。

我国改革开放以来城镇化发展的历程大致可分为两个阶段，分别是：1990 年以前的"工业推动小城镇大发展"和 1990 年代以后的"以土地、住房商品化和市场化改革过程"[1]。相较于第一阶段的低水平发展，第二阶段在经济全球化的内外部环境影响下深受资本逻辑的统摄，在这种资本循环的城镇化背景下，劳动力、资本、以科技创新和教育扩招为代表的信息流动、地缘性阶级（权力）联盟的形成，使我国社会关系的再生产日趋差异化，如社会阶层分化、城乡差异加剧等。这一过程中的城镇化既与经济增长、社会进步相伴，又与"城镇化率"虚高等各类社会问题相随，是一个涉及众多群体利益和矛盾突发期的过程。

在"以人为本"的新型城镇化的前提下，科技创新与职业教育的发展便显得尤为重要。一方面，以科技创新为代表的知识资本和以职业教育为代表的人力资本在根本上决定了我国在全球产

[①] 课题负责人：方芳，北京师范大学教育学部高等教育研究所副教授。课题参与人：耿悦，北京师范大学教育学部职业与成人教育研究所在读硕士研究生；白航源，北京师范大学教育学部高等教育研究所在读硕士研究生；位星，北京师范大学教育学部高等教育研究所在读硕士研究生；王佳明，北京师范大学教育学部高等教育研究所在读硕士研究生；李礼，北京师范大学教育学部高等教育研究所在读硕士研究生。

业分工链的层次水平,塑造着我国的城镇化进程。另一方面,作为衡量城镇化内涵式发展的关键指标,以农民工为主的劳动者市民化程度也深受科技创新与职业教育的影响。因而,在新型城镇化的背景下,研究科技创新与职业教育的供给侧改革具有非常重要的意义。

二、理论分析

(一)成本——收益理论

个体接受职业教育是一种投资性活动,通过成本—收益分析理论研究职业教育的收益,可以了解职业教育与其他教育相比成本的水平,判断我国目前职业教育开展的成效,并为未来职业教育的供求改革的发展提供依据。

职业教育的个人成本包括学杂费、学生因就学在吃穿住用等方面支出的直接个人成本以及个人机会成本,社会成本包括用于职业教育的公共支出以及社会间接成本。近些年,我国对于职业教育的支出比重逐年扩大,自 2005 年《国务院关于大力发展职业教育的决定》发布以来,职业教育经费总量年均增长 18%。中央财政实施"现代职业教育质量提升计划",2017 年中央和地方用于该项经费的支出为 187.3 亿元,较 2016 年增长 5.6%。[2]

从个体收益上看,接受职业教育的人有较强的职业适应性和更多的就业机会,可以给个人带来显著的经济效益。职业教育可以扩大如农民等弱势群体的受教育机会,缩小收入差距,促进其城市融入。另外,个体在接受职业教育产生的增量能引起的他们的子女的受教育增量,产生世代影响。

从社会受益上看,职业教育可以通过提高劳动者的平均熟练程度和促进科学技术的发展与应用来提高劳动生产率,从而增加教育的直接社会收益。而在间接的社会收益方面,职业教育可以提供弱势群体受教育机会,促进教育公平,提升全民教育水平,从而进一步增加全体国民的社会责任感和政治参与能力。在道德上,通过职业教育可以提高更多社会边缘群体的道德认识,从而不断校正人们的道德行为,养成良好的道德习惯。

(二)相关利益者理论

在知识经济时代,物质资本、知识讯息流通速度大大加快,知识本身的力量越来越强大,科技创新成为推动经济发展的关键因素,人力资本的创造性、不可复制性已经越来越成为企业隐形的核心竞争力和无价资产。人力资本对企业投资的专用性也已逐渐超越物质资本,成为企业发展的关键性资源。相关利益者理论强调的是人力资本的特殊性和专用性,创新能力作为竞争能力的核心只能由人力资本来提供。企业存在的意义"就在于能够通过这些关系专用性投资而产生的某种准租金或组织盈余,作为某种增长机制得以持续发展"。[3]因此,职业教育成为一个难以被市场复制的专用性人力资本培养渠道[4],伴随着日趋细密的专业化分工,职业教育的供给侧改革也对科技创新及经济发展产生深远影响。

(三) 人力资本理论

城镇化质量的一个重要标准是以农民工为主体的劳动者能否在城镇化过程中顺利实现职业转化，能否较好的在城镇化环境中生存、生活，以及他们能否与城市有效融合发展。人力资本理论强调知识和技能在经济增长中的重要作用，并认为人力资本是在社会进步中起决定性作用的因素。有学者指出，人力资本不仅决定农民工就业信息能力，还影响农民工在职业转换过程中的就业决策能力、职业转换能力以及在非农职业中的适应能力。[5]

在产业转型和技术更新较快的条件下，新生代农民工人力资本投资存量在城镇劳动力市场中处于相对劣势，同时，受信息不对称和人力资本折旧等因素的影响，追加人力资本投资可能面临收益低于预期的风险。[6]有关研究表明，培训是影响农民工非农劳动报酬水平最为重要的因素，参加30天以上的培训项目会使新生代农民工的非农劳动报酬上涨11.2%。[7]农民工的人力资本拥有状态是决定农民工工资收入多寡的关键因素，职业教育与培训等形式的人力资本投资不仅提高农民工的就业决策和岗位筛选能力，同时也提升了他们的工作经验和劳动技能，创造出较高的劳动生产率。因而，在一定程度上而言，劳动者所接受的职业教育决定了其所拥有的人力资本状况，进而影响其在城镇化过程中的生存生活能力。

三、现状分析

(一) 高职教育供给侧改革的现状分析

供给侧改革背景下进行的高等职业教育改革要运用供给侧的视角、思维、策略、方法，在内部管理上，要调整教育结构、调配教育资源提升教育水平和管理效率；在外部人才输出上，要以优质有效地人才供给创造社会需求，并进一步推动高职教育由粗放扩展向精细升级的内涵式发展。而这些对当前高职教育发展现状来说，具有一定的困难。

1. 高职教育面临生源危机

《2017年高招调查报告》表明专科院校生源危机依旧严峻，[8]招生难是影响高职教育发展的重要因素。这主要体现在两方面：一方面，一些省份连续几年有数万的招生计划作废，例如2016年陕西省公布的"普通高等学校招生高职（专科）批次正式投档情况统计表"中，多达256所院校在该省遭遇"零投档"；[9]另一方面，部分高职院校实际报到人数不足招生计划的半数。随着经济的发展，教育资源全球化配置的程度越来越高，学生具有越来越多元的教育选择权，国内的高职教育对生源的吸引力也越来越小。

这种供给与需求的错配，在一定程度上说明，单纯的动用大量人力、物力开展招生工作，靠单方面刺激职业教育需求的方式已不能从根本上改变职业教育发展的困境，高职教育发展亟待结构性改革。数据显示，分类考试招生成为专科院校人才选拔方式的主要渠道，分类考试录取在2015年首次超过高职招生总计划的一半，招生数达到170万人。[10]招生方式的改变有利于发展专业特色鲜明的优质专科高职院校，也在一定程度上缓解了专科院校的生源危机，但却无法从根本上解决生源问题。

2. 高职教育面临毕业生相对过剩

随着高等教育大众化及城镇化建设,人力资源得以充分流通,人才红利被充分释放。但与此同时,高校尤其是明确以就业为导向的高等职业院校却陷入了毕业生相对过剩的尴尬境地。此外,随着科技发展和产业升级,不少地区却出现高尖端人才短缺"用工荒"的难题。

"2015年上半年,仅北京一地,企业单位净增就业岗位达56.2万个,其中第三产业用工需求强劲,占比为79.8%。同年北京地区应届毕业生人数23.1万,不足新增岗位数的一半。"[11]

高职教育毕业生所面临的这种"结构性失业"难题反映了高职教育在专业性、地域性供需结构的失调。以往单纯靠关注企业固有劳动力需求而发展的高职人才培养模式已明显滞后于迅疾发展变化的经济增长需求。高职教育亟待从课程设计、师资配置、人才培养模式等多方面入手,调整高职院校的专业结构,尽快从以往的顺应企业需求、争取就业岗位的培养思路向引领企业需求、创造就业岗位来转变,培养能不断适应市场及时代变化的优质人才。

3. 高职教育面临投入不足

从国家层面而言,对高职教育经费投入上的不足,一定程度上制约了高职院校的转型发展。而高职院校本身不合理的资源配置,也加剧了其内部结构调整、培养优质人才、创造岗位需求的困难。2016年全国一般公共预算支出决算数据显示,普通教育支出为22 009.08亿元,职业教育仅为2 489.39亿元,为普通教育的11.3%。高等职业教育支出不足普通本科的四分之一。一般高职院校经费来自政府拨款、学费收入、社会资助和经营收入等,由于部分地区财力有限,难以扶植当地高职院校,使部分高职院校生均经费与标准差距较大,在推动专业结构调整、教育教学资源配置升级上也存在办学经费不足的问题。

(二) 近十年来科技变化给职业教育需求带来的变化趋势

近年来,全球科技迅猛发展,世界各国都在寻找新科技革命的突破口。科学技术前沿不断拓展,学科间交叉融合加速,学科边界日趋模糊。信息技术、新材料技术、生物技术、新能源技术广泛渗透,带动了以绿色、智能、泛在为特征的群体性技术革命。当今世界,科技领域主要呈现出以下三大趋势:科技发展呈现交叉融合的态势;大数据科学日益受到各国重视,并日渐成为继理论、实验、计算之后的第四种范式;人类可持续发展的重大问题成为引领全球科技创新的焦点。

科技创新加速社会变革,同时对职业教育的改革发展也具有指导意义。随着科学技术的不断发展,科技革命与产业革命不断深化融合,渗入到人类生活领域的各个方面,成为主导人类发展的主要力量,不断改变、调整着世界格局。从宏观层面看,当今技术正在进行如下战略性调整。

第一,颠覆性技术层出不穷,发展速度更快。先进制造业的结构与功能、材料与器件正在朝向一体化方向发展,极端制造业的发展呈现出极大与极小两个方向。这些新兴的技术创造了许多新的产品和新的需求,极大地推动了经济社会的发展,调整了经济结构和产业形态,为国家的创新发展提供了驱动力。

第二,技术创新以人为本,发展方向更人性化。生态环境的保护与修复是未来科学技术发展要攻克的重点问题,低能耗、高效能绿色技术与产品的研发也是今后发展的重点方向。经历了机械化、电气化、自动化以后,人们的生产生活变得更加智能化,工业生产也愈来愈绿色、轻便、高效。这些变化的趋势变革了人们的科研思路和创新理念,其组织模式也激发了人们的创新活动。人类的需求不断增长而且日益个性化,技术创新在满足这些需求的同时展现出了神奇的魅力。

第三,科技竞争日趋激烈,发展空间更深入化。科学技术制高点随着国际竞争的日益加剧向着深海、深空、深地、深蓝拓展。蓝是指信息、电子计算机的发明使信息技术有了一个质的飞跃,现代信息技术对社会发展更是有着至关重要的作用,是社会发展的"大脑"与"神经系统",特别是更高速、更大容量、更低功耗的第五代移动通信技术(即5G)的发展,"信息随心至,万物触手及"成为现实指日可待,也将给社会带来巨大的经济及战略利益。[12]

由此可见,科技创新不仅引领职业教育,还在推动产业升级的过程中,推动职业教育的专业结构调整与内部变革。无论在就业数量还是就业结构上,科技创新都对职业教育的供给侧改革产生潜移默化的影响。

从职业教育规模而言,科技创新通过在就业数量上的两种影响——替代效应和补偿效应,来调整职业教育的供给规模。一方面,科技创新推动生产机械化与自动化,导致资本对劳动的替代,使劳动力需求减少,导致低端产业的职业教育缩减;另一方面,科技创新带来的生产成本降低、产品需求增加和市场规模扩大又会增加劳动力需求,使中高端产业的职业教育规模发展势头良好。

从职业教育结构而言,科技创新带动产业升级,通过在就业结构上影响的两种类型——"技能偏向型"创新和"技能退化型"创新,来推动职业教育的专业结构改革。一方面,科技创新引发的劳动分工专业化、工艺流程标准化会降低部分行业对劳动力技能的要求,转而对不可复制的潜在的创造性人力资本具有更高的需求。这种"技能退化型"创新对职业教育培养的创新型人才提出了更高的要求。另一方面,生产过程技术含量的提高以及高新技术产业的迅速发展又会提高社会对劳动力技能的要求[13],推动职业教育的教育结构及人才培养模式的调整变革。

四、政策梳理

(一)职业教育改革政策梳理

我国职业教育经过五十多年发展,已经成为有中国特色的社会主义教育的一个重要组成部分。职业教育的价值在不断提高,其巨大的经济功能和社会功能日益彰显。我国职业教育管理体制经历了基本形成期(从新中国成立初期到1957年)、调整瘫痪期(1958—1976年)、恢复改革期(1977—1998年)、加快探索期(1998—2000年)和深化拓展期(2001年以后)五个阶段。[14]随着时代的变化,中央与地方在职业教育管理体制的改革上都开展了积极的探索与尝试。

党的十八大以来,国家领导集体对职业教育尤其是高等职业教育重视程度、改革力度及各部门参与度都是前所未有的,使高等职业教育进入了加快发展阶段。中国特色、世界水平的现代高等职业教育体系建设稳步推进,服务人的全面发展的能力大幅提升。2014年以来,随着我国城镇化进程的开展以及对科技创新的不断追求,使得职业教育处在大有可为的重要战略机遇期,为了培养大批高级技能型人才,提高劳动者素质、促进就业,加快发展高等职业教育更是被摆在突出的战略位置。十九大报告指出中国特色社会主义已经进入新时代,我国社会主要矛盾已经转化为人民日益增长的美好生活需要和不平衡不充分的发展之间的矛盾。相比十七大"大力发展职业教育"和十八大"加快发展现代职业教育"的指示,十九大报告明确提出要完善职业教育和培训体系,深化产教融合、校企合作;建设知识型、技能型、创新型劳动者大军,弘扬劳模精神和工匠精神,营造劳动光荣的社会风尚和精益求精的敬业风气,为职业教育发展指明了方向,规划了前景。通过对2010年以后政策的梳理,发现从2010年之后职业教育的发展变化主要集中在以下五方面。

1. 扩大职业教育规模,促进高等职业教育大众化

改革开放以来,我国社会城镇化水平有了很大提高,城镇化进程促进了社会分工,劳动的专业化程度越来越高,不同专业岗位的劳动具有不可替代性,加大了对职业教育的需求。2014年国务院颁布了《关于加快发展现代职业教育的决定》(以下简称《决定》),指明"职业教育不仅为国家培养输送了大批高素质劳动者和技术技能人才,也提高了劳动者素质、解决了民众就业难题、增加人民收入"[15],这体现了高职教育要面向大众、满足主体的教育需求、促进就业的教育功能。2017年底国务院办公厅印发《关于深化产教融合的若干意见》,对产教融合相关举措进行细化安排,进一步对校企合作的具体形式及促进措施给出明确指导。系列职业教育政策的出台,凸显出将产业资源引入职业教育体系的紧迫性,也说明政策层面对校企合作具体形态的认知和指导愈发明晰。

据教育部发展规划司公布的数据,2014年底,教育部《全国职业教育工作专项督导报告》显示,高等职业教育(专科)在校生首次突破1 000万人;截至2017年底,全国高职(专科)院校1 359所;《现代职业教育体系建设规划(2014—2020年)》提出"到2020年,高等职业教育在校生达到1 480万人,接受本科层次职业教育的学生达到一定规模"。[16]高等职业教育已然成为我国高等教育的重要组成部分,为高等教育大众化做出突出贡献,高等职业教育院校也已成为高级技术人才培养的重要基地,为推动国民素质的整体提高起到积极作用。

2. 提高职业教育质量,着力培养各层次技术性人才

城镇化打破了封闭的二元经济结构,使得大量农民转入城市,带动了第二产业和第三产业的发展,在推进城市化发展的过程中,职业教育将承担起农村大量劳动力的人文素质和劳动技能的教育培训,因此提高职业教育质量,对促进承担城市化条件下的劳动需要尤为重要,国家相应地也针对职业学校就质量监控、培养方案、教师培训等方面出台了相关的政策规定。

就学校质量监控层面上,在教育部、人社部等六部委联合发布的《现代职业教育体系建设规划(2014—2020年)》文件中,把"建立职业教育质量保障体系"作为现代职业教育体系建设的十二个重点任务之一,明确提出"职业院校要建立内部质量评价制度,强化质量保障体系建设"。[17]教育部职业教育与成人教育司于2015年颁布的《高等职业院校内部质量保证体系诊断与改进指导方案(试行)》,[18]要求逐步在全国职业院校推进建立教学工作诊断与改进制度,要建立常态化的职业院校自主保证人才培养质量的机制,并在方案中详细地列出了高职院校内部质量保证体系诊断项目,使得学校内部质量评价变得有据可依。2016年教育部开始部署《高等职业学校专业教学标准》修订工作,要求对现行高等职业学校专业教学标准进行全面修订,以提高教育教学质量为中心,适应经济社会发展和产业转型升级新要求。

就学校培养方案层面上,《决定》以及2015年教育部印发的《高等职业教育创新发展行动计划(2015—2018年)》中均提出,要完善中、高职技能人才职业教育体系内部接续培养机制,健全高等职业教育"文化素质+职业技能"的考试招生办法。[19]实施以全国统一高考为基础、单独考试招生、综合评价招生、中高职技能拔尖人才免试招生制度。国务院明确2015年通过分类考试录取的学生占高职院校招生总数的一半左右,2017年成为主渠道。分类招生考试,将人的职业综合素质作为招生考核标准,是招生制度上的重大突破,充分体现了人在职业教育中的主体性存在,注重个体的个性化发展。有利于高职院校根据学校专业设置和学科特点有针对性地选择合适的技能型人才进行后续培养,提高高等职业院校的生源质量。对于考生而言,可将兴趣爱好、技能特长、对未来职业的预期等与招考专业相结合,挖掘自身潜力、提升自身综合素质。

《决定》明确提出通过推动高等职业教育学分制改革,建立基于学分互认和学力补充方式加强普通高等教育与高等职业教育的融合,优化学位设定。要让更多的中、高职学生接受高一层次教育,适度发展初中后五年制高等职业教育。贯通了从中职、高职、本科到学位研究生阶段人才培养的通道,使教育结构更加合理、层次更加丰富,为学生提供了多样化学习的机会,搭建起"人人皆可成才"的路线图,也为高等职业教育发展描绘了行动蓝图。

就教师培训层面上,国务院印发的《国家教育事业发展"十三五"规划》中提出要引导高校在师资结构等方面进行全方位、系统性的改革,加强职业学校"双师型"教师队伍建设,组织专业课教师定期参加企业实践,完善校企共建"双师型"教师培养培训体系。允许高校和职业学校设立一定比例的流动岗位,吸引具有创新实践经验的企业家、高科技人才及各类高级专业人才兼职任教。[20]力争到2020年,应用型高校和职业学校有一大批行业企业认可的领军人才。2018年中共中央国务院颁布的《关于全面深化新时代教师队伍建设改革的意见》专门提出"积极参与基础教育、职业教育教师培养培训工作。整合优势学科的学术力量,凝聚高水平的教学团队。发挥专业优势,开设厚基础、宽口径、多样化的教师教育课程"。[21]

3. 创新人才培养模式,实现产教融合、特色办学

城镇化对职业教育发展更大的影响在于产业的聚集,因产业发展对劳动力的需求变得多样,更为重要的是职业院校可以更好地实现工学结合、校企合作的人才培养模式,通过在企业建立实习、实训基地,加强对学生实践能力的培养,能够培养出与企业需求相一致的人才,提高办学质量;通过工学交替、半工半读的教学形式,可以扩大办学规模;通过充分利用企业设备、兼职教师等社会资源,提高办学效益。多年来,我国职业教育一直提倡产教结合,但以前主要是在职业学校内部建立校内实习企业或校办工厂,随着我国城市化和工业化进程的不断增强,《决定》中明确提出研究制定促进校企合作办学的有关法规和激励政策,深化产教融合,鼓励行业和企业举办或参与举办职业教育,发挥企业重要办学主体作用。

通过校企合作,有利于高职院校根据企业技术人员岗位特点和性质设置专业和开发课程,注重能力培养和技能训练,企业参与职业教育人才培养全过程,提升校企合作育人的有效性、针对性,提高了学生就业、创业、职业迁移能力。

4. 适应科技创新,推进职业教育信息化发展

随着城镇化和科技发展的不断发展,知识的更新速度大大加快,新知识、新技术的不断涌现,由此带来的新发明、新产品和新工艺的出现,不仅使得社会职业种类发生了变化,很多岗位消失的同时又有许多新的岗位产生。同时由于科技的飞速发展,高职教育专业设置应及时更新扩充新知识、新技术,把相近专业进行规范重新梳理,并以增强学生掌握新知识、新技能的能力为基本,使他们毕业后能更好地适应社会选择。随着人类逐步进入信息化时代,科技创新有力地推动着全球经济社会的深层变革,对在职职工和新生劳动者的信息技术应用能力提出了新的更高要求的同时,科技进步的成果也为高职教育提供了现代化的教育技术和教学手段。教育部在2017年发布的《关于加快推进职业教育信息化发展的意见》中指出职业教育信息化工作要围绕经济社会发展大局,主动服务国家重大发展战略,深化教育教学模式创新。开展信息化环境下的职业教育教学模式创新研究与实践,加快管理服务平台建设与应用。鼓励职业院校建成集行政、教学、科研、学生和后勤管理于一体的信息服务平台,最终实现以信息技术支撑职业教育改革发展,以先进教育技术改造传统教育教学,以信息化促进职业教育现代化。[22]

5. 建立现代学校制度,推动政府干预与市场介入的适度平衡

《国家中长期教育改革与发展规划纲要(2010－2020年)》从制度建设层面对现代职业院校提出了新的要求:政校分开、管办分离,落实和扩大学校办学自主权。[23]《决定》也指出高职院校要通过探索建立高职院校、行业企业、社区等多元的、不同利益诉求主体参与的学校理事会或董事会,共同"依法、民主、多元"治理学校,使得学校办学更加科学、公平、高效,以达到提升高职教育教学质量和构建现代职业教育体系的目地。

中国政府对职业教育政策的调整,一方面希望学校可以通过内部管理体制的改革,构建现代职业教育体系,从而促进职业教育质量提升,另一方面也希望可以通过多元主体的参与,在政府干预与市场介入之间寻求适度的平衡,既发挥市场对职业教育资源的配置作用,又要强调政府对职业教育的主导作用。事实上,职业教育与普通教育最根本的区别在于职业教育提供的是专业教育服务。一方面,由于市场对具有外部性的教育资源配置存在局限性,如果仅仅依赖市场,是不可能形成发达的职业教育体系的。另一方面,专业教育需要大量的资金和资源的投入,也需要专业组织的参与,仅仅依靠举办方很难承担如此重任。因此推动政府干预和市场参与的适度平衡将是中国职业教育政策的基本价值取向。

综上,通过对我国高等职业教育发展历程的梳理,不难发现,职业教育相关政策直接影响着职业教育的发展。发展职业教育的各阶段始终伴随着人们对职业教育教学相关机制的实践探索和理论研究。

(二)政策实施效果及存在的不足

1. 职业教育政策实施效果

(1) 确立了职业教育制度建设的长期战略,优化了职教发展的外部环境

相对于普通教育,职业教育对促进经济发展、规划个体生涯起着同等重要的功能,因此,近十年来国家相继出台了很多政策文本和法律法规来确保完善职业教育体系,如促进高等职业教育与中等职业教育的衔接;建立与国家学位制度平行且有利于高技能人才成长的国家职业资格制度;建立独立的职业教育学位或职称评审制度;在重点理工科大学、综合大学和师范大学建立职教教师培养培训体系;制定企业兼职教师在职业院校任教的办法,等等;定期根据社会、经济、科技发展引起的职业或职业资格变化,对劳动力市场的变化进行预测,以引导职业院校的专业建设;建立由教育部门、经济部门、劳动部门等各方权威机构发布的独立的职业教育年度统计制度,等等。这些政策的出台与实施在宏观机制层面,给职业教育营造了良好的外部发展环境,赋予了职业教育比以往更为重要的地位。

(2) 缩小了职业院校与普通院校的差异,提高了职业教育的吸引力

职业教育在我国国民教育体系中的位置,如同农业在国民经济中的位置一样,说起来重要,谁都离不开,但却一直处在社会边缘,地位不高。教师队伍结构不合理、教育质量不高等问题一直被社会各界诟病。为了解决这些问题,提高职业教育质量,国家相应出台了很多政策进行保障,力图使职业教育和普通教育能够协同发展、平起平坐。目前职业院校与普通院校基本达到教育结果形式公平。取得"双证书"现已成为各职业院校对毕业生的基本要求。因此,当前各个地区、各个类别的职业院校毕业生如果积极努力,基本都能拿到毕业证书和职业资格证书。在公平的创业环境下,职业教育毕业生也有较强的创业竞争力。相对而言,职教毕业生更了解市场,一些有想法、有创意的职教毕业生往往能很快在市场竞争中抓住时机,取得成功。随着数字化时代的到来,投融资等生产资料组合方式的创新速度加快,尤其是第三产业小微企业快速发展,社会已发展到全民创业阶段,那些快速发现社会需求并组织生产的创业者能够迅速跻身社会上层。而这样的创业者,既可以是专业知识丰富、有深邃眼光的普通高校毕业生,也可能是富有实践经验、更了解市场需求的职教毕业生。[24]因此,在充分市场化的创新创业型社会里,职业教育结果的公平度可能会进一步提升。与此同时,职业教育的吸引力必然也会有相应的提高。在升学方面,我国已制定了囊括现代职业教育体系的现代教育体系,为各级职教学生的升学和转学开辟了通道。所以尽管职业教育发展任重道远,困难重重,但毕竟现在已经有了好的开始。

(3) 增强了社会底层学生的就业能力,促进了教育公平

从教育与就业的关系以及与社会分层的情况来看,寒门难再出贵子的现象已越来越普遍。来自社会底层的学生,他们更容易被置在学校的职业课程轨道上,这种安排也注定了他们将来的教育方式和职业成就。对于这部分学生而言,也许他们无法轻易地进入知名大学继续深造,但职业教育至少能提高他们的就业能力。当科学技术知识和技能越来越成为一种必需时,任何的职业都需要技能的支撑,那么,职业教育就成为一些等待就业的人的首选,而且它对处境不利群体有着

更为重要的作用。职业教育对学生从事技术性工作是有价值的,并能减少学生的失业,对那些没有打算将来从事专业性工作和那些不大可能接受中等后教育的学生来说,在他们刚刚步入劳动力市场的最初几年中,职业教育能为他们提供一个有意义的职业安全感和竞争力。

2. 当前职业教育政策存在的不足

我国当前的社会经济发展与专业人才培养密切相关,在人才培养过程中尤其是实用性人才培养过程中高等职业院校是其中的重要力量。我国对高等职业教育的改革与发展在改革开放后一直都在重视,国家也在此过程中不断出台一系列政策来保障其发展,这在我国的政策文本中有较为鲜明的体现,也为进一步推动我国高等职业教育发展提供了良好的政策与制度前提。然而,与这种政策的繁荣相对等的高职教育发展却并未出现等价的结果,探究其根源主要问题体现在高等职业教育政策实践中的消沉。

(1) 职业教育政策执行的物质准备不充分,地方政府的财政支持力度不够

职业教育的财政投入少于普通教育,是一个不争的事实。职业教育刚性投入指标,如职业教育经费占整个教育经费的比例、职业院校生均经费、教育附加费中必须用于职业教育的比例均较低,而对职业教育项目性经费投入,如对职业教育实训基地建设的资助、增强国家高新技术发展所需高技能人才培养的专项补助等也不够。

(2) 我国职业教育政策执行法规不健全,校企合作难以深入持久开展

尽管我国大部分的职业院校都意识到了校企合作的重要性,但是"我国的职业教育是在中央政府的整体设计和强力推动下发展起来的,目前仍然是政府主动设计模式",这就使得职业院校很难突破长期的政府导向模式,在面对企业时缺乏主动服务的意识。另外,我国职业院校存在先天不足:专业设置、课程设置的职业特色不突出,办学特色不明显,毕业生难以体现其不可替代性,教师也缺乏为企业解决实际问题的能力。这些都促使职业院校缺乏吸引企业参与人才培养的砝码,在合作中没有话语权,处于劣势,从而影响了校企合作的深入持久开展。

此外,虽然我国当前针对校企合作的政策性文件很多,但是在法律层面上,要求企业承担职业教育责任的法律制度严重缺失。要求企业与学校合作、承担职业教育责任,不仅基本法上也没有明确的规定,同时作为职业教育领域的单行立法《中华人民共和国职业教育法》中,亦没有明确企业承担职业教育责任的具体规定。这就使得在校企合作中,企业"真合作、假培养"的不作为现象时有发生。

(3) 当前职业教育政策执行效度低下,相关部门未能充分履行其监督作用

与义务教育政策相比较,职业教育政策文本繁荣与实践困难的矛盾隐含着政策执行监督无力、效度低下的问题。我国当前的职业教育政策执行监督主体由一元变为多元,通常可以分为包括权力机关、行政机关、司法机关的内部监督主体和主要包括社会组织以及普通民众等方面的外部监督主体。[25]从形式上看,我国职业教育政策执行监督主体是相当全面的,但在监督实效上,这些监督主体的作用远没有发挥到位。从内部监督主体看,他们往往承担着双重的身份,既是政策的执行主体也是政策的监督主体,所以监督效果必然受限。从外部监测主体看,各种社会团体、大

众媒体等方面的监督,在我国发展并不成熟,仍存在一系列问题,如监督程序不规范,社会监督主体无正式权力,监督渠道不畅通等。因此,尽管我国职业教育政策执行监督主体多元,但各自的监督权限模糊而混乱,彼此之间缺乏应有的沟通协调,从而造成职业教育政策执行监督合力不足。

五、国际经验

进入21世纪以来,新一轮科技革命和产业变革正在孕育兴起,全球科技创新呈现出新的发展态势和特征。学科交叉融合加速,新兴科学不断涌现,前沿领域不断延伸。传统意义上的基础研究、应用研究、技术开发和产业化的边界日趋模糊,科技创新链条更加灵巧,技术更新和成果转化更加快捷,产业更新换代不断加快。科技创新活动不断突破地域、组织、技术的界限,演化为创新体系的竞争,创新战略竞争在综合国力竞争中的地位日益重要。

现代社会中任何一个国家的就业都离不开教育的拉动,职业教育以就业为目标,培养适合劳动力市场需求的劳动者。科技创新不仅关乎职业教育教学内容的更新,更检验职业教育目标是否顺利实现,因此科技创新对职业教育发展提出了更高的要求,从多种意义上推进职业教育改革。下面介绍不同国家针对科技创新的社会背景和发展趋势,为适应国家社会经济的平稳和快速发展,在职业教育方面做出的理念调整或现实举措。

(一) 美国

科技创新与竞争力是21世纪美国高等教育发展战略的关键词,国家促进立法导向下的创新与竞争力发展,政策主导下的高等教育科技创新与产业变革,即以立法的形式确立高等教育科技创新引领产业竞争力发展的战略政策框架,以科技研发创新和科技创新类人才培养为高等教育的主要任务和产业竞争力提升的主要路径,以充足的经费投入来保证高等教育创新与竞争力发展战略目标的实现。[26]可见,科技创新离不开国家法律、政策以及经费的保障,在这个过程中,政府扮演了至关重要的角色。

美国是世界上综合国力排名第一的国家,在科技实力与经济实力方面都很领先。美国知识型经济构建了新型职业教育人才需求的基础,美国"再工业化"不是简单的回归传统制造业,而是构造技术创新的制造业推动机制。该战略强调高度重视政府部门、科研机构、学校和企业之间互动。因此,新经济模式下,高技能劳动力成为主要需求对象。从美国的就业统计数据中可以看出,专业技术人才需求超过经济管理人才成为新的需求对象。并且高学历不再等于高就业率,具有在职培训经历的劳动力更容易获得就业机会。因此,后危机时代,对人才的需求不仅仅是高高在上的管理人才,更多的是直接面对生产的技能工人。而这些人员不再是九年制的初中毕业生和三年制的高中毕业生,而是还要具备一定学术成就的高技能人才。因此,美国知识经济型发展模式呼唤的是"技能学历"的复合型人才。

为应对美国经济对人才需求的转变,美国教育部门做出一系列的改革。

第一,进一步促进职业教育与普通教育的衔接。一方面鼓励在本科、硕士甚至是博士阶段开设面向技能教育的课程供学生选修,提高学生的动手操作能力。并且鼓励专业学位的发展,特别是专业硕士的开设。另一方面鼓励职业教育学校重视基础课程教育。

第二,开展职业准备教育。金融危机带来的高失业率使美国民众意识到教育不仅是传授基础知识,更是对学生融合理论和技艺的训练,毕业生必须懂得在真实的职业环境下熟练运用所学的知识。为此,美国职业教育部门更加重视对职业生涯与技术教育学生组织的支持,主要为学生提供生涯指导与咨询项目。

因此,从对美国经济模式的分析中,可以得出以下结论:美国经济内部提出高技能劳动力的需求,推动了美国教育的大改革,而美国教育的升级改革又促进了经济的知识化。由此可见,美国经济摆脱了以投资物质资本为基础的"大机械化生产的经济",转而成为以人力资源需求的知识经济模式。从职业教育与美国经济发展的研究上看,美国职业教育在以知识经济产业为基础的经济发展模式中发挥着重要作用,这得益于美国职业教育模式的创新发展。[27]

在美国职业教育的指导思想方面,其职业教育思想发展经历了"民主主义"职业教育思想、"生涯教育"理念和"新职业主义"教育理念,最终形成以职业教育理论与实践领域的STC理念主导的新世纪职业教育的发展方向。STC理念的产生根植于美国职业教育发展的历史。最早可以追溯到20世纪初杜威的"民主主义"职业教育思想,经历了20世纪70年代的生涯教育运动以及20世纪90年代从学校到工作的职业教育改革运动,最终在21世纪形成。其核心内涵包括终身职业教育、全民职业教育、关注个体发展、加强与企业界合作及课程整合。

STC运动加强了学校教育之间以及学校教育和未来职业生涯发展之间的有效衔接,其核心思想成为美国职业教育未来发展的方向,贯穿于职业教育的各项改革。为促进美国经济发展,2012年4月,美国教育部职业与成人教育办公室发布《投资于美国的未来:职业技术教育变革蓝图》(*Investing in America's Future: A Blueprint for Transforming Career and Technical Education*,简称BTCTE)的白皮书。BTCTE提出,职业教育的改革目标是创建世界一流教育体系,提供优质的教育资源和培训机会。保证学生中学毕业后,既能很好地接受大学教育,也可以为职业生涯发展做准备,这样学生能够以较低的教育成本接受中等后的教育和培训。在STC"整合与衔接"理念的主导下,BTCTE主张构建结构严谨、要求严格、内容相关、目标明确的职业教育体系,提出具体的改革原则和实践架构,包括统筹协调、加强合作、有效评估、激励创新等措施。[28]美国职业教育理念不断完善,并且愈加关注人的主体性,从人发展的视角去重新定位职业教育,其理念指导下的实践也在转变,逐渐弱化国家意志。

技能危机是对当下及未来美国应用型人才的"生产与供应"难以满足产业界需求现象的概括。近几年来,应用型人才缺失问题正迅速蔓延至全美产业界的各个领域。无论是当前美国最亟待发展的科技数工(science, technology, engineering, mathematics)产业领域,还是未来美国社会"高薪酬待遇、高技术含量的"工作岗位,据学术界广泛引用的乔治城大学2018美国就业需求预测,这些应用型人才的缺口都数以百万甚至千万计。"技能鸿沟""技能赤字"等词语频繁出现于美国的官方言论、报章媒体和研究报告。在现任政府的历年国情咨文中,"技能危机"始终位列社会热点问题前位,2012年美国前总统奥巴马在国情咨文中指出:"企业界人士经常向我抱怨在国内招不到具备所需技能的工人。在高新技术产业,应用型人才供应尚不能满足半数需求,扭转这一局面已刻不容缓。"美国联邦教育部长阿恩·邓肯也就此指出,美国社会失业率节节攀升,表面看来是就业危机,实则却是技能危机。总而言之,席卷全美产业界的技能危机已对美国社会产生巨大冲击,而应用型人才培养也因此成为备受美国精英阶层关注的议题。

针对日趋严峻的技能危机,曾就职于纽约市公立中学系统的IBM副总裁斯坦利·里图萌生了改变IBM在教育领域以赞助为主的参与方式,利用公司对产业界技能需求的精准把握以及强大的人力资源和技术优势,与教育机构深度合作,为美国应用型人才培养塑造全新办学模式的想法。斯坦利·里图的办学思路可概括为以3项基本目标为引领,培养通专兼备的复合型技能人才;3项基本目标是学生完成学业后获得高中毕业证书、应用科学副学士学位证书,并能胜任IBM初级工作岗位;通专兼备则指应用型综合技能中应用技术技能的娴熟与其他方面技能的完备。在斯坦利·里图的推动下,IBM于2009年成立了办学项目组,与纽约市教育局、纽约市立大学实施联合办学。在办学团队完成校址遴选、管理与教学人员选聘、人才培养方案开发等各项工作后,"一贯制科技高中"于2011年9月正式成立。第一届学生共计104人,均为美国12年中小学教育的9年级学生(高中教育第一年),完成6年学习后,他们将获得纽约市教育局颁发的高中毕业证书、纽约市立大学科技学院的计算机信息系统或电子工程与应用电子技术专业应用科学副学士学位证书,同时享有IBM初级技术岗位的优先录用保证。此时美国应用型人才培养的"首席品牌""一贯制科技高中"办学模式应运而生,并付诸实践。[29]当然"一贯制科技高中"的推行离不开美国IBM等这样的世界级企业的支持,使学生从此渠道毕业后能够得到有保障的工作,企业的社会责任或是服务意识,也将在职业教育发展中发挥积极作用。

美国政府面对美国社会出现的"技能危机"做出了"升级版"中等职业教育构想及其推进举措。进入21世纪以来,美国的青少年培养危机日益凸显,"升学与职业双重准备"逐渐成为美国高中教育人才培养新理念。在扩大职业教育、改良职业教育、改良普通教育"三位一体"的改革思路指引下,美国政府制定了"升级版"中等职业教育构想,并通过多元举措着力推进,开启了职业教育转型升级和普通教育与职业相沟通并行共进的美国高中教育改革工程,不仅为美国现代中等职业教育的发展奠定了基础,也推进了美国高中教育"技能革命"的进程。[30]

(二)德国

德国的职业教育在世界上可谓首屈一指,是德国经济和社会发展的助推器。"双元制"是德国职业教育的最大特点。"双元制"强调的是就业和直接通向生产岗位为未来而工作的一种教育,而不是其他什么"基础教育"和"晋升教育"。德国政府认为:双元制职业教育在德国的教育体系中发挥重要作用,对德国渡过经济危机做出巨大的贡献。就职业教育而言,德国是高度发达国家之一,德国首先推出"双元制"的职业教育模式,并为世界各国所仿效。学生通过"双元制"职业教育可获得劳动力市场所需要的职业资格与岗位,从而实现校企之间的"无摩擦过渡"。[31]双元制是德国现代职业教育的象征,是企业和学校共同培养学生、以企业培训为主、学生理论学习与实践培训相结合的培养模式。行会在双元制职业教育中扮演重要角色,学生的最终考核要通过行会组织的考试,才能获得相关执业资格证书,而德国的职业教育文凭是欧美雇主充分相信人才能力的有效证明。企业在德国职业教育发挥主体作用和独特优势。

2010年7月,为提高本国高科技领域的竞争力,德国内阁通过了由联邦教研部制订的《高科技战略2020》报告,"工业4.0"是其中确定的"十大未来项目"之一。2013年4月,德国政府在汉诺威工业博览会上正式确立了"工业4.0"的国家战略地位。

"工业4.0"是德国实现制造业智能化,巩固制造业强国地位的国家战略,其对技能型人才的数量、质量和考评标准都提出新的要求。人口减少、人口老龄化、人才短缺、企业参与职业教育积极性不高、人才考评机制不健全是德国"工业4.0"发展的主要掣肘因素,通过吸收国内辍学人口和国外移民人口、开展有效的学生潜力分析与就业指导、拓宽双证课程的学科范围、构建终身教育体系、建立普职等值性资格框架体系,以及促进职业教育国际化来契合"工业4.0"的发展。[32]

从整个国际社会来看,德国的"高技术战略"和"工业4.0"战略是对全球科技发展浪潮的率先回应,"工业4.0"是由德国政府《德国2020高技术战略》中所提出的十大未来项目之一。"工业4.0"项目主要分为三大主题:一是"智能工厂",重点研究智能化生产系统及过程,以及网络化分布式生产设施的实现。二是"智能生产",主要涉及整个企业的生产物流管理、人机互动以及3D技术在工业生产过程中的应用等。该计划将特别注重吸引中小企业参与,力图使中小企业成为新一代智能化生产技术的使用者和受益者,同时也成为先进工业生产技术的创造者和供应者。三是"智能物流",主要通过互联网、物联网、物流网,整合物流资源,充分发挥现有物流资源供应方的效率,而需求方,则能够快速获得服务匹配,得到物流支持。在这样的国际科技竞争的形势下,我国提出"中国制造2025",部署全面推进实施制造强国战略,这是我国实施制造强国战略第一个十年的行动纲领。我国在战略上已经有了初步的行动,在实践方面还需要多借鉴优秀经验,以更好地应对科技创新对职业教育带来的挑战。

(三) 日本

20世纪90年代中期,为应对知识经济时代的挑战,日本科学技术省提出了科技创新"立国论",主旨在于实现经济增长方式由工业兴国向科技创新兴国的战略性转移。制定了两次《科学技术基本计划》,强调科学技术与教育、学术研究的关系;突出高等教育资源配置的国际化和市场化两大特点;日本实施教育资源重点配置政策是为了追求效率的最大化。

在《大学改革计划》中重点提出了两项内容:①建立国际一流水准的大学,数量为30所,约占高校总数的5%。此类大学无论设置主体是谁(国立、公立、私立),均通过竞争及评价结果产生,产生后给予重点投资、重点改善及更新研究设施设备,使其达到国际最先进水平。同时,增加竞争性研究资金的投入力度,使其在5年内翻一番。这部分资金可通过自由竞争的形式申报课题,经专家评审后进行重点投入,以鼓励提高教育研究水平,获得国际最先进的科研成果。可见,日本高等教育资源配置政策正在由量向质、由多向精的方向转移。日本政府强调高等院校改革的核心内容实际就是调整大学内部结构,使各类院校重新寻找自己的社会定位,重点资助部分院校,使高等教育内部形成新型"金字塔"状。这种做法正符合了马丁·特罗的理论:当高等教育实现了大众化时,高等教育结构内部只有重新调整,才能形成新型金字塔状。②建立研究院大学及独立研究科(独立研究学科)。20世纪90年代日本通过学校布局调整后产生了一种以研究生教育为主体的新型教育机构或教育研究组织。[33]

在应对全球科技创新大潮的挑战时,日本进一步发挥自身优势推出科技创新型人才的培养模式,高度重视高校和企业之间的科技合作。日本的高等教育非常重视科研训练,很早就引入市场机制、竞争机制,通过高校与企业签订培养合同等方式与生产科研单位取得直接联系。经过几十年的不懈努力,建立了联合研究制度、合作研究制度、合同研究制度等多种形式的横向联合机制。在研究生教育阶段,日本引进了德国的讲座制和美国的研究生院制,创建了美国式本土研究生院,进一步发展以官方主导为实质和特征的"产官学一体化"的研究生培养模式和"工业实验室"为主的研究生教育模式。其中,"工业实验室"已经成为研究生教育阶段的主要科研中心和教育基地。在这种模式下,企业提供资金、课题和就业机会,研究生负责科研项目;而科研人员的研究成果又能转化为企业的产出率,使企业对研究生教育抱有更大热情并投入更多的资金,形成一种科技创新的良性循环。[34]

虽然日本致力于在高等教育取得科技创新上的突破,并没有特别强调职业教育,但是日本高等教育中必然会有职业教育作为组成部分,在不久的将来,这种结构的调整和机制、循环模式的应用将会扩展到整个职业教育当中,在资源配置与科技合作的深度和广度方面不断加强,挖掘并发挥出职业教育的巨大潜力和积极作用。

日本从职业教育理念上学习美国,并不断本土化,提倡新型职业教育,不再只是停留于将普通教育与职业教育相结合这种教育改革本身,而明确地以构建一个有利于学生完成向社会人、职业人的角色转换的新教育体制为目标。日本在建构这种新教育体制的实践中,明确地把普通高等教育中的新型职业教育制度化建设,尤其是其中的产学社合作教育制度化建设作为重点之一,产学社合作教育也将成为日本职业教育努力发展的方向和适应科技与社会发展的重要举措。[35]

(四) 英国

英国是老牌的资本主义国家,工业革命时期职业教育促进了本国经济的飞速发展,但工业革命之后国家一直高度重视学术教育,在职业教育方面发展动力明显不足,后来随着社会发展,劳动力矛盾逐渐凸显出来,技能短缺(skills shortage)一直是让英国政府非常头疼的问题。1986年英国政府的白皮书《共同工作——教育与培训》(Working together-education and training)指出,英国面临的经济问题并非是投入的资金或资源不足,而是人们没有达到产业需要的技能水平。技能短缺已经严重影响了英国经济的发展和社会的稳定。造成技能短缺的原因是多方面的:第一,教育制度与产业发展缺乏密切联系;第二,英国对职业教育和训练的重视不足;第三,政府对职业教育和训练采取放任式的管理模式;第四,企业的技能和训练需求不足;第五,个人对职业教育和培训缺乏兴趣。[36]

《人民教育》中有观点指出英国政府应平衡职业教育和学术教育。英国国会上议院一特别委员会指出,目前英国职业教育和学术教育之间存在一种严重的"不平衡"状态。该委员会援引经济合作与发展组织(OECD)的数据指出,在发达国家,选择职业教育道路并且最终从事相关工作的年轻人比例平均在50%左右,在德国这一比例高达75%,而在英国,这一比例只有30%,并且各种希望修正这种不平衡情况的努力都会很快失败。在政府即将发布的技能白皮书中,将要求所有16岁青少年在升入大学的"学术道路"和参加工作的"职业道路"之间做出选择。然而特别委员会对于这一政策表达了不满,他们认为16岁进行分流已经太晚,而且对学术道路和职业道路之间的划分太过简单粗糙。

英国新政府上台之后,大力推进职业教育改革,公布了《沃尔夫职业教育评估报告》(以下简称《沃尔夫报告》)。报告分析了职业教育发展的外部环境,剖析了劳动力市场要求与职业教育提供的不匹配、继续学习要求与职业教育提供的不匹配等问题。英国政府改革职业教育的策略如下。

1. 加强文化素质教育,保证语文和数学成绩达到基本标准

首先,保证所有学生到19岁都能学习并达到GCSE语文和数学A-C级成绩水平,对那些不能马上达到这些成绩水平的学生,要开发高质量的语文和数学课程,使他们能在以后的阶段取得资格证书;要改革普通中等教育证书,保证该证书成为基础教育阶段学生学习成就更为可信的指标,特别是要结合当前国家课程的评估工作,改革中等教育证书的学科内容。

2. 改革学校绩效排行榜

《沃尔夫报告》建议取消那些降低职业教育价值、把学生推入不能使他们进入工作或继续学习资格路径的不恰当措施。提高学校绩效测量水平的职业资格证书应是那些在内容、评价和学习进步路径方面最适合学生的职业资格证书。而使用普通中等教育证书5门科目达到A-C等级的比例等门槛性测量指标,会导致部分学校忽视学习好的学生。绩效指标不能让学校只是关注特定学生群体而以牺牲其他学生为代价,为避免这种倾向,教育部继续使用平均积点分数(APS)等绩效测量方式,以捕捉不同能力水平学生的结果。

3. 积极发展学徒培训

《沃尔夫报告》简化学徒培训行政审批程序,消除官僚主义,使雇主更容易提供学徒培训,保证政府和雇主对学徒培训的投入能够产生最佳的效果。增加学徒培训框架的进步性和弹性,调整16~18岁学徒培训框架中的的普通教育成分,以体现课程学习的宽泛性。尚未达到GCSE英语和数学科目A-C级成绩水平的16~18岁学徒应有机会继续补习这些科目,到2012年9月逐步取消学徒培训框架中的"关键技能"部分,将"基础技能"和GCSE科目学习作为学徒培训中获得义务英语和数学素质要素的唯一得到认可的路径。除发挥行业技能委员会的作用外,鼓励雇主参与学徒培训框架的制定和资格证书的设计。加大对学徒培训的投入力度,商务、创新和技能部通过"增长和创新基金"增加学徒培训投入,提高资金分配和使用的透明度,规范中介组织行为。对雇主实行补贴,鼓励中小企业提供更多学徒培训名额,规范学徒合同管理,简化程序,提高效率。注重发挥集团培训协会(GTA)、学徒培训署(ATAs)、国家技能学院和国家学徒培训服务中心等组织机构的作用。

4. 关注低成就学生

《沃尔夫报告》建议把低成就学习者(包含有学习障碍和残疾的以及那些对正规教育极为不满的学生)的课程重点放在语文和数学核心学术技能学习以及增加工作经历上,改革经费分配方案和绩效测量,重点关注核心领域和就业结果,而不是资格证书数量的增长。教育部将对那些到16岁不能直接达到普通中等教育证书资格水平的学生提供更多的支持。英国采取有力措施,提高低成就学生的学习水平,让更多的低成就学生取得进步。高中阶段的课程学习要帮助学生达到英语和数学教学的要求,为他们提供有价值的工作经历。同时,要对"基础学习证书"进行独立评估,听取相关学校和学生的意见。

5. 进一步研究国家职业标准的适用性问题

《沃尔夫报告》建议教育部以及商务、创新和技能部应讨论并就"国家职业标准"的未来及在青年教育与培训中的合适作用征求各方意见。教育部表示,"国家职业标准"仍是成人专业资格的重要组成部分,但它在多大程度上适用于学校职业教育要做进一步研究。教育部将会同英国教育和技能委员会,就"国家职业标准"的未来,包括如何在职业资格中最佳使用这些标准等问题,征求国家级雇主机构、行业技能委员会、职业资格监管部门和其他关键合作伙伴的意见。商务、创新和技能部在《建设世界一流的技能体系》报告里表示,应就国家职业标准在就业市场是否适用进行征求意见和调研,在就业市场上,工作的性质正迅速变化,个人职业变换将更为频繁。[37]

(五)印度

20世纪90年代以来印度抓住了信息高速公路、千年虫换代等几次机遇,大量承接国际IT服务业外包并以集群方式推动了IT业的飞速发展,一跃成为"世界后勤办公室"。21世纪印度经济产值的一半出自高科技软件服务业,约等于印度工农业产值的总和。印度跨越了工业化阶段,打造了较为发达的IT服务业,这是现代经济教科书上所找不到的发展模式。围绕建立长远可持续的培育人才管道,政府采取了一系列措施。一是加强本国顶尖教育机构建设。目前处在大学年龄段(17~21岁)的人口约为9 000万,而大学入学率仅为13%。二是把科技创新融入国民教育体系。在社区设立专门的创新工作坊和创新课程,教育和激励学生参与创新;创新委要在每一个教育和培训地区中心都建立创新中心。这类创新中心把最好的数学、科学和社会科学老师都集合起来,引导地区的创新教育。

在此背景下,印度大力完善科技创新教育和人才培养体系。印度的高等教育比较发达,科技人才质量较高。根据世界经济论坛发布的2012—2013年全球竞争力报告,在教育体系质量方面,印度排名第 34 位,而中国、巴西和俄罗斯的排名分别为第 57 位、第 116 位和第 86 位。特别是数学和科学教育方面,印度排名第 30 位,超过了中国(33 位)和俄罗斯(52 位)。[38]

印度本着重视创新教育和人才培养的理念,必然会将各项举措从本国顶尖教育推广到职业教育当中,这只是个时间或过程的问题,当印度职业教育中创新教育落实,职业教育人才将对接整个信息产业发展,为经济的腾飞储备大量人力资源,印度的发展潜力将会不可限量。

(六)挪威

挪威之所以能成为一个发达工业国家,与其重视职业教育发展,建立了完善的职业教育体制密不可分。20 世纪七八十年代,挪威开始对职业教育进行了一系列的改革。1974 年 6 月,挪威国会通过了《高级中学教育法》,把职业教育和普通教育纳入了一个体系,并提出让理论教育和应用教育、普通教育和职业教育相结合。1980 年,政府又通过了教育法案特别强调了职业教育的重要性,阐明了学术理论教育和职业实践教育享有同等重要地位。

20 世纪 90 年代起,为了使公民更好地应对 21 世纪所面临的各种挑战,挪威在全国范围内对各级教育进行了进一步的教育结构和教育内容改革,教育改革的重点放在拓宽学生的知识面、增加适应性、强调以能力为本位的内容上。所有涉及职业培养和高级中学教育的法案都提及一个共同目标,那就是必须努力致力于学生发展,为其今后继续接受高等教育或从事社会事务做好准备。职业教育的总目标是确保理论学习和实践操作的协调,为企业提供熟练的工人,降低青年的失业率。高级中学的主要目标是让所有学生获得社会认可的资格证书。

1994 年开始的高级中学教育和培训改革的主要内容包括:所有 16～19 岁的青少年都有接受高级中学教育的权利;推迟未来的职业选择,使劳动力更为灵活;使学科知识的广度与深度之间保持平衡,重视基础知识和基础技能,合并一些基础科目和学习领域;在社会、工作世界和学校之间建立起更为紧密的联系;让受职业培训的学生有更多机会进入高等院校;在每一郡设立继续服务部;积极寻找解决辍学问题的方法。改革的具体措施主要包括以下方面:第一,加强实施初等教育阶段职业预备教育;第二,有效推行高中教育阶段的职业教育改革;第三,积极调动各方力量参与职业教育;第四,努力为职业教育发展创立宽松环境。

同时,挪威建立了涵盖广泛的职业教育课程体系和统一的认证体系,为职业教育协调发展奠定了良好的基础。挪威从 20 世纪 90 年代起开始大力调整专业课程结构,实行厚基础、宽口径课程,基础课从原来的 100 多门减少到 15 门,这些课程重视拓宽学生的知识面,强调道德价值观、理论知识、实践知识,以及创造力、自觉性、创业精神、合作精神和社会技能的培养。由此可见,挪威的职业教育成为一种把职业技术技能的培训与人文素质教育有机结合的教育,把培养职业技能与培养学习习惯和学习能力有机结合的教育。职业教育不是为特定工作做准备,而是越来越为通用技能做准备。

挪威除了在全国范围内实行涵盖面广泛的职业教育课程体系外,职业认证体系也是相当完善。像挪威的高级中学目前向学生提供两种证书:一种是为接受普通教育的学生颁发的高等院校入学资格证书(高级中学毕业证书);另一种是为接受职业教育的学生颁发的职业资格证书(职业技能或熟练工人证书),但是接受职业教育的学生如果想继续深造,也有机会得到"补充高级普通领域课程",进入高校学习。挪威的这种做法,使各个教育体系相互沟通,打通了中等职业教育通向高等教育的路径,扭转了中等职业教育入口大、出口小的局面,解决了职业教育和普通教育学历资格不对等的问题,具有一定的借鉴意义和参考价值。[39]

综上所述,发达国家在科技创新型人才培养方面的共性特征有:在培养目标上,能力本位,强化素质;在培养理念上,学生本位,包容个性;在培养途径上,实践本位,学研相济;在培养方法上,推陈出新,提倡互动;在课程设置上,夯实基础,开拓思维。因此,在改革传统教学方式,优化师资队伍建设;改革课程结构设置,搭建广阔实践平台;改革教育评价体系,提升全面人格素养等方面,[40]应当把握好国外科技创新型人才培养模式对我国的启示,以此作为我国职业教育改革的着力点。

参考文献:

[1] 郭文."空间的生产"内涵、逻辑体系及对中国新型城镇化实践的思考[J].经济地理,2014,06:33-39.
[2] 关于2017年中央和地方预算执行情况与2018年中央和地方预算草案的报告[EB/OL].[2018-3-23]. http://www.xinhuanet.com/politics/2018-03/23/c_1122582420.html.
[3] 贾生华,陈宏辉,田传浩.基于利益相关者理论的企业绩效评价——一个分析框架和应用研究[J].科研管理,2003,04:94-101.
[4] 沈艺峰,林志扬.相关利益者理论评析[J].经济管理,2001,08:19-24.
[5] 张轲,何菊莲.人力资本价值提升与经济发展方式转变研究述评[J].湖湘论坛,2012,05:88-94.
[6] 何亦名.成长效用视角下新生代农民工的人力资本投资行为研究[J].中国人口科学,2014,04:58-69.
[7] 罗锋,黄丽.人力资本因素对新生代农民工非农收入水平的影响——来自珠江三角洲的经验证据[J].中国农村观察,2011,01:10-19,96.
[8] 2017年中国教育在线高招调查报告[EB/OL].[2018-3-25]. http://www.eol.cn/html/g/report/2017/index.shtml.
[9] 2016年陕西省普通高等学校招生高职(专科)批次正式投档情况统计表[EB/OL].[2018-3-23]. http://www.sneac.com/htm/2016/GZZK-ZSLG.html.
[10] 明年高职招生以分类考试为主[EB/OL].[2018-3-25]. http://education.news.cn/2016-06/29/c_129099838.htm.
[11] 梁家峰,张洁.供给侧改革背景下高职教育新视角[J].中国高等教育,2016,10:19-23.
[12] 彭长征,胡俊修.影响我国职业技术教育的社会文化因素及应对措施[J].中国高教研究,2003,05:66-67.
[13] 李茂峰.科技创新对北京市就业数量和就业结构的影响研究[D].北京:北京交通大学,2015.
[14] 曾家.我国高等职业教育政策的演进、问题与调适[J].现代教育管理,2016(3):70-74.
[15] 中共中央国务院.院关于加快发展现代职业教育的决定[EB/OL].[2014-5-2]. http://www.scio.gov.cn/ztk/xwfb/2014/gxbjhzyjyggyfzqkxwfbh/xgbd31088/Document/1373573/1373573.htm.
[16] 教育部、人社部等六部委.现代职业教育体系建设规划(2014—2020年)[EB/OL].[2014-6-16]. http://www.moe.cn/publicfiles/business/htmlfiles/moe/moe_630/201406/170737.html.
[17] 教育部、人社部等六部委.现代职业教育体系建设规划(2014—2020年)[EB/OL].[2014-6-16]. http://www.moe.cn/publicfiles/business/htmlfiles/moe/moe_630/201406/170737.html.
[18] 教育部职业教育与成人教育司.高等职业院校内部质量保证体系诊断与改进指导方案(试行)[EB/OL].[2015-12-30]. http://www.moe.edu.cn/s78/A07/A07_gggs/A07_sjhj/201512/t20151230_226483.html.

[19] 中华人民共和国教育部. 高等职业教育创新发展行动计划(2015—2018年)[EB/OL]. [2015-11-03]. http://www.moe.edu.cn/s78/A07/zcs_ztzl/ztzl_zcs1518/.
[20] 国务院关于印发国家教育事业发展"十三五"规划的通知[EB/OL]. [2018-3-27]. http://www.gov.cn/zhengce/content/2017-01/19/content_5161341.htm.
[21] 关于全面深化新时代教师队伍建设改革的意见[EB/OL]. [2018-1-20]. http://www.gov.cn/xinwen/2018-01/31/content_5262659.htm.
[22] 中华人民共和国教育部. 关于加快推进职业教育信息化发展的意见[EB/OL]. [2017-09-05]. http://www.moe.edu.cn/srcsite/A07/zcs_zhgg/201709/t20170911_314171.html.
[23] 中华人民共和国教育部. 国家中长期教育改革与发展规划纲要(2010—2020年)[EB/OL]. [2010-07-29]. http://www.moe.edu.cn/publicfiles/business/htmlfiles/moe/moe_838/201008/93704.html.
[24] 李延平. 论职业教育公平[J]. 教育研究,2009(11):57-57.
[25] 董天鹅. 职业教育政策执行监督机制研究[J]. 职教论坛,2014(1):74-77.
[26] 温正胞. 科技创新与竞争力:二十一世纪美国高等教育发展战略关键词[J]. 教育研究与实验,2016,04:61-67.
[27] 聂勋. 美国职业教育与经济发展的互动关系研究[D]. 长沙:湖南师范大学,2012.
[28] 王利娟. STC理念下美国职业教育最新改革探析[J]. 职业技术教育,2013,26:92-95.
[29] 王辉,刘冬. 美国应用型人才培养的"首席品牌"——"一贯制科技高中"办学模式之述评[J]. 比较教育研究,2014,08:57-62.
[30] 王辉,王运敏. 奥巴马政府"升级版"中等职业教育构想及其推进举措[J]. 教育研究,2016,01:150-156.
[31] 丛明才,王婀娜. 德国职业教育研究及其启示[J]. 黑龙江高教研究,2016,05:68-72.
[32] 胡茂波,王运转,朱梦玫. 德国职业教育契合"工业4.0"发展的策略及启示[J]. 现代教育管理,2016,10:92-97.
[33] 阎广芬,张玉琴. 日本科技创新"立国论"与高等教育资源配置重点的转移[J]. 比较教育研究,2003,09:22-26.
[34] 蒋瑛. 科技创新型人才培养的国际比较研究[J]. 学术论坛,2009,12:191-195.
[35] 蔡骥. 美日职业教育理念的转型与普通高等教育改革[J]. 复旦教育论坛,2013,06:81-85.
[36] 王雁琳. 英国技能短缺问题的因素分析[J]. 比较教育研究,2005,08:50-55.
[37] 李建忠. 沃尔夫报告与英国职业教育改革[J]. 教育理论与实践,2012,27:26 28.
[38] 封颖,徐峰,许端阳等. 新兴经济体中长期科技创新政策研究——以印度为例[J]. 中国软科学,2014,09:182-192.
[39] 史琦,王建梁. 浅谈挪威职业教育的改革与发展[J]. 外国教育研究,2009,01:92-96.
[40] 蒋瑛. 科技创新型人才培养的国际比较研究[J]. 学术论坛,2009,12:191-195.

基于行业需求的职业能力评价研究
——以学前师资为例

黄晓婷[①]

摘要： 职业能力评价连接职业教育和产业需求的重要桥梁。随着技术的高速发展，各行各业对劳动者的要求也不断变化和提高，现有的职业资格考试或认证难以满足新的要求。本研究借鉴国外构建职业能力评估体系的方法，以最近几年来需求量激增的学前师资为例，通过职业能力分析、雇主问卷、访谈、教师自评这一系列方法，制定了适合当前我国学前教师的职业能力评估框架，并通过教师自评了解对新教师可行的合格标准，为未来建立完整的职业能力评价体系提供参考信息。

关键词： 职业能力；专业能力；通用能力；任务分析法；学前教师职业能力

一、研究背景

党的十九大确定了实现社会主义现代化、建设教育强国的新目标。落实立德树人根本任务，发展素质教育，是新时代教育发展的战略主题。职业教育，特别是高等职业学校毕业生应该具有什么样的核心素养和关键能力，在很大程度上决定了我们培养的人才能否担当起实现民族复兴的新使命。

在过去十几年中，随着我国城镇化的进程，高等职业教育规模迅速扩大，为各地的产业发展提供了所需的智力支撑。2004 到 2015 年的中国教育统计年鉴数据显示，我国高职院校的数量在 11 年间从 1 047 所增加到 1 341 所，增加了 294 所。高职院校在校生人数则几乎翻了一倍（图 1）。

随着科技的不断进步，劳动分工将更为细致复杂，专业化程度也不断提高。因此，高等职业教育也面临着新的挑战，需要根据产业发展的需求，培养大批与之相适应的高素质技能型人才。近年来，高职院校在办学规模扩大的同时，在专业设置、课程内容、教学模式等方面也进行了大幅的改革。为及时适应产业转型升级和新兴职业的要求，很多学校在校内积极进行专业建设和专业结构优化[1]；针对传统的课程内容和教学模式存在与实际生产过程或职业标准脱节的问题，很多学校通过课程改革与产业需求对接，并提出了学生同时取得毕业证书和职业资格证书的双证书制[2]。根据 2014 年教育部高职骨干校建设项目申请数据，在提交申请的 111 所高职院校中，双证

---

① 黄晓婷，北京大学教育财政科学研究所副研究员。

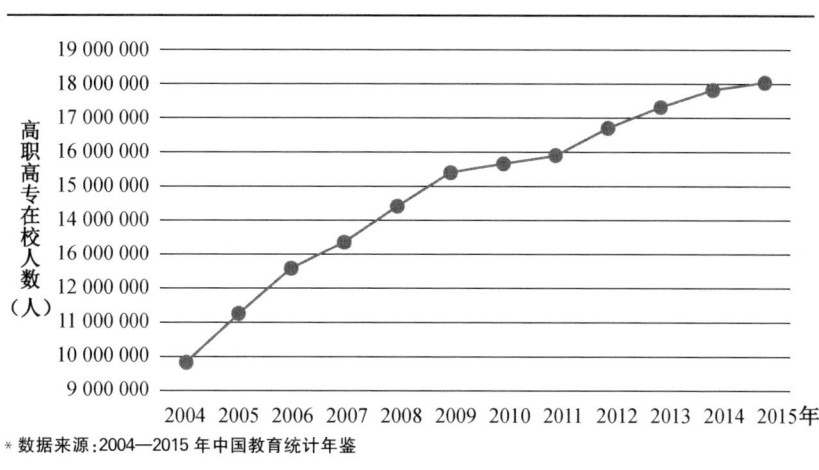

图 1 2004—2015 年高职在校生人数统计

书专业占专业总数的比例平均高达 98.4%,其中 78.4% 的学校所有专业均为双证书专业;学生获得双证书的比例则高达 95.7%。

尽管很多高职专业都已经要求学生取得双证书,但是仍然有大量用人单位抱怨毕业生空有理论知识但却缺乏适合工作的能力和技能,劳动力市场存在人才的结构性缺失,限制了产业的发展。这一方面是由于有不少专业并不存在相应的职业资格认证;另一方面,现有的职业资格认证体系也仍然存在着一定的不足[3]。我国目前的职业资格认证由多个部门管理,包括国家级认证、省级认证和行业协会认证等,部分市、县和企业联合组织也推出了自己的认证体系。林林总总的认证中,相当一部分采用传统的纸笔考试形式,存在重知识、轻能力的倾向,无法适应企业需求。此外,部分认证的标准滞后于产业的发展,偏离行业发展的需求,因而社会认可度不高。最后,现有的职业资格认证以专业技能为主,鲜少涉及具有普遍适用性和广泛可迁移性的通用能力。国外已有的研究发现,通用能力的欠缺会使得员工生产水平较低、离职转岗率偏高,同时带来高昂的岗前培训费用[4],[5]。有很多国家已经建立了包括通用能力在内的职业能力认证体系。

我国的一些学者和教育者们也提出了需注重对高职学生职业能力培养,但对如何建立相应的职业能力评价体系的探讨则数量较少。适切的职业能力测评是建立雇主需求、学校培养与毕业生职业发展之间构建连接的桥梁。随着我国城镇化进入新的发展阶段,科学技术复杂化、产业发展综合化的趋势要求劳动者同时具备相应的专业技能与综合素质。因此,职业能力评价也有必要转变过去围绕单一岗位技能展开的做法,同时关注专业技能和核心通用能力,从而促进高素质应用型人才的培养。

本文拟借鉴国外构建职业能力评价体系的经验,探讨建立适应我国产业发展需求的职业能力评价体系的方法;并以学前师资专业为例,分析劳动力市场对该职业的专业技能和通用能力的需求，进而形成学前师资综合职业能力评价框架，为未来构建完整的职业能力评价体系积累经验。

二、研究方法

1. 职业能力评价的国际经验

关于职业能力的定义，研究者们从20世纪90年代起就不断地在探讨。例如，哈佛大学教授麦克利兰（McClelland）在1973年提出了胜任力模型，即一个人在工作上能否取得好的成就，除了拥有工作所必需的专业知识、技能外，更重要的取决于其人格特质、动机及价值观等。美国的SCANS（1991）报告则认为，职业能力包括两大类：基础能力和工作胜任力。其中基础方面包括基本技能、思考技能和个体特质三个部分；工作胜任力包括资源、人际交往、信息、系统和技术等五个部分[6]。德国各州文教部长联席会议从纵横两个层面划分职业能力，纵向层面主要包括基础能力和综合能力，横向层面包括社会能力、方法能力和专业能力[7]。尽管由于各国的经济发展与劳动力市场状况不同，对职业能力构成的侧重点有所不同，但都是由知识、技能和个性心理特征构成的一个混合结构。

基于对职业能力的理论研究结果，很多国家的政府部门和研究机构已经提出了职业能力测评的框架和认证体系，如美国的SCANS和WorkKeys、德国的ASCOT以及英国的QCA等。从表1中可以看出，各个评价体系中所包含的通用能力有很多相似之处。我们根据工业与组织心理学的理论[8]，可以进一步将这些能力划分为四个维度：思考能力、执行能力、对外连接能力和自我提升能力。这些能力既包括基础的、可迁移的能力，又包括职业特殊的技能；不同的能力在不同职业中的重要性和标准不同，由工作分析或任务分析的结果来决定。

表1　　　　　　　　　　　不同国家和地区职业能力评价体系

维度	能力项	联合国教科文组织	经济合作与发展组织	欧盟	美国	加拿大	澳大利亚	新西兰	德国	瑞士	荷兰	芬兰	比利时	奥地利
思考能力	批判性思维		√			√	√	√	√	√			√	√
	问题解决	√	√	√	√	√	√	√	√	√	√	√	√	√
	创新能力	√												
执行能力	语言与写作	√	√	√	√	√	√				√		√	√
	阅读理解				√	√								
	应用科学		√		√									
	应用数学		√	√	√							√		√
	信息技术		√		√	√					√	√		
	时间管理						√							
对外链接	理解他人	√		√	√	√	√				√			
	演讲能力				√									
	沟通能力	√		√		√	√	√		√			√	

续表

维度	能力项	联合国教科文组织	经济合作与发展组织	欧盟	美国	加拿大	澳大利亚	新西兰	德国	瑞士	荷兰	芬兰	比利时	奥地利
对外链接	冲突管理	✓		✓	✓		✓	✓		✓	✓	✓	✓	✓
	团队合作	✓		✓	✓		✓	✓		✓				✓
	领导力				✓	✓	✓	✓	✓					
自我提升	心理弹性				✓		✓	✓	✓					
	责任感与职业道德	✓			✓		✓	✓						
	成就动机			✓									✓	
	学习能力	✓					✓	✓	✓			✓		
	积极心态						✓	✓						✓

完整的职业能力评价体系的开发需要十分复杂和严谨的研究。以美国的 WorkKeys 为例，制定评价框架的课题组包括各领域各行业的技术专家、教育管理人员、教育评价专家、教师等数百人的团队。专家团队又根据行业分成若干小组，先通过资料收集、文献检索、问卷调查等方法，梳理该行业已有的技能标准，再通过工作分析法或任务分析法（job analysis），对该行业不同岗位劳动者所需具备的知识和技能进行界定，最后按照这些能力对不同行业、不同岗位的重要性、难易度等进行比较和组织编排，形成系统化的职业能力评价体系。此外，在评价体系的制定过程中，还需要综合考虑其他很多方面的因素，如便于教学与考核，不产生可能的性别、民族偏袒或歧视，不与国际惯例相冲突等，往往需要经过反复修改，在后续使用中，也需要不断地更新[9]。

目前，WorkKeys 是美国最广泛认可的职业能力测评体系，为超过 2 万个岗位提供职业能力证明。这套测评体系将职业能力分为基本认知技能（foundational cognitive skills）与非认知技能（non-cognitive skills）两类，基本认知技能包括信息读取、应用数学、信息定位、问题解决及批判性思维能力；非认知技能（又称"软能力"，soft skills），主要指包括适应力、沟通合作与职业道德等[10]。针对不同的行业和岗位，WorkKeys 依据工作分析法，提出所需的能力组合和认证标准。具体来说，工作分析法主要包括四个步骤。

第一步，建立任务列表，即分析人员通过对在岗人员的访谈、查阅相关背景资料以及实地考察等前期活动，列出与工作岗位密切相关的任务清单；

第二步，工作任务分析，即由该岗位的资深人员/专家修订任务清单，确保清单能够精准说明该岗位需要履行的职责，然后对所列任务进行重要性的排序；

第三步，职业能力分析，分析人员与该行业专家共同讨论，从各项工作任务中提取出完成任务所需要的能力；

第四步，职业能力调查，通过问卷、测试评估等方式，了解该岗位的入门水平和高绩效水平，确定相关能力的评价标准。

WorkKeys的做法十分具有代表性,实践也证明这一套职业能力认证体系受到了产业界的广泛认可,因此其开发方法值得我们学习和借鉴。在本文中,我们在目前国际上已有的成熟的职业能力评价框架上,运用工作分析法的核心理念,从国内已有的专业标准出发,对学前教师的职业能力进行解构,制定对我国学前师资的职业能力测评框架,并对新入职教师的能力进行调查,为建立完善的职业能力测评体系积累经验。

2. 我国学前师资能力解构

在过去二三十年中,学前教育在世界范围内迎来了发展的热潮。国际上已有很多研究表明,早期经历对儿童大脑发育、语言、认知以及心理发展都有着至关重要的影响[11]。在我国,随着两个"三年行动计划"的实施,学前教育得到了空前的重视,各界对学前教育的关注点逐步由增量转向优质,而提高学前教师的质量则是提高学前教育质量的最重要环节。

几年来随着教育扩招,越来越多新教师进入职场。2015年全国教育事业发展统计公报显示,2015年全国幼儿园园长和教师共230.31万人,比上年增加22.28万人。最近几年中,我国教育部先后颁布了《中小学和幼儿园教师专业标准》《教师教育课程标准(试行)》《中小学和幼儿园教师资格考试标准》三大标准。这三大标准规范了幼儿教师的专业标准、课程标准与资格考试标准,在一定程度上明确了学前教师的能力标准。但是这三大标准都是从专业技能的角度出发,偏重上述职业能力框架中的执行能力,而包含较少的思考能力及外部连接能力。

课题组首先对样本地区的10所幼儿园园长及当地幼儿师范高等专科学校的6名教学相关工作负责人进行了访谈,了解幼儿园工作中对教师的能力需求、新入职教师与岗位需求是否存在能力差距(skill gap)等。访谈发现,大部分园长对高职应届毕业入职的教师的工作表现并不十分满意,特别是在处理家园关系、自主安排幼儿一日活动等方面,即便是已经取得了幼儿教师资格的应届学前专业毕业生也常常无法胜任,需要经过半年到一年的在岗培训才能独立完成各项工作任务。因此,课题组从已有的专业标准出发,参考国际职业能力框架和学前教师职业能力评价的内容,针对目前存在的能力差距,进行我国学前教师职业能力解码分析。具体流程如图2所示。

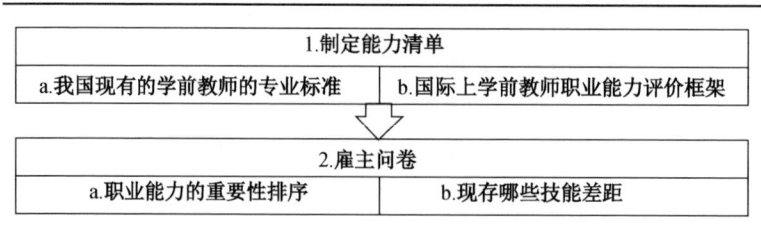

图2 学前教师职业能力解构分析过程

首先,课题组根据国内外关于幼儿园新教师与职业能力相关研究文献与报告,列出了我国学前教师的能力清单,包括通用能力和专业能力两部分(图3)。

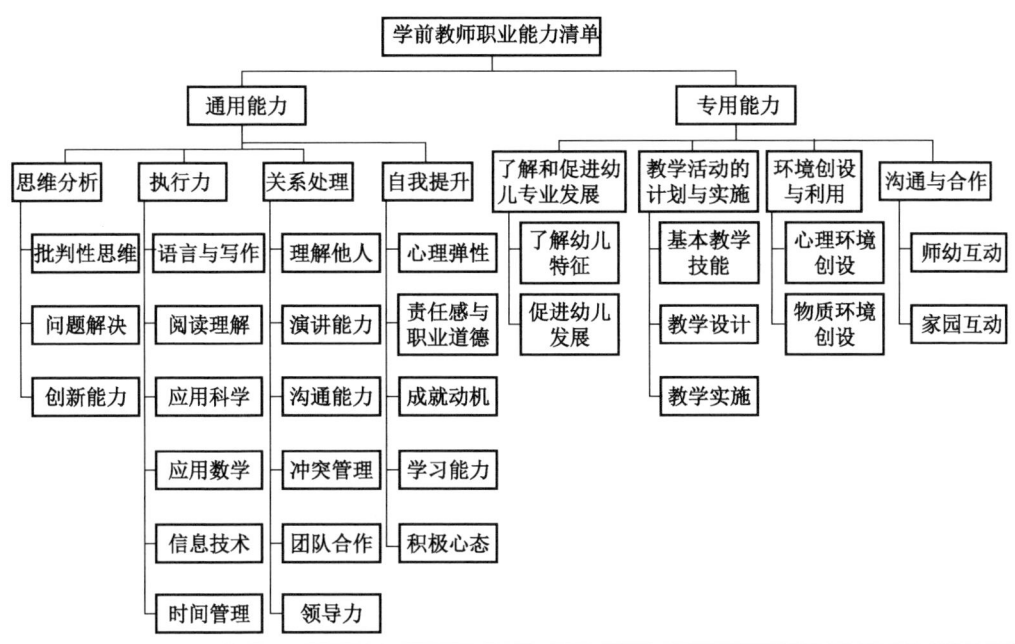

图3 学前教师职业能力清单

依据这一清单,课题组设计了园长/雇主问卷,并在线发放问卷,了解幼儿园对幼儿园新教师的职业能力需求。除背景情况外,问卷主要包含3部分内容:雇主对幼儿园教师的学历、经验等结构性需求,雇主对教师专业能力的重要性评分,以及雇主对教师通用能力的重要性评分。依据问卷的结果,我们可以梳理出学前教师的核心职业能力,形成对该岗位的职业能力评估框架。

3. 学前教师职业能力调查

最后,在雇主问卷的基础上,课题组进一步对新入职的学前教师进行了核心职业能力的问卷调查,旨在了解目前新教师的能力状况,为制定"入门级"的评价标准提供依据。同时,调查的结果也有助于我们了解目前师资培养与岗位需求之间是否存在差距,为进一步完善高职院校学前师资的培养方案提供参考。

问卷主要采用教师自评的形式,通过网络发放给样本园所有入职不到两年的新教师。这些新教师就雇主问卷结果显示的最核心的专业和通用能力进行自评,所有问题均使用5点计分的里克特量表。必须指出的是,国际上成熟的职业能力评价工具主要使用客观量表而非自评量表。自评量表因其受被试的主观态度、社会倾向性等因素影响较大,因此并非最佳的评价方式。更为科学、可靠的客观量表则需要较长的开发周期和较高的开发成本。本文中由于时间和资源的限制,仍然使用自评量表。

三、分析结果

1. 雇主问卷结果

课题组从我国东部沿海某高度城镇化的地区，随机选取30个样本幼儿园，向院长发放问卷，回收28个有效样本，有效回收率为93.3%。其中，公办园园长13名，占46.4%，集体和民办园园长15名，占54.6%。

问卷结果显示，在学历、经验等结构性需求方面，园长们对学历、学前教师资格证和专业对口的要求最高。在学历要求方面，96.4%（27位）的园长认为对新教师应当设最低学历要求，92.9%（26位）的园长认为幼儿教师的最低学历应为大专或以上，另有1位园长认为最低学历因为本科以上，而仅有1位园长表示她在招聘新教师时没有最低学历要求。排名第二的结构性需求是教师资格证，89.3%的园长认为这项要求非常重要。第三是学前教育专业背景，有85.7%的园长认为非常重要。而访谈中被焦点组反复强调的实习经历却只被75%的园长评为非常重要。在补充访谈中，课题组了解到多数学生实习形式大于内容，学生直接上手负责保教工作，仅仅旁观的实习经历对提高职业能力的作用十分有限。此外，幼儿园对新入职的教师进行集中岗前培训和新老教师搭班的做法已经十分普遍，在绝大部分幼儿园付出额外的时间、资源进行新手培训的情况下，在校生的实习经历就显得不那么重要了。

在专业能力方面，受访园长普遍认为九项专业能力十分重要：了解幼儿特征、促进幼儿发展、基本教学技能、教学设计、教学实施、心理环境创设、物质环境创设、师幼互动和家园互动。同时，园长们也认为目前的学前师资培养与实际工作需求在部分专业能力上还存在一定的差距。表2显示了园长对新教师九项核心专业能力的满意度排序。具体来说，园长们对于新教师在师幼互动、家园互动和心理环境创设三项专业能力的满意度最高，而在教学实施、教学设计、物质环境创设能力三项专业能力的满意度最低。

表2　　　　　　　　　　学前教师核心专业能力雇主满意度

排名	专业能力	满意度得分
1	师幼互动	4.39
2	家园互动	4.32
3	心理环境创设	4.30
4	促进幼儿发展	4.25
5	了解幼儿特征	4.21
6	基本教学技能	4.18
7	物质环境创设	4.11
8	B2 教学设计	3.90
9	B3 教学实施	3.68

得分最低的3项(教学实施、教学设计和物质环境创设)涉及教师的教学基本功、实际组织操作方面的能力问题。进一步访谈显示,新教师在这些方面的能力不足,可能与幼儿教师培养环节的缺失有关。该地区的幼儿师范高等专科学校的教学相关工作负责人表示,目前学前教育教师培养机构的课程设置中,过于偏重技能的培养,在儿童行为观察能力等专业能力的培养力度不够。在课程上,与设计、组织实施课程相关的内容浮于形式,深入幼儿园实际的,能够真正在幼儿园进行实际操作的内容不够。另外,在学前教师培养过程中,高职或其他培养机构一贯较为关注弹、唱、跳类实验室的建设,而设计、组织实施、沟通、评价等能力的培养没有得到足够的重视和投入。最后,用人单位(幼儿园)的面试标准也可能对此有一定的影响,在面试中,通常会考核弹琴、唱歌、跳舞等技能,而沟通能力、设计、课程的组织、实施能力则较少在面试中涉及。

在通用能力方面,调查结果显示(表3),园长们对教师通用能力的需求,按重要性程度排名,依次为沟通能力、问题解决、学习能力、理解他人、责任感与职业道德、创新能力、批判性思维、团队合作、积极心态、领导力、应用科学、时间管理、阅读理解、演讲能力、信息技术、冲突管理、语言与写作、成就动机、应用数学、心理弹性。其中,园长认为最重要的五项通用能力为:沟通能力、问题解决、学习能力、理解他人、责任感与职业道德,其中沟通能力和问题解决能力的重要性得分远高于其他能力。

表3 学前教师通用能力重要性排序

排名	通用能力	重要性得分
1	G3 沟通能力	236
2	E2 问题解决	223
3	H4 学习能力	148
4	G1 理解他人	124
4	H2 责任感与职业道德	124
6	E3 创新能力	117
7	E1 批判性思维	109
8	G5 团队合作	94
8	H5 积极心态	94
10	G6 领导力	77
11	F3 应用科学	75
12	F6 时间管理	72
13	F2 阅读理解	49
14	F5 信息技术	42
14	G2 演讲能力	42

在重要性前五的能力中,沟通能力和理解他人都与人际关系处理能力相关。在访谈中,园长们表示,应聘者的沟通能力是用人单位重点考察的内容,应聘者面试现场的沟通能力往往成为影响招聘结果的重要因素。因为幼儿教师面对的不仅是幼儿,还有家长。和孩子、家长等的关系处

理能力往往成为新教师工作能力的重要体现。

问题解决能力和学习能力也是园长非常看重的能力，二者属于思维分析与自我提升层面，有一定关联性。有园长认为，有自我学习能力的教师，更容易适应幼儿园的工作环境。这主要是因为，新教师在培训学校接受的幼教知识与实践之间仍有一定距离，来自新教师的主动学习和思考尤其重要。对于新教师而言，为了更好、更快地适应幼儿园教学工作，一是需要通过观察、学习老教师的工作，二是需要自己在实践中逐渐调整、反思以得到改善和提升。在这期间，问题解决和自我学习的主动性和积极性尤为重要，正如有园长强调的，"新教师不能一味去模仿，一定要自己动脑筋去想，去解决问题。完全依靠老教师来解决，失去了自己解决问题的想法是不行的"。

雇主问卷也显示了在通用能力方面，目前的教师培养与岗位需求之间也存在一定的差距。表4列出了园长对新入职教师的通用能力满意度打分。结合重要性的排序，我们不难发现下列五种能力重要性高但满意度低：问题解决（重要性2/满意度14）、批判性思维（重要性7/满意度17）、领导力（重要性6/满意度15）、创新能力（重要性5/满意度14）、沟通能力（重要性10/满意度19）。

表4　　　　　　　　　　　园长对新教师的通用能力的满意度打分

排名	通用能力	满意度得分
1	G5 团队合作	4.66
2	H5 积极心态	4.63
3	H2 责任感与职业道德	4.60
4	F5 信息技术	4.51
5	F2 阅读理解	4.43
6	G4 冲突管理	4.34
7	H3 成就动机	4.21
8	G1 理解他人	4.18
8	H4 学习能力	4.18
10	G3 沟通能力	4.16
11	F3 应用科学	4.04
12	F6 时间管理	4.00
13	H1 心理弹性	3.95
14	E2 问题解决	3.93
14	E3 创新能力	3.93
16	F4 应用数学	3.89
17	E1 批判性思维	3.75
18	G2 演讲能力	3.71
19	F1 语言与写作	3.64
19	G6 领导力	3.64

访谈中，园长们认为造成新教师上述通用能力不尽如人意可能的原因主要有三个方面。一是学前教育专业的生源质量不高。当地幼儿教师培养机构的老师表示，近年来幼儿师范学校的生源

质量有大幅度的降低,这些学生通过对口考试进入高校后,阅读、数学等基础文化知识较差,思维水平和科研能力较弱,严重地影响了入校后的培养,甚至艺术技能的培养也相当困难。第二方面原因是学生在校期间缺少相应的训练。学前教育专业课程中弹、唱、跳等可视化的技能类能力受到比较多的重视和培养,而演讲能力、批判性思维、数学等偏"软"的能力没有得到足够培养。最后,目前幼儿教育培养机构主要进行分科教学,这种教学方式不利于学生的综合能力的培养,导致学生知识迁移能力等综合能力不足。

2. 学前教师职业能力调查结果

本文采用分层抽样法,从样本地区的221所幼儿园中抽取35所样本园,向所有入职不到2年的新教师在线发放了职业能力自评问卷。背景部分主要涉及:幼儿园基本情况,新教师性别、年龄、学历、专业等个人背景变量。主体部分对新教师的两方面能力进行调查:通用能力选取了雇主问卷中园长们认为最重要的12项能力,专用能力保留了全部9项能力。新教师的自评结果可以作为未来确定"新手合格标准"的重要参考。

研究共回收200份有效问卷。200位新教师中,平均年龄为22.74岁,91%(182人)为女性,88.5%(177人)为单身,96%(192人)无子女;学历结构方面,大专/高职占56%,本科占41%,另有1.5%为中专,0.5%为硕士。在专业化程度上,学前专业占84%,其他师范教育专业和非师范教育专业各占15%;有幼儿教师资格证的新教师占89.5%,有中小学教师资格证的新教师占6%,两证均有占2%,两者均无占1.5%。

主体部分,教师职业能力自评的信度较高,专业能力部分经检验信度系数达到0.956,通用能力部分信度达到0.924,因此自评问卷可以获得较为稳定可靠的信息。在专业能力方面,新教师自评较高的3项能力是师幼互动、促进幼儿发展和物质环境创设;而自评最低的3项能力是教学设计、教学实施和家园互动。对比雇主满意度,我们发现新教师自评和雇主的评价大部分相吻合,但也存在一定的差异(表5)。

表5　　　　　　　　　　　新教师专业能力自评结果与雇主满意度结果对比

专业能力	新教师自评得分	新教师自评排名	园长满意度评分	园长满意度评价排名
了解幼儿特征	4.63	4	4.21	5
促进幼儿发展	4.68	2	4.25	4
基本教学技能	4.55	6	4.18	6
教学设计	4.38	8	3.90	8
教学实施	4.13	9	3.68	9
心理环境创设	4.59	5	4.30	3
物质环境创设	4.67	3	4.11	7
师幼互动	4.7	1	4.39	1
家园互动	4.46	7	4.32	2

首先,园长的评价和新教师都认为师幼互动能力优秀,但基本教学实施技能和教学设计能力

欠佳。回溯至新教师的培养环节阶段,实质是课程体系与内容深度建设不足。一方面,新教师在访谈中反映"设计组织实施的课程飘于表面上,涉及幼儿园实际工作的内容不多";另一方面,负责对学前师资进行培训的教师全是专职,自身不参与幼儿教育实践工作,无法将最新的教学设计与实施精力分享给学生,也是造成这一现状的重要原因。

新教师与园长在家园互动和环境创设的评价上存在差异。新教师对家园互动能力自评不足(排第 7 位),而园长的评价较高(排第 2 位)。家园互动更多存在于教师与家长之间,过程中的一些矛盾或不顺是园长不易直接接触的。这也侧面体现了新教师刚上岗对如何应对各类家长的信心不足。此外,新教师认为自己较擅长环境创设(排第 3 位),而园长并不这么认为(排第 7 位),她们认为新教师在幼师培训机构学习了教室布置、教具制作的基本功,但落实到根据课程和孩子特性灵活应用时却有不如意。有园长提到,不同环境布置的风格体现了老师的不同观念,作品多出自老师手笔说明是高控型,作品由孩子来呈现的则是低控型。新教师们由于经验不足,往往喜欢采取高控型的管理方式。园长们希望新教师能够根据班龄不同,给孩子更多权力,让他们更多地参与到班级管理与环境创设中。

在通用能力方面,新教师们自评最高的 3 项能力分别是团队合作、积极心态、责任感与职业道德;最低的是领导力、批判性思维、问题解决能力。表 6 对比了自评与园长评价,两者基本一致。

表 6 新教师专业能力自评结果与雇主满意度结果对比

通用能力	新教师自评得分	新教师自评排名	园长满意度评分	园长满意度评价排名
批判性思维	4.35	11	3.75	11
问题解决	4.44	10	3.93	9
创新能力	4.48	9	3.93	9
应用科学	4.49	8	4.04	7
时间管理	4.58	7	4.00	8
理解他人	4.7	4	4.18	4
沟通能力	4.67	5	4.16	6
团队合作	4.8	1	4.66	1
领导力	3.8	12	3.64	12
责任感与职业道德	4.72	2	4.60	3
学习能力	4.59	6	4.18	4
积极心态	4.72	2	4.63	2

对比新教师自评与园长通用能力重要性的排序,我们发现重要性高而自评能力较低的主要有以下 3 项能力:沟通能力(重要性排第 1 位,自评排第 5 位)、问题解决(重要性排第 2 位,自评排第 10 位)、学习能力(重要性排第 3 位,但自评排第 6 位)。

在过去的一般概念中,学前教师的工作主要是唱唱跳跳和看护照顾幼儿,沟通能力、问题解决和学习能力似乎并不重要。在我们的研究中,这些恰恰是园长认为比较重要的能力,也体现了学前教师的专业性。当前的学前教育,提升质量已经是最重要的议题,教师的工作性质日趋复杂且具有挑战性,需要具备逻辑思维与处理复杂案例的能力,同时对独立性、自主意识的要求较高,对这些通用能力也就提出了更高的要求。

问卷结果所显示的能力差异一方面说明了目前的学前师资培养与实际岗位需求之间还存在一定的差异,另一方面,也说明十分有必要建立一套客观、科学的第三方评价,为幼儿园选用到人岗匹配的人才,也为教师自身发展提供更可靠的依据。

四、总结和讨论

随着科学技术和社会文化的飞速发展,职业教育的使命不仅是培养能符合当下产业需求的劳动者,更需要培养未来的劳动者的学习能力、问题解决能力等可迁徙能力,实现终身学习和终身发展。职业能力评价是连接职业教育和产业需求的重要桥梁,一方面可以为企业找到更合适、更有发展潜力的雇员,另一方面也能为职业教育的课程、教学改革提供参考。

本文借鉴国外构建职业能力评估体系的方法,以最近几年来需求量激增的学前师资为例,通过职业能力分析、雇主问卷、访谈、教师自评这一系列方法,制定了适合当前我国学前教师的职业能力评估框架,并通过教师自评了解对新教师可行的合格标准,为未来建立完整的职业能力评价体系提供参考信息。

从问卷的结果看,已有的专业证书与实际的岗位需求间还存在一定的差异。为更好地应对城镇化发展中的产业升级、城市生活质量提升等需求,有必要建立基于行业发展需求的职业能力评价体系,促进职业教育与产业发展更好地连接。本文学前师资评价框架构建的案例可以为我们未来评估其他行业人员职业能力提供方法上的借鉴。

本文最主要的局限在于对职业能力评估只使用了教师自评。自评结果虽然达到了很高的信度,但存在一定的主观性,在部分能力上与雇主评价有差异。因此,未来课题组将继续致力于研发客观评价工具,为学校和雇主提供科学的第三方评价结果。

参考文献:

[1] 陈春艳.供给侧改革背景下高职专业建设研究[J].江苏教育:职业教育版,2016(11).
[2] 陈晓琴.高职课程标准与职业岗位技能标准对接探究[J].职教论坛,2011(14):16-18.
[3] 蒋晓旭,郭雪梅.完善中国职业资格认证与管理制度的思考[J].中国高教研究,2006(2):65-67.
[4] Asher. C. High school graduates in entry level jobs: What do employers want? ERIC Report No. (UD026163) [R]. Office of Educational Research and Improvement. (ERIC Document Reproduction No. ED293972),1988.
[5] Berney K. Can your works read? [J]. Nation's Business, 1988,76,26-31.
[6] 朱新秤.论大学生就业能力培养[J].高教探索,2009(4):124-127.
[7] 姜大源.当代德国职业教育主流教育思想研究[M].北京:清华大学出版社,2007.
[8] Robert P T, Hal A G, Angela B, et al. Development and Content Validation of a "Hyperdimensional" Taxonomy of Managerial Competence[J]. Human Performance,2000,13(3):205-251.

［9］王志强. 美国大力开发国家职业技能标准［J］. 比较教育研究，1998（2）：53-54.

［10］Clark H. Work Readiness Standards and Benchmarks：The Key to Differentiating America's Workforce and Regaining Global Competitiveness［J］. ACT Inc. ，2013：20.

［11］Heckman J J. The Economics of Inequality：The Value of Early Childhood Education［J］. American Educator，2011，35：6.

案例篇

供给侧改革背景下青岛职业教育服务地方经济社会发展策略研究

青岛市教育科学研究院[①]

摘要：青岛市职业教育服务地方经济社会发展具有实现的迫切性、重要性和可能性，形成了"十统筹"的典型经验。在职业教育服务地方经济社会发展方面，位于供给侧的职业教育空间布局、专业布局、人才培养层次布局等存在着一些问题。青岛职业教育围绕"两个满足"的服务目标，将继续推进五个主要方面的改革。

关键词：供给侧改革；职业教育；布局；创新人才培养

一、研究背景

（一）国家和区域发展战略迫切需要提高职业教育服务经济社会的能力

习近平总书记在中央财经领导小组第十一次会议上，首次提出"加强供给侧结构性改革"。目前，我国经济进入"新常态"，意味着生产供给链的重组、经济结构的调整，进入创新驱动发展轨道。有学者认为，供给侧结构性改革要在制度、机制和技术三个层面推进结构性改革。制度层面，要放松管制，打破行业垄断，释放民间活力；机制层面，要通过教育制度改革，实现人力资本的跨越；技术层面，通过营造激励创新的生态，实现创新驱动。为此，国家实行"双创"和"中国制造2025""互联网＋"行动计划等，促进服务业、先进制造业发展，发挥制度创新和技术进步对供给升级的倍增效应，以高效的制度供给和开放的市场空间，促进产业转型升级。在这个过程中，通过教育提升人力资源的质量，激发微观主体的创新、创业、创造能力，是推动供给侧改革的重要方面。

随着"一带一路""中国制造2025"等国家重大倡议和战略的实施，青岛成为"新亚欧大陆桥经济走廊主要节点城市"和"海上合作战略支点城市"，为青岛发展提供新的历史机遇。2016年，国务院正式批复《青岛市城市总体规划（2011—2020年）》，明确了"国家沿海重要的中心城市和滨海度假旅游城市、国际性港口城市、国家历史文化名城"的城市性质。青岛市积极配合国家战略和城市发展定位，出台《贯彻〈国务院关于青岛市城市总体规划的批复〉实施意见》，构筑"一轴、三城、三

[①] 课题负责人：柴清林，青岛市教育科学研究院院长；于立平，青岛市教育科学研究院副院长、研究员。课题成员：王宪廷，青岛市教育科学研究院教育决策中心主任、副研究员；杨英，青岛市教育科学研究院博士；王辉，青岛市教育科学研究院硕士。

带、多组团"的空间布局,重点发展东岸城区、北岸城区、西岸城区三个经济区域;聚力发展西海岸国家新区、中国蓝谷核心区、胶东国际机场临空经济区;做优做美东岸城区、做高做新北岸城区、做大做强西岸城区,打造国家东部沿海重要的创新中心、国内重要的区域性服务中心、国际先进的海洋发展中心和具有国际竞争力的先进制造业基地。

基于这些国家重大战略定位和地域特质,青岛需要结合社会、经济发展特点,发挥区域优势,培育和发展特色产业,实现城市的可持续发展,辐射和推动区域经济社会的发展。加快发展现代职业教育是党中央、国务院做出的重大战略决策。现代职业教育是服务经济社会发展需要,面向经济社会发展和生产服务一线,培养高素质劳动者和技术技能人才并促进全体劳动者可持续职业发展的教育类型。职业教育作为培养未来产业发展所需的高素质技术技能人才的主要阵地,应当增强服务国家战略和城市发展的能力,需要更加紧密地对接地方产业链,培养大批具有创新精神和实践能力的创新创业型人才,支撑青岛新产业、新技术、新业态、新模式的发展。

(二)青岛城市化进程和产业发展需要与之相适应的职业教育

"十二五"时期,青岛着力打造蓝色经济核心区,颁布了《青岛市蓝色经济区发展规划》《青岛市工业布局调整指导意见》等十几项规划,促进经济发展转变和产业结构调整,打造"一带展开,三城集聚"的高端产业集聚区、建设"两轴辐射"的主导与传统产业聚集带。《青岛市国民经济和社会发展第十三个五年规划纲要》提出,青岛市要全力构建产业新体系,实施制造业与服务业融合、"互联网+"、智能制造等战略和行动计划,集中资源要素,着力升级改造十大新型工业千亿级产业,以两化融合、"互联网+"、一二三产业联动为手段,促进大数据、物联网、云计算和个性化定制等在制造业全产业链集成运用,打造"中国制造2025""青岛智造"的新优势;围绕新一代信息技术、新材料、新能源、节能环保、工业机器人、3D打印、新能源汽车、动车组系统集成设计、海工装备、海洋生物等重点领域,培育壮大十大战略性新兴产业;围绕金融、现代物流、现代商贸、度假旅游、科技信息、高端商务、文化创意、健康养老、休闲体育、会展等重点领域,加快发展十大现代服务业;围绕现代种业、现代渔业(蓝色粮仓)、现代畜牧业、粮食、园艺农业(果蔬花卉等)、生态林业、农产品加工业、节水农业、休闲观光农业、智慧农业等重点领域,支持建设十大现代农业。

青岛要建设成熟型国家经济中心城市,实现城市结构由工业主导型转向现代服务业主导型结构,要素主导型转向创新主导型结构,投资主导型转向消费主导型结构形态,不断补齐影响发展现代服务业、高端制造业及推进农业现代化和发展未来产业的短板。因此,需要搞清楚青岛市产业发展与职业教育的适应程度;职业教育布局是否适应未来产业体系发展的需求;职业教育资源是否需要整合以及实现整合的路径;职业教育的培养目标、布局结构、专业设置和教学内容是否满足区域经济社会发展目标、产业结构、产业从业人员的就业结构需要等一系列问题,总结青岛职业教育改革发展的经验,发现职业教育服务地方经济社会发展中的问题,并以此为依据进行资源优化组合,创新人才培养方式改革,提高学校的办学效益和质量,服务区域经济和社会发展。

（三）青岛市职业教育具备了服务地方经济社会发展的良好条件

首先，青岛市具备良好的产业基础。目前已经形成了十条工业千亿级产业链，分别是：家电、石化、服装、食品、机械装备、橡胶、汽车、轨道交通装备、船舶海工、电子信息产业链。这为政府统筹实施职业教育布局规划，进一步服务地方经济社会发展提供了基础。其次，青岛职业教育有良好的发展预期。青岛市将在"十三五"期间实施现代职业教育"十百千万"工程，即：青岛到2020年将打造10所以上具有鲜明青岛特色、适应产业发展需求的品牌职业院校；建设100个以上内涵丰富、辐射能力强的市级骨干专业；培育1 000名以上产学研能力较强的"双师型"教师；培养30万名以上具有良好职业道德、较高水平的高素质技术技能人才。再次，青岛市职业学校也在适应产业发展的需求，部分调整职业教育专业结构和布局，例如部分职校新增了3D打印技术、城市轨道交通运营与管理、茶叶生产与加工等专业等。青岛市建立了职业教育专业的动态调整机制，这为开展区域范围内的职业教育布局调整提供了经验和基础。最后，《青岛市教育设施布局专项规划（2014—2020年）》详细列出从学前教育到高等教育的设施布局调整方案，这为职业学校进一步适应经济社会发展、调整布局提供了工作基础和政策依据。尽管青岛市已经具备开展职业教育布局调整的工作基础，但仍然需要政府统筹规划，科学布局，面向未来，调整全市职业教育布局和优化职业学校资源，构建和实施职业教育布局调整规划，为区域经济社会发展服务，为城市可持续发展和国家战略服务。

总之，在这样的背景下，职业教育要释放活力，服务地方经济社会发展就成为重要议题。职业教育与地方经济实现专业链、人才链、产业链的紧密对接，不仅能够实现人财物的集约高效高质发展，而且能够推进城市的创新、协调、绿色、开放、共享发展，更是促进教育公平、提高教育质量、办好人民满意教育的基础保障。

二、典型经验

青岛市职业教育以习近平总书记提出的"发扬工匠精神"和李克强总理提出的"实现职业教育跨越式发展"为要求，以"为国家经济社会发展做出应有贡献，为学生的人生成功创造更好的条件"为己任，全面推进职业教育改革与发展，形成了青岛职业教育改革和发展经验，其关键词是"统筹"。30年前，青岛就实行"四统筹"，即市级政府统筹高中阶段教育结构、职业学校和专业布局、城乡职业教育发展和职业教育经费，在全国形成了"职业教育四统筹"品牌，是全国职业教育改革的一面旗帜。回顾近五年，青岛职业教育改革的典型经验，可以概括为"十统筹"。

（一）统筹加快发展现代职业教育政策

一是市级政府顶层设计。青岛市委、市政府先后出台了《关于大力推进职业教育改革与发展的决定》《关于进一步加快职业教育改革创新的意见》《关于促进教育事业优先发展的意见》和《关于落实鲁政办字〔2013〕126号文件推进现代职业教育体系建设的实施意见》等文件。在此基础上，青岛加快法制化进程，出台《青岛市职业教育条例》。经过两年多的调研、论证、立项、审议，《青岛市职业教育条例》于 2015 年 11 月 1 日起正式施行。《条例》共 8 章 59 条,重点固化了已有经验、解决了部分难点问题、预留了未来发展空间,专业师资、校企合作、经费保障等方面的诸多条款具有前瞻性和创新性。青岛市也成为全国职业教育工作会议以来,首个以法律形式出台推进职业教育改革与发展的城市。以地方立法的形式对青岛市职业教育发展的又一次系统总结,固化了既有经验、确立了各方关系和秩序,为青岛市未来职业教育发展撑起了法律的"保护伞",既具有国家高度、国际视野,同时又体现了青岛特色。

二是合理确定教育结构。坚持职业教育和普通教育有计划按比例协调发展不动摇,坚持以初中后分流为重点不动摇,从根本上保障了职业教育的发展。保持中等职业教育与普通高中、中等职业教育与高等职业教育协调发展。

三是实施整体推进。建立了青岛市职业教育联席会议制度,协调教育、人社、财政、发改等部门,统筹规划职业学校和技工学校发展,在教育费附加使用、基础能力建设、招生计划和录取等方面一并考虑、整体推进。

(二) 统筹重点职业学校和骨干专业建设

青岛市全面实施了以名牌学校、名牌专业为主要内容的"双名牌工程",通过统筹规划、集中财力,建成了一批与青岛市经济发展相匹配的名牌学校和名牌专业。2014 年,根据青岛市产业发展实际,按照专业对接产业的原则,重点进行了公共基础课改革、精品课程和市级骨干专业评审,提升中职学校内涵发展水平。截至 2014 年底,全市共有国家级改革发展示范学校 13 所;国家级重点职业学校 26 所,省级重点职业学校 4 所;全国首批示范专业 3 个,省教学改革试点专业 36 个,重新评定市级骨干名牌专业 40 个,精品课程 120 门。2014 年,2 所中职学校的教学成果获得全国职业教育教学成果二等奖。

(三) 统筹职业教育发展经费

青岛市将中等职业教育纳入公共财政保障范围,在国家免学费政策的基础上,将免学费范围扩大到所有中等职业学校全日制正式学籍一、二、三年级学生。为优先保障职业教育发展,青岛市将市级城市教育附加费和地方教育附加费用于职业教育的比例提高到 40%,将区市两项附加费用于职业教育的比例提高到 30%。按照专业类别出台了青岛市中等职业学校生均公用经费基本拨款标准,全市中职学校生均公用经费最低标准达到 3 200 元,最高标准达到 5 200 元。加大公共资源对民办职业教育的扶持力度,开展了民办非营利性全日制学历教育学校的教师与公办学校教师社会保险同等待遇试点。

(四) 统筹城乡职业教育协调发展

通过异地置换、撤并薄弱偏远院校等方式进一步整合职业教育资源,形成与青岛市经济结构更加匹配的职业学校布局。地方与国家共建的职业教育公共实训基地正式建成投入使用。所有区市均建有1~2所国家改革发展示范校或国家级重点职业学校。截至2014年底,全市农村公办职业学校已经由40所合并成11所,校均规模由1 500人增至4 000人。

(五)统筹现代职教体系建设

一是在大力发展中等职业教育的同时,加快推进中职与高职一体化"五年制高等职业教育"建设,2013年又开展了高职与本科"3+2"、中职与本科"3+4"对口贯通分段培养试点。七年的学习时间由参与试点的本科高校和中等职业学校统筹建立文化基础、专业理论和专业技能课程衔接贯通的教学体系,系统培养本科层次应用型人才。印发了《青岛市普通高中与中等职业学校教育融合贯通试点方案》,在部分学校开展了职业教育与普通高中学分互认、学籍互转试点。同时,在全市开展了中高职专业联盟建设、研发中职和本科专业建设方案,在人才培养规格定位、课程设置、实训实习等方面加强衔接和沟通。

二是开办普职融通实验班。试点采取中职学校与普通高中联合设立实验班的方式进行,实验班设在中职学校。首批共有6所中等职业学校和4所普通高中学校开展试点。每所试点中职学校拿出1个骨干专业的1个班开展普职融通试点,注册职业中专学籍,学制三年。

三是积极扩大社会培训的规模和范围,为终身教育奠定基础。初步构建起了上下贯通、左右融通的现代职教体系和"人才培养立交桥"。

(六)统筹职业教育服务产业结构调整工作

一是专业布局调整。为建立与产业链相配套的专业链,近五年(截至2014年底),青岛市新增3D打印技术等100个为高端制造业和战略性新兴产业服务的专业,撤并了12个不适应产业发展需求的专业。

二是开展现代学徒制试点。青岛市被教育部确定为首批全国现代学徒制试点地区,是五个计划单列市唯一获批的城市。与青岛海信模具等4家大型企业共建生产性公共实训基地,充分利用企业的人才、技术及设施设备优势,引入现代学徒制理念,在企业内部建立承担职业学校学生实践教学任务的实训基地,推进校企在人才培养方面的深度合作。

三是搭建资源共享服务平台。协调教育、人社、发改等部门共同建设青岛蓝领网,为企业招聘、院校培养以及职业技术人才求职搭建了一个信息资源共享服务系统平台。建设了120个现代化技能教室,提高学生实训水平。

四是加强职教集团建设。2015年,调整、优化现有职教集团,新组建了"青岛珠宝业职教集团"和"青岛服装业职教集团"两个市级职教集团,注重吸纳相关行业协会、行业重点企业参与职教集团建设。目前,青岛市共有7家市级职教集团。

（七）统筹推进职业教育"立德树人"

把"立德树人"作为职业教育的首要任务常抓不懈，以"文明修身"工程为总抓手，积极培育和践行社会主义核心价值观，充分发挥课堂主渠道作用，加强传统文化教育、节约教育、诚信教育、养成教育和心理健康教育，组织评选了"自铸成金"等18个职业学校德育品牌；组织实施"我的职业梦想"，开展优秀毕业生进校园、校园文化建设等专题活动，开展"职教义工社区服务站"等志愿服务活动，引导学生积极转变观念、增强自信、明规守矩、发挥特长。

（八）统筹推进职业教育"双师型"教师队伍建设

建立了具有职业院校岗位特点的专业教师、实习指导教师招聘机制，重点招聘具有行业企业工作经历的专业技术人才。从2012年起，每年安排400万元支持公办职业院校聘用行业企业专家、企业工程技术人员和能工巧匠等担任兼职教师。从改革中职学校公共基础课教师的教学理念入手，全面实施了职业教育公共基础课程改革，在全国率先推出中等职业学校公共基础课课程改革指导意见，通过召开教改现场会、课堂观摩交流、教材优化整合、课例研讨推广等形式，积极推进德育、语文、数学、英语四门公共基础学科的课程改革进程，让学生体验到了基础课的魅力。在山东省首批职业教育齐鲁名校长、齐鲁名师建设工程中，青岛市分别有7人和13人入选，分别占全省总数的23%和18%。

（九）统筹推进"政府主导、行业指导、企业参与、学校自主办学"的办学体制改革

青岛市把职教集团建设作为人才培养机制改革的关键环节来抓，组建了现代制造业、旅游服务业等5个市级职教集团和西海岸职教集团等区域性职教集团。全市有80%的中等职业学校加入了职教集团，涵盖了92%的专业和90%的学生，参与集团化办学的规模以上企业200多家。以项目建设为抓手，在招生、专业设置、实训基地建设、师资培训等方面赋予了职教集团必要的事权和财权，推动集团开展紧密型合作。支持西海岸职教集团探索以产权为纽带、校企一体的发展模式，支持电子信息集团、物流职教集团和旅游服务集团创建示范性职教集团，促进教学链、产业链和利益链的有效连接，推进职教集团由松散型向紧密型转变。

（十）统筹推进职业教育国际化发展

以"青岛特色、世界水准"的职业教育体系为目标，不断加快推进职业教育国际交流与合作，拓展青岛职教国际视野。青岛市职业院校与德国、美国、加拿大、澳大利亚等国家，以及台湾、澳门等地区建立了长期合作关系，常年开展合作办学、教师交流培训、国际学生交换、研修、专业共建等活动。全市90%以上的中职学校和全部高职学院均有国际合作项目。

三、存在问题

青岛未来经济社会发展将需要高质量的人力资源支撑，由此对教育的服务能力提出更高要

求。当前制约青岛职业教育服务地方经济社会发展的最大障碍是目前的职业教育布局还不能适应未来青岛经济社会发展的需要,所以青岛市正以此为突破点进行新一轮的教育设施布局调整。然而,高素质技能人才的培养是一项系统的复杂的工作,需要从育人的方方面面考虑,才能系统解决问题。本文以青岛市职业教育相关数据、青岛市国民经济与社会发展数据、问卷调查数据等及访谈、实地调研结果为依据,探寻青岛市职业教育存在的突出问题,并寻求解决问题的策略,有利于促进青岛教育与城市共同发展。

(一) 职业学校空间布局不适应城市未来产业布局

青岛作为"一带一路"倡议的双向开放桥头堡城市,正在构建"北岸、东岸、西岸"协同发展的大格局。当前供给侧改革的背景下,产业结构优化升级调整,资源由第一产业向第二、三产业转移,资源由低附加值、低技术含量产业流向高附加值、高技术含量产业。从总体上看,青岛第一、二产业从主城区向城郊、乡镇转移,将会形成更大规模、各具特色的聚集区,这不但对青岛职业教育育人规模和质量提出更高要求,而且对学校规模、空间分布与产业的空间分布匹配提出一定要求。目前职业学校空间布局还不适应城市未来产业布局,主要表现在以下几个方面。

1. 职校总体规模较小,难以实现学校规模效应

根据教育经济学规模经济理论,只有在学校达到一定规模的前提下,学校资源才能有效发挥作用,实现规模效应。为规范职业学校办学,国家和山东省均颁布了学校设置标准,对在校生数量、用地面积、建筑面积、生均占地面积、生均建筑面积等具体指标做了规定。以此为依据,《青岛市教育设施布局专项规划(2014—2020年)》《青岛市中等职业教育学校及专业布局规划(2016—2020年)》对市属中等职业学校调研发现:13所学校的生均占地面积和生均建筑面积分别达到省定标准的32.7%和40.4%(2012年数据);青岛外事服务职业学校、青岛交通职业学校、青岛烹饪职业学校、青岛商务学校和青岛城市管理职业学校等5所学校未达到国家基本标准(2014年数据);全市中等职业学校规模在1 200人以下的占一半以上,部分技工学校在校生不足百人。这说明,在办学规模和办学条件上,中等职业教育均需要调整,以满足学生基本的理论学习和技能实践需求,实现规模效应,为地方产业发展提供足够的后备劳动力。

2. 各区市职校数量不均衡,集聚度不高,资源配置相对分散

中等职业教育是输出产业技术人才的主要阵地。相比于本科及以上学历教育,中职教育的服务半径和辐射区域比较窄,其培养的中职生就业范围流动性较弱,多集中于当地区域。从全市中职学校分布区域看,除26所市直属学校外,黄岛(包含东区和西区)最多,共有18所,其他均在3所以下;从毕业生数量看,除市直属中职外,中职毕业生数量按照由多到少的顺序排列是:黄岛西区、平度市、即墨市、城阳区、胶州市、莱西市、黄岛东区、崂山区,其中,市南区、市北区、李沧区和高新区没有中职院校。这反映出各区市吸纳和培养中职生的能力是有差异的,部分区域中职校的人才输出能力还满足不了区域产业规模的需求。例如,崂山区仅有一所青岛供销职业中等专业学校,开设农产品营销与储运、农资连锁经营与管理、计算机应用、电子技术应用、会计、电子商务、国际商务等七个专业,毕业生仅694名,这与崂山区高端装备产业集聚区的目标定位差距太远,且人才输出能力有限。

《青岛市工业产业集聚区(基地)布局规划》明确了各区市的工业产业定位,打造几个产业集聚区。目前,职业教育空间布局不够集中,资源配置相对分散,造成各区市职业教育资源的浪费,且未形成与产业规模需求相适应的学校规模。

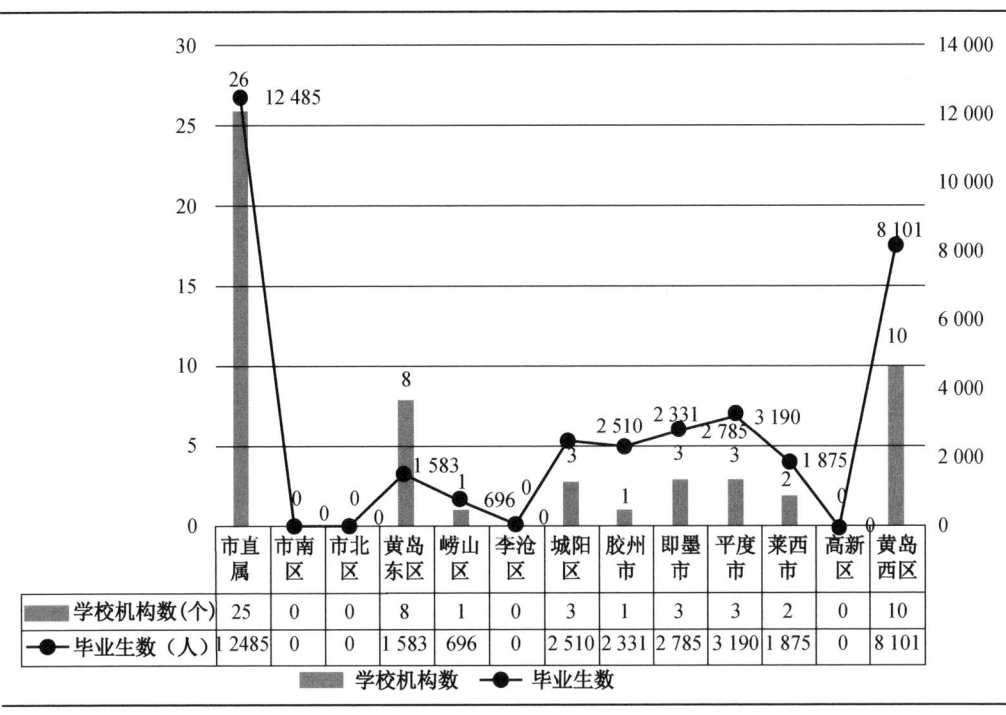

图1　2015年各区市中职学校机构数和毕业生数比较图

3. 职校集中在城市,难以适应工业产业向乡镇转移对人才的需求

随着城市布局和工业产业布局的调整,市区(特别是老城区)工业产业向城郊、乡镇区域的转移,推动城镇化的进程,交通、网络等基本设施逐渐完善,城郊和乡镇成为承载劳动力的重要区域。基于降低成本的考虑,企业希望就近招工,减少耗损,对接产业链、人才链和专业链。根据"2015年具有学历资质的学校及专业名单"的统计数据,从城乡分布看,位于城区的职业学校占86.5%,位于镇的占9.6%,位于村的占3.8%。这种分布状况,按照产、教、研一体化的职教改革思路,镇、村的职校规模滞后于产业需求,还远不能满足转移到乡镇的企业对技能人才的需求。在镇、村建立职校,既能达到用地面积、建筑面积等国家和省定标准,还可以让农村学生在家门口入学和就业,从而推动当地的产业发展,促进社会稳定。从经济社会发展的角度看,中职校在城乡分配比例上,还需要再调整。

(二)职业教育专业布局还不能适应产业结构升级转型的需要

2012年,青岛市经信委出台《关于加快发展青岛市工业十条千亿级产业链的实施意见》,根据该意见,青岛市将加快发展十条工业千亿级产业链,构建特色鲜明、产业集聚、链式发展的现代工业体系,加快工业转型升级,实现经济总量和发展质量双跨越。职业教育与国民经济的紧密程度是衡量一个国家或地区职业教育发展水平的国际公认的重要标准。专业设置是职业教育服务国民经济发展的桥梁,职业学校通过调整专业设置和专业规模控制各行业技能人才的培养数量,影

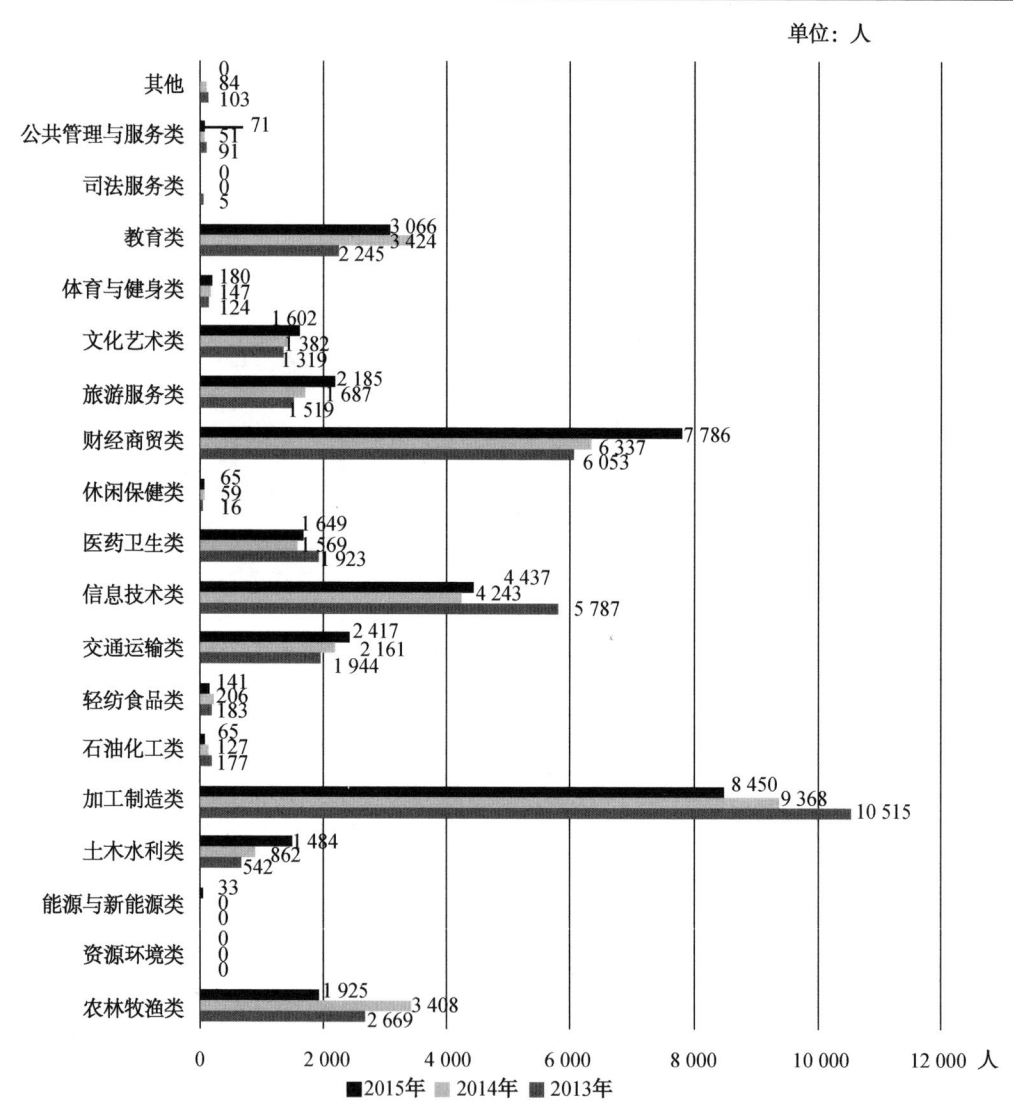

图2 2013—2015年分专业中等职业学校毕业生数量图

响国民经济的发展,职业教育专业设置与国民经济对应产业发展状况的吻合度决定了职业教育服务国民经济的能力。目前,青岛职业教育专业布局还不能适应未来产业结构升级的需要,主要表现在以下几个方面。

1. 现有专业结构尚待优化,专业覆盖率低,不能完全满足产业升级的需求

青岛在"十三五规划"中,确立了"打造'中国制造2025''青岛智造'的新优势;培育壮大十大战略性新兴产业,加快发展十大现代服务业,支持建设十大现代农业"的新任务,着力建设国家东部沿海重要的创新中心、国家重要的区域服务中心、国际先进的海洋发展中心和具有国际竞争力的先进制造业基地("三中心一基地"建设)。产业结构调整和升级,"中国制造"要向全球高端产业链发展,特别需求大量高级熟练技术工人,需要职业教育的专业门类与日益精细化的产业分工相匹配,专业规模与区域产业升级需求相匹配。

从2013—2015年中职各专业毕业生数量调整看,有明显增加的专业有财经商贸类、教育类、旅游服务类;有明显减少的专业有加工制造类、农林牧副渔类、信息技术类。特别值得一提的是,

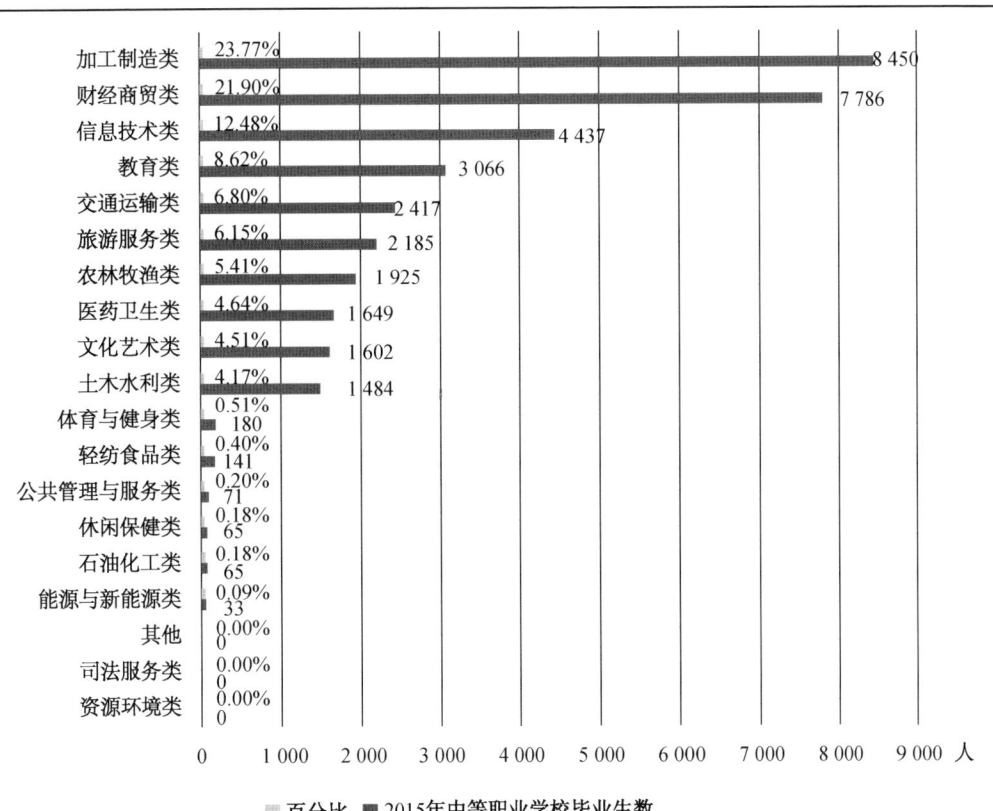

图3 2015年中等职业学校各专业毕业生数及比例

能源与新能源类由2013年的0人增加到2015年的33人，司法服务类由5人减少至0人。尽管两门专业人数不多，却反映出中等职业学校适应新产业需求的专业门类的调整。但从整个青岛的产业体系建构和发展情况看，这些调整还远不能跟上青岛市产业发展的需求。

从中职各专业毕业生比例看，2015年排前五位的专业是：加工制造类、财经商贸类、信息技术类、教育类、交通运输类；排后五位的是：资源环境类、司法服务类、其他、能源与新能源、石油化工类。《青岛市2015年人才需求目录》显示，从行业需求看，制造业人才需求居各行业之首，占需求总量的26.72%，其次是计算机服务和软件业、金融业，这凸显出经济优化升级对现代制造业、互联网和金融业人才的需求。尽管从培养比例上看，基本上与行业需求符合，但随着科技对产业贡献度的提高，高度专业化和精细化的产业体系对职业人才的质量提出更高要求，对高素质、高技能、专业化人力资源的需求越来越大。如果中职专业门类和培养质量不能跟上科技进步速度，必将导致中职生与行业需求不匹配的结构性失业。

表1　　　　　　　　　青岛市2016年中等职业学校专业覆盖统计表

中职专业目录专业大类名称	中职专业目录专业大类包含专业数	青岛市中职学校开设的专业数	专业设置覆盖率
农林牧渔类	32	18	56.25%
资源环境类	23	3	13.04%
能源与新能源类	19	1	5.26%
土木水利类	18	5	27.78%
加工制造类	34	20	58.82%
石油化工类	13	4	30.77%
轻纺食品类	15	1	6.67%
交通运输类	30	17	56.67%
信息技术类	18	13	72.22%
医药卫生类	28	10	35.71%
休闲保健类	4	1	25.00%
财经商贸类	21	12	57.14%
旅游服务类	9	8	88.89%
文化艺术类	35	14	40.00%
体育与健身类	3	3	100.00%
教育类	1	1	100.00%
司法服务类	3	0	0.00%
公共管理与服务类	15	4	26.67%
小计	321	135	42.06%

《中等职业学校专业目录(2010)》中共包含18个专业大类321个专业(除其他类专业)，而青岛市中等职业学校2016年共开设其中的135个，占42.06%，专业设置覆盖率不高，涵盖面不广。分专业大类看，除没有的司法服务类专业外，能源与新能源类和轻纺食品类开设的专业覆盖率最

低,均不超10%,专业覆盖率超过50%的仅8个大类专业。

专业设置服务重点产业发展能力不强。战略性新兴产业增加值占GDP的11.67%,而对应专业仅占总专业数的6.79%,对应专业在校生仅占总在校生的4.01%,青岛市中等职业学校专业设置不能满足六大战略性新兴产业的发展需求。蓝色海洋经济产业增加值占GDP的22.50%,而对应专业仅占总专业数的2.72%,对应专业在校生仅占总在校生的1.36%,青岛市中等职业学校专业设置远远不能满足蓝色海洋经济产业。现代服务业产业增加值占GDP的27.80%,而对应专业仅占总专业数的12.23%,对应专业在校生仅占总在校生的7.02%,青岛市中等职业学校专业设置服务现代服务业发展的能力不强。虽然从总体上看,青岛市中等职业学校专业设置能够满足十条千亿级产业链的需求,但是十条产业链对应专业之间存在结构性不均等的问题。如表3所示,机械装备、汽车、电子信息工业三条产业链产业增加值占GDP比重低于对应专业占总专业数的比重和专业在校生占总在校生数的比重,对应专业数量和规模过大。其余七条产业链对应专业数量和规模过小,不能满足产业链发展需求。

表2　　　　　　　　　　国民经济重点产业与中等职业学校专业设置对应情况

重点产业名称	产业增加值(亿元)	占GDP比例	对应专业数(个)	占总专业数比例	对应专业在校生数(人)	占总在校生比例
十条千亿级产业链	2 660.32	28.60%	160	43.48%	33 450	43.11%
战略性新兴产业	1 085	11.67%	25	6.79%	3 113	4.01%
蓝色海洋经济产业	2 093.4	22.50%	10	2.72%	1 052	1.36%
现代服务业	2 589.8	27.80%	45	12.23%	5 447	7.02%

表3　　　　　　　　　　十条千亿级产业链与中等职业学校专业设置对应情况

产业链名称	产业增加值(亿元)*	占GDP比例	对应专业数(个)	占总开设专业比例	相关专业在校生数(人)	占总在校生比例
家电产业链	360.71	13.56%	2	1.25%	194	0.58%
石化产业链	334.21	12.56%	5	3.13%	550	1.64%
服装产业链	263.08	9.89%	8	5.00%	1 537	4.59%
食品产业链	392.41	14.75%	8	5.00%	578	1.73%
机械装备产业链	627.25	23.58%	56	35.00%	15 721	47.00%
橡胶产业链	159.47	5.99%	0	0	0	0
汽车产业链	159.90	6.01%	20	12.50%	5 708	17.06%
轨道交通装备产业链	143.85	5.41%	5	3.13%	106	0.32%
船舶海工产业链	99.19	3.73%	7	4.38%	545	1.63%
电子信息工业产业链	120.25	4.52%	49	30.63%	8 511	25.44%
合计	2 660.32	100.00%	160	100.00%	33 450	100.00%

*根据全市工业产业增加值和各产业链占全市工业增加值比例测算。

2. 职业学校输出的专业技能人才不适应国民经济产业发展需求

中等职业学校专业设置是否适应国民经济发展主要从专业数量与国民经济产业增加值的吻

合度和专业在校生与国民经济产业从业人数的吻合度两个方面来衡量。从第三产业结构看,根据青岛市统计公报的数据,2011—2015 年全市生产总值自 2014 年 GDP 增速减缓,但总量上有稳步提升。从第三产业的比例看,第一产业和第二产业的比例减少,第三产业的比例增加,反映出资源由低附加值、低技术含量产业流向高附加值、高技术含量产业。2015 年青岛市第三产业已占到全部产业的 52.8%,相比于发达国家的 60%~70% 的比例有些差距,但随着产业调整和升级,"十三五"人口规划中预计第三产业对就业人口吸纳率达 46%。

表 4　　　　　　　　2011—2015 年青岛市全市生产总值、三次产业增长情况表

年度	全市生产总值(GDP)(亿元)	比上年增长	第一产业增加值(亿元)	比上年增长	第二产业增加值(亿元)	比上年增长	第三产业增加值(亿元)	比上年增长	三次产业的比例
2011 年	6 615.60	11.7%	306.38	5.0%	3 150.72	11.6%	3 158.50	12.4%	4.6:47.6:47.8
2012 年	6 615.60	10.6%	324.41	3.2%	3 402.23	11.5%	3 575.47	10.5%	4.4:46.6:49.0
2013 年	8 006.6	10%	352.4	2.1%	3 641.8	10.2%	4 012.8	10.5%	4.4:45.5:50.1
2014 年	8 692.1	8.0%	362.6	3.9%	4 026.46	8.4%	4 447.1	7.9%	4.2:44.6:51.2
2015 年	9 300.07	8.1%	363.98	3.2%	4 026.46	7.1%	4 909.63	9.4%	3.9:43.3:52.8

从中职毕业生数及比例看,2011—2015 年基本上保持"第三产业＞第二产业＞第一产业"的状态,这基本与青岛市第三产业的比例一致。通过相关分析发现,只有中职教育第二产业毕业生人数所占比例与第二产业增加值所占比例呈现显著的正相关,表明目前的中职教育在第二产业门类上的培养规模基本上符合国民经济第二产业发展的情况。在专业设置上,尽管大类专业从规模上基本匹配产业需求,但从小类看却未能与产业需求相匹配。例如,汽车类专业普遍以维修、营销为人才主要发展方向,而汽车产业链的"零部件制造"制造方向较欠缺。

表 5　　　　　　　　2011—2015 年青岛市中职毕业生数及其比例表

年度	中职毕业生数及其比例					
	第一产业		第二产业		第三产业	
	人数(人)	比例	人数(人)	比例	人数(人)	比例
2011 年	2 741	5.6%	22 312	45.5%	23 955	48.9%
2012 年	2 628	6.7%	16 190	41.4%	20 294	51.9%
2013 年	2 669	7.6%	13 278	37.6%	19 368	54.8%
2014 年	3 408	9.7%	12 518	35.6%	19 189	54.6%
2015 年	1 925	5.4%	12 449	35.0%	21 182	59.6%

为更形象地揭示第三产业与中等职业教育第三产业毕业生的适应度,将 2011—2015 年的比例状况作出曲线比较图,可以发现第二、三产业与中职第二、第三产业毕业生培养规模变化基本一致,但第一产业的变化幅度较大,特别是 2015 年,第一产业比例已经远远超过第一产业的增值情况。由此推断,农林牧副渔产业中的增值不高,可能源于该专业人才未能在相应岗位上就职,或者

在培养质量上未能增强该专业门类的科技含量等,这需要进一步的调查研究。

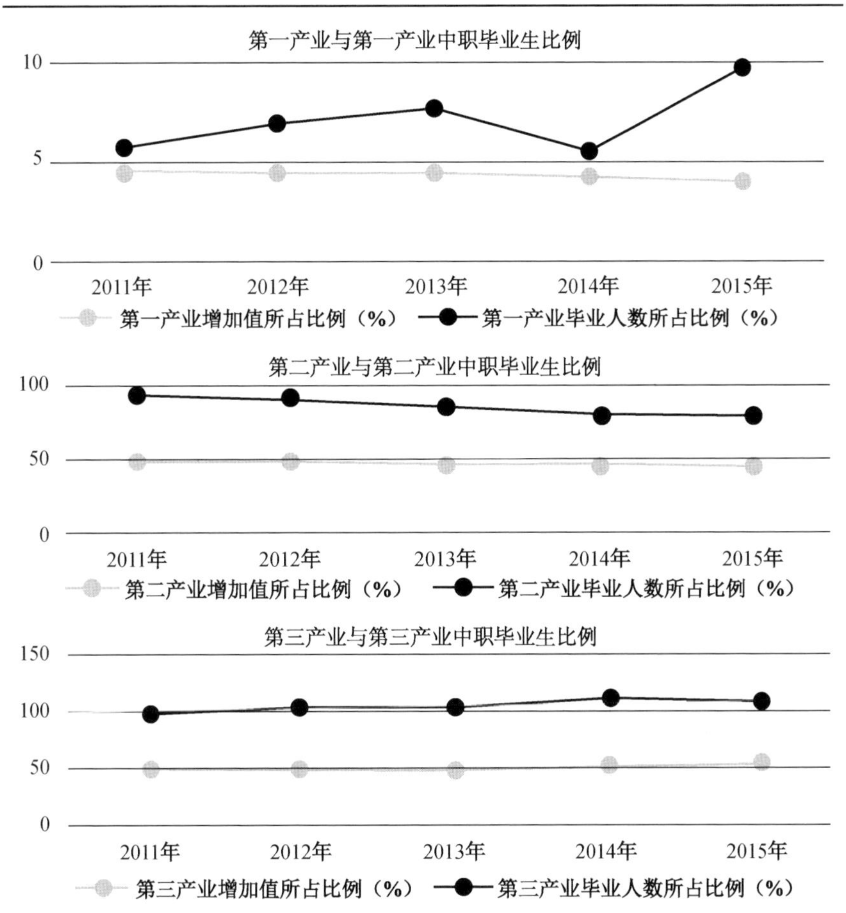

图4 2011—2015年青岛市第三产业比例与中等职业教育第三产业毕业生比例图

从具体的专业设置看,除建筑业、住宿和餐饮业、金融业、水利环境和公共设施管理业、教育、卫生和社会工作五个行业产业增加值占GDP比重与对应专业数占总专业数的比重大体相当外,其余70.59%的行业产业增加值占比与对应专业数占比不符,说明青岛市中等职业学校专业数量与国民经济产业增加值吻合度不高。其中,工业、批发和零售业、公共管理社会保障和社会组织三个行业产业增加值占比远高于对应专业数占比,说明专业设置严重不足;信息传输软件和信息技术服务业、租赁和商务服务业、居民服务修理和其他服务业、文化体育和娱乐业四个行业产业增加值占比远低于对应专业数占比,说明专业设置严重过剩。除住宿和餐饮业、水利环境和公共设施管理业两个行业从业人数占社会总从业人数的比重与对应专业在校生数占总在校生的比重大体相当外,88.24%的行业从业人数占比与对应专业在校生数占比严重不符,说明青岛市中等职业学校专业在校生与国民经济行业/产业从业人数吻合度不高。其中,工业、批发和零售业、建筑业三个行业从业人数占比高于对应专业在校生数占比,说明专业规模过小;信息传输软件和信息技术服务业、金融业、租赁和商务服务业、居民服务修理和其他服务业、教育、文化体育和娱乐业六个行业从业人数占比低于对应专业在校生数占比,说明专业规模过大。

表6　国民经济行业发展与中职学校专业设置对应表

行业名称	产业增加值(亿元)	占GDP比重	对应专业数(个)	所占比例	从业人数(万人)	所占比例	对应专业在校生数(人)	所占比例
农林牧渔业	379.06	4.08%	28	7.61%	1.4	0.45%	2 670	3.44%
工业	3 547.6	38.14%	71	19.29%	150.1	48.54%	16 719	21.55%
建筑业	486.83	5.23%	19	5.16%	25.8	8.34%	2 987	3.85%
批发和零售业	1 147.76	12.34%	6	1.63%	42.5	13.75%	604	0.78%
交通运输、仓储和邮政业	662.49	7.12%	34	9.24%	12.7	4.11%	5 215	6.72%
住宿和餐饮业	188.09	2.02%	9	2.45%	5.7	1.84%	1 804	2.33%
信息传输、软件和信息技术服务业	183.9	1.98%	46	12.50%	3.6	1.16%	8 605	11.09%
金融业	588.28	6.33%	19	5.16%	6.3	2.04%	7 322	9.44%
房地产业	463.49	4.98%	0	0	7.5	2.43%	0	0
租赁和商务服务业	347.67	3.74%	45	12.23%	11	3.56%	6 356	8.19%
科学研究和技术服务业	154.68	1.66%	0	0	5.6	1.81%	0	0
水利、环境和公共设施管理业	54.85	0.59%	3	0.82%	3.1	1.00%	328	0.42%
居民服务、修理和其他服务业	176.67	1.90%	30	8.15%	2.5	0.81%	6 265	8.07%
教育	339.97	3.66%	13	3.53%	13.4	4.33%	9 318	12.01%
卫生和社会工作	186.33	2.00%	13	3.53%	6.6	2.13%	5 011	6.46%
文化、体育和娱乐业	71.74	0.77%	31	8.42%	1.5	0.49%	4 383	5.65%
公共管理、社会保障和社会组织	320.66	3.45%	1	0.27%	9.9	3.20%	0	0
总计(GDP)	9 300.7	100.00%	368	100.00%	309.2	100.00%	77 587	100.00%

3. 专业设置同质性较高,大部分学校尚未形成优势、特色、辐射性强的专业

根据青岛市经济和信息化委员会发布的信息,2016年全市工业产业集聚度持续提升,50个工业集聚区规模以上工业企业达到2 584家,工业集聚度高需要职业学校提供更多产业链上的相关专业技能人才,这就对职校集聚、专业与该区产业匹配提出要求。目前来看,职业学校比较分散,专业设置同质性比较高。2016年青岛市中职学校共开设了368个专业,共开设了135个《中等职业学校专业目录(2010)》专业类别,重复设置了233个专业,重复率为272.59%,专业设置重复率较高,重复设置专业现象严重。分专业大类看,教育类专业重复率最高,中职专业目录教育类只有学前教育1个专业,而青岛市共有13个学校设置了该专业。其次是财经商贸类、土木水利类、信息技术类、加工制造类,重复率均超过了200%。

表7　青岛市2016年中等职业学校专业重复情况统计表

中职专业目录专业大类名称	开设专业总数（含重复设置专业）	开设的中职专业目录专业数	专业设置重复率
农林牧渔类	32	18	77.78%
资源环境类	3	3	0
能源与新能源类	1	1	0
土木水利类	20	5	300.00%
加工制造类	65	20	225.00%
石油化工类	5	4	25.00%
轻纺食品类	1	1	0
交通运输类	37	17	117.65%
信息技术类	49	13	276.92%
医药卫生类	14	10	40.00%
休闲保健类	1	1	0
财经商贸类	65	12	441.67%
旅游服务类	23	8	187.50%
文化艺术类	29	14	107.14%
体育与健身类	4	3	33.33%
教育类	13	1	1 200.00%
司法服务类	0	0	0
公共管理与服务类	6	4	50.00%
小计	368	135	172.59%

（三）城市发展对高素质技能人才的需求亟需创新人才培养方式

作为国家实施实现"一带一路""中国制造2025"等国家倡议和战略的重要支撑力量，高素质的技术技能人才是跨越"中等收入陷阱"、实现中国梦的重要保障。在人才培养方式方面，职业教育还存在诸多问题。

1. 学生的职业素养还需提高

职业教育要注重工匠精神培养，把专业技能和职业道德培养结合起来，培养的学生才能更好地服务于经济社会发展。据调查，企业反映有一些中职生走上岗位后缺乏严谨、专注、敬业精神，缺乏以"工匠精神"为核心的职业素养，这就影响到企业产品的质量和档次，对企业管理和发展带来问题。从学校层面上看，中职生群体中存在着诸多不良行为，自身的职业道德和品德修养不够，这也需要学校加强立德树人教育，提高学生综合素养，为社会输送合格技能人才。

2. 现代职业教育体系不完善

一是现有中职、高职、应用本科和专业学位研究生教育培养层次尚未完全衔接贯通。职业资格证书与学历证书尚不能实现互通。二是高职教育培养能力相对不足，中高职贯通培养技能人才的专业和规模有待提升。随着企业对劳动力的专业和技能素质的提升,相比于中等职业教育的基数,中高职贯通培养的专业和规模所占比例还很低,仍需要继续提升,为学生打通中职、高职和本科上升通道,培养复合型、技术型、专业型人才,提高人力资源在产业升级中的贡献度。三是偏重学历教育,职业实训开展不够广泛,对企业参与职业教育发展的吸引力不强。现有管理体制难以适应职业教育发展形势。

3. 培养模式与经济发展需求联系不够紧密

一是人才培养模式与企业需求之间存在脱节现象,未建立起对技术技能人才需求类型的预测和发布机制,职业教育教学改革和人才培养模式调整缺乏有力依据。二是教育教学改革不到位。职业学校(含技校)的专业建设中,对于教学内容更新、教材建设、教师培训、人才培养模式等方面没有给予必要的重视,造成教学内容脱离产业实际,教学方式、方法不贴近学生实际,人才培养模式单一,导致人才培养的适用性、针对性差,专业建设缺乏后劲,影响了学校教育教学水平的提高。

4. 师资结构不合理,技能型专业教师比例偏低

非专任教师比重过大,企业兼职教师少,"双师型"教师比例不高,教师队伍的实践操作与科研能力不强。外聘教师管理制度不健全,进入院校的门槛过高,难以录用紧缺的技能型教师。

四、发展对策

"十三五"期间,青岛职业教育改革和发展主要体现在两个满足上:一是满足未来青岛经济、社会、科技等深刻变革对职业教育服务能力的需求,二是满足职业技术人才终身发展对职业教育体系开放性和贯通性的需求。青岛职业教育要适应社会经济社会发展,根本落脚点是创新育人体制和方式,围绕这一焦点,结合青岛职业教育的问题和经验,以及青岛在"十三五"启动或深化的改革,提出以下对策。

(一)坚持"立德树人",培养工匠精神

一是以坚持立德树人,将立德树人融入职教体系建设、育人模式转变、育人目标调整等多个方面。要把提高职业技能和培养职业精神高度融合,使"中国制造"更多走向"优质制造""精品制造"。二是将工匠精神、行业职业精神、行业职业价值观等融入人才培养全过程。通过体验"工匠风采",引导学生深刻理解工匠精神内涵,树立正确的人生观、价值观和职业观。三是举行职业教育活动周活动,弘扬工匠精神,注重突出职业教育鲜活特点,展示青岛职业教育特色品牌。通过讲述"职教故事"的形式,介绍从中等职业学校走出的岗位明星、创业明星和技术能手的成长经历,传递"人人皆可成才,人人尽展其才"的成长观、人才观、价值观;另一方面,吸引有关行业企业、社区居民参与,力争从不同视角关注职业教育。四是继续开展"职教义工志愿服务活动"(自2014年开始),引导中等职业学校师生奉献爱心、服务社会,着力弘扬"奉献、友爱、互助、进步"的志愿服务精神,增强社会责任感和奉献意识。

(二)依法建设现代职教体系,搭建学生多元化成长路径

依照《青岛市职业教育条例》,构建青岛市开放融通的现代职业教育体系,打通学生多元化成长渠道。

一是促进职业教育与普通教育、高等教育、继续教育衔接融通,继续扩大中等职业教育、高等职业教育与本科教育贯通培养试点院校范围和专业覆盖面。鼓励采取多种中高职衔接模式,促进学校共享教育资源,满足中职生终身学习的需要。以课程衔接为核心,以对口招生、五年一贯制、"3+2""4+2"等贯通培养模式,扩展中高职衔接的范围和规模。根据产业升级对人才层次的提升的需求,通过科学评估和预测,确立贯通培养的专业类目、数量和规模。开展学历证书与职业资格证书互通一体化课程认证改革试点,推进"双证互通"。

二是推进中高职一体化建设,扩大高等职业教育人才培养规模。在区域视域下进行中高职衔接,从中高职现有专业、办学条件、师资等方面的实际情况出发,制定出一体化人才培养方案和依托区域内企业进行工学结合的教学模式改革。这样,既能为经济建设培养不同梯次的技能型人才,又能打通中职生职业上升渠道。

三是推动普通教育与职业教育相互融合开放,实现课程和实训资源共享,采用弹性学制、学分制办法,进行学分互认、学籍互转试点。

四是根据国家政策和产业调整的需求,引导部分高校或专业向职业教育转型,扩大中职生升学的渠道。

五是推进职业教育与继续教育融通,统筹开展职业教育社会培训,探索实施职业培训"学分银行"制度,健全面向全体劳动者的职业培训制度,提供可选择的多样化教育服务。推进高职、中职、技工院校统筹协调发展,形成相互补充、功能齐全、特色鲜明、质量优良的青岛特色职业教育体系。

(三)推进新一轮职业教育布局调整,优化职业教育资源配置

职业教育与产业协同发展,职业教育在培养规模、学科结构、人才质量上与产业规模、产业比例和每个产业对技术的要求相匹配,是最理想的状态。因此要优化职业教育资源配置,适应产业结构升级转型,合理调整中等职业学校和专业布局。

第一,深入调研,协同有关部门做好供求预测。围绕供需状况,需要深入调研,科学预测。一是在摸清青岛市职业教育内部状况,深入细致地调查各区、各学校、各专业以及人才就业去向等基本状况,为全市统筹规划职业教育布局提供依据。二是调查需求,联合统计、经信、人社等部门调查宏观需求数据,摸清企业行业对人才的具体需求,才能为职教人才培养提供方向和依据。三是充分考虑人口布局变化、产业分布规划、人才聚集和产业集聚能力、城镇承载能力等,协调改革、规划、计生、公安、农委等多个部门,做好需求预测。

第二,统筹全市职教资源,实现职校城乡、区域协调发展。一是适应区域产业特色和城市功能,建设职教学校群。围绕着全市规划的产业分布,特别围绕各区市的特色和主要产业,建设与之相适应的职业学校群,实现组团发展,形成职校规模效应。例如,城阳区要建设高速列车产业集聚

区,该区职校应该围绕着高速列车产业链来布设相关学校和专业,实现人力资本与产业发展的紧密结合。二是适应城镇化进程和产业结构升级,合理调整城乡职教布局,职业学校由城市向乡镇转移。新型城镇化为产业新建和转移提供条件,也为职校入驻乡镇提供基础,职教生实现就学、实习、就业一体化,减少耗损,服务地方产业。三是深化中等职业学校规范化建设,满足学生的学习需求。采取撤销、合并、划转、共建等方式,整合中等职业教育资源,使各职校均达到国家、省定标准。四是建设职教集团,建立职业教育战略联盟,走集团化发展道路。建立集职业教育、职业培训、技能鉴定、科技研发等功能为一体,成为产学研、校企合作、功能多元、形象独特的职教园区。

第三,优化职业教育专业结构,建设优势、特色、辐射性强的专业群。一是建立专业调整机制,合并同质专业、突出优势专业。为实现专业与产业的高度契合,应该根据就业市场,统筹调整专业规模,保留和突出现有优势专业,剔除规模小、办学差的同质专业,根据需求预测,建设与区域产业发展相适应的专业规模。二是适应海洋产业、高端制造业、高端服务业和战略性新兴产业发展的需求,调整专业结构。根据科学精准预测,开设或调整与产业发展相适应的专业规模和专业门类,建设与之匹配的主导专业群,辐射带动产业链上相关专业的发展。加快建设与海洋产业、高端制造业、高端服务业和战略性新兴产业相关的专业群。缩减传统农业专业数量和规模;增设现代农业相关专业,增加工业类对应专业设置数量和规模,增设高端装备制造业相关专业;减少营利性服务业对应专业数量和规模;增加国民经济重点产业对应专业;大量增加蓝色海洋经济相关专业;增设青岛市中等职业学校服务国民经济空白专业,如自动装置调试维护、供用电技术、输配电线路施工与运行、古建筑修缮与仿建等;提升财经商贸类的会计、会计电算化、金融事务、国际商务(报关方向)等专业,加工制造类的机电技术应用等产业对应专业办学层次。

(四)创新职业教育人才培养机制,服务经济社会发展和人的全面发展

一是突出现代学徒制试点,推进校企深度合作。按照现代学徒制的制度和标准体系,力争建立起学校本位教育与工作本位培训相结合、企业和学校共同推进、招生与招工、入学与就业一体的育人模式。实训中引进"现代学徒制"培养方式,遴选一批技术含量较高的岗位和高水平的师傅指导学生开展实训。

二是深化产教融合、校企合作。对接职业教育专业链、人才链和产业链,建立校企一体化育人机制,组建职校、企业、行业多方合作的职教集团和中高职教育联盟,完善多方参与职业教育的联动机制,促进紧密型职教集团建设。深入推进产教融合、校企合作,培养高质量技能人才。积极推进"校企合作""工学结合、半工半读""职业教育集团化发展""双元制"等办学模式改革,提升职业教育培养能力,实现职教生与企业发展无缝对接。

三是完善行业企业办学机制,鼓励行业企业独立办学或参与办学。行业企业在招生规模方面要参与,将企业精神、新科技等融进课程教学、研训实习中,促进教学链、产业链和利益链有效对接,使职教生就业后立即能够融入企业。对接国家职业标准、职业教育国际水平专业教学标准,开发高水平、特色化的专业教学标准。支持企业与职业院校共同编制教材、设计课程方案和实习实

训流程。

四是创新"厂中校"等多种实训基地模式改革,推进职业学校、实训基地、联合培养基地有机融合,培养大批具有工匠精神的高素质劳动者和高水平技术技能人才。建立行业组织指导教育教学、发布行业人才需求、开展教育质量评价的常态机制。

五是推进职业教育国际化,在课程教学标准、资格证书认定等方面与国际接轨,采用国际先进教育教学理念和方法,引进先进技术,在教学、就业等方面与国际接轨。

六是加速职业教育信息化进程。建立全国职业教育数字资源共建共享联盟,制定职业教育数字资源开发规范和审查认证标准,建设面向全社会的优质数字化教学资源库。加快数字化专业课程体系建设,使每一个学生都具有与职业要求相适应的信息技术素养。

(五)推进职业学校内涵建设,提升职业教育保障能力

一是支持公办职业院校吸纳民间资本和境外资金,开展多元模式投资办学改革试验,增强职业教育活力。开展职业学校托管、合并等多种形式混合所有制改革试点,探索混合所有制职业院校法人产权制度,引导国有资本、集体资本和境内外非公有资本等与职业院校双向进入、相互融合,整合汇聚优质资源,以股份制、混合所有制等形式明确职业院校法人财产权。

二是加强现代职业学校制度建设,建立以学校章程为办学基础、与多元化办学产权结构相适应的现代职业学校治理结构,健全由政府、行业、企业、社会团体或个人、教职工代表等多方参与的理事会或董事会,全面推动职业院校治理体系和治理能力现代化。

三是建设集职业技能培训和鉴定、公共实训、就业服务于一体的综合性技工教育培训基地。深化校内实训基地和校外实习基地建设,建设一批生产性公共实训基地,打造一批公共实训品牌。

四是完善专任教师准入制度和外聘教师管理机制,健全专业技术职务评聘标准和办法,落实教师企业实践制度,建设一批"双师型"教师培养基地,建设高素质"双师型"教师队伍。

职业教育促进新型城镇化发展——杨凌模式

杨凌职业技术学院课题组[①]

摘要：实现新型城镇化战略目标,保持经济持续发展,关键是职业教育必须提高劳动者的素质和技能,且当前没有完全统一可借鉴的城镇化模式。以杨凌为代表来研究职业教育促进农业型城镇化建设——对于西部大开发战略,"一带一路"建设都具有重要的现实意义。杨凌城镇化模式的特点是：第二、第三产业不发达,经济支柱以农业为特色;农民城镇化以就地转移为主体;承接农民城镇化转移的支柱产业具有自然条件和内、外在动力。职业教育可以有效提供职业技能培训,提高广大农民就业、择业与创业的能力,进而提高他们的劳动素质,是推动农村劳动力市民化的必要前提。推进城镇化进程,必须大力开发农村人力资源。在新型城镇化的进程中,职业教育需求具有多样性,职业教育要积极实行供给侧改革,提供社会需求的职业教育与培训产品。

关键词：城镇化;职业教育;杨凌模式

杨凌素来以农耕文化文明著称,这里有建校80多年的西北农林科技大学、杨凌职业技术学院和多所涉农科研院所,1999年国家在杨凌设立农业高新技术产业示范区,为杨凌现代农业的发展提供了新的机遇。2009年以来,杨凌按照城乡"政策一致、建设一体、公共服务均等、收入水平相当"的发展思路,通过产业向园区集中、农民向社区集中等方式,推动农业产业化、农村社区化和农民职业化融合发展,逐步实现城乡规划、产业布局、基础设施、公共服务、劳动就业、社会管理"六个一体化"的目标,形成了独具特色的农村就地城镇化、城乡发展一体化的杨凌城镇化模式。

西部地区职业教育促进城镇化发展杨凌模式的主要特点是：①第二、第三产业不够发达,无法通过工业或者商贸服务业的发展来实现农村人口变为城镇人口;②必须走以农业现代化带动新型城镇化的道路。立足土地资源,发挥科教资源优势,积极发展规模化、产业化、现代化,以现代科技支撑,以龙头企业带动的,农民为主体的现代农业,实现农民的富裕,推动农村的城镇化进程;③农村就地城镇化。通过发展农村经济、增加农民收入、完善农村基础设施、发展农村社会事业,缩小城乡差距,实现城乡协调发展,实现农村就地城镇化。

[①] 课题负责人：赵曼,杨凌职业技术学院书记、研究员;成员：刘根牢,杨凌职业技术学院党政办公室副主任、农艺师。

杨凌作为国家唯一的农业高新技术产业示范区,深(地)处西北内陆,以农业为支撑产业,从2009年开始致力于探索一条农业城镇化的道路,已初见成效。这正是广大西北地区城镇化的典型代表。所以,以杨凌为代表来研究职业教育促进农业型城镇化建设,对于西部大开发战略,对于"一带一路"建设都具有重要的现实意义。

一、杨凌模式的特点

1. 杨凌模式的社会文化基础

杨凌地处关中平原腹地,南依太白山、临渭河,北接黄土高原,东、西各距西安、宝鸡80公里,陇海铁路、连霍高速、西宝高铁穿城而过。海拔高450米,年降水量635.1～663.9毫米,年均气温12.9℃,属暖温带季风半湿润气候区。杨凌是北方农业优生区。自然条件优越,交通交流便利,为农民职业化提供了自然基础。杨凌面积134平方公里,辖2个街道、3个镇。2015年,常住人口20.34万人,其中:大中专师生7万余人,占35%;农业人口11.75万人,占57.7%。传统农业文明积淀深厚,现代农业技术耳濡目染,杨凌农民思想解放,理念更新及时。农民理念更新快,农业比重比较低,为高素质职业农民提供了人文基础。杨凌一产结构主要为,粮食播种面积4.9万亩,蔬菜种植面积3.2万亩,苗木面积1.78万亩,畜牧产值2.8亿元。城镇居民可支配收入38 907元,农民人均纯收入15 423元,城乡收入比为2.5∶1。90%的土地通过流转实现了企业化、规模化、产业化经营;农业合作社开展全方位服务;流转了土地经营权的农民以技术服务农业企业,获得更多的收益。工业、服务业不发达,农业(包括林牧等)产业要求技术含量高,为职业农民发展提供了内生要求。杨凌是中国农业文明发源地,农神后稷在此教民稼穑。现有2所大学7所中专,涉农科研、教学专业50多个,科研人员5 000多名。中国四大展会之一的杨凌农高会每年一届,目前已经举行23届。杨凌农民获得农业科技成果、技术技能培训、科技信息、名优特品种及产品的机会得天独厚。农业科技教育资源丰富,为农民职业化提供了保障。

2. 杨凌模式城镇化的职业教育需求

通过调查问卷分析发现,立足于以土地为资源建设发展的杨凌模式,在城镇化进程中表现出随着土地及地域扩展的变化,城市文化、城市生活方式和价值向农村不断扩展,农民生活方式和生产方式的文明程度在不断提高,同时不断现代化且在不断改变着人口职业、产业结构、就业及收入结构。大多数被调查者对于城乡一体化和最终达到共同富裕有着共通的理解和夙愿。但在城镇化的发展进程中,各个群体有着自己独到的见解,并非只看到城市化所带来的丰硕果实,一味追求形式化和快速化,忽视目前的资源配置和就业状况,只作形式上的改变。大多数被调查者认为,在本地区的人口组成中农民占人口绝大多数,且以农民现有资源为基础立足点,应以科技产业发展为依托,以当地科技资源为载体,以经验为主,分散型的劳作方式已不适应现代社会大环境的发展要求,提高劳作效率,实现更科学化、更集约化的生产方式理念契合城镇化发展的要求,更深入人心。职业教育培训的渗透,首当其冲作为获得向城镇化迈进的动力源泉,赢得群体比例中大多数人的接纳认可。

杨凌发展需要"三个转变"。传统农业向现代农业转变。杨凌是中国古代农业文明的发源地，传统农业有着悠久的历史。改革开放以来，依托杨凌的农业科研教育推广资源，实施土地流转，成立农业公司和合作社，引进农业企业，延长农业产业链，传统农业向以产业化、规模化、集约化和设施化的现代农业转变。自然农村向社区化转变。按照城乡一体化思路，土地集中、规模经营，转让了土地经营权的农民，通过安居工程等改善居住条件，自然村落转变为文明社区。农民就地向产业工人转变。农民通过职业教育、创业培训或劳动力转移等形式，向技术型职业农民，或第二、第三产业转变。

3. 杨凌城镇化动力模式

杨凌城镇化动力模式既有特殊性，也有普遍性。一是通过农业现代化带动新型城镇化发展。依托国家农业高新技术产业示范区和两所大学，抓住国家综合改革机遇，履行杨凌产业示范使命，积极试点国家关于科技、农业、金融、土地、税收、创业、城乡统筹、扶贫等政策，带动杨凌城镇化建设。二是用足政策多方位拉动城镇化建设。十七届三中全会《中共中央关于推进农村改革发展若干重大问题的决定》提出了"继续办好国家杨凌农业高新技术产业示范区"的明确要求。2010年1月国务院《关于支持继续办好杨凌农业高新技术产业示范区若干政策的批复》（国函〔2010〕2号）同意采取"支持信息化社会化农村科技服务体系建设、推动现代农业产业化示范、加强农业科技创新能力建设、深化农村金融改革与服务创新、加强农业科技合作与交流"等5项政策措施支持办好杨凌示范区，将杨凌纳入首批城乡统筹发展试点区、关天经济区、陕西自贸区、智慧城市建设等。2010年6月陕西省委、省政府《贯彻落实〈国务院关于支持继续办好杨凌农业高新技术产业示范区若干政策的批复〉的意见》（陕发〔2010〕5号），提出35条措施。2016年10月陕西省人民政府《关于支持杨凌示范区加快城乡发展一体化的意见》（陕政发〔2016〕46号）颁布18条措施。三是城乡一体化推进城镇化进程。2009年以来，杨凌实施城乡"政策一致、建设一体、公共服务均等、收入水平相当"的发展思路，通过产业向园区集中、农民向社区集中等方式，基本实现了农业产业化、农村社区化和农民职业化融合发展的目标。2017年7月10日，李克强总理来杨凌视察时强调"杨凌要打造人才高地，形成制度红利，把先进农业技术和创新机制辐射到西部、农业主产区乃至全国，让农民获得更多收益"。2017年9月20日，刘延东副总理要求，杨凌要牢记使命，围绕农业现代化战略需求，找准科技创新方向，抢占农业科技制高点，为从农业大国走向农业强国做出贡献；深化农业对外合作，为世界现代农业发展贡献中国力量。四是职教资源助力农民职业化，完善农村城镇化转型。依托区内2所大学、7所中专，以及农高会、科技特派员制度、农技信息化平台等，实施农业技术教育和职业转型、创业教育，有1000多名农民取得专业技术证书，每年支持500名以上的失地农民和有创业愿望的城乡富余劳动力创业培训。

杨凌模式的特点是：第二、第三产业不发达，经济支柱以农业为特色；农民城镇化以就地转移为主体；承接农民城镇化转移的支柱产业具有自然条件和内、外在动力。

二、职业教育促进城镇化发展的对策

职业教育与城镇化彼此相互影响,相互制约。城镇化对职业教育的布局结构、专业结构、培养模式都有着巨大的影响,职业教育则是城镇化的重要推动力量。城镇化进程拉动就业方式的转变,职业教育可有效促进农村劳动力转移,职业教育能够为城镇化提供充足的劳动力资源。职业教育可以有效提供职业技能培训,提高广大农民就业、择业与创业的能力,进而提高他们的劳动素质,是推动农村劳动力市民化的必要前提。

1. 加强校政合作,建立职业农民培训体系

构建服务于农村人口转移的培训规划;构建服务于现代农业生产、经营的新型职业农民培训规划;制定农村转移人口"市民化"的培训规划。首先是创业培训,鼓励有创业愿望的城乡富余劳动力参加创业培训;其次是技能培训,组织群众在区内两所大学完成技能培训课程并取得农民专业技术证书;第三是推进点面结合培训,在重点加强对种养大户、农村经纪人、合作社理事长培训的同时,构建农民终身教育公共服务平台,打造新型职业农民队伍。提供组合套餐的继续教育和培训产品,建立农村劳动力转移培训基地、农民创业培训基地、农技服务人员培训基地、农林水行业职工继续教育基地。

2. 完善校企合作,保证专业建设体系改革

一是完善办学经费保障体系,设置专项经费支持地方经济发展所急需的专业,出台相关政策鼓励企业积极为高职院校提供教学实训设施;二是保障校企双方利益,激发企业积极性,实现人才需求和供给对接的校企利益共同体,形成"人才共育、过程共管、成果共享、责任共担"的合作体系。

提供适应产业、社会需求、大众满意的专业学历教育产品,构建"培养—就业"一条龙服务。建立校企联盟,加强产学研结合;以市场为导向,推进"订单式"培养;注重实践能力,加强实践教学。

完善专业设置一体化。从区域和行业的实际需求出发,根据区域经济发展全局调整专业结构,撤销进出口不畅的专业,坚持院校传统学科优势,创办特色专业、树立专业品牌。

3. 探索校群合作,提供文化产业支持

一是提供城镇化进程中经济困难群体的人文关怀产品。在科技扶贫、精准扶贫的同时,坚持扶基础、扶长远、扶根本,实行贫困户子女免费上学,学习技术技能,带动一个家庭或者更大范围的人群致富,实现共同城镇化;招收全日制职业农民大学生,培养现代农业发展"生力军"。

二是开展文化产业支持,投身幸福生活建设。依托学院旅游管理专业,开展乡村景区、特色农家乐的规划和咨询;依托经济与贸易类专业开展农副产品线上销售、指导等。

三、杨凌职业技术学院服务城镇化的探索

要加速城镇化的进程,就必须大力开发农村人力资源。在新型城镇化的进程中,既有农民向

市民的转变，也有新型农民的出现，职业教育应对教育对象进行分类，继而开展不同程度、不同阶段的职业教育与培训。杨凌职业技术学院主动深化教育供给侧改革，在积极实施职业教育综合改革，提升人才培养质量的同时，发挥涉农教育、科技、信息资源优势，服务城镇化发展。

1. 建立针对西部农村地区实际现状的职业农民培训体系

编制《新型农民培训工作实施方案》，实施职业农民塑造工程，积极培育新型农业生产经营主体。一是创业培训，每年鼓励500名以上的失地农民和有创业愿望的城乡富余劳动力参加创业培训；二是技能培训，每年全区有1 000多名群众在区内两所大学完成技能培训课程并取得农民专业技术证书；三是推进点面结合培训，在重点加强对种养大户、农村经纪人、合作社理事长培训的同时，构建农民终身教育公共服务平台，打造新型职业农民队伍。

2. 提供适应产业、社会需求、大众满意的专业学历教育产品

经过调研，学院"十三五"期间，将75个专业压缩到60个左右，对应国家产业战略，重点发展：以"三农"、食品安全为主的现代农业技术专业类群；以绿色发展、生态环境建设为主的现代林业技术专业类群；以水土保持、河流治理为主的水利工程专业类群；以水电建设、工业与民用建筑、交通与测绘为主的建工技术专业类群；以信息产业、现代制造业为主的信息技术及机电一体化专业类群；以现代服务业为主的现代财经商贸和旅游管理专业类群；以制药、化工为主的药物生产与化工生产专业类群；以畜牧产业链发展为主的动物工程专业类群等8大专业类群。深化校、政、企、行合作办学，巩固拓展百县千企联姻工程、合作办学、订单培养等形式。适应对复合型人才的要求，全面推进"通识教育＋专业教育＋个性发展教育＋创新创业教育"的四位一体人才培养工作。推进分类教学、学习成果认定积累制度和弹性学制等，促进人人成才。各专业的课程设置、教学内容也以"互联网＋"的形式，不断更新、组合。举办的形式有以下几种。

一是建立校企合作人人学院。目前学院设有中水十五局中水学院、陕建集团建筑学院、中兴电子学院、用友教师培训陕西分院等，开设企业冠名班和特别培养班（水利和建筑国际班，旅游管理英语强化班），企业提前介入参与人才培养方案制定和理论教学、顶岗实训等培养过程。二是培养致富带头人，举办村干部和新型农民学历班。先后在彬县、富平、洛川、眉县、太白和杨陵区等"十县区"建立职业农民培育学院，2015年培训职业农民380名。在全国首次开展农民学历教育，与杨陵区委组织部、富平县农业局签订协议，依托示范高职单独考试招生形式，2016年招收杨陵区村干部学历班34人，富平县新型农民学历班20人。长期开展职业农民技能培训与鉴定，2014年以来，培养、鉴定农民高级农技师2名、农技师66名、助理农技师164名、农民技术员1 600余名。举办农业经营管理人员培训，2015年培训陕西省新生代职业农民200名、农场主100名。三是支持欠发达地区专业人才订单培养，举办青海玉树藏族自治州水利专业订单班。应水利部、青海省水利厅和玉树藏族自治州要求，学院与水利部扶贫点——青海省玉树州政府达成协议，2016年为青海省玉树州订单培养水利专业人才40名，2017年为果洛州订单培养水利专业人才40名。提供人才支撑，开展新型农民教育培训，培养城镇化建设人才队伍。四是服务继续教育，建立培训基地，适应终身学习和职业发展需求。省级有关部门在学院设立中职校院长（骨干教师）、中德职业教育、农村劳动力转移等7个培训基地,先后长期开展"振兴计划"农技人员、"阳光工程"农民创业培训、大学生农技人员、农产品质量检验人员、建筑"八大员"、会计从业人员等继续教育。

3. 提供技术支撑,建立产学研示范基地,增强区域经济发展实力

在陕西彬县、凤县、杨凌,宁夏吴忠孙家滩,甘肃平凉等地建立不同经济基础的产学研示范基地,引进、示范、推广新技术、新品种、新设施上百种(项),探索了5种农业高职产学研示范推广模式。"十二五"期间,举办实用技术培训班287期(次),培训4.8万人次。

4. 城镇化进程中经济困难群体的人文关怀产品

在城镇化进程中,对于经济困难群体,学院在科技扶贫、精准扶贫的同时,坚持扶基础、扶长远、扶根本,实行贫困户子女免费上学,学习技术技能,带动一个家庭或者更大范围的人群致富,实现共同城镇化。结合学院在彬县30多年支持农业发展和农民致富,以及在太白县、杨陵区精准扶贫的实践,学院承诺:凡建档立卡贫困户子女今年考入我院,我院满足其学习专业,并免除3年学费,支持他们学习一技之长,带动一个家庭或者更大范围的人群致富。为支持藏区发展,减免学费,为青海省玉树州订单培养水利专业学生40名、女农牧民31人。

城镇化是社会发展的客观趋势,是国家现代化的重要标志,是解决农业农村农民问题的重要途径。在城镇化进程中,职业教育是促进城镇化发展的重要因素,职业教育将与城镇化进程共生共荣。

苏州市城市供给侧结构性改革与职业教育发展路径研究

顾月华[①]

摘要：劳动力要素是供给侧结构性改革的核心要素，而职业教育是提升劳动力素质的重要途径。本文基于城市供给侧改革的背景，以苏州为案例，研究供给侧结构性改革与职业教育的关系。从人口多元变化以及产业转型升级等方面，分析供给侧结构性改革对职业教育产生的新的需求。研究同时剖析了苏州职业教育供给中存在的短板，如在数量供给、质量供给以及多样化供给中存在的问题。基于对城市供给侧改革对职业教育新需求的把握，以及对职业教育自身发展问题的理解，本研究从科学调整苏州职业教育规划布局、开展双元制本土化探索、加快推进职业教育标准化建设、培养职业教育学生核心素养，以及积极构建终身化职业教育体系五个方面探索职业教育的发展路径。

关键词：供给侧结构性改革；职业教育；职业教育发展路径；苏州市

一、研究背景及意义

党的十九大报告指出，要深化供给侧结构性改革。建设知识型、技能型、创新型劳动者大军，弘扬劳模精神和工匠精神，营造劳动光荣的社会风尚和精益求精的敬业风气。深化供给侧结构性改革不仅是当前和今后一个时期我国经济发展的基本要求，也是现代职业教育改革发展的方向。职业教育作为供给侧改革的对象，同时也是供给侧改革的承担主体，理应在供给侧结构性改革中发挥积极作用。

党的十八大以来，随着重视人才和各种鼓励人才创新的政策措施陆续出台，中国制造业迎来了新局面。正如习近平总书记在十九大报告中所指出的，在过去五年内，"创新驱动发展战略大力实施，创新型国家建设成果丰硕"，市场在资源配置中开始起决定性作用，同时能更好发挥政府作用。创新推动新型工业化、信息化、城镇化、农业现代化同步发展。人才的重要性比过去任何时期都显得突出。[1]推进供给侧结构性改革，意味着我国经济增长从主要依靠需求侧发力转变为依靠供给侧和需求侧同时发力，更加注重解决深层次结构性矛盾。推进新型城镇化能够释放新需求、

---

① 顾月华，苏州市人大常委副主任，本课题主持人；总报告主要撰稿人：顾月华、张佳伟；其他主要参与者：高国华、黄锡明、张超、张可伟、殷建华、屠晓东、周蔚、魏晓峰、熊贵营、杨海华、黄萍、孙号龙等。

创造新供给,新型城镇化是化解即期经济下行压力与推进深层次结构性改革的重要契合点。同时,推进新型城镇化并充分发挥其积极作用,又必须加快推进供给侧结构性改革,特别是要加强制度供给和创新。[2]因此,供给侧结构性改革与新型城镇化是有机联系的整体,在分析时需加以统一考虑。新型城镇化"新"在以人为本,其核心是人的城镇化,关键在教育。职业教育将人口流动与市民化、人口就业与产业发展、城市和农村发展串接起来,具有不可替代的作用。在当前城镇化背景下,作为与经济发展以及个体就业结合最为紧密的教育类型,职业教育面临着难得的发展机遇,这种机遇也赋予职业教育更加光荣而艰巨的使命。

然而,伴随着城市供给侧改革的推进,职业教育人才培养与企业需求的结构性矛盾日益突出。同时,职业教育依然面临着吸引力不强、职业教育专业布局不合理、职业教育管理体制与办学机制无法跟上现代职业教育发展的步伐,职业教育标准化与终身化有待加强,学生的核心素养有待提升等问题。如何在城市供给侧改革的背景下,大力发展现代职业教育,创新职业教育发展路径,积极开展职业教育供给侧改革,为城市供给侧改革提供结构契合的技术技能与创新创业型人才,已成为亟待研究的课题。

苏州案例可作为研究城市供给侧改革与职业教育发展路径的典型区域参考。苏州毗邻上海,是长三角城市群中主要的中心城市,同时苏州地处于"一带一路"的交汇点上,这条线上的国际货运列车"苏满欧""苏满俄""苏新亚"已经成为华东地区连接欧洲、中亚各地区的重要陆路国际运输通道。苏州外向型经济迅速发展,制造业水平跃居全国前列,推升了苏州经济实力和全球竞争力。苏州全面推进新型城镇化建设,探索出一条具有苏州特点的城乡一体化发展新路。党的十八大以来,苏州坚决贯彻落实党中央、国务院和省委、省政府重大决策部署,把推进供给侧结构性改革作为全市经济工作的重中之重,积极探索,狠抓落实,努力完成省委、省政府对苏州"率先破题、率先落实、率先见效"要求。在《苏州市国民经济和社会发展第十三个五年规划纲要》中明确提出要"自觉践行创新发展理念。把创新放在发展全局的核心位置,大力实施创新驱动战略,不断推进经济社会各领域创新,全面深化改革,加大供给侧改革力度,扩大有效供给,提高全要素生产率,培育发展新动力,拓展发展新空间,构建产业新体系,营造有利于科技创新、人才成长和大众创业、万众创新的良好环境,为引领经济发展新常态、实现产业转型升级提供强劲支持"。在积极推进城市供给侧改革的背景下,苏州从战略层面科学谋划推进供给侧结构性改革,结合"去产能、去库存、去杠杆、降成本、补短板"等五大结构性改革任务在苏州实际情况,研究制定实施方案。市政府分别于 2016 年 3 月 18 日、5 月 6 日印发了《苏州市供给侧结构性改革降成本行动计划(2016—2018 年)》(苏府〔2016〕35 号)和《苏州市供给侧结构性改革总体方案(2016—2018 年)和行动计划》(苏府〔2016〕72 号,含"去产能""去库存""去杠杆"和"补短板"等4 个专项行动计划)。"1+5"系统性的政策意见着力于提高产业素质和竞争力,着力于提高供给体系的质量和效率,着力于提高全要素生产率,并把"努力建设具有国际竞争力的先进制造业基地、具有全球影响力的产业科技创新高地、具有独特魅力的国际文化旅游胜地和具有较强综合实力的国际化大城市"作为城市发展的新定位。改革开放三十多年来,苏州的职业教育紧紧围绕经济社会发展与产业结构调整的需求,以改革促发展,以质量求效益,为地方经济社会发展培养了大批高素质技能型人才,职业教育与经济社会实现了良性互动可持续发展,一直走在江苏乃至全国的前列。因此,在苏州推进城市供给侧改革与新型城镇化建设的新背景下,作为全国职业教育的排头兵,苏州职业教育理应敢为人先,先行先试,突破体制机制障碍,创新发展路径,构建符合苏州经济社会发展与个体个性自由全面发展的现代终身职业教育体系,为苏州供给侧改革和新型城镇化建设提供动力与保障,为苏州率先实现现代化和全面建成小康社会作出新的贡献。

本课题正是基于城市供给侧改革和新型城镇化建设的背景,认真探究城市供给侧结构性改革与职业教育发展的关系以及对于职业教育需求,认真分析总结当前职业教育发展的现况及存在的问题,从供给侧视角提出苏州职业教育的发展路径,试图为其他地区乃至全国城市供给侧结构性改革背景下职业教育的发展提供具有区域特点和先试意义的参考和借鉴。

二、课题研究设计与方法

(一)研究设计

课题以城市供给侧结构性改革和新型城镇化推进作为研究背景,通过文献法系统研究供给侧结构性改革、新型城镇化与职业教育的理论和政策,准确界定供给侧改革、新型城镇化与职业教育之间的关系;同时着力从城市供给侧结构性改革与新型城镇化建设的背景入手,探寻苏州城市供给侧改革与新型城镇化建设对职业教育产生的需求;并以苏州职业教育发展现状为切入点,全面总结苏州职业教育发展过程中的问题和经验;紧密结合供给侧结构性改革和新型城镇化建设对职业教育的需求,从科学调整苏州职业教育规划布局、积极改革职业教育管理体制和办学机制、加快推进职业教育标准化建设、积极构建现代职业教育体系、不断提升学生的核心素养等方面探索创新苏州职业教育的发展路径与模式。

(二)研究方法

1. 文献研究法

通过多路径的文献检索,全面了解供给侧结构性改革、新型城镇化、现代职业教育等相关的理论内涵,重新审视确定城市供给侧改革与职业教育发展之间的关系;为构建基于供给侧改革的苏州职业教育发展路径提供理论依据。

2. 调查研究法

综合运用访谈、问卷等多种调查法,了解苏州城市供给侧改革对劳动力要素的需求以及当前苏州职业教育发展的现况及存在的问题,为构建基于供给侧改革的苏州职业教育发展路径提供实践依据。

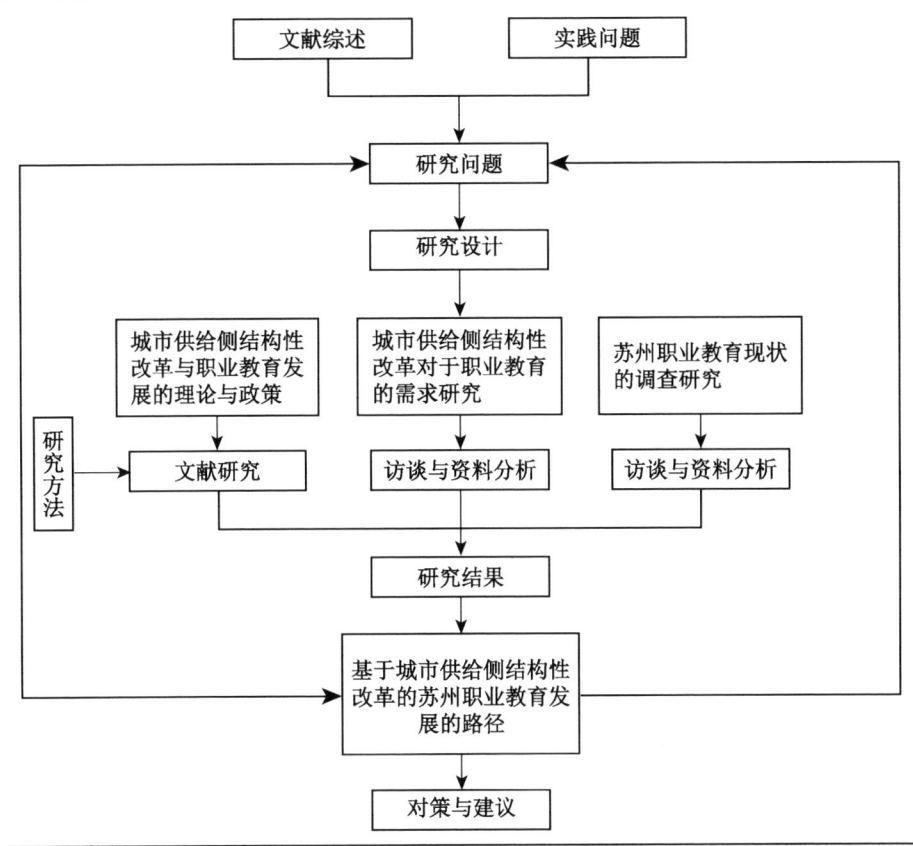

图1 研究框架图

3. 数据分析法

通过对经济基础、产业结构、人口数量、人才需求、职业院校规模和数量、专业设置、核心素养等相关数据模型进行分析,为研究提供实证数据依据。

4. 比较研究法

采用纵向比较,对苏州职业教育发展的历史、现状及未来发展趋势进行时间上的纵向比较。同时,将苏州职业教育与其他同类城市的相关指标进行横向比较。通过比较研究,为苏州职业教育改革的路径提供可参考的坐标系。

5. 案例研究法

通过案例法,分别对苏州职业教育的发展路径与经验进行总结,一方面提出决策咨询建议,另一方面提炼出可推广的模式。

三、城市供给侧结构性改革的推进及对职业教育的需求

需求侧有投资、消费、出口三驾马车,供给侧则有劳动力、土地、资本、创新四大要素。供给侧结构性改革,就是从提高供给质量出发,用改革的办法推进结构调整,矫正要素配置扭曲,扩大有效供给,提高供给结构对需求变化的适应性和灵活性,提高全要素生产率,更好满足广大人民群众的需要,促进经济社会持续健康发展。简言之,中国经济的结构性分化正趋于明显。为适应这种变化,在正视传统的需求管理还有一定优化提升空间的同时,迫切需要改善供给侧环境、优化供给侧机制,通过改革制度供给,大力激发微观经济主体活力,增强我国经济长期稳定发展的新动力。

(一)苏州供给侧结构性改革的经济社会发展基础

苏州市在"十一五"和"十二五"间经济平稳快速增长,经济结构优化升级,注重稳定发展和转型升级相结合。产业结构不断优化,第三产业产值不断提升,市场主体不断增强,为苏州市社会发展奠定了坚实的基础。

1. 经济发展水平不断提升

苏州市地区生产总值(GDP)呈快速增长趋势(图2)。苏州GDP从2006年的4 820.26亿元快速增长至2015年的1.45万亿元,几乎翻了近3倍。2012—2015年,苏州GDP连续突破1万亿、1.2万亿、1.3万亿和1.4万亿。2015年,苏州GDP达1.45万亿,人均地区生产总值(按常住人口计算)13.63万元,按年平均汇率折算超过2.1万美元。目前,苏州市经济总量是长三角地区的第二大经济体,同时也是全国经济总量最大的地级市。

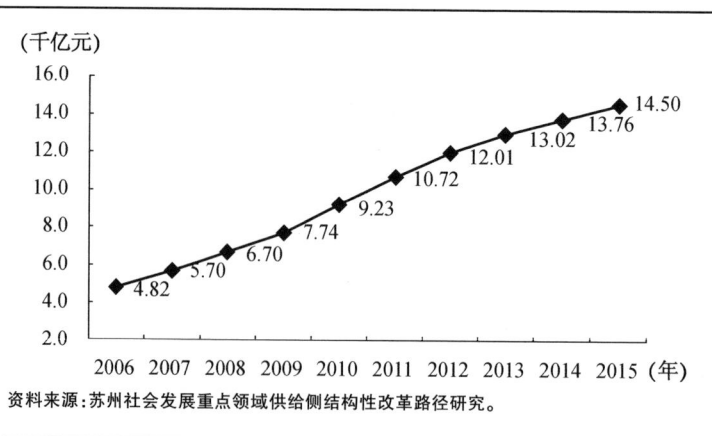

资料来源:苏州社会发展重点领域供给侧结构性改革路径研究。

图2 2006—2015年苏州市GDP变动轨迹

苏州市产业结构不断优化,产业结构转型升级效果明显。2006年苏州市三次产业产值分别

为:91.54亿元、3 154.5亿元和1 574.22亿元;2015年三次产业产值分别为217.5亿元、7 048亿元和7 326亿元。显然,苏州市三次产业产值均呈快速增长态势。其中,第三产业增幅最大。与此同时,三次产业结构比由2006年的2.4∶56.4∶41.2调整为2015年的1.5∶48.6∶49.9。第三产业占GDP比重快速提升,已超过第二产业所占比重,形成"三二一"的经济发展格局(图3)。

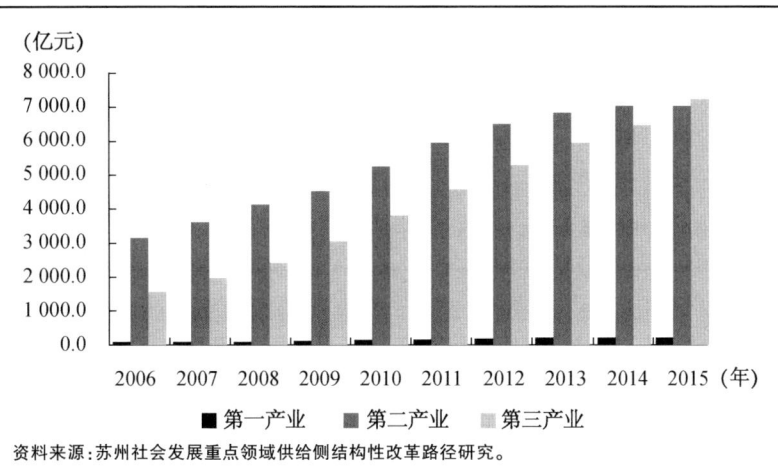

资料来源:苏州社会发展重点领域供给侧结构性改革路径研究。

图3 2006—2015年苏州市三次产业产值

2. 就业结构加速转变和居民生活水平加速提高

苏州经济平稳快速发展创造大量就业机会,就业规模持续扩大,苏州城镇登记失业率长期保持低位运行。苏州市城镇登记失业率在2006到2015年间一直保持在4%以下,并呈递减趋势。不仅如此,就业结构也持续优化调整。2006到2015年间,第一产业就业人口所占比重持续下降,从8.4%下降至3.4%,第二产业就业比重较为平稳,基本保持在60%左右,第三产业承载就业能力不断增强,所占比重不断上升,从30.2%上升至36.6%。不过,就业结构和产业结构仍存在一定的偏离。2015年末,第一、二、三产业所占比重为1.5%、28.6%和49.9%,而第一、二、三次产业就业人口所占比重却为3.4%、60.0%和36.6%。

苏州市城镇居民生活水平持续不断提高。"十二五"期间,苏州市人均收入提升迅速。2010—2015年间,城镇居民人均可支配收入从2.9万元上升至5.04万元,增加了2.5万元;农村居民人均可支配收入也从14 657元增长至25 700元。

3. 常住人口增加明显

截至"十二五"期末(2015年),苏州市户籍人口数667万人,年均增长约4.9万人,年平均增长率为0.91%。流动人口数698万人,年均增长约10万人,年平均增长率为2.39%。常住流动人口数(连续居住6个月以上)538万人,占流动人口总人数的77.1%,年均增长约32万人,年平均

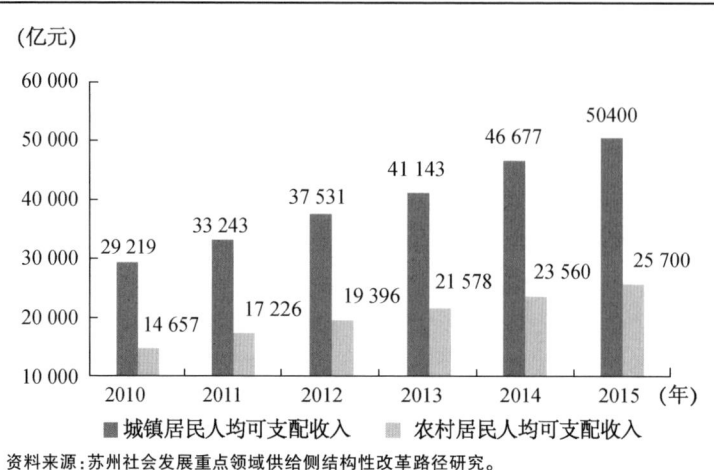

资料来源：苏州社会发展重点领域供给侧结构性改革路径研究。

图4 2010—2015年苏州市城乡居民人均可支配收入

增长率为8.28%。常住人口数（户籍人口＋常住流动人口）1 205万人，年平均增长约36.8万人，年平均增长率为3.66%。（图5、图6）。

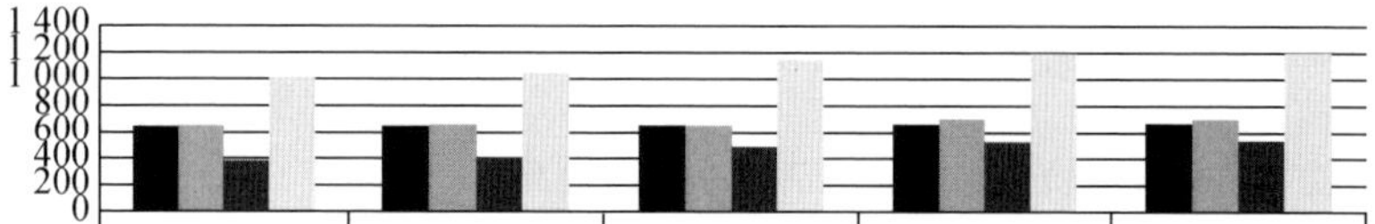

	2011	2012	2013	2014	2015
户籍人口	642	647	653	661	667
流动人口	648	655	653	698	698
常住流动人口	378	399	488	532	538
常住人口	1 020	1 047	1 142	1 193	1 205

资料来源：《苏州市公安局关于苏州市流动人口"十二五"期间总体情况分析及"十三五"期间发展趋势预测的报告》（公办通〔2016〕93号）。

图5 "十二五"期间苏州人口增长数情况（万人）

根据国家卫生和计划生育委员会于2015年11月11日发布的《中国人口流动发展报告（2015）》，"十二五"期间，我国流动人口年均增长率在3.1%左右，苏州市的年平均增长率现已低于全国平均增长率。这主要是因为"十二五"期间随着苏州产业转型升级步伐加快，部分劳动密集型产业开始向外转移，以往传统劳动力输出地的务工人员受地缘、人员、生活压力等综合因素影响，回流现象较为明显，导致了苏州市流动人口增长率明显下降。

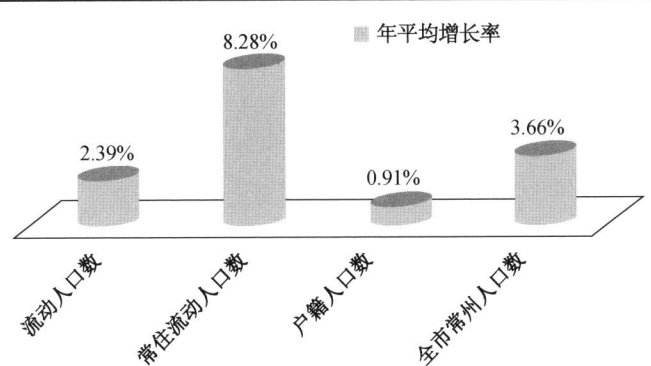

资料来源:《苏州市公安局关于苏州市流动人口"十二五"期间总体情况分析及"十三五"期间发展趋势预测的报告》(公办通〔2016〕93号)。

图6 "十二五"期间苏州人口年平均增长率

但在流动人口增长率明显下降的同时,"十二五"期间苏州市常住流动人口增长较快。2015年苏州市常住流动人口较2010年增长了157.6万人,年均增长率达到8.33%。常住流动人口占全部流动人口比重从2010年的61.95%上升至2015年的77.11%(图7)。从中可以看出,随着苏州市流动人口服务管理水平的逐年提高,流动人口的居留稳定性进一步增强,融入城市的愿望强烈,流动人口居住长期化趋势愈加明显。常住流动人口的快速增加对政府公共服务的需求持续增长,这对公共服务供给也产生了相当大的压力。

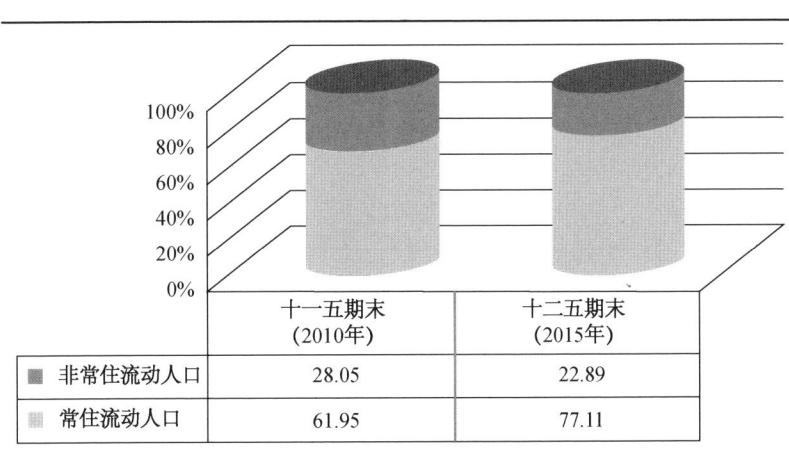

资料来源:《苏州市公安局关于苏州市流动人口"十二五"期间总体情况分析及"十三五"期间发展趋势预测的报告》(公办〔2016〕93号)。

图7 "十二五"期间苏州常住流动人口占比变化(%)

(二) 苏州供给侧结构性改革的要点与目标任务

苏州正在从战略层面科学谋划推进供给侧结构性改革,把改善供给结构作为主攻方向,着力提高产业素质和竞争力,着力提高供给体系的质量和效率,着力提高全要素生产率,并把"建设具有国际竞争力的先进制造业基地、具有独特魅力的国际文化旅游胜地和具有较强综合实力的国际化大城市"作为城市发展的新定位,着力加强供给侧结构性改革。苏州供给侧结构性改革的五大改革任务如下。

(1) 去产能方面。3年内化解平板玻璃产能不低于1 000万重量箱,关停及淘汰低效产能企业2 000家,实施兼并重组、帮扶解困及破产重组的困难企业、僵尸企业200家,实施产业转移和"走出去"发展项目不少于100个。

(2) 去库存方面。3年内消化商品房库存500万平方米。到2018年底,商品房库存周期达到合理区间,非商品住房去库存周期明显缩短。

(3) 去杠杆方面。到2018年底,全市金融机构杠杆率全面达标,保持全市银行机构不良贷款占比低于全国平均水平,直接融资占全部融资金额的比重超过45%。保持房地产市场平稳发展,保证政府债务平稳衔接,确保重点企业风险平稳化解。

(4) 降成本方面。到2016年底,为全市企业减负约158亿元。其中,降低企业税费成本80亿元、融资成本10亿元、用工成本32亿元、用电用地成本34亿元、行政综合成本2亿元。到2018年,企业负担进一步减轻。

(5) 补短板方面。到2018年底,软实力水平不断提升,文化产业增加值占地区生产总值的比重超过8.5%;产业科技创新体系逐步完善,全社会研发经费投入占GDP比重超过2.85%;生态环境治理力度进一步加强,完善综合立体交通体系,公共服务质量全面提高;体制机制变革取得新突破。

目前,苏州市去产能、去库存、去杠杆、降成本、补短板五大重点任务已经取得阶段性实际成效。

去产能方面,在努力化解过剩低效产能的同时,大力调整优化产业结构。注重以市场、法治的办法有效化解过剩产能,落实国家和省化解过剩产能实施方案,截至2016年底,关停淘汰低效产能企业700家,实施兼并重组、帮扶解困及破产重组的困难企业70家,完成省下达的化解钢铁产能任务。

去库存方面,在着力解决区域、结构不平衡的基础上,促进房地产市场健康有序发展。分区分类施策去库存,加大商业办公用房去库存力度,合理增加土地供应,促进房地产市场平稳健康发展。同时,完善政策保障体系,出台《关于进一步促进苏州市房地产市场稳定健康发展的意见》和实施金融信贷八条意见。正式实施《苏州市流动人口积分管理办法》,符合条件的人员可享受相应的公共服务待遇。

去杠杆方面,在确保不发生系统性、区域性金融风险的基础上,更好地发挥金融支持实体经济的作用。坚持"有扶有控、区别对待",地方政府性债务风险可控,金融支持企业自主创新行动计划全面启动,把降低企业杠杆率作为重中之重,推动企业上市和新三板挂牌,鼓励发行公司债、企业债,探索开展投贷联动。优化资源配置,引导资金从高杠杆、产能过剩领域流向有市场需求、低杠杆的产业企业。严格政府债务管理,优化政府债务结构,控制增量债务规模,推进设立苏州城市发展基金和 PPP 实施工作,起草出台全市政府与社会资本合作实施意见。

降成本方面,在不折不扣落实各类减税降费政策同时,进一步深化政府改革、优化营商环境。全面实施"营改增",优化服务降成本,落实企业降税减负政策,进一步降低各类交易成本特别是制度性交易成本,减少企业负担 160 亿元。

补短板方面,在精准发力薄弱环节的同时,推出更多质量好、效用高的公共产品供给。针对科技创新、环境治理、软硬基础设施、软实力、体制机制等方面的突出短板,形成项目化补短板工作实施方案,2016 年实施 140 个补短板项目,完成投资 220 亿元。

苏州供给侧结构性改革的目标是力争经过三年努力,在去产能、去库存、去杠杆、降成本、补短板工作取得明显成效,要素资源配置效率明显提升,企业生产经营环境显著改善,与供给侧结构性改革相适应的政策体系逐步健全,形成多层次、高质量的供给体系,在更高水平上实现新的供需平衡,推动苏州社会生产力水平整体提升,为当好建设"强富美高"新江苏先行军排头兵,率先全面建成小康社会提供强大经济支撑。

(三) 苏州新型城镇化建设的推进

新型城镇化和城乡一体化发展,是推进苏州社会经济可持续发展的强大动力。苏州社会经济发展处于全面转型关键阶段,推进城乡一体化发展,是实现苏州由外延式发展向基于体制创新内涵式发展模式转变的必然选择,是推动由"以物为本"的传统城镇化向"以人为本"的新型城镇化转型的必然选择,是推进苏州社会经济可持续发展的强大动力。

苏州城镇化发展迅速,自 1996 年始进入城镇化加速发展阶段。1996—2003 年,苏州城镇化率从 30.66% 增长至 49.09%,年均增长 26.54%。2003 年苏州开始统筹城乡发展后,城镇化率增长更快,从 2003 年的 49.09% 增长至 2015 年的 74.9%,八年间共增长 25.81 个百分点(图8)。

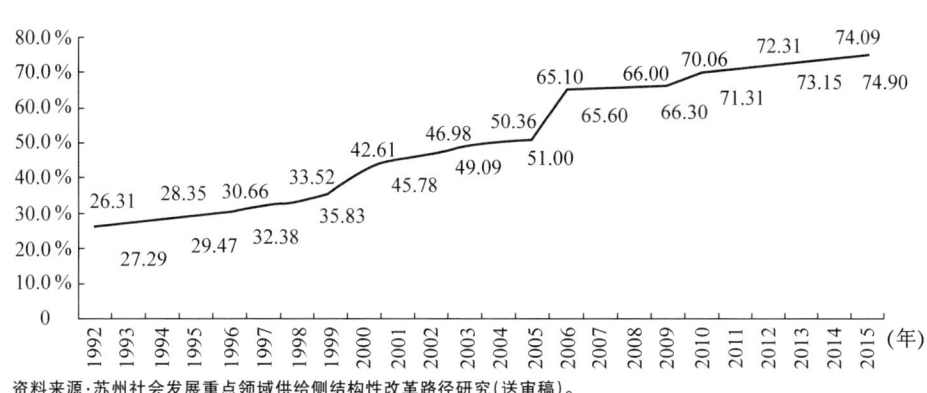

资料来源:苏州社会发展重点领域供给侧结构性改革路径研究(送审稿)。

图 8 苏州市 1992—2015 年城镇化率

2015年6月，苏州市政府发布了《苏州新型城镇化与城乡发展一体化规划（2014—2020）》，阐明了苏州未来推进新型城镇化和城乡一体化发展"1450"的空间形态和建设城乡一体的新型社会总目标、重点任务与发展路径。《规划》提出以城市和小城镇为双基点，推进中心城市和县级市以创新驱动为主的功能意义上的城镇化和以小城镇为主的"就地城镇化"并举的城乡共生型新型城镇化战略。

（1）"1450"城镇化空间体系

"1"即1个中心城市苏州；"4"即4个副中心城市：昆山、太仓、常熟、张家港；"50"即50个中心镇。50个镇按照因地制宜、分类推进原则，宜工则工、宜农则农、宜商则商、宜游则游，走多元化、特色化的城镇化道路，加快推进就地城镇化，增强人口经济集聚能力，优化结构、提高效益、降低能耗、保护环境，实现资源永续利用和环境治理提升。

（2）7个重点目标

《规划》提出了城乡发展一体化质量显著提升、产业空间创新能力进一步提升、城乡空间布局形态进一步优化、城乡基本公共服务均等化水平进一步提高、城乡可持续发展能力稳步提升、城乡发展一体化的体制机制不断完善、土地节约集约水平进一步提升等7个重点目标。

（3）6大重点任务

《规划》确立了苏州市推进新型城镇化和城乡发展一体化的重点任务，包括优化城乡产业结构、优化城乡空间布局、推进人的城镇化、加强城乡社会建设、推进生态文明建设、提升金融服务功能等六个方面。在推进人的城镇化方面，《规划》指出，城乡一体化下推进人的城镇化的基本任务是农业转移人口的市民化和按常住人口实现基本公共服务均等化。

（四）城市供给侧改革对于职业教育的需求

1. 城市供给侧结构性改革与职业教育发展的关系解析

供给侧结构性改革与职业教育发展主要是通过劳动力要素这个中间桥梁进行沟通。职业教育在城市供给侧改革占有举足轻重的地位。职业教育为城市供给侧改革配置与优化劳动力要素，着力提高产业素质和竞争力，着力提高供给体系的质量和效率，着力提高劳动生产率，从而助推城市供给侧改革。因此，职业教育与城市供给侧改革有共生发展关系，职业教育的发展为城市供给侧改革提供高素质的技能型人才，城市供给侧改革也离不开职业教育的助推。

新型城镇化的核心在于人的城镇化。新型城镇化的基本任务是农业转移人口的市民化和按常住人口实现基本公共服务均等化。不仅要推动本市户籍居民的社会融合，而且要推动外来务工人员的社会融合。职业教育将人口流动与市民化、人口就业与产业发展、城市和农村发展串接起来，具有不可替代的作用。在当前新型城镇化背景下，作为与经济发展以及个体就业结合最为紧密的教育类型，职业教育面临着难得的发展机遇，这种机遇也赋予职业教育更加光荣而艰巨的使命。

城市供给侧结构性改革与新型城镇化建设的核心要素都是人。职业教育的核心功能就是为经济社会发展培养高素质技术技能型和创新创业型人才,另外还具有科学研究、社会服务和文化传承等功能。城市供给侧改革和职业教育发展主要通过人发生链接,即城市供给侧改革的人才提供与新型城镇化建设的人的教育与培训。因此,供给侧结构性改革和新型城镇化建设为职业教育发展提供了新的机遇和挑战,职业教育必将在人口多元变化、产业转型升级、社会文化传承等方面做出积极贡献,并通过自身的供给侧改革以更好的服务与助推供给侧改革和新型城市化建设,从而实现自身健康科学持续发展(图9)。

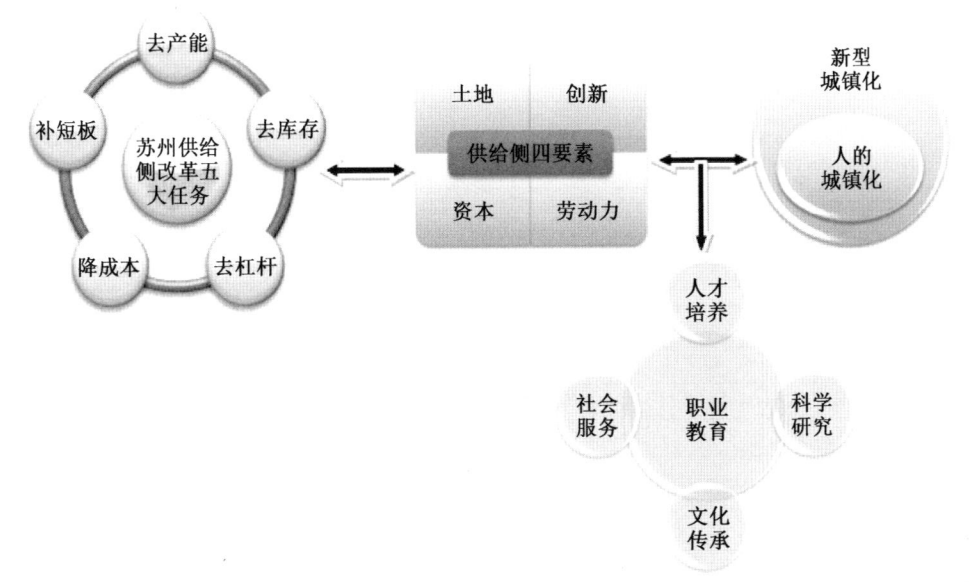

图9 供给侧改革与职业教育关系图

2. 城市供给侧结构性改革对于职业教育需求分析

伴随着城市供给侧结构性改革的推进,劳动力要素是供给侧改革的核心要素,人力资源已经成为推进苏州城市供给侧结构性改革的瓶颈。同时,伴随着新型城镇化建设进程的推进,农业转移人口的市民化、农民工的社会融合、产业结构的转型升级、社会文化的引领与培育,都需要职业教育的参与。职业教育作为与百姓生活最为密切的教育类型,在"新型工业化、信息化、城镇化、农业现代化"等新四化的背景下,必须认清形势,准确定位,积极开展自身的供给侧结构性改革,在适应人口多元变化、产业转型升级和社会文化培育等方面有所作为,从而更好地助推苏州城市供给侧改革和新型城镇化建设。

(1) 人口多元变化对于职业教育的需求

第一,农民工市民化对于职业教育的需求。到2015年底,苏州市流动人口数为698万人,常住流动人口数为538万人,常住流动人口占常住人口的50.7%,已经成为苏州市民重要的组成部分。因此，未来的农民工市民化就是如何有序、稳定地转移这部分人口，加强对苏州农民工群体的职业教育与培训关系到苏州新型城镇化建设的进程与质量。因此，针对苏州农民工开展职业教育与补偿教育，可以帮助他们更好地重新规划职业。从职业教育的实践需求来看，主要有以下几个方面：信息素养补偿教育、市民素质补偿教育、心理素质补偿教育、职业工作需要的技能培训、文化认同的适应教育等。通过这些形式不一样的教育，可以让他们尽快融入市民社会，加快新型城镇化的进程。

第二，非户籍常住人口对于职业教育的需求。苏州相关统计表明，流动人口的学历普遍是初高中水平，7%的流动人口学历仅小学及以下（图10、图11）。为适应新型城镇化建设的需要，适应社会全面现代化以及产业结构调整、岗位变动和再就业的需要，必须大力推进职业教育发展，全面

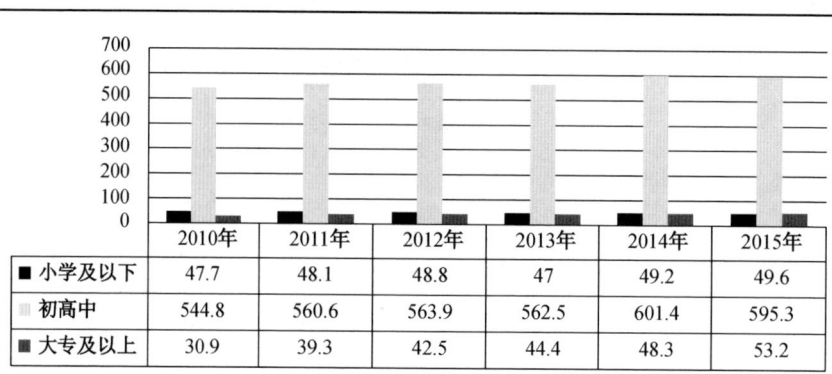

	2010年	2011年	2012年	2013年	2014年	2015年
■ 小学及以下	47.7	48.1	48.8	47	49.2	49.6
初高中	544.8	560.6	563.9	562.5	601.4	595.3
■ 大专及以上	30.9	39.3	42.5	44.4	48.3	53.2

资料来源：《苏州市公安局关于苏州市流动人口"十二五"期间总体情况分析及"十三五"期间发展趋势预测的报告》（公办〔2016〕93号）。

图10 "十二五"期间苏州流动人口学历分布（万人）

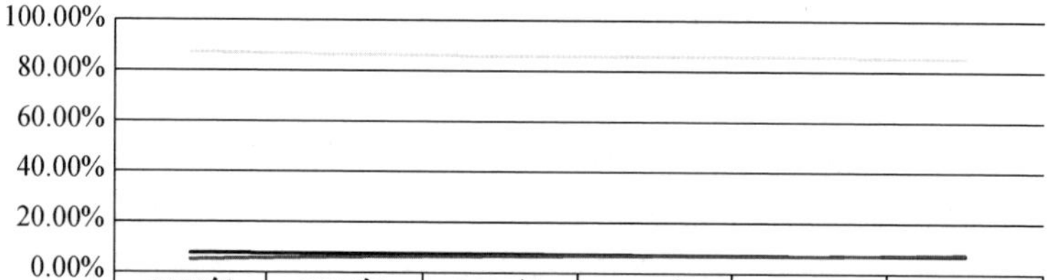

	2010年	2011年	2012年	2013年	2014年	2015年
—— 小学及以下	7.65%	7.43%	7.46%	7.19%	7.05%	7.11%
初中及高中	87.39%	86.50%	86.06%	86.02%	86.04%	85.28%
—— 大专以上	4.96%	6.07	6.49%	6.79%	6.91%	7.61%

资料来源：《苏州市公安局关于苏州市流动人口"十二五"期间总体情况分析及"十三五"期间发展趋势预测的报告》（公办〔2016〕93号）。

图11 "十二五"期间苏州流动人口文化层次占比

提高职工队伍特别是初中及以下职工的文化和技能素质。职业培训方面,流动人口中有570万21～50岁年龄层次的人(图12),是职业培训的主要对象。根据近年来苏州产业结构以及第一、第二、第三产业的就业人口比重来看,流动人口中从事第三产业的人数占比逐年增加。"十二五"期末,苏州市第三产业的从业流动人口较"十一五"期末增长了42.3万人,占比提升了3.6%(图13),因此要适当增加三产的职业培训比重。

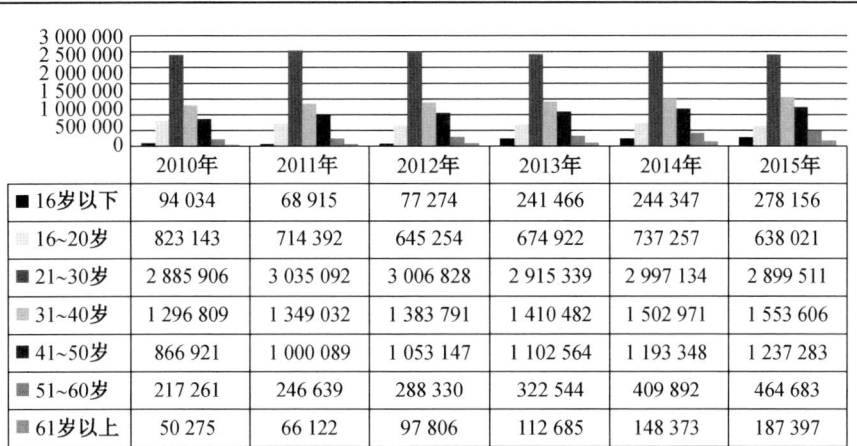

资料来源:《苏州市公安局关于苏州市流动人口"十二五"期间总体情况分析及"十三五"期间发展趋势预测的报告》(公办通〔2016〕93号)。

图12 "十二五"期间苏州流动人口各年龄阶段分布(人)

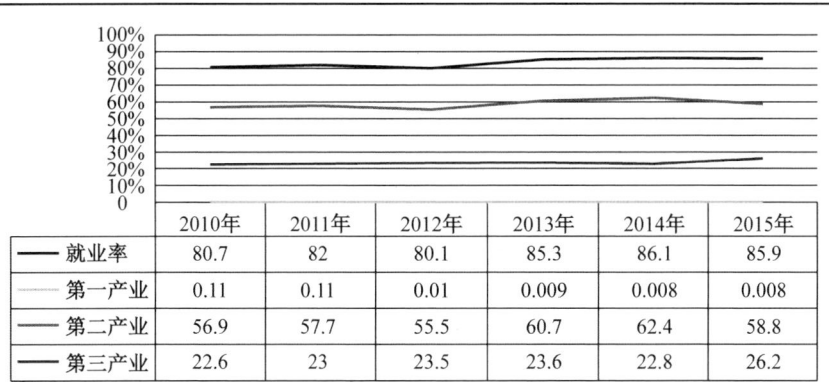

资料来源:《苏州市公安局关于苏州市流动人口"十二五"期间总体情况分析及"十三五"期间发展趋势预测的报告》(公办〔2016〕93号)。

图13 "十二五"期间苏州流动人口从业分布占比

(2)产业转型升级对于职业教育的需求

改革开放以来,苏州经历了两次重要的新旧增长动力转换。第一次是伴随农村实行土地承包制改革,以农村剩余劳动力大规模就地转移,兴办乡镇企业和发展小城镇为主线的新旧增长动力转换。第二次是起于上海浦东开发开放,抓住沿海地区对外开放的重大契机,形成了以大力引进外商投资,大办开发区,有力发展外向型经济为主线的新旧增长动力转换。当前,苏州正经历着国际国内经济环境的深刻变化,正处在新一轮新旧增长动力转换时期,处在适应经济发展新常态、转型升级"爬坡过坎"的关键阶段,经济下行压力仍然较大,遇到了新旧产能消长不平衡、科技创新能力有待提升等诸多问题和瓶颈。面对新情况、新问题,需要准确把握经济转型升级的时代特征。在苏州的现实环境下,供给侧结构性改革关键是优化现有生产要素配置和组合、增强经济内生增长动力,优化现有供给结构,提高产品和服务质量,培育发展新产业新业态、提供新产品新服务。

第一,制造业重点领域对于职业教育的需求。苏州"十三五"期间将全面推动制造业转型升级,向高附加值和服务化发展。先进制造业以新一代电子信息产业、高端装备制造产业、新材料产业、软件和集成电路产业、新能源与节能环保产业、医疗器械和生物医药产业为重点产业。伴随苏州新的智能制造的发展浪潮,苏州高新科技产业集聚与创新人才集聚进入新高度,企业的人才招募重点已经从数量开始向质量转变,先进制造业的发展需要大批行业人才,其中迅速发展中的新兴产业对人才的需求最为显著。苏州市职业教育计划培养高端装备智能制造基地建设需要的专业技能人才,装备制造业产业集群技术创新中心等产教融合平台;在中高职院校中开设新材料专业,并依据苏州市新材料产业发展规划划定不同的专业方向,例如金属材料方向、陶瓷材料方向、高分子材料方向等;大力培养节能环保专业技术人才、能源管理师、能源审计师、节能评估师。

第二,服务业重点领域对于职业教育的需求。苏州正在大力推进现代服务业的发展,在金融业、现代商贸和商务、科技服务业、服务外包、现代物流业、文化产业、大健康产业等重点发展领域,对现代服务业人才的需求快速增加。因此计划增设银行、投资、保险相关教育,如金融投资分析人员、金融财务审计师和会计师等。苏州未来将努力打造成"全国重要的生命健康产业基地、国内知名的新型医疗和养生休闲服务中心"。增设生物医疗、医疗器械以及养生服务业所需人才将更好支撑未来苏州养老产业发展。现代服务业的快速发展对职业教育需求也是日益明显,职业教育应在培养培训社会工作从业人员中发挥积极作用,选择一批紧密对接社会生活服务、就业形势好的专业进行重点建设,为社会的公共交通、环境卫生、医疗保障、社会治安等提供足够的人才储备。

第三,现代农业重点领域对于职业教育的需求。"十三五"期间,苏州将大力推进现代农业,优化提升"四个百万亩",强化地产农产品保护,加强新型农业经营主体培育,推进现代农业园区建设,提升现代农业发展水平。现代化农业要求农业作业人员具备农业机械设备的操作能力,现代化农业的发展需大力推进"科技为农服务"工程,广泛开展农民实用技术培训,同时掌握现代高效农业生产特点与技术规范、农产品品牌化策略与农产品市场营销、电子商务等相关知识。现代农业的发展需要加大职业农民培育力度,建立公益性农民培养培训制度,构建职业农民学习资助、创业扶持、社会保险等政策机制,加快建成年龄结构合理、专业层次分明、技能领先实用的新型职业农民队伍。新型职业农民不仅仅是直接从事农业生产的劳动者，更是集经营管理、生产示范、技术服务为一体的农村规模化、专业化和产业化经营的新一代劳动者，是农村里的职业经理人，是市场经济中最有生机与活力的市场主体，是农村先进生产力和先进文化的代表。因此，新型职业农民的培养培训更是离不开职业教育的支持，职业教育在农村也将有更加广阔的发展空间与机遇。

四、苏州职业教育发展现状分析

近年来，苏州市始终高度重视发展现代职业教育和建设高素质、高水平技能型人才队伍，职业教育发展水平一直走在全省全国的前列，为地方经济社会发展培养了大批高素质劳动者和技能型人才。基于新型城镇化和供给侧结构性改革的要求，苏州职业教育广泛听取行业、企业、专家、学校等公众意见，先后出台了《苏州市职业教育校企合作促进办法》《关于进一步加强高技能人才队伍建设的意见》《关于加快发展全市现代职业教育的实施意见》等系列文件，始终坚持"以服务为宗旨，以就业为导向，以能力为本位"的办学方针，牢固树立"为经济服务，为企业服务，为学生服务"的发展理念，深入推进"两个优化"，努力实现两个"提升"。

（一）优化职业教育布局结构

针对苏州市开发区经济的特点以及转型升级的新形势，按照"学校对接开发区，专业对接产业"的基本思路，苏州市在全省率先开展职业院校布局调整和专业结构的优化。全市中职学校调整为目前的33所（含技工院校7所），高职院校达17所，在校生规模扩大到20万人（表1）。通过布局调整，实现了职业院校向开发区集聚、向品牌企业靠拢，服务经济的距离更近，服务效果更好。通过布局调整，实现了职业院校的规模化和品牌化。校均规模达到了4 000人，创建了国家示范（骨干）高职院2所，省级示范高职院6所，国家高水平示范职业学校6所，省高水平示范职业学校15所，省三星级职业学校8所，星级示范学校达到75%。苏州工业园区职业技术学院更是全国唯一一所民办体制的国家示范性高等职业院校。作为职业教育集聚发展的重要基地——苏州国际教育园，经过十年建设发展，顺利完成了6.7平方公里的首期开发，进入了转型发展的新阶段，通过大力实施现代职教示范园工程、现代信息智慧园工程、现代国际留学园工程、现代科技创业园工程和现代旅游文化园工程，进一步提升了服务经济社会发展的能力，起到了良好的示范引领作用。

表1 苏州职业类院校基本情况

	高职院校		5年制高职		中职校		技工学校	
	所	学生(人)	所	学生(人)	所	学生(人)	所	学生(人)
市区	11	70 147	3	24 357	9	12 737	7	25 000
张家港	1	4 987	—	5 068	6	8 230	—	—
常熟	—	—	—	3 428	4	6 758	—	—
太仓	1	4 953	—	500	1	3 367	—	—

续表

	高职院校		5年制高职		中职校		技工学校	
	所	学生(人)	所	学生(人)	所	学生(人)	所	学生(人)
昆山	3	16 616	—	4 253	4	4 479	—	—
吴江	1	4 632	—	500	2	6 979	—	—
总计	17	101 335	3	38 106	26	42 550	7	25 000

注：常熟、园区为分院，其他为高职办学点(全市共有5个办学点)。

(二) 优化职业教育发展内涵

①师资素质不断提升。在省内率先开展职业学校名师工作室建设，立项建设80个市级职业教育名师工作室。获批省级职业教育名师工作室11个，占全省的13%，居全省第一。目前，苏州市职业教育师资队伍本科达标率达到96.35%，硕士研究生比例超过20%，拥有省职教领军人才培养对象22名，"双师型"教师队伍超过专业专任教师的70%，兼职教师占比达25%。②大赛成绩名列前茅。全市技能大赛制度日益完善，"以赛促教、以赛促学、以赛促改、以赛促建"的作用日益明显。2013、2014年全国技能大赛，苏州市成绩均居全省第一，2013年市教育局被省教育厅授予集体二等功。③教科研成果丰硕喜人。2013年首次开评职业教育教学成果奖，苏州市荣获省职教教学成果特等奖3项(江苏省共10项)，获批国家职教教学成果二等奖11项，获奖等次和个数均居全省首位。④体系建设初见端倪。自2012年以来，苏州市积极开展中高职衔接探索，累计获得省现代职业教育体系建设试点项目306个，占江苏省的近20%，目前，中高职和中职本科分段培养试点项目在校生分别达到6 322人和1 236人，已经转段1 136人和280人，基本覆盖了主要的中等和高等职业院校(表2)。获省中高等职业教育衔接课程体系建设课题17项，占江苏省的17%。普职互通迈开步伐，在普通高中开设职业教育课程，在初中设立初职衔接课程教育基地，普职资源相互开放，相互共享，进一步满足了学生个性化发展需要。

表2　　　　　　　　　　中等职业学校内涵建设统计表

类别	全省	苏州市	占江苏省比
国家示范中等职业学校(所)	38	6	15.7%
省高水平示范职业学校(四星级)(所)	83	13	15.6%
省三星级职业学校(所)	64	8	12.5%
三星级及以上学校占中职学校总数比	61%	88.5%	—
省级实训基地(个)	182	27	14.8%
省职业学校品牌特色专业(个)	600	67	11.2%
省课改实验学校(所)	133	15	11.3%
省技能教学研究基地(个)	13	2	15.4%

(三) 优化职业教育校企合作

①制度建设率先突破。2014年9月1日，《苏州市职业教育校企合作促进办法》颁布实施，这

是江苏省内首个校企合作方面的规范性文件。②工作平台创新有为。建立了苏州市经教联席会议制度,各政府部门、行业企业及院校代表参加,各市(区)也建立了职教联合体、院校协作委员会等组织。成立了14个市级专业性职业教育集团,包括现代物流、生物医药、服务外包、光伏技术、现代装备制造和电子信息等,为密切校企合作、校校合作、区域合作提供了舞台,为开展多校多企集群式合作创造了条件。③引企入校初见成效。与创元、亨通、同程、三星等知名企业合作设立企业学院,共同培养人才、研发新品,共同申报科研项目和产品技术专利,"把教室搬进车间,把车间搬进教室"。④国际合作结出硕果。学习借鉴德国"双元制"和英国"现代学徒制"人才培养模式,在德资企业比较集中的太仓、张家港、高新区等进行了长期的教学实践及本土化研究。2014年,江苏省常熟中等专业学校、奇瑞捷豹路虎汽车有限公司及英国驻沪总领馆合作开展中英"现代学徒制"试点项目,开创了省内"现代学徒制"先河,2016年底,全国首届德国工商业联合会培训考试中心和德国手工业协会行业培训考试认证基地先后落户苏州。

案例:创新实践——试点中英现代学徒制

奇瑞捷豹路虎汽车有限公司是一家有着浓厚英国文化背景的合资企业,和英国捷豹路虎汽车有限公司一脉相承,在业务、构架、人才储备、企业文化等方面均有着典型的英国企业特点。探索校企合作新型人才培养模式,也是企业长久发展战略选择。随着奇瑞捷豹路虎汽车有限公司在常熟的落户,以及英国驻上海领事馆的积极推进,并在江苏省教育厅的直接指导下,江苏省常熟中等专业学校紧抓机遇,与奇瑞捷豹路虎合作的中英现代学徒制试点项目应运而生。

2013年9月,试点项目进行了初次会谈。2014年4月15日,签订合作备忘录和协议。2014年9月,首届学徒班正式开班。随着试点开展,实施校企"联合",确保试点项目深度推动。

项目推进方式:①校企联合组建项目组。试点项目启动后,学校在校内遴选骨干教师,成立"奇瑞捷豹路虎中英现代学徒制试点"项目领导小组。企业也组建了"项目筹划指导委员会"。从内部、外部优化资源,对项目全面管理。②校企联合成立教学团队。学校和企业共派人员进行学徒班专业教师、课程评估员和项目内审员培养,联合成立教学团队。同时教学团队接受英国资深培训师培训。③校企联合招收学徒。校企双方经过协商,确定每届在校内部分专业高职班招收学徒人数和专业设置。基于"自愿报名"和"择优推荐"的原则,经过笔试、灵敏度测试、面试三个环节,学校和企业联合实施学徒选拔。④校企联合研制计划、开发课程。学校积极与英国行业协会 SEMTA 公司、奇瑞捷豹路虎共同制订学徒制标准和教学计划。结合本校高职教学实情,参照英国行业标准,综合企业要求,组织教师定制了学徒班首学期的课程教材教案。⑤校企联合组织教学。试点项目的教学由学校教师和企业技术骨干共同组成。从教材/教学计划制定、课堂教授、实践操作到成绩评估整个过程,学校、企业共同参与、合作完成。无论是在校还是在企业期间,学校和企业都对学徒采取共同管理。⑥校企联合考核评价。学徒参加每门课程单元都将接受企业和学校共同组建的评估团队组织的三次考核,所有课程单元的考核全部通过,并完成原有课程的考核,即可顺利毕业。来自校企双方的内部质量顾问将进行每年至少一次的审核,以确保学徒考核公正、公开、公平。来自英国行业协会下属咨询公司的外部质量顾问将进行每年至少一次的审核,以确保内部审核及学徒考核的公正、公开、公平。⑦校企联合颁发证书。学徒既要获取五年制高职的毕业证书又要获得英国认证的学徒证书(即双证模式)。毕业后,学徒定向进入奇瑞捷豹路虎汽车有限公司的相关岗位工作。

(四)提升职业教育服务能力

①专业结构与产业结构基本吻合。基于产业链分布规划专业链设置,依据苏州主导产业、新兴产业和重点服务业的产业新规划,调整优化专业结构,打造了一批省、市精品专业、示范专业和特色专业,获批中职省级品牌、特色专业67个,占全省的11.2%。在江苏省内率先建设高职优秀新专业13个、优秀新课程16门,专业服务产业的能力显著增强,职业学校专业与产业吻合度达到96.88%。②学生综合素养显著提升。职业教育培养了一大批不仅具备熟练的职业技能,更具备敬业精神和职业素养的技术技能型人才,毕业生就业率连续多年保持在98.5%以上,基本满足苏州经济发展对技术技能人才的需求。一批批技术能手、技能大师,成为企业的生产骨干,成为职校学生的学习榜样。③社会培训如火如荼。充分利用自身优势广泛开展各类社会培训,为职工能力提升以及失地农民、外来人员和退役军人再就业提供服务,打造终身教育体系,帮助企业解决用工问题,提升企业的竞争力,助力政府解决民生问题,促进和谐稳定。

表3 苏州职业教育专业与产业结构对比

	行业	所占比重	职业教育专业	所占比重
第一产业	农、林、牧、渔业	0.07%	农业类	0.33%
第二产业	采矿业	0	—	—
	制造业	59.81%	纺织服装类、化工类、机电一体化类、电子电工类、机械类	48.02%
	电力、燃气及水的生产和供应业	1.76%	—	—
	建筑业	3.02%	建筑类	0.35%
第三产业	交通运输、仓储和邮政业	1.89%	汽车类	6.61%
	信息传输、计算机服务和软件业	7.42%	计算机应用类	14.00%
	批发和零售业	5.71%	—	—
	住宿和餐饮业	11.6%	烹饪类、旅游管理类	5.91%
	金融业	1.28%	—	—
	房地产业	1.01%	—	—
	租赁和商务服务业	2.9%	商贸类、财会类	20.91%
	科学研究、技术服务和地质勘查业	0.34%	—	—
	水利、环境和公共设施管理业	0.69%	—	—
	居民服务和其他服务业	2.04%	—	—

续 表

行　业		所占比重	职业教育专业	所占比重
第三产业	教育	0.03%	—	—
	卫生、社会保障和社会福利业	0.02%	—	—
	文化、体育和娱乐业	0.37%	艺术类	3.88%
	公共管理与社会组织	0.01%	—	—
	国际组织	0	—	—
合计		100%		100%

案例：青年职业农民培养的苏南模式

为了培养与区域现代农业发展相匹配的新型职业农民尤其是青年职业农民，苏州农业职业技术学院从2013年开始先后与太仓市政府、昆山市政府合作，开展改革创新，探索青年职业农民定向培养的苏南模式。在地方应届高中毕业生中招收"现代农业"专业学生，学制三年。在校期间，学生与地方政府签订协议，学费全部由太仓市政府资助，并享受学院奖助贷学金政策。学生毕业后，作为农业专业技术人员统一调配到太仓市、昆山市基层农村、合作农场和农业园区从事农业生产经营、技术服务、管理等工作。

概括而言，苏南模式以"定向招生、订单设计、双主体培养、多元化教学"为总体特征。人才培养获得了地方政府及基层村镇的肯定，取得了良好的成效。

①定向招生、定向培养。根据太仓、昆山农村农业发展的需求，由太仓市、昆山市政府制定政策，招收本地户籍的应届高中毕业生进行定向培养。学校与地方政府明确针对性培养的项目合作，学生和地方政府间明确定向培养、定向就业的支持保障与约定待遇。地方政府以市农委为代表，与学校合作成为联合育人主体。育人主体与学生进行充分的双向选择，使学生在充分理解培养目标、政策要求和政策支持的基础上填报意愿；参与招生录取及培养过程以及就业教育。②订单式设计、双主体培养。青年职业农民培养的过程中，由地方政府和学校共同管理，实施双主体培养。校地双方根据苏南农业发展的特点和需求，订单式设计课程体系，采用"模块—项目—实践专题"的设计形式，对应职业岗位设计了生产技术模块、经营管理模块、现代装备模块、职业素质模块、生态休闲模块等五大体系。校地双方共同实施人才培养过程。专业教育教学在学校和太仓市村镇基层双线实施；地方农委经验丰富的管理干部与学校教师共同担任班主任；专业核心课程由学校教师和地方技术人员共同任教；专业理论技能学习与农业生产实践学习始终相互结合。③双向双行、分段实施、农学融合。三年的培养过程分为两个秋冬季、两个春夏季、两个暑期学期共六个阶段。第一个秋冬季和春夏季分别进行基础课学习、专业认知实践和专业基础课学习、农业生产实习；第二个秋冬季和春夏季进行不同的专业课程学习和农业生产管理实习；暑期学期分别进行夏季作物农业生产实习及管理实践强化。依据农时确定学段，农学融合开展教学。整个教学过程中，学生从事农业生产实践的时间占到学习总时间的一半左右。过程培养的每个阶段实现了教学地点、教学内容的双向双行和农学融合，

学生在学习的过程中始终对接地方村镇,见习"全科农技员"的工作。

地方政府推进项目的人性化管理,学校积极打造提升学生职业素养的平台。定向培养生中有学历提升要求和国际教育体验要求的,校地双方都予以支持。凡提升学业完成后服务地方农村农业发展的,政府均予以政策保障。为了让学生体验国外先进的农业生产和管理技术,学校打通了欧洲园艺业职业资格培训的路径,现有 10 位定向培养生参加了 BTEC 项目培训,赴荷兰培训学习先进技术和理念。项目实施三年来,首届学生 100% 取得农机驾驶证等职业资格证书,形成专业项目学习报告 400 余份,100% 的学生具有超过一年的地方村镇实践经历。

(五)提升职业教育基础保障能力

①不断强化职业教育政策扶持力度。2014 年 12 月,苏州市委市政府印发《苏州市深化社会事业重点领域改革三年行动计划(2014—2016 年)》,明确提出了"建立现代职业学校制度,激发学校办学活力"等内容。2015 年 2 月,市政府出台《关于进一步加强高技能人才队伍建设的意见》,强调要完善高技能人才激励机制,提升高技能人才的相关待遇。在每年的政府教育目标责任考核中,职业教育的许多指标都是重点考核的内容。正式颁布了《苏州市人民政府关于加快发展全市现代职业教育的实施意见》,对苏州市未来五年的职业教育发展进行全面规划和部署。②经费投入持续增长。2015 年苏州市职业教育经费总投入达到 20.41 亿元,地方公办高职院校年生均财政拨款达到每生每年 10 000 元左右。从 2015 年起,公办中职学校年生均财政拨款基本标准提高到 6 000 元,其中生均公用经费拨款基本标准不低于 1 000 元。中职免学费政策全面实施。

(六)苏州职业教育发展存在的短板

根据《国家中长期职业教育改革和发展规划纲要(2010—2020)》,现代职业教育体系至少满足以下三个方面的要求:一是适应经济发展方式转变和产业结构调整需要;二是体现终身教育理念;三是中等和高等职业教育协调发展。在构建现代职业教育管理体制的过程中,各级职业教育主管部门包括学校在内的全社会采取了诸多措施。虽然苏州职业教育发展取得了很大的成绩,但是与国内许多较发达地区一样,在进入经济社会发展的转型时期,加快发展现代职业教育面临着重大挑战。

1. 职业教育数量供给仍有待增加

到 2020 年,苏州人口总量将接近 1 400 万人[①],全市中等职业教育和专科高等职业教育的在校生总规模达 30 万人以上[②]。按照校均规模达到 5 000 人计算,苏州独立设置职业院校数至少需要增加 10 所以上。

[①] 苏州市发展与改革委员会《苏州市"十三五"人口发展规划(初稿)》,2016.6.
[②] 苏州市人民政府《苏州市人民政府关于加快发展全市现代职业教育的实施意见的通知》(苏府〔2015〕119 号)。

表4　苏州市中职学校数量和预测生源数

学校数量 (含技工)	中职学校预测生源数(万人/年)(按普职1∶1)				
	2016年	2017年	2018年	2019年	2020年
31+2	3.36	3.54	3.69	4.51	5.07

表5　在苏高职院校招生及预测

年份	计划招生			
	总数(万人)	高中起点(万人)	中职起点(万人)	中职占比
2015年	3.93	2.7	1.23	31.29%
2020年(预测)	5.4	2.7	2.7	50%

常熟市、张家港市、太仓市、吴江区高职院校数量相对偏少,高新区的中职学校布局还属空白。

表6　苏州职业院校(含技工院校)区域分布情况

区域 (主管部门)	中职学校(所)	所占比例	高职院校(所)	所占比例	占地面积(km²)	空间分布密度
					2014年	2014年
苏州市区	18	55%	11	65%	2 742.62	0.010 6
张家港市	5	15%	1	6%	772.40	0.007 8
常熟市	3	9%	0	0%	1 094.00	0.002 7
太仓市	1	3%	1	6%	620.00	0.003 2
昆山市	4	12%	3	18%	864.90	0.008 1
吴江区	2	6%	1	6%	1 092.90	0.002 7
合计	33		17		7 186.82	

2. 职业教育质量供给仍有待加强

苏州高职院校、中职校、技工院校的重点专业中,有许多专业如物流、会计、计算机等在中高职均出现开设学校多、就读人数多的双多现象,大约一半学生集中在约二十个专业就读,这样的专业设置虽然印证了区域产业发展的重点,也为中高职衔接创设了条件,但同时也反映了有些学校和学生盲目追求热门专业的倾向,导致了专业同质化程度相对较高、"一校一品"的专业特色不够鲜明。在苏州产业转型升级的背景下,职业教育需要通过专业的适度增减来响应区域产业格局的调整、产业的细分、产业的转移等变化要求。近年来,苏州职业教育对专业结构进行不断调整和优化。以2014年为例,在苏高职院校新增招生的专业点为46个,停止招生的专业点为20个,涌现出光伏技术、无人机应用技术、乡村旅游、服务外包、连锁经营管理、港口设备、城市轨道交通、机电企业质量管理等一批新专业。但是,由于人才培养需要一定的周期,新专业的培育也需要一定的时间,目前,苏州职业院校在嵌入式技术与应用、物联网技术、轨道交通技术等先进制造业领域专业,电子商务、会展管理、金融管理与实务(资产评估)等现代服务业专业方面尚属起步阶段,开设学校和在校学生数相对较少,客观上也造成了"各高等院校及教育培训机构对新产业、新业态所需人才的培养存在明显的时差性滞后"的窘境。

3. 职业教育多样化供给仍显不足

人才培养衔接的通道还未完全打通，以初中为起点的五年制高职是苏州中职校参加学校及学生最多的项目，但五年一贯制仍属于"体内循环"，中职与高职及本科、高职与本科间的"体外循环"式衔接培养起步不久。普职融通的壁垒依然存在，职教学生依然难以进入普教学校就学。职业教育终身化实施机构仍显不足，社区学院尚未发挥出"龙头"作用，街道（乡镇）社区教育中心的办学条件总体上还较差，三级社区教育办学实体之间缺乏密切的、制度化的联系。

表7　2015年苏州中职校现代职教体系建设试点项目一览表

试点项目类别	参加学校数（个）	专业大类数（个）	专业数（个）	在读学生数（人）
五年一贯制	13	10	61	34 452
3+2	1	3	5	710
3+3	13	7	18	3 556
3+4	5	5	7	1 007
3+开放大学	3	2	3	254
5+2	2	4	5	376

五、基于供给侧结构性改革的苏州职业教育发展路径思考

改革开放三十多年来，苏州职业教育与经济社会发展良性互动、发展共赢。城市供给侧结构性改革是适应和引领苏州经济发展新常态的重大战略，是经济发展方式转变和经济结构战略性调整的关键。在这场改革中，苏州职业教育扮演至关重要的角色，为推动苏州经济转型升级、社会和谐发展作出了积极贡献，成为国务院、地方政府促进高等职业教育综合改革试点城市和江苏省职业教育创新发展试验区。在城市供给侧改革的背景下，苏州职业教育应进一步理清发展思路，科学选择发展路径。

人才培养模式创新是一个观念、模式、制度的整体变革过程，不是靠单纯的行政推动就能实现的，需要创设相关条件，形成驱动和保障机制，而技术、制度、文化这几个层面的作用将是推进人才培养模式创新的机制性因素。[3]在供给侧结构性改革的过程中，职业院校既是"供给侧"改革的对象，同时也是"供给侧"改革的主体。未来公共服务体系供给侧改革的三个靶器是：一是扩大公共服务的供给，供给提供主体多元化；二是改造公共服务本身，基础设施和服务标准齐头并进；三是让公共服务受益者更多选择、更加满意。[4]本文将以城市供给侧结构性改革和新型城镇化推进作为背景，立足于城市供给侧改革与新型城镇化建设对职业教育的需求，紧密结合苏州职业教育发展的现状及问题，理清基于供给改革的苏州职业教育发展的思路，瞄准三个靶器，从科学优化苏州职业教育专业布局、积极改革职业教育管理体制和办学机制、加快推进职业教育标准化建设、不断提升学生的核心素养、积极构建终身职业教育体系等方面探索创新苏州职业教育的发展路径。

（一）基于供给侧与需求侧相平衡的原则，形成苏州职业教育规划迭代机制

《国家中长期教育改革和发展规划纲要（2010—2020）》指出要"把职业教育纳入经济社会发展和产业发展规划，促使职业教育规模、专业设置与经济社会发展需求相适应"。由于产业发展变化是一种常态，职业教育在满足经济、产业需求的过程中，不断出现新的距离，同时有自发的调整机制不断进行调整以缩短距离，形成了一种必要的张力。[5]在这种张力之下，职业教育规划的制定应成为一种常态，完善成效评价及反馈系统，形成职业教育规划动态调整的迭代机制，在与产业的互动发展中寻求供给侧与需求侧的平衡。

第一，科学优化苏州职业院校规模及空间布局。根据苏州城镇化进程和本地产业、人口、教育实际，加强宏观规划，科学统筹中等职业学校和普通高中招生规模、高等职业教育与本科教育的规模、职业院校开展学历教育与职业培训的规模，提出职业院校布局指导（原则）意见，指导各地从实际出发逐步完善和优化职业院校布局。并且，应立足于苏州经济社会的发展实际和中长期目标、产业结构的调整、适龄教育人口的数量以及城镇化的进程，动态调整与优化职业院校布局。同时，需探索建立与区域产业和人口规模相适应的职业院校布局调控模式。职业院校布局以一定的经济、行业基础为依托，应发挥贴近产业和贴近行业企业一线的优势，建议建立与地区产业和人口规模相适应的职业院校布点模式，适度缩减职业教育密集区的布点及规模，并重点向职业教育缺位或相对薄弱的地区进行疏解。

第二，适时调整优化苏州职业教育专业结构。作为职业院校，更是应该在供给侧结构性改革与产业转型中发挥积极作用。服务国家重大发展战略，围绕区域优势主导产业、战略新兴产业、现代服务业、比较优势产业及重要工程，遴选优质专业，对接职业标准和行业岗位工作标准，调整专业布局，实施重点建设。以校企合作为支撑，产业调研和课题研究为引导，对接区域经济和社会发展重大项目，优化专业组群布局；以行业企业和岗位技能需求为导向，整合现有专业资源，实施企业项目服务，提升专业组群和产业组群的匹配度；以学校面向社会的项目服务为吸引，集聚校企资源，推动现有专业改造，孵化新专业。专业设置对接产业变化，专业建设适应产业发展，产教、校企资源在技术服务、教学团队、装备仪器、培训资源、标准模式方面高度融合聚集，构建"服务—累积—孕育—优化"的专业组群建设模式；以国际合作为依托，引进国外高端智力资源配备专业组群，引进跨国企业通用职业标准，开发教学资源，融入专业建设，提升职业院校专业组群服务国家发展战略对高端应用型技术技能人才需求的能力；以推进校企合作办学、合作育人、合作发展平台建设为目标，开展应用技术研究，探索建立技术技能积累创新联合体，加快培养急需的新型高端技术技能人才。对接"一带一路"倡议、"中国制造 2025"国家战略，建设适应需求、特色鲜明、效益显著的专业群。按照"系统设计、分步实施、扎实推进"的思路，科学合理地调整苏州职业院校专业布局结构，优化职业教育资源配置，推动职业院校主动适应苏州经济发展方式转变，适应区域产业发展需求，为苏州经济转型发展提供人力支持，为争当建设"强富美高"新江苏先行军排头兵提供强大动力。

（二）探索职业教育发展的体制机制改革，建立双元制本土化的苏州样本

中国发起"亚投行""一带一路"倡议，鼓励"大众创新、万众创业"，这充分展示了我们所处时代的变化，经济的推动力正在发生另一次巨变。职业教育在立足自身发展的过程中，应通过品牌建设、自主创新、发展高端服务，借力行业企业获得更进一步的发展。

德国双元制教育是企业和学校共同完成、商业协会负责质量监控的一种职业教育模式，这种模式在国际和国内广受推崇和效仿。但由于缺少德国双元制教育的政策支持、文化环境和产业基础，尤其是职业教育管理体制机制上的限制，较多地区双元制探索出现"水土不服"。苏州地区作为现代化建设的"示范区"和改革开放的"先行区"，在职业教育方面，较早开始了双元制的本土化探索，在发展过程中更应运用资本思维的模式改革职业教育管理体制机制，更多借助行业企业的力量，大力发展PPP（政府和社会资本合作）模式，形成职业教育可持续发展的动力机制。

第一，积极构建政府主导、行业指导、企业主体、学校自主的区域职业教育管理体制。以立法形式明确地方政府在职业教育中的主导作用，通过职业教育委员会或职业教育联席会议统筹管理区域职业教育，把职业教育纳入区域产业发展规划。进一步明确其在职业教育中的指导作用，加强行业协会牵头、校企参与的职业教育联盟建设，发挥行业协会在职业教育质量评估中的第三方评价作用。重视国际先进教育特别是德国双元制教育本土化创新，开展招生即招工的现代学徒制教育试点，把企业由职业教育服务对象转变为办学主体；通过校企合作促进办法和遴选教育企业，保障了校企零距离对接。探索构建现代大学制度，实现责权利统一、管办评分离，厘定"负面清单""法无禁止皆可为"，保护职业教育创新热情。

第二，科学建立多级共建、成本分担、多元共管、资源共享的区域职业教育运行机制。目前苏州市正在完善中等职业教育"分级管理、市县为主、政府统筹、社会参与"，高等职业教育"以省统筹为主、省市共建共管"的管理体制，研制《省市共建苏州高等教育改革试验区实施方案》；完善企业、其他社会力量捐助职业教育的配套扶持政策，引导社会资源特别是企业投资职业教育；探索构建党委领导、董事会决策、校长负责、民主管理的内部管理体制，给予行业企业在办学中的充分决策权、话语权和评价权；推进校企资源双向开放、双向兼职，努力形成全社会关心、参与职业教育的良好局面。同时应大力支持民办职业教育发展，鼓励社会力量举办民办职业教育，健全政府补贴、购买服务、助学贷款、基金奖励、捐资激励等制度，加大公共财政对民办职业教育的支持力度，重点支持建成一批办学规模大、办学条件好、特色鲜明、管理规范、社会信誉度高的民办职业院校。创新民办职业教育办学模式，支持各类办学主体以独资、合资、合作等形式，开展股份制、混合所有制职业院校试点。

（三）构建以"中国制造2025"为指导的职业教育标准，助力苏州十三五"一基地、一高地"的建设

"中国制造2025"是政府实施制造强国战略第一个十年的行动纲领，2016年苏南5市（镇江、

南京、常州、无锡和苏州)成为"中国制造2025"试点示范城市群。在创建试点示范的过程中,苏州市出台了《中国制造2025苏州实施纲要》,对制造业未来十年发展做出总体部署,制定了十三五期间"一基地、一高地"战略,即在十三五期间将苏州打造成"具有国际竞争力的先进制造业基地、具有全球影响力的产业科技创新高地"。改革开放以来,苏州率先走出了一条以制造业为主的开放型经济之路,并成为中国工业大市、全球制造业重要基地,但创新能力偏弱一直是制约科技创新水平提升的短板。创新要淘汰旧观念、旧体制、旧技术,培育新观念、新体制、新技术。高等院校的创新能力要以知识创新能力为重点,兼顾技术创新能力;要提升开展创新型研究、生产创新型科研成果的能力。[6]在苏州市新一轮制造业转型升级的跨越发展中,职业教育应创新跨界融合发展的模式,以标准化建设为突破,围绕"产业科技创新"的主线,着力突破核心技术,为补足企业创新短板发挥行业标杆的作用。

职业教育的标准化建设关键在于"标准化、一体化和有效化"。在职业教育标准化建设中,要创建行业、企业和学校多主体融合衔接的运行机制与校级资源共享机制,真正实现产教融合、资源整合。在苏州职业教育标准的制定中,需以"产品(产物)"过程为主要脉络,以企业、学校和相关合作部门的需求为前提,根据市场发展的变化,明确市场的供需情况及实际需求,寻求利益结合点开展相关合作,通过多主体的协同参与机制,发挥校企等多方合力共建职业教育的标准来提高标准的科学性、可行性,在标准化建设中实现全过程、全利益相关者共同参与的系统管理。同时,应加强市级统筹,进一步推进各院校间既开展竞争又伴随合作,既独立办学又可以资源共享,如学校的师资、图书资料、教育教学设施设备、实验实训设备以及校外实习实训基地等资源条件都做到统一管理、优化配置、科学使用,杜绝浪费和重复建设,从而提高设施设备等资源的使用效率,真正提升苏州职业教育标准化建设各主体、各部门间的协同度,发挥合力推进苏州职业教育标准化建设进程。

对接苏州行业产业特点,构建"一核三维"的苏州职业教育标准体系,"一核"是以苏州高职院校、中职院校、技工学校共同关注的内容为核心,包括专业建设、课程建设、实验实训建设、师资队伍建设、学校内部管理、教育行政管理等;"三维"分别是体制机制标准、办学模式标准、质量评价标准。基于《中华人民共和国标准化法》,苏州的职业教育标准化体系包括标准的制定、标准的实施、标准的监管三个方面。在建设过程中,一是要从宏观视角确定职业教育标准化建设指导思想、原则及发展思路,以规范办学行为、创新育人模式、引领职教发展为指导,从苏州经济社会发展高度、苏州职教发展全局、全国职教发展大局出发,依据国家教育方针和政策,依据省市教育制度和规范,严格按照教育规律和科学依据开展职业教育标准化建设工作,要着眼于未来和发展,发挥苏州优势,彰显苏州特色,体现苏州精神,力求解决苏州职业教育内涵提升问题和特色创建问题,力求解决不同层面职业教育的内部管理、专业建设、课程改革和师资发展等主要问题。二是要从中观视角制定苏州职业教育标准化建设规划、完善标准化建设体系、选择标准化建设示范、健全投入机制、运行机制、监管机制,紧紧围绕职业教育目标、环境和资源,借鉴发达国家职业教育标准化建设的经验,在职业院校人才培养目标、学生培养方式、职业选择与生涯指导、师资队伍建设、课程体系解构与重构方面提出规范化要求、制度化保障、政策化指导,要通过政府部门、行业企业、职业院校、第三方社会评价机构的合力,探索科学合理可行的职教标准化建设评价指标体系,丰富监督评价的主体,创建反馈和问责机制。要拓宽标准化建设经费来源与渠道,为职业教育标准化建设提供完善的发展平台。三是要从微观视角落实职业教育标准化理论学习研究和职业院校标准化管理模式的改革与创新,进一步加强苏州职业教育标准化人才建设与培养,通过政府的规范要求与市场的有效引导来完善职业教育标准化建设的规则。通过不同层面的联动,积极探寻职业教育标准化建设路径,从而全面推动职业教育标准化建设进程,提升苏州职业教育教学质量。

(四)传承优秀地域文化匠艺精神,培育职业教育学生核心素养

2016年《中国学生发展核心素养》正式发布,此次公布的核心素养共分为文化基础、自主发展、社会参与三个方面,综合表现为人文底蕴、科学精神、学会学习、健康生活、责任担当、实践创新六大素养,这一总体框架为各学段学生的培养提供了重要的参考依据。在职业教育学生的培养中,追求精益求精的"工匠精神"是其核心和灵魂,对学生开展专业、专注、精准、创新和个性化培养,培养学生具备未来大国工匠的基本素质。在具体实践中,职业院校一方面需要不断培植"文化底蕴",提升学生职业素养;另一方面需要不断强化"一技之长",提升学生职业能力。[7]苏州是全国首批历史文化名城,具有悠久的历史传统和深厚的文化底蕴,是我国最重要的民间手工艺中心之一。苏州手工艺历史悠久,门类众多,在全国工艺美术11大类中,苏州就拥有10大类共3 000余个品种,很多项目在全国乃至世界享有盛誉。苏州市目前拥有联合国教科文组织"人类非物质文化遗产代表作"6项,居全国各类城市之首,其中民间手工艺类就有缂丝、宋锦和香山帮传统建筑营造技艺等3项;拥有国家级非物质文化遗产代表性名录项目29项,名列全国同类城市前茅,其中民间手工艺类有18项。2014年,苏州获得批准成功加入联合国教科文组织"全球创意城市网络",荣膺"手工艺与民间艺术之都"。2015年苏州市人民政府印发的《关于加快发展全市现代职业教育的实施意见的通知》中特别提出要以传承文化建设职教品牌,鼓励职业院校引进名家大师,主持开设文化传承类新专业,支持创办"名家大师工作室"、传统绝活工艺坊或校办企业。到2020年,要新增10个以上非遗传承及传统文化专业。在传承优秀地域文化匠艺精神,开展供给侧结构性改革的背景下,职业教育学生核心素养的培养应注重以下三方面。

第一,抓住关键问题,避免"双基"倾向的核心素养培养。职业教育学生核心素养的培养是一项长期而复杂的内容,是一个动态而变化的过程,需要职业院校和广大教师加强跟踪、对比和研究。首先,学生需求是核心素养培养的基础与关键。研究发现,无论是对核心素养指标的理解还是对核心素养学习内容的需求,学生都仍存在一定的"双基"倾向。这说明学生在某种程度上将"核心素养"等同于或者是限于"双基",虽然学生也表现出了对其他核心素养维度和指标的认同和需求,但对"知识""技能"两项的认同度和需求一直排名前列。因此,在核心素养的培养中,我们要加强学生对职业教育核心素养概念和内涵的理解,避免将核心素养的培养回归到双基教育中。其次,虽然不同群体学生在核心素养认同和需求上都呈现出了一致性,但每个群体也有自身的独特性,体现了职业教育学生核心素养的共性与差异性。女生对核心素养的认同度高,更倾向于个人

素养层面,且对"技能"的认可和需求较大。农村学生受制于地区经济、家庭条件、教育资源等条件的限制,在核心素养认同和需求上均有不足。因此,职业教育在核心素养的培养方面要关注不同群体的差异,提高男生对核心素养的认同,加强女生对核心素养的理解深度,为农村学生提供更多的学习资源和途径,从而提高职业教育学生核心素养培养的针对性和有效性。最后,职业教育学生核心素养的培养是一个系统,关系错综复杂。要提高核心素养培养的效果,需要综合考虑各种因素及其之间的相互关系,以形成切实有效的培养方案,教育行政部门、学校、社会都责无旁贷。教育行政部门要加强监管,及时发现问题,给予适时指导,为学校提供设备、资源、资金等方面的支持,关注不同类型学校的均衡发展。学校层面要深入领会,充分听取教师和学生有关核心素养的意见和建议,建立并完善职业教育学生核心素养培养机制,加强校际合作,实现资源共享。教师要转变观念,把核心素养作为教育目标的重点,在课堂中融入核心素养教育。社会和企业要形成正确、科学的人才观,适当调整人才评价标准,让具备核心素养、工匠精神和创新创业能力的人才得到更好的发展。

第二,形成良性机制,提高人才培养有效供给力。面对供给侧改革对职业人才的需求,职业院校应注重供给数量、质量的协调和结构优化,为社会经济的发展做好高素质职业人才的资源支撑。高健等人依据五力分析模型建构的职业教育人才培养供给侧有效供给力结构模型(Effective Supply Ability Structure,ESAS)为我们的机制建设提供了方向。首先,我们应当主动建立有效的校企合作机制,提高有效供给的认知力。职业院校应进一步完善以核心素养为导向、以培养高素质应用型、技能型人才为基础的现代职业教育模式,改变传统的学院式教育模式,积极促进职业教育人才培养的供给方式多样化,推进市场化运作,把握好职业人才培养的切入点,对接企业的技术技能人才需求。其次,细化职业教育的教学设计和专业类型,提升有效供给的筹划力。在供给侧改革的时代背景下,职业院校需要通过推行学科优化和专业细化逐步实现"高素质应用型、技能型"培养目标。职业院校的专业设置与规划,应当在理论研究和教育与社会实践的互动进程中科学建构,不断提升自我理性的运筹能力、整体规划和设计水平。职业院校在教学专业类型和结构的合理优化和效能提升方面应始终围绕"核心素养",增强教学专业的规模化、系统性设计。再次,打造高质量的职业教育师资队伍,加强有效供给的操作力。职业院校在师资队伍建设方面应积极适应社会经济发展的新形势,遵循职业教育规律,使高标准管理和实践性创新相互结合。最后,完善核心素养培养的过程管控和评价机制,增强有效供给的控制力。职业院校应加强核心素养培养的过程管理,建立和完善评价反馈的相关机制,以人才培养的质量为根本,提高供给输出的管控能力。在评价机制建设方面,应以核心素养为导向,改进考评方式,解决考评主体范围偏窄、评价方式简单、评价方案和评价内容不足等问题,建立多元化的质量评价标准,完善复合型的质量评估机制。

第三,搭建信息平台,实现职业教育资源共享。实现职业教育资源的共享是在不增加或少增加教育投入的前提下,最大限度地发挥现有人力、财力、物力、信息资源的作用,提高办学效率和教育教学质量。目前,苏州市职业教育信息资源共享能力整体较弱,亟待改善。一是要尽快搭建职业教育资源信息平台,为实现共享提供保障。信息平台应该有"社会资源""学校资源"板块。各类资源要有详细的使用安排表,便于其他人员的使用。信息平台的搭建既实现了学校对自有资源的自主管理,又能分享兄弟院校和社会上的优质资源,让学校既能保护自己的资源,又能随心分享优质资源。二是要建立统一的管理机构,实现职教管理一体化。在政府统筹规划下,立足职业教育的发展目标,打破区域、行业界限,淡化隶属关系,促进校际合作。通过区域协调与联合,对苏州市中职、高职进行合理分类,建立起与苏州经济和社会发展需要相适应的学校和专业布局,优化资源配置,提高办学的整体效益。三是充分利用闲置的教育资源,建立学校与社会协调的就业服务体系。利用闲置的教育资源,或者合理安排教育资源,开展短期培训,进一步扩大职业教育为社会服务的力度,为社会提供教育培训服务,加强社会人员、企业职工和下岗职工的职业培训。同时,职业学校要充分利用自身的教学设备和师资力量,加强产学研的结合,加快新技术的推广和新产品的开发。

(五)融通社会教育力创新职业群模式,开展苏州职业教育终身化的探索

职业教育终身化在城市供给侧改革和新型城镇化建设过程中承载着越来越重要的功能与责任,不仅为经济社会培养培训了技术技能型人才,更重要的是职业教育是解决就业、改善民生、维护社会稳定、实现教育公平的重要形式。郝克明提出了终身学习时代职业教育改革发展总体思路,强调要"鼓励各类职业学校实行'一校多制',实行职前和职后教育并举,学历与非学历教育并举,全日制与部分时间制并举,为全体社会成员特别是城乡待就业人员、企业职工以及农村实用技术人才提供多样化的继续教育机会"。[8]职业群(career clusters)是当前美国职业教育普遍应用的新模式,把一些普通的职业按其宽泛的共同特征进行分组,将数种性质相近的职业视为一个职业群,以此作为课程编制的出发点和基础。最新的《美国职业群框架》[9]将职业分为16个群,79种职业路径。职业群模式是当前美国职业教育终身化发展趋势下的重要实践形式之一,它构建了一个以职业群分类为依据、以职业技能标准为核心的课程体系,通过整合技能标准与学术课程、沟通职业教育与普通教育、深入职业指导和服务、加强基于产业的合作和评估等举措,以求有效地实现学习者终身职业生涯的可持续发展。[10]

苏州作为全国发达城市,理应在职业教育终身化建设方面先行先试,突破体制机制障碍,融聚汇通社会教育的力量,借鉴创新职业群模式,以多种形式方法充分调动职业教育与培训实施机构和人的积极性,积极实施终身职业教育战略,使职业教育从学校走向社会,形成更加开放、更加多样、更加灵活的全民终身职业教育体系和职业教育供给模式,让全民终身享有学习的机会,让不同人群特别是发展不利人群共享社会进步和职业教育发展成果,提高职业教育全域服务能力,即覆盖全空间、全时段和全人群。

第一,制定出台关于职业教育终身化的专门文件。目前,我国尚无职业教育终身化专门的法律法规,已出台政策文件虽有提及职业教育终身化的理念及目标,但操作性不足。《苏州市终身教育促进条例》已经列入2018年地方立法计划,这将为苏州推进职业教育终身化带来良好机遇。

第二,加大对职业教育终身化的投入。苏州政府应当在职业教育终身化建设中加大财政投入和不断拓展经费来源渠道,从而全面保障职业教育终身化的推进、落实和发展,以满足苏州百姓接受多元化职业教育的需求。2017年苏州社区教育将开始列入财政预算,这部分预算将开展教

惠农、惠企、惠民等系列教育培训活动,提升社区教育为实体经济的服务能力和水平。

第三,不断拓展职业院校功能。职业院校应不断强化其就业、培训、升学以及社会服务功能,有针对性地衔接学习内容,创新多元、弹性的办学形式,构建学校职业教育与职业培训并举的终身职业教育体系。同时,针对当前主流的全日制学制、学术型教育与"打工族"需求无法对接的现状,应创新职业教育提供方式,可以运用"校企合作、半工半读、工学结合"等灵活便捷的学习方式来推进落实职业教育终身化,可以由职业院校在各个工业园区等进城务工人员相对集中区域开设集中教学点,采用夜校或周末教学的方式开展学历教育和职业培训。

第四,鼓励多方参与,激发职业教育终身化发展的活力。借助社区教育机构力量推进职业教育终身化。利用好社区教育机构的三级网络,通过政府购买服务的方式引入专业的社区教育管理机构,借助社区的力量,或与企业合作,聘请专兼职教师,积极开展社区职业教育与培训。在大力推进社区教育发展过程中,乡镇或街道"社区教育中心"要立足本区、面向全员、统筹规划、整合资源,为社区提供"教育惠农、教育惠企、教育惠民"的教育服务。同时,鼓励企业积极参与职业教育终身化。企业在注重内部员工职业技能培养的同时,也要承担一定的社会责任,承担起构建"学校—企业—学校—企业"交替渐进式培养模式的重要职责,配合职业院校开展"二级培训",改变目前职业院校单主体培养高技能人才的现状,逐步形成"学校—企业"的双主体、双元制的人才培养模式。

第五,构建普职融通、衔接顺畅的终身职业教育体系。要积极发展继续教育、远程教育、社区教育,鼓励社会力量兴办教育,推进市民积极参与学习培训。加强进城务工人员的职业教育与技能培训,引导用人单位开展职业培训。建立健全新型职业化农民教育、培训体系,大力培养一批科技素质高、职业技能好、经营能力强的新型职业农民和农村实用人才。同时,应系统构建从中职、高职到本科层次职业教育的技术技能人才培养通道,推进中高职衔接和普职贯通,让更多的优质生源进入职业教育,尽早发现和培养高技术技能人才和"大国工匠",真正构建科学、开放、包容、全纳的具有苏州特点的现代终身职业教育体系,从而全面推进职业教育终身化发展。

参考文献:

[1] 厉以宁. 人才培育和制度创新[J]. 经济研究,2017(11):11-12.
[2] 齐凯君,梁丽辉. 关于农民工现代化的思考——着眼于"无声"与"有形"之间[J]. 行政与法,2016(6):63-70.
[3] 谈松华,王建. 人才培养模式创新的时代抉择[J]. 中国高等教育,2012(6):4-14.
[4] 杨宜勇,邢伟. 公共服务体系的供给侧改革研究[J]. 人民论坛·学术前沿,2016(5):70-83.
[5] 郭苏华. 论职业教育规划与发展的几个问题. 职业技术教育,2011,32(4):12-16.
[6] 张双鼓. 高等教育国际化政策与趋势[J]. 天津电大学报,2014(4):1-6.
[7] 孙兴洋. 职业教育尤重"工匠精神"[N]. 人民日报,2016-03-24.
[8] 郝克明. 跨进学习社会的重要支柱——中国继续教育的发展[M]. 北京:高等教育出版社,2011.
[9] 美国职业群框架[EB/OL]. http://educationpolicy.air.org/publications/national-career-clusters-framework.
[10] 陈晶晶,朱国清. 基于职业群模式的美国职业教育终身化实践评析[J]. 教育发展研究,2007(32):59-61.

附件1 苏州区域职业教育规划布局研究

熊贵营[①]

摘要：本文以供给侧结构性改革和新型城镇化建设为背景，以问题、目标为导向，立足本土，聚焦苏州职业教育的规划布局，采用文献、调查、数据、比较和案例等多种研究方法，重点对影响苏州职业教育规划布局的关键因素、苏州职业教育的布局现状、国内外职业教育规划布局的研究和苏州职业教育规划布局的策略等进行了深入研究。课题组借鉴国内外职业教育的先进经验，紧密结合《苏州市国民经济和社会发展第十三个五年规划纲要》以及苏州现代职业教育体系建设的目标任务，提出了苏州职业教育规划布局的对策和建议。

关键词：苏州；职业教育；规划布局

一、课题研究的背景

区域职业教育规划布局的核心内涵是布局结构，即院校布局和专业设置与区域经济相对接、与地方产业相匹配。面对苏州产业转型升级的现实背景和创新驱动的发展战略，提前谋划、优化调整职业教育的布局，对构建具有"苏州特色"的现代职业教育体系，将起到重要的基础性、方向性和保障性作用。

（一）立足地方，布局优化取得先发优势

从苏州职业教育的发展历程来看，苏州在经济快速发展的同时，始终坚持一流城市要有一流教育的发展理念，将包含职业教育在内的教育放在优先发展的战略位置。1979年，根据1978年全国职业教育会议精神，改革中等教育结构，拉开了苏州职业教育改革的序幕。1980年试点举办中职学校6所。1981年成立第1所高职院校。1994年，经原国家教委和省政府批准，苏州开展深化职业教育改革、调整职业教育结构的现代职业教育制度试验。到20世纪末，苏州的职业教育获得了极大发展。2002年，出台了《苏州市市区职业教育布局结构调整的总体方案》，率先在江苏省聚焦中职教育整合发展，通过整合提升、转制重组、保留发展和撤销停办，实施了第一轮大规模调

---

① 熊贵营，苏州市职业大学副校长；子课题组核心成员：殷堰工、傅小芳、杨德山、赵宁燕、时新、罗金增、丁虎、孙赢、王赟、张军。

整。2011年,以获批首批省职业教育创新发展实验区为契机,制定《苏州市创建江苏省职业教育创新发展实验区实施方案》,按学校对接开发区、专业对接产业的发展思路,实施第二轮布局结构优化调整。经过两轮调整,中职从94所先后优化到46所、33所,整合集聚功能不断显现。从21世纪初开始,苏州结合自身经济发展对高素质技术技能人才需求的不断提高,大力推进高等职业院校建设,助推优质中等职业学校升格发展,从20世纪80年代只有2所高职院校,到2015年发展为16所,2016年又有一所学校成功升格。在大力发展中高职为主体的职业教育的同时,苏州于2003年又在全省率先成立了培养高层次应用型人才为主要目标的职业教育园区——"苏州国际教育园",为职业教育实现资源共享、统筹协调和共同发展搭建了创新平台。

苏州职业教育现已形成以中高职业院校为主体,以国际教育园为龙头,每个县级市都有1~3所高职院校和1~3所主体型、规模性、示范性中等职业学校的格局①。截至2016年,职业院校总数50所(高职17所,中职33所),其中省级以上示范(骨干)院校数量占全市高职总数的47.1%,省级以上高水平示范职业学校数量占全市中职总数的63.6%;专业设置对接地方产业基本覆盖了全市主要产业,主干专业建设基本与主导产业相吻合,专业结构与产业结构基本符合②。职业院校的主要发展指标和综合实力在江苏省乃至全国保持领先地位。

(二)完善体系,规划制定明确发展目标

苏州职业教育经过三十多年的建设发展,取得了明显成效,走在了江苏省前列,但也存在着结构不尽合理、特色不够鲜明、质量有待提高等问题,成为制约自身可持续发展的瓶颈。2015年10月,苏州召开全市职业教育工作会议,聚焦"十三五",出台了《关于加快发展全市现代职业教育的实施意见》(以下简称《实施意见》),明确提出到2020年要构建"具有鲜明特色、体系完备的现代职业教育体系,建立区域技术技能人才和创新创业人才高地"。

《实施意见》从职业教育与区域经济、产业协调发展的高度,从"规模结构、服务能力、办学层次、区域特点"等方面,对职业教育的布局结构提出明确的建设目标和指标要求。从规模结构看,要合理规划中职与普高、高职与本科、职业院校开展学历教育与职业培训的规模;从提升服务能力看,要完善职业院校、培训机构区域分布和专业设置,实现职业院校布局与经济开发区布局相吻合,专业结构与产业结构相吻合,建成一批高水平职业院校和国内、省内一流的品牌、特色专业群;从调整办学层次看,要引导有条件的本科院校、独立学院向应用技术型高校转型,支持高职院校提升办学层次,建成2所以上国内一流的应用技术型本科高校,建成一批专业硕士学位点乃至专业学位博士点;从区域特色发展看,要依据各个县市区产业结构特点,有序推进以县区为主、错位发展、特色发展的职业教育体系。

布局结构作为职业教育体系的重要组成部分,是体系构建的重要前提和保障。《实施意见》既

---

① 苏州市教育局《关于全市职业教育布局调整情况的报告》,2011年。
② 苏州市教育局《苏州市职业教育专业结构与产业结构吻合度研究报告》,2015年。

为职业教育规划了蓝图,也提出了更高要求,并明确了具体的建设指标,布局结构优化调整可谓机遇与挑战并存。

(三) 转型升级,创新驱动带来诸多挑战

2016 年 3 月,苏州公布了《苏州市国民经济和社会发展第十三个五年规划纲要》,确定"未来五年,苏州要努力建设具有国际竞争力的先进制造业基地、具有全球影响力的产业科技创新高地、具有独特魅力的国际文化旅游胜地和具有较强综合实力的国际化大城市"[1]。苏州城市发展的最新定位,对职业教育的走向具有导向性,对职业院校布局结构的优化调整具有明确指导意义。

苏州"十三五"时期的发展理念与职业教育的布局结构有着诸多关联:在发展动力上强调创新驱动,在产业结构上强调调整优化、转型升级,在空间建设上强调优化区域布局、协调城乡一体化发展。首先,继续走在江苏省前列是苏州未来发展的总基调。早在 2010 年,苏州经济的快速发展带来了对本科人才的迫切需求,人才需求"高移"成为苏州发展的一个显著特点。伴随着新一轮发展中不断提升城市竞争力的内在需求,苏州明确提出"深入实施人才优先发展战略,坚持高层次人才、高技能人才协调发展导向,建设创新创业人才特区"[2]。就职业教育现状而言,现有布局结构还难以满足苏州地方经济社会创新发展所迫切需要的智力支持和人才支撑,优化职业教育结构,形成中职、高职、应用型本科协调发展的格局显得迫切而重要。其次,在供给侧结构性改革背景下,双轮驱动形成高端化的苏州产业结构已势所必然,这对与经济社会和人民生活关系最为密切的职业教育来说,其专业的设置需要按照"提速发展现代服务业、推动文旅产业发展,推动制造业高端化发展,转型发展现代都市农业"的总体思路,对专业再度进行优化和整合,使之与产业的转型升级相匹配,使职业教育培养的人才符合产业发展的要求。第三,在新型城镇化背景下,苏州将"建立均衡协调的城乡一体化发展体系,努力形成具有时代特点、苏州特色的新型城镇化和城乡一体化体制机制"[3]。新型城镇化的深入推进,对职业教育的布局结构提出了新要求,职业教育院校的布局与特色品牌专业设置,要与各区域的特色品牌发展、重点产业、高新产业集群实施有效对接、深度融合、协调发展。另外,苏州作为深圳之后的全国第二大"移民城市",外来人口已超过 50%[4],常住人口总量稳中有升,接受技术技能教育的需求进一步增加,这对职业教育布局结构和功能拓展也提出了更高的要求。

苏州在新常态背景下要实现地方经济社会发展的稳中求进,需要职业教育人才培养质量的保障。因此职业教育面临自 2002 年、2011 年以来的第三次布局结构的优化调整,这既是苏州地方

---

[1] 苏州市人民政府《苏州市国民经济和社会发展第十三个五年规划纲要》(苏府〔2016〕36 号)。
[2] 苏州市人民政府《苏州市国民经济和社会发展第十三个五年规划纲要》(苏府〔2016〕36 号)。
[3] 苏州市人民政府《苏州市国民经济和社会发展第十三个五年规划纲要》(苏府〔2016〕36 号)。
[4] 根据苏州市统计局《2015 年苏州市国民经济和社会发展统计公报》公布 2015 年末苏州市户籍人口 667.01 万人,苏州市流动人口服务管理工作组办公室《流动人口服务管理月报表》统计 2015 年 12 月底流动人口为 6 980 501 人,苏州外来人口比例超过 50%。

经济社会对职业教育提出的客观要求,也是职业教育自身优化完善的内在要求。

二、苏州职业教育规划布局的关键因素

(一)产业结构

职业教育是与经济发展关系最为紧密的教育类型。区域经济发展,特别是区域经济发展中的产业结构对职业教育发展产生最直接、最深刻、最关键的影响。区域产业结构在内容上主要涉及产业比例、产业优化、产业布局、产业政策等,这些内容对职业教育,特别是对办学层次、办学规模、办学主体、区域分布、专业结构等职业教育布局因素产生重要影响。当前,苏州正在实施创新驱动战略,积极开展供给侧结构性改革,其核心是调整包括产业结构在内的经济结构,通过"三去一降一补"等途径提升产业结构,这对新时期苏州职业教育布局提出了新要求,提供了新动力。

1. 产业比例

重点分析苏州当前第一、二、三产之间及主要产业内部的数值和对比情况,以此反映产业优化程度和产业布局状况。

2015年,苏州实现地区生产总值14 504.07亿元,其中第二、三产业产值均超过了7 000亿元,第一、二、三产产值占地区生产总值比例依次为1.49%、48.57%、49.94%,第三产业产值首次超过了第二产业,呈现出了"三、二、一"的产业结构(表1)。

表1　　　　　　　　　　苏州2015年第一、二、三产业产值[1]

产业	产值(亿元)	占比
第一产业	215.71	1.49%
第二产业	7 045.12	48.57%
第三产业	7 243.24	49.94%
总计	14 504.07	100%

从2015年各区域内部三产产值比例来看,除了市区呈现出"三、二、一"的产业结构以外,其他区域第三产业产值接近第二产业产值,为"二、三、一"的产业结构(表2)。

表2　　　　　　　　苏州各区域内部2015年第一、二、三产业产值比例[2]

县区	第一产业占比	第二产业占比	第三产业占比
市区	1.05%	47.63%	51.32%
吴江区	2.69%	52.21%	45.10%
常熟市	1.93%	50.27%	47.80%
张家港市	1.36%	53.40%	45.24%
昆山市	0.94%	55.05%	44.01%
太仓市	3.38%	51.32%	45.30%

从第一、二、三产业涉及的十大行业来看,2015年苏州行业产值超千亿的有5个,按产值由大到小顺序依次为工业、批发和零售业、非营利性服务业、金融业、营利性服务业,这5个行业产值占苏州地区生产总值比例达82.40%(图1)。

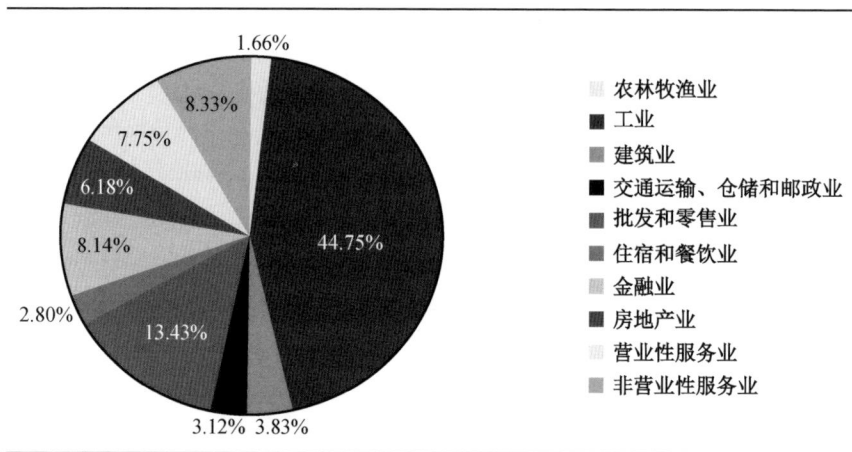

图1 苏州2015年各行业产值比例[3]

从苏州2015年规模以上制造业分行业总产值情况来看,总产值超过1 000亿元的行业有8个,按总产值大小排序依次为计算机、通信和其他电子设备制造业,电气机械和器材制造业,黑色金属冶炼及压延加工业,通用设备制造业,化学原料和化学制品制造业,纺织业,汽车制造业,化学纤维制造业(表3)。

表3　　　　　　　　　苏州2015年规模以上制造业分行业总产值[4]

序号	行　　业	总产值(亿元)
1	农副食品加工业	256.42
2	食品制造业	231.84
3	纺织业	1 362.02
4	纺织服装、服饰业	730.00
5	造纸和纸制品业	509.05
6	文教、工美、体育和娱乐用品制造业	264.16
7	化学原料和化学制品制造业	1 841.02
8	医药制造业	285.20
9	化学纤维制造业	1 094.73
10	橡胶和塑料制品业	781.42
11	非金属矿物制品业	500.17
12	黑色金属冶炼及压延加工业	2 656.50

续表

序号	行业	总产值(亿元)
13	有色金属冶炼及压延加工业	559.12
14	金属制品业	794.54
15	通用设备制造业	1 952.43
16	专用设备制造业	932.54
17	汽车制造业	1 246.94
18	电气机械和器材制造业	2 725.78
19	计算机、通信和其他电子设备制造业	9 945.90
20	仪器仪表制造业	399.44

从苏州八大新兴产业2015年工业总产值情况来看,除了生物技术和新医药、软件和集成电路的总产值低于1 000亿元,其余6个新兴产业的工业总产值均超过了1 000亿元,其中新材料、高端装备制造、新型平板显示等位列新兴产业工业总产值前三名(表4)。

表4　苏州八大新兴产业2015年工业总产值[5]

序号	行业	总产值(亿元)
1	新材料	3 968.25
2	高端装备制造	3 224.06
3	新型平板显示	2 943.62
4	智能电网和物联网	1 565.72
5	新能源	1 083.50
6	节能环保	1 015.25
7	生物技术和新医药	685.16
8	软件和集成电路	384.75

从2014年苏州规模以上服务业法人单位分行业营业收入来看,超过100亿元的行业有5个,从大到小依次为租赁和商业服务业,交通运输、仓储和邮政业,信息传输、软件和信息技术服务业,科学研究和技术服务业,装卸搬运和运输代理业。从营业收入规模上来看,上述5个行业在第三产业中位居前列,从侧面反映出社会对这5个行业的需求量。当然,由于服务业分营利性与非营利性,因此从营业收入来看社会需求规模主要反映的是营利性服务业规模和需求(表5)。

表5　苏州2014年规模以上服务业法人单位分行业营业收入[6]

序号	行业	营业收入(万元)
1	租赁和商务服务业	6 248 179
2	交通运输、仓储和邮政业	5 816 208

续表

序号	行业	营业收入（万元）
3	信息传输、软件和信息技术服务业	3 811 572
4	科学研究和技术服务业	1 774 808
5	装卸搬运和运输代理业	1 716 790
6	房地产业	668 193
7	水利、环境和公共设施管理业	583 375
8	卫生和社会工作	393 662
9	居民服务、修理和其他服务业	283 497
10	文化、体育和娱乐业	209 050
11	教育	167 942

2. 产业规划

重点分析苏州在未来5年对产业的预期调整和优化，集中反映苏州未来的产业政策和发展思路。

从《苏州市国民经济和社会发展第十三个五年规划纲要》来看，苏州在"十三五"期间要努力建设具有国际竞争力的先进制造业基地、具有全球影响力的产业科技创新高地、具有独特魅力的国际文化旅游胜地，这些定位的顺利实现需要精准的产业发展政策，构建产业新体系，实现产业转型升级。从产业规划角度而言，重点是做好以下工作。

（1）产业结构高端化

"十三五"期间，苏州将推动产业结构向中高端迈进，加快构建以现代服务业为引领、新兴产业为亮点、先进制造业为支撑的现代产业体系（表6、图2）。

表6　　　　　　　　　　苏州"十三五"期间服务业发展重点领域[1]

序号	产业	要　点
1	金融业	推动苏州金融业实现由"支柱产业"向"主要支柱产业"跨越发展
2	现代商贸和商务	大力发展总部经济，鼓励发展法律、会计、咨询、知识产权、会展服务等产业
3	科技服务业	重点发展自主研发、产品设计、创业孵化、技术贸易及评估咨询等科技服务
4	服务外包	以国家服务外包示范城市建设为抓手
5	现代物流业	提升发展港口物流、保税物流、供应链物流、国际铁路物流
6	文化产业	推动文化与创意设计、旅游、科技、互联网等其他产业融合发展
7	大健康产业	以高端医疗、健康管理、照护康复、养生保健、健身休闲等领域为重点

---

[1] 根据苏州市人民政府《苏州市国民经济和社会发展第十三个五年规划纲要》(苏府〔2016〕36号)整理。

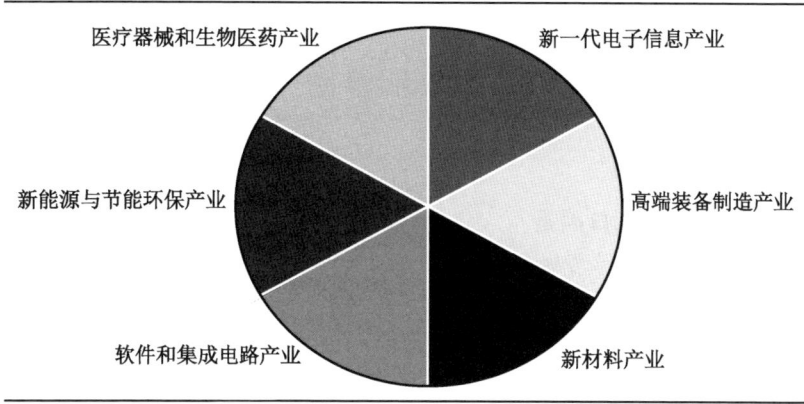

图2 苏州"十三五"先进制造业发展重点产业

(2) 产业布局集聚化

"十三五"期间,苏州将实施"东融上海、西育太湖、优化沿江、提升两轴"的空间发展战略,优化"两轴三带"(沪宁高新技术产业轴、苏嘉杭现代服务业产业轴;沿太湖文化生态旅游带、沿沪特色产业集聚带、沿江物流港口重型产业带)的市域产业空间布局。苏州将发挥优势进一步推进各区域先进制造业,特别是新兴产业集聚(表7)。

表7　　　　　　　　　　苏州"十三五"期间重点支持区域先进制造业产业集聚情况①

序号	区域	集聚产业
1	张家港市	精密多轴数控机床和机器人产业、环保设备、海洋工程装备产业、石化新材料和高品质特殊钢产业、环保产业
2	常熟市	光纤光缆产业、智能化电梯和升降机设备产业、中高端汽车及关键零部件产业、新能源汽车产业
3	太仓市	中高端汽车及关键零部件产业、环保设备、海洋工程装备产业、光伏产业
4	昆山市	新型显示技术产业、精密多轴数控机床和机器人产业、大型工程机械和成套特种设备产业、轨道交通装备及外延设备产业、光电膜产业、集成电路封装和测试产业、MEMS产业
5	吴江区	光纤光缆产业、半导体及光电子行业制造设备产业、智能化电梯和升降机设备产业、碳纤维和芳纶产业、环保产业
6	吴中区	精密多轴数控机床和机器人产业、环保产业、生物医药产业
7	相城区	光电膜产业
8	高新区	精密多轴数控机床和机器人产业、轨道交通装备及外延设备产业、高端泵阀产业、光伏产业、新能源动力电池产业、医疗器械产业,以POWER芯片、主板、服务器为核心的一体化产业生态体系
9	工业园区	新型显示技术产业、大型工程机械和成套特种设备产业、微纳制造装备和图形化装备产业、半导体及光电子行业制造设备产业、纳米新材料产业、集成电路封装和测试产业、MEMS产业、新能源汽车产业、生物医药产业

姑苏区作为全国首个"国家古城旅游示范区",将重点作为文化产业、旅游产业等现代服务业集聚区域。

---

① 根据苏州市人民政府《苏州市国民经济和社会发展第十三个五年规划纲要》(苏府〔2016〕36号)整理。

通过对苏州产业结构整体情况的简要分析,可以看出苏州产业结构持续优化,先进制造业和现代服务业相得益彰、相互促进,在产业内部结构和空间布局方面错落有致,"三、二、一"的产业结构不但增强了经济发展的质量,同时整体提升着苏州产业结构的品质,为苏州职业教育布局深度优化提供了坚实基础和现实要求。

(二)新型城镇化和人口因素

《苏州市新型城镇化与城乡发展一体化规划(2014—2020)》明确了新型城镇化的核心是"人的城镇化",不再是城镇数量增加、城镇面积扩大、农民进城的简单实现,而是更加注重城镇质量内涵,注重绿色发展,真正实现以人的全面发展为核心的城镇化。职业教育具有将技能教育、职业素养、现代公民素质有机整合的特性,其根本目标就是"促进人的全面自由发展",因此,苏州职业教育理应为"人的城镇化"提供智力支持服务。

苏州新型城镇化促进了区域产业的转型升级和经济结构的优化调整,提升了公共文化服务能力和教育资源均等程度,提高了人口素质和优化了生态环境,为职业教育的发展提供了新契机,为职业教育供给侧改革提出了新命题,也为职业教育规划布局提出了新要求、带来了新任务。通过对人口变化、区域变化和需求变化的分析,可以梳理出职业教育规划布局发展的影响因素。

1. 生源数与招生数的新变化

(1) 中职生源数逐年递增

苏州现有中等职业学校 33 所(含技工院校 7 所),在校生 9 万人左右。根据《苏州市各类教育事业概况(2015—2016)》中现有初中、小学各年级在校生统计数据分析,2016—2020 年,初中毕业生预测分别为 6.72 万人、7.08 万人、7.38 万人、9.02 万人、10.14 万人,按普职 1∶1 的规律预测,2016—2020 年中职生源数见表 8,可以看出,2020 年中职生源数将比 2016 年净增约 1.7 万人,在校生规模达 13.27 万人。尤其是昆山市(增加 0.34 万人)、吴中区(增加 0.24 万人)、吴江区(增加 0.21 万人)增长幅度较大。若再考虑到随着苏州城镇化率的提高,"农民工和进城务工人员"群体"随迁子女接受义务教育"意识的增加,中职实际生源增长数要比预测的增长数多。

表 8　　　　　　　　苏州市中职学校数量和预测生源数①

市、区	学校数量(含技工)	中职学校预测生源数(万人/年)(按普职1∶1)				
		2016 年	2017 年	2018 年	2019 年	2020 年
市直属(含代管)	11+2	0.38	0.39	0.41	0.42	0.47
张家港市	5	0.47	0.49	0.51	0.60	0.64
常熟市	3	0.50	0.52	0.53	0.66	0.70
太仓市	1	0.24	0.25	0.26	0.31	0.33
昆山市	4	0.50	0.56	0.59	0.73	0.84

① 苏州市教育局《苏州市中等职业教育资源现状及生源发展情况分析》。

续 表

市、区	学校数量 （含技工）	中职学校预测生源数（万人/年）（按普职1∶1）				
		2016 年	2017 年	2018 年	2019 年	2020 年
吴江区	2	0.43	0.42	0.43	0.57	0.65
吴中区	3	0.25	0.27	0.29	0.41	0.49
相城区	1	0.18	0.20	0.20	0.28	0.33
工业园区	1	0.22	0.24	0.26	0.29	0.35
高新区	0	0.19	0.20	0.21	0.24	0.27
全市	31＋2①	3.36	3.54	3.69	4.51	5.07

2016年9月7日苏州市招生工作情况报告会上通报"2015年初一招收82 252人，2016年小学毕业生91 339人，增长11%"，与表8预测的2019年初中毕业生数约为9.02万人，基本吻合，证明苏州中职教育资源总体趋紧，苏州中职教育面临生源增长的压力。

（2）高职招生数逐年递增

苏州现有高职院校17所，在校生规模约10万。预测2015—2020年苏州高职招生数将呈逐年上升的趋势。主要原因有两个。

一是按"到2020年高职院校招收中职毕业生比例要达到50%"②的要求来看，若以2015年高职院校招生高中起点2.7万人为依据进行测算，2020年高职院校招收中职生数也应为2.7万人，即高职院校的总招生数为5.4万人，约比2015年增加1.5万人（表9）。

二是按"到2020年中等职业教育和专科高等职业教育的在校生总规模达30万人以上"③的目标来看，2015年在校生规模10.13万，2020年高职在校生规模应为16.73万人（由表11推算出2020年中职在校生规模约为13.27万人），意味着，2018—2020年高职院校的年均招生数至少要在5.6万人（与表9推算的计划总数5.4万人基本一致），约比2015年净增1.67万人，才有可能实现2020年高职院校在校生规模达16.73万人的目标（表10）。

表9　　　　　　　　　　　在苏高职院校招生及在校生规模④

年份	计划招生				在校生数（万人）
	总数（万人）	高中起点（万人）	中职起点（万人）	中职占比	
2013 年	3.84	2.75	1.09	28.31%	9.03
2014 年	3.88	2.84	1.04	26.80%	9.72
2015 年	3.93	2.70	1.23	31.29%	10.13
2020 年（预测）	5.40	2.70	2.70	50.00%	

注：2013—2015年统计数据中不包含苏州幼儿高等师范专科学校。

---

① 江苏省邮电技工学校及苏钢技工校因不招收初中毕业生，未列入生源数预测。
② 《苏州市人民政府印发关于加快发展全市现代职业教育的实施意见的通知》。
③ 《加快发展全市现代职业教育的实施意见的通知》（苏府〔2015〕119号）。
④ 2013年、2014年、2015年数据来源于高等职业院校人才培养状态数据与采集平台。

表10　　　　　　　　　　　　在苏职业院校在校生规模预测

	2015年在校生规模（万人）	2020年在校生规模（万人）
中职	8.30①	13.27
高职	10.13②	16.73
总人数	18.43	30.00

注：2015年统计数据中不包含苏州幼儿高等师范专科学校。

（3）高职办学条件有待提高

从办学条件来看，普通高等学校生均占地面积合格标准为59 m^2/生③。2015年在苏高职院校生均占地面积为63 m^2/生（表11），虽然达标，但略低于江苏省平均69 m^2/生的数值。预测2020年在苏高职院校在校生数为16.73万人，假如现有高职院校占地面积不变，生均占地面积仅为38 m^2/生，远远低于合格标准，高职院校占地面积至少要达到657.49 km^2（比现在净增加18.67 km^2），才可能达到省均合格标准。

表11　　　　　　　　　　　　在苏高职院校办学条件表④

年份	在校生规模（万人）	占地面积（m^2）	生均占地面积（m^2/生）		
			苏州市	江苏省	合格标准
2015年	10.13	638.82	63	69	59
2020年（预测）	16.73	657.49	39		

注：数据统计中不包含苏州幼儿高等师范专科学校。

根据预测数据，至2020年中职生和高职生总体数量呈上升态势，高职办学条件也必须随之提升，在实现"人的城镇化"过程中，职业教育的学历教育，起着主导和重要的作用，绝不能缺位，更不能削弱，进一步扩大职业教育办学规模已是形势所需。

2. 区域均衡布局的新要求

新型城镇化推动各区域城镇面积和城镇人口数量发生变化，带动各区域产业的转型和升级，为此职业教育区域布局有了新的均衡要求。

一是空间均衡。借助区位论[7]分析表12的数据，可以看出苏州职业教育区域布局的空间分布密度差异明显，说明苏州职业教育在区域空间上的设置不均衡，比如，常熟市、太仓市、吴江区中职学校数量相对较少，常熟市、张家港市、太仓市、吴江区高职院校数量相对偏少。另外，虽然苏州市的中高职院校空间分布密度较好，空间占比分别达到55％和65％，但是，苏州市各区内的布局也有不均衡，如目前高新区的中职学校布局还属空白。

---

① 苏州市教育局《苏州市各类教育事业概况（2015—2016）》。
② 高等教育基层统计报表（2015/2016学年初）。
③ 《普通高等学校基本办学条件指标（试行）》（教发〔2004〕2号）。
④ 2015年数据来源于高等职业院校人才培养状态数据与采集平台。

表 12　　　　　　　　　　　　　　　　苏州职业院校区域分布情况

区域 (主管部门)	中职学校 (所)①	所占比例	高职院校 (所)②	所占比例	占地面积(km^2) 2014 年③	空间分布密度(所/km^2) 2014 年
苏州市区	18	55%	11	65%	2 742.62	0.010 6
张家港市	5	15%	1	6%	772.40	0.007 8
常熟市	3	9%	0	0	1 094.00	0.002 7
太仓市	1	3%	1	6%	620.00	0.003 2
昆山市	4	12%	3	18%	864.90	0.008 1
吴江区	2	6%	1	6%	1 092.90	0.002 7
合　计	33		17		7 186.82	

二是人口均衡。近年来,苏州外来人口的增量已趋于平稳,城镇化成为苏州新增人口的主要动力,若按每 30 万人口设置 1 所中职学校的规划④来计算,2015 年苏州常住人口为 1 061.6 万人,苏州中职学校布局数应在 36 所左右,2020 年苏州常住人口约为 1 100 万人⑤,苏州中职学校布局数应为 37 所左右。考虑到目前部分苏州中职学校的招生数远低于 2 500 名的平均数,以及未来几年部分中职学校可能升格为高职院校的情况,苏州中职学校的布局数量应比 37 所更多。

空间与人口因素是影响职业教育均衡布局的两个关键因素,除此之外,在新型城镇化背景下,职业院校的布局和专业设置需要兼顾服务区域产业特色化发展,考虑职业教育特色发展,避免教育同质化现象的产生。

3. 人口素质提升的新任务

高质量城镇化的实现取决于人口素质,提升人口素质是职业教育服务于新型城镇化的重要任务。提高人口受教育水平和技能水平,提升新增城镇人口和非农业劳动力的整体素质,为城镇化建设提供人才支撑,是今后一段时期职业教育领域的重要工作。

(1) 提高受教育水平。由《苏州市 2015 年 1% 人口抽样调查主要数据公报》⑥得知(图 3),2015 年 11 月 1 日零时,苏州常住人口为 1 061 万人,具有大学(指大专以上)文化程度人口 195 万人,高中文化(含中专)程度人口 223 万人,初中文化程度人口 376 万人,小学文化程度人口 190 万人;如按照苏州市公安局截至"十二五"期末(2015 年)常住人口 1 025 万人,低学历人数将会进一步扩大。可以看出,苏州总常住人口中高中(含中专)以上文化程度约占 39.4%,初中文化程度以下约占 60.6%,人口整体受教育水平较低,与苏州城镇化、现代化、国际化要求不相适应,加大整

---

① 《苏州市中等职业教育资源现状及生源发展情况分析》,苏州市教育局,高等教育与职业教育处。
② 《苏州市中等职业教育资源现状及生源发展情况分析》,苏州市教育局,高等教育与职业教育处。
③ 数据来源:《苏州市统计年鉴 2015》,苏州市统计局,2015 年。
④ 江苏省教育厅,《关于推进中等职业教育持续健康发展的意见》。
⑤ 《苏州市"十三五"人口发展规划(初稿)》,苏州市发展与改革委员会,2015 年城镇化率 74.9% 计算得出。
⑥ 苏州市 2015 年 1% 人口抽样调查主要数据公报,苏州统计局。

体人口受教育水平①的提升显得尤为重要和迫切。

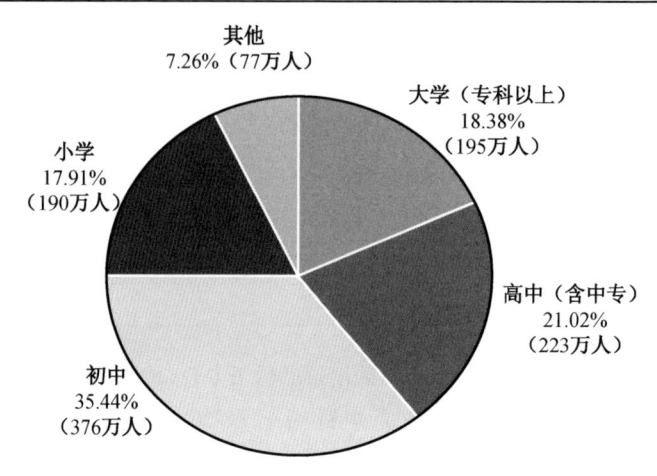

图3　2015年苏州受教育程度人口与总常住人口比例图②

　　(2) 提升职业技能。有数据显示,目前苏州人力资本对经济增长的贡献率远低于发达国家水平③。仅以2014年数据来看,苏州流动人口达698.9万人,占全市常住人口的51.4%,主要分布在吴中区、工业园区等,其中20～29岁的青年占总人口的42.0%,约29.35万人,受教育程度普遍较低,缺乏基本职业技能,需要通过培训提升他们的职业技能,帮助他们快速适应新生活环境和新的工作要求。2012—2015年,苏州每年新增城镇人口在10万人左右(表13),根据2020年苏州常住人口控制在1 100万人,城镇化率要达到80%的指标来推算,2015—2020年,苏州新增城镇人口累计增长约为95.83万人,需要对这些"新移居城镇居民"进行职业技能提升培养,帮助他们实现农转非顺利就业,快速融入城镇。城镇化进程中,大量技能培训任务亟待职业院校来承担。

表13　　　　　　　　　　苏州市人口城镇化(2012—2020)④

人口 \ 年份	2012年	2013年	2014年	2015年	2020年(预测)
城镇人口(万人)	763	773.83	784.17	795.14	880⑤
农村人口(万人)	291.91	284.04	276.23	266.46	220

① 《苏州市国民经济和社会发展第十三个五年规划纲要》。
② 图中,各种受教育程度的人包括各类学校的毕业生、肄业生和在校生。
③ 苏州市"十三五"人口发展规划(初稿),苏州市发展和改革委员会。
④ 表中数据来源,《苏州市统计年鉴2015》,苏州市统计局,2015年。
⑤ 2020年城镇人口,由总人口1 100万人和城镇化率80%推算得来。

续表

年份 人口	2012年	2013年	2014年	2015年	2020年 （预测）
常住人口（万人）	1 054.91	1 057.87	1 060.4	1 061.6	1 100①
城镇化率	72.3%	73.15%	73.95%	74.9%	80%
新增城镇人口（万人）	12.91	10.83	10.34	10.97	

（3）培养高技能人才。高技能人才是"创新苏州"的重要力量，是"苏州制造"向"苏州智造"转变的主要生力军。由图4看出，目前高技能人才的培养与《苏州市"十三五"人力资源和社会保障事业发展规划（征求意见稿）》指定目标还有一定的差距，需要加大高技能人才的培养力度，提高职业院校基础培育能力和水平，鼓励学校积极对接支柱产业和重点产业，优化调整专业结构，突出办学特色，彰显职业院校对区域经济发展的参与度和支持度。

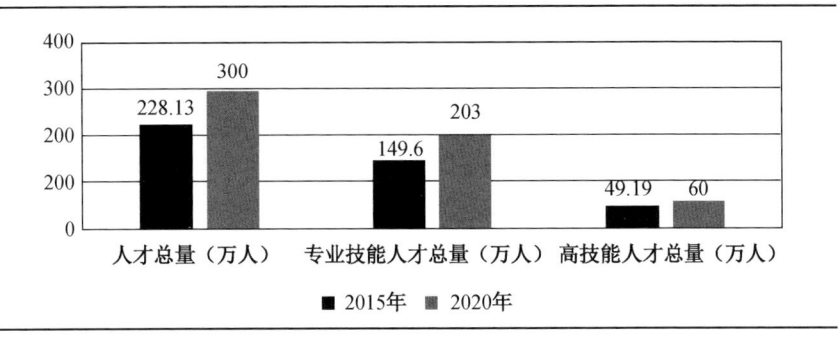

图4　2015年、2020年高技能人才数据比对②

由此可见，新型城镇化背景下，苏州职业教育规划迎来了新一轮的优化调整机遇，未来几年，苏州职业教育将向着规模扩大、优化均衡的方向发展，通过全面覆盖提高布局规模，通过集约融通提升布局水平。与此同时，职业教育又将助力新型城镇化向以人为核心的更高质量、更高水平发展[8]，发挥职业教育基础作用，做强做大学历教育的同时，做好做深职业技能的培训和高技能人才的培养，为苏州人口素质提升做出应有的贡献。

（三）现代职教体系

职业教育有史以来就与社会经济民生保持着血脉关系，是一种直接对接生产力发展提供技术技能型人才的教育，新型工业化的推进和科学技术的发展，使现代职业教育体系成为国家竞争力的重要支撑。加快发展现代职业教育，已成为促进教育公平、基本实现教育现代化和建设人力资

---

① 《苏州市新型城镇化与城乡发展一体化规划（2014—2020）》。
② 《苏州市"十三五"人力资源和社会保障事业发展规划（征求意见稿）》。

源强国的必然选择。

2002年"现代职业教育体系"这一概念在我国首次提出[9]，经过十多年的实践探索，国务院于2014年5月出台了《关于加快发展现代职业教育的决定》，当年6月，教育部等六部委印发了《现代职业教育体系建设规划（2014—2020年）》（以下简称《建设规划》），第一次对现代职业教育进行了系统谋划、顶层设计、全面部署，并按两步走的思路，对"十二五"和"十三五"总体发展目标予以明确。"2015年，初步形成现代职业教育体系框架，到2020年，基本建成中国特色现代职业教育体系，形成适应发展需求、产教深度融合、中职高职衔接、职业教育与普通教育相互沟通、体现终身教育理念，具有中国特色、世界水平的现代职业教育体系。"①2015年11月，为切实将职业教育体系建设落到实处，教育部出台了《高等职业教育创新发展行动计划（2015—2018）》（以下简称《行动计划》），明确了65项具体任务和22个创新发展试点改革项目。

在职业教育的《建设规划》和《行动计划》中，均将合理布局和优化结构等相关内容作为重要内容。在《建设规划》确定的体系建设12项重点任务中，"优化职业教育服务产业布局""统筹职业教育区域发展布局"②位列第一、第二项任务，足见其在体系建设中的地位。在"加强中等职业教育基础地位"任务中，明确提出要逐步优化中等职业教育学校布局和专业；在"优化高等职业教育结构"任务中，"鼓励举办应用技术类型高校，将其建设成为直接服务区域经济社会发展，以举办本科职业教育为重点，融职业教育、高等教育和继续教育于一体的新型大学"③。在《行动计划》确定的五大任务与举措中，扩大优质教育资源成为首项任务，包含10个试点项目，其中"提升专业建设水平、开展优质学校建设、完善高等职业教育结构、促进区域协调发展"④成为重要内容。

现代职业教育的创新发展、试点改革对苏州加快推进完善具有自身特色的现代职业教育既是机遇又是挑战。苏州从"苏南模式"到外向型经济，都折射出"先行先试""率先发展"的探索精神。早在1988年，苏州便被原国家教委确定为教育综合改革城市；1994年经原国家教委和江苏省政府批准，开展了现代职业教育制度试验；2011年成为"地方政府促进高等职业教育综合改革试点"城市，同年又被确定为首批"江苏省职业教育创新发展试验区"。苏州在地方经济率先发展的过程中，始终注重将职业教育放在战略高度，积极参与国家和省的职业教育改革，为职业教育与地方经济社会实现良性互动奠定了基石，也使自身成为江苏乃至全国职业教育改革发展的重要策源地之一。2016年7月，江苏省委书记李强在苏调研时明确要求，苏州在全省发展大局中的地位和作用十分重要，在当前转型升级、创新发展的关键时期，苏州要明确创新发展的切入点，把握好转型升级的时间窗口，承担重任、走在前列，发挥好龙头带动作用。

2016年7月，为落实《行动计划》，江苏省启动了"高等职业教育创新发展卓越计划"（以下简

---

① 教育部等《现代职业教育体系建设规划（2014—2020年）》（教发〔2014〕6号）。
② 教育部等《现代职业教育体系建设规划（2014—2020年）》（教发〔2014〕6号）。
③ 教育部等《现代职业教育体系建设规划（2014—2020年）》（教发〔2014〕6号）。
④ 教育部《高等职业教育创新发展行动计划（2015—2018）》（教职成〔2015〕9号）。

称"卓越计划"),遴选建设 30 所省优质高职院校,重点打造其中 15～20 所跻身国家优质高职院校。面对新机遇、新挑战,苏州职业教育在基本实现布局对接区域经济、专业对接产业的合理架构基础上,要充分利用自身在转型升级中已有的坚实基础和先导优势,准确地把握现代职业教育体系内涵的深刻变化,准确把握国内外职业教育发展基本趋势,准确把握自身发展的阶段性特征,以强烈的争先意识和机遇意识,积极争取《行动计划》中与布局、专业相关的试点项目和"卓越计划"中优质高职院校遴选建设工作,以改革促发展、以创新促提升,谋求职业教育在布局结构上与新一轮区域经济社会发展和产业的转型相吻合,在努力破解职业教育结构不尽合理、区域发展不够均衡、特色不够鲜明等制约苏州职业教育发展瓶颈问题的同时,使苏州职业教育能在新一轮的发展中,继续走在江苏省乃至全国的前列,切实增强服务苏州地方经济社会发展的能力。

三、苏州职业教育布局现状与分析

(一)苏州职业教育院校布局现状分析

1. 苏州职业院校的发展历程

从 20 世纪 70 年代起,我国恢复了职业教育。苏州职业教育经历三十多年改革和发展,大致经过了初创发展(1980—2000 年)、优化发展(2000—2010 年)和创新发展(2010 年至今)三个阶段。

1)初创发展阶段

改革开放后,国家确立"以经济建设为中心"。苏州乡镇企业、外向型经济的发展,急需大量知识与技术技能并重的人才,促进了职业教育的发展,推动了苏州"科教兴市、外向带动、可持续发展"战略的实现。

(1)试点创办中等职业教育

1979 年,苏州根据全国教育工作会议关于改革中等教育结构的精神,推出"变革中等教育结构,扩大农业中学、中等专业学校、技工学校比例"等举措,揭开了苏州发展中等职业教育的序幕,成为全国较早发展职业教育的城市。1980 年试点举办中等职业学校 6 所,1982 年扩大到 11 所,并在 9 所中学附设职业班。1983 年苏州市政府根据教育部等部委联合发出的《关于改革城市中等教育结构、发展城市职业教育的意见》,出台了《关于发展城市职业教育的若干规定》,对调整职教内部结构、发展市属中专,加强学校教学、生产实习和学生学籍管理作出了规定。[10]随着苏州中等职业教育的发展,到 20 世纪末,形成了包括中等技术教育(中专)、技工教育、职业高中教育在内中等职业教育体系,复办、新办和转型共举办了 94 所中等职业学校。苏州中等职业教育的持续发展,不仅有力服务了苏州经济社会发展,而且也为后续高等职业教育的快速崛起和现代职业教育体系构架奠定了坚实基础。

(2)尝试新办高等职业教育

1981 年,苏州打破传统高等教育的格局,尝试新的教育类型,在原苏州工业专科学校筹备处的基础上筹建成立"苏州市职业大学",实行"自费、走读、短期"等政策,成立当年开设4个专业并完成招生。1984年全国第一所县办高职院校"沙洲职业工学院"成立。1997年由新加坡前总理吴作栋提议,成立中新合作的新型高职院校"苏州工业园区职业技术学院"。1998年苏州第一所民办高职院校"硅湖职业技术学院"成立。1999年由中职学校升格成立"苏州工艺美术职业技术学院"。根据"三改一补"方针和《职业教育法》,苏州市政府在《苏州市市区"九五"经济社会发展实施计划》中,制定了深化教育改革、调整教育结构、积极发展高等职业教育的重大决策。在近20年的发展中,苏州高等职业教育为苏州市经济社会发展培养了大批高技能人才,展现出不同于普通高校的独特生机和活力,以及强劲的发展势头。

2) 优化发展阶段

进入21世纪以后,随着经济快速发展以及国家宏观调控,苏州职业教育解放思想、深化改革,着力打破行业、部门界限,整合职教资源,优化调整学校布局和专业结构,提升办学层次,形成政府主导、发挥行业和企业作用、社会力量积极参与的多元办学格局,以一流的职业教育服务地方经济社会发展。

(1) 中等职业学校优化调整

2002年,依照《苏州市市区职业教育布局结构调整的总体方案》,在全省率先开展中等职业教育布局调整和专业结构优化。经过努力,苏州市94所中等职业学校调整到2010年的46所,"条块分割、多头办学、小而散、小而弱"等影响和制约职教发展的突出问题得到明显改善。全市职业教育布局结构、层次结构、专业结构大为优化,一批规模型、示范性、现代化的职业学校应运而生,奠定了苏州职业教育在江苏省的领先地位。

以苏州建设交通高等职业技术学校为例,该校按照《江苏省高等职业技术学校(五年制)设置办法》和《苏州市市区职业教育布局结构调整的总体方案》的要求,由苏州建筑职工大学、苏州市建筑职工中等专业学校(技校)、苏州市城建技工学校、苏州市建材工业职工中等专业学校(技校)、苏州市交通技工学校等五所分属多个产业局(公司)管辖的职业学校合并组建而成,管理权限变更为苏州市教育局,系教育局直属学校。可以看出合并产生的规模效应(表14)。

表14 苏州建设交通高等职业技术学校组建情况

	学校	专任教师(人)	在校生(人)
	苏州建设交通高等职业技术学校(合并后)	285	6 000(以高职生为主体)
1	苏州建筑职工大学	50	1 100
2	苏州市建筑职工中等专业学校	24	602
3	苏州市城建技工学校	69	1 273(其中高职生120)
4	苏州市建材工业职工中等专业学校	9	194(其中高职生65)
5	苏州市交通技工学校	38	872(其中高职生209)

(2) 高等职业院校快速发展

2000年,为满足发展需求,教育部开始扩大高校招生规模,并将高职教育审批权下放到地方政府。2005 年,《国务院关于大力发展职业教育的决定》出台,全国高职教育开始进入快速发展时期。苏州市高等职业教育的院校数、在校生人数等在这一时期都取得了历史性的突破,高职院校由 5 所发展到 16 所。其中,院校合并 1 所,为苏州市职业大学、苏州教育学院、苏州市广播电视大学、苏州市职工科技大学合并组成全新的苏州市职业大学。中等职业学校升格或合并升格 7 所,其中,苏州农业职业技术学院由江苏省苏州农业学校升格组建的,苏州经贸职业技术学院由当时部省属中专校的苏州商业学校和苏州丝绸学校合并升格成为省属高校,苏州工业职业技术学院则由苏州高级工业技术学校、苏州机械职业学校、苏州虎丘中等专业学校 3 所职业学校合并升格成市属高校;新办高职院校 6 所,其中,苏州工业园区服务外包职业学院是中国服务外包第一校。这一时期民办高职院校发展到 6 所。

2003 年,在全国率先建设了以培养高层次应用型人才为主要目标的职业教育园区——"苏州国际教育园",一批新建、合并的职业院校入驻。

3)创新发展阶段

"十二五"以来,苏州职业教育根据全国和江苏省职业教育工作会议精神,以打造一流的职教强市、实现职业教育现代化为目标,大力实施品牌化、市场化、国际化、终身化发展战略,积极推进现代职教体系建设,进一步提升服务区域经济和社会发展、培养高素质技能型人才的能力。

(1)职业院校高水平发展

2011 年,苏州职业教育开展新一轮中等职业教育布局调整。通过布局调整,职业院校办学条件进一步改善,内涵建设不断深化,优质学校明显增多。目前,苏州市共有中职学校和技工院校 33 所、高职院校 17 所,在校生总数近 20 万人,校均规模达到 4 000 人。先后创建了国家示范(骨干)高职院校 2 所,省级示范高职院校 7 所,国家高水平示范职业学校 6 所,省高水平示范职业学校 15 所(表 15、表 16)。按照"学校对接开发区,专业对接产业"的基本建设思路,推进职业院校向开发区集聚、向品牌企业靠拢。

表 15　　　　　　　　　　　　苏州市示范性高等职业院校建设基本情况

序号	学校	性质
1	苏州工业园区职业技术学院	国家示范性高职院校
2	苏州工艺美术职业技术学院	国家骨干高职院校
4	苏州经贸职业技术学院	省级示范性高职院校
3	苏州农业职业技术学院	省级示范性高职院校
5	苏州卫生职业技术学院	省级示范性高职院校
6	苏州工业职业技术学院	省级示范性高职院校
7	苏州工业园区服务外包职业学院	省级示范性高职院校
8	苏州健雄职业技术学院	省级示范性高职院校
9	昆山登云科技职业学院	省级示范性高职院校

表 16　　苏州市示范性中等职业学校建设基本情况

序号	学校	性质
1	苏州旅游与财经高等职业技术学校	国家高水平示范职业学校
2	苏州市建设交通高等职业技术学校	国家高水平示范职业学校
3	苏州高等职业技术学校	国家高水平示范职业学校
4	常熟中等专业学校	国家高水平示范职业学校
5	吴中中等专业学校	国家高水平示范职业学校
6	苏州技师学院	国家高水平示范职业学校
7	苏州旅游与财经高等职业技术学校	省高水平示范性职业学校
8	苏州市建设交通高等职业技术学校	省高水平示范性职业学校
9	苏州高等职业技术学校	省高水平示范性职业学校
10	苏州评弹学校	省高水平示范性职业学校
11	张家港中等专业学校	省高水平示范性职业学校
12	常熟中等专业学校	省高水平示范性职业学校
13	昆山第一中等专业学校	省高水平示范性职业学校
14	昆山第二中等专业学校	省高水平示范性职业学校
15	太仓中等专业学校	省高水平示范性职业学校
16	吴中中等专业学校	省高水平示范性职业学校
17	吴江中等专业学校	省高水平示范性职业学校
18	苏州丝绸中等专业学校	省高水平示范性职业学校
19	苏州工业园区工业技术学校	省高水平示范性职业学校
20	相城中等专业学校	省高水平示范性职业学校
21	苏州技师学院	省高水平示范性职业学校

（2）现代职业教育体系基本形成

苏州职业教育经过一系列的变革和发展,已基本形成以独立设置的中、高等职业院校为主体,其他教育机构广泛参与,中职高职相衔接,职前职后教育并行,城乡一体发展,国内国外开放,具有苏州特色的职业教育体系。

2015年,苏州市政府《关于加快发展全市现代职业教育的实施意见》进一步提出,到2020年,建成与苏州现代产业体系相匹配,产教深度融合,职业教育与普通教育相互融通,体现终身教育理念,中等职业教育到专业学位研究生教育紧密衔接的具有鲜明特色、体系完备的现代职业教育体系。

2. 苏州职业院校的布局现状

近年来,苏州职业教育事业快速发展,体系建设稳步推进,培养了大批高级技能型人才,为提高劳动者素质、推动经济社会发展和促进就业做出了重大贡献。

(1) 数量和规模

苏州职业院校共有 50 所,其中高等职业院校共 17 所,在校生 101 335 人;中等职业学校 33 所(含技工院校 7 所),在校生 82 970 人(表 17、表 18)。

表 17　　　　　　　　　　　　　　苏州高等职业院校设立情况

序号	学校名称	成立时间	备注
1	苏州市职业大学	1981 年	公办
2	沙洲职业工学院	1984 年	公办
3	苏州工业园区职业技术学院	1997 年	民办
4	硅湖职业技术学院	1998 年	民办
5	苏州工艺美术职业技术学院	1999 年	公办
6	苏州农业职业技术学院	2001 年	公办
7	苏州托普信息职业技术学院	2002 年	民办
8	苏州经贸职业技术学院	2003 年	公办
9	苏州工业职业技术学院	2003 年	公办
10	苏州健雄职业技术学院	2004 年	公办
11	苏州百年职业学院(原苏州港大思培科技职业学院)	2005 年	民办
12	苏州卫生职业技术学院	2005 年	公办
13	昆山登云科技职业学院	2005 年	民办
14	苏州高博软件技术职业学院	2007 年	民办
15	苏州信息职业技术学院	2009 年	公办
16	苏州工业园区服务外包职业学院	2010 年	公办
17	苏州幼儿师范高等专科学校	2016 年	公办

资料来源:根据苏州市教育局相关数据整理。

表 18　　　　　　　　　　　　　　苏州中等职业学校设立情况

序号	学校名称	备注
1	苏州旅游与财经高等职业技术学校	公办
2	苏州市建设交通高等职业技术学校	公办
3	苏州高等职业技术学校	公办
4	苏州评弹学校	公办
5	苏州市艺术学校	公办
6	苏州市体育运动学校	公办
7	苏州市纺织工业职工中等专业学校	民办
8	张家港中等专业学校	公办
9	张家港市第二职业高级中学	公办
10	张家港市第三职业高级中学	公办
11	张家港工贸职业高级中学(张家港市高级技工学校)	公办
12	张家港市舞蹈学校	民办

续表

序号	学校名称	备注
13	常熟中等专业学校(常熟市技工学校)	公办
14	常熟高新园中等专业学校	公办
15	常熟市滨江职业技术学校	公办
16	昆山第一中等专业学校	公办
17	昆山第二中等专业学校	公办
18	昆山花桥国际商务城中等专业学校	公办
19	苏州福纳影视艺术学校	民办
20	太仓中等专业学校	公办
21	吴中中等专业学校	公办
22	苏州市太湖旅游中等专业学校	公办
23	吴江中等专业学校	公办
24	苏州丝绸中等专业学校	公办
25	相城中等专业学校	公办
26	苏州工业园区工业技术学校	公办
27	苏州技师学院	公办
28	苏州五二六技工学校	公办
29	苏州市电子信息技师学院	公办
30	机械工业苏州高级技工学校	公办
31	苏州市吴中高级技工学校	公办
32	苏钢技工学校	公办
33	江苏省邮电技工学校	公办

资料来源：根据苏州市教育局相关数据整理。

（2）区域分布

17所高等职业院校中，市区(不含吴江区)共有11所，其余区(市)吴江区1所、昆山市3所、张家港市1所、太仓市1所。33所中等职业学校中，市区(不含吴江区)共有18所，其余区(市)吴江区2所、昆山市4所、张家港市5所、常熟市3所、太仓市1所(表19)。

表19　　　　　　　　苏州职业院校的区域分布

市、区	中等职业学校数（按主管部门分）	高等职业院校数（按地理区域分）
苏州市区	18	11
吴中区	3	3
相城区	1	1
工业园区	1	3
高新区	0	3

续表

市、区	中等职业学校数（按主管部门分）	高等职业院校数（按地理区域分）
张家港市	5	1
常熟市	3	0
太仓市	1	1
昆山市	4	3
吴江区	2	1
总计	33	17

资料来源：根据苏州市教育局相关数据整理。

3. 苏州职业院校布局的对比分析

1）苏州职业院校统计分析

（1）院校数量

职业院校数量的变化最能直观地反映苏州职业教育的规模。根据苏州统计年鉴数据和查询教育局统计数据，1980—2016年苏州职业院校数量见图5。

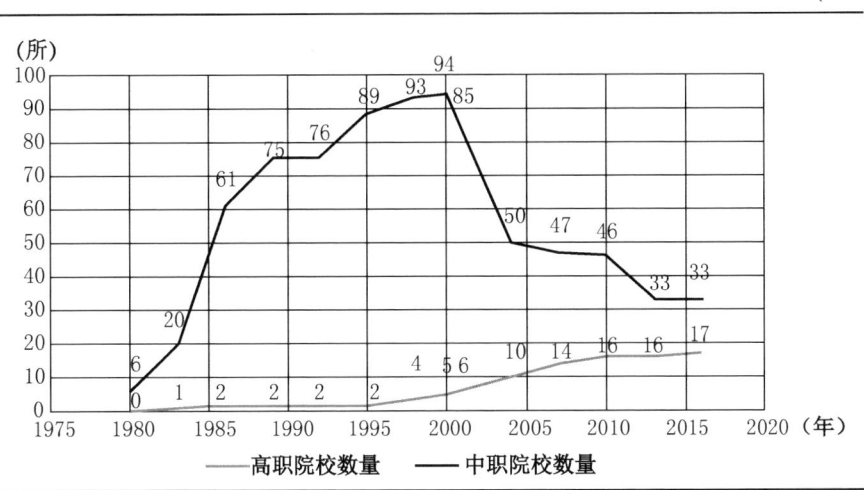

图5　苏州职业院校数

从图5数据可以看出：1980—2016年，高职院校数量呈现逐年上升的趋势，到2016年已有高职院校17所；中职学校数量从1980年迅速发展，到2000年达到了94所，经过两次布局调整，逐年下降，到2016年为33所。

职业院校的办学类型可以反映职业院校的办学力量。根据苏州市教育局统计数据，苏州职业院校的类型见表20。

表 20　　　　　　　　　　2016 年苏州职业院校类型及数量

类型	高职		中职		职业院校合计	
	公办	民办	公办	民办	公办	民办
院校数(所)	11	6	30	3	41	9
比例	64.71%	35.29%	91%	9%	82%	18%

资料来源：根据苏州市教育局相关数据整理。

以上数据表明：苏州职业院校中都有民办院校，民办院校占比中，高职院校高于中职学校。

（2）院校区域分布

职业院校的区域分布态势可以反映苏州职业教育的区域性差异。2016 年苏州职业院校的区域分布情况见图 6。

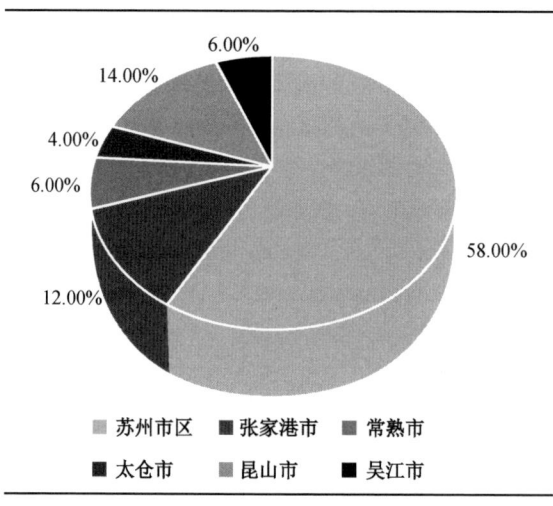

图 6　苏州职业院校区域分布

图 6 数据表明：苏州各市县区均有职业院校，市区占比最高，为 58%，其次是昆山和张家港。职业院校区域分布并不均衡。

（3）院校结构

通过对比高职院校在校生数量和本科院校在校生数量可以从一定程度上反映目前高等教育的结构。苏州高职院校与本科院校在校生规模比值见表 21。

表 21　　　　　2013—2015 年苏州高职院校与本科院校在校生规模比值

年份	2013 年	2014 年	2015 年
高职院校在校生数(人)	90 307	97 173	101 335
本科院校在校生数(人)	101 899	104 753	108 144
比值	0.89	0.93	0.94

资料来源：根据苏州统计年鉴整理。

表21数据表明,2013—2015年高职院校与本科院校在校生规模之比维持在0.89～0.94,并且总体呈现出上升趋势。

选取与苏州经济规模相当的部分城市进行高等院校数量比较(表22)。

表22　　　　　　　　　　　　部分城市高等院校数量及占比

城市	2015年城市GDP排名	高校数(所)	高职院校(所)	占比	本科院校(所)	占比
天津	5	55	25	45.5%	30	54.5%
重庆	6	65	40	61.5%	25	38.5%
苏州	7	26	17	65.4%	9	34.6%
武汉	8	83	37	44.6%	46	55.4%
成都	9	56	29	51.8%	27	48.2%
杭州	10	46	19	41.3%	27	58.7%

数据来源:根据教育部、国家统计局数据整理。

表22数据表明,苏州高等院校总体数量相对偏低,高职院校占比较高,本科院校数量明显不足。

2)与部分城市的职业院校相关指标对比分析

选取职业教育发展具有特色的南京、常州、青岛、宁波等城市的职业院校相关指标进行对比(表23)。

表23　　　　　　　　　　　　五城市的职业院校相关指标比较

| 城市 | 中等职业学校 | | | | 高等职业院校 | | | | 普职比 | 层次比 |
	校均规模(人)	每万人在校生数(人)	国家、省级示范校数(所)	民办学校数占比	校均规模(人)	每万人在校生数(人)	国家、省级示范院校数(所)	民办学校数占比		
苏州	2 514	78.30	21	9.00%	6 075	91.70	7	37.50%	0.88	0.84
南京	1 941	120.50	25	31.37%	9 360	170.88	7	33.33%	0.68	0.71
常州	3 675	156.50	13	15.00%	8 329	124.14	5	14.29%	0.75	1.26
青岛	1 477	129.00	17	18.99%	8 483	56.27	5	16.67%	1.04	2.29
宁波	2 000	130.19	18	21.05%	8 267	84.96	3	0.00%	1.11	1.53

数据来源:各市2015年年鉴和2015年市统计年鉴、2015年高等职业院校人才培养状态数据。

(1)优质学校比较(图7)。

图7数据表明,苏州优质高职院校数量排名并列第一,优质中职学校数量排名第二。

(2)校均规模:可以体现地区职业教育的发展规模(图8)。

图8数据表明,苏州中等职业学校校均规模与其他四市相比,处于平均水平。苏州高等职业学院校均规模与其他四市相比,相对较低。

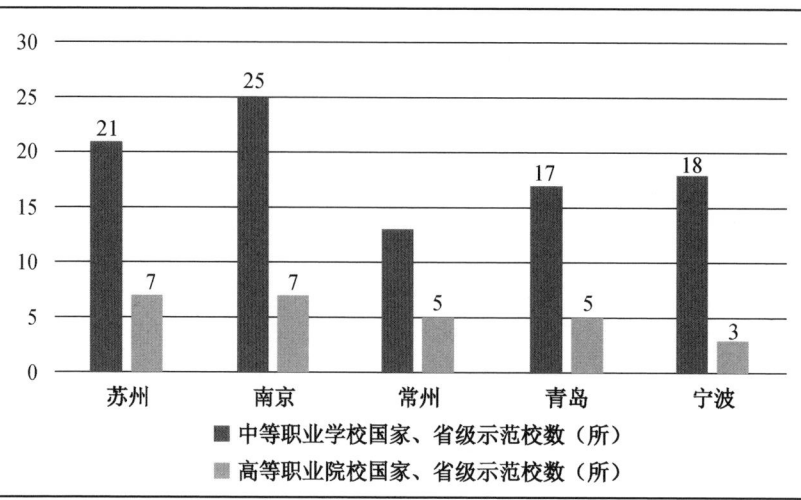

图7 优质学校数量

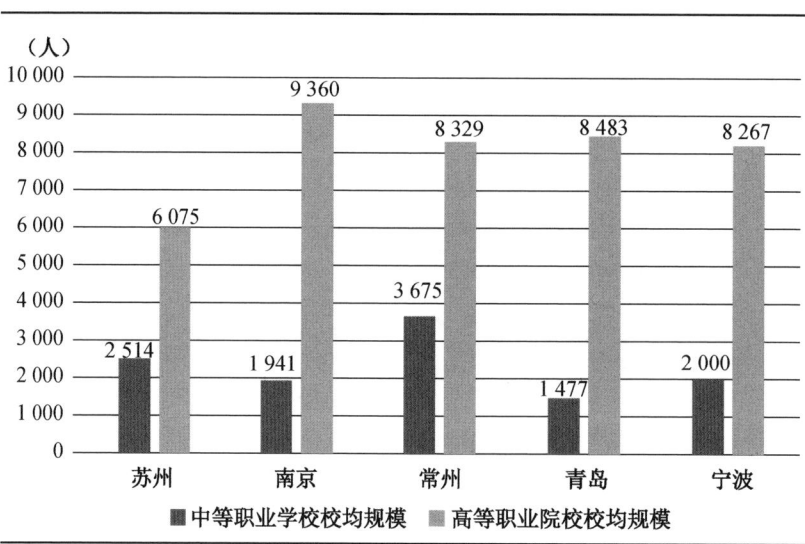

图8 校均规模分析

(3) 万人在校生数：可以体现职业教育规模发展(图9)。

图9数据表明,苏州中等职业学校的每万人在校生数与其他四市相比,相对较低。苏州高等职业学院的每万人在校生数与其他四市相比,低于平均。

(4) 普职比：通过对比一个地区普通高中招生数与中等职业学校招生数的比值,可以体现地区高中阶段教育的结构(图10)。

图10数据表明,苏州的普职比为0.88,在5所城市中处于中间位置。

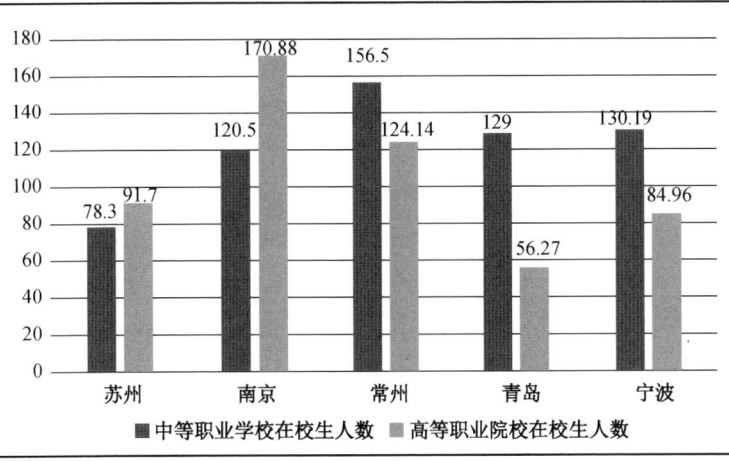

图9 每万人在校生数分析(单位:人)

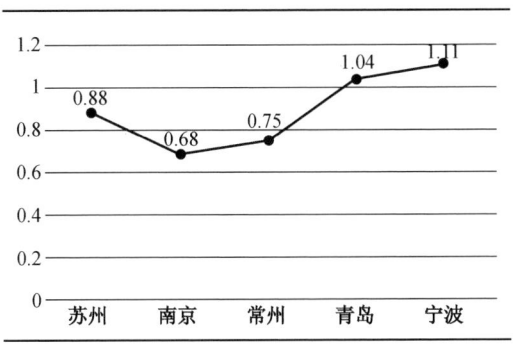

图10 普职比分析

(5) 层次比:对比一个地区中职学校在校生数量和高职院校在校生数量,可以体现地区职业教育结构,数值越低说明高职的规模较大(图11)。

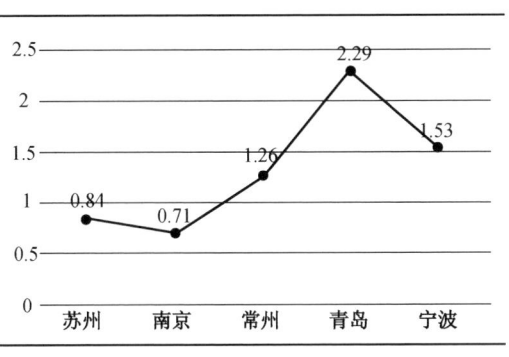

图11 层次比分析

图 11 数据表明,苏州高职规模仅次于南京,大于常州、青岛、宁波。

(6) 民办院校数占比(图 12)。

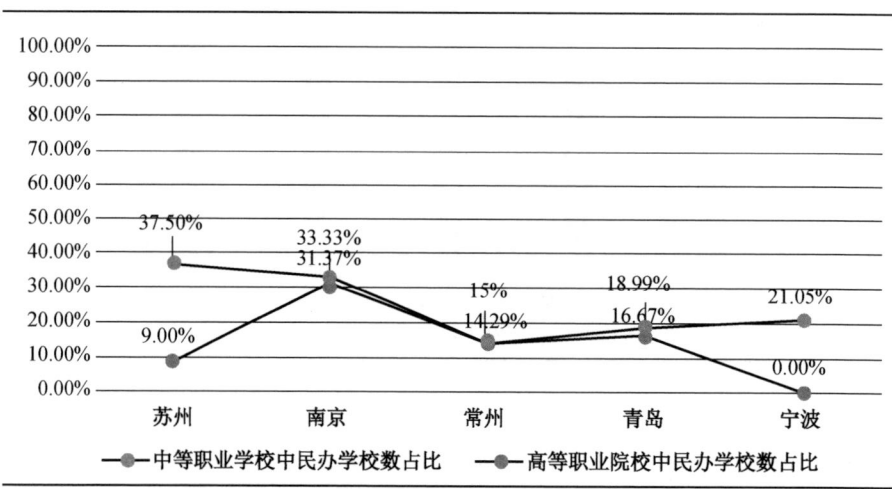

图 12　民办院校数占比分析

图 12 数据表明,苏州民办高职院校占比最高,民办中职学校占比偏低。

根据发展历程、布局现状、指标对比分析等研究,苏州职业院校布局结构呈现出四个方面的特点。

(1) 紧贴苏州区域经济,注重布局优化调整

苏州职业教育布局紧随区域经济发展,与自身三次经济转型呈现出密切关系。20 世纪 80 年代末,苏州开创了以乡镇企业为主的"苏南模式",各类初中级技术人才需求迫切,中职教育以此为契机,拉开序幕、快速发展。20 世纪 90 年代,苏州开放型经济迅速崛起,技术人才数量、质量需求明显提升,职业教育积极深化改革、调整结构,开展现代职业教育制度试验,中职教育顺势再度扩张,高职步入发展轨道。进入 21 世纪,苏州主动调整经济增长方式,传统主导行业保持优势,高新技术产业不断扩大、新型产业发展势头强劲,苏州职业教育主动应对,率先启动了两轮调整。经过调整,中职学校从 94 所优化到 33 所;高职院校蓬勃发展,从 80 年代的 2 所增为 16 所,2016 年苏州幼儿师范学校又成功升格,现有职业院校 50 所,在校生规模近 20 万人、校均规模达到 4 000 人。苏州职业教育层次结构明显优化,职业院校发展呈现加快集聚化、规模化趋势。

(2) 核心竞争优势凸显,院校实力全省领先

苏州职业教育在布局优化整合过程中,呈现出两大亮点:一是领先全国的特色院校创建。如 1984 年,创建了全国第一所县办大学沙洲职业工学院;1997 年,新加坡前总理吴作栋提议成立了中国第一所民办国家示范学院苏州工业园职业技术学院;2010 年,成立了中国服务外包第一校苏州工业园区服务外包职业学院。二是领先全省的优质学校规模。目前,苏州已拥有省级及以上示

范(骨干)高职院校9所,优质院校总量居全省前列。苏州职业教育主要发展指标和综合实力在全省乃至在全国保持领先。

(3) 中职高职协调发展,点面结合体系健全

经过两轮职业院校布局调整,苏州职业院校布局结构不断优化。从"开发区"聚集效应看,市区11所(工业园区、高新区、吴中区各3所,相城区1所)、昆山3所,张家港、太仓、吴江区各1所的分布,基本符合苏州"开发区"经济发展形势。从职教园区建设看,国际教育园作为全国首个以培养高层次应用型人才为主要目标的职业教育园区,已聚集了各类院校14所,成为以高等职业教育为主,高素质技术技能型人才的培养基地;独墅湖高教区依托"独墅湖高校联盟",建设"东方慧湖"品牌,正逐步建成高端职业教育国际化示范区,推进苏州职业教育品牌化。从区域布局看,基本形成了每个区(市)建有1~3所高职院校和1~3所主体型、规模性、示范性中职学校的格局。但是,区域内部职业院校分布还不够均衡,部分区(市)高职院校、中职学校数量及规模还有待提高。

(4) 对接地方人才需求,瓶颈制约亟待突破

苏州早于全国进入新常态,产业结构正向以现代服务业、新兴产业、先进制造业为代表的高端迈进,高层次人才"十三五"末期预计要达到24万以上[1],高技能人才总量累计达60万[2],人才层次需求明显"高移"。但是,与GDP总量相当的天津、重庆、武汉、成都、杭州等城市高等院校比较,苏州高等院校总量相对偏低,高职院校数量偏少,应用型本科院校明显不足。因此,苏州职业教育还需要结合城市新定位,围绕创新驱动战略实施和产业结构转型升级,进一步优化布局,完善中职、高职、应用型本科办学层次结构,满足经济社会发展对于各层次人才的需求。

(二)苏州职业教育专业布局现状分析

在苏高职院校和中等职业学校在结构调整优化的同时,不断调整优化专业结构,提升专业对接产业、人才服务社会的能力。全面了解苏州职业教育专业布局现状,有助于分析专业结构与产业结构之间的关系,促进区域内职业教育专业和产业的联动,促进职业院校通过创新引领和内涵发展,增强吸引力和办学活力,提高人才培养质量,更好地满足经济社会发展对技术技能人才的需要以及学生成长成才需要。

1. 苏州职业教育的专业设置

(1) 专业布点

通过查找和分析江苏省教育厅2015年高等职业院校状态数据,在苏16所高职院校[3]共有专

---

[1] 根据《苏州市"十三五"人力资源和社会保障事业发展规划(征求意见稿)》(2016.6)十三五末期,苏州人才总量达到300万人左右,高层次人才占比总量比例达8%以上测算。
[2] 《苏州市"十三五"人力资源和社会保障事业发展规划(征求意见稿)》(2016.6)。
[3] 新升格的幼儿高等师范学院2016年才开始招生,尚未列入状态数据中。

业点472个,平均每校布点数为29.5个,略高于全国高职院校平均布点数(28个),但小于江苏省高职院校平均布点数(35.5个)。其中设置专业数最多的是苏州市职业大学,达62个;专业数低于20个的高职院校有3个,分别是苏州工艺美术职业技术学院、苏州工业园区服务外包职业学院和苏州港大思培科技职业学院(现改名为苏州百年职业学院);设置专业数在20~29个、30~39个之间有6个。这表明在苏高职院校专业设置数量差距较大,但绝大多数属于中等规模(图13)。

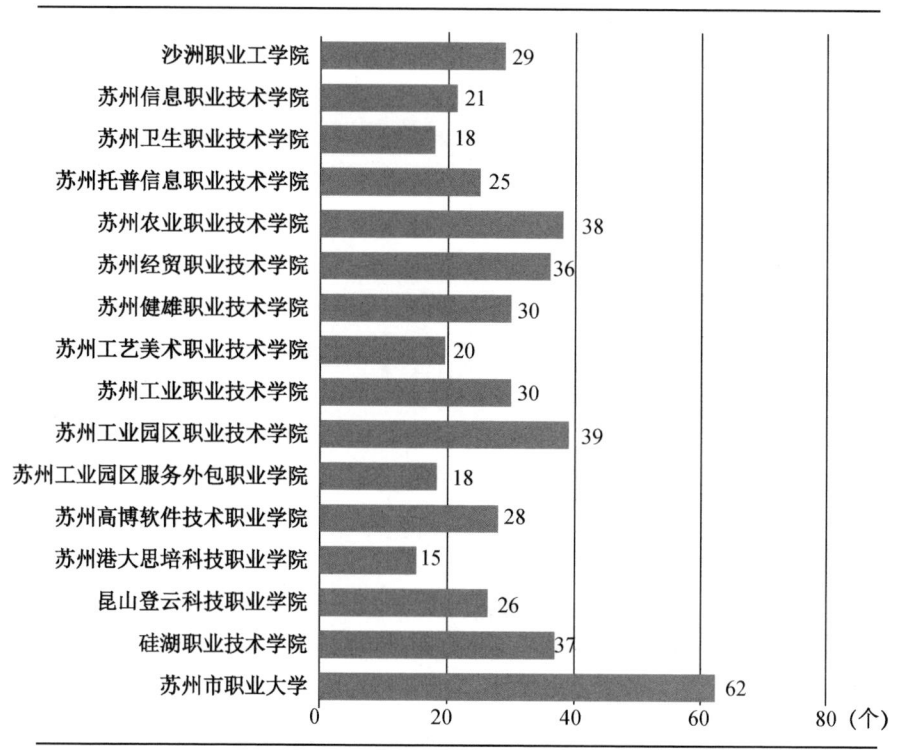

图13 在苏高职院校设置专业数(个)

苏州26所中等职业学校共设专业点335个,平均每校布点数为12.9个。其中江苏省常熟中等专业学校以27个专业排在设置专业数第一的位置,其次是设置23个专业的苏州高等职业技术学校,紧跟其后的是苏州旅游财经高职校、江苏省相城中等专业学校和江苏省吴江中等专业学校,三所学校设置的专业数相同,均为20个;专业数特别低的中职校有4个,分别是只有1个专业的苏州市评弹学校、3个专业的苏州艺术学校、各有4个专业的张家港市舞蹈学校和苏州市纺织工业职工中等专业学校;其余有6所中职校设置专业数在6~9个之间,有10所中职校设置专业数在11~18个之间。这表明苏州中等职业学校专业设置数量以10个以上居多,但学校间数量悬殊,部分学校专业性特别明显(图14)。

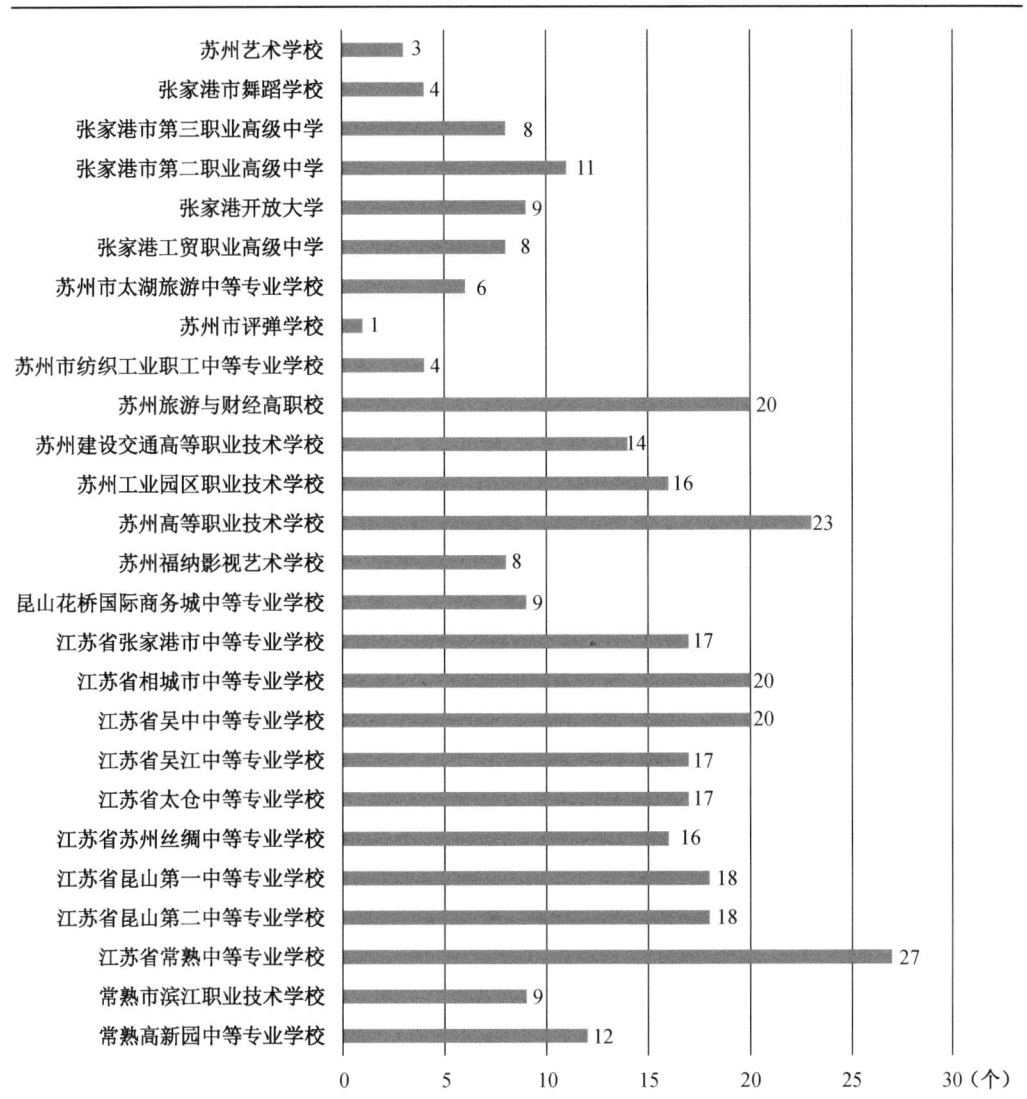

图14 苏州中等职业学校设置专业数(个)

苏州技工院校中,张家港市高级技工学校与张家港工贸职业高级中学、常熟市技工学校和常熟中等专业学校都是两块牌子一套班子,开设专业已在中职校部分进行统计;江苏电力技师学院、江苏省邮电技工学校不招收全日制学生,苏钢技工学校仅有200名学生,且尚未获得专业设置信息,不在统计之列。其余5所技工院校共开设91个专业,平均每校布点数为18.2个。专业设置数与院校主管部门及服务区域直接相关,隶属于苏州市人力资源和社会保障局苏州技师学院设置专业数最多,为27个专业;接下来依次为隶属于苏州创元投资发展(集团)有限公司的苏州市电子信息技师学院,为 21 个专业;隶属于中国机械工业联合会的机械工业苏州高级技工学校,为 19 个专业;隶属于吴中区人力资源和社会保障局苏州技师学院的苏州市吴中高级技工学校,为 17 个专业;隶属于国营五二六厂的苏州五二六技工学校设置专业数最少,只有 7 个专业(图 15)。

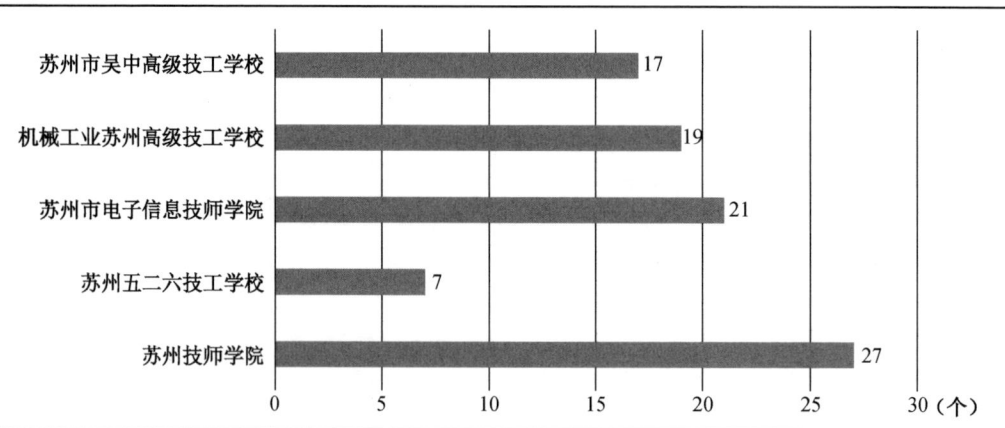

图 15　苏州技工院校设置专业数(个)

(2) 专业覆盖面

对照国家公布的专业大类目录①,各专业大类相对应的全国设置专业数、在苏高职院校开设的专业数及其在校学生数分布情况见表 24。

表 24　　　　　　　在苏高职院校设置的专业大类、专业数及其在校学生数

序号	专业大类	苏州开设专业数(个)	苏州高职院校在校学生数(名)
1	农林牧渔大类	7	1 923
2	交通运输大类	5	1 575
3	生化与药品大类	8	1 372
4	资源开发与测绘大类	0	0
5	材料与能源大类	3	337
6	土建大类	13	7 711
7	水利大类	1	38
8	制造大类	15	16 231
9	电子信息大类	29	16 880
10	环保、气象与安全大类	2	437

① 专业目录已有调整,从 2016 年起各院校以调整后的专业目录招生。为与 2015 年状态数据相匹配,此处仍采用调整前的专业目录进行分析。

续 表

序号	专业大类	苏州开设专业数(个)	苏州高职院校在校学生数(名)
11	轻纺食品大类	10	2 472
12	财经大类	26	21 894
13	医药卫生大类	14	8 110
14	旅游大类	3	3 028
15	公共事业类	5	548
16	文化教育大类	19	4 790
17	艺术设计传媒大类	29	9 489
18	公安大类	0	0
19	法律大类	2	338
总计		191	97 173

在苏高职院校在全国设置的19个专业大类中共开设17个专业大类,占比为89.47%,覆盖面较广,表明在苏高职院校服务经济社会的范围相对宽泛。在苏高职院校开设专业最多的专业大类,前三位是艺术设计传媒大类、电子信息大类和财经大类,分别占开设专业总数的15.63%、15.10%和13.54%;在校学生数前三位的分别是财经大类、电子信息大类和制造大类,分别占在校生总数的22.53%、17.37%和16.70%。其中艺术设计传媒大类虽然布点多,但在校生数排列第四,仅占在校生总数的9.77%(图16)。

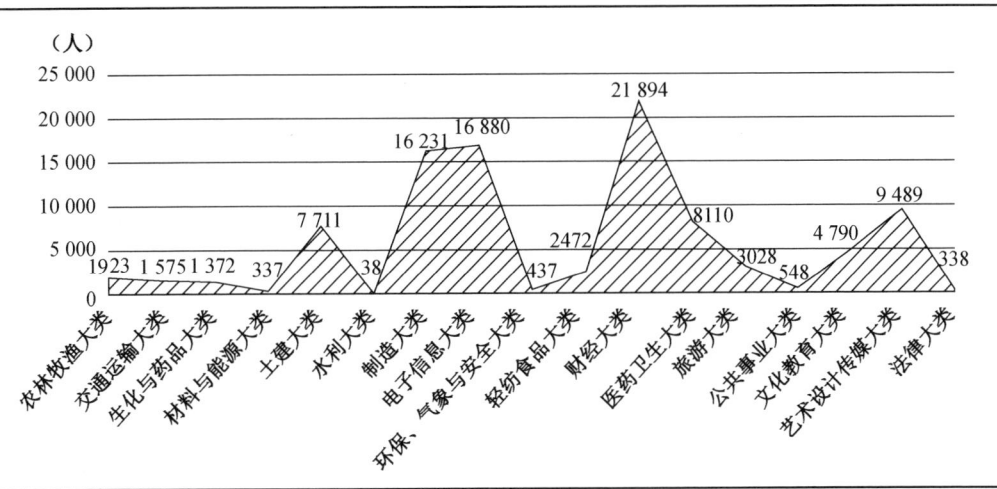

图16 苏州高职院校各专业大类在校学生数

从苏州市教育局获得的统计数据中可以看出:在中等职业学校设置的19个专业类别中,苏州中职校开设的也有17个,占比89.47%,与高职院校的专业设置占比相同(表25、图17)。

表 25　苏州中职校设置的专业大类、专业数及其在校学生数

序号	专业类别	开设专业数(个)	在校学生数(人)
1	农林牧渔类	5	942
2	资源环境类	1	61
3	能源与新能源类	1	167
4	土木水利类	10	3 554
5	加工制造类	19	18 425
6	石油化工类	5	704
7	轻纺食品类	7	1 144
8	交通运输类	5	2 949
9	信息技术类	18	12 667
10	医药卫生类	—	—
11	休闲保健类	1	81
12	财经商贸类	11	16 609
13	旅游服务类	7	5 551
14	文化艺术类	16	5 039
15	体育与健身类	1	161
16	教育类	2	1 224
17	司法服务类	—	—
18	公共管理与服务类	2	811
19	其他	1	10
总计		112	70 099

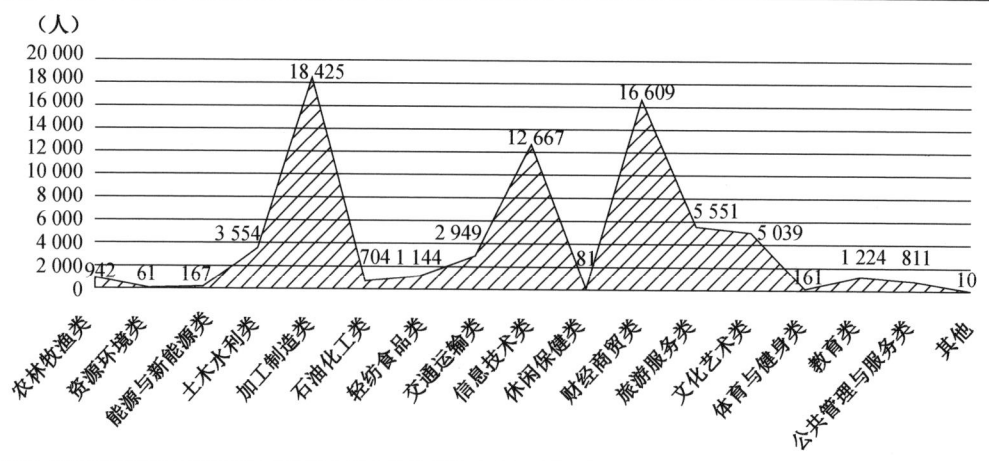

图 17　苏州中职校各专业大类在校学生数

中职校开设专业最多的专业大类,前三位是加工制造类、信息技术类和文化艺术类,分别占开设专业总数的16.96%、16.07%和14.29%;在校学生数前三位的分别是加工制造类、财经商贸和信息技术类,分别占在校生总数的26.28%、23.69%和18.07%。文化艺术类布点多,但在校生数占比仅为7.19%,情况与高职非常接近,反映了艺术类专业在本地区中高职学校受关注度比较高,并且这一大类包含的专业具有门类相对较多、规模相对较小、变化相对较快的特点。

中职学校加工制造类、财经商贸类、信息技术类就读学生数名列前茅,与高职院校不谋而合,从一个侧面反映了苏州新型城镇化建设中对新型工业化、现代服务业和信息化人才的大量需求及学校在人才培养方面对经济社会发展的有力支撑;中高职招生数最多的专业类别大同小异,相互呼应,也反映了中等职业教育与高等职业教育在专业类别方面的上下贯通。

苏州技工院校开设专业情况与苏州中等职业学校大同小异,5所技工院校开设的91个专业中,开设专业前四位的专业大类分别是加工制造类、信息技术类、交通运输类和财经商贸类,占开设专业总数的35.16%、19.78%、14.29%和12.09%。加工制造类、信息技术类占据前两位,情况与中职校非常一致,其中加工制造类专业在技工院校中的比例远远大于其在中职校的比例,而信息技术类和交通运输类、财经商贸类专业在技工院校中比例相差并不大,反映了技工院校对培养适应苏州区域经济发展的技工、技师、技能人才的重视程度(表26)。

表26　　　　　　　　　　苏州技工院校设置的专业大类及其专业数

序号	专业类别	开设专业数(个)
1	农林牧渔类	—
2	资源环境类	1
3	能源与新能源类	—
4	土木水利类	1
5	加工制造类	32
6	石油化工类	—
7	轻纺食品类	2
8	交通运输类	13
9	信息技术类	18
10	医药卫生类	1
11	休闲保健类	—
12	财经商贸类	11
13	旅游服务类	4
14	文化艺术类	7
15	体育与健身类	—
16	教育类	—
17	司法服务类	—
18	公共管理与服务类	1
19	其他	
总计		91

（3）专业规模

在苏高职院校开设的191个专业中,物流管理、计算机网络技术、会计、机电一体化、软件技术、计算机应用技术和市场营销等7个专业开设院校在10所以上,在校学生数合计25 113人,超过在校学生总数97 173人的四分之一,是开设学校和就读学生数双多的专业;电子商务、模具设计与制造等15个专业开设院校也在6个以上,总计就读人数也接近在校学生总数的四分之一。开设院校最多的前22个专业在校学生数总计47 532名,占在校学生总数的48.91%(表27)。

表27　　　　　　　　在苏高职院校开设学校最多的专业及其在校学生数

序号	专业名称	开设院校数(所)	在校学生数(人)	合计(人)	占比
1	物流管理	12	3 181		
2	计算机网络技术	12	2 468		
3	会计	11	6 317		
4	机电一体化技术	11	5 529	25 113	25.84%
5	软件技术	10	2 757		
6	计算机应用技术	10	2 560		
7	市场营销	10	2 301		
8	商务英语	9	1 681		
9	电子商务	9	1 604		
10	酒店管理	9	1 203		
11	环境艺术设计	8	2 361		
12	工程造价	6	1 304		
13	模具设计与制造	8	2 295		
14	电气自动化技术	8	1 803		
15	应用电子技术	8	1 780	22 419	23.07%
16	旅游管理	8	1 692		
17	数控技术	7	2 296		
18	电子信息工程技术	7	1 267		
19	动漫设计与制作	7	999		
20	影视动画	6	846		
21	商务日语	6	781		
22	物联网应用技术	6	507		
总计			47 532		48.91%

苏州中等职业学校开设的112个专业中,物流服务与管理、会计、计算机应用、机电技术应用、数控技术应用、电子技术应用、电子商务、机械加工技术等8个专业开设的学校也都在10所以上,这8个专业就读的学生数超过了总学生数的三分之一;此外,旅游、物流管理、机电一体化技术等

9个专业开设学校也在6个以上,就读人数也相对较多(表28)。物流、会计、计算机等专业在中高职均出现开设学校多、就读人数多的双多现象,一方面说明苏州职业教育专业设置指向明确,中高职贯通良好;另一方面也反映了一些学校盲目追求热门而出现了专业设置同质化程度过高的状况。

表28　　　　　　　　　　苏州中职校开设学校最多的专业及其在校学生数

序号	专业名称	开设学校数(所)	在校学生数(人)	合计(人)	占比
1	物流服务与管理	16	4 007	25 736	36.61%
2	会计	14	6 013		
3	计算机应用	14	4 802		
4	机电技术应用	14	3 467		
5	数控技术应用	12	2 495		
6	电子技术应用	11	1 368		
7	电子商务	10	1 988		
8	机械加工技术	10	1 596		
9	旅游服务与管理	9	2 341	13 277	18.89%
10	机电一体化技术	8	3 637		
11	汽车运用与维修	8	1 586		
12	计算机网络技术	7	1 342		
13	市场营销	7	890		
14	酒店服务与管理	7	983		
15	工艺美术	7	912		
16	模具制造技术	6	784		
17	中餐烹饪	6	802		
总计			39 013		55.50%

与此形成强烈对比的是,高职院校191个专业中有99个专业仅有1所学校开设,占开设专业总数的51.56%;中职校112个专业中有53个专业仅有1所学校开设,也占开设专业总数的47.32%。其中一部分专业特色鲜明的,如护理、药学、现代农业技术、服装表演、戏曲表演等专业,由苏州卫生职业技术学院、苏州农业职业技术学院、苏州工艺美术职业技术学院、苏州评弹学校等专门院校开设;另外一部分则是逐渐淘汰的专业,如应用韩语、经济信息管理等;或是新开设的专业,如老年服务与管理、无人机应用技术等。这反映了在苏高职院校和中职学校专业设置中既有普通专业又有特色专业、既有长线专业又有短线专业的结构特征。

在高职院校开设的191个专业和中职校开设的112个专业中,各专业在读学生数大相径庭,多则几千,少则几十。其中高职院校在校生超过千人的专业共有26个(图18),学生数总计57 639名,占比为59.32%。

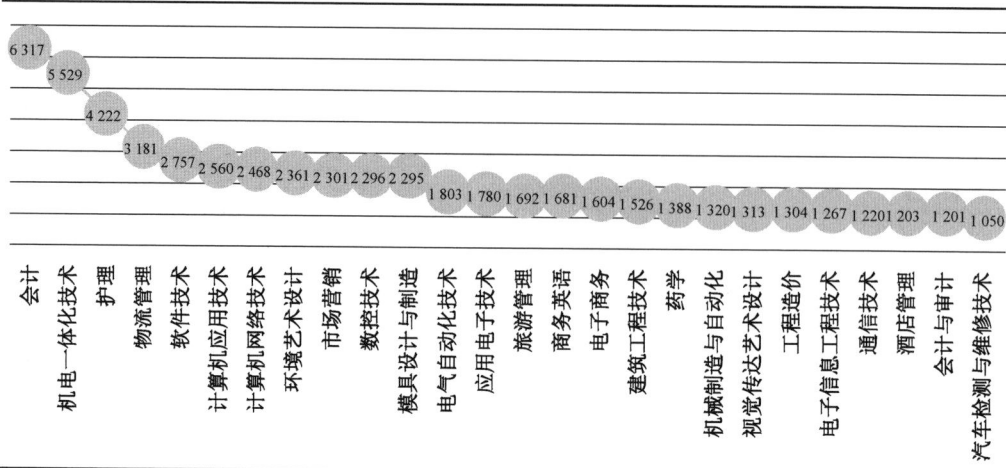

图18 苏州高职院校学生超过千人的专业(单位：人)

中职在校生超过千人的专业共有14个(图19)，学生数总计37 483名，占比为53.52%，这些招生人数名列前茅的专业势必成为苏州职业教育人才培养的重点，值得关注。

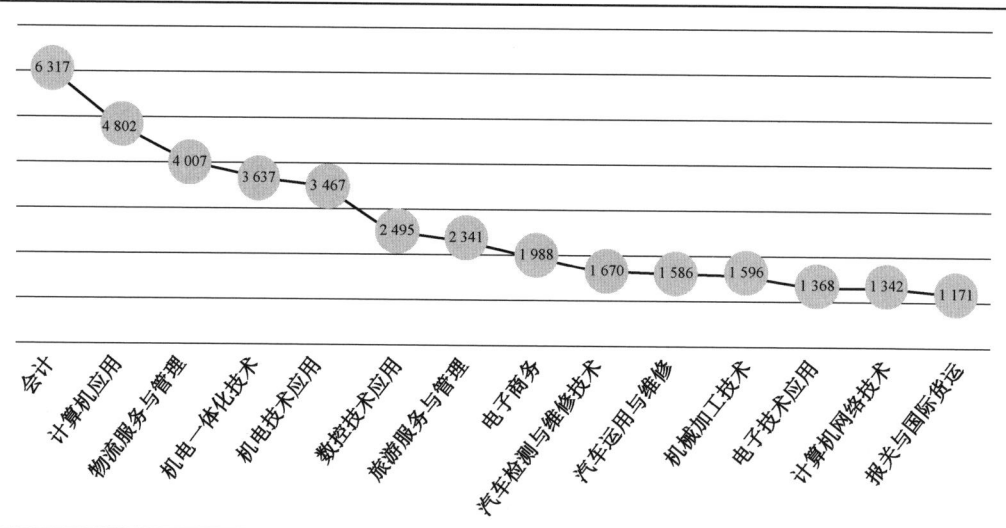

图19 苏州中职校学生超过千人的专业(单位：人)

2. 专业结构与产业结构匹配度

（1）专业与一二三产的对接度

按照状态数据表对第一、第二、第三产业所属专业的划分，在苏高职院校第一产业、第二产业、第三个产业对应的专业数和在校学生数及其占比情况见表29。

表29　　　　　　　　　在苏高职院校一二三产对应的专业数及其在校学生数

产业	专业数(个)	占比	在校学生数(人)	占比
第一产业	8	4.17%	1 961	2.02%
第二产业	75	39.06%	50 017	51.47%
第三产业	109	56.77%	45 195	46.51%
总计	192	100%	97 173	100%

在苏高职院校在专业点布局上，与第一产业、第二产业、第三产业对应的专业数分别占开设专业总数的 4.17%、39.06% 和 56.77%，在专业布局上呈现"三二一"的结构。从各产业的比例来看，近十年来，苏州经济迅猛发展，各产业的 GDP 都呈上升趋势，其中第一产业缓慢增加，第二产业持续增长，第三产业大幅提高，2015 年第三产业占地区生产总值的比重更是首次超过第二产业，形成了"三二一"发展的产业格局(图20)。由此可以看出，在苏高职院校在专业布局上与苏州产业转型升级的态势相匹配。

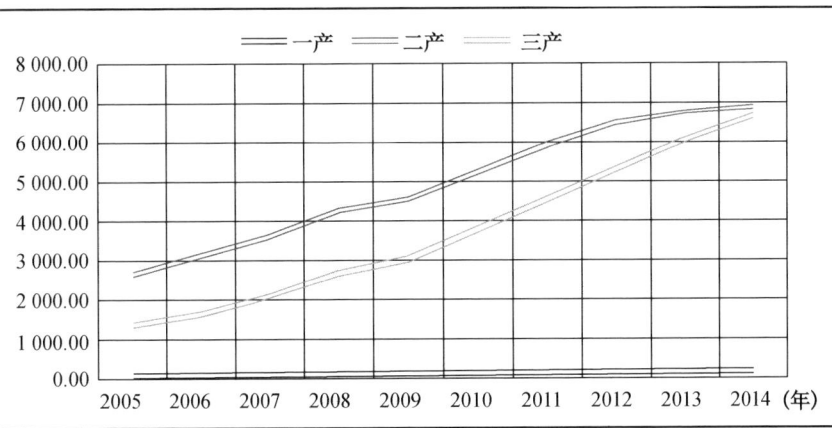

图20　苏州分产业 GDP 变化趋势

苏州市教育局 2015 年全市中等职业学校毕业生就业情况统计数据表明，2015 级中等职业学校毕业生中，有 6 619 人直接就业，6 428 人升入高一级学校。直接就业的学生中，在第一产业就业人数仅约百分之一，在第二产业就业的人数近四成，在第三产业就业的人数约六成。具体数据见表30。在第一产业、第二产业、第三产业就业人数的比例为 1.18%：38.02%：60.80%，也呈

表30　　　　　　　　苏州中职校一二三产对应的专业数 2015 年毕业就业人数

产业	2015 年中职毕业就业人数(人)	占比
第一产业	77	1.18%
第二产业	2 486	38.02%
第三产业	3 976	60.80%
总计	6 539	100%

现出"三二一"结构特征,从一个侧面反映了苏州中等职业学校在专业结构和人才培养方面与本地产业匹配良好。

(2) 专业与重点、新兴产业的对接度

作为本地主要的技术技能人才培养基地,苏州职业院校专业与重点、新兴产业的对接程度,直接影响到职业教育为地方经济发展储备和输送人才的能力。

从苏州人力资源市场的分析数据[11]来看,苏州目前人才需求量最大的行业是制造业,需求人数超过40万,占总需求量的六成,其次为居民服务和其他服务业,需求人数近10万,再次为信息传输、计算机服务和软件业,需求人数6万多(表31)。

表31　　　　　　　　　　按行业需求人数及所占比重

行业	需求人数(人)	所占比重
农、林、牧、渔业	0	0
采矿业	18	0
制造业	400 415	60.66%
电力、燃气及水的生产和供应业	9 210	1.40%
建筑业	22 499	3.41%
交通运输、仓储和邮政业	10 337	1.57%
信息传输、计算机服务和软件业	62 788	9.51%
批发和零售业	24 883	3.77%
住宿和餐饮业	24 371	3.69%
金融业	1 362	0.21%
房地产业	629	0.10%
租赁和商务服务业	6 924	1.05%
科学研究、技术服务和地质勘查业	152	0.02%
水利、环境和公共设施管理业	189	0.03%
居民服务和其他服务业	95 277	14.43%
教育	308	0.05%
卫生、社会保障和社会福利业	264	0.04%
文化、体育和娱乐业	239	0.04%
公共管理与社会组织	194	0.03%
国际组织	0	0
合计	660 059	100.00%

从苏州职业院校的专业来看,一些长线专业,如会计、物流、机电一体化、数控技术、模具设计与制造、计算机应用技术等都具有设置时间早、连续招生年限长、在校学生人数多的特点,与苏州

需要大量制造业、服务业、信息技术行业人才密切相关。

电子、电气、钢铁、通用设备、化工、纺织等六大支柱行业一直以来都是推动苏州经济发展的主要驱动力,新材料、新能源、生物医药、新一代信息技术、高端装备制造、节能环保等产业成为苏州的新先导产业。[12]在大力发展先进制造业的同时,苏州将现代服务业作为战略产业大力推进,以更好地支撑新兴产业发展,从而形成了先进制造业和现代服务业双轮驱动的发展模式。"随着苏州现代服务业的快速发展,其对人才的需求远高于先进制造业。"①

相关数据②显示,苏州 2016 年 9 个重点产业,包括先进制造业领域的新一代信息技术、高端装备制造、新材料、软件和集成电路、节能与新能源、医疗器械和生物医药,现代服务业领域的金融服务、科技服务和现代物流,计划增加员工的企业比例依次为科技服务 59%、金融服务 57%、现代物流 57%、新一代信息技术 49%、节能与新能源 48%、医疗器械和生物医药 42%、高端装备制造 39%、软件和集成电路 32%、新材料 31%(图 21)。

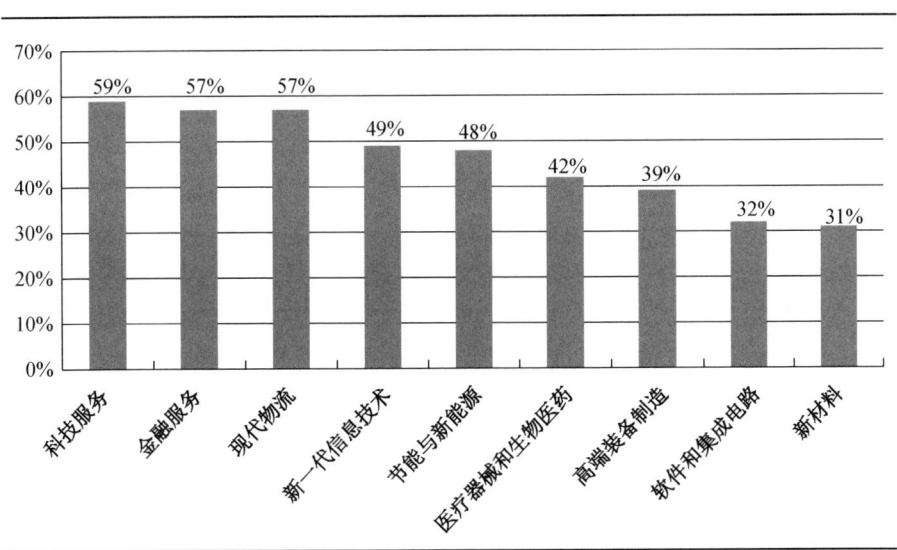

图 21　苏州 2016 年重点产业计划增加员工的企业比例

在转型升级背景下,许多长线专业依然是人才培养的重要载体,关键在于根据新产业、新业态、新技术对人才提出的新要求,及时调整人才培养方案、优化人才培养方式、加强内涵建设,从而实现专业的升级改造。与此同时,职业教育需要通过专业的适度增减来响应区域产业格局的调整、产业的细分、产业的转移等变化要求。近年来,苏州职业教育对专业结构进行不断调整和优化。以 2014 年为例,在苏高职院校新增招生的专业点为 46 个,停止招生的专业点为 20 个(表 32)。

---

① 苏州市人力资源和社会保障局《苏州市 2016 年度重点产业紧缺人才需求目录》,2016.3。
② 苏州市人力资源和社会保障局《苏州市 2016 年度重点产业紧缺人才需求目录》,2016.3。

表32　　　　　　　　　　2014年在苏高职院校新增招生和停止招生专业一览表

学校	新增招生专业	停止招生专业
苏州市职业大学	游戏软件、文化市场经营与管理、汽车检测与维修技术	国际商务
硅湖职业技术学院	数字媒体技术	
苏州港大思培科技职业学院	软件技术、网络系统管理、动漫设计与制作	
苏州高博软件技术职业学院	城市轨道交通运营管理、工程造价、无人机应用技术	
苏州工业园区职业技术学院	审计实务、广告设计与制作、市政工程技术	游戏软件、光电子技术、多媒体设计与制作、文秘
苏州工艺美术职业技术学院	雕刻艺术与工艺、应用艺术设计、雕刻艺术与家具设计、书画鉴定、数字传媒艺术、艺术设计	室内设计技术、服装工艺技术、玩具设计与制造、文物鉴定与修复、家具设计、交互媒体设计
苏州健雄职业技术学院	电子商务、国际贸易实务、酒店管理	电线电缆制造技术
苏州经贸职业技术学院	连锁经营管理、数控技术、汽车技术服务与营销、人力资源管理	针织品工艺与贸易
苏州托普信息职业技术学院	机电一体化技术、服装设计、影视广告	
苏州卫生职业技术学院	助产、口腔医学	药物制剂技术、药品经营与管理
沙洲职业工学院	工程造价、工程监理、装饰艺术设计、应用艺术设计、移动互联应用技术、机电设备维修与管理	
苏州工业职业技术学院	移动互联应用技术、汽车电子技术、旅游英语、工业机器人技术、汽车技术服务与营销、数字媒体设计与制作	生化制药技术、经济管理
苏州农业职业技术学院	法律文秘、数字媒体设计与制作、室内设计技术	作物生产技术、种子生产与经营、农业环境保护技术

将新增招生专业和停止招生专业进行归类分析,可以看出新增专业最多的为艺术设计传媒大类,其次为制造大类和电子信息大类,减少专业最明显的是生化药品大类和农林牧渔大类,这与区域人才需求变化基本吻合(表33)。

表33　　　　　　　　在苏高职院校2014年各专业大类中专业数的变化情况

专业大类	新增招生专业数(个)	停止招生专业数(个)	增减数(个)
农林牧渔大类	—	2	−2
交通运输大类	2	—	2
生化与药品大类	—	3	−3
资源开发与测绘大类	—	—	—
材料与能源大类	—	—	—
土建大类	5	1	4
水利大类	—	—	—
制造大类	8	2	6
电子信息大类	7	2	5
环保、气象与安全大类	—	1	−1

续 表

专业大类	新增招生专业数(个)	停止招生专业数(个)	增减数(个)
轻纺食品大类	1	2	-1
财经大类	4	2	2
医药卫生大类	2	—	2
旅游大类	1	—	1
公共事业类	1	—	1
文化教育大类	2	2	0
艺术设计传媒大类	12	3	9
公安大类	—	—	—
法律大类	1	—	1
总计	46	20	26

将苏州中职校的情况一并统计,2014 年,苏州职业教育新开设的专业达 100 多个,涌现出光伏技术、无人机应用技术、乡村旅游、服务外包、连锁经营管理、港口设备、城市轨道交通、机电企业质量管理等一批新专业。对相关学校进行的问卷调查显示,2013 年,有 71.88% 的学校认为,学生所学专业与就业岗位对应度较高;2013 年,62.5% 的学校认为,专业和产业结构吻合度高。[13]从中可以看出苏州职业教育专业设置与调整基本满足了产业转型升级对职业教育的需求。

但是,由于人才培养需要一定的周期,新专业的培育也需要一定的时间,目前,苏州职业院校在嵌入式技术与应用、物联网技术、轨道交通技术等先进制造业领域专业,电子商务、会展管理、金融管理与实务(资产评估)等现代服务业专业方面尚属起步阶段,开设学校和在校学生数相对较少,客观上也造成了"各高等院校及教育培训机构对新产业、新业态所需人才的培养存在明显的时差性滞后"①的窘境,但在主观上如何更加及时,甚至超前做好新专业设置及建设工作,也大有文章可做。

(3) 专业与区域特色产业的对接度

苏州职业院校在服务学生全面发展和可持续发展的同时,努力服务区域社会经济发展战略和产业发展需求。各院校结合学校办学特点努力开设与区域特色产业或经济发展重点产业相关的专业,如苏州工业园区服务外包职业学院的金融管理与实务(银行后台服务)和商务管理(电子商务运营)专业,苏州健雄职业技术学院的机电一体化技术(中德)专业,苏州农业职业技术学院的生态农业技术、观光农业专业,苏州建设交通高等职业技术学校城市轨道交通运营管理专业,昆山花桥国际商务城中等专业学校的物流服务与管理专业等。但是,职业院校在专业设置方面也存在与当地人才需求不匹配的情况,如苏州六区四市中,除园区新区外,其余四区四市都将财会人员列入需求小于求职的前三个职业之中[14](表34),但目前苏州无论是高职院校还是中职校的会计专业就读人数都排在首位。

---

① 苏州市人力资源和社会保障局《苏州市 2016 年度重点产业紧缺人才需求目录》,2016.3。

表34　　　　　　　　　　苏州2015年第四季度人才需求情况

地区	需求大于求职的前三个专业	需求小于求职的前三个专业
姑苏区	服务员	行政办公人员
	保洁	财会人员
	保安	收银员
新区	电子元器件制造装配工	行政办公人员
	机械制造加工	检验员
	工程技术员	仓管员
园区	电子元器件制造装配工	行政办公人员
	服务员	仓管员
	保安	品检员
吴中区	电子元器件制造装配工	行政办公人员
	裁剪缝纫工	收银员
	机械制造加工	财会人员
相城区	裁剪缝纫工	行政办公人员
	机械制造加工	财会人员
	服务员	储备干部
吴江区	裁剪缝纫工	驾驶员
	餐厅服务员	收银员
	纺织印染工	财会人员
太仓	机械制造加工	驾驶员
	电子元器件制造装配工	储备干部
	裁剪缝纫工	财会人员
昆山	纺织印染工	储备干部
	裁剪缝纫工	行政办公人员
	服务员	财会人员
常熟	机械制造加工	部门经理及管理人员
	检验员	财会人员
	电子元器件制造装配工	包装工
张家港	操作工	行政办公人员
	电子元器件制造装配工	财会人员
	纺织印染工	保安

在专业如何更好地对接区域特色产业方面，比如吴中的新能源发电工程、环境保护、乡村旅游与现代服务业，相城的物流、物联网，吴江的纺织、光纤光缆、智能设备，张家港的冶金、高端装备与休闲旅游，常熟的服装、化工与生物医药及高端医疗器械，太仓的高端装备制造与现代农业，高新区的城市轨道交通、科技服务业，姑苏区文化创意业，工业园区的金融服务业、高端装备制造等相

关特色产业需要的技术技能人才都非常紧缺。[15]如何面向区域经济和社会发展对人才的需求,对接苏州高端发展制造业、高起点发展现代服务业等构建现代产业体系要求,瞄准产业发展方向优化专业布局,形成适应地方产业结构调整和人才需求变化的专业结构,需要加强调研,科学规划论证,做好顶层设计,特别是政行企校多方协同设计。

(4) 专业结构与产业结构协同度[16]

根据赛尔奎因—钱纳里结构变动模式的基本思想,不同经济发展水平下的国家,其就业结构与产值应保持合理的比例,超出这一比例的程度称为就业结构偏离度,借鉴赛尔奎因—钱纳里结构变动模式,提出职业教育与区域产业协同度计算公式:

$$协同度 C_i = (GDP 产业构成比 / 职业院校专业毕业生比) - 1$$
$$GDP 产业构成比 = G_i/G,职业院校专业毕业生比 = S_i/S$$
$$总协同度 C = |C1| + |C2| + |C3|$$

其中 G_i 表示第 i 产业(第一产业、第二产业、第三产业)的产值,G 表示三大产业总产值(第一产业、第二产业、第三产业产值之和)。S_i 表示第 i 产业(第一产业、第二产业、第三产业)毕业生的数量,S 表示职业院校毕业生总的毕业生数量。如果 $C_i = 0$,则职业教育与区域产业是协同发展的;$C_i < 0$,则表示该产业职业人才供给过多;$C_i > 0$,则表示该产业人才供给不足。若 C_i 偏离系数变化趋向于 0,说明两个指标的协调性得到改善,是互相促进的。反之,C_i 偏离系数变化趋向于 0 越远,即正值越大、负值越小,说明两个指标间的协调程度越差。总协同度是第一产业、第二产业、第三产业协同度系数的绝对值之和,$C = 0$,说明职业教育与区域产业协同发展,这是一种理想状态,C 趋近于 0,说明职业教育与区域产业基本上能够协同发展,C 值越大,越说明职业教育与区域产业的结构不能相互匹配、不能满足互相的需求。

2013 年苏州实现地区生产总值 13 015.7 亿元,第一产业、第二产业、第三产业产值分别是 214.49 亿元、6 849.59 亿元、5 951.62 亿元[17],第一产业、第二产业、第三产业结构比值为 1.7∶52.6∶45.7。2014 年苏州实现地区生产总值 13 761 亿元,第一产业、第二产业、第三产业结构比值为 1.7∶51.1∶47.2[18]。2015 年苏州生产总值 14 504.1 亿元,第一产业、第二产业、第三产业结构比值为 1.5∶48.6∶49.9[19]。

2013 年苏州高职院校毕业生第一产业、第二产业、第三产业结构的毕业生数比值 1.47∶50.23∶48.3①。2014 年高职院校毕业生第一产业、第二产业、第三产业结构的毕业生数比值 2.0∶51.92∶46.08②。2015 年苏州高职院校毕业生第一产业、第二产业、第三产业结构的毕业生数比值 2.25∶50.91∶46.84③(表 35)。

---

① 根据 2013 年高等职业院校人才培养工作状态数据采集与管理平台整理而成。
② 根据 2014 年高等职业院校人才培养工作状态数据采集与管理平台整理而成。
③ 根据 2015 年高等职业院校人才培养工作状态数据采集与管理平台整理而成。

表35　2013—2015年三大产业人才与苏州高职教育协同度变化表

年份	第一产业 C_1	第二产业 C_2	第三产业 C_3	总协同度
2013	0.156	0.047	-0.054	0.257
2014	-0.15	-0.016	0.024	0.190
2015	-0.333	-0.045	0.065	0.443

数据显示，从2013年到2015年，高职教育与三产协同度偏离系数趋近于0，总协同度虽然有所波动，但都比较小。可见，高职教育毕业生专业结构与区域产业协调性较好、专业与产业发展匹配度较好，也说明了苏州高职院校能够紧扣区域经济发展"产业脉搏"，对苏州区域经济反应迅速、反应灵敏，并能积极主动适应苏州区域经济发展、及时调整专业设置。苏州高职教育已经初步形成了与苏州区域产业发展水平相适应的专业结构布局。

2013年苏州中职毕业生16549人，第一产业、第二产业、第三产业毕业生数比值为0.63∶35.51∶63.86[1]。2014年中职毕业生15078人，第一产业、第二产业、第三产业毕业生数比值0.55∶39.11∶60.34[2]。2015年中职毕业生总数13490人，第一产业、第二产业、第三产业毕业生数比值0.99∶38.32∶60.19[3]（表36）。

表36　2013—2015年三大产业人才与苏州中职教育协同度变化表

年份	第一产业 C_1	第二产业 C_2	第三产业 C_3	总协同度
2013	1.698	0.481	-0.284	2.463
2014	2.090	0.307	-0.219	2.616
2015	0.515	0.268	-0.171	0.954

表36数据显示，苏州中等职业教育第一产业、第二产业协同系数是正值，说明第一二产业的毕业生略显出供不应求、人才短缺的状态，这与苏州现代农业与制造业的升级转型急需优秀的一线人才密切相关。总体来看，从2013年的2.463到2015年的0.954，处于下降趋势，2015年协同度明显变小，说明苏州中等职业教育专业结构得到了显著优化。苏州中等职业教育紧跟产业结构调整步伐，主动适应、积极调整专业设置，加强专业对产业的支撑度；从协同度数据上看，苏州中等职业教育的专业结构能适应苏州产业结构需求，二者基本上能够协同发展，但专业结构仍然有一定的调整与优化空间。

3．中高职专业设置关联度

（1）专业设置的贯通

在苏高等职业院校设置的前五个专业大类中有4个和中等职业学校设置的前五个专业大类相同，重合率达到80%；高职和中职在招生人数前十个专业中也有5个相同，重合率50%，形成了

---

[1] 根据苏州市教育局2013年中等职业学校毕业生就业情况表整理而成。
[2] 根据苏州市教育局2014年中等职业学校毕业生就业情况表整理而成。
[3] 根据苏州市教育局2015年中等职业学校毕业生就业情况表整理而成。

专业大类和主要专业上下呼应的局面。相同专业的名称中高职有不同的表述,如中职的数控技术应用专业对应于高职的数控技术专业,中职的计算机应用专业对应于高职的计算机应用技术专业等,反映出中职偏重技能人才培养、高职偏重技术技能人才培养的差异性。

(2) 人才培养的衔接

2015级中等职业学校毕业生中,有6 619人直接就业,6 428人升入高一级学校学习。近一半中职学生获得升学机会,这得益于苏州从2012起大力开展五年一贯制、"3+2""3+3""3+4""3+开放""5+2"等现代职教体系建设试点项目的实践(表37)。

表37 苏州中职校2015年现代职教体系建设试点项目一览表

试点项目类别	参加学校数(所)	专业大类数(个)	专业数(个)	在读学生数(人)
五年一贯制	13	10	61	34 452
3+2	1	3	5	710
3+3	13	7	18	3 556
3+4	5	5	7	1 007
3+开放大学	3	2	3	254
5+2	2	4	5	376

苏州中职校积极参与的现代职教体系试点项目数量大、品种多,为中职学生接受高等教育创造了有利条件。这些试点项目中,既有中职校与本科院校联合开展的"3+4""5+2"项目,也有中职校与高职院校联合开展的"3+2""3+3"项目,还有中职校与开放大学联合开展的"3+开放大学"项目,而参加学校数及受益学生数最多的还是以中职校为主体的五年一贯制项目。

五年一贯制是融中等职业教育和高等职业教育于一体的职业教育人才培养模式,是以初中毕业生为起点、以专科学历层次高素质高技能人才为培养目标的五年制高职。江苏省自1984年在全国率先进行五年制高等职业教育试点至今,经过20多年的探索创新和艰苦努力,已形成了一定的规模,显现出一定的优势,积累了一定的经验,走出了一条具有江苏特色的五年制中高职衔接发展道路。苏州共有13个中职校开展五年一贯制教育项目,覆盖10个专业大类61个专业,目前在校学生数高达34 452名(表38),表明苏州初中起点的高等职业教育已形成了相当大的规模,中高职的衔接已具有相当高的水平和实力。

表38 苏州中职校2015年五年一贯制开设专业及其在校学生数一览表

序号	专业类别	开设专业数(个)	在校学生数(人)
1	农林牧渔类	1	470
2	资源环境类	—	—
3	能源与新能源类	—	—
4	土木水利类	6	2 766
5	加工制造类	14	9 958
6	石油化工类	1	153

续表

序号	专业类别	开设专业数(个)	在校学生数(人)
7	轻纺食品类	3	559
8	交通运输类	4	1 971
9	信息技术类	15	5 144
10	医药卫生类	—	—
11	休闲保健类	—	—
12	财经商贸类	7	8 493
13	旅游服务类	4	2 064
14	文化艺术类	5	1 685
15	体育与健身类	1	161
16	教育类	2	1 189
17	司法服务类	—	—
18	公共管理与服务类	—	—
19	其他	—	—
总计		61	34 452

与此同时,江苏省也开展了"3+2"高职本科分段培养试点项目、"4+0"普通本科与高职联合培养项目,在苏高职院校也陆续参与其中,积极争取与本科院校进行分段培养的机会。在2015年,参与"3+2"项目的在苏高职院校共计8所(表39)。

表39 在苏高职院校2015年"3+2"高职本科分段培养试点项目一览表

序号	高职院校	牵头本科院校	前段专业	后继专业	招生人数(人)
1	苏州工业园区职业技术学院	常熟理工学院	机电一体化	自动化	50
			软件技术	软件工程	50
		苏州科技学院	机械设计与制造	机械设计制造及其自动化	50
2	苏州工业职业技术学院	常熟理工学院	机电一体化	机械电子工程	50
3	苏州健雄职业技术学院	常熟理工学院	机电一体化	机械电子工程	50
4	苏州经贸职业技术学院	南京财经大学	电子商务	电子商务	50
			物流管理	物流管理	50
		南京审计学院	会计	会计学	50
5	苏州卫生职业技术学院	南京医科大学	护理	护理学	50
			康复治疗技术	康复治疗学	50
		徐州医学院	药学	药学	50
6	苏州工艺美术职业技术学院	南京艺术学院	产品造型设计	产品设计	20
			时装设计	服装与服饰设计	20

续 表

序号	高职院校	牵头本科院校	前段专业	后继专业	招生人数(人)
7	苏州农业职业技术学院	苏州科技学院	生物技术及应用	生物技术	50
		苏州科技学院	社区管理与服务	社会工作	45
		扬州大学	园艺技术	园艺	50
8	苏州市职业大学	苏州科技学院	电气自动化技术	电气工程及其自动化	50
			文秘	汉语言文学	50

"3+2"高职本科分段培养涉及的专业只有16个,每年招生总数不足千人,"4+0"普通本科与高职联合培养项目参与学校和招生学生数更少。项目的开展取决于相关本科院校和高职院校的积极性,本专科院校能否联合办学多为偶然、自发的行为,在政策层面上虽有激励机制但缺乏约束力,公众知情度和社会认可度差强人意,在招生录取方面"叫好不叫座"。因此,与五年一贯制高职的成熟模式相比较,"3+2""4+0"本科职业教育尚处于起步和探索阶段,但已经为部分高职学生接受全日制普通本科教育创造了升学条件,也为专业技术人才从中等职业教育到专科层次职业教育再到本科层次职业教育的接续培养搭建了通道。

(3) 重点专业的布局

"十二五"期间,江苏省在高职院校开展了重点专业群建设,江苏省高职院校共确定了202个重点专业群,在苏高职院校共有36个[1](表40)。

表40　在苏高职院校"十二五"省重点专业一览表

序号	学校	专业群名称	专业名称
1	苏州市职业大学	机械制造与自动化	机械制造与自动化、机电一体化技术、数控技术、模具设计与制造
2		电子技术	应用电子技术、微电子技术、电子信息工程技术
3		会计	会计、财务管理、会计与审计
4	苏州工艺美术职业技术学院	环境艺术设计	环境艺术设计、景观设计、雕塑艺术设计
5		装饰艺术设计	装饰艺术设计、陶瓷艺术设计、文物鉴定与修复
6		服装设计	服装设计、服装工艺技术、服装表演
7		视觉传播媒体设计	视觉传达艺术设计、摄影摄像技术、影视动画
8	沙洲职业工学院	机械制造与自动化	机械制造与自动化、数控技术、模具设计与制造
9		现代纺织技术	现代纺织技术、纺织品检验与贸易、纺织品装饰艺术设计
10		国际经济与贸易	国际经济与贸易、物流管理、会计、市场营销
11	硅湖职业技术学院	工商管理	会计、旅游管理、物流管理、工商企业管理、国际商务
12	苏州经贸职业技术学院	机电一体化	机电一体化技术、制冷与冷藏技术、应用电子技术、电子信息工程技术
13		现代商务	营销与策划、电子商务、国际贸易实务、商务英语、市场营销
14		现代物流	物流管理、会计、金融管理与实务、工商企业管理、计算机应用技术

[1] 江苏省教育厅《省教育厅关于公布"十二五"高等学校重点专业名单的通知》(苏教高〔2012〕23号)。

续表

序号	学校	专业群名称	专业名称
15	苏州工业职业技术学院	数控装备应用技术	数控技术、模具设计与制造、数控设备应用与维护
16		机电一体化技术	机电一体化技术、电气自动化技术、自动化生产设备应用
17		电子信息技术	应用电子技术、通信技术、电子信息工程技术、电子测量技术与仪器
18	苏州卫生职业技术学院	护理	护理、助产、康复治疗技术
19		药学	药学、中药、药物制剂技术、药品经营与管理
20		医学检验	医学检验技术、卫生检验与检疫技术、医学营养
21	苏州农业职业技术学院	园艺技术	园艺技术、观光农业
22		园林技术	园林技术、园林工程技术、景观设计、环境艺术设计
23		现代农业	生态农业技术、农业环境保护技术、作物生产技术、种子生产与经营、现代农业
24		食品生产与质量控制	食品营养与检测、食品加工技术、食品药品监督管理
25	苏州工业园区职业技术学院	微电子技术	微电子技术、应用电子技术、电子产品质量检测、光电子技术、电子组装技术与设备
26		精密机械设计与制造	数控技术、机电一体化技术、模具设计与制造、计算机辅助设计与制造
27		融合通信	移动通信技术、通信网络与设备、计算机网络技术、物联网应用技术、软件技术
28		供应链管理	报关与国际货运、物流管理、会计、营销与策划
29	健雄职业技术学院	信息技术服务外包	软件技术、计算机应用技术、计算机网络技术、信息安全技术
30		机电一体化技术	机电一体化技术、电气自动化技术、数控技术、模具设计与制造
31	苏州港大思培科技职业学院	现代金融服务	国际金融、物流管理、会计
32	昆山登云科技职业学院	机电产品设计与制造	模具设计与制造、数控技术、机电一体化技术、机电设备维修与管理
33	苏州高博软件技术职业学院	软件技术	软件技术、计算机应用技术、计算机信息管理
34	苏州信息职业技术学院	信息通信技术	通信技术、计算机网络技术、广播电视网络技术
35	苏州工业园区服务外包职业学院	移动互联网与服务外包	计算机网络技术、嵌入式技术与应用、移动通信运营与服务、软件测试技术
36		商务与金融服务外包	商务管理、金融管理与实务、会计与审计、物业管理

  以优势核心专业建设为龙头,带动相关专业建设,推进专业集群优质均衡协调发展,是高职教育主动适应产业链发展需要;优化专业结构,加强专业内涵建设,创新人才培养模式,大力提升人才培养水平的重要举措。2015 年,在苏 16 所高职院校中有 15 所高职院校获得了共计 36 个省重点专业群建设项目,并覆盖了 132 个相关专业。36 个重点专业群主要分布在机电、电子、信息技术、艺术、现代物流、现代金融服务、服务外包、新型农业等领域,显示苏州高等职业教育专业布局的重点是面向地方战略性新兴产业、智能制造和生产性服务业,大力发展智能制造核心技术类专业、新一代信息技术专业和现代服务专业,但同时也反映出了校际间在专业设置上有较明显的同

质化现象。

"十二五"期间,江苏省在中等职业学校开展了品牌专业和特色专业认定工作,从 2011 年到 2015 年,每年认定一批中等职业教育品牌专业、中等职业教育特色专业、五年制高等职业教育品牌专业、五年制高等职业教育特色专业。五年间,苏州共有 21 所中职校的 66 个专业被认定为品牌、特色专业,包括 30 个中等职业教育品牌专业、8 个中等职业教育特色专业、21 个五年制高等职业教育品牌专业、7 个五年制高等职业教育特色专业(表 41)。

表 41　　　　　　　　　苏州中职校"十二五"省品牌、特色专业一览表

学校	中职品牌专业	特色专业	五年制品牌专业	五年制特色专业
昆山第二中等专业学校	电子技术应用	计算机动漫与游戏制作		报关与国际货运
太仓中等专业学校	模具制造技术 数控技术应用 计算机应用	工艺美术		
苏州工业园区工业技术学校	机电技术应用 电子技术应用 计算机应用 旅游服务与管理物流服务与管理			
苏州丝绸中等专业学校	计算机应用 会计	纺织技术及营销		
常熟市滨江职业技术学校	机械加工技术	化学工艺		
苏州旅游与财经高等职业技术学校			旅游管理 会计与审计 物流管理 园林技术	艺术设计
苏州建设交通高等职业技术学校			汽车检测与维修技术 建筑工程技术 工程造价	室内设计技术 汽车技术服务与营销
苏州评弹学校				戏曲表演
吴江中等专业学校	电子技术应用 机电技术应用 计算机网络技术 旅游服务与管理		机电一体化技术	
张家港第二职业高级中学	中餐烹饪			
吴中中等专业学校		太阳能与沼气技术利用	会计 物流管理	
昆山第一中等专业学校	会计		机电一体化技术	商务日语
张家港职业教育中心校	会计		机械制造与自动化	
常熟中等专业学校	酒店服务与管理		电子信息工程技术 数控技术 机电一体化技术 计算机应用技术 汽车检测与维修技术	

续表

学校	中职品牌专业	特色专业	五年制品牌专业	五年制特色专业
苏州高等职业技术学校			电子商务 服装设计 数控技术 计算机网络技术	电脑艺术设计
昆山花桥国际商务城中等专业学校	物流服务与管理 旅游服务与管理	金融事务		
苏州市相城中等专业学校	数控技术应用 会计 计算机应用 机电技术应用			
常熟高新园中等专业学校	服装设计与工艺 机械加工技术 旅游服务与管理	工艺美术		
江苏省张家港中等专业学校	软件与信息服务			
张家港市舞蹈学校		舞蹈表演		

以省品牌专业、特色专业为抓手，推动职业学校专业规范化、特色化、品牌化建设，是中职校提高教育教学质量、加快发展现代职业教育的重要举措。66个专业中有相当大的重复度，其中电子技术应用、数控技术、机电一体化、计算机应用、旅游管理、物流管理等专业重点建设力度比较明显，并且与高职院校的重点专业有较好的衔接性。在特色方面，虽然吴中中等专业学校的太阳能与沼气技术利用专业、苏州丝绸中等专业学校的纺织技术及营销专业有较明显的特色，但总体而言，校际间同质化程度较高，尚没有形成错位发展局面。

同时，苏州技工院校的省级以上示范和重点专业也起到了很好的示范效应，所涉及的专业，如苏州技师学院的机电一体化、计算机网络技术、旅游管理、模具制造等专业，苏州市电子信息技师学院的计算机网络应用、计算机应用与维修专业，张家港工贸职业高级中学（张家港市高级技工学校）的会计专业，与苏州中职校品牌、特色专业相同，另一些专业，如苏州技师学院的苏州传统工艺技术、张家港工贸职业高级中学（张家港市高级技工学校）机床切削加工、机械加工技术、电气运行与控制等专业，具有较鲜明的技工院校专业特色。

综上所述，苏州职业教育已基本形成了长短结合、中高衔接、重点突出、特色发展的专业布局。

(1) 专业布点多，覆盖面广，呈现出既有普通专业又有特色专业、既有长线专业又有短线专业的结构特征。

苏州职业教育专业布点数总计约900个，各职业院校开设专业数量差异较大，但总体以中等规模居多，有较大的调整和优化的空间。专业覆盖面广，高职院校和中职校开设的专业均覆盖17个专业大类，分别占总计19个专业大类的90%。其中以加工制造类、财经商贸和信息技术类的专业数和在校学生数居多，从一个侧面反映了苏州新型城镇化建设中对新型工业化、现代服务业和信息化人才的大量需求及学校在人才培养方面对经济社会发展的有力支撑。专业设置中,物流、会计、计算机等长线专业在中高职均出现开设学校多、就读人数多的双多现象;应用韩语、旅游日语等专业逐渐淘汰,老年服务与管理、无人机应用技术等新专业不断涌现;护理、药学、现代农业技术、戏曲表演等由专门院校开设的专业特色明显。

(2) 专业与区域重点、特色、新兴产业对接程度较好,已初步形成与区域产业发展水平相适应的专业布局。

苏州职业教育与第一产业、第二产业、第三产业对应的专业数和学生数呈现"三二一"的结构,专业布局与苏州产业转型升级的态势相匹配。一些与重点产业相对应的长线专业,具有设置时间早、连续招生年限长、在校学生人数多的特点,与苏州地区经济社会发展过程中大量的人才需求密切相关。同时,通过专业的适度增减不断调整和优化专业设置,以响应区域产业格局的调整、产业的细分、产业的转移等变化要求;通过增设与地域特色产业或经济发展重点产业相关的专业,为地域社会经济发展和产业发展服务。根据赛尔奎因—钱纳里结构变动模式,苏州高职教育毕业生专业结构与区域产业协调性、专业与产业发展匹配度均较好,苏州中职教育专业结构基本适应苏州产业结构需求,苏州职业教育专业与产业的协同程度总体较好。

(3) 现代职教体系试点项目较多,重点专业建设效果明显,为职业教育的中高职衔接搭建了通道。

苏州职业教育专业设置的贯通性好,已形成了专业大类和主要专业上下呼应的局面。初中起点的高等职业教育已形成相当大的规模,现代职教体系试点项目数量大、品种多,特别是五年一贯制教育项目覆盖专业广,在校学生数多,为中职学生接受高等教育创造了条件。高职本科分段培养、普通本科与高职联合培养尚处于起步和探索阶段,但已经为部分高职学生接受全日制普通本科教育创造了升学条件,也为专业技术人才从中等职业教育到专科层次职业教育再到本科层次职业教育的接续培养搭建了通道。在重点专业建设方面,高职院校主动适应产业链发展需要,推进专业集群优质均衡协调发展;中职校以省品牌专业、特色专业为抓手,推动专业规范化、特色化、品牌化建设;技工院校发挥省级以上示范和重点专业示范效应,打造鲜明的专业特色。

(4) 同质化现象比较明显,专业产业联动尚需加强,上升通道有待拓展,专业布局需要进一步调整和优化。

苏州高职院校、中职校、技工院校的重点专业中,有许多专业出现开设学校多、就读人数多的双多现象,大约一半学生集中在约二十个专业就读,这样的专业设置虽然印证了区域产业发展的重点,也为中高职衔接创设了条件,但同时也反映了有些学校和学生盲目追求热门专业的倾向,导致了专业同质化程度相对较高,"一校一品"的专业特色不够鲜明。此外,专业主动对接产业的同时,由于区域产业飞速发展带来的旧专业改造、新专业建设都需要人财物等多方面条件的保障,结构性矛盾仍然比较突出。中高职衔接已取得骄人成绩,但主要体现在中职校自己办的初中起点的五年制高职,属于"体内循环",中职与高职、中职与本科、高职与本科间的"体外循环"式衔接培养,尚处于起步阶段。

因此,苏州职业教育还需要进一步优化专业结构,形成既有品牌优势又有区域特色的多元发展的专业布局,建立健全专业与产业、专业群与产业链联动机制,打通中职→高职→本科接续培养渠道,以满足经济社会发展对多样化、多类型和紧缺型人才的需求,全面提高职业教育人才培养质量和社会服务能力。

四、国内外职业教育规划布局的比较与借鉴

(一)国外职业教育规划布局经验借鉴

职业教育起源于西方,它的发展一直与产业革命的进程密切相关。2008年世界金融危机爆发后,为了适应现代制造业兴起[20]对人才需求结构的重大变化,职业教育进入了大升级时期。发达国家职业教育的变革普遍聚焦于助力先进制造业和现代服务业的发展,并强调战略规划的引领作用,对我国目前的职业教育供给侧改革有很大的启示。

1. 国外职业教育规划布局简要分析

考察德国、英国、美国、新加坡等职业教育发达国家,在职业教育院校布局方面有两点值得我们关注:①很多发达国家的义务教育年限在10~12年,义务教育年龄上限为18周岁,我们所说的中职教育,是这些国家公民必须接受的义务教育选项之一。②职业教育的最初发展形式是中职教育,随着产业发展对人才技能需求的不断提高,才出现了高职教育,并从专科层次,逐步向本科、研究生阶段延伸。高职院校也应运而生,如德国的曼海姆双元制大学、新加坡的南洋理工大学等,它们的建立与产业发展进程密切相关。高职院校办学主体从最初的政府,到后来的民间资本,形成了公立、私立并存的办学格局。

在办学体系、模式及专业设置方面,可以借鉴以下几个国家:①德国。"实体经济+职业教育"是德国核心竞争力的要素。[21]德国早在1969年就颁布了《联邦职业教育法》,对"双元制"职业教育的法律地位予以确认,奠定了德国职业教育取得成功的基础。目前,"双元制"已从中职延伸到了高职院校。与当前德国社会和经济发展进程中人口结构、产业结构、就业结构的变化相适应,德国职业教育首先是根据市场设置专业,其次是校企合作设置专业,再次是结合高新技术的发展与应用设置社会急需专业。根据区域产业的需求,对不同专业进行适时调整,使专业设置与学生的就业配合无间。②英国。近年来,英国为修补技术创新力上的短板,把现代学徒制作为技能教育发展规划的核心进行大力建设和推广,在此基础上,英国职业教育形成了以国家职业资格证书制度、核心能力培养和多元评价方法为核心的培训机制。国家职业资格证书设置专业的内涵与社会职业岗位需求相适应,并根据社会发展调整专业设置。英国的职业技术院校主要开设国家职业资格证书课程,其专业按照规定的专业目录设置。此外,也可以根据地方经济发展实际需求和国家职业资格标准,在调查和征询企业意见建议的基础上,自主决定专业设置。③新加坡。新加坡的职业教育同时吸收了东西方文化的精华,职业教育和训练随着产业的变化进行相应的调整,其专业设置、课程设计等都与市场需求、产业、行业紧密结合,始终将产业利益放在自身发展的核心位

置。"教学工厂"是南洋理工学院享誉职教领域的特色模式和品牌,以学校为本位,为实现教学目标而将企业项目、实际的企业环境引入教学环境中,为学生提供一个更完善和有效的学习环境和过程,使毕业生能尽快适应实际工作岗位,实现现代企业需求与学校教学的无缝对接。[22] ④美国。美国职业教育在21世纪初向"生涯与技术教育"转向,在实践层面以生涯集群分类代替传统的基于职业的专业分类,学校以生涯发展路径来设置专业(群)。目前,16个生涯集群中延伸出81条职业生涯发展路径,每条路径都有各自的知识和技能的内涵和标准。[23]通过强大的学分互认以及转换系统,将散落在普职融合的"单轨制"教育体系各个层级中的职业教育课程联系在一起,形成完整的项目,最终使学生获得相应的职业教育认证或证书。美国职业教育的短期目标是使学生获得企业承认的资格证书或者学位证书,长远目标是帮助学生取得职业生涯的成功。

综上所述,国外职业教育规划布局的经验与趋势为:①职业教育层次普遍上移,从中、高职院校布局来看,继续强化中职,大力发展高职教育;②专业设置数量精简,区域特色更为明显,与产业发展结合更为紧密,专业建设结合现代学徒制发展的需要,并顺应不断涌现的新专业和变化的专业内涵;③更紧密的校企合作、工学结合;④更着眼于培养学生的终身学习与发展的能力;⑤从国家层面制定法规确立职业教育的地位,并使国家职业资格体系与职业教育相融合,使职业资格证书与学生就业相关联;⑥通过建立相关制度加强对职业教育发展实施情况进行数据收集整理,及时进行监测评估,加强对技能人才需求的预测,为决策者提供政策咨询,已成为很多国家的战略选择。

2. 国外职教经验的苏州本土化实践

从目前情况来看,国外职教经验在苏州职业院校中具有典型意义的本土化实践,与学校所在区域的产业、企业特点有关,比如,苏州健雄职业技术学院所实践的德国"双元制"模式,与学校所在太仓市有大量德企不无关系,开设专业与当地产业相关度很高,学校成为中德合作企业人才培养基地。

2014年江苏省首个中英现代学徒制试点项目在常熟职业教育中心校启动,这是英国现代学徒制模式在苏州本土化的开端。近年来,汽车及零部件是常熟重点打造的产业之一,常熟中专校就汽车产业相关专业与奇瑞捷豹路虎汽车有限公司开展合作,从高职二年级学生中择优招聘学徒制培养的对象,在接受六学期的定制培养后,既取得五年制高职毕业证书,又获得英国认证的学徒证书(即双证模式),毕业后定向分配到奇瑞捷豹路虎汽车有限公司就业。[24]

位于中新合作苏州工业园区的苏州工业园区职业技术学院因新加坡总理的提议而创办,主要借鉴新加坡等国家的先进职教经验,依托教学做一体化的"教学工厂",为外资企业培养了大批高素质技术人才。其开设重点专业与园区主导产业、新兴产业相匹配。

综合来看,尽管苏州的职业院校对国外的职教体系、模式等都有所借鉴和实践尝试,但毕竟社会环境、经济环境和职业教育发展的历史、背景不同,这些体系、模式在本国体现出来的优势在苏州未必能够全部实现。在本土化实践过程中,以下因素需要引起重视。

(1)英国的职业教育氛围——重学术、轻技术——跟中国很相似,可以借鉴其通过顶层立法——苏州可以通过地方立法等措施来提高市民对职业教育的重视。以往我们更多在中职层面实践"学徒制",但近年英国学徒制的发展在于本、硕层次学徒制,这是高等学徒制的最高等级[25]。这一制度的推进实施,极大地扭转了人们对职业教育的认识,提高了职业教育的社会地位和层次,我们在构建苏州的现代职业教育体系时,要注意打开职业教育学历、资格证书的上行通道和空间,改变市民对职业教育的认识。

（2）德国的"双元制"是以企业为主体的职业教育制度,企业与职业教育之间紧密的联系由国家法律约束,其教育经费由企业与国家各自分担,是一个企业、国家、职业学校三方紧密合作培养技能人才的职业教育模式。目前"双元制"的本土实践尚缺乏坚实的法律基础和国家财政的支持,是以学校为主体的,在教学层面与企业的合作,企业与学校未能形成共生关系。

（3）新加坡的职业教育具有高效、应变能力强的特点,与政府对经济发展走向的调控,并以此为基础确定职业教育政策使之符合经济发展的需要有关。由此,我们可以看到,地方政府对产业发展的规划可以影响到职业教育发展的规划布局,而职业教育的发展又可以影响产业的规划发展。

（4）美国普职融合的单轨制职业教育体系,很难学习,这不是单单职业教育体系能够完成的,牵涉到整个教育体系,但它各个层次都强调的职业教育与学术能力的整合,值得借鉴,我们在进行专业设置规划和专业建设的时候,要注意职业能力与学术能力不可偏废,以使学生具备终身学习的能力,以适应未来职业生涯的不断变化。

（二）国内职业教育规划布局经验借鉴

《全国职业教育工作专项督导报告》显示 2014 年全国高等职业院校招生 337.98 万人,占普通本专科院校招生总数的 46.9%,中等职业学校招生 628.85 万人,占高中阶段招生数的 44.12%。可见,职业教育已在我国教育体系中占据了举足轻重的地位。各地政府非常重视职业教育规划布局的优化和调整,对优化院校布局结构和专业设置给予了极大的支持和鼓励,围绕职业教育规划布局,积极探索,努力实践,取得了良好的成效。

1. 国内职业教育规划布局的调整思路与实践

（1）空间布局的格局调整。职业教育的空间布局与区域产业、人口密度、人才需求层次有着密切关系,目前,各地在职业院校空间布局上比较集中的做法有三种:一是以各区域产业结构为依据,重新规划职业院校的布局,优化职业教育的结构。这方面,青岛市堪称大手笔。青岛针对本市三个城区的产业结构、产业特色和人口规模,对三个城区进行了"标签性"明显的职业教育规划[26],完全改变了青岛的职业教育版图,给青岛职业教育发展带来了新的契机。二是以"教育园"形式集中办学,探索职业教育集约化发展模式。2003 年苏州秉持"开放、共享、创新、服务"的理念,建成了 6.7 平方公里,入驻职业院校 13 所,在校师生近 10 万人的苏州国际教育园①,在资源共

---

① 苏州市教育局《改革创新求突破率先发展上台阶——苏州市职业教育发展情况》,2015.07。

享、课程共建中进行高职人才培养体系等方面的积极探索,成为苏州职业教育的排头兵。三是将职业院校直接布局到人才需求集中的地方、拓展到新领域。宁波市委市政府以"创办一个学院,支撑一个产业"为目标[27],大力支持职业院校布局延伸到产学研基地、经济技术开发区,直接与产业无缝对接,同时,鼓励职业院校去海外布局,为支持"一带一路"倡议输出国内职业教育的优质资源。温州职业教育主动适应经济社会发展新形势和职业教育发展新常态,全力打造职业教育的"航空母舰",在浙南沿海先进装备产业集聚区和瓯江口产业集聚区,建立了占地901.8亩、总投资21.9亿的"滨海职教中心",直接为地方经济发展输送对口人才,全面提升中职教育发展空间和规模。

(2) 地方产业决定专业设置。职业教育必须适应地方产业发展需求,顺应地方人才需求变化,才能更好地为地方经济发展服务。制造业大市东莞的职业院校,顺应产业的变化,提出"缩文增工"的专业调整目标,果断调整不适应产业发展的专业,以适应产业转型升级服务需求。针对全市支柱产业和新兴产业,及时新增专业来配合地方产业的发展需要。宁波市则提出"市场需要什么人才,学校就培养什么人才"[28]的口号,成为宁波各职业院校的办学理念,针对市场需要的人才,开设专业,加强产业与专业的紧密对接。苏州职业院校在经济发展的过程中,针对不断涌现的新型产业和逐渐萎缩的低能产业,及时调整,增设产业需要的专业,改造强化传统专业,兼并、淘汰落后旧专业①,加大专业对接产业的力度,以提升服务地方经济发展的能力。

(3) 职教集团强化专业建设。我国目前共建成1 400多个职教集团,参与的职业院校8 330所(本科院校180多所),吸引了近3万家企业参加[29],覆盖了全国70%以上的职业院校。随着学校与行业职教集团的深度融合,职教集团在营造"人人皆可成才、人人尽展其才"良好环境中的地位和作用也愈加凸显,职业教育集团化的意识越来越强。天津市根据"优质专业群对接优势产业群"的思路,组建了体系完整的19个中、高职教学相衔接、学历教育与职工培训相结合的"集约化、规模化"行业职教集团,每个职教集团的在校生规模都达到万人以上[30]。青岛市则是全面开花,全市共组建了15个职教集团,联系着50所职业院校、20个行业协会、512家企业,涵盖了92%的专业和90%的学生,覆盖了全市区域主要产业[31],可以看出,职教集团对专业的影响力非常显著。苏州成立了14个职教集团,与"教育改革和发展委员会""办学集团""教学指导委员会或专业建设委员会"协同发力,形成合力,共同参与职业教育的专业调整与设置,使职业教育最大限度地贴近现实生产技术水平,将职业教育与企业生产紧密结合在一起②,形成行业与专业共同发展的良好态势。

(4) 特色错位的优质发展。中国30年职业教育的发展,受机制和体制的影响,普遍存在学校和专业设置的"同质化"现象,尤其是在经济发展较快、产业结构变化较快的城市中这个问题更加突出,严重影响到产业的优化发展和技能人才的需求培养,再度引发对"特色错位"发展的高度重视。东莞市重新定位各中职学校的发展方向,鼓励学校差异化发展,避免学校的同质化趋势,确定各校主体专业和特色专业,对雷同专业、不适应产业的专业进行撤并调整,优化专业结构[32],依托

---

① 苏州市教育局《改革创新求突破率先发展上台阶——苏州市职业教育发展情况》,2015.07。
② 苏州市教育局《改革创新求突破率先发展上台阶——苏州市职业教育发展情况》,2015.07。

当地的产业背景,做强对应专业,根据区域产业结构设立对应学校。

(5)中职高职专业双向对接。国内中等与高等职业教育的专业分类和专业点一直存有不同,给中职生与高职生的上升衔接带来诸多问题。上海市按照"巩固提高中职发展水平、创新发展高等职业教育"的总体思路,从"人才需求数量"与"人才培养规格"两个维度,进行专业结构的顶层设计和整体优化,一方面,将上海市高中职1500个专业点统一归到18个专业大类、79个专业类中,实现中等与高等职业教育专业统一归类,直接对接;另一方面,将18个专业大类和79个专业类与国民经济的20个行业门类进行对接,实现人才培养与行业门类的有效衔接[33],开创了国内高中职专业对接的先例。

2. 苏州职业教育规划布局可借鉴的经验

国内职业教育规划布局改革的调整思路和实践方法,对苏州职业教育规划布局具有很好的借鉴意义。

借鉴青岛市"大格局"做法,以苏州大市为整体,结合各区域产业发展特点和人口因素,从顶层调整职业院校的布局结构,重绘苏州职业教育新版图。借鉴宁波市"布局"经验,将职业学校布局到苏州的产学研基地、产业园等区域,推进职业院校向开发区集聚、向品牌企业靠拢,根据产业设置学校;鼓励有条件的院校,到海外布局,助力苏州"一带一路"战略的实施,推广苏州优质职业教育资源。借鉴东莞市、宁波市产业与专业对接的措施,制定专业调整目标和策略,快速响应苏州产业的快速发展变化的需要。借鉴天津市、青岛市集团化办学模式,大力推进苏州职教集团的发展,使行业真正介入苏州职业教育,使专业真正适应产业需要,强化支柱产业与品牌专业无缝对接。借鉴东莞各中职校特色定位、专业错位的方法,结合苏州经济和文化传承需要,对苏州中、高职进行特色定位、专业错位发展的规划。借鉴上海中高职专业顶层设计、双向对接的思路,对苏州中高职专业点和大类进行归类和调整,并与苏州产业进行对接,实现中高职的无缝衔接。

面对职业教育规划布局方面存在的问题和不足,苏州可以先行试验、积极探索。例如,完善职业教育规划布局涉及的相关法律法规、政策制度和相关标准;进一步简政放权,给予职业院校在规划布局方面更多的自主权;设立第三方评估机构,对职业教育规划布局进行评估、监测;利用大数据,为职业教育规划布局提供调整优化的依据和策略;规划移居城镇居民的职业技能培训体系、高技能人才培训体量;支持社会力量兴办职业教育,鼓励在苏500强企业自办职业教育,支持各类主体通过合适方式参与职业教育办学。

五、苏州职业教育布局规划的思路与对策

(一)总体思路

党的十九大指出,建设教育强国是中华民族伟大复兴的基础工程,必须把教育事业放在优先位置,深化教育改革,加快教育现代化,办好人民满意的教育。职业教育要完善体系建设。早在2015年8月,苏州市便主动顺应供给侧结构性改革和新型城镇化建设需要,满足苏州经济转型和

产业升级对职业教育的新要求,出台了苏州市人民政府《关于加快发展全市现代职业教育的实施意见》,意见中明确提出:到 2020 年,苏州要建成与现代产业体系相匹配的规模结构更加合理、特色更加鲜明、体系更加完备的职业教育体系,要形成一批国内一流、国际有重要影响的职业院校和专业,真正实现苏州职业教育由"高原"向"高峰"的跨越[34]。为此,必须以创新发展为引领,在职业院校布局结构上,坚持优化发展;在职业院校内部,坚持协调发展;引导新升地方本科院校、独立学院,坚持转型发展;在职业院校与行业企业之间,坚持融合发展;在六区四市职业教育定位上,坚持错位发展;针对每个职业院校,坚持特色发展。通过创新职业教育发展理念,转变职业教育发展方式,按照"系统设计、分步实施、扎实推进"的思路,科学合理地调整苏州职业院校布局结构,优化职业教育资源配置,推动职业院校主动适应苏州经济发展方式转变,适应区域产业发展需求,为苏州经济转型发展提供人力支持,为争当建设"强富美高"新江苏先行军排头兵提供强大动力。

(二) 具体对策

1. 增加数量,优化布局,满足经济社会发展需求

到 2020 年,苏州职业院校在空间布局上,达到"西园东区集聚发展、四市六区创新推动"①的理想布局形态,为此,需做好以下工作。

(1) 适当增加职业院校数量

目前,苏州共有中等职业学校和技工院校 33 所、高职院校 17 所,在校生总数 20 万人,校均规模达到 4 000 人。到 2020 年,苏州人口总量将接近 1 400 万人②,根据苏州经济社会发展对高技能人才的实际需要,以及国家和省有关稳步增加高职招生计划的原则,苏州市中等职业教育和专科高等职业教育的在校生总规模达 30 万人以上③。按照校均规模达到 5 000 人计算,到 2020 年,苏州独立设置职业院校数至少应该有 60 所以上。而目前职业院校只有 50 所,需要增加 10 所以上。目前,苏州拥有 17 个省级以上开发区,其中,国家级开发区 14 家④。理论上说,每个省级以上开发区都应有一所职业院校与之配套,而这一要求也没有达到。因此,苏州一定要结合当前经济社会发展、产业结构调整、适龄人口逐年增加的实际和未来需求,统筹规划职业院校的发展,盘活存量,控制增量,适当增加职业院校数量。

(2) 优化职业院校区域布局

在 33 所中等职业学校和技工院校中,苏州市直属(含代管)有 13 所,占总数的 39.4%,此外,张家港市有 5 所(不含 1 所学校两块牌子一套班子),昆山市有 4 所,常熟市(不含 1 所学校两块牌

---

① "西园"是指国际教育园,"东区"是指独墅湖科教创新区。
② 苏州市发展与改革委员会《苏州市"十三五"人口发展规划(初稿)》,2016.6。
③ 苏州市人民政府《苏州市人民政府关于加快发展全市现代职业教育的实施意见的通知》(苏府〔2015〕119 号)。
④ 苏州市人民政府《苏州市国民经济和社会发展第十三个五年规划纲要》(苏府〔2016〕36 号)。

子一套班子)、吴中区各有3所,吴江区有2所,工业园区、相城区、太仓市各有1所,这些市县(区)院校数量合计占总数的60.6%。根据《苏州市各类教育事业概况(2015—2016)》统计数据分析,未来几年苏州初中毕业生逐年增加,2020年较2016年将增加3.4万人,职业学校将净增加1.7万新生入学[①]。现有职业教育资源的利用已接近上限,临近饱和,需要扩大数量。建议工业园区、吴江区、昆山市各新建(或改扩建)1所中等职业学校;高新区新建1所中等职业学校,以填补职业教育的空白;张家港市加速对现有资源的整合;太仓市加快太仓中专港城校区建设进度;建议太湖度假区联合吴中区加大对太湖旅游中等专业学校的投入,不断扩大其办学规模,同时在适当时机恢复吴中中专(用直成校)的中职招生;常熟市适当提升高新园中专与滨江职校的办学规模;相城区加快相城中专二期实训场所的建设。

在现有的17所高职院校中,位于苏州市区的有11所,占总数的64.7%,此外,昆山市有3所,张家港市、太仓市、吴江区各有1所,这些市县(区)院校数量合计占总数35.3%。从区域分布看,高职院校大部分集中在市区,基本符合向开发区、向工业园区集聚策略,但分布不均衡。常熟市虽有本科院校,还缺少高职院校这个类型或层次。从高职生源看,一方面是未来几年,苏州高中、中职毕业生数量大幅增加,加之高职院校招收中职毕业生比例提高,致使高职院校招生规模较大;另一方面,苏州高职院校生均占地面积为63 m²,虽已达标(达标为59 m²/生),但低于省均水平(69 m²/生),现有的高职院校资源已无法满足日益增长的高职生源需要,应当适当增加高职院校数量。从办学主体看,昆山市有3所高职院校,皆为民办院校,张家港市、太仓市各有1所市属院校,没有民办院校。综上所述,每个市县(区)都应集中人力、物力和财力办好1所市属高职院校,与城区职业教育资源形成功能互补。特别是常熟市、昆山市应统筹职业教育资源,争取举办1所独立设置的市属高职院校。吴江区、张家港市、太仓市要积极鼓励民间资本以多元的方式参与高职院校的兴办,进一步激发职业教育活力。

(3)平衡职业院校内部结构

到"十三五"末,苏州人才总量达300万人左右,高层次人才占人才总量比例达8%以上,每万人拥有高层次人才数200人以上;高技能人才总量累计达60万人,占技能劳动者比例达33%;每万名劳动者中高技能人才数量达到710人以上[②]。同时,未来五年,苏州产业结构向中高端装备制造业、现代服务业、战略性新兴产业迈进,需要大量的复合型专门人才,苏州现有高等职业教育资源供给不足、供需失衡。对比2015年GDP排名低于苏州的武汉、成都、青岛等城市,这些城市本科院校占普通高校的比分别为55.4%、48.2%和65.0%,远高于苏州的34.6%。因此苏州需要在优化发展中等职业教育,全面推进五年一贯制培养的同时,创新发展高等职业教育,扩大本科层次职业教育规模,大幅增加高技术高技能应用型人才供给。一方面大力引导新升地方本科院校、独立学院向应用技术型高校转型或在部分学院、专业开展高端应用型人才培养,另一方面支持发

[①] 苏州市教育局《苏州市各类教育事业概况(2015—2016)》。
[②] 苏州市人力资源和社会保障局《苏州市"十三五"人力资源和社会保障事业发展规划(征求意见稿)》,2016.6。

展基础较好、实力较强、有一定影响力的高职院校提升办学层次,同时积极推进在苏高职院校与市内外本科高校合作开展应用技术型本科教育(3+2;4+0)[35],所有高职院校至少与国内一所知名院校建立稳定的合作关系。通过优化苏州职业院校的层级结构、专业结构,形成与经济社会发展相适应的人才供给体系。建议支持苏州市职业大学抓住苏州作为江苏省职业教育创新发展实验区的有利机遇,先行先试,通过股份制、混合所有制等创新发展方式,建设成为应用技术型本科高校——苏州学院;支持苏州旅游与财经高等职业技术学校利用苏州构建"具有独特魅力的国际文化旅游胜地"的契机,提档升级,升格为"苏州旅游职业学院";支持苏州评弹学校升格为专科层次的职业院校。

2. 对接产业,优化专业,服务地方经济转型发展

客观地说,苏州职业院校专业结构与地方产业结构吻合度有待提高。因此,依据各市县(区)"十三五"发展规划中的产业发展需求,以及《中国制造2025苏州实施纲要》,结合职业院校发展现状,围绕专业对接支柱产业、战略性新兴产业等,对苏州四市六区职业院校专业发展与规划提出如下建议①。

(1) 张家港市职教专业优化建议

发展壮大新材料、高端装备、新能源等新兴产业;做优做强现代物流、现代商贸、电子商务、创意设计、创意金融、科技信息、休闲旅游等现代服务业;改造提升冶金、纺织、化工、物流、装备等传统产业②。(精密多轴数控机床和机器人产业、环保能源设备、海洋工程装备产业、石化新材料和高品质特殊钢产业、环保产业)

引导区域内职业院校重点发展电子信息类、自动化类、新能源发电工程类、非金属材料类、健康与管理促进类、电子商务类、金融类、经济贸易类、旅游类、物流类、农业类、公共服务类等专业类。

(2) 常熟市职教专业优化建议

重点发展新能源、新材料、新一代信息技术、生物医药及高端医疗器械和节能环保产业等新兴产业,推动汽车及零部件产业提升发展层次和集聚度、装备制造产业向智能制造转型、纺织服装业向创意时尚产业发展(主导产业)。发挥传统产业特色优势,重点对化工行业、冶金行业和轻工行业进行优化提升③。(光纤光缆产业、智能化电梯和升降机设备产业、中高端汽车及关键零部件、新能源汽车产业)

引导区域内职业院校重点发展汽车制造类、机械设计制造类、机电设备类、自动化类、纺织服装类、健康与管理促进类、非金属材料类、新能源发电工程类、电子信息类、计算机类、农业类、电子商务类、旅游类、物流类等专业类。

---

① 下述建议中:前面为产业、括号内为《中国制造2025苏州实施纲要》,后面部分为专业类。
② 张家港市国民经济和社会发展第十三个五年规划纲要。
③ 常熟市国民经济和社会发展第十三个五年规划纲要。

（3）太仓市职教专业优化建议

着力推进高端装备制造、新材料、生物医药等战略性新兴产业发展壮大；大力发展科技服务、金融服务等生产性服务业；促进与改善民生和提升现代农业相关的科学技术的发展；加快纺织化纤、电力、化工、造纸等传统产业技术改造，推进传统优势产业转型升级[①]。（中高端汽车及关键零部件、环保能源设备、海洋工程装备产业、光伏产业）

引导区域内职业院校重点机械设计制造类、机电设备类、非金属材料类、健康与管理促进类、生物技术类、电子商务类、金融类、旅游类、物流类、农业类、公共服务类等专业类。

（4）昆山市职教专业优化建议

加快推动新一代信息技术、高端装备制造、新材料等产业发展成为新的支柱产业。不断优化服务业结构，重点发展总部经济、金融服务、现代物流、电子商务、商贸会展、文化创意、科技服务、休闲旅游、养老产业等新兴业态[②]。（新型显示技术产业、精密多轴数控机床和机器人产业、大型工程机械和成套特种设备产业、轨道交通装备及外延设备产业、光电膜、集成电路封装和测试产业、MEMS产业）

引导区域内职业院校重点发展自动化类、电子信息类、机电设备类、非金属材料类、城市轨道交通类、生物技术类、金融类、环境保护类、会展类、物流类、电子商务类、文化服务类、农业类、旅游类、公共服务等专业类。

（5）吴江区职教专业优化建议

大力发展智能工业，打造千亿级装备制造业，巩固提升电子信息、丝绸纺织和光缆电缆业；大力发展生态旅游文化产业，加快文化创意产业发展，创新发展金融服务业，加快发展商务服务业；大力发展互联网产业，培育壮大现代物流业，积极发展服务外包业。加快发展电商云商，推进商业体验服务、移动网络销售、提供消费解决方案、自助服务等各类新型业态的集聚；大力发展健康服务业[③]。（光纤光缆产业、智能化电梯和升降机设备产业、碳纤维和芳纶产业、环保产业）

引导区域内职业院校重点发展机械设计制造类、电子信息类、自动化类、纺织服装类、生物技术类、非金属材料类、计算机类、环境保护类、经济贸易类、旅游类、物流类、农业类、文化服务类等专业类。

（6）吴中区职教专业优化建议

全面壮大主导产业。提升电子信息产品制造的规模和层次，加快装备制造业产业链延伸，重点提升机器人产业链水平。探索发展数字媒体、移动互联网、网络游戏、网络数字安全、数字化服务等产业。加快发展新兴产业，推进软件、新型平板显示、集成电路发展，整合壮大新一代信息技术产业；大力发展新能源产业，探索发展新材料产业，逐步开展纳米、超导、智能等共性基础材料研

---

① 太仓市国民经济和社会发展第十三个五年规划纲要。
② 昆山市国民经济和社会发展第十三个五年规划纲要。
③ 苏州市吴江区国民经济和社会发展第十三个五年规划纲要。

究;培育壮大节能环保服务产业,做强生物技术和新医药产业。跨越式发展现代服务业,重点支持健康、养老、医疗和体育等健康产业发展①。(生物医药产业)

引导区域内职业院校重点发展电子信息类、自动化类、计算机类、新能源发电工程类、非金属材料类、生物技术类、环境保护类、电子商务类、化工技术类、房地产类、文化服务类、公共服务类等专业类。

(7) 相城区职教专业优化建议

加快新一代信息技术与制造业深度融合,积极推进智能制造,重点发展高端装备制造业、新一代电子信息技术、汽车零部件、新材料、生物医药等主导产业,加快培育新能源与节能环保、车联网、物联网和智能电网等新兴产业。推动产业结构由中低端向中高端迈进、由生产型制造向服务型制造转型②。(光电膜)

引导区域内职业院校重点发展汽车制造类、机械设计制造类、生物技术类、新能源发电工程类、非金属材料类、环境保护类、电子信息类、计算机类、文化服务类、电子商务类、物流类等专业类。

(8) 姑苏区职教专业优化建议

提升战略主导产业:旅游业、科技服务业、文化创意业;优化优势支柱产业:商贸业、商务业、现代物流业;培育新兴产业:金融创新服务业、健康服务业、教育培训业,努力构建"3+3+3"产业体系③。

引导区域内职业院校重点发展计算机类、金融类、电子商务类、经济贸易类、健康与管理促进类、工商管理类、物流类、文化服务类、公共服务类等专业类。

(9) 工业园区职教专业优化建议

将新一代电子信息、高端装备制造、新材料、医疗器械和生物医药等产业培育成为推动园区新一轮发展优势主导产业,打造具有国际竞争力的先进制造业基地。大力发展"纳米技术应用、生物医药、云计算"等三大战略性新兴产业,大力发展金融服务业,加快发展服务外包产业,转型发展商贸业,着力发展电子商务,积极培育新兴服务业,促进房地产业持续健康发展,提升服务经济规模④。(新型显示技术产业、大型工程机械和成套特种设备产业、微纳制造装备和图形化装备产业、半导体及光电子行业制造设备产业、纳米新材料、集成电路封装和测试产业、MEMS 产业新能源汽车产业、生物医药产业⑤)

引导区域内职业院校重点发展电子信息类、机械设计制造类、非金属材料类、生物技术类、计算机类、汽车制造类、通信类、健康与管理促进类、经济贸易类、自动化类、电子商务类、金融类、公

---

① 吴中区国民经济和社会发展第十三个五年规划纲要。
② 相城区国民经济和社会发展"十三五"规划纲要。
③ 苏州市姑苏区、苏州国家历史文化名城保护区国民经济和社会发展第十三个五年规划纲要。
④ 苏州工业园区经济和社会发展"十三五"(2016—2020)规划纲要。
⑤ 中国制造2025苏州实施纲要。

共服务类等专业类。

(10) 高新区职教专业优化建议

做大做强新一代信息技术、轨道交通、新能源、医疗机械、地理信息等五大优先发展产业，提升发展电子信息、装备制造等两大产业的"5+2"产业发展计划。发展知识产权服务、跨境电商等①(轨道交通装备及外延设备产业、POWER芯片、主板、服务器为核心的一体化产业、光伏产业、医疗器械产业)。

引导区域内职业院校重点发展电子信息类、计算机类、健康与管理促进类、测绘地理信息类、新能源发电工程类、城市轨道交通类、电子商务类、艺术设计类、旅游类、文化服务类、公共管理类等专业类。

3. 纵向贯通，横向融通，建立现代职业教育体系

依据苏州社会经济发展需求和学生可持续发展需求，必须对苏州现代职业教育体系框架进行系统设计，科学统筹职业教育内部的关系，实现职业教育各学段"纵向贯通"；协调职业教育与行业企业的关系，实现职业教育与行业企业的"横向融合"；统筹职业教育与普通教育和终身教育的关系、实现职业教育与普通教育、职业培训与终身教育的有机融通。满足苏州职业院校学生多样化选择、多路径成才的需要。

(1) 推进普职融通发展

改革招生考试和学籍互转制度，保持普通高中与职业学校招生大体相当，推动普职学分互认，满足学生个性化发展的需求。开展普职融通和初职衔接项目实践，共享普职师资及教学资源，开设部分职业认知或职业技能类课程作为普通高中通用技术选修课，推进初职衔接课程教育基地建设。

(2) 推进职教体系内部衔接贯通

支持技工院校与职业院校在人才培养、技能培训、升学就业等方面的衔接贯通。大力推进苏州高职高专院校联席会议及教学、学工、后勤、产教联盟等平台建设。完善中高职"3+3"、中职本科"3+4"、高职本科"3+2"等现代职教体系试点项目，稳步扩大参与院校范围和专业覆盖面。尝试推进"4+0"专本联合培养项目。到2020年，高职院校招收中职毕业生比例达到50%左右。

(3) 发展应用技术型本科教育

引导有条件的在苏普通本科高校或独立学院向应用技术型高校转型，鼓励在苏高校申报江苏省现代职教体系建设试点项目。到2020年，建成2所以上国内一流的应用技术型本科高校，应用型本科院校招收中高职毕业生占招生总数比例达30%左右。支持有条件的应用技术型本科高校开展专业学位研究生教育试点，建成一批专业硕士学位点乃至专业博士学位点。

(4) 发挥行业企业和职教集团作用

加强行业、企业对职业教育工作的指导。提高行业指导能力，建立职业院校、教育主管部门以及行业的联动机制，促进技术技能的积累与创新。通过职能转移、授权委托、购买服务等方式，培

---

① 苏州高新区(虎丘区)国民经济和社会发展第十三个五年规划纲要。

育和支持行业组织履行好发布行业人才需求、推进校企合作、参与指导教育教学、促进教学内容与行业技术标准最大程度地对接,实现工学结合人才培养;通过合并、控股、参股等形式打造院校、行业、企业紧密型的职教集团,共同建设专业、培养人才,提升专业与产业的吻合度,提升资源的合理配置及共享水平。

(5) 完善终身教育体系建设

健全职业培训标准,完善培训政策,大力发展社会化职业培训机构,完善政府购买服务机制,推行订单式培训、定岗培训、定向培训等与就业紧密联系的培训模式,建立健全覆盖城乡全体劳动者,贯穿从学习到工作的各个阶段,职前职后一体化,适应劳动者多样化、差异化需求的终身教育体系。

4. 统筹规划,科学布局,构建职业院校调整机制

(1) 建立政府统筹规划、市场需求为导向的职业院校布局机制

以提高质量、促进就业、服务发展为导向,发挥政府在职业教育体系建设中的统筹、引导、规范和督导作用。政府要根据苏州城镇化进程和本地产业、人口、教育实际,加强宏观规划,科学统筹中等职业学校和普通高中招生规模、高等职业教育与本科教育的规模、职业院校开展学历教育与职业培训的规模,提出职业院校布局指导(原则)意见,指导各地从实际出发逐步完善和优化职业院校布局和专业。布局调整过程中,苏州可借鉴香港"职业训练局"的管理体制,打破部门界限(教育部门、人社部门等)与学校类型界限,统筹各类职业教育资源,搭建资源公共化平台。同时要坚持需求导向,发挥市场配置资源的作用,增强职业教育体系适应社会主义市场经济的能力,服务产业发展需求、服务市县(区)发展需要。

(2) 坚持循序渐进、动态优化的职业院校布局原则

职业院校的布局不能一劳永逸,而是一个循序渐进、动态优化的过程,必须立足于苏州经济社会的发展实际和中长期目标,必须立足于产业结构的调整,必须立足于适龄教育人口的数量,必须立足于城镇化的进程,动态调整与优化职业院校布局。动态优化强调的是不断适应与科学决策,需要专门的组织机构进行不间断的调研和方方面面的大量数据,需要各个部门的大力支持与协作。苏州经济社会发展迅速,职业院校的布局在微观层面上将是一个经常化、长期化的渐进过程。

(3) 探索建立与区域产业和人口规模相适应的职业院校布局调控模式

职业院校布局须以一定的经济、行业基础为依托,需要综合考虑社会教育需要和人口发展趋势。职业院校的布局应发挥贴近产业和贴近行业企业一线的优势,为老百姓提供更加公平、更加便捷地获得进修、深造和学习的机会,建议建立与地区产业和人口规模相适应的职业院校布点模式,适度缩减职业教育密集区的布点及规模,并重点向职业教育缺位或相对薄弱的地区进行疏解。从区域布局来看,各市县(区)之间职业院校资源的配置差距比较大。在全市50所职业院校中,苏州市区有23所,职业院校布局较为集中,高新区还没有中等职业学校,常熟市尚无高职院校布点,昆山市也无公办高职院校。根据《苏州统计年鉴2015》数据,截至2014年末,吴江区常住人口为129.63万人,现有2所中等职业学校;常熟市常住人口为150.97万人,现有3所中等职业学校;太

仓市常住人口为70.55万人,现有1所中等职业学校[36]。根据每30万人口设置一所职业学校的基本要求,吴江区、常熟市、太仓市常住人口与中等职业学校数量不匹配。

(4)职业院校布局与新型城镇化建设发展同步

到2020年,苏州城镇化率要超过80%,基本实现城乡发展一体化和新型城镇化①。城镇化是以人为核心的城镇化建设,需要解决农村劳动力进入城镇就业的学历提升、技能提高问题,需要解决农业现代化新型职业农民培养问题,需要解决新市民的素质提升问题等。同时苏州小城镇规模较大,人口较多,据统计,截至2014年末,50个建制镇(不含5个城关镇),合计常住人口596.98万人,镇均12万人左右,有的镇如盛泽镇,常住人口36.90万人、金港镇31.41万人、木渎镇27.66万人、黎里镇24.12万人,这些镇的体量甚至超过了中西部一个县级市,出现"小马拉大车"的现象,需要加强公共基础设施配套。因此,要高度重视职业教育在新型城镇化进程中的基础性作用,重视职业教育与城镇化推进的协同发展、相互支撑作用,做到职业院校布局与新型城镇化建设发展同步,职教与职培齐头并进,满足广大新市民对职业教育的需求,实现公共服务均等化。

(5)加快职业教育多元化发展步伐

苏州民间资本实力比较雄厚,要积极鼓励民间资本以多元的方式进入职业教育领域。将社会力量举办的职业院校纳入教育发展规划,完善鼓励社会力量办学的政策环境,大力支持民办职业院校与公办职业院校通过联合招生、互派师资、共享实验实训平台等做大做强。鼓励发展股份制、混合所有制、公助民办、民办公助等办学模式,今后政府投资新建中等职业学校可以尝试实行混合所有制办学。探索集团化办学、教育联盟合作办学、学校与产业园办学、学校与行业企业办学形式的新路径,鼓励大型企业自办职业院校。建立公开透明规范的民办(混办)职业教育准入、审批制度,全面贯彻落实《关于加快全市民办教育发展意见》,稳步扩大优质民办(混办)教育规模,形成苏州职业院校多元办学、多元发展的格局。到2018年,苏州市教育领域民间资本投入占教育总投入的比例提高到15%②,在职业教育领域可以更高一些。

积极推进国际化办学。在全面吸收国外先进职教经验的基础上,进行本土化实践创新。依托独墅湖高端职业教育国际化示范区和苏州国际教育园的创新发展平台,尝试将职业教育领域向外资、外商开放,扩大职业院校招收国(境)外留学生的规模。鼓励实力较强、水平较高的职业院校向国(境)外输出职业教育,助力苏州"一带一路"倡议的实施,推广苏州优质职业教育资源。"积极参与职业教育国际标准与规则的研究制定,开发与之对应的专业标准和课程体系,扩大国际话语权。"③到2020年,国际化合作办学实现职业院校全覆盖。

---

① 苏州市人民政府《苏州市国民经济和社会发展第十三个五年规划纲要》(苏府〔2016〕36号)。
② 苏州市人民政府《苏州市政府关于印发苏州市供给侧结构性改革总体方案(2016—2018年)和行动计划的通知》(苏府〔2016〕72号)。
③ 教育部《高等职业教育创新发展行动计划(2015—2018)》(教职成〔2015〕9号)。

(6) 完善公共财政对职业教育投入的增长机制

进一步明确地方政府对职业院校的办学主体地位、办学投入主体职责,对于新建(扩建)、优化整合的职业院校,政府应在土地、资金、人员编制等方面给予大力支持。在确保财政教育拨款的增长明显高于财政经常性收入增长的前提下,提高职业教育经费在本地区教育经费投入中的比例,地方教育附加费用于职业教育的比例不低于30%。建立动态调整机制,完善职业院校生均教育经费、生均公用经费标准,并确保逐年增长。按职业学校岗位总数的30%划拨兼职教师经费,并纳入各级财政预算。设立"职业教育专项基金",支持国家优质高职院校、国家骨干专业、省级品牌特色专业、优秀教学团队、实训基地等项目的建设,建立"特色专业特别建、重点项目重点建"的财政投入保障机制。加大经费统筹力度,鼓励社会力量投入,落实相关的税收减免政策。

5. 动态调整,品牌发展,建立职业院校专业优化机制

(1) 健全动态调整机制

建立由职业院校、行业、企业、研究机构和其他社会组织参与的专业建设指导委员会,加强专业布局和设置研究,帮助职业院校动态调整专业设置。教育主管部门要打破专业设置和管理条块分割的局面,定期开展专业建设与产业结构吻合度调研,加强专业布局统筹。完善专业预警、推出管理办法,依据人力资源市场和薪酬等状况开展专业评估,定期发布"红黄绿牌"专业名单。行业、企业应及时提供人才需求和预警信息。职业院校要注重产业导向,按照苏州产业结构高端化、产业结构集聚化的发展规划,调整优化专业设置,加快改造传统专业,调整落后专业。但整体看来,调整的力度有待进一步加强,与产业结构的需求还有一定的距离。职业院校要集中力量办好优势突出、特色鲜明的专业,并及时地开设出一批与苏州新兴产业、主导产业和特色产业相匹配的新专业。重点在新一代电子信息、高端装备制造、新材料、医疗器械和生物医药、现代高效农业、现代服务业等领域培育一批新的专业增长点。

(2) 对接产业设置专业

职业院校设置的专业应与所在区域的主导产业对接。苏州块状经济特色鲜明,每个市县(区)都有相对应的主导产业,比如园区的纳米技术应用、新一代电子信息;吴江的电线电缆、电梯;吴中的生物医药、现代高效农业;相城的物流、园艺;常熟的汽车、纺织服装;高新区的医疗器械、核雕刺绣等。因此,所在区域的职业院校要根据当地主导产业结构合理规划专业布局,实现专业特色与地方产业特色的完全契合。同时,苏州职业院校要创造条件,以"专业对接产业、专业群对接产业链、品牌特色专业对接区域特色产业",重点提升面向新材料、新能源、节能环保、高端装备、生物技术和新医药、新一代信息技术和软件、物联网和云计算、新能源汽车、智能电网等新兴产业领域的人才培养能力[①],集中力量打造一批适应需求、特色鲜明、办学水平和就业率高的国家级、省级专业点(专业群),形成与苏州现代产业体系相匹配的职业院校专业体系。

[①] 苏州市人民政府《苏州市人民政府关于加快发展全市现代职业教育的实施意见的通知》(苏府〔2015〕119号)。

(3) 实施品牌特色战略

目前,苏州仅高职院校就有国家级重点专业 39 个,省级重点专业 139 个,省级特色专业 53 个。发展基础较好,但也存在着一些隐性的问题。一些职业院校"同质化"现象明显,识别度不高,原因之一就在于专业设置大同小异,缺少特色。苏州可以学习东莞职业院校"特色定位、专业错位"的策略,政府制定相应的政策,鼓励职业院校实行错位发展、品牌发展、特色发展,有所为有所不为,走个性化职业院校发展之路。如除每个市县(区)设置的 1~2 所综合性院校外,其他院校要努力办成行业性或产业性院校;引导职业院校根据市场需求和自身优势,进一步明确自身的办学定位,控制专业大类设置的数量;加大力度实施职业院校优势专业建设项目,引导学校做强主体专业。职业院校要主动适应区域产业结构的调整,根据学校的自身特点和区域产业优势,重点打造特色专业,"人无我有,人有我优,人优我新",强化自身的优势和核心竞争力,形成自身的专业品牌,做到"一校一品"。省级以上示范院校要布局 1 个以上与本区域产业相适应的主干专业群,要集中力量重点建设 3~5 个品牌专业或特色专业。苏州要积极响应并参与教育部"高等职业教育创新发展行动计划(2015—2018 年)"和江苏省高等职业教育"卓越计划",到 2018 年,重点建设 3~4 所国家优质高职院校、50~60 个国家骨干专业。到 2020 年,苏州将创建 15 个以上省级高职品牌专业,评选 20 个市级高职优秀新专业、100 门市级高职优秀新课程;创建 60 个以上省中等职业教育品牌、特色专业,建成一批高水平的国内一流的品牌专业群和课程群①,最终形成苏州现代职教体系中的"各有特色""错落有致"的"专业生态圈"。

参考文献:

[1][2][3][4][5] 苏州市统计局. 2016 年市情市力[EB/OL]. [2016-07-30]. http://www.sztjj.gov.cn/tjnj/sqsl2016.pdf.

[6][36] 苏州统计局. 苏州统计年鉴 2015[M]. 北京:中国统计出版社,2015.

[7] 许放,张祥兰. 北京城市总体规划对高等职业院校空间布局调整的影响[J]. 职业技术教育,2008(28):36-39.

[8] 徐颜平,马宝成,何万丽. 职业教育与新型城镇化互动发展研究[J]. 中国职业技术教育,2015(15):35-39.

[9] 崔景贵,夏东民. 江苏省现代职业教育体系研究[M]. 北京:知识产权出版社,2015.

[10] 曹建东,桂德怀. 苏州职业教育发展的历程[J]. 机械职业教育,2006(2):3-4.

[11][14] 江苏省苏州市 2015 年第四季度人力资源市场职业供求状况分析报告[EB/OL]. [2016-07-28]. http://www.lm.gov.cn/DataAnalysis/content/2016-03/31/content_1161429.htm.

[12] 苏州市统计局. 2015 年苏州市国民经济和社会发展统计公报[EB/OL]. [2016-07-28]. http://www.sztjj.gov.cn/Info_Detail.asp?id=22407.

[13][15] 杨海华. 基于产业结构调整的苏州职业教育发展对策研究[J]. 职教通讯,2015(22).

[16] 黄云碧. 温州高职教育与区域产业协同发展研究[M]. 上海:上海社会科学院出版社,2015.

[17] 苏州统计局. 苏州统计年鉴 2014[M]. 北京:中国统计出版社,2014.

[18] 苏州产业结构与就业结构协调发展[EB/OL]. [2016-08-23]. http://www.sztjj.gov.cn/Info_Detail.asp?id=21807.

[19] "十二五"苏州经济社会发展系列分析报告新常态新理念新跨越[EB/OL]. [2016-08-23]. http://www.sztjj.

---

① 苏州市人民政府《苏州市人民政府关于加快发展全市现代职业教育的实施意见的通知》(苏府〔2015〕119 号)。

gov. cn/info_detail. asp?id=22940.

[20] 熊爱宗. 美法韩三国振兴制造业战略各具特色[EB/OL]. [2016-08-08]. http://www.cfen.com.cn/dzb/dzb/page_6/201608/t20160808_2379238.html.

[21] 姜大源. 德国"双元制"职业教育再解读[J]. 中国职业技术教育,2013(33).

[22] 赵荣锋. 新加坡职业教育的发展与启示[J]. 农业教育研究,2016(2).

[23] 孙善学,杨蕊竹. 美国生涯与技术教育改革与借鉴[J]. 中国职业技术教育,2016(3).

[24] 苏雁,庄薇. 常熟市启动省内首个中英现代学徒制试点项目[EB/OL]. [2016-08-08]. http://topics.gmw.cn/2014-04/17/content_11065186.htm.

[25] 王辉,刘冬. 本硕层次学徒制英国高层次应用型人才培养的另辟蹊径[J]. 高等教育研究,2014(1).

[26] 青岛市发改委等. 青岛市职业教育发展规划 2014—2020[EB/OL]. [2016-08-08]. http://www.qingdao.gov.cn/n172/n24624151/n24625135/n24625149/n24625163/141216173020772868.html.

[27] 沈剑光. 以试验区建设为抓手促进职业教育与产业协同创新[EB/OL]. [2016-08-08]. http://mp.weixin.qq.com/s?src=3&timestamp=1473052431&ver=1&signature=kMFaV92JX8wCfnwfyKi5o2Yj-GHe9Nx5vUKzjRN3MXq9kKdqECgNcD1N125jyjxYG2zWRVQYfj5WmnaOgJI3dD9bh45LiybTVBP4Mc4cK97OTSs0s56w6CrPT4k8K40Sesi5TLTQMEGhW1ivfCS2FQ==.

[28] 陈敏,陆灵刚. 宁波构建现代职业教育发展新模式[EB/OL]. [2016-08-10]. http://edu.gmw.cn/newspaper/2015-12/28/content_110423925.htm.

[29] 教育部.《教育规划纲要(2010—2020 年)》中期评估[EB/OL]. [2016-08-10]. http://www.moe.edu.cn/jyb_xwfb/xw_fbh/moe_2069/xwfbh_2015n/xwfb_151202/151202_sfcl/201512/t20151202_222297.html.

[30] 张雯婧. 紧贴五大战略天津职教优势凸显[EB/OL]. [2016-07-28]. http://epaper.tianjinwe.com/tjrb/tjrb/2016-05/04/content_7447843.htm.

[31] 青岛市教育局. 运用法制思维推进改革创新提升职业教育服务经济社会发展能力[EB/OL]. [2016-07-28]. http://www.moe.gov.cn/jyb_xwfb/xw_zt/moe_357/jyzt_2015nztzl/2015_zt14/15zt14_dxal/201601/t20160114_227856.html.

[32] 余晓玲,王芳. 东莞五年投 42 亿发展职业教育为转型升级培养高素质技能人才[EB/OL]. [2016-08-11]. http://www.ycwb.com/ePaper/ycwbdfb/html/2014-06/27/content_479948.htm?div=-1.

[33] 陈嵩,郭文富. 科学规划顶层设计统筹推进编制《上海现代职业教育体系建设规划(2015—2030 年)》的思考[EB/OL]. [2016-08-11]. http://www.v4.cc/News-1087325.html.

[34] 丁晓昌. 实现从"高原"向"高峰"的跨越[N]. 中国教育报,2016-04-19.

[35] 孟跃,李超. 扬州工业职业技术学院今年首次迎来 35 名本科生[EB/OL]. [2016-08-11]. http://news.xinhuanet.com/legal/2016-08/01/c_129195070.htm.

附件2　双元制教育本土化实践探索
——以苏州健雄职业技术学院为例

魏晓锋[①]

摘要：双元制教育是源起于欧洲中世纪学徒制的现代职业教育制度。本课题以德国双元制教育研究为逻辑起点，梳理双元制教育发展脉络和国内本土化历程，重点研究双元制教育的本质要义和苏州双元制教育的实践成果，并以该校双元制教育本土化探索为典型案例进行深入解剖，结合我国经济转型升级和新型城镇化建设，提出新形势下职业教育内部改革方向和外部改革建议，力求在开放共享的新发展理念指导下，找到一条适应经济社会需要的现代职业教育发展道路，为人民提供更优质的职业教育，为地方输送更合适的技能人才，在新时代中国特色社会主义建设中发挥职业教育不可或缺的人才支撑作用。

关键词：双元制教育；本土化实践；苏州

一、双元制教育实践背景与研究意义

在世界近现代经济发展史上，德国始终以制造业发达、产品质量高闻名于世，尽管经过两次世界大战，近年来又深受席卷世界的金融风暴影响，但都未能改变其经济运行轨迹。第二次世界大战后，德国仅用了短短二十几年时间，就从一片废墟中迅速崛起，一跃成为欧洲经济强国。从整个发展过程来看，德国经济的发展与其重视全民职业教育密不可分，尤其是久负盛名的双元制教育为德国培养了大批高素质的技术人才，促进了德国经济和科技发展。

双元制教育是起源于欧洲中世纪学徒制的现代职业教育制度，它将学校教育与企业培训紧密结合，培训生以学徒身份在企业内接受实践培训，又以学生身份在学校接受专业理论和文化教育。德国人将双元制教育培养的人才视为德国产品高质量的有力保障，并自豪地将双元制誉为德国经济腾飞的"秘密武器"。1987年，时任联邦德国总理的科尔在总结德国科技与经济发展奥秘时指出：德国人的文化素质和发达的职业教育是德国经济复兴的重要原因。

双元制教育不仅在德国受到广泛推崇，在国际上也产生巨大影响。20世纪70年代以来，许多国家纷纷引进和借鉴双元制经验以改进本国的职业教育，西方国家称其为"欧洲的师表"。双元制教育的成功也引起了中国的领导者、经济学家和教育改革者们的关注，并于20世纪80年代开

[①] 魏晓锋，苏州健雄职业技术学院院长、教授。

始借鉴德国经验,开展具有中国特色的职业教育探索。自 1982 年中德第一个双元制合作项目建立后,中德两国开展了广泛的交流与合作,在部分地区进行了双元制教育实践,并取得了一定成效。但总体来说,由于缺少德国双元制教育的政策支持、文化环境和产业基础,较多地区的双元制探索"水土不服"、半途而废。苏州地区是我国改革开放的"先行区",现代化建设的"示范区",因为与德国经济社会有着较多的相似之处,因此,在引进、借鉴德国双元制教育中取得了丰富经验和丰硕成果,其中以苏州健雄职业技术学院为典型代表。

苏州健雄职业技术学院地处苏州太仓市高新区。1993 年以来,太仓以其优越的区域位置、深厚的人文底蕴、发达的产业基础、宁静的欧陆风格吸引了德资企业投资创业,逐渐形成以汽车零部件、精密机械、新材料为主导产业的高新技术产业集群,成为国内首个"中德企业合作基地""中德中小企业合作示范区"。德企集聚为太仓双元制教育提供了得天独厚的"土壤",以苏州健雄职业技术学院为龙头的太仓职业教育先后获得江苏省教育教学成果特等奖 1 项、一等奖 4 项、国家级教学成果二等奖 2 项,逐步构建从"中职""高职"到"应用型本科"等的多层次、一体化应用型人才培育体系,大批具有工匠精神的高技能人才支撑了德企发展壮大,"反哺"了当地经济社会发展:截至 2017 年底,有德资企业 280 家(其中较多企业是技术含量高、市场占有率高的"隐形冠军"),年产值 400 多亿元,是国内德企集聚度最高、发展最好的县域,被誉为中国的"施瓦本"和闻名海内外的"德企之乡",为太仓持续位居全国综合实力十强县(市)奠定了坚实基础。太仓逐渐形成教育带动产业、产业繁荣城镇、城镇支持教育的"教—产—城"良性互动、融合发展新格局。

本文以德国双元制教育研究为逻辑起点,以苏州健雄职业技术学院双元制教育实践为分析案例,梳理双元制教育发展脉络和国内本土化历程,重点研究双元制教育的本质要义和苏州双元制教育的实践经验,力求找到一条适应现代化经济体系建设的职业教育改革之路。本文理论研究与实证相统一,微观与宏观相呼应,在新时代对我国职业教育改革发展具有积极意义。

二、双元制教育历史演进及发展现状

双元制教育缘起于德国,是德国几百年职业教育实践和社会经济发展的产物。经过多年发展和完善,德国职业教育在职教模式、经费来源、课程设置、师资培养等方面积累了丰富经验,其职业教育水平走在世界前列,为德国培养了大批高素质的技术人才,促进了德国经济与科技发展。

(一)德国双元制教育发展脉络

德国双元制教育源远流长,其起源可追溯到中世纪早期师傅带徒弟的传统形式,并随着历史、社会和经济的发展不断成熟。

1. 中世纪手工业行会学徒培训

手工业生产是德国中世纪和近代早期主要的商品生产形式。手工业行会师徒制训练是德国早期唯一的职业培训形式。行会中的手工业师傅训练出现于 13 世纪末,直到 18 世纪,职业训练都掌握在行会组织下的手工业者手里。学徒教育是按照手工作坊同业协会制定的严格规章进行的,与此同时,每个手工作坊又有自己的实施细则。学徒一般可在12~18岁之间开始接受教育和培训。师傅除了传授技艺外,还承担育人的职责。整个学徒的训练过程需要通过师傅示范、学徒模仿和练习传统技巧来实现。中世纪手工业中学徒—帮工—师傅三级划分的行会职业教育,已包含了职业技能、职业知识、职业道德三个重要方面。这种师傅带徒弟的形式为后来大工业时期的职业教育提供了借鉴。

2. 双元制教育的形成阶段(1870—1920年)

德国工业革命的起步晚于英法等国,但经济发展速度十分惊人,改进学徒培训方式以提高劳动力素质成为适应工业化生产和繁荣经济的必然要求。在这段时期,德国改革中世纪形成的学徒—帮工—师傅的手工业培训方式,成立进修学校,出现了从普通教育分离出来的企业—学校职业训练体系。1897年的《保护手工业法》、1908年的《手工业条例》,规定学徒培训的企业主,必须自己首先通过师傅考试,促进了职业培训的发展。与此同时,随着现代科技不断代替传统工艺的发展趋势,简单传统的师傅带徒弟的手工业培训形式已不能满足经济社会发展的需要,1919年的《魏玛宪法》第145条明确规定"进修学校作为义务教育进行普及",第148条要求"所有学校均须按照德意志民族的精神及各民族和解的精神努力进行道德、公民意识、个人技能和职业技能方面的教育"。1920年,在柏林召开了全德学校大会,进修学校及劳作学校正式被称作"职业学校",即现在双元制职业学校的雏形。

3. 双元制教育的确立阶段(1920—1964年)

1938年,德国政府颁布了《国家教育法》,第一次规定职业学校教育为义务教育,使职业学校的培训有了比较完善的法律保障。1940年,统一了职业教育的教学时间,整个职业技术教育分别在企业和职业学校两个地点进行,二者相互合作、互相补充,形成了职业教育的"双元制",并进而成为德国职业教育体系的核心。1940年,德国教育委员会在《对历史和现今的职业培训和职业学校教育的鉴定》中首次使用了"双元制"一词,正式将存在了一百多年的企业与学校(职业学校)的"双元制"培训形式用文字确定下来。自此,"双元制"这一概念逐渐闻名于德国甚至世界职教领域。

4. 双元制教育的完善和发展(1969年至今)

1969年,联邦德国颁布实施了全联邦统一的《职业教育法》,该法保障了国家对职业技术教育的影响力,也说明了职业教育不仅仅是经济界的事情。其内容包括职业培训合同的签订、职业技术教育的权限分配和实施、职业技术教育专业委员会的设立和联邦职业技术教育研究所的建立等。它不仅集中了当时已经分散了的职业教育权力,而且清除了一系列法律上的模糊概念,同时创造了职业教育不断合理化的先决条件。之后,德国又相继出台了一系列涉及学徒培训的法律法规,如《企业基本章程法》《劳动促进法》《青年劳动保护法》《实训教师资格条例》等,这些法律的诞生标志着双元制教育作为一个完整而又独立的训练体系已完成其制度化、规范化的过程,确立了它在德国职业教育中的主导地位与作用。

（二）德国双元制教育本质要义

双元制教育也译为双轨制、双重制，指的是德国在传统的学徒培训制度基础上逐步发展而成的一种职教模式。双元制中的"一元"指企业，另"一元"指职业学校。受教育者既在企业里接受职业技能和与之相关的专业知识培训，又在职业学校里接受职业专业理论和普通文化知识教育，其时间比约为7∶3或8∶2。它最大限度地利用企业与学校的条件和优势，将实践技能与理论知识紧密结合，是以培养高素质的专业技术工人为目标的职业教育制度。

双元制中培训企业的"一元"，是双元制教育的核心。凡是在职业学校上学的学生，都必须与企业签订培训合同。合同内容包括所学职业名称、时间安排、培训起讫时间、假期、经济收入等。进入企业参加培训，其身份就是学徒，每周需在企业进行3~4天实践技能方面的训练和专业知识的学习。学习期满后，学徒可留在原培训企业工作，也可到其他企业工作或继续上学深造。企业也可根据自己的需要，留下有意向的学徒，也可以拒绝雇用已学成的学徒。

双元制中职业学校的"一元"，是德国中等职业教育的主体，一般有70%的中学毕业生升入双元制职业学校接受职业教育。职业学校大多属于部分时间制，其任务主要是在配合企业职业培训的前提下，实施普通教育和专业教育，深化企业培训中的专业理论。学生一般每周在职业学校上课1~2天，其余3~4天在企业培训；或采取集中几周连续在职业学校学习专业理论知识，然后用更长的时间在企业进行实践技能培训。联邦政府规定职业教育义务教育为期3年，但各州的规定有差异，根据专业不同分为2年、3年或3.5年。多数联邦州按照五类职业专业方向把职业学校相应分为五类：工业类、商业类、家务行业类、农业类和混合职业类。整个培训过程划分为基础教育阶段和专业教育阶段。基础教育阶段主要是掌握某行业的基本知识和技能，而专业教育阶段主要学习本专业的知识和技能。

（三）德国双元制教育特征

1. 两个培训主体——企业与职业学校

企业与职业学校是双元制教育的两个基本培训主体。企业严格按照国家承认的培训职业传授职业技能及职业经验，使学生在实际职业工作过程中接受培训，解决"怎么做"的问题，而职业学校主要传授与培训职业相关的专业理论知识与普通文化知识，解决"为什么这样做"的问题。一般情况下，青少年每周4~5天在企业接受培训，1~2天在职业学校上课，以企业培训为主。从另外的角度来看，这两个主体既涉及私营企业的市场经济，又涉及国家举办的公立学校事业。实际上，两个培训主体的工作并不截然分开，两者在学习进程上力求基本保持一致，甚至在某些方面交叉重叠。企业和学校紧密联系，相互配合，相互补充，以共同完成对接受"双元制"青少年的教育任务。

2. 受训者两种身份——企业学徒与职校学生

在双元制体系中受训的青少年与培训企业签订具有法律效力的培训合同，明确规定在企业培训期间双方的权利与义务。此时，青少年的身份为企业学徒。这些签订了职业培训合同的青少年在合适的职业学校就读,其身份就是职业学校学生,继续接受12年义务教育中的后3年教育。这同时意味着接受双元制培训的青少年拥有双重的权利和义务。根据《德国联邦职业教育法》《联邦劳动促进法》和《联邦职业教育促进法》的有关规定,接受双元制教育的企业学徒可享有获取必要知识和技能、领取结业证书、接受经济资助和自谋职业等多项权利;根据《德国联邦职业教育法》《帝国保险法》《联邦雇员保险法》和《联邦劳动促进法》的有关规定,接受双元制的企业学徒应该履行努力获取知识和技能的义务和参加保险的义务。

3. 两种管理体系——德国联邦政府与州文教部

企业的职业培训由德国联邦政府管辖,受联邦制定的职业教育法约束,按照联邦政府颁布的《职业培训条例》等各类培训条例进行,这些条例由联邦政府科教部及联邦职教所制定。全国各企业必须严格按照条例所规定的内容进行培训。职业学校的教学则由各州的文教部分管。它以由各州文教部部长联席会议制定的《理论教学大纲》为指导性文件。该大纲规定了教学范围、教学目的、时间安排等。各州可根据具体情况进行改动,而职业学校则必须依照各州制定的《理论教学大纲》组织教学。

4. 两类课程——实训课与理论课

双元制培训体系的课程总体来说可分为两类,即实训课和理论课。实训课主要在企业内进行,理论课在职业学校进行,两者在一定程度上有所交叉。企业实训除在培训岗位、教学实训车间进行外,还在实训指导课教室向学生讲授必要的理论知识。职业学校除了理论教室、实验室外,还有作为理论知识补充的实训演示车间。相应地,培训教材也分实训和理论两种教材。实训教材传授"如何做",是联邦职业教育研究所编写的全国统编教材,按照职业技能及相关知识内容进行模块式组合,以保证职业技能培训的统一标准和质量;理论教材则是解释"为什么这样做",针对职业培训的技能要求由各出版社组织著名专家编写,没有全国、全州的统编教材。

5. 两类师资——实训教师与理论教师

在企业向学生传授实用知识和职业技能的师资称为实训教师或实训师傅;在职业学校传授专业理论和普通文化知识的师资称为理论教师或职业学校教师。实训教师是企业的雇员,包括企业的培训师傅和职业学校实验实习课教师,有专职和兼职两种。一般是已完成职业培训后具备2~5年职业实践的师傅学校和技术员学校的毕业生,并通过教育学、心理学考试后符合《实训教师资格条例》者。职业学校的理论教师是国家公务员,包括专业理论教师和普通文化课教师,他们必须接受两个阶段的大学教育,第一阶段是4年的专业学习并通过第一次国家考试后进入2年的第二阶段师范学习,且经过一定的实习期。

6. 两类主要经费来源——企业和国家

德国双元制办学模式的特殊性,决定了其办学经费来源的多渠道。但企业和国家(联邦和州)是主要的经费承担者。企业直接资助是德国职业教育尤其是双元制职业培训经费的主要渠道。企业除负担承建培训中心、购置培训设施、设备、承担器材损耗外,还必须支付学徒在整个培训期间的津贴和实训教师的工资等;而没有自己培训中心的小型企业,则需承担学徒跨企业培训中心的费用;职业学校的经费则由国家和州政府承担,通常是州政府负担教职工的工资和养老金等费用,地方政府承担校舍及校内设备的建设与维修和管理人员的工资等费用。

7. 两类考试——技能考试与资格考试

作为学徒,在3年或3年半的时间里有两次考试,一是第二学年结束前的中间考试,二是3年或3年半培训结束前的结业考试。考试由行业协会负责实施,目的是考核学生对企业培训所传授的技能和知识的掌握程度。并对跨企业培训进行监控,发挥了保证职业训练质量的功能。同时,作为学生还应通过理论考试,内容主要针对职业学校里传授的专业理论知识,一般包括笔试和口试。考试合格者才能获得证书。同样的,双元制教育有两类证书,考试证书和培训证书、毕业证书。前者是与学习地点无关的证明,由行业协会颁发的为全国甚至国外认可的证书;后者是与学习地点有关的证明,有培训企业颁发的培训证书和职业学校颁发的毕业证书。

可见,德国双元制教育中企业培训和职业学校教育的"双元"相辅相成,缺一不可。它们在整体培养目标上合二为一,但在具体的培训过程中又一分为二,表现出明显的双元属性。通过最大限度地利用两者的条件和优势,既使学生在实际工作氛围中获取实践经验,锻炼各种职业能力与社会交往能力,又能在学校系统掌握专业知识,奠定理论基础,培养敏捷的思维能力,从而适应毕业后的工作。

(四) 德国双元制教育的具体实施

1. 企业内培训的实施

通常情况下,企业根据自身发展需求计划提出用人需求(包括时间、岗位及标准等)和技能要求,在州就业局登记、网上发布并录入人员需求库,向社会提供培训岗位。然后,结束普通学校义务教育的各类学校毕业生根据自己的爱好、特长及学习成绩向企业或州就业局提出申请。之后举行能力测试,根据申请者的技术理解和动手能力遴选合适的学徒,或根据能力将其推荐到别的职业工种。再由工商界的人事部门进行审查,经过三个月试培训,认为其具备当技术工人的条件后,学生便与企业签订培训合同成为企业的学徒。企业培训必须依照全国统一的培训条例进行。企业的培训场所是多种多样的,具体可分为:工作岗位、实训工厂、企业内部教学课堂及跨企业的训练工场。企业培训最显著的特点是劳动与学习紧密结合,避免了理论与实际的脱节。

2. 职业学校内的教学

在双元制教育中,各州学校法规定在企业接受培训的学徒必须同时上指定的职业学校,学校的主要任务是教授从事相应职业所需的专业理论知识和普通文化知识,培训重点大约66%是专业课程。职业学校的教学场所主要是课堂,有些职业学校还有教学车间,主要用于补充在企业无法完成的培训,并进行职业实践,还可为理论教学提供直观的演示手段。有些职业学校还配备实验室,实验室中的设施设备接近甚至超过企业的现代化程度。职业学校内的教学须依据文化教育部长会议的总纲教学计划。在该计划基础上,各州文化教育部长根据本州实际情况颁布本州的总纲教学计划。这样既可使联邦范围内的职业学校教育保持一定的统一性,又能照顾到各州的差异。

3. 企业培训与职业学校教育的结合

为避免职业学校和企业之间传授的内容重复或脱节,政府强调各州职业学校教学内容的安排也要依据培训条例。在培训条例的制定中,始终有教育界的参与,而且职业学校总纲计划的讨论也是企业培训条例制定程序中的一部分。为改进和发展企业和职业学校之间的分工与合作关系,联邦政府和各州采取措施,除了让职业学校教师与企业培训员要不断协调教学内容和教学方法外,还共同举办职业学校教师和企业培训员的业务进修活动。

4. 双元制的组织管理和监督

德国职业教育在组织管理和监督方面有严密的规定与机制。其中双元制管理采取由联邦、州政府进行宏观管理,地区各行业协会进行考核的三级管理体制。联邦教育教科部和相关的联邦其他部门(如经济部或劳动与社会秩序部)是联邦一级职教立法与协调的主管部门,尤其是联邦教科部在职业教育问题上起着综合与协调的作用。诞生于1976年的联邦职业教育研究所,则是协助联邦教科部解决职业教育事业上带有根本性和全局性问题的唯一重要机构;州一级包括州文教部及由雇主、雇员和州政府代表组成的州职业教育委员会与各州文教部长联席会议;地区一级为各行业协会,是德国职业教育最重要的自主管理机构,具有咨询监督教育过程、制定颁布教育规章等8项重要职责。具体而言,双元制教育中的企业教育部分由联邦政府直接管辖,对企业职业教育办学资格的认定、实训教师资格的考核和认定、考核与证书颁发、培训合同的注册与纠纷仲裁等,由联邦职业教育法授权给各行业协会负责。学校教育中的教学由州政府负责管理。联邦政府和州政府负责制定教学大纲和教学进度等要求。双元制中职业学校的基本教学要求是在服从企业培训要求的前提下实施普通的理论和专业教育,深化企业实践教学中的专业知识;企业培训教学要按照联邦教育部和有关专业部门共同颁布的培训条例进行,根据培训条例和本企业特点制订具体的培训计划并付诸实施。双元制教育有统一的教学大纲,但没有统一指定的教材;组织实施教学的职业学校和企业根据大纲的要求由主讲教师来具体安排教学内容。

5. 双元制教育考试制度

双元制教育考试的组织和管理由与培训机构无直接关系的行业协会承担,由各类行业协会的考试委员会具体实施。考试委员会由雇主、雇员、学校三方至少3名代表组成,其中,雇主和工会代表人数相同且至少应有1名职业学校的教师;雇主和工会代表数应占总人数的2/3。根据《职业教育法》和《手工业条例》规定,各类职业培训考试均分中间考试和结业考试。中间考试在培训学年中间举行,是为了检查学徒在培训期间的学习和培训情况,考试内容包括职业学校和企业同时传授给学生的知识和技能。考试分技能考试和理论考试两个部分。理论考试以笔试进行,技能考试则根据不同的职业类型,分别以实际操作和笔试形式进行。结业考试在培训结束前一个月举行,主要为了检查学徒在培训后是否掌握了《职业培训条例》所规定的实际技能和理论知识。学徒必须具备一定的条件才能参加结业考试。一般情况下,培训合同须在行业协会注册,必须完成规定的培训时间,参加过中间考试并能提交整个培训期间的培训报告手册。申请结业考试的时间最早不能超过培训结束前两个月,但也有特殊的规定。结业考试分技能考试和理论考试两个部分,学徒并无义务参加毕业考试,但绝大多数都参加考试,因为取得毕业证书的学徒能找到较好的工作,而且整个西欧都承认此类证书。毕业不合格的学徒还可以再考1~2次。

从德国全国范围来看,双元制教育考试大部分采用统一命题的试卷,同一专业的考试在同一天进行。两次考试都包括笔试和实际操作。笔试(6小时左右)检查专业理论和知识水平。操作(约12小时)考查设计绘图和制作成品、半成品的技能。两次考试以工厂企业成绩为主,以职业学校成绩为参考;在工厂企业的考试成绩中以操作成绩为主,以笔试成绩为参考。学徒通过毕业考试,由行业协会颁发各州承认的合格工人证书,持有该证书者可被全德任何企业聘用。

三、双元制教育在国内的实践探索

我国传统的职业教育以职业学校为主,企业参与程度不高,学校教学与实践脱节,毕业生缺乏较高的职业素养,动手能力较差,在劳动力市场上处于劣势地位。20世纪80年代初,我国开始引进德国双元制教育模式,与原联邦德国开展双元制模式合作试点,以期借鉴"双元制"精髓,促进我国的职教改革,培养具有较高职业素养、能适应社会发展、具备较强竞争力的应用型技术人才。

(一)借鉴德国双元制教育的实践探索

20世纪80年代初,随着改革开放步伐的加快,对外交流与合作日益增多,中国经济界和教育界的访德代表团几乎同时对双元制产生了浓厚的兴趣。原国家经委主任袁宝华考察德国经济时发现德国培养技术工人的经验非常有参考价值,于是建议国务院组织有关部门进行研究借鉴。从1983年中德南京建筑职教中心作为第一个中德合作项目建立以来,我国已与德国开展了广泛的合作,先后建立了几十个以"双元制"为模式的职教中心或职业学校。这些中德项目合作单位承担了借鉴双元制改革我国传统职教模式的典型实验工作,为我国职教改革与发展做出了一定的贡献。

第一阶段:"拿来主义"阶段(改革开放初期)。该阶段处于改革开放吐故纳新的探索阶段。一般采取拿来别人成熟的经验模式,试图解决自己具体问题的方式。当时,人们曾乐观地认为双元制模式移植到中国是可行的。该阶段大量中德职教合作项目建立,人们把注意力大多放在项目建立、运转、沟通、协调和具体政策的制定等技术性问题上,而对学习借鉴的目标和本质缺乏深入的思考和认识。"拿来主义"阶段不免带有较强的照搬模式色彩,但它毕竟是引进过程中不可逾越的阶段。

第二阶段:"择优选用"阶段(1989—1995年)。该阶段处于比较研究、选择借鉴的成熟阶段。一般通过系统地对比两国职业教育背景、观念、制度、运行的特点,寻求合作中困难的根源,进而明确借鉴目的。该阶段的特点是拿来之前经过有目的、有重点地选择,拿来之后现行剖析研究,然后有计划有组织地试验并及时总结推广经验。其标志是职教科研、师资培训等服务体系的合作项目建立;区域性借鉴双元制改革试验的启动;1994年中德召开系统总结合作经验、成果和问题的"中德职教合作十年回顾与展望研讨会";在职教中心所和上海、辽宁职教所的指导下以及合作项目单位的带动下两级借鉴实验开始启动。

第三阶段:"本土化"阶段(1995—2000年)。该阶段处于将德国和其他国家的先进教育理论与成功经验本土化的创新阶段。一般是对双元制和其他形式的职业教育进行全景式研究,选择结合国情的可迁移的内容和可变通的形式。在教育教学理论和教学改革实践两方面,通过掌握实质、运用规律、变换模式来制订学习借鉴国外经验的实施方案,做到"标新立异"。所谓"标新",即创新比较教育理论、运用新的科学理论与方法、规范实施程序和设计可操作的方法,使我国的职业教育能面对经济社会发展的挑战,在改革与发展中获得新的突破。所谓"立异",即要建立一个符合现代职教思想、有别于双元制和其他职教模式的、具有鲜明中国特色的职业教育体系和模式。1996年《中华人民共和国职业教育法》的颁布实施,标志着一个具有中国特色的法制化、科学化和社会化的职业教育体系雏形的基本建立。

(二)借鉴双元制模式的实践研究

1983年德国汉斯·赛德尔基金会与南京市教育局借鉴德国双元制模式,共同又有南京建筑职业技术教育中心。此后,陆续又有一批类似项目建立了起来,如二汽技工学校、上海电子工业学校、北京精密机械培训中心和湖北啤酒学校等。为了把改革实验从学校一级的实验点扩大成范围更广的实验田,1989年,原国家教委把目光转向经济改革前沿阵地的苏州及无锡、常州、沙市、芜湖、沈阳等6个分别分布在华东、华中和东北的中心城市。这6个城市特别是苏州地区具有蓬勃发展的经济和良好的教育基础,同时由于这些城市改革开放起步较早,乡镇企业发展迅速,农村城市化进程快,市场经济的发展对职业教育提出了新的要求,因此这些城市具备中国现代职业教育制度发展和改革的优越环境。在地方政府积极响应和所在省的大力支持下,借鉴德国双元制经验、改革我国职业教育的区域实验拉开了帷幕。

这一实验是由地方政府发起,在教育部门、劳动部门、经济部门共同领导下开展起来的。由于这种改革实验涉及面广,对职业教育的改革和发展意义重大,因此6个城市都在政府领导下由主管副市长带头,组成有教育、劳动、经济部门参加的领导小组。6个城市共选择了13所学校和与之合作的20家企业作为实验单位。在实验过程中为做到科研引路,一般都成立了实验研究课题组,并争取获得职业教育专业研究机构的指导。如常州市试点组织管理的成功做法:以主管副市长为组长的试点领导小组加强了对试点工作的统筹规划和总体部署,并对有关重大问题进行决策,明确了企业责任、提供试点经费、制定毕业生考核和待遇规定等。以行业局领导为组长的企校联合领导小组则由行业局、联办企业、学校组成,不定期召开联席会议,研究、解决试点中的具体问题,如发展规划、方案审批、培训经费、人员调配等。此项改革实验,首先确定了以职业能力为本位,培养具有全面素质的技术工人的培养目标。在这一前提下,实施了从办学形式、招生办法、培养目标、教育培训过程、毕业考核和待遇等方面的一系列改革。

以企业为主体是德国双元制办学体制的核心,也是改革办学模式的关键,这意味着企业在整个双元制模式中处于中心地位。因此,这项实验充分发挥了企业的主导作用,具体做到:①改革招生办法,以试点企业为主决定招生的专业和人数,并直接参与招生工作,对考生可增加面试进行心理素质和动手能力测定;②改善学生待遇,由试点企业向学生提供在校生活津贴;③改革劳动工资制度,规定双元制试点班的学生要实行学历证书与技术等级证书的双证制,录取后工资待遇与技术等级挂钩;④对试点企业采取适当的优惠政策,除保证工资和用工指标外,企业在建立实训车间时享受与教育机构一样的优惠政策;⑤企业参与制定教学目标和教学内容,参与教学培训的全过程。

(三) 借鉴双元制模式的实践研究成果

在借鉴德国双元制的改革实验中,政府、教育、劳动、经济部门、企业和学校的有关人员通过赴德考察学习开阔了眼界,解放了思想,更新了教育观念,了解了国际现代职业教育的发展水平和趋势。在城市政府相关部门的政策协调和统筹下,逐步理顺了职教管理部门的职责分工,在各方面都取得了显著的成果。

1. 学生培训质量明显提高

至1984年底,双元制试点班共招收1 798名学生,有两届毕业生。1992年初,12个专业的382名首届毕业生经过严格考核,89%达到四级工标准,其中31人达到五级工标准。通过比较发现,四级工达标率比非试点班高20%左右,而且毕业生多数被安排在复杂加工、维修、调试等工作岗位,显示了较强的操作能力和对职业岗位的适应能力。用人单位普遍反映这些毕业生职业素养较高,质量意识强,许多企业争相录用并给予较高待遇。

2. 企业参与办学积极性提高

企业在实验中发挥了空前的积极性,在培训的管理和实施中都起到了主导作用,为实验提供了重要的人力、物力和财力资源,同时,企业通过录用双元制毕业生尝到了改革的甜头,认识到了自身在职业教育中的重要地位。因此,他们对改革抱着积极的态度,成为推动试点工作的重要力量。苏州医疗器械厂虽仅有800多人,但产品的附加值大,这是与该企业坚持兴办职业教育,参加双元制试点分不开的。该厂每年投资30万元办职教,建立了4个实习工场,装备了120个实习工位,拥有2台数控机床。企业通过双元制试点培养了人才,在国内外的市场竞争中取得优势,发展成为国家大型企业。

3. 教学改革取得突破性成效

在教学改革方面的成果主要体现在确立了以能力为本位,实施全面素质教育的培养目标。这就是以职业能力为中心,进行基本技能训练和专业理论学习,培养"多能一专"的宽基础、复合型技术工人。通过教学领域的改革实验,在课程结构上把职业技能放到突出的位置,改变以学科理论为主的课程模式,理论教学与实训比例从6∶4改为3∶7。并在教学要求、教学条件、考试考核等各方面予以落实,使培训目标真正符合企业要求。同时,在双元制实验过程中,各校普遍加强了教师队伍建设,特别是实训教师队伍建设。

4. 形成管理体制新模式

此项改革实验发挥了地方领导、政府统筹的威力,部门协调、企业参与在管理体制上做出了新的探索和尝试。市政府一级和校企一级的实验领导小组及其职责功能也为整个职业教育常规组织机构的领导和协调提供了成功的示范。在取得阶段成果的同时,也注重试点实验范围的扩大、经验的辐射和成果的推广。如苏州就根据实际情况,采取了适度扩散的方针:一是行业与企业方面的扩散。苏州的试点是从丝织、机械和电子这三大支柱行业开始的,后来又发展到医药和旅游行业。1992年后,又增加了纺织、工艺、轻工、商业等行业,参与的企业也从第一阶段的10个扩展到了20个左右。苏州刺绣厂、喜玛诺自行车零件有限公司等都积极参与这一实验。二是区域方面的扩散。该实验开始是在苏州市区范围进行,随着职业教育办学条件的逐步改善,又把这项实验推向部分农村地区。目前太仓、张家港、昆山、吴江等县级市都有"双元制"班。三是专业门类方面的扩散。双元制试点专业原来都是第二产业工科类专业,着眼于技术工人的培养。按照原国家教委王明达副主任的提议,从1992年起,苏州市组织了旅游服装专业的实验工作,先后有两所学校与企业合作开展实验。四是培训层次的扩散。为了巩固和深化双元制一级培训的成果,从1994年起,丝绸职业中学又与东吴丝织厂合作,在丝绸工业学校的支持下举办了丝织技术与管理专业试点班,为二级培训。受训学员其中有一批是前两届双元制试点班的优秀毕业生。这一层次的培训有两大转变,一是在培养目标上由操作型向应用管理型转变;二是教学指导思想上由技能为主向能力为主转变。

虽然双元制教育实验在国内不断推进,但是由于传统价值观念的束缚、职业教育经费投入的不足和缺少企业参与职业教育的长效机制支持,双元制教育本土化推广障碍重重,有的地方步履维艰、难以为继,老百姓对优质职业教育的需求与双元制教育发展不平衡、不充分的矛盾逐渐凸显。如何推广双元制教育,成为我国各地双元制教育实践普遍面临的重要课题。作为中国制造业高地的苏州,近年来出台了一系列引导职业教育发展的指导性意见、总体规划以及促进校企合作的地方法规,为区域职业教育改革发展创造了良好环境。苏州健雄职业技术学院依托当地德企背景、旺盛的技术技能人才需求,坚持职业教育双元制模式本土化研究与实践,受到广泛关注。

四、苏州健雄职业技术学院双元制教育本土化探索

苏州健雄职业技术学院(以下简称"健雄学院")是顺应地方经济转型升级对人才需求升级的需要而创办的一所县办高职院校。该校虽然创办仅仅十多年,但是在引进德国双元制并本土化创新上走在全国职业院校前列,为苏州经济社会发展提供了重要的技术技能人才支撑,为我国职业教育模式创新、体制机制改革提供了参考样本。

(一)双元制教育本土化实践历程

德国《对话》杂志曾评论说:"太仓是中国大上海边上最理想的德企投资地。"改革开放以来,苏

州太仓因区位、人文、经济、环境等优势成为德资企业投资中国的首选地和全国德资企业最密集的县级市。大批德资企业的进驻，不但优化了产业结构，提升了太仓的综合竞争实力，同时，也为太仓带来了享誉全球的双元制教育模式。

1. 双元制教育模式的引进

2001年8月，由克恩—里伯斯和慧鱼公司发起，江苏省和德国巴符州两地政府共同合作，与健雄学院的前身太仓职业教育中心校投资组建了国内首个德资企业专业技术工人培训中心。培训中心引进德国双元制教学模式培养中职层次学生，完全按照德国工商行会的行业标准培训技术工人，为更多来太仓投资的德资企业培养高素质专业员工。培训中心毕业生全部进入当地德资企业工作，其中一半以上的学生由于工作出色被送往各自公司在德国的总部培训并成长为技术骨干。

2. 双元制教育层次的提升

在与克恩—里伯斯公司及慧鱼公司成功合作的基础上，2004年又与德国舍弗勒公司合作，每年招收100名中职学生，进行双元制培养。2006年9月开始，健雄学院继续与该公司合作，每年招收三年制高职机电一体化技术专业学生20名，将双元制人才培养模式成功拓展到高职层次，并不断在相关专业移植推广，双元制教育的受益面不断扩大。

3. 双元制教育规模的扩大

由于双元制人才培养模式向高职层次的成功拓展，学院影响迅速扩大。2007年6月，德国工商行会上海代表处与健雄学院合作，在地方政府和德资企业支持下共同成立"AHK—上海、健雄职业技术学院专业技术工人培训中心"（以下简称"中德培训中心"），多方合作培养高职机电、模具专业人才，当年100名学生与14家德资企业签约，开展"招生即招工"现代学徒制模式培养，学生以"学生和学徒"的"双重身份"进入培训中心学习，合作企业分担培养成本约3万元/生。

4. 双元制教育范围的拓展

在与德国企业进行双元制合作培养的同时，健雄学院将视野转向更多的外资和内资企业，2012年以来，先后与美国史泰博公司、苏州莱克电子公司、太仓新阳光集团、申久化纤公司、东诚塑胶公司等数十家企业开展教育合作。学生进校后与企业签订协议"定岗双元"培养。2015年应舍弗勒公司要求，健雄学院与同济大学采用双元制模式联合开展专本衔接教育项目，与常熟理工学院开展"3+2"专本连读双元制项目，2018年健雄学院将启动与德国多特蒙德应用技术大学的中外合作应用本科项目，双元制教育的层次、规模、水平不断提高。

（二）双元制教育本土化模式形成

1. 双元制教育本土化改革思路

健雄学院在引进德国双元制教育过程中，从办学思路、培养机构、学生身份、教师组成、教学内容、课程时间、经费来源等维度把握德国双元制本质特征，并由此进行双元制本土化改革（表1）。

表1　双元制教育本土化模式的改革思路与措施

	德国双元制特点	改革思路	改革举措
办学思路	以企业为主,以实践教学为特色	面向企业,通过产学紧密合作,推进产学合作教育	校企共同确定培养目标,建设实训基地、培养双师素质教师、改革课程体系
培养机构	企业与学校共同培养	根据"工学交替定岗双元培养""2+1定岗双元培养"等模式,实现校企合作	"工学交替定岗双元培养"模式:以企业为主体,由企业和学校共同培养;以企业为主,由学校和行会、企业等组建的董事会合作培养;"2+1定岗双元培养"模式:学生前两年由学校培养为主,穿插到企业参加实习,第3年在企业定岗双元培养
学生身份	"学生+员工"双重身份	根据上述两种人才培养形式,实现学生双身份的构建	"工学交替定岗双元培养"模式:"学生+员工"双重身份;"学生+准员工"双重身份;"2+1定岗双元培养"模式:学生与企业双向选择成为定岗双元培养企业的员工
教师组成	工厂师傅、实训教师承担实训教学,教师承担理论教学	组建"双师型教师+培训师"的教师队伍	校企合作培养双师型教师、实训教师
教学场所	教学在企业和学校两个不同地点展开	学校、共建的实训基地、企业	校内生产型实训基地的建设与改造;与企业和政府相关部门合作建立的校内实训基地;企业建立的独立培训中心
教学内容	依据联邦政府颁布的培训条例与培训大纲、州文教部制定的教学大纲	教育部的教学大纲+劳动部职业资格考核标准+企业定岗培训计划	开发项目课程、模块课程
时间安排	学校和企业的培养时间约为1:2	加强实践教学和项目教学,实践教学所占比重保证国家规定的时数要求	"工学交替定岗双元培养"模式:学校和企业约为1:2;"2+1定岗双元培养"模式:学校和企业约为1:1
经费来源	企业和联邦政府	多渠道筹措外部经费	与企业合作建设培训基地;共同进行项目开发;为企业开展教育培训;企业在学校设立专业奖学金

健雄学院双元制教育本土化改革的关键路径:

（1）构建"定岗双元"人才培养模式,形成"双主体、双身份"的人才培养新格局,确立了企业办学主体意识和学生员工意识,实现人才培养与职业标准的对接。学生进校的同时又成为企业职工,双身份使企业产生培养高技能人才的预期,决定了企业办学主体和人才培养主体身份,使企业积极参与人才培养的全过程。

（2）借鉴德国双元制教育的企业培训中心运作模式,政校企行四方共建培训中心,勾画出"学校元—培训中心—企业元"人才培养创新路径,使培训中心成为校企对接的有效载体和学生实训的稳定平台,实现教学过程与生产过程的对接。培训中心共建、共管、共享,承担课堂向岗位转变、知识向能力转变、学生向企业员工转变的职能,实现人才培养的校企深度合作。

（3）政校企行联合搭建"一董三委"（董事会,教学委员会、培训委员会、考试委员会）组织体系,以及"岗位确定、双元培养"的人才培养机制,促进人才培养目标与产业需求的对接。董事会（决策机构）保障了定岗双元模式的长效运行;教学指导委员会（教学标准制订）、培训管理委员会（教学过程管理）、考试委员会（培养质量评价）保障定岗双元模式的有效运行（图1）。

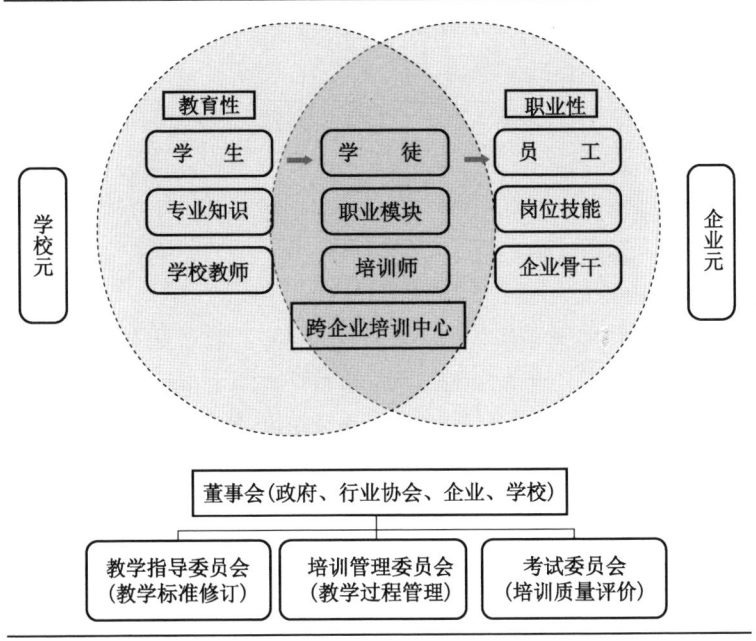

图 1　健雄学院双元制教育组织体系

2. 双元制教育本土化模式形成

尽管双元制是世界著名的德国职业教育模式,但由于制度、文化等诸多差异,在引进过程中不能全盘照搬。健雄学院利用已有的条件和实践经验,成功吸取德国双元制教育模式精髓并运用到人才培养中,形成了双元制教育本土化模式——定岗双元培养模式。所谓定岗双元培养模式,是针对某指定岗位(群)的任职要求,学校和企业共同制订培养方案和计划、确定理论和实践课程体系、开发教材,整合并充分利用校企双方软硬件资源,产学结合、工学交替组织教学。学院双元制本土化模式与德国双元制的特征相比有下列三点不同:一是在国家提倡校企合作的前提下,模式选择维度更自由;二是校企文化的社会主义主流思想与校本健雄精神的深度融合;三是校企联合,资源优势互补。

"定岗双元"人才培养模式涵盖了人才培养所涉及的几个关键要素,贯穿于职业教育人才培养全过程,其主要特点有三个:一是真正的德国双元制人才培养模式。由德国工商行会上海代表处提供所有的教学计划、教学大纲,组织毕业考试(中期考试)、毕业考试(结业考试),给合格的学生颁发 AHK 职业技术证书;同时德国专家和德资企业全程参与学生的培养过程。二是真正的理论实践一体化教学方式。参照德国的教学目标与要求以及教学资料,结合我国高等职业教育人才培养目标,学历教育与职业培训相结合,采用模块化、项目化教学方式,由德国专家全程把关,在学校课堂、培训中心和企业真实岗位三个场所进行教学和技能的培养。三是真正的工学交替、定岗双元。学生与德资企业签订人才培养协议和实习协议,企业培训与学生在学校和中德培训中心学习,培训的时间比例是3∶2。企业培训是整个教学环节的重要组成部分,完全参照德国的企业培训教学大纲,在企业真实岗位由企业的培训师或培训部门组织实施。

3. 双元制教育本土化模式运作

定岗双元人才培养模式不是单纯地模仿德国双元制教育,也不是对中职教育和中职双元制教育模式简单地进行大专学历的提升,而是通过多年的实践,认真研究、吸收其精髓并利用独特的区域优势,积极探索实践走出的一条双元制教育本土化创新之路。下面以学院中德培训中心为典型案例,解剖双元制本土化运作机理。

(1) 以市场化为导向建立"一董三委"组织管理体制

在健雄学院中德培训中心建立董事会,下设有教学委员会、培训委员会和考试委员会,实行经济独立核算体制。董事会由太仓市人民政府、太仓市教育局、太仓市经济开发区管理委员会、德国商会上海代表处、健雄学院和德资企业等六方选派人员组成,董事会章程明确了各董事单位的权利和义务。董事会全面负责和领导中德培训中心的建设与发展以及财务运作,为定岗双元人才培养模式的组织实施提供机制和制度的保障。健雄学院教师团队和企业培训团队负责教学的执行和评价。培训委员会由德国商会上海代表处常驻资深培训专家、德国教育质量管理专家、部分德资企业培训专家和健雄学院教学负责人等四方代表所组成,全面负责中德培训中心的日常管理和定岗双元人才培养的具体运作。培训委员会按照德国教育质量管理体系的标准,采用例会制度,定期进行工作交流,全面领导整个中心的教学和培训工作并协调合作德资企业双元制学员的培训工作;考试委员会则由健雄学院、德国商会上海代表处、德资企业技术专家和太仓市人力资源和劳动社会保障局职业技能鉴定中心四方代表组成,负责培训过程的监督与培训质量的跟踪、反馈和德国职业资格毕业考试的组织与实施,并颁发相应的学历证书和技能等级证书。健雄学院中德培训中心运行管理框架如图2所示。

(2) 以职业活动为核心创建教学模式

一是定岗双元人才培养模式在学历教育和职业培训并重的原则下进行,学历教育以满足学生综合素质发展和学习能力的培养,而职业培训则满足学生职业生涯的发展和企业的要求,整个培训过程以职业培训为主,其教学计划和教学大纲的制定也是以此为前提。此外教学计划与教学大纲需通过学院、商会和企业共同研究确定,实践课时与理论课时的比例超过3∶2。

二是课程体系的构建。定岗双元人才培养模式下的课程体系有以下特点:以职业能力为本位确定培训目标与要求,既注重学生职业能力的培养,又注重学生的学习能力、社会能力的培养,特别强调各种能力在职业活动中的运用;以职业活动为核心来设计课程体系,打破原有的课程体系,将课程模块化、综合化,并不强调学科自身的系统性、完整性,而注重知识的实用性及与各知识的联系性,突出了理论为实践服务的宗旨,并强调理论与实践的联系;知识与技能的传授呈螺旋式上升的形态,从简单到复杂逐步加以实施,便于学生对所学内容的理解、掌握与运用。

三是校企合作、工学交替的教学组织形式。在校三年中,中德培训中心的学生主要有学院、培训中心和企业三个学习场所。为突出以职业培训为中心,充分发挥双元制模式的优势,第一学年,

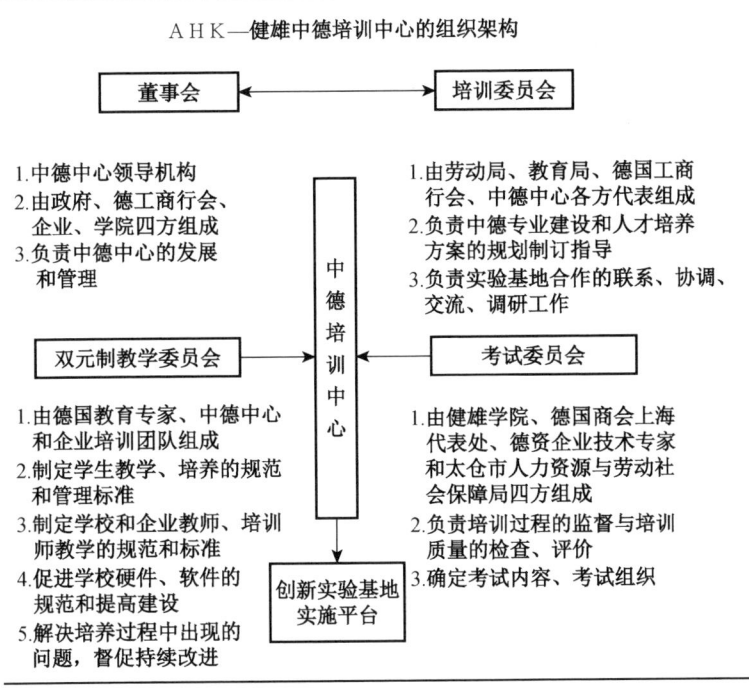

图 2　健雄学院中德培训中心运行管理框架

学生半天在学院上理论课、半天在中德培训中心接受技能培训,同时利用寒暑假到相关企业实习;后两年则 4 周在学院和中德培训中心接受理实一体化的学习和职业培训,6 周到相关企业实习,培养方式循环进行,真正实现校企双元的交替和互动。

教学内容、方法和手段的变革。双元制模式以实践为导向、理论为实践服务等原则来实施,强调综合素质的培养、各知识点和能力要求之间的相互联系。在理论教学内容上,将专业基础课程和专业课程进行整合、模块化,并根据不同专业特点进行"理实一体化"教材的开发;技能教学内容上,则以项目化的方式进行,并同生产紧密联系,提高了学生学习与训练的积极性。在教学方法上,以交互式替代了灌输式,"做中学,学中做",从而使学生学习的态度从"要我学"变为"我要学";在教学手段上,将现场教学、实践教学、模型教学与多媒体有机地结合起来,以学生为主体、教师为主导,强调理论知识在实践环节中的灵活应用。

(3) 以学生为中心构建育人体系

一是企业文化的渗透。定岗双元的学生具有双重身份,既是企业的员工,又是学院的学生。从"校企合作、工学交替"的教学组织形式可知,学生在企业中受培训的时间较多。他们除了接受校园文化的熏陶以外,进入培训中心和企业又感受到了企业文化的魅力。这样,通过三年的培训,学生会对企业有较高的认可度和忠诚度,能较快融入企业之中,从而实现了与企业零距离的对接。

二是学生评价体系的创新。新生报到后在德方专家的指导下,学院对相关专业录取者并有意进入中德培训中心的学生进行宣传和介绍。通过笔试和面试等方式确定录取学员；之后由中心召集有人才需求的德资企业来校举行企业招聘会，让学员与企业面对面交流，通过多次接触了解，学员与企业签订聘用协议。在整个培训过程中，学生需每周自我填写培训记录，并做出每周小结，培训中心和企业的培训师也会对其从工作质量、工作速度、专业知识、培训态度、文明生产、社会行为、安全生产和培训记录等八个方面进行评价和考核，评价和考核采用面对面的方式进行，以鼓励为主，并指出学生需要努力的方向。

4. 双元制教育本土化的创新

在引进德国双元制职教模式过程中，健雄学院根据国情、区情、校情进行消化、吸收、改造，逐步形成了一套具有自身特色的高职人才培养模式，推进了内部管理体制机制改革。

一是模式创新。形成"定岗双元"人才培养模式。在德国，企业依照法律，招工后须与学校合作开展双元制教育。健雄学院从国情出发，招生后，学校与企业、企业与学生签订三方定岗培养协议，培养与合作企业岗位匹配的技术技能型人才，以校企共建的人才培养方案、课程体系、双师团队为依托，以"岗位确定、利益驱动、合同培养、产训共赢"原则校企交替组织教学活动，凸显了教学过程中"学校＋企业"双主体地位和"学生＋学徒"双身份特色。

二是机制创新。确立"政行企校"合作共建机制。在德国，行业企业建立的培训中心是双元制教育实施的基础和关键。健雄学院按照"专业契合产业、引进先进资源、建设循序渐进、坚持政府导向、拓展平台功能"原则，发挥政府支持优势，借助行会和企业资源，搭建跨企业培训中心，作为学校资源与企业资源整合的平台，课堂教学与车间实训对接的平台，学生身份向员工身份转化的平台，教育属性与职业属性融合的平台，教师成长与双师团队建设的平台。为学生提供职业化培训和全真企业环境，在技能训练中渗透理论教学，在企业文化熏陶中渗透社会主义价值观教育，促进学生全面、可持续发展。

三是体制创新。构建"一董三委"组织管理体制。在德国，行会组织在双元制教育中扮演重要角色、发挥重要作用。健雄学院结合国情，由政府、行业、企业、学校为主体组建董事会，作为决策机构，董事会下设教学指导委员会、培训管理委员会和考试委员会，分别作为教学指导机构、实施机构与评价机构，从管理体制上保障了企业在教学中的主体作用与校企全过程融合，保障了人才培养的方向、标准与质量。

5. 双元制教育本土化的突破

一是学历导向突破。在双元制本土化人才培养模式下构建面向区域多层次职业教育体系。德国双元制内涵是岗位培训。健雄学院在双元制本土化改革中，突破学历教育的局限，实现了全日制与非全日制结合、学历与非学历教育并重、专业教育与职业培训并举，通过实施更加灵活有效的方式，充分利用现有的学院资源提供职业继续教育，构建在双元制本土化人才培养模式下的面向区域的多层次职业教育体系。其成效表现在：扩大双元制本土化人才培养模式受益面，满足区域经济和社会发展越来越多的人才需求，提供大批量、多层次、多类型的岗位培训。在培训过程中了解微观经济发展动向，调整和改进教学内容，根据工作实践改进教学理念、引进原版教材、教学设备,密切了与企业之间的关系。

二是学科导向突破。在双元制本土化人才培养模式下构建突出就业技能和创业能力培养的能力评价体系。为达到以上目标,健雄学院改革教学内容,自行开发教材,依据企业任务编写模块化教材,紧紧围绕企业岗位要求,从简单到复杂逐步实施教学,有利于学生在校期间高效地获得较为全面的知识技能,具有较强的社会适应性和市场竞争力。在德国工商行会组织的模具机械工的中期考试中,学生的理论、实践操作成绩均优于德国本土学生;毕业考试中,均获得德国的职业资格证书并获得中国人力资源和社会保障部免试承认的相应工种高级工技能证书。

三是学校导向突破。在双元制本土化人才培养模式下构建学校和行业企业的合作伙伴关系。双元制教育以校企合作为前提,校企合作长效机制的形成,必须突破传统的学校导向,构建校企紧密合作、效益良好的制度保障体系。太仓市政府高度重视校企互惠互动机制的建立,除了主动为校企合作牵线搭桥,还专门发布了引导校企合作的有关文件,出台优惠政策;健雄学院也制定了相关制度促进各教学单位、各专业与企业联姻。目前有近200家企业与学校建立校企合作关系,其中70余家与学校签订了合作协议,成为学院稳定的学生实训实习基地、教师的培训基地和科研基地。

四是制度保障突破。在双元制本土化人才培养模式下构建学校和行业企业的制度保障体系。健雄学院充分利用地方政府促进校企合作的行政引导机制,按照科学性、发展性、整合性等原则,健全双元制本土化人才培养模式下的校企合作制度保障体系。该体系主要由下列制度构成:管理制度,包括校企合作组织(董事会)构建及管理制度、校企互访制度、信息互通制度、自主招生制度、自由雇佣制度、学分管理制度、专业辅导员制度等。实施制度中,人力资源资格方面的制度包括教师培训上岗制度、学生考试准入制度等;工学交替运行方面的制度包括教学计划一体化制度、理论与实践轮换制度、课程模块化制度等;"双师型团队"工作制度包括项目经理负责制度、课程教师承包制度、定期交流制度等。评价制度,包括跟踪反馈制度、第三方考试毕业制度、整体式评价制度等。学院通过校企合作制度构建,不断推进校企合作由物质层面、人力层面向文化层面提升,从而建立校企稳定、长效的合作机制。

(三) 双元制教育本土化实践的启发

德国双元制不是一种简单的方法或教学模式,而是德国的哲学思想、工业传统、管理体制、运行机制和经济有机结合产生的一种独特的制度文化。这种民族的文化,是无法简单复制或移植的。德国与中国在历史背景、文化传统和现实国情等方面存在着很大的差别,不可以也不可能将其全盘移植到中国。针对我国目前职业教育发展现状,德国双元制教育在以下几个方面对我们有所启示。

1. 依托产业建专业,实现教育与就业的相互衔接

德国职业教育在专业设置、教学内容和方法上十分重视市场导向。尤其是双元制教育在制订课程计划时,学校和企业共同磋商,课程内容既有职业技能培训的具体方案,又有职业综合素质的

培养计划,并且双方能根据新技能需求的迅速发展调整培训内容,以确保人才培养与市场需求同步发展。长期以来我国职业教育以政府开办的各种职校为主体,其培训内容与方法基本上由职业学校承担。由于职业学校仅是教育单位而非用人单位,所以对市场变化反应不够灵敏,很难准确把握企业的技术需求与就业状况,毕业生学无所用,就业压力大。因此我国有关部门应做好教育体制与就业体制的相互衔接,尤其是高职院校的专业设置应以市场需求为导向,根据社会经济发展需要调整专业,以达到教育部提出的高职人才培养目标,即以就业为导向,面向社会所需要的岗位和岗位群,实现学校教育与就业市场的"零过渡"。此外,当前科学技术更新加快,经济全球化不断加深,国际间的竞争日益激烈,各国对技术人才的需求也日益迫切。中国要想从制造大国变为制造强国,就离不开大批高素质的应用型技术人员,只有根据形势发展灵活设置专业课程,才能应对社会发展需求。

2. 加强校企合作,发挥校企双方在职业教育中的重要作用

德国双元制教育的核心理念就是校企合作,产学结合,并且以企业的实践培训为主,职业学校的理论教学为辅,企业承担培训的大部分经费,并发挥着举足轻重的作用。我国传统的职业教育大多是以学校为主体,虽也提倡校企合作,但往往停留在就业层面,企业参与不足。前两年职校学习理论知识,后一年集中企业实习的培训模式,使理论课程与实践生产脱节,毕业生动手能力差,对企业也缺乏认同感和归属感。当前,校企合作已成为职业院校发展的必然趋势,它既是经济发展对教育提出的客观要求,也是职业院校生存与发展的内在需要。为实现高职教育"以培养适应生产、建设、管理、服务第一线需要的高等技术应用型人才为根本任务,以适应社会需要为目标,以培养技术应用能力为主线"的培养目标,我们应改变传统职教观念与模式,通过政策加强职业院校与企业的合作,充分发挥企业的主导作用,鼓励企业资助学校实训车间建设,指导学生的生产实习。而职业院校也应按企业所需安排专业,根据企业计划进行人才培养,并设定科研攻关和研究方向,将科研成果转化为工艺技能,提高经济效益,逐步实现校企合作由浅层次向深层次的过渡。

3. 完善法制体系,促进职业教育持续健康发展

纵观德国职业教育发展史不难发现,健全的法制体系是其稳定发展的前提条件,如《职业教育法》《职业促进法》,尤其是《联邦德国手工业规章法》《青少年劳动保护法》等与双元制教育有着密切的关系。这些职业教育法及其法规性的职业培训条例,使双元制教育的开展有章可循,有法可依,从而促进了德国双元制教育的顺利开展,并培养了大批敬业爱岗、技术精湛的工人。

相比较而言,中国还未形成健全的职业教育法律体系。虽然自1991年起,相继通过了《关于大力发展职业技术教育的决定》《中华人民共和国职业教育法》《国务院关于大力推进职业教育改革与发展的决定》,1996年也开始施行《职业教育法》,但作为我国职业教育发展史上的第一部专门性法律,至今已有二十多年历史。随着经济社会的快速发展,不少专家呼吁修改这部法律,如各级政府应将发展职业教育纳入国民经济和社会发展规划,加大对职业教育的经费投入,依法督促职业学校创办者足额拨付职业教育经费,建立职业教育贫困家庭学生助学制度等,以适应当前形

势发展的需要。此外,为完善职业教育法制体系,应建立一系列与之配套的法律法规,尤其是关于校企联合办学实施条例,以保证培训基地与相关经费的落实,并从制度上约束校企双方,使之各尽其职,共同完成培训计划,推进我国职业教育的发展。

4. 建设双师队伍,提高职业教育的水平和质量

教师是职业教育成功与否的关键因素。德国双元制教育中,不但要求教师拥有扎实的专业理论基础,而且还要具备娴熟的实践操作技能,其师资聘任有着一套成熟的培训模式和任职资格制度。通过层层筛选和考核,德国职业教师大多具有广博的知识、精湛的技能及良好的素质,并享受着优厚的待遇,这就保证了教师队伍的稳定和优良。目前,我国职业院校教师知识结构不尽合理,学历层次相对不高,实践能力相对较弱,与党的十九大提出建设创新型国家所需要的高素质职业教育人才不相适应,职业教育承担着培养大国工匠的责任,职教师资和管理队伍建设的薄弱已成为制约职教发展的瓶颈。因此,我们应加强师资队伍的专业化建设。首先,创造条件,鼓励现有教师积极在职攻读相关专业学位以提高学历层次。其次,安排骨干教师与青年教师深入企事业单位进行专业实践和挂职锻炼,提高教师的技能水平。第三,拓宽教师来源渠道,积极引进企事业单位具有一定专长的高技术人员做兼职教师,实行专兼结合,优化教师结构。第四,根据我国实际情况,培养实训实习教师,合理解决和提高实训实习指导教师的待遇,以增强此项工作的吸引力,保证实训教师的数量和质量。第五,制订职业教师培训计划,鼓励教师树立终身学习的理念,积极参加各种活动,不断学习新知识,掌握新技能。最后,应逐渐建立起一套有利于师资队伍发展的教师资格认证体系,以规范职业教育师资队伍,促进职业教育持续稳定发展。

5. 改革投入模式,实现资源共享的最大化

职业教育是项高成本培养人才的教育类型,据测算,职业学校的生均培养成本是同等规模普通学生的3倍。德国双元制教育中,企业直接资助是德国双元制职业培训的主要渠道。但我国职业教育的主要来源是政府的财政拨款,目前制约我国职业教育发展的最主要因素是教育经费不足。职业教育培养出技能型人才,最终受益的是企业。因此,由企业、政府和个人共同分担培训费用是可行的。我们可参考德国对参加双元制教育的企业的补助方法,通过培训费、失业保险金等对参与企业提供补助,以补偿它们为受训者支付的工资和培训费用。其次,探索资源共享的模式,使有限的投入发挥最大的效益。一方面政府应充分发挥其统筹功能,对本地区的职业学校根据其骨干专业进行重点建设,使其各具特色,在此基础上建立职业学校联合体,实现本地区内职教资源共享;另一方面,政府应统筹规划建立通用性较强的综合性实训中心,作为职业学校培训的补充,某些在学校难以完成的基本训练安排在综合性实训中心进行,该中心为本地区所有职校服务,使有限的投入发挥出最大的经济效益。

6. 促进普职互通,为学生提供多种选择的机会

德国教育有两个原则,一是职业教育与普通教育原则上是等值的,二是整个教育体系有较大的渗透性。德国职业学校和普通中学的比例在7:3左右,接受职业教育的人数远远大于普通中学人数。在基础教育结束后的每一个阶段,普通学校学生可以转入职业学校,职业学校学生达到一定的学分也可转入普通学校学习。接受双元制教育的学生,经过一定的文化课补习后可进入高等院校学习。即职教的各个层次与普通教育之间,可以交叉互通。这为学生提供了多种选择的机会。我国的职业教育在很大程度上属于就业教育,接受职业教育意味着学习生涯的结束。但人力资源开发和终身教育体系的构建,需要职业教育和普通教育的协调,这也使职业教育越来越远离阶段性教育的俗套。尤其十九大报告提出,要大力弘扬劳模精神和工匠精神,通过职业教育培养工匠精神,随着经济结构的调整和科技的进步,社会对人才的层次不断提出新的要求,作为终身教育体系重要组成部分的职业学校在招生中受到极大冲击,发展举步维艰。因此,迫切需要职业教育层次的延伸以及职业教育与普通教育的互通,构建一个四通八达的立交桥教育体系,这不仅是我国经济发展对人才的需要,也为个人发展提供了多种选择的机会。

五、双元制教育本土化实践思考

(一) 区域职业教育发展的内部改革方向

1. 拓展合作企业范围,构建校企合作长效机制

高等职业技术教育面向生产、建设、管理与服务第一线,以培养高素质技能型人才为目标,校企合作是其必由之路。学院实施双元制人才培养模式实现培养目标更是需要企业的深度参与。近年来,学院通过多种渠道与企业逐步建立了合作关系,收到了良好的合作效果。但由于我国目前对企业参与学校人才培养工作缺乏硬性约束机制,使得校企合作关系难以维持,校企双方缺乏稳定的合作机制。校企双方构建长效合作机制是亟待解决的问题。教育部《关于职业院校试行工学结合、半工半读的意见》(教职成〔2006〕4号)文件明确提出:"要进一步推动校企合作,找准企业与学校的利益共同点,注重探索校企合作的持续发展机制。建立学校和企业间长期稳定的组织联系制度,实现互惠互利,合作共赢。"

(1) 组建校企合作组织机构。借鉴国外职业教育校企合作实践经验,建立高职院校与企业合作组织机构,在高职院校与企业之间直接架起沟通的桥梁,对培养高级应用型人才和企业的发展将起到重大作用。该组织机构由来自政府相关部门、行业企业和高职学院的成员所组成,共同负责校企合作相关事宜。参与企业可利用高职院校所拥有的各种优势,如知识、技术、成果与信息资源,以及高水平的师资队伍和高素质的毕业生,为企业提供优质服务。高职学院可通过与企业界的联系,获取社会经济和技术发展信息,促进其专业建设,使高职院校人才培养更好地适应社会经济建设发展的需要。

(2) 建立校企合作运行机制,形成社会动力机制。教育部《关于全面提高高等职业教育教学质量的若干意见》指出:只有激发政府、学校、企业三方共同发展的需求与意愿,才会形成合作的动力,校企合作才会更有生命力。一要建立利益驱动机制。校企双方能否长期合作,取决于双方利益平衡点的寻找与把握。因此,必须注重构建双赢的利益驱动机制。从企业角度看,校企合作可以获得如下利益:企业所需的优秀的高素质技能型人才;借助学校优质教学资源进行企业职工进修培训；借助学校在人才、科技、信息等方面的优势，进行新产品的研制开发、新技术的引进、设备的技术改造等；获得政府在减税、贴息等方面的优惠政策；实现企业宣传效应，树立企业良好形象；等等。从学校角度看，可以了解最新的行业发展动态，及时调整专业结构、人才培养规格，提高办学效益；获取企业赞助，改善办学条件，更新教学设备；与企业共同制定专业人才培养方案、开发建设实施课程、考核教学质量、实现学生就业等；与企业共同解决技术难题、研发新项目，提高教师实践工作经验；引进企业兼职教师，建设双师型师资队伍等。二要健全合作保障机制。能否使校企合作产生最大效益，取决于多方是否逐步健全各种保障机制。建立保障机制，政府、高职院校、企业三方各有责任。政府根据国家法律法规，制定校企合作保障政策，并做到有法必依、执法必严。学校与企业共同制定校企合作需要的相关管理规定，如《校企合作协议》《企业培训管理办法》等各个环节的运行管理办法，规范双方义务与权利。

2. 基于学生综合职业能力培养，推进课程教学改革

随着社会经济技术的发展和企业生产组织方式的变革，传统的培养学生动手操作能力的职业教育已不能满足社会的需求，社会和行业企业不仅需要劳动者具有专业能力，还要具备核心能力（工匠精神）和个性特征等方面的综合素质。培养这种综合性的素质除涉及学科、技术等与工作过程相关的方面，还需要全社会共同努力。只有学校、社会共同关注工匠精神的培养，我们国家才会涌现出更多的大国工匠。为改革高等职业教育，适应社会发展的需要，自 2003 年我国教育部开始引进德国学习领域课程理念，并于 2006 年开始，在"高等职业教育示范性院校建设项目"中，正式引进和推广基于工作过程的学习领域课程，党的十九大报告中明确指出专业教育要融入工匠精神教育的内容，各专业院校在公共课、专业课和校园文化中均将工匠精神作为重要的培养内容。

（1）基于学生职业行动能力培养的课程目标。职业行动能力概念于 1991 年在德国文教部长联席会议上提出。学习领域课程模式将职业能力划分为专业能力、人格能力和社会能力。虽然将职业能力划分为三类，但在具体的职业活动中，三种能力是融合在一起、无法分割的，且三种能力的培养需要历经完整的职业行动领域才能实现。专业能力是指在专业的知识和技能的基础上，所具有的目标清晰、技术精湛、方法科学并能独立地完成任务、解决问题与评价结果的心理状态和本领才干。人格能力指的是在家庭、职业和公众生活中，作为个体人格所具有的了解、思考与评价发展的机遇、要求和限制，并能扩展自我天赋及制订和持续开发职业生涯计划的心理状态和本领才干。社会能力指的是能够接受并构建社会关系，把握与理解贡献和冲突，与他人合理地和负责任地相处的心理状态和本领才干。

（2）基于工作过程的课程开发思路。学习领域课程开发的基本指导思想是通过整体、连续的"行动"过程来学习，其基础是职业工作过程。开发思路是由职业行动体系中的全部职业行动领域导出相关的学习领域，再通过适合教学的学习情境使之具体化。其中需要注意的是学习领域不排除知识领域的存在。其中，行动领域是指工作任务的职业情境，是与本职业紧密相关的职业、生计和社会行动情境中构成职业能力的工作任务综合；学习领域指行动领域的教学归纳，是按照教学理论要求对职业行动领域进行归纳后用于职业学校的教学行动领域；学习情境是学习领域的具体化，

是与本职业紧密相关的职业、生计和社会行动情境中职业工作任务在教学过程中的具体和反映。

(3) 行动导向教学原则。基于培养学生综合职业行动能力(专业能力、人格能力和社会能力)为目标的学习领域课程沿用了行动导向教学原则作为设计和实施课程的理念。其基本含义是：学生是学习过程的主体，教师是学习过程的组织者与协调者，遵循"资讯、计划、决策、实施、检查、评估"这一完整的"行动"过程顺序，在教学中教师和学生互动，让学生通过"独立地获取信息，独立地制订计划、独立地实施计划、独立地评估计划"，在自己动手的实践中掌握职业技能、习得专业知识，从而构建属于自己的经验和知识体系。它强调，学生作为学习的行动主体，要以职业情境中的行动能力为目标，以学习情境中的行动过程为途径，以独立地计划、实施和评估即自我调节的行动为方法，以教师及学生之间互动的合作行动为方式，以强调学生自我构建的行动过程为学习过程，以专业能力、人格能力和社会能力整合后形成的行动能力为评价标准。基于以行动导向为教学原则的教学方法主要有项目教学法、案例教学法、仿真教学法、角色扮演教学法、引导文教学法等。

3. 借鉴德国双元制考试方法，全面改革考核方式

近年来，高等职业技术教育经历了从基于知识逻辑的学科课程体系向基于工作过程的学习领域课程体系的转变，但考核方式作为教育教学的一部分，仍在大范围内沿用基于知识逻辑的分科课程的考试模式和方法，高等职业教育考试改革势在必行。德国双元制教育考试模式在职业教育界享有良好的声誉，健雄学院借鉴其全新的考核理念，全面改革课程考核。

(1) 全面实施教考分离。教考分离就是把教学和考试分开，根据专业教学计划和课程标准(或教学大纲)建立包括各种类型的题库、命题、阅卷评分标准等在内的一套较为完整的考核管理系统。每门教考分离课程均建立试卷(项目)库，试卷(项目)库不少于10套试卷(项目)，试题(项目)内容要体现和覆盖课程标准(或教学大纲)要求。课程考试结束统一组织试卷(项目)评阅、成绩评定。教考分离减少了命题的主观随意性，客观地评价学生的知识水平和教师的教学质量，使考试成绩的可信度、可比性大大提高，能有效地发挥考试应有的反馈与激励作用。

(2) 以职业行动能力为课程考核目标。职业行动能力为目标的课程考核设计坚持四个原则：一是完整性原则，评价的思维模式追求的不是学生对学科知识体系完整性的物理性存储，而是对职业工作过程完整性的生物性把握；不只是涵盖职业实践所需要的技能与知识的专业能力，还包括善于学习、善于工作的技巧性、策略性的方法能力和参与性、批判性的与环境及人打交道的社会能力。二是连续性原则，评价的观察模式着眼的不只是学生能力的初始条件和终端状态，更要重视处在起点与终点之间能力发展的渐进过程。三是互动性原则，评价的运作模式不是教师自上而下的"权威性"评价，而是双边的学生主动参与的"民主性"评价，强调师生之间的互动。四是科学性原则，要求评价的理论模式是教育的普遍规律与职业教育的特殊规律相结合的产物——职业科学，人的全面发展包括社会能力和方法能力的评价也是职业教育的目标。

(二) 区域职业教育发展的外部改革建议

苏州双元制教育本土化实践，为职业院校人才培养模式改革提供了经验，也为职业教育综合改革提出了启示。当前,我国进入城镇化建设新阶段,如果没有产业支撑与人才集聚,新型城镇化建设就不可持续。职业教育培养技术技能人才,开发新的人口红利,是连接劳动力与产业发展不可忽略的桥梁,是产、城、人协调发展的纽带。要充分发挥职业教育在地方产业转型、城镇建设中的支撑作用,在借鉴德国双元制教育模式促进职业教育模式改革、内部管理体制机制创新的同时,也要在外部管理体制机制上进行配套改革,要通过多元参与、互利共赢、跨类融合,大力提高职业教育对区域经济的适应性、增强各方参与职业教育的积极性、彰显新时代职业教育的现代性,走出一条中国特色的职业教育发展道路。

1. 建立多元参与体制,提高职业教育对区域经济的适应性

职业教育是就业教育,职业教育与经济有着天然的紧密联系。国内外职业教育实践反复证明,缺少各方支持的职业院校"闭门办学",割裂了职业教育与经济社会的"脐带"关系,必然丧失职业教育生命力。因此,要让职业教育适应区域经济发展,必须首先聚力管理体制改革,推进"一元办学"向"多元参与"转轨。重点要强化四个方面。

一是政府主导。要完善职业教育法规与制度体系,明确地方政府在职业教育中的职责,发挥政府在职业教育中的统筹引导作用;依托职业教育联席会议,协调教育、人社、财政等行业主管部门和职业教育机构之间的关系,防止职业教育管理过程中的内耗和扯皮;参照德国职业教育管理体制加强职业教育行政管理机构改革,实现职业教育统一管理、协同发展;要制定职业教育专项规划并纳入区域发展规划体系。

二是行业指导。要借鉴德国行业协会经验加强推动地方行业协会组织建设,进一步增强行业协会在职业教育中的指导作用,如人才需求预测、课程建设咨询、职业标准制定、职业培训组织、职业资格评估等;充分发挥行业协会在职业教育质量监控中的第三方评价作用;加强行业协会牵头的校企共同参与的职业教育联盟建设,积极为校企合作搭桥铺路。

三是企业主体。尽快出台校企合作促进办法实施细则,明确企业在职业教育的职责权利;在教育部门和职业院校管理队伍中,要配备来自产业部门又熟悉教育的领导干部来管理职业教育;加强"招生即招工"的现代学徒制教育试点,为企业参与职业教育全过程提供条件,把企业由职业教育服务对象转变为办学主体;对履行教育责任的教育企业给予奖励,促进校企零距离对接。

四是学校自主。推进"一校一章程"建设,实现责权利统一、管办评分离;进一步深化绩效考核与人事分配制度改革,激发教师投身职业教育事业的热情,扩大职业院校在专业设置、招生规模确定、学籍管理、教师聘用及经费使用等方面享有充分的自主权,推进管理干部去行政化改革试点;厘定职业教育"负面清单",建立容错机制,鼓励职业教育改革创新。

2. 完善互利共赢机制,增强各方参与职业教育的积极性

职业教育是跨界教育,各方力量共同参与才能做大做强。引导各方参与职业教育,构建互利共赢的利益机制是关键。要探寻政府、行业、企业与职业院校互利共赢的"结合点",推进"教育旁观者"向"命运共同体"转变。重点要推进四项工作。

一是多方共建。目前我国职业院校大部分在县域,扎根地方、服务产业是职业教育的命脉。

因此，地方政府要看到职业教育的价值，建立财政投入与经济发展联动机制、生均拨款与办学效益挂钩机制、地方贡献与项目经费奖补机制等，为职业教育提供稳定的经费保障。要通过遴选"产教融合型企业"等多种方式激励企业履行社会责任，主动参与职业教育和合作办学。同时，要引导职业院校到产业集聚区办学，实现产教深度融合。

二是成本共担。职业教育特别是双元制教育没有大强度的训练、大成本的投入就难以保证高质量、高水平的人才培养，但教育成本完全由政府承担的路径依赖也是需要不断打破。因此要完善企业捐助职业教育的税收、信贷以及住房、子女入学等配套扶持政策，引导激励企业为职业教育提供学徒岗位、实训条件、企业师资，积极参与职业人才培养，分担必要的培养成本。大力探索混合所有制办学，充分利用社会资本、技术、人才等资源，采用市场机制激发职业教育发展活力。

三是多元共管。要推进职业院校建立政府、行业、企业与职业院校共同参与的董事会（理事会），厘清各方职责边界，明晰权利义务。探索党委领导、董事会（理事会）决策（咨询）、校长负责、专家治学、民主管理的内部治理结构，切实保障行业企业在职业教育办学过程中的决策权、话语权和评价权。

四是资源共享。推进职业院校实训基地、图书资料、运动场所等向社会开放，为合作企业提供职工培训、科技成果和优秀学生；鼓励企业与职业院校共建培训中心、研发基地、创新基地，把企业资源转化为教学资源、科研资源、创新资源；鼓励建设企业命名的二级学院（企业学院），推进校企双向兼职，把不同利益主体"捆绑"在一起，努力形成全社会关心、参与职业教育的良好局面。

3. 搭建跨类融合路径，彰显区域职业教育体系的现代性

职业教育是全民教育，人民满意是职业教育的价值取向和根本宗旨，因此要千方百计满足人民终身学习需求，打通各类职业教育之间的"肠梗阻"。随着新型城镇化建设，农村富余劳动力转化对职业教育提出更多要求，传统制造业转型升级对技能人才提出更高要求。满足人的自身发展需要和经济社会发展需要，必须构建网络化、立体化、信息化职业教育体系，推进"教育孤岛"向"跨类融合"转化，实现中职教育与高职教育、职业教育与普通教育、职业教育与社会教育、线下教育与线上教育衔接沟通，为人才多样化成长、多元化成才搭建"立交桥"。重点要推进四项工作。

一是中高本硕衔接。要加强中高职课程衔接，推进中高职一体化培养，在当前普高生源不断萎缩的形势下，适当扩大高职院校面向中职的对口单招规模，把中职校优秀毕业生吸引到职业教育；根据产业发展对多层次技术技能人才的需要，加快普通本科院校向应用技术教育转型，深化高职教育与应用本科教育衔接，大力开展高职教育与国外应用本科高校合作办学试点；积极探索专业硕士人才培养，为职校生学业深造、学历提升打通"断头路"。

二是职业教育与普通教育衔接。要把工匠精神培育融入基础教育，把生产实践内容纳入义务教育学生综合素质评价。在普通中学开设职业类选修课程，开展生产实践体验，聘请高技能人才兼职授课。职业院校实训基地向普通中学开放，组织"大国工匠进校园"活动。倡导"适合的教育"，在普职教育之间搭建桥梁，支持学生根据个人兴趣特长自主选择发展道路。

三是职前教育与职后培训衔接。建立企业职工轮训制度，鼓励企业委托或与职业院校联合开展岗前培训、在职培训和转岗培训。充分利用职业院校资源开发面向市场、服务城乡的培训项目，为职业农民、退伍军人、待业大学生等特殊群体开展精准培训，促进就业创业，发挥职业教育在新农村建设中的富民增收作用。出台学分互认管理办法，建立学分银行，实现职业教育与社会教育互联互通。

四是学校教育与网络教育衔接。顺应"互联网+"时代要求，依托信息技术与网络平台，推进空中课堂、慕课建设，提高职业教育信息化、数字化教学水平。建设职业教育智慧校园，方便"人人在学、时时可学、处处能学"，使职业教育伴随人的一生，促进"人人出彩"。

总之，在学习借鉴德国双元制教育的同时，要遵循职业教育规律和经济发展规律，围绕办人民满意的职业教育总要求，结合中国国情、时代特点和地方特色，大力推进双元制教育本土化创新，大力探索适应各地"土壤"的职业教育发展道路，尤其要加强职业教育内涵建设和外部发展环境优化，聚焦人才培养，聚力教学改革，高质量推动职业教育创新发展，努力提高职业教育的地方贡献度、社会吸引力和国际影响力，发挥职业教育在我国新型城镇化建设和产业转型升级中的不可替代作用。

附件3 区域职业教育标准化建设研究

屠晓东　桂德怀　魏力　周芳①

摘要：教育标准化水平是衡量一个国家教育管理水平的尺度，也是教育现代化的重要标志。我国职业教育标准化建设近几年来在国家层面、部省联动层面已经开展了诸多工作，但与现代职教体系建设和教育现代化水平相比还存在很多不足，苏州作为职业教育发达地区，在职业教育标准化建设方面同样也存在着理论研究还不够深入、政行企校协同参与程度有待提高、标准执行力度有待加强、体制机制有待健全等问题。通过对苏州中等职业学校、技工院校和高等职业院校调查发现，92.48%的人认为加强职业教育标准化建设有意义或很有意义，仅42.8%的人认为当前职业教育标准化建设工作非常好和比较好，85.2%的人认为职业教育标准化建设工作的关键是要领导重视，66.2%的人认为推进职业教育标准化建设工作的主要瓶颈是没有组织机构来落实，80.17%的人认为苏州有条件在全国率先推进职业教育标准化建设工作。课题组通过问卷调查、统计分析和模型建构，构建了以核心内容、体制机制、办学模式、质量评价为主的"一核三维"职业教育标准体系模型，并力求从宏观、中观、微观层面寻得突破与发展。首先要立足宏观视野，做好顶层设计。明确苏州职业教育标准化建设指导思想；确立苏州职业教育标准化建设基本原则；明确苏州职业教育标准化建设整体思路；明确苏州职业教育标准化建设主要任务。其次要重视研发过程，研制高水平标准。制定苏州职业教育标准化建设工作规划与方案；科学研制系统的职业教育标准体系框架与结构；及时推广职业教育标准化建设工作经验与典范；尽快完善职业教育标准化建设工作体制与机制。再次要强调微观落实，建立考核机制。加强职业教育标准化建设理论研究与培训；推进职业教育标准化建设人才选拔与培养；注重职业院校标准化管理模式改革与创新。

关键词：苏州；职业教育；标准化；模型；对策

---

① 屠晓东，苏州市教育科学研究院副院长；桂德怀，苏州工业职业技术学院经贸管理系主任、博士、教授；魏力，苏州工业职业技术学院经贸管理系副教授；周芳，苏州工业职业技术学院经贸管理系副主任、副教授。

一、职业教育标准化建设的意义与状况

(一) 职业教育标准化建设的重要意义

党的十八届三中全会提出,政府要加强发展战略、规划、政策、标准等的制定和实施。党的十九大报告明确要求,全党要深刻领会新时代中国特色社会主义思想的精神实质和丰富内涵,在各项工作中全面准确贯彻落实。坚持全面深化改革,必须坚持和完善中国特色社会主义制度,不断推进国家治理体系和治理能力现代化,构建系统完备、科学规范、运行有效的制度体系,充分发挥我国社会主义制度优越性。自 2015 年国务院印发《深化标准化工作改革方案》推进标准优化建设工作以来,标准化建设已经成为政府治理行业的重要手段之一,成为国家治理体系和治理能力现代化的重要组成部分。

钱学森曾指出:"标准化是现代化的标志之一。"[1]作为公共服务行业的教育也日益得到标准化组织的重视,自 20 世纪 90 年代以来,以欧美为代表的发达国家教育改革的共同特点,可以概括为"世界教育正进入基于标准的提高质量时代"。[2]教育标准化水平作为衡量一个国家教育管理水平的尺度,是教育现代化的重要标志。教育标准可以参照国际标准发展的三个阶段,大致分为产品标准、体系标准和社会标准三种类型。[3]教育标准主要包括对某种类型教育基本概念的界定,对教育目标、教育环境、教育资源的确定以及对教育过程管理、教育质量保障、教育质量改善与评价的规定。[4]教育改革和创新,就是要在新的历史时期,准确把握时代特征,及时并超前完善教育标准,做到对外适时与国际接轨,对内与社会经济发展和行业企业需求接轨;纵向实现不同层次、不同类型教育接口统一,横向实现不同学校间的共同质量标准和管理规范,这样才能引领教育为时代和社会发展培养出合格的、优秀的人才。所以,不断完善教育标准,提高标准的执行力,是不断提高人才培养质量的过程,也是教育现代化的过程。

(二) 职业教育标准化建设的基本状况

1. 职业教育标准化建设的国际视野

(1) ISO9000 系列标准在教育行业的应用

国际标准化组织(ISO)针对不同行业制定了一系列标准,其中最著名的就是目前采用范围最广、为全球经济质量管理做出重大贡献的 ISO9000 系列标准。早在 1992 年,在美国就已有 220 所高等院校(包括哈佛等名校)采用 ISO9000 标准。为了使 ISO9000 标准在教育领域中更好地兼容,发布了 ISO/IWA2:2003"质量管理体系——教育行业实施 ISO9001:2000 指南",现已被各国教育界广泛接受,也有一些国家基于 ISO/IWA2:2003 的核心理念和管理方法,开发了一些更适合本国情况的教育行业标准体系。

(2) 德国的职业教育标准化建设情况

德国职业教育标准体系依据全面的、过程性和以人为本的教育质量观,分为纵向层级管理和横向质量控制两个主要维度,是由宏观、中观及微观三个层级,输入、过程、输出与长效质量四个节点构成的标准系统。[5]纵向从宏观职业教育体系结构及教育体制机制设计、中观教育执行机构(包括职业学校、培训企业、行业协会和跨企业培训机构)的建设及运行、微观职业教育教学活动具体实施三个主要层面对职业教育质量进行科学管理与严格控制。横向分为四个相互联结的关键环节,即教育输入质量、过程质量、输出质量和长效质量。德国职业教育标准体系的研制和实施为国际职业教育质量保障与发展树立了典范。

(3) 美国的职业教育标准化建设情况

美国职业教育标准体系构建源于20世纪80年代的标准构建热潮。美国构建的职业教育标准体系包括标准描述、课程层面标准的落实、课堂层面标准的落实三个基本环节。[6]标准描述强调科学性与具体性;在课程层面的落实上,各州运用依据标准所编制的评价工具对学生学业水平进行测试并做出判断,并由此获得财政拨款;在课堂层面的落实上,通过审查教师的授课计划、开发相应的证书进行监控等措施,给教师提供详细指导与帮助。

(4) 英国的职业教育标准化建设情况

20世纪80年代英国政府启动了"标准化"的职业教育改革,利用强大法律权力、行政能力控制着职业教育的改革与发展,采取了包括推行职业教育试点、推行国家职业资格制度、实行现代学徒制等一系列改革措施,在全国范围内逐步建立了统一、完整的"标准化"的职业教育新体系。[7]它具有三个显著特点:一是形式灵活,不同类型的学院有不同的特点、不同的标准,课程形式也非常多样;二是三明治课程,将课堂教学与工业训练分段交错进行;三是证书体系完整,各种证书之间还建立了互换关系,以及与之相伴随的严格的、标准化的资格认证制度,大大提高了职业技术教育的标准化程度。

以上为职业教育的改革和发展提供了成功的范例和经验,也对我国职业教育的标准化建设给予了许多启示。

2. 我国职业教育标准化建设的现状

(1) 职业教育标准化建设还存在差距,但逐步得到重视

我国教育标准建设工作与世界发达国家相比还存在一定的差距,主要表现为:标准建设体制不健全,尚未形成职业标准建设的国家体制;标准建设内容不健全,没有形成系统化的标准体系;标准研究工作滞后,职业教育标准与产业技术技能标准存在脱节现象;现有标准执行力度不够,缺少应用和考核机制。当然,近些年来,我国教育管理部门对教育标准的完善和系统化建设日渐重视,职业教育标准化也取得新的进展。《国家中长期教育改革和发展规划纲要(2010—2020年)》以及在教育部的年度工作目标中都把教育教学、学校管理、师资建设等教育标准的制定和完善作为重要工作之一。

(2) 部省联动研制职业教育标准,逐步完善标准体系

2010年,教育部在修订《中等职业学校设置标准(试行)》基础上印发了《中等职业学校设置标准》,并要求各地要依据《中等职业学校设置标准》对中等职业学校进行检查评估,对不达标的中等

职业学校要通过加强建设、资源整合、布局调整等措施,限期达标。2012年,教育部提出要开展课程体系和专业培养标准与国际标准对接的改革,上海市首批13个专业、天津市首批12个专业在借鉴美国、英国、澳大利亚等国经验的基础上完成国际水准专业教学标准开发工作。2013年,教育部颁布了《中等职业学校教师专业标准(试行)》;2014年,教育部颁布了《高等学校辅导员职业能力标准(暂行)》;2014年,教育部公布了首批14个专业类95个《中等职业学校专业教学标准(试行)》。2015年,教育部又研究制定了《中等职业学校校长专业标准》。由此可见,中等职业教育正在从学校设置标准、专业教学标准、校长专业标准、教师专业标准的构建入手,逐步完善中等职业教育标准体系,但高等职业教育的标准化建设相对滞后,尚未形成完善的高等职业教育标准体系。

3. 苏州职业教育的标准化建设

苏州积极贯彻落实《国务院关于加快发展现代职业教育的决定》(国发〔2014〕19号)《江苏省人民政府关于加快推进现代职业教育体系建设的实施意见》(苏政发〔2014〕109号)等文件精神,印发了《苏州市人民政府关于加快发展全市现代职业教育的实施意见》(苏府〔2015〕119号),提出依托职业教育标准化建设培育卓越院校,探索建立符合苏州产业特点、具有行业影响力的职业教育体系标准,促进区域产业升级和人才集聚。目前,苏州在职业教育标准制定、标准实施、组织管理等方面已取得了一些成效。

首先,初步建立了职业教育标准化建设管理机构。即将成立由市长任组长、分管副市长任副组长的苏州市职业教育改革发展领导小组,领导小组办公室设在市教育局,制定和落实加快现代职业教育发展的相关政策,编制和实施苏州市职业教育发展规划。苏州职业教育标准化建设管理工作主要由苏州市教育局"高等教育与职业教育处"负责,承担着中等职业教育和高等职业教育的统筹管理工作,具有拟定教学计划和教育质量评估标准等职能,全面指导职业教育教学改革及相关教材建设工作。

其次,已经制定了部分职业教育教学标准。对照国家职业院校专业教学标准,苏州的政府部门及职业院校有针对性地探索构建了部分苏州职业教育标准体系,如学校建设标准、品牌专业标准、特色专业标准等;在职业教育师资队伍标准设定中,探索了职业院校校长和教师专业标准;在职业教育专业与课程标准设立中,提出了专业与课程多元联动开发标准,促进课程标准与职业技能标准对接,实现职业教育课程、实训基地与产业技术发展相适应;在职业教育评估标准设计中,提出由职业院校、行业企业、研究机构及第三方评价机构共同参与的职教评价机制,初步构建了比较客观的职业教育质量评价指标体系。

再次,已经开展职业教育标准化建设实践工作。苏州通过制定政策给予现代职业教育标准化建设组织领导、督察引导、经费投入保障;教育部门、职业院校纷纷探索专业、课程、教材、教学内容、教学方法、教学实施等职业教育教学系统各关键要素的标准化建设,尤其是职业教育教学系统与企业生产系统的有效对接;职教师资要求开展"双师型"教师的资质认定工作,如获得职业能力等级认证证书、下企业顶岗实践等;探索了职校生双证书制度。

从苏州职业教育标准化建设整体来看，还存在一些亟待解决的问题，具体表现在以下几个方面。

第一，基层管理人员标准化建设理论基础比较薄弱，对职业教育标准体系模型认识深度不够。虽然苏州职业教育管理者对标准化建设的重要性及价值有了较深刻的认识，但职业教育标准化建设实践是由基层执行者来完成的，而基层教育管理人员及执行者对标准化建设的理论研究基础较为薄弱，尤其是对职业教育标准化的概念、范围、原则、标准体系等理论认识较为模糊，研究不够深入，尚未凸显理论指导实践的效用。同时，不少基层执行者对职业教育标准体系模型构建和认识不足、标准执行力不强等问题，也使得教育标准化建设工作落后于职业教育发展进程。

第二，政行企校开展职业教育标准化建设协同性不够，围绕职业教育标准体系模型合力攻关不足。苏州市政府各相关部门虽然非常重视职业教育的标准化建设，但真正的建设实施有赖政、行、企、校多元主体的共同参与，尤其是专业标准、课程标准、实训室建设标准的设立与执行。首先，行业企业在职教标准化建设中的参与度偏低。在职教标准化建设中往往出现缺位、错位、越位现象，比如参与制定标准的行业企业涉及面窄，典型企业代表少，不少本该由课程专家和企业专家协同完成的职业技术标准、专业标准、课程标准，却由各院校专任教师单独设计，本该由政府来协调的企业合作体制性政策与法律问题，却由学校承担无限责任，造成各专业人才培养定位、课程标准等与企业实际需求存在较大偏差，无法全面体现企业对专业人才的真实需求。其次，同一区域内院校间协同少，标准化建设出现各自为政的现象，中职院校与高职院校的标准衔接性不强。再次，专任教师普遍缺乏企业经验不利于标准研制。作为职业教育标准化建设最直接的专任教师，由于多数来自高校应届毕业生，缺少企业岗位实践经验，在具体的职业教育标准化建设中，其已有的资质和水平很难达预期的职教标准，直接或间接地影响了职业教育标准化建设质量。可见，苏州职业教育标准化建设各方协同度较低，合力尚未形成。

第三，职业教育标准化建设与实施的执行力度还不够，针对职业教育标准体系模型内容的督导检查不力。在苏州的职业教育标准化建设中，由于很多标准不够具体和量化，对标准的执行没有提出明确的规定，造成职业教育教学系统中的课程、教材、教学实施等与标准的对接不够紧密。首先，不少职业院校还基于学校本位构建课程体系，课程设置不够严谨和规范，没有统一标准，缺乏职业化、标准化、模块化特性。其次，职业院校课程实施方法与标准化建设目标不够匹配，大多数职教课程教学还停留在学校授课与简单的顶岗实习层面，尚未完全根据企业需求为学生提供"学做创"贯通的生产性实训基地，无法全面提升学生的实践技能与素养。再次，职业教育标准化建设尚未健全体现能力等级特点的职业技能体系，在学生的技能鉴定中虽已开设了专业技术资格等级证书，但仍有不少专业缺乏公正、科学、权威的专业技术资格等级认证，出现专业教育和职业资格证书脱节问题，对职业教育体系标准化实施产生了很大阻碍。

第四，推进职业教育标准化建设体制机制还不够健全，围绕职业教育标准体系模型联动机制不强。职业教育标准化建设有赖健全的参与机制、管理体制、监管机制，但目前苏州职业教育的标准化还处于起步阶段,相关体制机制还不健全,对标准化建设的监督规范力度不强。首先,在标准化建设的参与体制中,尚未设立落实标准化建设的组织机构和行之有效的参与机制。其次,在标准化建设管理体制中,尚未建立全面包含教学系统关键要素标准(专业标准、课程标准、教材标准、课程实施标准等)的规范管理体制机制,造成各职业院校课程体系设计、课程内容设置及实施都存在较大随意性,缺乏标准化管理。再次,在标准化建设评价机制中,尚未健全系统的监督评估与反馈机制,无法对职业教育的标准化建设做出客观、公正、科学的评判,更不能获取有效的反馈信息来更好推动苏州职业教育标准化建设进程。

4. 职业教育标准化建设的主要任务

2014年,《国务院关于加快发展现代职业教育的决定》明确指出,近年来,我国职业教育事业快速发展,体系建设稳步推进,培养培训了大批中高级技能型人才,为提高劳动者素质、推动经济社会发展和促进就业做出了重要贡献。但同时,我国职业教育还存在不能完全适应经济社会发展的需要,结构不尽合理,质量有待提高,办学条件薄弱,体制机制不畅等问题。尽管产生问题的原因是多方面的,但职业教育标准化工作滞后是影响职业教育质量提升的重要因素之一。因此,加强职业教育基础性、关键性环节的标准化建设意义重大。当前,主要任务有三个层面:一是要开展职业教育标准化的系统研究与顶层设计,要把职业教育放在教育系统、产业经济系统和经济社会发展大系统中来思考和设计,厘清职业教育类型和层次、硬件和软件、目标和方法、路径和策略,描绘一张整体性、系统性和前瞻性的标准体系;二是要推进职业教育重要标准的开发和研制工作,要加强基础性标准、关键性标准、全局性标准和紧迫性标准的开发,要加强政、行、企、校的联合,专家、学者、教师、企业骨干的合作,在调研、借鉴和创新的基础上开发出高质量的职业教育标准;三是加强职业教育标准执行情况的检查和监督,标准是提高质量的依据和参照,在办学过程中重在贯彻和落实,对标找差、创新发展才是有效路径。事实上,在我国职业教育不同层面都存在忽视标准、不能严格执行标准的现象,因此,各层级管理部门要通过第三方加强标准执行情况的评估、监测和考核,督促职业教育管理和办学机构依据标准,切实提高职业教育的办学水平和管理水平,真正办出人民满意的职业教育。

二、苏州职业教育标准体系的建构

(一)职业教育标准体系构建的理论方法

职业教育标准体系研制与开发是一个比较复杂的系统工程,需要采用科学合理的方法,才可能解决这些重要问题。本文采用"结构化生命周期法"作为职业教育标准体系建设的有效方法。

标准体系开发一般包括:标准体系规划、标准体系结构分析、标准体系内容研制、标准体系实施(试运行)、标准体系运行与管理五个步骤。这五个阶段首尾相连,当标准体系运行后又会面临新的职业教育需求,会出现新的矛盾和问题,就需要进行标准体系的更新(再开发),开始新的周期循环,所以称之为"生命周期",即一个标准体系从它的提出、开发、应用到系统的更新,经历了一个产生、发展和淘汰的循环过(图1)。"结构化"是指标准体系的开发过程有一定的"固定结构",它要求开发的每一步都必须进行科学的调研、数据的统计分析,形成这一阶段格式化的分析研究报告,并且这一报告必须经项目组负责人审批通过,方可开展下一步的开发,以保证系统开发的质量和稳定性,避免随意决策、问题出现、返工修补等现象产生。

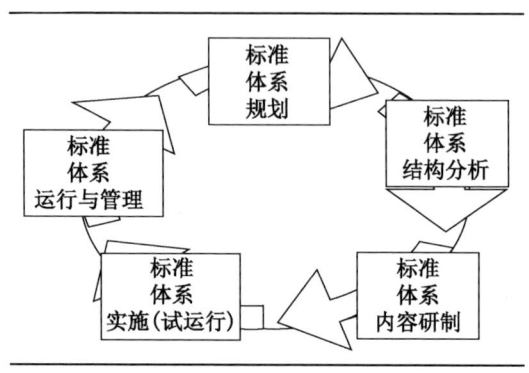

图1 标准体系开发的生命周期

区域职业教育标准体系开发流程及逻辑关系如图2所示。

(二)苏州职业教育标准体系的构建

依据"结构化生命周期法",我们主要通过调研来采集信息,精准分析。通过对苏州中等职业学校、技工院校、五年制高职学校、高等职业院校共24所职业院校和教育主管部门、行业企业单位进行调研,发放问卷482份,回收有效问卷479份,有效率达99.38%。其中,高等职业学校146份,占30.48%;中等职业学校193份,占40.29%;技工院校84份,占17.54%;五年制高职学校46份,占9.6%;行业企业等其他单位10份,占2.09%。被调查对象当中,职业院校的领导有46人,占9.6%;职业院校中层干部有116人,占24.22%;职业院校普通教师有198人,占41.34%;职业院校学生有87人,占18.16%;企业人员有19人,占3.97%;其他人员占2.71%。

1. 职业教育标准体系建设调查分析

通过对调查问卷的统计、编码,并借助SPSS19专用软件对调查结果进行统计分析。从参与调研的单位来看,大家对职业教育标准化建设的意义高度认同,具体结果见图3所示,其中63.88%的人认为很有意义,28.6%的人认为有意义,而认为意义不大或没有意义的仅占7.51%。

但是,大家对当前我国职业教育标准化建设工作开展情况还不是高度认可,具体情况见图4所示,其中认为职业教育标准化建设工作非常好或比较好的占42.8%,认为一般化的达到42.49%,还有5.22%的人认为很不好。

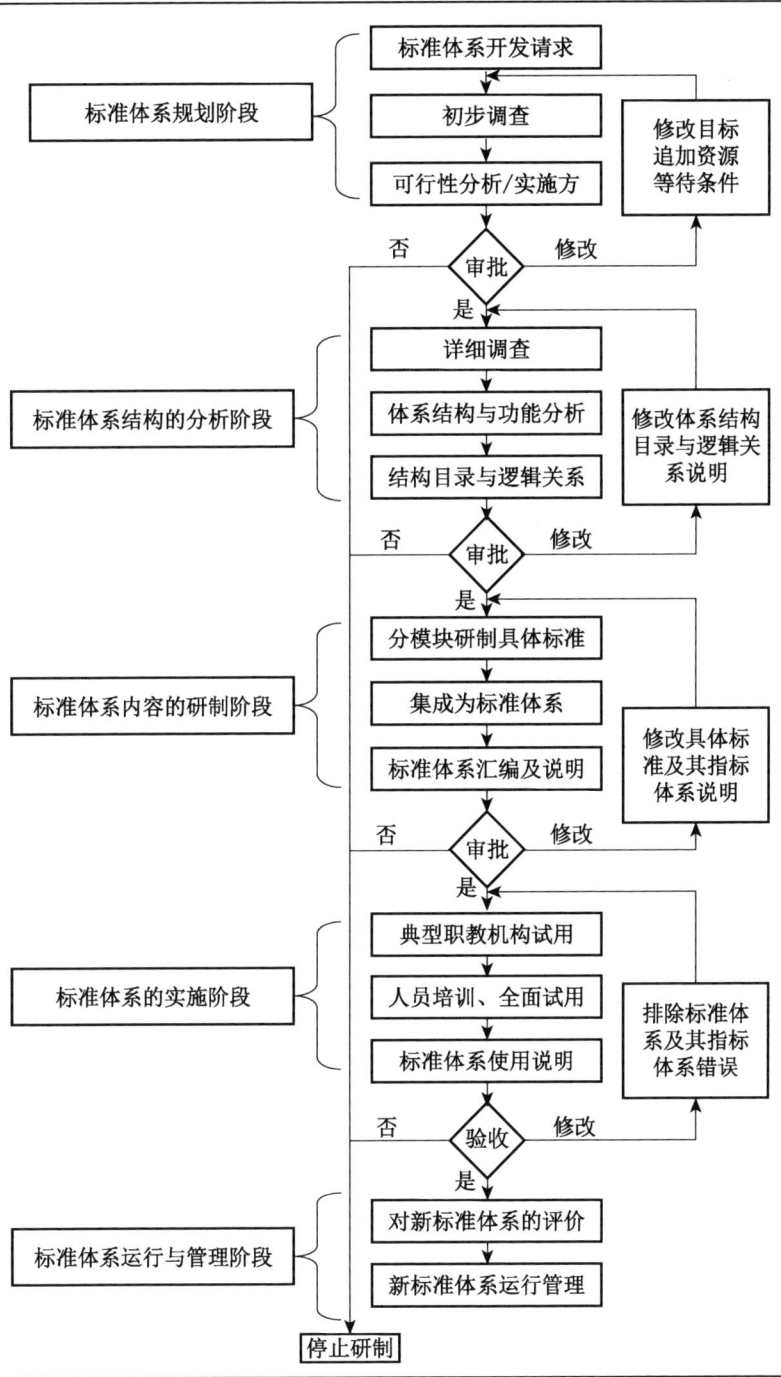

图 2 职业教育标准体系开发流程

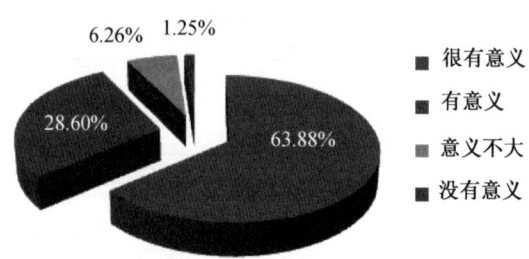

图3 对职业教育标准化建设意义的认识

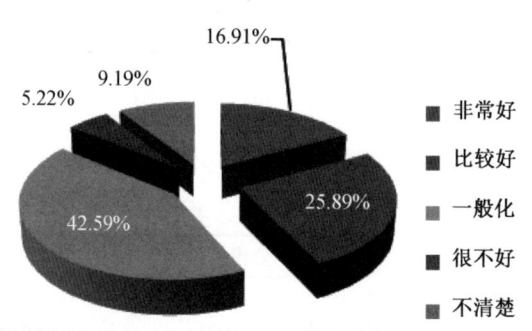

图4 对职业教育标准化建设工作开展情况的认识

同时,人们对推进职业教育标准化建设工作的关键点有不同的看法(表1)。从个案(样本)百分比来看,85.2%的人选择A职业教育标准化建设工作的关键是要领导重视;其次是B要增加经费投入,占比达77%;再次是D要有计划地推进和行业企业广泛参与,占比都达到71%;69.3%的人选择E需要教师广泛参与,64.9%的人选择C要加强理论研究。

表1 关于职业教育标准化建设工作的关键

		$A5 频率		
		响应		个案百分比
		N	百分比	
关键a	A	408	19.4%	85.2%
	B	369	17.6%	77.0%
	C	311	14.8%	64.9%
	D	340	16.2%	71.0%
	E	332	15.8%	69.3%
	F	340	16.2%	71.0%
总计		2 100	100.0%	438.4%

a. 值为1时制表的二分组。

同样,关于当前推进职业教育标准化建设工作的主要瓶颈,结果如表2所示,从个案(样本)百分比来看,66.2%的人选择D没有组织机构来落实,64.6%的人选择C行业企业不感兴趣,57.2%的人选择B理论研究跟不上,还有43.8%的人选择A领导不重视。

表2　　　　　　　　　　关于职业教育标准化建设工作的主要瓶颈

$A6 频率				
		响应		个案百分比
		N	百分比	
瓶颈 a	A	209	18.9%	43.8%
	B	273	24.7%	57.2%
	C	308	27.8%	64.6%
	D	316	28.6%	66.2%
总计		1 106	100.0%	231.9%

a. 值为1时制表的二分组。

至于苏州是否有条件在全国率先推进职业教育标准化建设工作问题,80.17%的人认为有条件,16.7%的人不是很清楚,仅3.13%的人认为没有条件。

关于加强职业教育标准化建设主要内容问题,认识差别较大,具体见表3和图5所示。从个案(样本)百分比来看,占比超过半数的内容有:A教育行政管理、B学校内部管理、C专业建设、D课程建设、E实验实训基地建设、F师资队伍建设、G校企合作工作。而C专业建设、D课程建设和B学校内部管理被认为是最需要标准化建设的内容,占比分别为81.4%、77%和71.4%。

表3　　　　　　　　　　关于职业教育标准化建设主要内容

$NO.8 频率				
		响应		个案百分比
		N	百分比	
建设内容 a	A	331	8.2%	69.1%
	B	342	8.4%	71.4%
	C	390	9.6%	81.4%
	D	369	9.1%	77.0%
	E	331	8.2%	69.1%
	F	296	7.3%	61.8%
	G	261	6.4%	54.5%
	H	186	4.6%	38.8%
	I	224	5.5%	46.8%
	J	224	5.5%	46.8%
	K	214	5.3%	44.7%
	L	227	5.6%	47.4%
	M	123	3.0%	25.7%

续表

	$ NO.8 频率	响应		个案百分比
		N	百分比	
建设内容 a	N	142	3.5%	29.6%
	O	114	2.8%	23.8%
	P	132	3.3%	27.6%
	Q	153	3.8%	31.9%
总计		4 059	100.0%	847.4%

a. 值为 1 时制表的二分组。

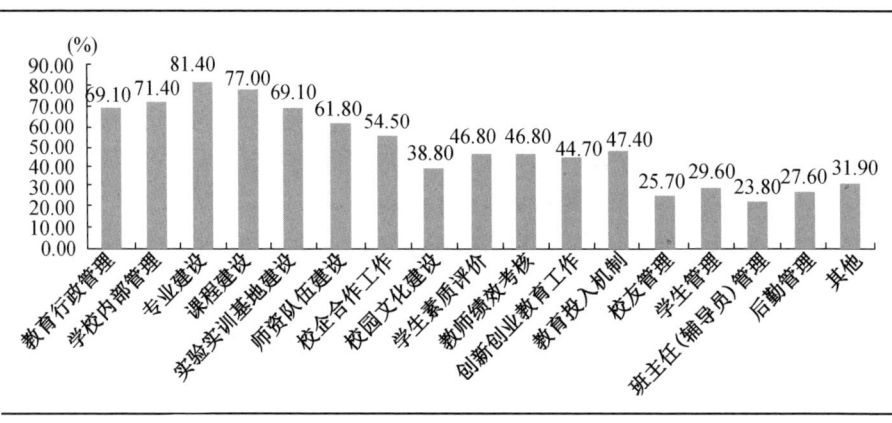

图 5 对职业教育标准化建设主要内容的认识

关于当前职业教育标准化工作存在的主要问题，见表 4 所示。从个案（样本）百分比来看，A 标准不健全是最突出的问题，占比达 72.1%；其次，是 D 标准执行缺乏监管问题，占比达 52.5%。

表 4 职业教育标准化工作存在的问题

	$ A9 频率	响应		个案百分比
		N	百分比	
问题 a	A	343	34.4%	72.1%
	B	153	15.3%	32.1%
	C	214	21.4%	45.0%
	D	250	25.1%	52.5%
	E	38	3.8%	8.0%
总计		998	100.0%	209.7%

a. 值为 1 时制表的二分组。

当然，大家对加强职业教育标准化建设的期望，具体情况见表 5 所示。从个案（样本）百分比来看,83.3%的人最希望 D 通过加强职业教育标准化建设来培养出更多高素质技术技能人才,希望 A 通过标准化建设来规范职业教育办学行为、B 提升职业教育办学水平、C 提升职业教育社会吸引力的比例相当,分别是 76.8%、78.7%、78.5%。

表5　　　　　　　　　　　　　对加强职业教育标准化建设的期望

		\$ A10 频率		
		响应		个案百分比
		N	百分比	
期望 a	A	368	23.4%	76.8%
	B	377	23.9%	78.7%
	C	376	23.9%	78.5%
	D	399	25.3%	83.3%
	E	47	3.0%	9.8%
	F	9	0.6%	1.9%
总计		1 576	100.0%	329.0%

a. 值为 1 时制表的二分组。

2. 职业教育标准体系构建的主要内容

加强职业教育标准建设,首先要加强职业教育标准体系构建,力求从宏观上、整体上来准确理解和把握职业教育标准建设的体系和内容、重点和要素、关联和进程,从而切实解决职业教育规范管理和创新发展问题。

下面依据调研的结果,利用 SPSS19 专用软件和统计分析方法,重点对职业教育标准化建设的主要内容进行深度分析。

(1) 高职院校关于职业教育标准化建设的主要内容

依据问卷调查,将高职院校关于职业教育标准化建设主要内容单独分析,结果见表6。从样本百分比来看,超过半数的人认为有七个方面是职业教育标准化的主要内容,依次是:C 专业建设占 76%,A 教育行政管理占 70.5%,D 课程建设占 68.5%,E 实验实训基地建设占 65.1%,B 学校内部管理占 63.7%,L 教育投入机制占 54.8%,F 师资队伍建设占 51.4%。

表6　　　　　　　　　高职院校关于职业教育标准化建设的主要内容

		\$ A8 频率		
		响应		个案百分比
		N	百分比	
主要内容 a	A	103	10.1%	70.5%
	B	93	9.1%	63.7%
	C	111	10.9%	76.0%
	D	100	9.8%	68.5%
	E	95	9.3%	65.1%

续 表

		$A8 频率		
		响应		个案百分比
		N	百分比	
主要内容a	F	75	7.3%	51.4%
	G	68	6.7%	46.6%
	H	41	4.0%	28.1%
	I	51	5.0%	34.9%
	J	59	5.8%	40.4%
	K	64	6.3%	43.8%
	L	80	7.8%	54.8%
	M	28	2.7%	19.2%
	N	27	2.6%	18.5%
	O	11	1.1%	7.5%
	P	15	1.5%	10.3%
总计		1 021	100.0%	699.3%

a. 值为 1 时制表的二分组。

高职院校对标准化建设内容的判断有差异，我们运用系统聚类分析法，将 16 项内容根据特征和相关性绘制出职业教育标准化内容的树状图，如图 6 所示。

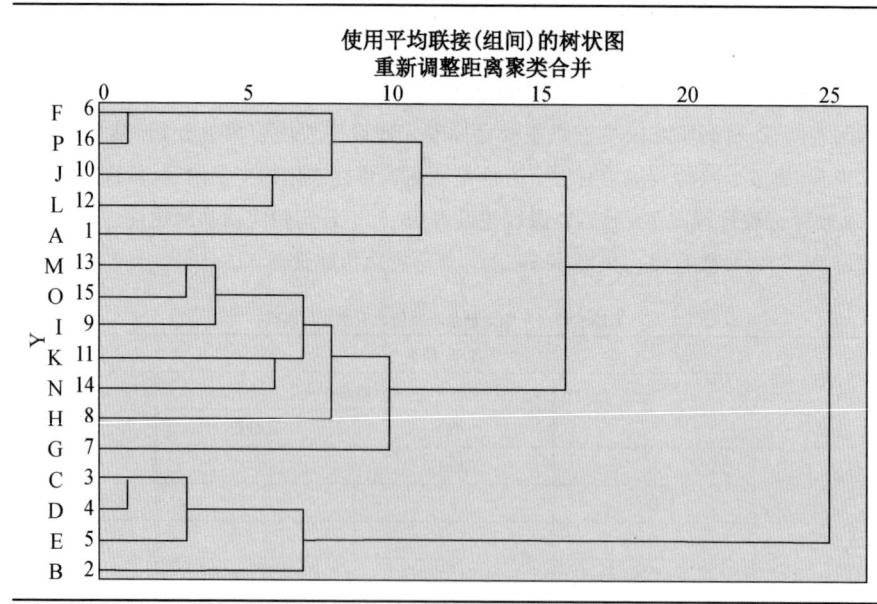

图 6　高等职业教育标准化内容树状图

依据上图,可以把 16 项标准化建设内容分成三类:

第一类:师资队伍建设、后勤管理、教师绩效考核、学校内部管理、教育行政管理;

第二类:校友管理、班主任(辅导员)管理、学生素质评价、创新创业教育工作、学生管理、校园文化建设、校企合作工作;

第三类:专业建设、课程建设、实验实训基地建设、学校内部管理。

(2) 中职学校关于职业教育标准化建设的主要内容

依据问卷调查,将中职学校关于职业教育标准化建设主要内容单独分析,结果见表 7。从样本百分比来看,超过半数的人认为有九个方面是职业教育标准化的主要内容,依次是:C 专业建设占 92.7%,D 课程建设占 87.6%,B 学校内部管理占 79.8%,E 实验实训基地建设占 74.1%,A 教育行政管理占 71%,F 师资队伍建设占 67.4%,G 校企合作工作占 62.7%,I 学生素质评价占 59.1%,J 教师绩效考核占 53.9%。

表 7　　　　　　　　　　　中职学校关于职业教育标准化建设的主要内容

		\$ A8 频率		
		响应		个案百分比
		N	百分比	
主要内容 a	A	137	7.5%	71.0%
	B	154	8.4%	79.8%
	C	179	9.8%	92.7%
	D	169	9.2%	87.6%
	E	143	7.8%	74.1%
	F	130	7.1%	67.4%
	G	121	6.6%	62.7%
	H	94	5.1%	48.7%
	I	114	6.2%	59.1%
	J	104	5.7%	53.9%
	K	96	5.3%	49.7%
	L	94	5.1%	48.7%
	M	63	3.4%	32.6%
	N	79	4.3%	40.9%
	O	68	3.7%	35.2%
	P	83	4.5%	43.0%
总计		1 828	100.0%	947.2%

a. 值为 1 时制表的二分组。

中职学校对职业教育标准化建设内容的判断也有差异,运用系统聚类分析法,将调查问卷中 16 项内容根据特征和相关性绘制出职业教育标准化内容的树状图,如图 7 所示。

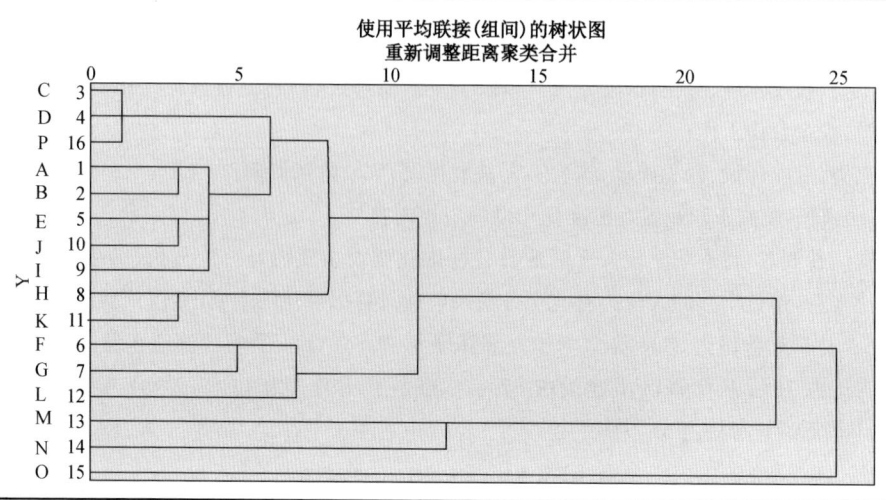

图7 中等职业教育标准化内容树状图

依据图7,中职学校对16项标准化建设内容可以分成三类:

第一类:教育行政管理、学校内部管理、专业建设、课程建设、实验实训基地建设、校园文化建设、学生素质评价、教师绩效考核、创新创业教育工作、后勤管理、师资队伍建设、校企合作工作、教育投入机制;

第二类:校友管理、学生管理;

第三类:班主任(辅导员)管理。

(3)技工院校关于职业教育标准化建设的主要内容

依据问卷调查,将技工院校关于职业教育标准化建设主要内容单独分析,结果见表8。从样本百分比来看,超过半数的人认为有七个方面是职业教育标准化的主要内容,依次是:F 师资队伍建设占72.6%、C 专业建设占72.6%、D 课程建设占66.7%、A 教育行政管理占66.7%、B 学校内部管理占63.1%、E 实验实训基地建设占60.7%、G 校企合作工作占54.8%。

表8 技工院校关于职业教育标准化建设的主要内容

		$A8 频率		
		响应		个案百分比
		N	百分比	
主要内容	A	56	9.6%	66.7%
	B	53	9.1%	63.1%
	C	61	10.4%	72.6%
	D	56	9.6%	66.7%
	E	51	8.7%	60.7%
	F	61	10.4%	72.6%

续 表

		$A8 频率			个案百分比
			响应		
			N	百分比	
主要内容	G		46	7.9%	54.8%
	H		23	3.9%	27.4%
	I		33	5.6%	39.3%
	J		32	5.5%	38.1%
	K		22	3.8%	26.2%
	L		39	6.7%	46.4%
	M		11	1.9%	13.1%
	N		13	2.2%	15.5%
	O		15	2.6%	17.9%
	P		13	2.2%	15.5%
总计			585	100.0%	696.4%

a. 值为1时制表的二分组。

技工院校对职业教育标准化建设内容的认识，运用系统聚类分析法，将调查问卷中16项内容根据特征和相关性绘制出职业教育标准化内容的树状图，如图8所示。

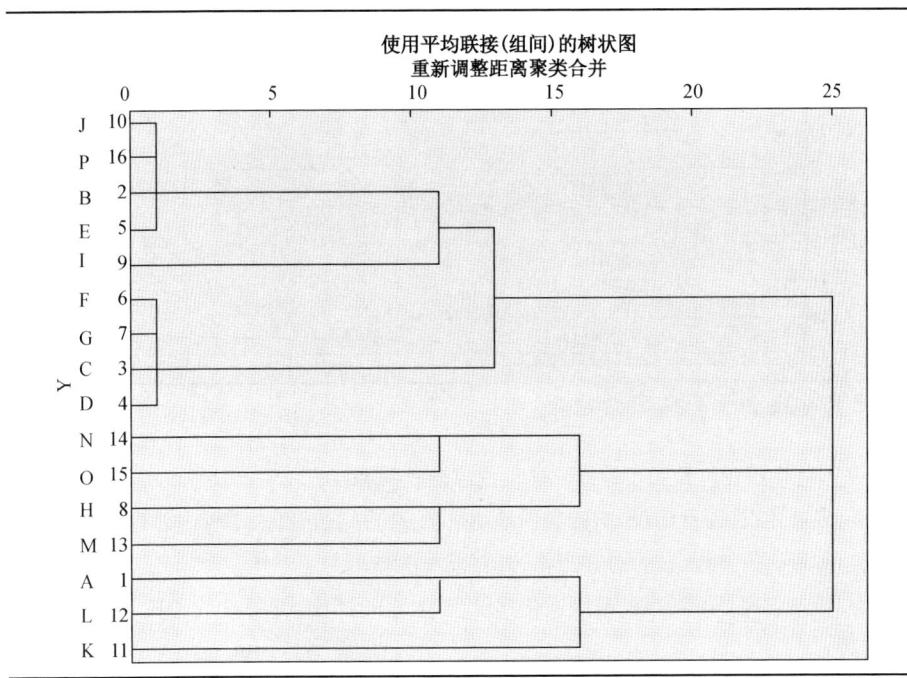

图8 技工院校教育标准化内容树状图

依据图8,技工院校关于16项标准化建设内容可以分成三类:

第一类:学校内部管理、专业建设、课程建设、实验实训基地建设、师资队伍建设、校企合作工作、教师绩效考核、后勤管理、学生素质评价;

第二类:学生管理、班主任(辅导员)管理、校园文化建设、校友管理;

第三类:教育行政管理、创新创业教育工作、教育投入机制。

(4) 苏州职业教育标准体系的主要内容与模型构建

各类调查对象对职业教育标准化建设内容的整体分析已在表6—表8和图6—图8中体现。进一步运用SPSS19软件,通过系统聚类分析法,根据特征和相关性绘制出职业教育标准化内容的树状图,如图9所示。

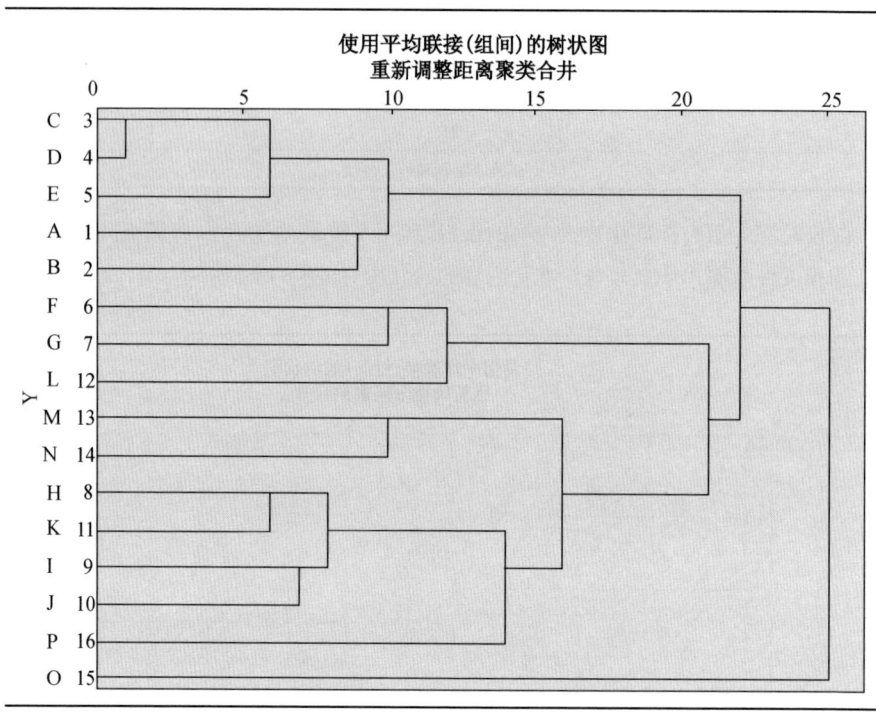

图9 苏州职业院校教育标准化内容树状图

依据图9,可将职业院校关于标准化建设内容分成四类:

第一类:专业建设、课程建设、实验实训基地建设、教育行政管理、学校内部管理;

第二类:师资队伍建设、校企合作工作、教育投入机制;

第三类:校友管理、学生管理、校园文化建设、学生素质评价、教师绩效考核、创新创业教育工作、后勤管理;

第四类:班主任(辅导员)管理。

根据上述调查和统计结果,我们对高等职业教育、中等职业教育、技工教育的标准化建设内容按照人们的期望和判断分类进行汇总,构建出高职院校、中职学校和技工院校标准化建设主要内容的交互图,如图10所示。

依据图10,进一步对职业教育标准化建设内容进行理论建构,将高职、中职和技工学校共同关注的内容——专业建设、课程建设、实验实训基地建设、师资队伍建设、学校内部管理、教育行政管理作为标准化建设的核心内容,将教育投入机制归属于体制机制,将校企合作归属于办学模式,将学生素质评价和教师绩效考核归属于质量评价,由此可以构建出"一核三维——核心内容+体制机制+办学模式+质量评价"的职业教育标准体系模型(图11)。

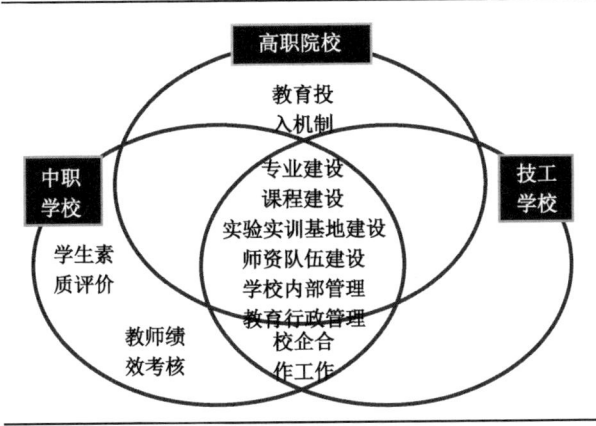

图10 苏州职业院校标准化建设内容交互图

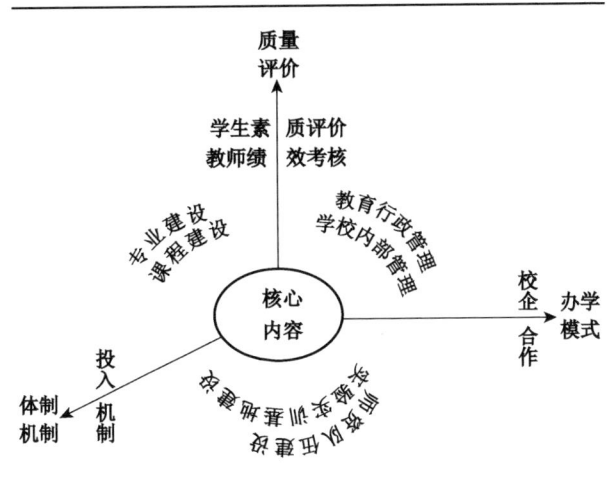

图11 苏州职业教育标准体系模型

三、苏州职业教育标准化建设的对策与建议

苏州职业教育呈现出领导高度重视、院校数量较多、类型层次较全、与产业对接度高、与企业需求吻合度高、办学条件较好、整体水平较高等特点。但随着苏州经济转型升级、产业结构的调整和"十三五"时期"一基地、一高地"建设任务的推进,苏州对高素质技术技能人才和创新创业人才的培养更加迫切。依据所构建的苏州"一核三维"职业教育标准体系,课题组对近五年来教育部、省教育厅、市教育局颁布的与职业教育相关的标准(含涉及标准的文件)做了梳理和比照(表9)。

表9　　　　　　　　　　　　职业教育标准(文件)汇总情况

标准体系		标准(文件)名称	颁发部门
一核	专业建设	普通高等学校高等职业教育(专科)专业目录(2015年)	教育部
		中等职业学校专业目录(2010年修订)	教育部
		中等职业学校专业设置管理办法(试行)	教育部
		普通高等学校高等职业教育(专科)专业设置管理办法	教育部
		江苏省五年制高等职业教育专业目录(2016)	省教育厅
		江苏省中等职业学校专业设置管理实施办法(试行)	省教育厅
		江苏省五年制高等职业教育专业设置办法	省教育厅
		江苏省中等职业教育合格专业建设标准	省教育厅
		江苏省中等职业教育特色专业建设标准	省教育厅
		江苏省中等职业教育品牌专业建设标准	省教育厅
		江苏省五年制高等职业教育合格专业建设标准	省教育厅
		江苏省五年制高等职业教育特色专业建设标准	省教育厅
		江苏省五年制高等职业教育品牌专业建设标准	省教育厅
		江苏省职业学校现代化专业群建设标准(三年制中职)	省教育厅
		江苏省职业学校现代化专业群建设标准(五年制高职)	省教育厅
		江苏省五年制高等职业教育专业指导性人才培养方案	省教育厅
		江苏省中等职业教育专业指导性人才培养方案	省教育厅
	课程建设	职业学校各专业课程标准	教育部、省教育厅
		江苏省普通高校对口单独招生考试大纲	省教育厅
		江苏省中等职业教育主干专业核心课程推荐教材目录(2016年)	省教育厅
		江苏省中等职业学校学生学业水平考试大纲(2016年)	省教育厅
		苏州市职业教育精品课程资源评选标准	市教育局
	实验实训基地建设	职业学校专业仪器设备装备规范	教育部
		国际合作联合实验室立项建设与验收标准	教育部
		区域开放共享型实训基地评审标准	教育部
		综合型实训基地评审标准	教育部
		江苏省职业学校现代化实训基地建设标准	省教育厅

续表

标准体系		标准(文件)名称	颁发部门
一核	实验实训基地建设	江苏省职业学校高水平示范性实训基地建设标准	省教育厅
		江苏省高等职业教育产教深度融合实训平台评审标准	省教育厅
		江苏省省级实验教学与实践教育中心验收标准	省教育厅
	师资队伍建设	教育部关于进一步加强和改进师德建设的意见	教育部
		中等职业学校校长专业标准	教育部
		中等职业学校教师专业标准	教育部
		职业学校教师企业实践规定	教育部
		教育部关于深化高校教师考核评价制度改革的指导意见	教育部
		省教育厅关于进一步加强师德师风建设的意见	省教育厅
		江苏省中等职业学校"双师型"教师非教师系列专业技术证书目录(试行)	省教育厅
		江苏省中等职业学校名师工作室评选标准(暂行)	省教育厅
		江苏省中小学教师资格考试和定期注册制度改革工作实施方案	省教育厅
		江苏省实施教育部《中小学教师资格定期注册暂行办法》细则(试行)	省教育厅
		江苏省实施教育部《中小学教师资格考试暂行办法》细则(试行)	省教育厅
		江苏省体育教师体能测试标准	省教育厅
		苏州市中等职业学校名师工作室评选标准(试行)	市教育局
	学校内部管理	中等职业学校德育大纲(2014修订)	教育部
		中等职业学历教育学生学籍电子注册办法	教育部
		关于进一步加强中等职业学校学生学籍管理工作的通知	教育部
		中等职业学校学生公约	教育部
		学生志愿服务管理暂行办法	教育部
		学生足球运动技能等级评定标准(试行)	教育部
		全国青少年校园足球教学指南(试行)	教育部
		中小学心理辅导室建设指南	教育部
		青少年法治教育大纲	教育部
		江苏省职业学校学生管理规范及视导标准(试行)	省教育厅
		江苏省职业学校后勤管理规范及视导标准(试行)	省教育厅
		江苏省职业学校教学管理规范及视导标准(试行)	省教育厅
		江苏省中等职业学校学生学籍管理规定	省教育厅
		江苏省中等职业学校德育工作督导评价标准(2015年修订)	省教育厅
		省级三创优秀学生优秀学生干部和先进班集体评选标准	省教育厅
		江苏省学校传染病预防控制管理有关规定	省教育厅
		学校食堂与学生集体用餐卫生管理规定	省教育厅
	教育行政管理	职业教育数字校园建设规范	教育部
		高等职业教育创新发展行动计划(2015—2018年)	教育部
		职业院校管理工作主要参考点	教育部
		江苏省高等职业学校设置暂行办法	省教育厅

续表

标准体系		标准(文件)名称	颁发部门
三维	教育行政管理	江苏省职业学校智慧校园建设评价指标体系(2015版)	省教育厅
		江苏省现代化示范性学校建设标准	省教育厅
		江苏省优质特色职业学校建设标准	省教育厅
		江苏省高水平现代化职业学校建设标准	省教育厅
		江苏省职业院校管理水平提升行动计划实施方案	省教育厅
		江苏省中小学校贯彻落实《学校教职工代表大会规定》实施意见	省教育厅
		江苏省幼儿园、中小学、中等职业学校岗位设置实施意见	省教育厅
	体制机制	职业学校学生实习管理规定	教育部
		顶岗实习标准	教育部
		省教育厅关于加快推进职业教育信息化建设的意见	省教育厅
		学位论文作假行为处理办法	省教育厅
		江苏省教学成果奖励办法	省教育厅
		苏州市职业教育校企合作促进办法	市政府
	办学模式	省政府关于加快推进现代职业教育体系建设的实施意见	省教育厅
		关于进一步完善现代职业教育体系建设试点项目转段升学工作的意见	省教育厅
	质量评价	中等职业学校办学能力评估暂行办法	教育部
		高等职业教育质量年度报告	教育部
		关于进一步提高职业教育教学质量的意见	教育部
		学生体质健康标准(2014年修订)	教育部
		学生体质健康监测评价办法	教育部
		中小学校体育工作评估办法	教育部
		学校体育工作年度报告办法	教育部
		高等职业院校适应社会需求能力评估暂行办法	教育部
		教育行政部门中等职业教育质量年度报告编制参考提纲	教育部
		教育部关于深化职业教育教学改革全面提高人才培养质量的若干意见	教育部
		教育部办公厅关于建立职业院校教学工作诊断与改进制度的通知	教育部
		江苏省中等职业学校星级评估标准	省教育厅
		江苏省五年制高职专业建设水平评估指标体系	省教育厅
		江苏省高等职业院校人才培养工作评估规划	省教育厅
		江苏省大学生体能考核指导标准(试行)	省教育厅
		江苏省县域中等职业教育督导标准(暂行)	省教育厅
		江苏省职业学校学生顶岗实习管理与毕业生就业跟踪数据主要指标	省教育厅

由表9可以看出,苏州职业教育标准化建设还存在诸多不足,某些维度方面的标准很少或还有空白。加强职业教育工作,重视内涵发展和创新发展,发挥服务社会和示范引领作用,必须要高度重视职业教育标准化建设工作,围绕"一核三维"职业教育标准体系,从宏观设计、中观研制、微观落实三个层面寻求新的发展和突破。

1. 立足宏观视野，做好顶层设计

（1）明确苏州职业教育标准化建设指导思想

苏州职业教育标准化建设应立足于"规范、创新和引领"，以规范办学行为、创新育人模式、引领职教发展为指导，从苏州经济社会发展高度、苏州职教发展全局、全国职教发展大局出发，发挥苏州优势，彰显苏州特色，体现苏州精神，对职业教育标准化建设工作发挥辐射和影响作用。

同时，加强宣传和引导工作，将职业教育标准化建设意义和价值、内涵和原则向教育部门、职业院校、合作企业乃至社会做一些宣传和引导，帮助树立职业教育标准化建设意识和思想，促使各利益相关者认识和认同职业教育标准化建设的重要性与紧迫性，形成标准化建设内容、开发方式、运行机制方面的共识，凝聚政府部门、行业组织、企业单位、职业院校的合力，开发高水平职业教育标准。

（2）确立苏州职业教育标准化建设基本原则

苏州职业教育标准化建设要原则性与灵活性相结合、实用性与发展性相结合、操作性与控制性相结合。

原则性与灵活性相结合原则。职业教育标准化建设是一个严肃认真、规范科学的工作，也是一项较长期的系统工程。苏州在加强职业教育标准化建设工作时，要依据国家教育方针和政策，依据省市教育制度和规范，严格按照教育规律和科学依据开展工作。同时，在制定职业教育标准时要着眼于未来和发展，要适应苏州社会经济、行业企业、技术资源的变化，努力使标准具有现实性和发展性。

实用性与发展性相结合原则。苏州职业教育标准化力求解决苏州职业教育内涵提升问题和特色创建问题，力求解决不同层面职业教育的内部管理、专业建设、课程改革和师资发展等主要问题，所以需要坚持实际、实用和实效为主，同时要对接发达国家的先进职教理念和标准体系，体现苏州职教发展需求和趋势。

操作性与控制性相结合原则。苏州职业教育标准建设是基于苏州经济社会发展、行业企业需求和现有资源条件而建立的，标准建设要体现定性内容与定量标准，要适合职业院校在专业建设、人才培养、管理创新方面具有可操作性和实践性。同时，在标准建设和实施过程中，要规范流程和要求，要加强对过程的监控、反馈与改进，从而真正提高职业教育人才培养质量。

（3）明确苏州职业教育标准化建设整体思路

职业教育标准化建设是一个长期的、循序渐进的过程，关键在于"标准化、一体化和有效化"，因此，需要根据苏州职业教育标准化建设的指导思想和基本原则、标准现状和工作重点，实施"三步走"发展思路。

第一步：标准化导入阶段。在建设初期，开始苏州职业教育标准化建设调研和尝试，依据现有的标准化领域和内容探索标准化建设主要任务，如选择部分职业院校开展学校管理、专业建设、课程建设的标准化，从而熟悉标准化建设的理论与方法，为系统推进苏州地区的职业教育标准化建设积累经验和基础。

第二步：标准化推进阶段。基于前期的经验探索，通过顶层设计明确职业教育标准化建设的内容构成与核心要素，构建苏州本地的职业教育标准化体系，并有序实施标准化建设。这一阶段政府管理部门可出台系统的职业教育标准化建设规划、进度安排和评价方式，全方位把握建设方向，减少行动障碍，提高工作效率。

第三步：标准化发展阶段。构建规范化、系统化、科学化的职业教育标准化建设管理模式与运行机制，理顺政府部门、行业企业、职业院校及教师等参与主体在苏州职业教育标准化建设进程中的职责分工，改进标准化建设流程，完善监督管理机制与绩效考评体制，深入开展苏州职业教育标准化建设，全面提升苏州职业教育的办学质量。

(4) 明确苏州职业教育标准化建设主要任务

当前，苏州职业教育标准化建设力求体系健全、重点突出、分步推进、示范引领。根据前期的调研和理论模型的构建，苏州职业教育标准化建设可分三步实施：2016—2018年完成五个核心标准建设，包括苏州职业教育一般专业和品牌专业建设标准；苏州职业教育核心课程建设标准；苏州职业教育重点实验实训室建设标准；苏州职业教育双师型教师和名师建设标准；苏州中等职业学校创新发展内部管理标准。2019—2020年完成苏州职业教育体制机制建设标准、校企深度合作标准、学生素质评价标准、教师绩效考核标准。2021—2023年开展标准实施督导、反馈和修订，形成有国际视野、有实践基础、有辐射影响的苏州职业教育标准体系。

2. 重视研发过程，研制高水平标准

(1) 制定苏州职业教育标准化建设工作规划与方案

《苏州市人民政府关于加快发展全市现代职业教育的实施意见》中明确提出苏州的职业教育标准化建设要求，苏州职业教育标准化建设需要加快研制具体的建设规划和实施方案，早启动、快推进、出成效。

苏州职业教育标准化建设首先要建立职业教育标准化建设专门管理机构，加强协调教育、发改、经信、财政、人社、科技、商务及部分行业协会、职业院校，定期召开联席会，整合各部门资源，制定职业教育标准化建设规划。

依据"一核三维"职业教育标准化建设体系，紧紧围绕职业教育目标、环境和资源，明确标准化建设主要任务，对标准化建设路径做出系统安排。政府相关管理部门也要进一步加强对职业教育标准化建设予以配套政策支持，借鉴发达国家职业教育发展历程中颁布的一些有助于职业教育改革发展的法律法规和政策法案，在职业院校人才培养目标、学生培养方式、职业选择与生涯指导、师资队伍建设、课程体系解构与重构方面提出规范化要求、制度化保障、政策化指导，拓宽标准化建设经费来源与渠道，为职业教育标准化建设提供完善的发展平台。

(2) 科学研制系统的职业教育标准体系框架与结构

标准体系是运用系统工程方法将相关标准按照其内在联系组成的整体系统，具有目的性、完整性、层次性、关联性、适应性等特点。[8]基于《中华人民共和国标准化法》，苏州的职业教育标准化体系包括标准制定、标准实施、标准监管三个层面，涉及专业设置、课程体系、教学内容、教学方法、教学评价等职业教育教学环节标准的系统化，且每个环节都要与制定的质量标准相统一。

在标准体系构建过程中，可借鉴澳大利亚基于行业标准的 TAFE 模式、加拿大基于社会实际能力的 CBE 模式、德国基于工作体系的标准模式，根据苏州职业院校的实际情况，协同教育主管部门、相关行业企业专家、教学实践经验丰富的教师等组成的专家指导委员会共同制定详尽的"一核三维"职业教育标准体系。在具体标准建设过程中，要严谨、规范、务实，如课程标准的建设，需要规范课程名称、课程学时数、适应的专业、教学大纲、选用教材、教学方法与手段、学习评价考核方法等；课程日常运行环节的标准涉及教学方法与手段、教学进度检查、教学效果评价等；课程教学监控环节的标准则涉及督导组织、监控程序和信息反馈等。经团队开发、专家论证的职业教育标准体系由主管职业教育的部门批准发布，各职业院校对照标准开展标准化建设，在实施过程中揭示存在问题，及时反馈并提出可行性建议，由指导委员会优化改进。

（3）及时推广职业教育标准化建设工作经验与典范

苏州职业教育标准化建设已经起步，为了更好地促进标准化建设工作，可以先依托一些具有代表性的职业院校开展标准化建设试点，探索"结构合理、上下联动、左右互补、配合紧密、协同共建"的标准化建设经验，探索"政府指导、研究先导、院校主导、行业引导、企业辅导"的标准化建设联动机制，通过部分典型职业院校标准化建设的试点，全面分析和总结标准化建设过程中存在的主要问题和应对策略，及时发掘成功经验和典型案例，组织学习交流和研讨，在其他院校、其他团队和其他标准开发中发挥借鉴作用，甚至全省、全国层面加以宣传和推广，提高苏州职业教育的影响力。

（4）尽快完善职业教育标准化建设工作体制与机制

① 投入机制。职业教育的标准化建设需要一定的资金支持，虽然在政策文本中明确提出为现代职业教育建设给予资金支持，但并未在职业教育的标准化建设中做出具体明确的资金支持额度与方法。因此，苏州政府部门还须尽快建立职业教育标准化建设的经费投入机制。首先，对财政支出进行结构性调整，稳步增长职业教育标准化建设的项目资金支持；其次，采取措施吸引、鼓励行业组织、企业单位和民间团体协同合作的经费投入机制。

② 运作机制。在职业教育标准化建设中，创建行业、企业和学校多主体融合衔接的运行机制与校级资源共享机制，真正实现产教融合、资源整合。在苏州职业教育标准制定中，围绕"产品（产物）"过程为主要脉络，以企业、学校和相关合作部门的需求为前提，根据市场发展的变化，明确市场的供需情况及实际需求，寻求利益结合点开展相关合作，通过多主体的协同参与机制，发挥校企等多方合力共建职业教育的标准来提高标准的科学性、可行性，在标准化建设中实现全过程、全利益相关者共同参与的系统管理。同时，在苏州市政府的统筹下，进一步推进各院校间竞争与合作机制，既独立办学又可以资源共享，如学校的师资、图书资料、教育教学设施设备、实验实训设备以及校外实习实训基地等资源条件都做到统一管理、优化配置、科学使用，杜绝浪费和重复建设，从而提高设施设备等资源的使用效率，真正提升苏州职业教育标准化建设各主体、各部门间的协同度，发挥合力推进苏州职业教育标准化建设进程。

③监管机制。有了科学、系统的教育标准,还要建立一系列相关的配套制度,如建立教育标准监管机构、多元化评估机构、明确的问责制度。[9]对职业教育标准化建设的监督评价与反馈是优化改进的重要环节,如对学生素质、教师绩效等标准化建设质量监督评价,须先创建完善的监督保障机制,构建科学的监督评价指标体系、丰富评价主体、创建反馈和问责机制。

第一,构建科学的监督评价指标体系。通过政府部门、行业企业、职业院校、第三方社会评价机构的合力,探索科学合理可行的职教标准化建设评价指标体系,涵盖办学、专业、课程、教材、教学实施等全方位内容的标准化建设成效。

第二,丰富监督评价的主体。目前,职业教育标准化建设评价主体以政府部门为主,而政府部门既是标准的制定者,又是标准执行的监督评估者,很难做出客观公正的评价。鉴于此,有必要丰富苏州职业教育标准化建设的评估主体,在不断完善自我评估的基础上,形成自评与行业企业评价、专家评价、第三方评估机构评价协同合作的局面,从而保障苏州职业教育标准化建设评估工作的公正性与公平性。

第三,创建反馈和问责机制。职业教育标准化建设的评估结果作为重要的反馈信息要服务于标准化建设,须将此作为后续的标准化建设提高、改进、调整的重要依据,作为帮助职业院校、师生改进教学、提升学习的重要工具;同时建立并落实好问责机制,对于未达到标准的部门与工作人员要及时追究责任,促使相关工作人员全身心投入到标准化的建设过程中。

3. 强调微观落实,建立考核机制

(1) 加强职业教育标准化建设理论研究与培训

理论是实践的基础,要更好地开展职业教育标准化实践,有赖于相应的理论研究指导,具体包括对职业教育标准化建设的内涵、价值、内容、流程、评估等方面的理论学习与研究。在标准化建设中,教育主管部门、职业院校的管理者及专任教师须系统开展职业教育标准化建设理论学习,并进一步深入研究,使理论先于实践,形成对实践的有效指导,同时也为探寻职业教育标准化建设路径奠定扎实基础,加快职业教育标准化建设进程,提升苏州职业教育标准化建设质量与成效。

(2) 推进职业教育标准化建设人才选拔与培养

人力资源水平高低直接决定着苏州职业教育标准化建设顺利与否。然而,当前苏州职业教育标准化建设人才严重不足,既了解理论又掌握实践的复合型人才则更少,因此须进一步推进苏州职业教育标准化人才建设。

第一,要面向标准化建设的相关工作人员定期开展专业技能和标准化理论知识的培训,提高工作人员的技能与素养,增强标准化建设的工作能力;第二,充分利用高等教育机构、科研院所、职业院校等人才培养基地,制定高品质、规范化、持续更新的职业教育师资培训体系,建立规范化的人才建设课程体系,开展专业人才的系统培育,获得相应的职业资格认定证书;第三,组建由专业技术人才、标准管理人才、标准化建设专家共同组成的标准化建设专家库,为开展苏州职业教育标准的制定、执行与评估带来参考意见,为苏州职业教育标准化建设提供人才保障。

（3）注重职业院校标准化管理模式改革与创新

规范办学管理是职业教育可持续发展的根本保证，也是各职业院校全面提高管理水平、教育教学质量和办学效益的前提条件。在职业教育标准化建设的典型管理模式主要包括政府主导、市场主导、混合制，针对不同发展建设时期，可采取不同的管理模式。在苏州职业教育标准化建设的起步阶段，需依靠政府的主导模式，通过政府的规范要求与有效引导来完善职业教育标准化建设规则，进而推动标准化建设的有序开展；在标准化建设达到一定程度后，须充分发挥市场的积极性，采用混合制管理模式更具激励效应，政府承担标准化建设的监督及机构资格认证，积极鼓励政府部门、行业企业与职业院校间的互动，真正实现产教对接、政行企校深度融合、四方联动。

苏州的职业教育标准化建设在政府部门的高度重视及政策、组织、资金的保障下，已取得了一定的建设成效。然而，从苏州职业教育标准化建设的实施中仍存在执行者对标准化建设的认识不够深入、标准化体系不够完善、标准化建设内容不够清晰、体制机制不健全及人才严重不足等问题。对接苏州行业产业特点构建"一核三维"的苏州职业教育体系，从宏观视角确定职业教育标准化建设指导思想、原则及发展思路，从中观视角制定苏州职业教育标准化建设规划，完善标准化建设体系，选择标准化建设示范，健全投入机制、运行机制、监管机制，从微观视角则重视职业教育标准化理论学习研究、人才培养、办学模式，从而全面推动职业教育标准化建设进程，提升苏州职业教育教学质量。

参考文献：

［1］钱学森.标准化与标准学研究［J］.标准化通讯，1979，03：2.
［2］国家教育标准体系研究课题组，徐长发，孙霄兵，曾天山，黄兴胜.国家教育标准体系的发展与完善［J］.教育研究，2015，12：4-11.
［3］章建丽.论"教育标准"——一个批判性的视角［J］.贵阳学院学报（社会科学版），2008，01：92-95.
［4］肖化移.高等职业教育质量标准研究［D］.上海：华东师范大学，2004.
［5］申文缙，周志刚.德国职业教育质量指标体系及启示［J］.外国教育研究，2015，06：109-118.
［6］徐国庆.美国职业教育标准体系的构建及启示［J］.比较教育研究，2012，06：58-61，71.
［7］姚文峰.英国"标准化"职业教育改革中的政府干预［J］.教育学术月刊，2013，07：84-88.
［8］岳高峰，赵祖明，邢立强.标准体系理论与实务［M］.北京：中国计量出版社，2011.1：20-28.
［9］吴霓.建立中国教育标准是教育科学发展的关键［J］.人民教育，2014，12：9.

附件 4 苏州职业教育学生核心素养研究

殷建华 宋一丹[①]

摘要：职业教育学生核心素养研究是建设现代职教体系、深化职教课程改革、推进创新创业教育、扎根"工匠精神"的迫切需要。本研究以城市供给侧改革为背景，立足于培养"全面发展的终身学习者"这一核心理念，建构包含职业理想与意识、职业道德与精神、职业行为与习惯、职业技能与水平、职业情感与态度五个维度的职业教育学生核心素养调查模型，并在此基础上对苏州职业教育学生核心素养现状、需求以及职业教育核心素养培养的资源配置情况等进行调查和分析。

关键词：素养；核心素养；职业教育学生核心素养

供给侧结构性改革是从提高供给质量出发，以改革推进产业结构调整，扩大有效供给，实现供需相符的目标。供给侧无论怎样改革，最终都必须依靠人才去实施、去建设。高素质的应用型、技能型是我国人才结构的重要组成部分，职业教育正是知识型、技能型、创新型人才的供给侧，其供给的专业人才是否满足需求侧，是衡量我国职业教育质量高低的重要指标，更是保障供给侧改革顺利实施的关键因素。在供给侧改革的背景下，在世界教育以培养学生核心素养为重点的改革浪潮中，职业教育培养的知识型、技能型、创新型人才的模型结构包括什么？职业教育学生核心素养的发展现状如何？如何优化职业教育学生核心素养培养资源配置？本研究将就这些问题进行深入探索。

一、职业教育学生核心素养的内涵界定

（一）素养的内涵

1. 什么是素养

20世纪90年代以来，随着全球化、信息化社会的到来，为了适应复杂多变与快速变迁的信息时代的多元需求，传统的知识、能力、技能等概念已经不再适用。人们对这些概念的内涵进行了扩展与升级，提出了同时包括"知识""能力"与"态度"等的"素养"概念。按照 Salganik 和 Stephens 的解释，"素养"是一种涵盖认知、技能和情意的复杂概念，意指个体为了健全生活并发展成为一个

[①] 殷建华，苏州市教育科学研究院副院长；宋一丹，苏州市教育质量监测中心研发部主任。

健全的个体,必须应对未来混沌复杂的社会情境需求而学习补充欠缺的知识、能力、态度。[1]

"素养"受到世界各国重视并将之纳入教育改革与课程改革的核心,主要源于欧盟、经济合作组织等国际组织的影响。经济合作组织(OECD)认为,素养不只是知识与技能。它是在特定情境中,通过利用和调动心理社会资源(包括技能和态度)以满足复杂需要的能力。[2]欧盟将"素养"界定为:素养是适用于特定情境的知识、技能和态度的综合。[3]可以看出,"素养"的概念强调了知识、能力、态度的统整,超越了长期以来知识与能力二元对立的思维方式,凸显了情感、态度、价值观的重要性,强调了人的反省思考、行动与学习。

2. 素养与素质、能力的区别

"素质"是人的神经系统和感官上的天生特点,是不可教的,只能成为教育的必要基础,不能构成教育的目标和内容。[4]"素养"则是"可教、可学"的,是经由后天学习获得的,它可以通过有意的人为教育加以规划、设计与培养。但是,从教育的本质和功能来看,素质教育中的"素质"主要指可以塑造的素质,或者说指可以培养的素质。在这一点上,"素质"与"素养"的含义非常接近。但是,由于一定程度上素质教育是相对于"应试教育"而言的,虽然在"素质教育"中强调对学生"素质"的培养,但素质教育中的"素质"一词尚不能在内涵上完整地凸显"素养"含义。[5]

"能力"一词在工业社会背景下曾经得到人们的广泛使用,可以理解为是个体所具有的、能够开展或胜任某一项工作的技术能力。[6]能力可以是与生俱来的,也可以通过后天学习获得。能力的范围比较狭隘且不完整,尤其是不包含态度、情感等层面。"素养"的内涵更为宽泛,它不仅包括能力,还包括知识、态度、情感、价值观等层面。很明显,在全球化进程中,如果让学生的学习停留在能力层面或强调能力本位的教学,而不是通过适当的态度转化,那么能力就不会升级转化为素养。

(二) 核心素养的内涵

对学生核心素养内涵的界定是世界教育改革浪潮中反复摸索与实践的产物,较难给予一个确切的定义。其中具有代表性的是1997年12月经济合作与发展组织启动的"素的界定与遴选:理论和概念基础"(Definition and Selection of Competencies: Theoretical and Conceptual Foundations,简称DeSeCo)项目对核心素养的界定:核心素养是指覆盖多个生活领域的,促进成功的生活和健全的社会的重要素养。[7]

2016年9月,"中国学生发展核心素养"项目组发布了《中国学生发展核心素养》总体框架。这一"国家版"核心素养框架将学生发展核心素养界定为:学生应具备的,能够适应终身发展和社会发展需要的必备品格和关键能力。[8]

对于到底什么是核心素养?世界各国可能在表述上不尽相同,但均指向培养全面发展的人,都是在回答"培养什么样的人才能让他顺利地在21世纪生存、生活与发展"的问题。在教育实践中,核心素养的指向和功能定位也是清晰的。核心素养是教育目标的另一种阐述,构建核心素养模型旨在回答"培养什么样的人"的问题。因此,将"核心素养"概念引入职业教育领域,同样是对职业教育目标的具体阐述,是对职业教育"培养什么样的人"这一问题的回答。

（三）职业教育学生核心素养的内涵

1. 职业教育学生核心素养是什么

与普通教育相比，国际上关于职业教育领域的学生核心素养的研究成果相对薄弱，可资借鉴的成果也仅限为"职业素质研究""职业素养研究"方面。在对学生核心素养内涵与模型研究中，对职业教育学核心素养概念的认识和理解较为概括化或泛化，学者们大多将研究的重点放在能力上。[9]比如，北美基于"能力本位"职业教育模式将学生职业核心素养界定为，要使学生掌握某个职业所必需的实际工作能力，能力不能等同于操作行为与技能，是看不见的个体内在素质，具有整体性，虽然可以分解为若干要素，但其作为素质结构整体功能远大于各能力要素的整合。通常每种职业能力由多种综合能力构成，每一种综合能力又涵盖多种专项能力，每一种专项能力构成一个学习模块，其中，每一学习模块都涵盖了知识、态度、经验和反馈等可操作性指标。英国职业教育的基本理念是"以能力为本位，以学生为中心，以课业为主要形式，注重形成性评估"，因此，其在职业核心素养中非常注重学生从事任何工作都必需的实践技能和通用能力，主要包括管理与自身发展能力、工作中与人交流与合作的能力、管理任务和解决实际问题的能力、数据与技术应用能力、设计与创新能力等。[10,11]

2. 职业教育核心素养的操作定义

目前，国内外的专家学者对职业教育核心素养这一话题的研究较少，对于职业教育核心素养的概念和内涵并未形成共识，在研究过程中缺乏可操作的定义。因此，本研究结合核心素养的现有研究成果，将职业教育学生核心素养的操作性定义界定为：指通过体现终身教育理念的职业教育，学生获得的在其职业生涯中从事任何行业均普遍存在、任何职业或工作岗位都不可缺少的必备品格与关键能力。与普通教育不同的是，职业教育学生核心素养除了考虑终身教育和未来社会发展的需要外，更突出了学生核心素养在未来"职业生活"中的重要作用。可以说，职业教育学生核心素养是实现未来社会"知识型、技能型、创新型"人才培养目标，为经济供给侧结构性改革供给专业人才的基础和必要保障。

二、职业教育学生核心素养的模型建构

（一）职业教育学生核心素养模型的理论基础

1. 国内外学生核心素养模型的研究概述

由于各国际组织、国家和地区的出发点、服务对象和政治经济文化制度等方面的差异，其在核心素养内涵界定和模型建构上出现了几种相对有代表性的价值取向，包括以经济合作组织培养完整的人为导向的价值取向、联合国教科文组织和欧盟以终身学习为导向的价值取向、新加坡以德为核心的价值取向以及美国以未来职业需求为导向的价值取向等。[12]表1梳理了目前具有代表性的世界各个国家和地区以及国际组织的核心素养模型。

表1　　　　　　　　　　　部分国际组织、国家及地区的核心素养模型[13]

	人与工具	人与自己	人与社会
经济合作组织	互动地使用语言、符号和文本;互动地使用知识和信息;互动地使用(新)技术	与他人建立良好的关系;团队合作;管理与解决冲突	在复杂的大环境中行动;形成并执行个人计划或生活规划;保护及维护权利、利益、限制与需求
欧盟	母语交流;外语交流;数学素养;科学技术素养;信息素养	主动与创新意识;学会学习	社交和公民素养;文化意识与表达
联合国教科文组织	学会求知	学会发展;学会改变	学会做事;学会共处
美国	信息素养;媒体素养;信息技术素养	创造力与创新能力;批判思维与问题解决;主动性与自我导向	沟通交流与合作能力;灵活性与适应性;社会与跨文化技能;生产力与社会义务;领导与责任心
芬兰	信息素养与交际;技术与个体(对环境、健康和可持续发展的未来的责任感)	成长为人;安全与交通	文化认同与国际化;公民与企业家意识
新加坡	交流、合作和信息技能	自我意识;自我管理;负责人的决策;批判性与创新性思维	社会意识;人际关系管理;公民素养、全球意识和跨文化交流技能
日本	语言力;数理力;信息力	问题解决力、发现力、创造力;逻辑思维、批判性思维的能力;元认知、适应力	自律性活动的能力;人际关系形成的能力;社会参与;对可持续发展的未来的责任

中国学生发展核心素养框架以科学性、时代性和民族性为基本原则,以培养"全面发展的人"为核心,分为文化基础、自主发展、社会参与三个方面。综合表现为人文底蕴、科学精神、学会学习、健康生活、责任担当、实践创新六大素养,具体细化为国家认同等十八个基本要点(图1)。[14]

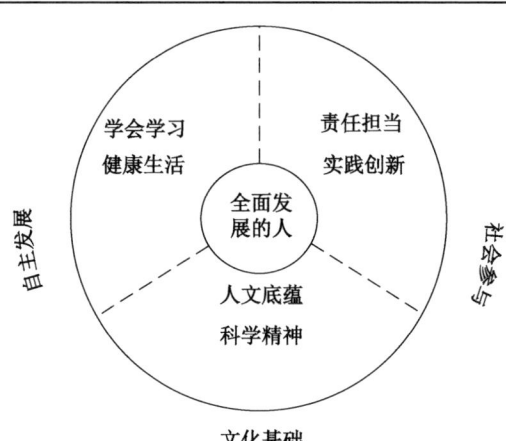

图片来源:学生核心素养研究课题组.我国学生核心素养指标体系总框架论证报告,2014.2.

图1　中国学生发展核心素养总框架[15]

从核心素养模型涉及的领域范围来看,各个国际组织、国家和地区包括我国的核心素养框架大体可以归纳为三大领域:与文化知识学习有关的素养、与自我发展有关的素养和与社会参与有关的素养。在具体指标的选取上,主要国际组织、国家和地区均呈现出国际化的趋势,面向未来,以终身学习与发展为主轴。首先,沟通交流能力是所有国际组织、国家及地区都重视的核心素养。其次,指标选取都反映了社会经济与科技信息发展的最新要求。再次,指标涉及能力、知识技能、态度和价值观等跨学科的方面;同时也兼顾教育阶段的课程,包括学科指向的核心素养。最后,指标选取不仅重视与国际教育的接轨,也重视本国的历史文化特色。

2. 国内外对于职业教育核心素养模型的研究概述

从检索到的国内外对学生职业核心素养研究的综述或述评资料来看,无论是美国、英国、德国等西方发达国家,还是印度、巴西等发展中国家,均不约而同地认识到学生职业核心素养的建构前提是国家政策、教育理念的转向;通过课程标准的重建和评价机制的创新,缔造全面的学习者,解放学习者,发展学习者。为数不多的学者们提出的学生职业素质或职业素养结构内涵较为相似,差别主要体现在具体内容上。[16]比如,美国学者强调学生的综合职业核心素养,包括职业道德、交流与合作、个性与情感、学习与创新能力等维度;而德国学者则是强调明确的责任与义务等。

关于学生职业核心素养标准及指标体系的研究,比较多元,主要包括三种取向:价值性取向,实证性取向,整合性取向。价值性取向重在对人格特征的研究;实证性取向重在行为特征的研究;整合性取向侧重在对个性发展的研究,以人的发展为主线,将理论性、学术性与实证性、应用性研究相互统合。国内学者张翔云、胡振宇指出了职业核心素养的养成是高职教育的目标,提出可以从职业意识、职业知识和职业能力三方面建构职业核心素养指标体系,并将各项指标进行细化,形成层次化模型,制定出量化标准(图2)。[17]吴伟萍从企业需求出发,给出了高职学生职业素养结构模型(图3)。[18]

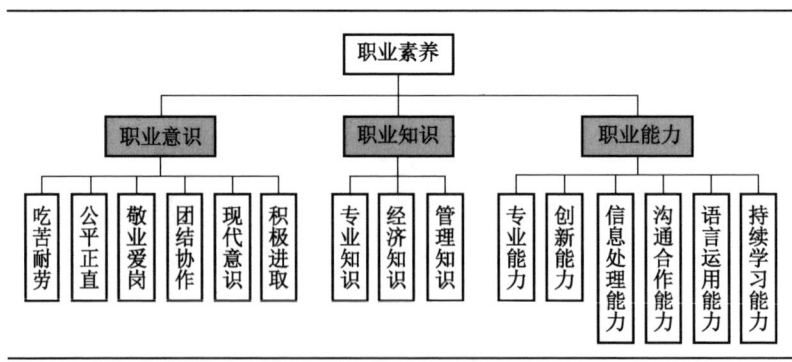

图2 职业素养的结构模型

从国内外学者对于职业教育学生核心素养或职业素养的定义及模型建构来看,主要呈现出两大特点:一是强调"能力",比如,英国职业教育的基本理念是"以能力为本位,以学生为中心,以课

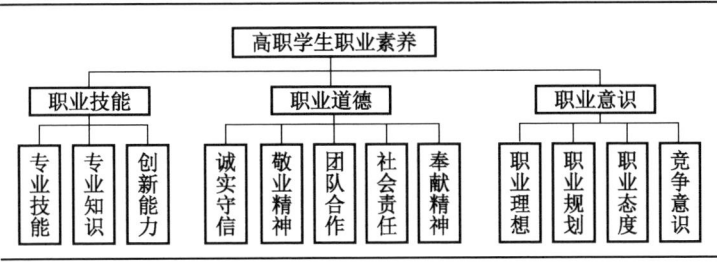

图 3　高职学生职业素养结构模型

业为主要形式,注重形成性评估",因此,其在职业核心素养中非常注重学生从事任何工作都必需的实践技能和通用能力,主要包括管理与自身发展能力、工作中与人交流与合作的能力、管理任务和解决实际问题的能力、数据与技术应用能力、设计与创新能力等七个方面的能力。美国学者持新职业能力观,认为职业核心素养和能力不能再局限于具体岗位的专门知识和技能,而应要求学生具有收集整理和使用信息能力、运用新技术能力等多种能力与品质的综合职业核心素养,以增强未来职业发展的适应性。二是重视"道德",比如,白学伟、李文涛在大量采集样本调查的基础上,认为职业教育学生核心素养应该包括思想道德素质、人文素质、专业文化素质和身心素质几方面,其中,思想道德素质是灵魂,身心素质是载体,人文素质是基础,专业素质是内核。[19] 许为霞就中职校学生道德素养的养成问题进行了探究,指出能否培养出具有初步良好职业道德素养的毕业生关系到职校学生的就业率和竞争力,提出了中职生职业道德素养养成的有效模式建构策略。[20] 从目前的研究现状看来,大多学者认为,个体除了需要具备从事职业所必需的专业知识、技能修养外,还要具备职业道德修养,做到"以德为本、德技并举"。

(二) 企业对人才培养规格的需求分析

1. 企业文化与人才需求

通过对华为、微软、海尔、万科、雅虎等一大批世界知名企业文化的研究来了解和把握企业的核心价值、企业对员工职业素养要求。华为把"成就客户、艰苦奋斗、自我批判、至诚守信、团队合作"作为企业核心价值观。微软公司招聘员工时不限于计算机专业,喜欢寻找"聪明"人,更青睐"失意者"和具有冒险精神的人。联想集团选人标准是有上进心和悟性强。在德国 SAP 公司看来,技术和知识都是可以经过实践来获得的,而人员的素质、品德是与生俱来的,与学历的高低并没有必然的联系。全球速递行业"四大巨头"之一的美国联合包裹速递服务公司(United Package Service)把清廉作为对员工素质的第一要求。宝洁公司对应聘者的素质要求为:诚实正直、勇于承担风险、积极创新、发现问题和解决问题的能力、不断进取。其中,诚实正直放在第一位。英特尔的企业文化和企业精神是客户第一、自律、质量、创新、工作开心、看重结果,英特尔聘人的首要条件就是认同这个精神和文化。美国雅虎公司认为合适的人才是热爱生活、有影响力、有人际技能、能收能放的人。万科集团对人才素质要求的首要原则是"德才兼备,以德为先"。公牛电器认为,职业素养是指职业内在的规范和要求,是在职业过程中表现出来的综合品质,包含职业道德、职业技能、职业行为、职业作风和职业意识等方面,具体内涵和要素如图4所示。

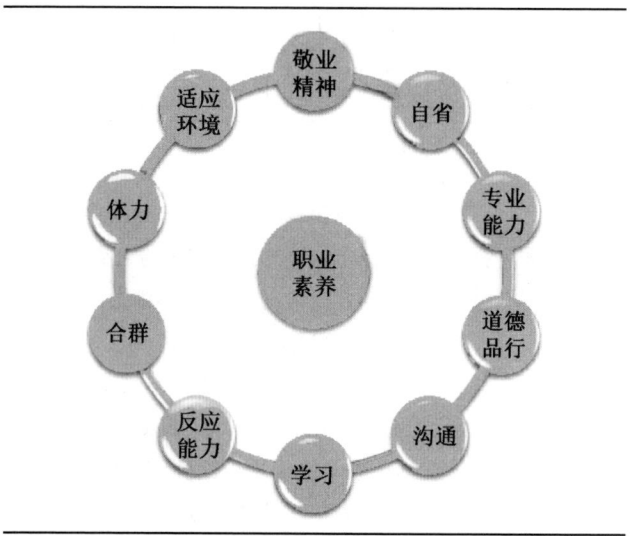

图4 职业素养的内涵和要素

2. 企业对人才需求的规格

研究发现,供给侧改革背景下,知识型、技能型和创新型人才在企业中发挥着重要作用,愈发受到企业重视。[21]企业和用人单位普遍重视求职者的专业技能、职业道德、工作态度和文化素质等几个方面。[22]基于此,我们对苏州市的20名企业的管理者或人事经理进行了调查和访谈,涉及医疗、物流、电子设备制造、旅游、建筑、设计、销售以及体育等多个行业,了解当前供给侧改革背景下苏州各个企业和用人单位对于人才的要求。

(1)企业对一般技能型人才的需求

分析发现,九成以上企业在招聘时看重从业人员的"专业技能""沟通能力"和"吃苦耐劳"三方面的情况,其他诸如"工作态度""创新能力""职业道德"等也是多数企业较为重视的因素,而考虑从业人员"心理素质"的企业仅70%,相对略低(图5)。可见,在供给侧改革背景下,企业对人才的要求越来越倾向于"综合性",评价人才的指标越来越多元,但是对人的心理素质的重视程度仍稍显不足。

通过对企业管理者的访谈,我们可以发现,企业对职业教育毕业生的基本期望按照先后排序依次是:具有较强的技能水平,能在短时间内完全胜任工作(35%),具有吃苦耐劳的精神(24%),具有良好的沟通与交流能力(24%),具有较合理的知识结构(11%),具有一定的创新意识(6%)(图6)。

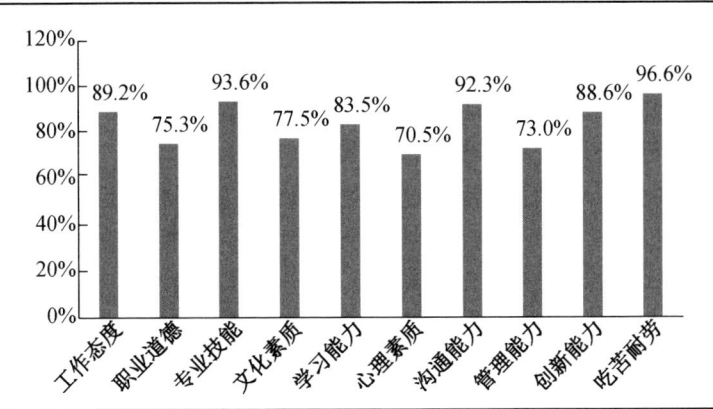

图 5 企业对从业人员的要求

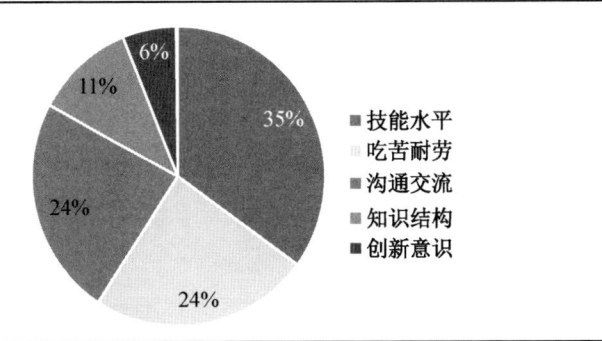

图 6 企业对毕业生的基本期望

(2) 企业对知识型、技能型、创新型人才的需求

知识型、技能型、创新型人才分为技术技能型人才、复合技能型人才和知识技能型人才,企业对他们的需求规格分别是:

技术技能型人才:要求在生产加工或服务一线中从事娴熟的技术操作,具有较高技能水平和职业素养,能够解决操作难题。

复合技能型人才:要求在生产加工或服务一线中掌握至少两项以上操作技能,能够在生产中从事多工种、多岗位的复杂劳动,能解决生产操作难题。

知识技能型人才:要求具备较高专业理论知识水平,同时具备较高操作技能水平的人员,能够将所掌握的理论知识用于指导生产实践,创造性开展工作。

(3) 企业对一般技能型人才和知识型、技能型、创新型人才需求规格的显著区分

一般来说,初、中级技能人才主要是掌握熟练技术,从事的是熟练劳动,主要是对操作流程的高度熟悉,是动作技能的多次重复。而知识型、技能型、创新型人才则较多地掌握了精密技术,从

事的是较复杂的劳动。知识型、技能型、创新型人才"高"在既能动手又能动脑,是"手脑并用"的知识技能型人才或技术技能型创新人才。技术、技艺、创造、创新是知识经济社会高技能人才的时代特征,也是与其他人才的区别所在。[23]

3. 院校和企业之间的人才供求矛盾

发展经济学认为,社会素质结构是经济制度的效率、经济增长方式和经济增长质量的重要影响因素。[24]因此,职业院校在人才培养质量和标准怎样、规模和程度如何,直接关系到职业教育人才培养供给侧产品生产和提供的有效输出形态。职业教育人才培养供给侧与企业人才需求侧之间存在着互为依存和促进的关系(图7),这种关系的平衡态和非平衡态的交替更迭,通过劳动力市场,促进了社会需求的不断变化,促进了社会的产业部门中职业人才结构的合理变化和劳动者素质的提高,促进社会劳动生产率不断提高,同时也推进了现代职业教育的改革创新和整体发展,使得职业人才的培养水平不断提高。

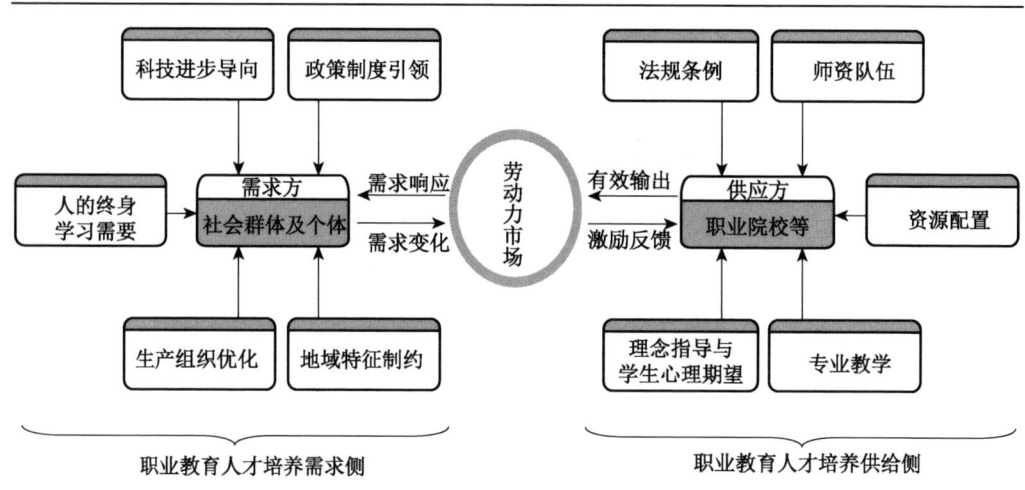

图片来源:高健,周志刚.职业教育人才培养供给侧创新思考[J].国家教育行政学院学报,2016(06).

图7 职业教育人才培养供给侧与企业人才需求侧两者的关系

自21世纪初开始出现的以产业企业为需求的主体"技工荒"是劳动力市场供给过剩和供给不足并存的现象,是供给侧改革背景下知识型、技能型、创新型人才培养质量不高和规模不足的表现。主要体现在两个方面:①数量与质量;②企业与岗位需求。[25]其主要原因在于:①职业院校培养的仅仅是学生,不是操作员与技术员,因此,还不能称其为真正的"技能型人才"。学生要想成为操作员与技术员,要经过一段时间的锻炼与积累,到知识型、技能型、创新型人才就需要更长的时间;②职业院校人才培养的滞后性和周期性。正是由于这个原因,导致了学校与企业供求难以完全对接。学生从入学到成为"准职业人"需要一定的培养周期,尤其是一些新专业及新岗位,职业院校即使与企业合作也需要一定时间。同时,劳动力市场人才供应也存在同样的情况:由于市场与职业院校存在信息不对称的问题,当人才需求存在缺口时,职业院校也不可能马上提供人才补给。另外,企业以获得经济效益为目的,当人才短缺时就广招人才,人才过剩时就裁员,学校却不能任意广招与裁员。所以,正是由于劳动力市场供求的波浪型震荡与人才培养的周期性的存在,导致这对矛盾的产生,造成企业与学校无法完全对接,出现多层次全方位的结构性矛盾。[26]

(三) 职业教育学生核心素养的基本框架

通过对职业教育学生核心素养的理论分析,我们可以发现,职业教育学生核心素养结构模型中学者们对技能、道德和意识三个维度达成了共识,都将这三个维度作为职业教育学生核心素养模型的二级指标。对企业的需求调查以及学校与企业间的供求矛盾可以发现,企业最为看中的从业素养是"专业技能""沟通能力"和"吃苦耐劳"三方面,对"态度"和"创新"的重视程度也较高。可见,技能水平、职业道德和职业意识是构建核心素养框架的关键和核心。同时,在供给侧改革背景下,职业态度、创新能力也成为企业和学校的共同需求,可以说是对新时期"高素质""高技能""工匠型"人才的普遍需求和共同期待。

基于理论研究和企业单位的人才需求规格调研的相关成果,我们制定了初步的职业教育学生核心素养模型,并就这一模型进行了专家咨询和论证。最终确定了以培养"全面发展的终身学习者"为核心的职业教育学生核心素养模型,具体分为:职业理想与意识、职业道德与精神、职业行为与习惯、职业技能与水平、职业情感与态度五个维度。各维度的具体指标为:职业理想与意识包含职业倾向、职业定位、职业价值、责任意识、安全意识、质量意识、服务意识、执行意识、团队意识等要素;职业道德与精神包含职业规范、职业道德、职业法纪、职业自律、职业事业心、敬业精神、精益求精、奉献精神等;职业行为与习惯包含职业形象、职业礼仪、职业交往等内容;职业技能与水平包含职业知识、职业技能、职业能力(管理能力、沟通协调能力等)、创新能力、创新思维等;职业情感与态度包含职业认同感、归属感、自豪感、成就感等内容(图8)。

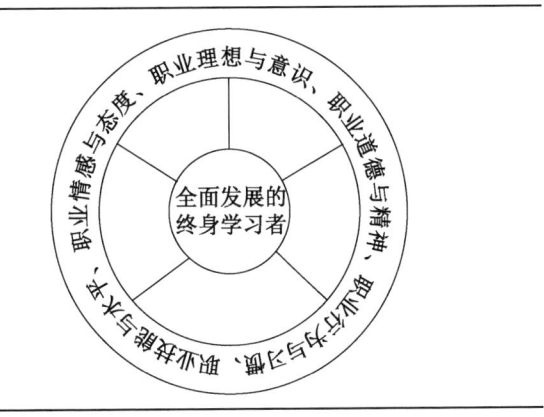

图8 职业教育学生核心素养调查模型

三、职业教育学生核心素养现状与需求分析

本次调查选取了苏州四所分布在不同区域、有一定代表性的职业学校,依次编码为 S1、S2、S3、S4;涉及 32 个专业,依次编码为 $Mi(i=1,2,\cdots,32)$;包含 1 466 名学生,其中,男生(M)828 人、女生(W)638 人,来自农村的学生(F1)723 人、来自城市的学生(F2)743 人。具体的样本情况见表 2。

表 2　　　　　　　　　　职业教育学生核心素养研究调查对象

变量	分组	有效样本数(人)	有效百分比
学校	S1	286	19.52%
	S2	344	23.46%
	S3	458	31.24%
	S4	378	25.78%
	总计	1 466	100%
性别	M	828	56.48%
	W	638	43.52%
	总计	1 466	100%
生源地	F1	723	49.32%
	F2	743	50.68%
	总计	1466	100%

(一)职业教育学生核心素养现状

1. 学生对核心素养的认同情况

(1)学生普遍认同核心素养的作用

调查显示,七成以上的学生认同职业教育核心素养的五个维度。其中,职业道德与精神的认同度最高,达到 89.92%(图 9)。可见,多数学生已经能认识到核心素养在未来发展中的作用,且"职业道德与精神"的重要性越来越突出。

为进一步了解学生对职业核心素养具体指标的认识,本研究对各项指标在未来职业生涯发展中的作用进行了学生认同度调查。研究发现,学生对核心素养各项指标在职业生涯发展中的作用认同度都较高。由表 3 可知,超过 80% 的学生认为,对他们未来职业生涯发展有重要作用的指标有 6 项:人际沟通能力、技能水平、专业知识、创新思维、勤奋程度、责任与担当意识,这些指标大多集中在"职业技能与水平"这一维度。可见,学生认为在未来职业生涯发展中自身的知识和技能,也就是"双基"将起到至关重要的作用。

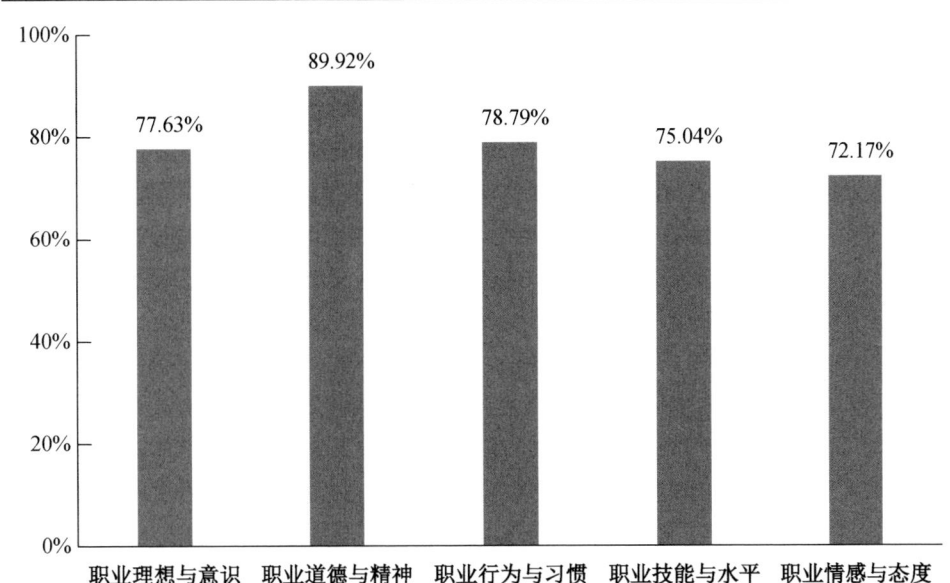

图 9 学生对核心素养维度的认同情况

表 3　　　　　　　　　　学生对核心素养各指标的认同情况

排序	指标	百分比
1	人际沟通能力	92.36%
2	技能水平	91.81%
3	专业知识	89.97%
4	创新思维	83.42%
5	勤奋程度	83.01%
6	责任与担当意识	80.35%

（2）女生对核心素养的认同度略高于男生

分析发现，男生和女生对核心素养五个维度的认识基本一致，但女生的认同度略高于男生。具体来看，女生在"职业理想与意识""职业道德与精神""职业技能与水平"三个维度上的认同度高于男生较多，在"职业行为与习惯"和"职业情感与态度"上基本一致（图 10）。

从对核心素养各具体指标的分析来看，整体上女生的认同度略高于男生，但基本趋于一致。表 4 列举了男女生差异较大的五个指标，可以发现，女生对技能水平、创新能力以及责任与担当意识的作用认同度较高，均高于男生 6 个百分点以上；男生对个人情商和身体素质的认同比例则略高于女生。可以说，虽然男女生对职业教育学生核心素养及其具体指标的认同度基本一致，但也存在一定的差异。

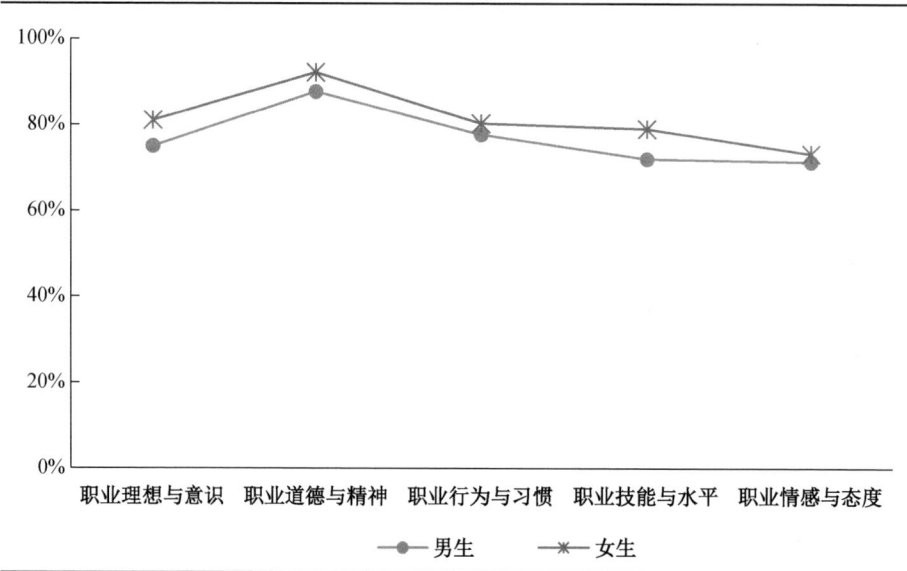

图 10 男女生对核心素养维度的认同情况

表 4 男女生对核心素养各指标的认同情况

序号	指标	百分比		
		男生（M）	女生（W）	差值（W-M）
1	创新能力	72.22%	79.15%	6.93%
2	责任与担当意识	77.41%	84.17%	6.76%
3	技能水平	88.41%	94.67%	6.26%
4	个人情商	63.65%	59.40%	-4.25%
5	身体素质	70.77%	66.93%	-3.84%

（3）城市学生对核心素养的认同度略高于农村学生

从城市与农村学生的分析来看，城市学生对核心素养五个维度的认同度略高于农村学生，主要体现在"职业行为与习惯"以及"职业情感与态度"两个维度，其他维度的认同度基本一致（图11）。

不同生源地学生对各具体指标的认同度存在一定的差异，特别是在"理想追求""个人情商""个人智商"和"职业自尊感与自豪感"这4项指标上，农村学生的认同度均明显低于城市学生，差异值达到了6个百分点以上。特别是"个人情商"，两类学生相差11个百分点（表5）。究其原因，相比于城市学生，农村学生在教育资源上处于劣势，在职业生涯发展中的机会比较有限，学生能接触到社会的机会较少，对情商在社会生活中的作用认识不够，因此学生对其作用的认同度也相对偏低。

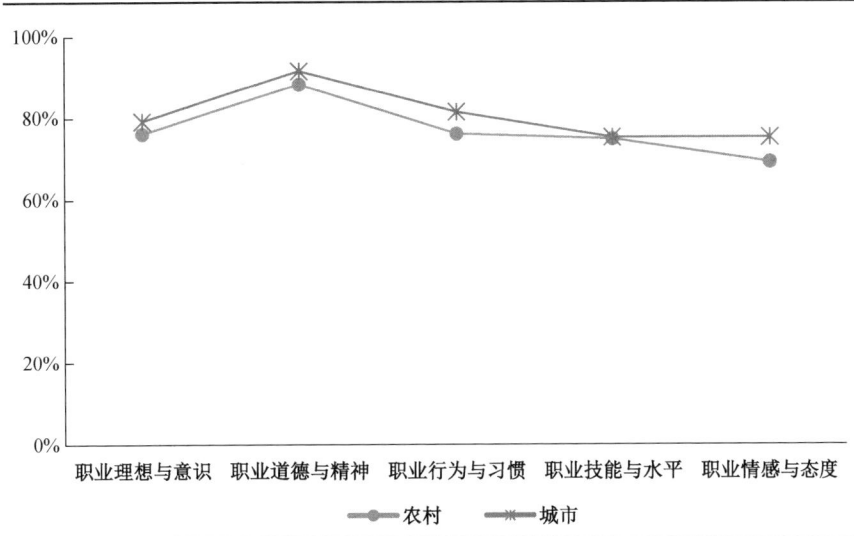

图 11　城市与农村学生对核心素养维度的认同情况

表 5　　　　　　　　　　　城市与农村学生对核心素养各指标的认同情况

序号	指标	百分比		
		农村(F1)	城市(F2)	差值(F2-F1)
1	理想追求	74.69%	80.75%	6.06%
2	个人智商	60.86%	67.30%	6.44%
3	个人情商	56.29%	67.29%	11.00%
4	职业自尊感和自豪感	61.00%	67.29%	6.29%

2. 学生对核心素养提升途径的认识

（1）学生仍普遍倾向于"双基"视角的提升途径

超过65%的职业教育学生认为提高核心素养的有效途径是：走进企业实践锻炼、认真学习专业知识、多参加技能训练、参加一些技能竞赛、多与老师沟通交流、参加创新创业项目、积极参加志愿者活动、与同学友好相处、向身边的榜样学习9个方面。其中，走进企业实践锻炼、认真学习专业知识、多参加技能训练被学生认为是提高核心素养最为重要的三种途径。而对参加老师的科研项目、出国进修学习等途径的期望不高，占比仅为51.30%和45.70%（图12）。可见，学生对核心素养培养途径的认识仍然局限于"知识与技能"角度，认为知识学习、技能训练、技能大赛等是提高核心素养的有效途径，而对读书、参加科研项目、出国进修、志愿活动等途径的作用认识不足。

（2）女生更为认可"技能"对提升核心素养的作用

分析发现，男女生对于提高核心素养的有效途径的认识基本趋同，但在走进企业实践锻炼、参加一些技能竞赛、多参加技能训练三个方面存在一些差异。女生选择走进企业实践锻炼的比例高于男生 6.23%;选择参加技能竞赛的比例高于男生 5.77%;选择参加技能训练的比例高于男生 5.64%(图 13)。可见,女生更倾向于通过技能方面的训练、竞赛和实践等途径提升自身的核心素

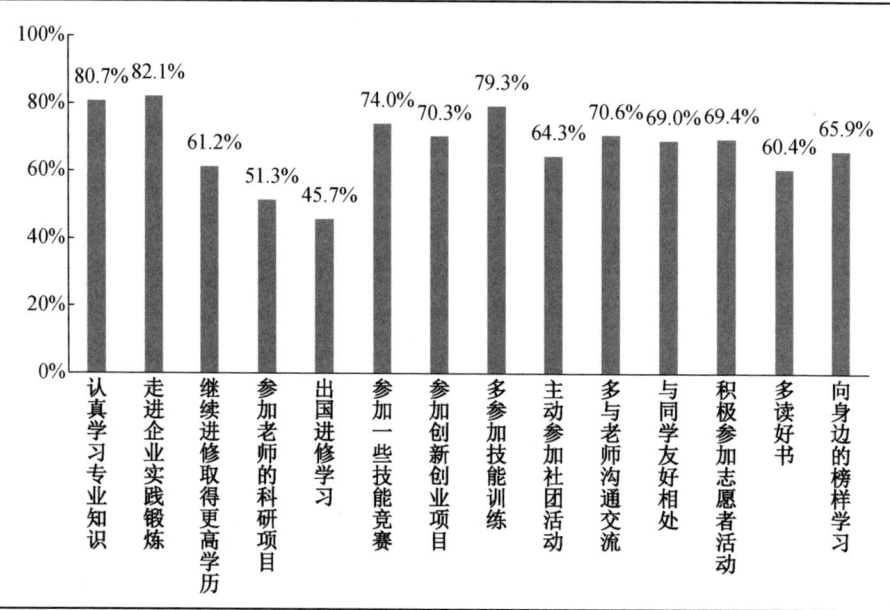

图 12 学生对核心素养提升途径的认识

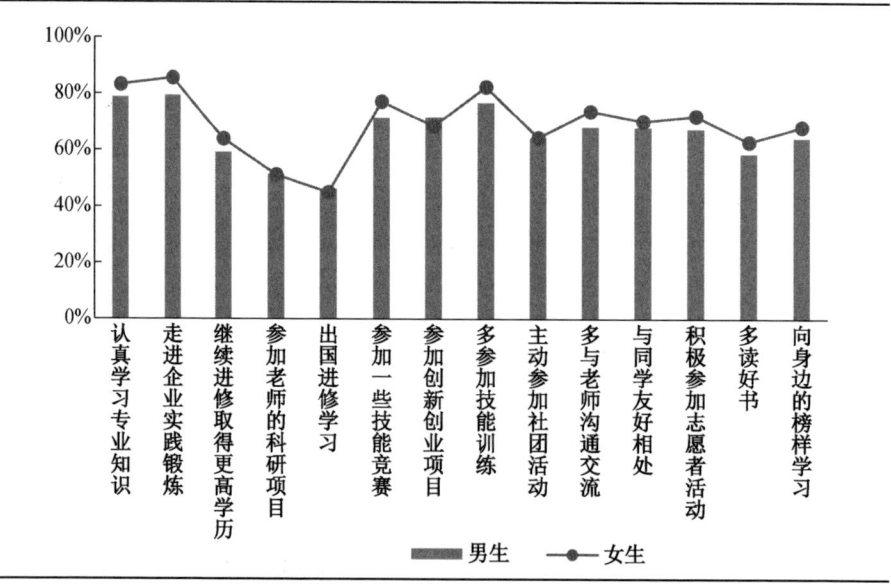

图 13 男女生对核心素养提升途径的认识

养。值得注意的是,女生选择参加志愿者活动、多读好书、与老师沟通交流、向榜样学习等途径的比例也略高于男生,说明女生对核心素养提升途径的认识正日趋多元,希望能够在各种类型的学习或活动中提升自身的核心素养。

(3) 城市学生的核心素养提升途径广泛多元

从城市与农村学生的比较来看,城市学生对核心素养提升途径的认识更为多元,辐射面更广。除了在学校中的学习,城市学生选择出国进修、参加技能竞赛、参加创新创业项目、参加社团活动这几个途径的比例均高于农村学生。而农村学生在多与老师沟通、与同学友好相处和向身边的榜样学习这几个途径上的选择比例略高于城市学生(图14)。可见,农村学生对核心素养提升途径的认识较为局限,仍限于学校、老师和身边的人,而城市学生更愿意"走出去",扩大核心素养提升途径的范围,通过多元化的方式来提升自己。但是,这并不是说农村学生不愿意接受多元化的途径,而是他们在教育资源的获取上本就比城市学生少,他们能够出国进修、参加比赛、参加社团活动的机会非常有限,很难通过这些途径来提升自己的核心素养。因此,在核心素养培养过程中如何保证教育资源的公平分配是值得深思的问题。

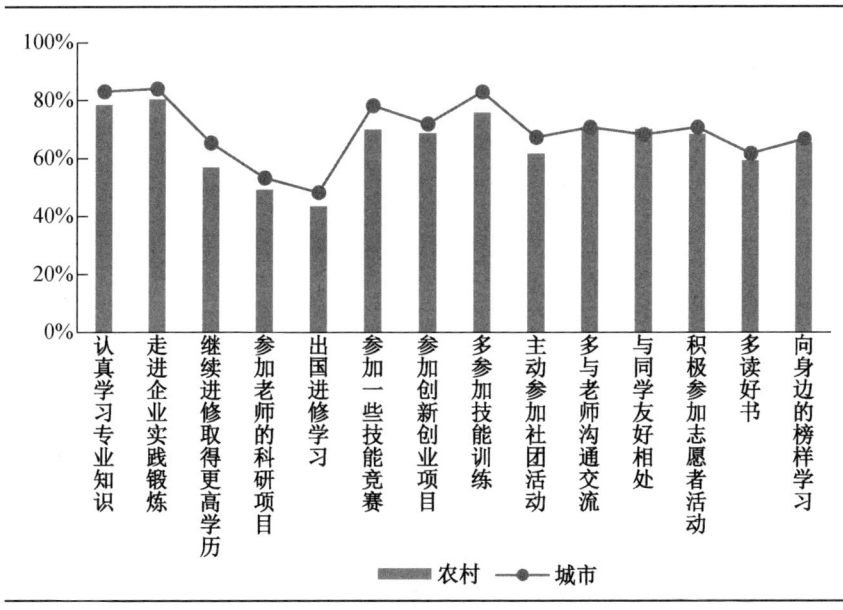

图 14 不同生源地学生对核心素养提升途径的认识

综上所述,目前学生已经普遍认识到了职业教育核心素养在未来生活和职业生涯发展中的重要作用与价值,对核心素养各维度及具体指标也基本形成共识。在核心素养提升途径上,学生仍有一定的"双基"倾向,但也逐步呈现出多元化趋势,提升途径的辐射面也越来越广。不同群体学生的核心素养状况虽然有各自的特点,但整体趋势基本一致,差异较小。

(二) 职业教育学生核心素养发展需求

1. 学习内容需求情况

(1) 学生普遍重视各项学习内容,现状与需求基本一致

了解学生对学习内容的需求是培养核心素养的基本保障。本研究在已有文献的基础上,选取20项主要学习内容对学生进行了需求调查。分析发现,学生对在校期间应该重点加强的学习内容普遍重视,50%以上的学生对20项内容全部认同。其中,学生需求度最高的5项学习内容分别是:操作技能训练(87.11%)、人际关系处理(82.67%)、社会实践锻炼(81.24%)、培养创新思维(80.36%)、理论知识学习(79.95%)(图15)。这一结果也与之前的学生核心素养认同度调查结果相一致,学生对知识、技能、创新思维、人际交往等核心素养指标非常重视,认同其在未来职业生涯发展中的重要作用。因此,在核心素养的培养中我们应当突出强调这几类指标的培养。

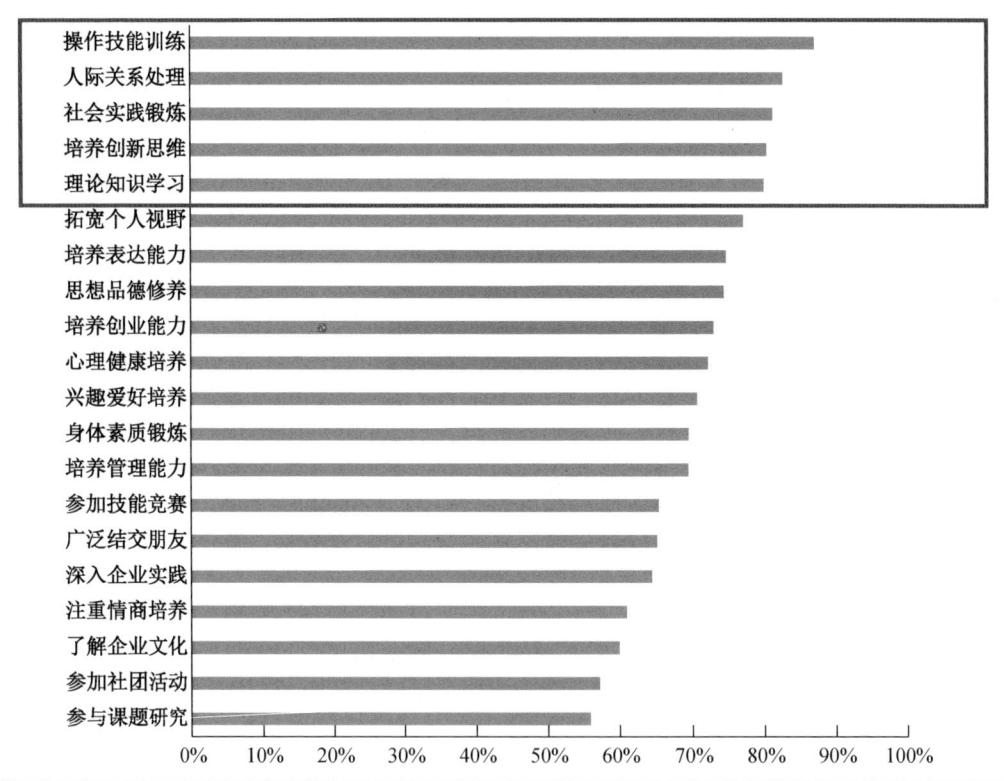

图15 学生对学习内容的需求情况

(2) 女生对学习内容的需求略高于男生

分析发现,男女生对学习内容的需求趋势基本一致,女生的需求略高于男生。对操作技能训

练、深入企业实践、了解企业文化、培养创业能力、培养管理能力、拓宽个人视野六个方面的需求，女生均高于男生8个百分点以上(图16)。这与之前的男女生核心素养认同度调查结果相一致，女生对这些指标的认同度略高于男生,特别是在技能水平、创新能力等指标上。可见,某种程度上女生对核心素养的认识和重视程度优于男生。

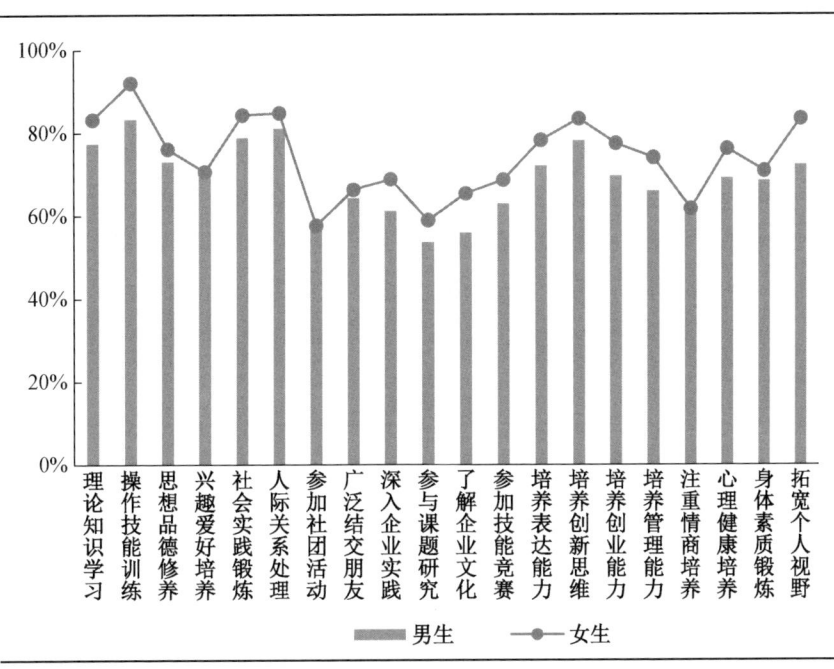

图16 男女生对学习内容的需求情况

(3) 不同生源地学生对学习内容的需求基本一致

分析发现,农村与城市学生对于学习内容的需求基本趋同,但在注重情商培养、参加社团活动、广泛结交朋友三个方面存在一定的差异,农村学生对情商培养的需求比城市学生低9.39%；对参加社团活动的需求比城市学生低8.54%；对广泛结交朋友的需求比城市学生低7.23%(图17)。该结果与之前的认同度研究结果相一致,农村学生对情商、结交朋友、社团活动等指标的认同度低于城市学生,相对应地对这类学习内容的需求也会略低。因此,在核心素养的培养过程中我们应当针对学生的不同需求设计不同的学习内容。

2. 重点培养内容需求情况

(1) 学生需要"工匠精神"的指导

分析发现,学生需要重点培养的内容最突出表现在"精神"层面,在排名前五的重点培养内容中,有三项是"精神"内容,包括团队精神、创新精神和吃苦耐劳精神(表6)。可见,"工匠精神"的理念已经逐步深入人心,学生开始意识到单靠知识与技能已经无法适应未来社会的发展,也无法

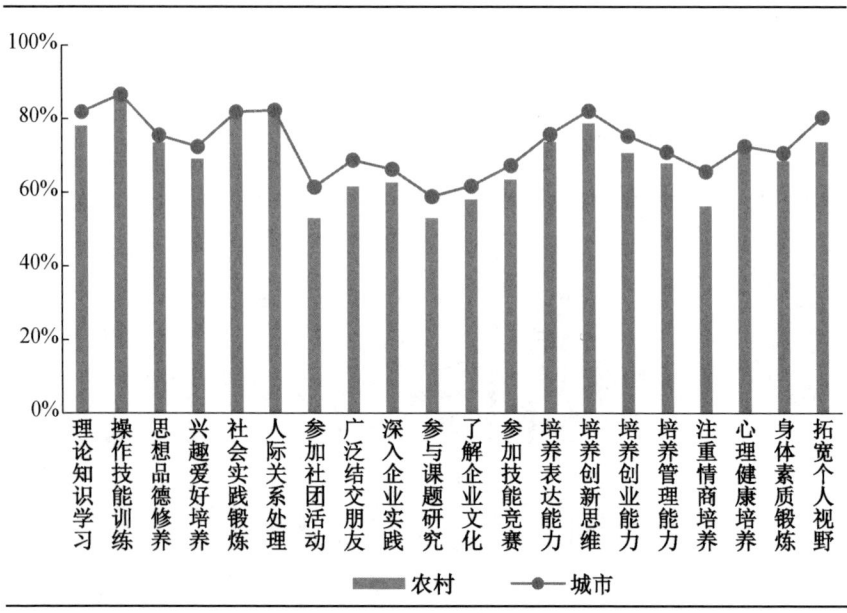

图17 城市与农村学生对学习内容的需求情况

帮助其在未来的职业生涯中获得更好的发展。学生的重点需求内容包含了知识与技能、情感与态度、理想与意识、道德与精神、行为与习惯五个维度,充分体现出职业教育核心素养在学生未来发展中的重要性。

表6 学生重点培养内容需求情况

序号	内容	百分比
1	团队精神	73.40%
2	创新精神	73.33%
3	工作责任心	71.90%
4	专业知识	71.55%
5	吃苦耐劳精神	71.35%
6	沟通能力	71.21%
7	职业技能	71.01%

(2)不同群体学生的重点需求内容基本一致

从性别分析来看,男生和女生的重点需求内容基本趋同,仅在职业技能、道德法律意识两个方面的需求存在一定的差异,男生对职业技能的需求比例为67.87%,比女生低7.21%;对道德法律意识的需求比例为59.90%,比女生低6.24%(图18)。

从生源地分析来看,农村与城市学生的重点需求内容也基本一致,仅在学习能力、职业情感两个方面的差异较大,农村学生的学习能力需求比例为 61.55%,比城市学生低 7.36%;职业情感需求比例为 54.77%,比城市学生低 5.8%(图 19)。

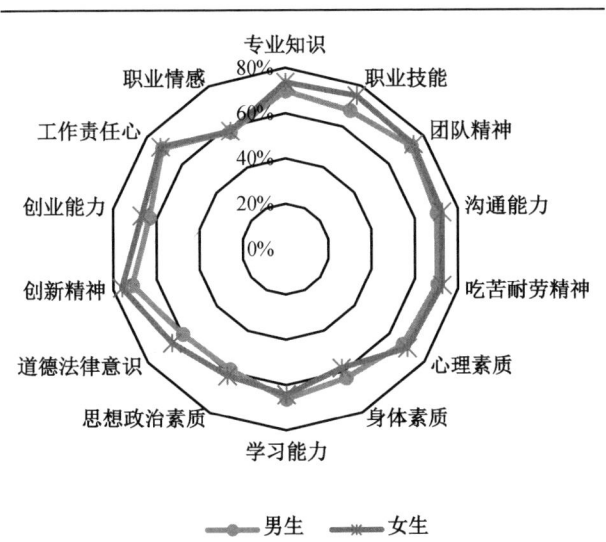

图 18　男女生重点培养内容需求情况

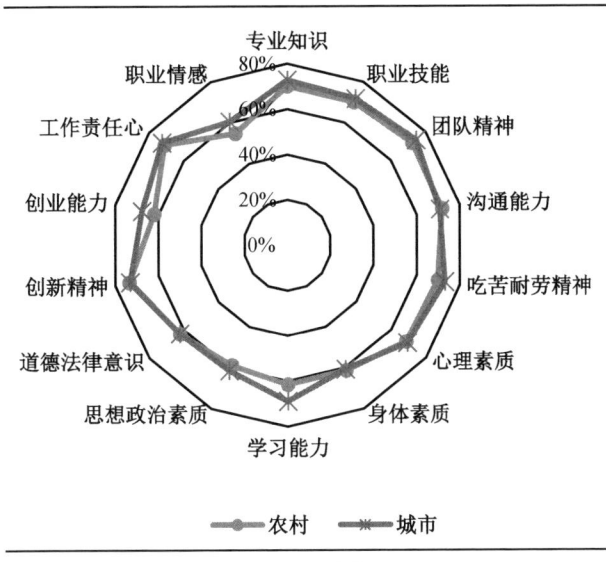

图 19　不同生源地学生重点培养内容需求情况

总体来看,不同群体学生的重点需求内容基本一致,仅在个别内容上存在差异,且差异较小。这说明,学生在重点需求内容上已经基本形成共识。

(三) 职业教育学生核心素养培养资源配置

职业教育资源的合理配置,是职业教育人才培养供给侧的物质保障。教育经费充足,教学技术先进,教育条件优化,有利于职业教育人才培养特别是职业教育核心素养培养供给侧的专业化、系统化建设。为此,本研究对苏州职业院校学生对资源的实际需求及目前资源配置的基本情况进行了调查和分析,具体分析结果如下。

1. 学生对资源配置的需求及满意度

学生需求和学生满意度是优化教育资源配置的重要依据。调查发现,目前苏州职业教育学生对培养资源的需求主要体现在教师、图书、数字化资源(计算机等数字化工具)、实训基地和设施设备(实验仪器、数控设备等)五个方面。其中,数字化资源和实训基地的需求最大,而对图书馆的需求相对较少。可见,职业教育学生对资源的需求大多倾向于技能的提高且反映了大数据时代对数字化能力的要求,但是学生对知识学习的重视程度稍显不足,学校需在图书馆资源配置方面进一步优化,提高学生的图书馆利用率。

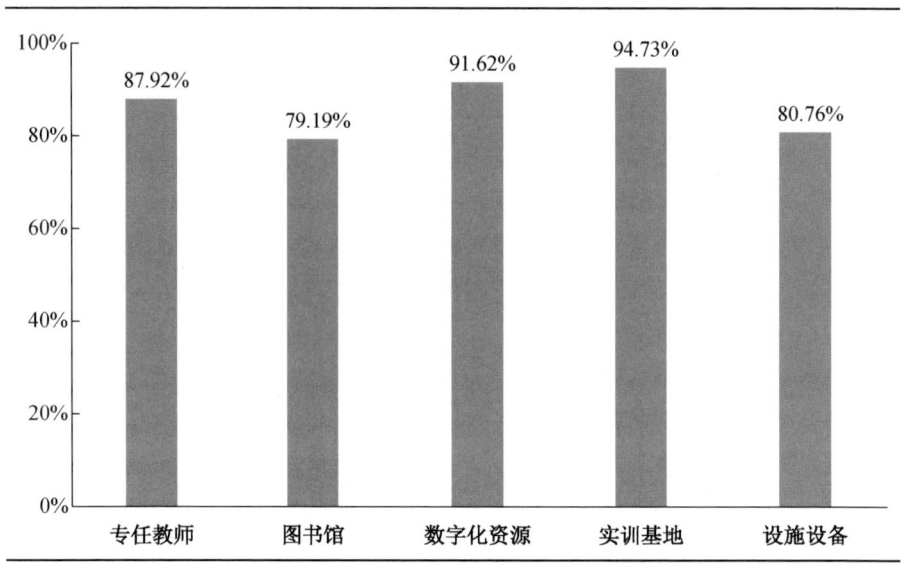

图20 学生对核心素养培养资源的需求

学生资源满意度调查分为资源数量满意度和资源利用率满意度两个部分。调查显示,九成以上的学生满意学校的资源配置数量,特别是教师数量、图书馆馆藏和数字化资源数量。七成以上的学生满意学校的资源利用率,但是对图书馆利用率和设施设备的利用率满意度略低(表7)。可见,多数学校的资源配置数量充足,能够满足绝大多数学生的需要,但是,学校的资源利用率不高,部分资源闲置,学生对资源的利用不太满意。因此,学校应积极采取相应的措施提高资源利用率,避免资源的闲置和浪费。

表7　　　　　　　　　　　　　学生对核心素养培养资源的满意度

资源数量	满意度	资源利用率	满意度
教师数量	92.54%	教师能力水平	89.03%
图书馆馆藏	91.15%	图书馆利用率	70.25%
数字化资源数量	93.43%	数字化资源利用率	79.20%
实训基地数量	88.95%	实训基地利用率	80.71%
设施设备数量	89.94%	设施设备利用率	73.43%

2. 职业院校资源配置的基本情况

(1) 职业教育资源充足,能够满足学生的需求

调查显示,目前苏州中等职业学校在校学生数为59 227人,教职工5 908人,专任教师5 107人,生师比11.6∶1,图书藏量260.67万册,生均图书44.01册,计算机31 184台,生均建筑面积34.35平方米。根据教育部2010年发布的《中等职业学校设置标准》中规定,"中等职业学校应当具备基本的办学规模。其中,生师比不高于20∶1,生均用地面积指标不少于33平方米,适用印刷图书生均不少于30册"(表8)。由此可见,苏州中职的教育资源配置充足,达到了国家的标准,能够满足学生的需求。

表8　　　　　　　　　　　　苏州中等职业技术学校资源配置情况

	学生数(人)	教师数(人)	生师比	建筑面积(万m²)	生均面积(m²)	图书量(万册)	生均图书(册)
苏州	59 227	5 107	11.6∶1	203.42	34.35	260.67	44.01
国家标准	—	—	20∶1	—	33	—	30

(2) 职业教育资源分配存在一定的不均衡

调查发现,目前苏州职业教育资源存在一定的分配不均、结构失衡的现象。主要体现在如下几个方面:一是各职业学校规模大小不一,高职学校学生人数存在差异,有些学校只有1 300多人,有些学校有15 000人以上的学生;二是教育资源分散,内耗大,规模效应差。生源不足的学校学生人数少,资源大量闲置;学生人数多的学校,出现学生宿舍拥挤、教学设备不足等问题。三是一些学校教学设备资产值大,其实只是一两台设备非常昂贵,所以设备总资产高,实际上实习设备缺口大,真正能受益的学生少之又少。四是一部分学校办学条件相对落后,实训设备、场地严重不足。五是图书藏量分配不均,高职人均图书藏量接近国家规定的办学指标,而中职学校的图书藏量平均数未达办学规定。

(3) 职业教育资源的信息化管理水平有待提高

调查显示,目前苏州的职业教育资源大多未进行信息化管理,资源未能有效共享。一是各自管理,资源分散。职业学校分布在不同的地段,大家各自为阵,追求自己的小而全,使本来就有限的职业教育资源分散,难以形成合理配置。二是缺乏总体规划,浪费职业教育资源。部分中职规模偏小,条件较差,尤其是教学实习设备严重缺乏,学校和专业的规模效益不能适应市场需求;一

些职业学校专业设置重复,在同一城市中存在较多的相近专业,合并调整难度很大;还有的学校盲目扩大热门专业招生,致使这些热门专业的毕业生供大于求,很难解决毕业生的就业问题。三是缺乏宏观管理,流失了教师资源。一些职校,由于编制问题,一些长期在职校工作的优秀教师编制未能解决,最终选择跳槽离开。四是办学目的不明,办学层次不清。一些职校与普通高校联合办学,中专学校办大专班,职业大专学校办本科函授班,而忽视了学校本身层次的人才培养,在这种联合办学中管理松散,既无法保证教育质量,又降低了办学效益。

四、职业教育学生核心素养的培养对策与建议

整体来看,学生对职业教育核心素养的认同度较高,在核心素养维度及指标上基本形成共识。在需求方面,学生对学习内容的需求仍有"双基"倾向,但是已经逐步融入了对"工匠精神"和创新创业教育的理解,充分体现了时代发展的特点。通过对不同群体学生核心素养现状与需求的分析,可以发现学生的群体性差异较小,在绝大多数指标认同和内容理解上已经形成了共识。苏州职业教育学生核心素养的培养资源配置也基本符合了国家标准,但仍存在一些有待改进的问题。现总结如下,相关对策与建议供参考。

(一)抓住关键问题,避免"双基"倾向的核心素养培养

职业教育学生核心素养的培养是一件长期而复杂的内容,是一个动态而变化的过程,需要职业院校和广大教师加强跟踪、对比和研究。首先,学生需求是核心素养培养的基础与关键。研究发现,无论是对核心素养指标的理解还是对核心素养学习内容的需求,学生都仍存在一定的"双基"倾向。这说明学生在某种程度上将"核心素养"等同于或者是限于"双基",虽然学生也表现出了对其他核心素养维度和指标的认同和需求,但对"知识""技能"两项的认同度和需求一直排名前列。因此,在核心素养的培养中,我们要加强学生对职业教育核心素养概念和内涵的理解,避免将核心素养的培养回归到双基教育中。其次,虽然不同群体学生在核心素养认同和需求上都呈现出了一致性,但每个群体也有自身的独特性,体现了职业教育学生核心素养的共性与差异性。农村学生受制于地区经济、家庭条件、教育资源等条件的限制,在核心素养认同和需求上均有不足。因此,职业教育在核心素养的培养方面要关注不同群体的差异,为农村学生提供更多的学习资源和途径,从而提高职业教育学生核心素养培养的针对性和有效性。最后,职业教育学生核心素养的培养是一个系统,关系错综复杂。要提高核心素养培养的效果,需要综合考虑各种因素及其之间的相互关系,以形成切实有效的培养方案,教育行政部门、学校、社会都责无旁贷。教育行政部门要加强监管,及时发现问题,给予适时指导,为学校提供设备、资源、资金等方面的支持,关注不同类型学校的均衡发展。学校层面要深入领会,充分听取教师和学生有关核心素养的意见和建议,建立并完善职业教育学生核心素养培养机制,加强校际间合作,实现资源共享。教师要转变观念,把核心素养作为教育目标的重点,在课堂中融入核心素养教育。社会和企业要形成正确、科学的

人才观,适当调整人才评价标准,让具备核心素养、工匠精神和创新创业能力的人才得到更好地发展。

(二) 形成良性机制,提高人才培养有效供给力

面对供给侧改革对职业人才的需求,职业院校应注重供给数量、质量的协调和结构优化,为社会经济的发展做好高素质职业人才的资源支撑。高健等人依据五力分析模型建构的职业教育人才培养供给侧有效供给力结构模型(Effective Supply Ability Structure,ESAS)[27]为我们的机制建设提供了方向。首先,应当主动建立有效的校企合作机制,提高有效供给的认知力。职业院校应进一步完善以核心素养为导向、以培养知识型、技能型、创新型人才为基础的现代职业教育模式,改变传统的学院式教育模式,积极促进职业教育人才培养的供给方式多样化,推进市场化运作,把握好职业人才培养的切入点,对接企业的技术技能人才需求。其次,细化职业教育的教学设计和专业类型,提升有效供给的筹划力。在供给侧改革的时代背景下,职业院校需要通过推行学科优化和专业细化逐步实现"知识型、技能型、创新型"培养目标。职业院校的专业设置与规划,应当在理论研究和教育与社会实践的互动进程中科学建构,不断提升自我理性的运筹能力、整体规划和设计水平。职业院校在教学专业类型和结构的合理优化和效能提升方面应始终围绕"核心素养",增强教学专业的规模化、系统性设计。再次,打造高质量的职业教育师资队伍,加强有效供给的操作力。职业院校在师资队伍建设方面应积极适应社会经济发展的新形势,遵循职业教育规律,使高标准管理和实践性创新相互结合。最后,完善核心素养培养的过程管控和评价机制,增强有效供给的控制力。职业院校应加强核心素养培养的过程管理,建立和完善评价反馈的相关机制,以人才培养的质量为根本,提高供给输出的管控能力。在评价机制建设方面,应以核心素养为导向,改进考评方式,解决考评主体范围偏窄、评价方式简单、评价方案和评价内容不足等问题,建立多元化的质量评价标准,完善复合型的质量评估机制。

(三) 搭建信息平台,实现职业教育资源共享

实现职业教育资源的共享是在不增加或少增加教育投入的前提下,最大限度地发挥现有人力、财力、物力、信息资源的作用,提高办学效率和教育教学质量。[28]目前,苏州市职业教育信息资源共享能力整体较弱,亟待改善。一是要尽快搭建职业教育资源信息平台,为实现共享提供保障。信息平台应该有"社会资源""学校资源"板块。各类资源要有详细的使用安排表,便于其他人员的使用。信息平台的搭建既实现了学校对自有资源的自主管理,又能分享兄弟院校和社会上的优质资源,让学校既能保护自己的资源,又能随心分享优质资源。二是要建立统一的管理机构,实现职教管理一体化。在政府统筹规划下,立足职业教育的发展目标,打破区域、行业界限,淡化隶属关系,促进校际合作。通过区域协调与联合,对苏州市中职、高职进行合理分类,建立起与苏州经济和社会发展需要相适应的学校和专业布局,优化资源配置,提高办学的整体效益。三是充分利用闲置的教育资源,建立学校与社会协调的就业服务体系。利用闲置的教育资源,或者合理安排教

育资源，开展短期培训，进一步扩大职业教育为社会服务的力度，为社会提供教育培训服务，加强社会人员、企业职工和下岗职工的职业培训。同时，职业学校要充分利用自身的教学设备和师资力量，加强产学研的结合，加快新技术的推广和新产品的开发。

参考文献：

［1］Salganik L H, Stephens M. Competence priorities in policy and practice［M］// Rychen D S, Salganik L H(Eds.). Key competencies for a successful life and a well-functioning society. Germany：Hogrefe&Huber. 2003.

［2］OECD. The definition and selection of key competencies［Executive Summary］［EB/OL］.［2005］. Available online at：http://www.oecd.org/dataoecd/47/61/35070367.pdf.

［3］European Commission. On Key Competencies for Lifelong Learning. Proposal for a Recommendation of European Parliament and of the Council［M］. Brussels：Commission of European Communities, 2005.

［4］［5］柳夕浪. 从"素质"到"核心素养"——关于"培养什么样的人"的进一步追问［J］. 教育科学研究, 2014(03).

［6］张佳琳. 从能力指标之建构与评量检视九年一贯课程基本能力之内涵［J］. 国民教育, 2000(04).

［7］张娜. DeSeCo项目关于核心素养的研究及启示［J］. 教育科学研究, 2013(10).

［8］［14］中国学生发展核心素养总体框架正式发布［EB/OL］. http://learning.sohu.com/20160913/n468381581.shtml.

［9］许亚琼. 职业院校学生职业素养培养研究综述［J］. 成都航空职业技术学院学报, 2010(2).

［10］［16］方健华. 中职学生职业核心素养评价及其标准体系建构研究［D］. 南京：南京师范大学, 2014.

［11］杨玉芹. 从职业能力到职业素养：当代职业教育发展的价值超越［D］. 锦州：渤海大学, 2012.

［12］黄四林, 左璜, 莫雷等. 学生发展核心素养研究的国际分析［J］. 中国教育学刊, 2016(06).

［13］辛涛, 姜宇, 刘霞. 我国义务教育阶段学生核心素养模型的构建［J］. 北京师范大学学报, 2013(01).

［15］学生核心素养研究课题组. 我国学生核心素养指标体系总框架论证报告［R］. 2014.

［17］张翔云, 胡振宇. 高职学生职业素养的量化评价方法［J］. 职业技术教育, 2010(02).

［18］吴伟萍. 从企业需求出发探究高职学生职业素养培养［J］. 教育与职业, 2014.

［19］白学伟, 李文涛. 高等职业院校学生素质结构分析［J］. 辽宁省交通高等专科学校学报, 2007(03).

［20］许为霞. 中等职校学生职业道德养成的实践探究——以上海虹口区某职业学校为例［D］. 上海：华东师范大学, 2006.

［21］杨富. 高技能人才需求规格与高职院校人才培养模式改革［J］. 职业时空, 2012(10).

［22］赵琼梅, 古娟妮, 赵鹏飞. 基于供给侧改革的职教人才培养结构实证研究——以建筑行业为例［J］. 中国职业技术教育, 2016(23).

［23］史枫. 技能型人才需求规格调查及对职业院校人才培养的建议［J］. 职教论语, 2010(25).

［24］［27］高健, 周志刚. 职业教育人才培养供给侧创新思考［J］. 国家教育行政学院学报, 2016(06).

［25］贺仲华, 刘晓萍. 职业院校人才培养视角下高技能型人才培养需求规格调查［J］. 职教论坛, 2014(30).

［26］苏兴伟. 北京加快高技能人才培养步伐［N］. 中国劳动保障报, 2007(06).

［28］梁美英, 曹越. 区域职业教育资源优化配置探究——以柳州职业教育资源为例［J］. 高教论坛, 2016, (04).

附件5 城市供给侧改革与职业教育终身化研究

张可伟　杨海华[①]

摘要：在党的十九大报告中,习近平总书记给出了明确的指示:"要完善职业教育和培训体系。"这是国家对职业教育未来走向至关重要的一个战略方针和顶层设计。完善职业教育和培训体系的实质就是推进职业教育终身化,遵循职业人才的成长规律,坚持学校职业教育与终身职业教育并重并举,努力建设新时代中国特色现代终身职业教育体系。本研究以习近平新时代中国特色社会主义思想为指引,以城市供给侧改革作为背景,深度解析职业教育终身化发展的内涵及特征,并结合职业教育终身化的国际经验及发展趋势,分析当前在职业教育终身化发展中面临的挑战和问题。苏州市作为东部沿海较发达城市,职业教育一直走在江苏乃至全国前列,但职业教育终身化发展在政策以及实践层面有待进一步完善。本研究以苏州市为例,从职业教育终身化发展的布局、体制机制、政策法规等层面探讨推进职业教育终身化发展的路径与对策,为构建新时代中国特色终身职业教育体系作出积极努力。

关键词：供给侧改革；职业教育终身化；苏州市

一、职业教育终身化的相关概念及内涵解析

(一) 关于职业教育的内涵解析

职业教育的发展起源于学徒制,在国际上职业教育一词有着各种不同的别名,直到2001年才由联合国教科文组织(UNESCO)作为全面性术语的使用,《修订的关于技术和职业教育的建议书》中提出"技术和职业教育",它所包含的教育内容除了普通教育之外,还涉及学习技术和相关的各门科学,学习和掌握与经济和社会生活各个方面的职业有关的各种实际技能、态度、理解能力和知识。在顾明远主编的《教育大辞典》中将职业教育定义为:职业教育是种特殊类型的教育,有广义和狭义之分。广义的包括普通教育中的职业入门教育、准备从事各项职业的职业准备教育和职后进一步提高的职业继续教育;狭义的职业教育则专指职业学校教育和职业

[①] 张可伟,苏州市教育局民办教育与社会教育处处长；杨海华,江苏理工学院副教授。

培训。本研究将职业教育理解为广义的职业教育,职业教育不是仅仅在学校进行的教育和培训,它更是包括普通教育中的职业意识教育、职前、职中、职后、转岗以及再就业的教育与培训。

(二)关于终身教育的内涵解析

法国的保罗·朗格朗(Parl Lengrand)于1965年在联合国教科文组织召开的成人教育促进国际会议正式提出"终身教育"概念。终身教育强调教育在人的发展过程中的持续性理念,否定了传统教育观念把人机械地分为"学习期"和"劳动期"的观念,认为教育应当贯穿人的全部生涯而不仅仅局限于人生的某一时期。教育不应该成为筛选人的工具,而应当最大限度地开发每个人的潜能。终身教育从时间和空间的领域统整贯穿于所有的教育阶段,在学习的时间、空间、内容和技巧上皆有弹性,主张在每一个人需要的时刻社会能够以最好的方式提供必要的知识和技能教育。终身教育有利于全面提高人的综合素质,发展与完善人的个性和人格,满足个体在社会存在中的各方面需求。

(三)关于社区教育的内涵解析

教育部对社区教育的论述比较完整和明确,"关于社区教育,即在一定区域内利用各种教育资源,以区域内的全体成员为基本教育对象,不分年龄、性别所开展的,旨在提高社区全体成员整体素质和生活质量,以服务区域经济建设和社会发展为主导的各种教育活动"。社区教育是满足居民多样化学习需求,促进人的全面发展、终身发展的基本途径。它不同于阶段性的学校教育,是一种社会化、生活化、草根化的教育;它以成人为重点对象,但又不同于以成人为专门对象的成人教育;它的基本任务是开展职业技能培训,但也不同于以职业技能为主要功能的职业教育;它在社区范围内开展教育,但又区别于社区范围内的学校教育、单位教育。它通过开展职业技能培训,帮助居民,特别是下岗失业人员、进城务工人员、残障人员等困难群体,掌握就业本领,拓展发展机会,提高生活质量;在迅速推进城镇化建设过程中,帮助农民变市民,提高文明素质和适应城市生活的方式和能力;在转变发展方式、调优产业结构中,帮助居民学习掌握高新技术、提高生态环保素质;通过社会文化生活教育,提高居民科学文化素质、幸福指数和人生价值。

(四)职业教育与终身教育的关系

1. 职业教育是终身教育的一个重要组成部分

终身教育是人们在一生中所受到的各种教育与培养的总和。包括教育体系的各个阶段和各种方式,既有学校教育,又有社会教育;既有正规教育,也有非正规教育。职业教育是教育体系中与经济社会发展最为密切的教育类型,为产业发展提供高素质技能型人才,满足经济社会发展和产业转型升级对技能人才的需要,职业教育是终身教育重要的组成部分。

2. 职业教育和终身教育的内涵具有一致性

职业教育的培养目标,不仅要培养人的专业技能,还要培养人的职业素养,将人培养成为一名合格的职业人,包括爱岗敬业、有创新能力、有社会责任心等,促进人与经济社会的和谐发展。而终身教育认为:教育既服务于人的终身全面发展,又服务于社会的持续发展。1997年,德国汉堡第五届成人教育大会上强调:我们所提供的教育与学习内容一方面应根据经济、社会、环境与文化的变化背景来重新设计,另一方面又应以学习者多元化、个性化的需求来精心设计,从而促进个人与社会的共同发展。终身教育和职业教育的目标都是促进人的各方面潜能的充分发展,以促进人和社会的全面发展,它们的内涵高度一致。

(五)关于职业教育终身化的内涵解析

职业教育终身化是20世纪70年代后世界范围内兴起的一种新的职业教育理念或发展观,是终身教育理念在职业教育领域的拓展。职业教育终身化既包括职业教育的含义,又包括终身教育的含义,它是两者结合的产物。职业教育终身化强调人的职业终身学习,为社会的全体成员服务,强调的是面向人人的教育。《国务院关于加快发展现代职业教育的决定》指出,"到2020年,形成适应发展需求、产教深度融合、中职高职衔接、职业教育与普通教育相互沟通,体现终身教育理念,具有中国特色、世界水平的现代职业教育体系"。同时还提出了"建立有利于全体劳动者接受职业教育和培训的灵活学习制度,服务全民学习、终身学习,推进学习型社会建设"的总体要求。这些表述,对现代职业教育体系的终身教育属性进行了准确的说明与规划。

(六)职业教育终身化的特征

1. 现代性与人本性

现代职业教育终身化的"现代"之处关键在于人的现代化,即现代职业教育更应培养具有现代理念的自然人,以人的现代化促进劳动生产率的提高、企业竞争力的提升、产业结构的转型升级及经济社会的全面发展,这才是自然逻辑。同样,人本性便是现代性的最好体征,现代职业教育体系的构建理应以人为本,职业教育的哲学转向也从工具价值走向人本价值;从适应社会走向生命自觉,这便是对现代职业教育之"现代"的最好诠释。因此,现代性与人本性是统领现代职业教育终身化发展的最主要特征。

2. 全民性与终身性

全民性是指职业教育要向所有社会成员开放,人人都接受教育的权利。职业教育不能因为各种原因排斥甚至是拒绝想要接受职业教育的社会成员,其中包括身体残疾等在内的社会弱势群体。真正做到教育机会均等和教育公平。终身性是职业教育终身化的最重要特征,终身性指职业教育理应渗透进人的成长与发展的每一个阶段。既有学校教育,又有社会教育;既有正规教育,也有非正规教育。主张在每一个人需要的时刻以最好的方式提供必要的知识和技能,以满足广大人民群众日益增长的职业教育需求。职业教育终身化的全民性和终身性是互相关联的。

3. 开放性和灵活性

现代职业教育体系的开放性是指职业教育应该在办学主体、学制、学历、培养对象、学习时间、学习地点等方面开放,无论什么年龄、什么时间,只要有需求,都可以参加技能培训。开放性是现代职业教育的重要特征,主要表现在现代职业教育体系向普通教育和成人、继续教育的开放。灵活性主要是指职业教育要摒弃那些不合理、不适宜未来职业教育发展的教育内容、教育形式和方法,让职业教育的教学内容和形式适应个体和社会的双重需要。同时,灵活性是指要针对个体的需求,设计定制灵活的教育时间和空间,为社会成员提供多种多样个性化的教育服务,满足民众对于职业教育终身化的需求。

4. 衔接性与融通性

衔接性是针对职业教育体系内部的概念,主要指的是中等与高等职业教育的沟通、高等职业教育与技术本科教育的衔接等,主要体现在专业设置、课程体系、教材建设、教学过程、招生考试、教师培养、评价方式、行业参与等方面。融通性主要是针对不同的教育类型而言的,现代职业教育体系应该是一个职业教育和普通教育协调发展、相互融通的体系,能够通过一定的渠道相互沟通与衔接,构建起普职融通、学校教育与职业培训并举的技能人才培养的人才"立交桥"。因此,衔接性与融通性是现代终身职业教育体系的主要特征与导向,也是构建人才立交桥的重要路径。

5. 公平性和公益性

职业教育公平是教育公平在职业教育领域的延伸和体现,是满足低技能劳动者技能提升和生活改善的需要,要求确保所有人员享受平等的受教育机会,获得均等的公共职业教育资源,让每个人的人生都有出彩的机会。公益性则是指职业教育可以使国家、社会、企业和个人等群体共同受益,主要是指职业教育可以满足社会或群体中全体成员或大多数成员的需求、实现他们的共同目的、代表他们的共同意志、使其共同受益。

本研究的职业教育终身化,是指终身教育理念指导下的职业教育。从受教育的对象上说,具有针对全体的开放性;在时间上说来,具有贯穿于受教育者一生的连贯性;从空间上说来,具有统合各种教育形式的包容性。开展职业教育终身化研究,构建终身职业教育体系,将为职业人才培养提供更为广阔开放、自由多元的发展通道,更加凸显现代职业教育的社会功能和价值体现,是推进职业教育供给侧改革的重要抓手和载体。

二、职业教育终身化的国际经验及发展趋势

综观国际上近年来职业教育发展动态,世界各国不同程度地将终身教育理念运用于职业教育领域,职业教育终身化发展渐渐成为世界职业教育的发展趋势,并且形成了一些职业教育终身化发展的成功经验。

（一）政校企多方合作共同推动职业教育终身化

一是通过立法推进职业教育终身化。美国政府于 1993 年成立了"终身学习全国委员会"（The Committee for a Nation of Lifelong Learners），号召美国发展终身学习战略，以培养适应社会经济发展的优秀人才，巩固美国世界经济的头号霸主地位。2006 年，美国总统布什颁布了《卡尔·D·帕金斯生涯技术教育好转法案》，该法案是新世纪职业教育终身化在美国的新发展。2005 年德国颁布的《联邦职业教育法》指出，职业教育要实行跨地区的校企合作，加速企业的现代化和培训职业的现代化，实现职业培训机会的均等，体现了终身教育理念下学习的多元性、延续性、民主性等诸多原则和方向。

二是加大资金投入的推动力度。德国政府从投入上支持企业承担培训任务，以往由企业承担的"双元制"学徒培训任务的全部经费将转由联邦政府承担其中的 50%。美国的职业教育终身化的相关法案中都规定有详尽的联邦及各州的资金支持比率，并且财政拨款数字在逐年加大。2015 年，美国总统奥巴马宣布了一系列新举措，以推进其年初提出的"社区学院承诺计划"，实现两年制社区学院免除学费的承诺。

三是鼓励支持社会各种力量共同参与终身职业教育。美国无论大中小型企业都普遍比较重视对自身员工进行职业技术教育，企业或设立自己的培训机构，或采用校企联合办学、委托培养等方式来实施职业教育，这就给进入工作岗位的各类工作人员提供了进一步学习的机会。如美国知名电子商务企业亚马逊公司携手常春藤技术社区学校在其位于印第安纳州杰斐逊维尔的运营中心建立了现场教室，为约 2 500 名雇员提供在职教育。澳大利亚成立产业与技能委员会促进职业教育产学结合，确保高效培养产业所需、为工作做好准备的工人。

（二）构建衔接顺畅、普职融通的终身职业教育体系

近年来，世界各国都一直致力于终身职业教育与培训体系的构建。一是构建衔接顺畅的终身职业教育体系。例如，德国将卓有成效的"双元制"教育模式和教育思想引入高等教育领域，与企业及专科大学（学院）合作，构建"双元制"职业教育与"双元制"职业继续教育的体系。二是加强普通教育与职业教育的沟通融合。例如，职业教育贯穿于美国学生从幼儿园到高中毕业的各个学习阶段。在此期间学校制定出每一个阶段所要培养的学生的知识与技能的标准，并且在学校课程中增加职业技能选修项目。又如，德国明确要求在职业技术学校加强普通教育，在普通中学设置职业教育课程，加强职业教育的普通性和普通教育的职业性。

（三）发展内容多样、形式灵活的终身职业教育

各国在这方面采取了一些具体改革措施，突破了学校中心的局限，将非正规学习置于与正规学习同等的地位。例如，澳大利亚职业教育学生没有国籍、年龄、级别、能力的限制，可以是中学生、在职及不在职的社会人员，也可以是普通高校的毕业生。又如，韩国"个人学分银行"学习管理

体制的施行,学生通过在教育或职业培训机构听课,在大学或学院作为部分时间制学生注册,获得各种国家资格证书,通过学士学位水平自学考试,获得学分或学位。再如,德国成人继续教育不仅办学形式多样,而且提供各种各样的学习类型,以满足不同群体对职后教育的不同需求。培训—就业—再培训—再就业的教育模式为每个职工提供完备的、延续的职业教育。在新加坡,毕业满两年的理工学院毕业生可以通过1~2个月的强化课程巩固并更新专业知识,更好地适应职场或提升职业相关技能。

（四）更加关注个人的终身职业生涯发展

进入新世纪,就业者面对以"变化"和"不确定"为主要特征的就业状态,美国开展了"从学校到生涯"(School-to-Career,STC)的改革运动。STC理念选择加强普通教育,使学习者获得一种持续学习的能力,以终身学习来适应不断变化的环境。可以说,从20世纪90年代的"从学校到工作过渡"向当前"从学校到生涯过渡"理念转变,两者的思想内涵尽管有许多共同之处,但其出发点出现了一个根本性改变。STC理念将职业教育的关注点移到学生个体上,关注学生个体的生涯发展,这不能不说是职业教育从关注经济的发展转向关注个人生涯发展的一个重要体现。

三、目前职业教育终身化发展的现状及问题

《国家中长期教育改革和发展规划纲要(2010—2020年)》颁布以来,特别是党的十八大以来,党和国家高度重视发展职业教育,把发展现代职业教育作为国家战略,并提出了"到2020年,形成适应发展需求、产教深度融合、中职高职衔接、职业教育与普通教育相互沟通,体现终身教育理念,具有中国特色、世界水平的现代职业教育体系"。2011年,教育部出台《关于推进中等和高等职业教育协调发展的指导意见》以来,我国积极开展中高职衔接试点,五年一贯制、"3+3""4+2"中职与高职分段培养、"3+4"中职与本科分段培养、"3+2"高职与本科分段培养、高职与本科联合培养（学生在高职学习,颁发本科文凭）等中高职衔接的多样化新学制不断出现,基本上形成了以独立设置的职业院校为主体,其他院校广泛参与、中职和高职有效衔接,培养适应区域经济发展特色的技能人才的职业教育体系,使"体现终身教育理念"的改革目标率先在国民教育体系内部实现。从职业教育内部来看,构建现代职业教育体系实现了突破,改变了职业教育"断头路"的状况,使"体现终身教育理念"的改革目标率先在国民教育体系内部实现。现代职业教育体系框架示意图如图1所示。

目前,我国国家战略建设和经济社会发展的需要提出了职业教育终身化发展的积极诉求,在职业教育学历阶段也取得了一些突破,但很多具体工作落实大多还只是停留在教育理念层面,在目前的发展过程中还面临诸多问题,也存在着一些瓶颈制约。

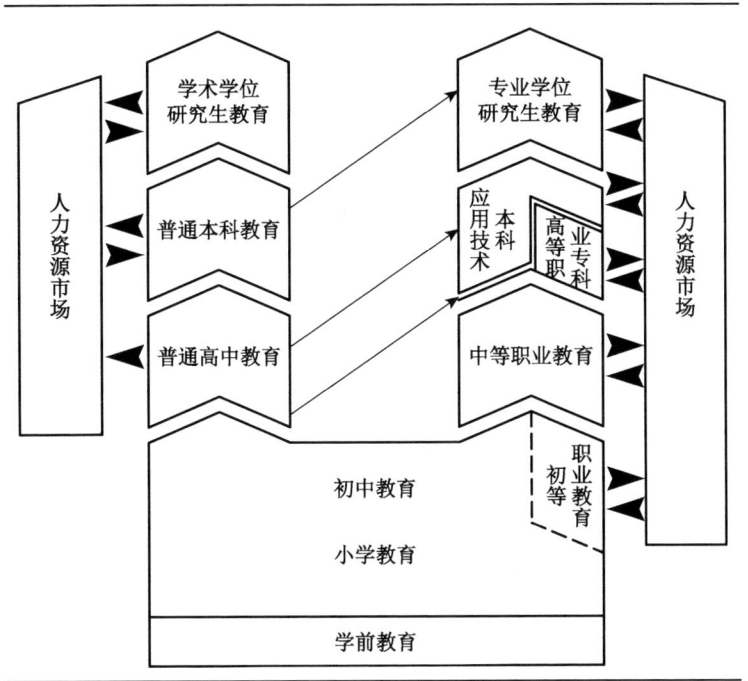

图1 现代职业教育体系框架

1. 缺少相应的法律及政策文件的保证

尽管在《教育法》第11,41条提出了"要建立和完善终身教育体系""为公民接受终身教育创造条件"等条文,《国家中长期教育改革和发展规划纲要(2010—2020年)》《国务院关于加快发展现代职业教育的决定》《现代职业教育体系建设规划(2012—2020年)》都指出,要构建体现终身教育理念的现代职业教育体系。但这些表述,大都仅仅是作为未来职业教育发展趋势而涉及,其法律约束力不强。因此,要加快对职业教育终身化发展相关的法律法规及政策文件的研究和制定。

2. 缺少职业教育终身化的实施机构

我国现阶段的职业教育的实施机构主要是依靠各类职业学校,而职业学校所培养的人才在人数和时间上均有限制。职业教育终身化比较发达的国家,如美国的社区学院,在为市民提供终身学习方面,承担了很大一部分责任。而我国的社区学校一般都比较薄弱,难以实施融职业教育和终身教育一体的教育服务。没有实实在在开展终身职业教育的实施机构是职业教育终身化发展的重要障碍,不管政府对职业教育终身化如何重视,推进职业教育终身化只能是空谈。

3. 缺少职业教育终身化专项资金的支持

国家对职业教育的扶持力度越来越大,特别是经费的投入越来越多,但是这些资金投入主要针对学校职业教育,国家资金支持着我国职业学校的发展和学生入学的保障。但是对于那些已进入工作岗位和其他社会人员想要继续学习的资金支持是非常少的。职业学校和在校学生是职业教育发展的一部分，但是在职业教育终身化发展的趋势下如何加大对其他社会成员的终身职业学习的资金支持是不能回避的问题。如果没有充足的资金支持也是会影响职业教育终身化发展进程的。

4. 职业教育与普通教育相对独立

目前职业教育和普通教育体系仍处于相对封闭独立和相互隔离的状态，并且存在不公平，现行升学模式如图 2 所示。在普通教育与职业教育的沟通过程中，不管是中等职业教育还是高等职业教育，都是分数导向，而不是需求导向，通过分数来筛选学生进入职业教育与普通教育体系，基本都是由初中和高中的淘汰者进入职业教育，普通教育体系的学生很容易进入高一层次的职业教育体系，相反职业教育体系的学生很难进入高一层次的普通教育体系，虽然普职之间建立各种形式、层次"立交桥"的呼声很高，但由于缺乏制度和政策保证，要实现"立交桥"的畅通任重道远。

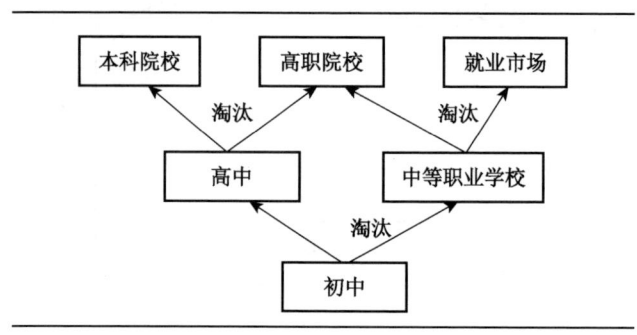

图 2 现行升学模式

5. 职前教育与职后培训缺乏交替机制

职业教育主要包括职前教育和职后培训，这不是人为的概念界定，而是遵循了人才成长规律。一个高技能人才的培养，需要正规的职前职业学校系统性教育，也需要在毕业后的工作岗位上的实践积累。当前，职业教育存在着急功近利的培养方式，采用"3＋2""5＋2"一贯制培养高级工、技师，这是违背技能型人才成才规律的，真正具备高技能的"工匠"，都是在一线岗位上成长起来的，学校的培养培训，能为"工匠"奠基，但最终成为"工匠"，必须要有职后的实践。而目前不管是职前还是职后教育都缺乏弹性灵活的学习期限，正规职业学校教育无法为在职人员提供转入正轨教育系统的通道，职后教育与培训市场又无法为学习者提供半工半读的现实途径和机会。理想的培养模式应该是"学校教育"和"岗位实践"交替进行，学生（学员）不断接受"二级培训"，才有可能成为基础扎实和潜力无限的"工匠"。

6. 社区教育较之于本质内涵发生了变化

20 世纪 90 年代之前，各级教育行政部门都设有"农村教育科"和"职工教育科"，从政府主管经济工作的"经委"，到行业主管部门的各"工业局"，到每个企业，都设立"职工教育科"，这些行政性质的"科室"开展各类针对农民、职工的文化和技能培训。随着经济体制的改革，"经委""工业局"等机构撤销，"职工教育科"也全部随之撤并。以苏州为例，随着农村城镇化的加快推进，大批农民走进了企业、城市,农村种植业、养殖业的集中经营度不断提高,从事农业生产经营的农民的占比大幅下降(表1)。为适应当时的形势,教育行政部门所设的"职工教育科"和"农村教育科"合并为"成人教育科",后来又并入"职业教育与社会教育科"。在大力发展职业教育的宏观背景下,社会教育被相对弱化也属正常,传统意义上的"工农教育"被逐渐淡化。但是,社会教育在经济社会的发展以及老龄化时代提前到来的情况下,又找到了新的发展机遇。随着老百姓对文化教育、精神生活的教育需求急剧增长,"社区教育"开设了各类老百姓喜闻乐见的教育培训活动(表2),而所开设的"涉工涉农"培训很少,但现实情况是,企业对教育培训的需求是很大的(表3)。我们大致可以得出结论:社区教育经过近30年的发展变化,其教育任务已由原来为"工业""农业"为主转型为"市民健康娱乐"为主。

表1　　　　　　　　　　　　　　苏州市三次产业从业人口变化表

年份	从业人员(万人)	从业人员占比		
		一产	二产	三产
1980年	317.17	58.3%	31.2%	10.5%
1990年	346.74	29.7%	51.3%	19.0%
2014年	693.40	3.5%	60.5%	36.0%

表2　　　　　　　　　苏州市社区教育中心校2016年社区教育情况统计表(抽样)

序号	培训项目类别	2016年培训量		2016年培训经费	
		人数(人次)	占比	金额(万元)	占比
1	文化娱乐(老年、妇女)培训	4 744	34.7%	31.8	81.1%
2	健康养生培训	2 153	15.8%	2.1	5.4%
3	法律安全教育	2 171	15.9%	0.9	2.3%
4	企业会计培训(营改增)	3 065	22.4%	0	0
5	社区教育干部培训	1 162	8.5%	2.7	6.9%
6	中小学生	373	2.7%	1.7	4.3%
	合计	13 668	100%	39.2	100%

表3　　　　　　　　　　　苏州市企业职工培训需求调查表(抽样)

序号	调查内容	结果
1	企业员工目前培训的主要方式	企业培训中心、社会培训机构
2	企业员工培训经费提取的比例	职工工资总额1%
3	企业员工培训经费中,用于一线技能人才培训的比例	40%~50%
4	企业最近组织过何种培训	企业管理类、场营销类、用知识类、全生产类、技能培训类
5	企业2017年计划培训员工类别	管理人员、高技能人才、一线技能员工
6	企业技能人才急需哪些方面的培训	企业管理知识、前沿科学技术、计算机通用知识、现代企业文化、专业岗位技能
7	企业需要何种形式的培训及培训时间	研修培训、跨企业(行业)培训,1~2天
8	企业职工每年参加职业技能培训需求	保证每季度都有培训

四、推进职业教育终身化的对策思考——以苏州市为例

职业教育终身化在我国经济社会发展中承载着越来越重要的功能与责任,不仅为经济社会培养培训了技术技能型人才,更重要的是职业教育是解决就业、改善民生、维护社会稳定、实现教育公平的重要形式。对照十九大报告提出的新目标、新要求、新任务,深化职业教育改革,以提高质量为核心,坚持"服务发展、促进就业"的办学方向,做强中职,做优高职,做大培训,做好职业启蒙,全面推进职业教育终身化。

改革开放以来,苏州经济社会的发展迅猛,一直走在江苏乃至全国前列,苏州的职业教育紧紧围绕经济社会发展与产业转型升级的需求,以改革促发展,以质量求提高,为地方经济社会发展培养了大批高素质技能型人才,加快推进了由主要依靠增加物质资源消耗向创新驱动转变,粗放式增长向集约型发展转变、城乡二元结构向城乡一体化转变,为苏州经济社会发展做出了积极贡献。

苏州市共有16所独立设置并实际招生的高职院校和26所中等职业学校,其中中等职业学校中有五年制高职校5所、五年制办学点7所,在校学生7.3万人,主要开设加工制造、信息技术、财经商贸、旅游服务、交通运输、文化艺术等十二大类80多个专业。目前,苏州已基本形成了以独立设置的中等职业学校和高职院校为主体,其他教育机构广泛参与,中职高职相互衔接,职前职后教育并行,城乡一体发展,具有苏州特色的职业教育体系,为苏州经济社会发展和产业转型升级提供了有力的技术技能人才支撑。但是随着社会物质生产水平的不断改善以及人们对教育的认识和实际需求水平的进一步提高,职业教育终身化发展仍然是短板。在苏州约700万的工人大军中,文化程度在高中及以下的有464.7万人,占67.2%;初中及以下文化程度的有154.7万人,占22.6%。为适应经济转型需要,必须大力提高职工队伍特别是初中及以下职工的文化和技能素质,以适应社会全面现代化以及产业结构调整、岗位变动和再就业的需要。这些情况,对职业教育来说,是压力也是动力,是挑战也是机遇,更是重大的责任担当。在国家供给侧改革的宏观背景下,苏州职业教育应努力突破体制机制障碍,敢为人先,先行先试,全力推进职业教育终身化,积极构建具有苏州特点的终身职业教育体系,助推苏州职业教育的现代化进程。

(一)加大中等职业教育资源供给,优化职业教育终身化发展的布局结构

目前苏州市有30所中等职业学校(含五年制高职),在校学生7.3万人,苏州市中等职业学校在校生基本处于饱和状态。从"十三五"和"十四五"的初中毕业生数分析,苏州市高中段教育资源短缺现象将十分突出(表4),因为普高的发展规模受高等教育招生计划的总量控制,因此苏州市高中段教育资源的增量部分主要将由职业教育来承担。要尽快启动职业教育新一轮的规划建设工作,加大中等职业教育资源供给,做大做强吸纳初中毕业生的中高等职业教育主阵地。

表4 苏州市"十三五"和"十四五"的初中毕业生数

年份	2015	2016	2017	2018	2019	2020	2021	2022	2023	2024
初三毕业生数(万人)	6.2	6.7	7.1	7.4	9.0	10.1	10.3	11.3	11.8	12.5

经过多年的中等职业教育布局调整,苏州市中高职院校比例发生了很大变化,尤其在城区,2016年中等职业学校招生计划仅占职业类招生计划的18%(表5),这与劳动力市场对人才需求的层次结构差距甚大。中职学校的升格将带来两个问题,一是所有初中毕业生是否都适合读高职?二是企业到哪里招中职毕业生?因此,在制定"十三五"教育发展规划中,要布局一批中等职业学校,提高中等职业学校的占比。

表5 2016年苏州市区职业学校招生计划

学制类别	"3+4"	"3+3"	五年制高职	技师、高级工	自主五年制	中专	中技	合计
招生人数(人)	81	327	2 687	1 510	220	644	421	5 890

(二)科学定位,发挥职业教育终身化的主体作用

职业学校是推进职业教育终身化的主要承载主体和实施机构,推进职业教育终身化首先要科学定位不同层次职业院校的发展目标。中职阶段应以学习本专业中等层次专业知识和技能为主,高职阶段则以学习本专业较高层次专业知识和技能为主。然而,目前中等职业学校出现了片面追求高技能人才培养的现象,这既违背了人才培养的规律,也造成了技能证书含金量的贬值,不利于职业教育的发展。此外,也应重新定位技能大赛在职业教育发展中的作用。目前,技能大赛已经成为衡量一个地区、一所学校职业教育发展水平的重要参照,但在实际操作中也出现了扭曲,应去除普遍存在的"大赛功利化"倾向,让其更好地为人才培养而服务。

其次,应不断拓展职业院校的内涵与功能。持续扩大职业培训,职业院校要主动开展面向一线职工、城镇困难人员、退役军人、农村转移劳动力等群体的职业培训。鼓励职业院校积极参与企业大学建设,主动服务企业职工继续教育和社会转岗择业需求,各级各类职业院校应开放资源,服务好社区教育、老年教育。充分发挥职业教育在构建学习型社会中的重要作用,构建衔接沟通各级各类教育、认可多种学习成果的终身学习立交桥,建立有利于全体劳动者接受教育和培训的灵活学习制度和终身学习体系,促进人的全面发展,满足人民群众多样化的教育需求。通过向多身份的学习者提供多形式的职业教育和培训,进一步扩充现有的办学内容,从而不断拓展职业教育的内涵,为职业教育终身化发挥主体作用。

(三)鼓励多方参与,激发职业教育终身化发展的活力

职业教育的终身化发展不能仅仅依靠职业学校来完成,职业教育学校主要是面对适龄的学生,既有人数,也有门槛的限制,必须通过发展其他机构来推动实施职业教育终身化。

1. 深刻理解社区教育内涵，为职业教育终身化架设对接通道

社区教育是指在社区中开发、利用各种教育资源，以社区全体成员为对象，开展旨在提高成员的素质和生活质量，促进成员的全面发展和社区可持续发展的教育活动。这一概念中包含有三大要素：一是区域性，具有一定的社区范围为指向，如果把范围扩大，则"社区教育"就成为更大范围的"社会教育"。二是明确了社区教育的职责是组织、协调、整合各类教育资源，直接或间接开展教育活动。三是明确了社区教育的目的，即"提高成员的素质和生活质量"，其根本目的是"促进成员的全面发展和社区可持续发展"。

由于当前对"社区教育"理解的片面，应该面向"全体社区成员"的社区教育事实上成为面向部分人、少数人的教育，而缺失部分恰恰是社区成员中十分重要的人群，即为社会创造财富、需要不断为他们"充电"的大批农业、工业、商业等一线从业人员和管理者，这正是职业教育终身化的重要延伸。在大力推进社区教育发展过程中，乡镇或街道"社区教育中心"要立足本区、面向全员、统筹规划、整合资源，为社区提供"教育惠农、教育惠企、教育惠民"的服务。

2. 借助社区教育机构来推进实施职业教育终身化

苏州市在完善社区教育管理体制的同时，积极构建社区教育运行机制，形成了以市级开放大学为龙头，区（县）社区培训学院为支撑，镇（街道）社区教育中心为基础，村（社区）居民学校为根本的四级网络体系。苏州市社区教育资源情况详见表6。这2 141所社区教育机构由各级政府举办，开展丰富多彩的各类培训活动，为和谐社会建设发挥了重要作用。这是实施社区教育和终身教育的大体量的教育资源，如何发挥其积极作用，决定了社区教育服务与经济社会发展的能力和水平。为此，我们已启动课题"苏州市社区教育体制改革及创新的政策研究"，目的是发挥出现有社区教育硬件资源优势，以体制创新来激发社区教育活力，让社区教育机构成为推动职业教育终身化的重要力量。推动社区教育机构参与职业教育，推出经济社会发展所急需的教育培训产品，是社区教育推动终身教育事业的重要增长点。研究要点有：一是要加强整体规划。"大教育"时代的到来，项目学习、实践学习、研究学习、混合学习、综合学习活动越来越多，但支持这些教与学活动的场所、人员、承办单位等资源严重短缺，这些问题制约着社区教育品质和社会发展水平，需要进行顶层设计、科学规划和制度安排，绘制"大教育"资源布局地图，为社会的每一个有学习需求的人提供完整、系统、适切的学习环境。二是要加强资源整合。随着终身学习和学习型社会观念的深入，教育的社会化特征进一步形成，呼唤着"大资源"的支撑，即教学资源建设要联合联动、共享共荣。三是要突出社区教育工作重点，围绕"教育惠企、教育惠农、教育惠民"三大主题展开。四是研究机制创新，通过引入"民营机制"，采用招聘非编专兼职人员，依托政府向社会购买教育培训资源等方法，盘活社区教育存量资源。

表6　　　　　　　　　　苏州市社区教育资源统计

类别	开放大学	社区学院	社区教育中心	居民学校	老年大学	合计
数量(所)	8	10	98	2 010	15	2 141

3. 鼓励企业积极参与职业教育终身化

职业教育终身化的发展离不开社会和企业的参与，应当鼓励更多的行业与企业参与其中。企业在注重内部员工职业技能培养的同时，也要承担一定的社会责任，包括构建"学校—企业—学校—企业"交替渐进式培养模式的重要职责，配合职业院校开展"二级培训"，改变目前职业院校单主体培养高技能人才的现状，逐步形成"学校—企业"的双主体、双元制的人才培养模式。

（四）深入研究普职融通和中高职衔接问题，构建终身职业教育体系

加快推进职业教育终身化，要紧紧抓住人民群众最关心、最直接、最现实的教育需求与利益问题，做强中职，做优高职，做大培训，做好职业启蒙，努力构建终身职业教育体系。

1. 基础教育阶段要做好职业启蒙

在基础教育阶段，开设兴趣活动课、职业方向指导课、职业知识讲座等选修职业教育课程，使学生广泛接触社会上各种门类的职业，了解职业性质和内容，使学生在手脑并用和亲身体验的实践过程中增长职业知识，多方面培养对专业技能的兴趣，引导学生制定职业生涯规划，发展职业意识，树立职业理想。

2. 职业教育终身化要以需求为导向

职业教育终身化的主要理念应以需求为导向，主要目标就是对人的终身职业发展负责，不能以功利思想作为选择教育类型的依据，从而满足不同职业性格类型的学生对于不同教育类型的需求。根据霍兰德的职业倾向理论，最理想的职业是个体的工作环境与其职业倾向类型相一致。在一致的工作环境中，个体容易得到乐趣和内在满足，更有可能充分发挥自己的才能。所以，学生选择学术教育还是职业教育是由其内在的人格特质决定的，而不是通过考试分数来分流的。苏州可以率先从高中阶段试点取消普职比例与分批录取，真正按照人的发展需要选择适合自己喜好的教育类型和学校，让学生自由自主选择职业教育还是普通教育，让更多的优质生源进入职业教育，尽早发现和培养高技术技能人才和"大国工匠"。

3. 构建终身职业教育体系

现代终身职业教育体系的人才立交桥主要包括三个方面的内涵：一是纵向上，职业教育内部打破学历天花板，可以由中等职业教育直接上升到专业硕博士，基本实现想升学就能升学的需求，满足百姓对于职业教育与高等教育的多样化需求，也为技能型人才的成长发展提供足够的发展空间，更加凸显职业教育终身化的理念。二是横向上，普通教育与职业教育的沟通基本畅通，只要学生有意愿，基本都能满足普通教育学生对于职业教育的就学需求，但反之，则是割裂与封闭的。职业教育的学生很难进入普通教育的学校就学，这就是当前教育体系的不开放与不公平性。因此，改变职业教育的弱势地位，只有破除由职业教育到普通教育融通与上升的壁垒才能构建科学、开放、包容、全纳的现代终身职业教育体系，增强职业教育吸引力。三是深度上，不管是普通教育还是职业教育，其最终目标都是实现人的自由与全面发展。所以，不应过于割裂分离职业教育与普通教育的教育类型，应尊重人才的培养规律，进而达到"全人"教育，即职业教育与普通教育不再纠

结于"升学"与"就业"、"学术"与"技能"的无谓之争,这样的人才"立交桥"才能更深入、更灵活、更稳固,如图3和图4所示。

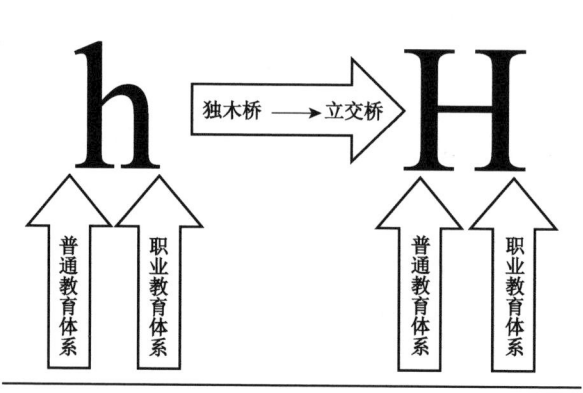

图3 教育体系变迁

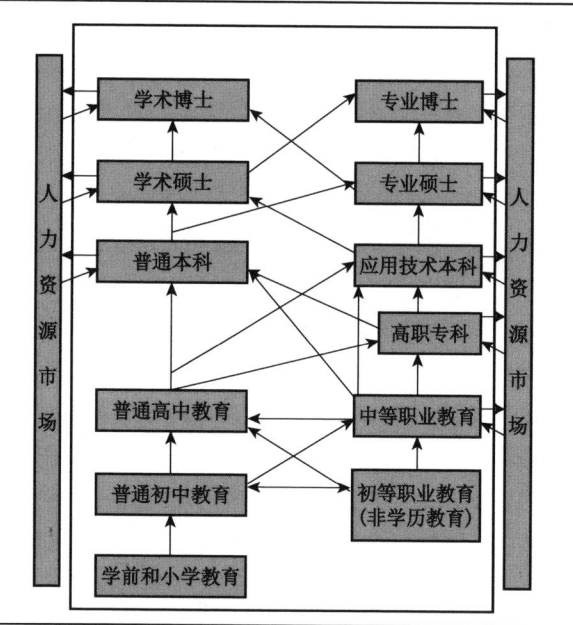

图4 现代终身职业教育体系框架

(五)加强政策扶持,健全法律法规,完善职业教育终身化发展的保障体系

1. 加快制定出台关于职业教育终身化的地方性法规

目前,我国尚无职业教育终身化专门的法律法规,已出台政策文件虽有提及职业教育终身化

的理念及目标,但操作性较差。因此,苏州要率先制定出台职业教育终身化地方性法规。《苏州市终身教育促进条例》已经列入 2018 年地方立法计划,这将为苏州推进职业教育终身化带来良好机遇。我们将会把终身教育和职业教育有机融合,坚持政府主导、社会参与、资源共享、协调发展的原则,对达成目标、具体措施、执行方式、监督评价等提出方案,以从制度上保障职业教育终身化的顺利推进。

2. 通过政策调整,破解职业教育终身化发展的制度瓶颈

首先,教师绩效评价制度要区别对待。职业教育开展的社会培训和社区教育与普通中小学的教师工作有着很大的不同,包括工作的方式方法、时间、对象、成效,都难以用同样的办法来进行考核评价。目前的绩效考核办法已成为调动职业学校和社区学院开展社会培训的重要制度障碍,必须改变这一教条化的管理制度。其次,社区教育机构(包括社区学院、社区教育中心、居民学校)存在着种种制约事业发展的瓶颈因素,根本原因是体制的束缚。"苏州市社区教育体制改革及创新的政策研究"课题正对此问题开展研究,其中"混合体制、引入民营机制"等将是课题研究的重点,希望能尽快形成一批体制创新的试点单位。

3. 加大对职业教育终身化的投入

为适应经济社会转型的需要,苏州必须通过推进职业教育终身化来大力提高工人队伍特别是初中以下职工的文化和技能素质;通过加强对失业者及在劳动力市场中处境不利者的培训,从而极大地改变他们的就业困境和贫困状况,以适应苏州社会全面现代化以及产业结构调整、岗位变动和再就业的需要。但至 2016 年,苏州市尚未将社区教育列入财政预算,比照南京(1 600 万元)、常州(200 万元)、南通(350 万元)的差距较大。2017 年有望开始列入财政预算,这部分预算将开展惠农、惠企、惠民等系列教育培训活动,提升社区教育为实体经济的服务能力和水平。

新时代已经向我们走来,我们又将如何走进新时代,新时代一定会有新职业和新职业教育,新时代一定会有职业教育的新未来。作为经济发展的助推器,社会公平的润滑剂,个性发展的动力源,职业教育的成就还将在中华民族复兴和全面建成小康社会进程中得以彰显。新时代必须要有新思路,职业教育要按照深化供给侧结构性改革的新要求;新时代必须制定新举措,职业教育应从终身教育供给视角出发,全面推进职业教育终身化,充分发挥职业教育在构建学习型社会中的重要作用,构建衔接沟通各级各类教育、认可多种学习成果的终身学习立交桥,建立有利于全体劳动者接受教育和培训的灵活学习制度和终身学习体系,促进人的全面发展,满足人民群众对美好职业教育的期待。

参考文献:

[1] 刘慧平.实现职业教育终身化的有效途径[J].唯实,2016,06:58-59.
[2] 谭明.提升现代职业教育体系的终身化水平[J].中国职业技术教育,2014,21:113-118.
[3] 张宁.职业教育应当终身化[J].天津市经理学院学报,2013,02:43-45.
[4] 陈晶晶,沈敏敏.职业教育终身化视角下的高技能人才培养体系构建[J].职教论坛,2013,15:28-31.
[5] 丁建洪,徐洁.高职院校推进终身化职业教育的探索与实践[J].浙江交通职业技术学院学报,2011,02:84-86.

［6］南海,王星星.国内职业教育终身化思潮及实践发展研究[J].中国职业技术教育,2011,21:5-14,19.
［7］周燕.美国职业教育终身化的发展及其对我国的启示[D].西安:西安建筑科技大学,2011.
［8］汤霓,石伟平.职业教育发展终身化趋势及其思考[J].教育发展研究,2010,Z1:53-57.
［9］陈晶晶.试论职业教育终身化发展途径与推进机制[J].教育与职业,2008,05:12-14.
［10］朱永新.办好高端教育留住出国青少年[N].京华时报.2016-03-04.
［11］于漫宇.终身教育视野下的职业教育发展研究[D].桂林:广西师范大学,2015.
［12］王扬南.新时代办好人民满意的教育之职业教育方略[J].中国职业技术教育,2017(34):8-11.
［13］姜大源.完善职业教育和培训体系:现状、愿景与当务[J].中国职业技术教育,2017(34):25-34.
［14］王乃国,杨海华.基于供给侧改革的现代职业教育体系构划[J].职业技术教育,2016,37(24):56-61.

东部中小城市产业发展新型城镇化与技能培养体系
——以东莞与佛山为例

郭建如[①]

摘要: 本研究报告共分四个部分,序言部分介绍研究背景、研究方法以及调研对象的选择;第一、二节分别描述东莞和佛山的产业发展方式、产业结构以及相应的技能培养体系;第三节则概括了东莞和佛山在产业、新型城镇化对技能培养体系影响的相同点和不同点,认为在这些东部发达地区的中小城市的产业、城镇化与技能培养体系之间形成了相互促进的紧密联系;当地的技能培养体系具有了开放性、普惠性和全覆盖;实现了深度的产教融合和校企结合,学徒制成为中职教育非常重要的形式;企业和行业的第三方评价得到鼓励和推广;职业教育的国际化水平不断提升;政府在促进产教融合和校企结合方面发挥了主导性作用,通过财政或其他政策引导社会力量更多地参与到职业教育的供给中,政府和企业在职业教育发展与技能体系养成上形成了良好的公私合作伙伴关系。相对来讲,东莞更重视中等职业教育,而佛山等重视现代职业教育体系,职业教育的重心出现上移趋势可能是与两地的产业发展基础、发展方式以及市场主体的不同等有关。

关键词: 东部中小城市;产业发展;新型城镇化;技能培养体系

一、序言

技能积累对于经济增长有着重要意义,发达国家非常重视技能积累战略。近些年,中央领导和中央政府高度重视我国的职业教育与技能积累问题,教育部明确强调高等教育分为研究型、应用型和技能型三类,将高职院校归为技能类。实际上,在技能培育与积累中,中职教育,包括技工教育,既是职业教育的基础,也是中国技能培育和积累的重要构成部分。但是,我国职业教育的发展存在着很大的不均衡性,东部的职业教育发展水平较高,而中西部的职业教育发展水平较低。这种不均衡性主要受经济发展水平影响,仅从中职学校指标达标情况看,2013年全国生均仪器设备值设置标准为2 500元(工科和医药类专业不低于3 000元),全国平均水平是3 741元;分不同区域来看,中部和西部均低于实际水平,东部为4 829元,远远高于中部(3 187元)和西部(2 907

[①] 郭建如,北京大学教育学院教育管理与政策系、教育经济研究所教授。

元);每百名学生拥有的计算机台数按照设置标准要在15台以上,全国平均水平为16.9台,而东部为20.2台,远远高于中部(16台)和西部(13.5台)。就东部地区而言,东部经济发达地区的产业发展形态也是各有不同,如长三角与珠三角就存在很大差别:在长三角,苏南发展方式就与浙江发展方式存在比较大的差别;在珠三角,广东的东莞和佛山的发展方式与产业结构也有很大差异。

职业教育与技能培养体系依赖产业而发展,如果没有产业,可能就没有职业教育与技能培养体系;产业不发达,职业教育与技能培养体系就不可能发达。但是产业的发展是如何促进了职业教育及技能培养体系的发展,或者反过来,职业教育及技能培养体系如何支撑了所在区域的产业发展则是需要重点考察的。近些年,随着我国成为世界工厂,人口在大规模地从农村流向城市,从中西部地区流向东部发达地区。在东部地区,尤其是一些地市级城市,新型城市化发展较快,如佛山和东莞,当地的常住人口已远远超过了户籍人口。这些中小城市产业、城市化与职业教育都相对较发达,能相互支撑和相互促进,对于我国其他地区的产业、城市化与职业教育的关系有着非常强的借鉴意义。

珠三角是我国经济较发达的地区,广东省GDP连续28年在全国各省中位居第一。广东的两个地级市佛山和东莞的GDP总量在广东仅次于广州和深圳这两个一线城市,其中佛山2016年的GDP总量超过8600亿元,东莞超过6800亿元。为深入了解发达地区中小城市的产业发展与职业技术技能体系之间的关系,2016年9月,中国教育发展战略协会组织课题组在珠三角的东莞和佛山两地进行调研。本研究报告即是对这次调研的总结。

二、东莞:技能培育与提升的融通整合

(一)东莞的产业升级转型对技能人才的需求

改革开放后,因地理位置优势,东莞受到港澳台强有力辐射,大规模承接港澳台和国际产业转移,经济快速发展。目前,东莞已成为全球最大的制造业基地之一,制造业总产值占规模以上工业总产值的90%以上。外向型经济特征也使东莞受2008年金融危机的影响较大。金融危机发生后,外部订单减少,再加上用工成本升高,不少台资企业撤离东莞。2008年以后,东莞市加快产业升级步伐,到2015年,已有六成的东莞工业企业开展"机器换人"活动。在东莞,研发工业机器人的企业和工业机器人装备制造商有70家,机器人企业数占全国总数10%,工业机器人产业总产值15亿元,整个智能装备产业总产值逾200亿元,逐渐形成运动控制与高端装备企业群、工业与服务机器人企业群等集群,涌现出一批拥有自主知识产权的创新型机器人企业。在工业机器人专利方面,东莞专利数量达到995件,超过广州的879件。另一方面,东莞市也积极引入深圳等地的民营企业,特别是引入华为等手机制造企业,有力地支撑了东莞的经济发展。东莞的手机产量已占到全球1/7,主要的手机生产商除华为外,还有苹果和vivo,后两者在国内的销售量占第四和第五位。其他产业,如汽车维修、电子商务(跨境电商)、物流等也日益兴起。东莞的产业升级和新的

产业的形成对用工,特别是有技能的劳动力的需求也在相应扩大。

金融危机前后,东莞的人口规模和人口结构有很大改变。在金融危机前的高峰期,包括外来工在内的总人口一度达到1 200多万人,而2016年大约为800多万。具体而言,从2011年到2015年,东莞市常住人口总量分别为825.48万、829.23万、831.66万、834.31万、825.41万人。在常住人口中,外来人口所占比例很高,2011年到2015年相对应的户籍人口是183.56万、186.97万、190.06万、191.90万、195.28万人,到2016年户籍人口才上升到200.48万人,仅占到常住人口的四分之一。也就是说,东莞常住人口的四分之三是外来人口,可以看到经济的发展对人口的吸引作用。产业的发展以及外来的人口的急剧增多,加快了当地的城市化进程。目前当地的城镇化水平已经达到90%左右,第一产业在经济总量中所占的比重很低,从事第一产业的人口所占的比例非常低。

随着东莞产业升级,当地劳动力基本结构发生明显改变。据当地有关部门统计,截至2016年8月底,实名制就业登记管理系统中的18.6万家用人单位登记用工534.84万人。从年龄结构看:年龄在25~45岁的劳动者383万人,占总人数的71.61%,整体用工以1980年后、1990年后出生的青年人为主,比2011年上升20%;从地域结构上看:2011年广东省内劳动者55万人,占登记用工总数的16%;2016年,广东省内劳动者合计有114.62万人,占东莞登记用工总人数的21.43%,有明显上升。特别值得注意的是学历结构发生显著变化:大专及以上学历劳动力在2011年时只有32.35万人,占登记用工总人数9.38%,而在2016年8月份,已上升到93.79万人,增加61.44万人,占登记用工数的总人数的17.54%。

随着东莞当地产业变化,特别是技术含量较高的产业的发展,东莞对技能型人才的需求有显著变化,新劳动力的涌入抬高了劳动者的受教育程度;但同时,东莞也非常重视人员技能的提升。

(二)东莞职业院校的建设及财政投入

截至2016年8月,东莞市共有3所高职院校,分别是东莞职业技术学院、东莞创新科技职业学院、广东亚视演艺职业技术学院,在校生合计2.18万人;有中等职业学校26所(含4所技工学校),其中公办14所、民办12所,在校生7.23万人。有省级以上重点中职学校15所,其中国家级重点10所、省级示范性中职学校4所,有2所国家示范性中职学校建设立项学校。全市中职学校共开设56个专业,其中有18个省级重点建设专业,职业教育综合实力排在广东省前列。2008年金融危机后,东莞市更加重视职业教育和技术技能型人才的培养,主要体现在以下四个方面。

首先是高度重视中职阶段学校的建设,市政府投入20多亿元建设占地1 525亩的职教城。该职教城设有技师学院职教城校区、市高技能公共实训中心、东莞理工学校职教城校区和职教公共服务区四大功能模块,可容纳1.5万名中高职学历教育在校生,可承担每年10万人次的职业技能培训及鉴定。职教城是东莞坚持制造业立市,把东莞打造成现代化制造业名城的重要举措。此外,东莞市还建设了市信息技术学校、市轻工学校、市卫生学校等。包括职教城在内,东莞市前后共投入30亿元用于中职阶段学校的建设。

第二,调整中职学校管理体制,并重新进行布局,避免学校间的竞争和重复建设。从2007年开始,东莞将全市中职学校收归市管市办,由市财政负责投入,市教育局统筹管理,有效地解决了中等职业学校教育资源投入不足、盲目跟随市场、重复建设、办学标准低、缺乏监督评价等问题,以适应区域经济发展需要。2007年后,东莞市新建4所、扩建5所中职学校,公办中职学校从原来的19所整合为14所。东莞市根据产业分布情况对中职学校重新布局,突出职业教育服务产业发展的功能,对全市公办中职学校统一以"东莞市+行业(或专业)+学校"格式命名,重新定位各中职学校的发展方向,彰显学校办学特色,促进学校差异化发展。如东莞市纺织服装学校布局在服装产业重镇虎门,同时服务毛织重镇大郎;东莞市电子科技学校布局在电子技术重镇塘厦,并辐射临深片区。

为解决专业设置与产业发展对接不紧密的问题,东莞市从2013年下半年开始,调整了公办中职学校的专业设置。按照"一校一特色"原则,确定各中职学校的主体专业和特色专业,进行各专业布点规划,调整撤并雷同专业,缩减办学规模,加强新专业开发和旧专业改造,并加大数控技术、服装等20个与东莞产业结合度比较紧密的骨干专业建设力度。调整完成后,公办中职学校(不含技工学校)开设的专业由47个调整为56个,在校生总数由2.9万人增加到4.2万人,特别是调整了文理比例,两者比例由5.3∶4.7调整为3.7∶6.3,大幅度增加了理工类中职生招生。

第三,东莞市在2009年高起点建设东莞职业技术学院,该校生均拨款达到2.53万元/年,使东莞职业技术学院有了充足经费保障,实现快速发展:建校第二年(2010年)就成为广东省中高职衔接对口自主招生的15所高职院校试点单位之一;2012年在校生规模超过万人;2013年获得全国教育改革创新示范院,并成为广东省示范性高等职业院校建设项目立项建设单位;2014年获批"3+2"专升本应用型人才培养试点院校,同年开办高职—本科协同育人试点专业。学院根据东莞产业布局和发展趋势,建立人才需求预测专业设置动态调整机制,布局制造、电子信息、交通运输等九个专业大类的专业群,开设机械制造与自动化等30个专业,初步形成以现代制造和IT类专业为主体,在机械、电子、计算机、运输、管理、财经等先进制造业和先进服务业领域具有一定优势的专业体系。

第四,东莞市加大对中职教育的财政投入。公用经费方面,自2008年到2012年,东莞市对公共职业院校公用经费实行生均拨款,中职学校拨付标准是每生每年4 600元。其次,实训教学投入逐年增加。2011—2013年,市财政每年在中职学校购置专业实训设备投入1 000万元;从2014年到2018年,市财政每年对骨干专业设施设备投入增加到3 000万元,鼓励支持职业教育实训教学的开展与创新。在公办中职学校就读的外地学生,享有与本市户籍学生同等待遇,符合条件的还可以按照每生每年3 500元的标准减免学费,市财政每年为此投入1.3亿元,为东莞产业技术人才储备奠定良好基础。

(三)东莞市的技能人才培养规划

东莞市对技能人才培养的重视最突出地体现在2012年的《东莞市职业技术教育改革发展十二五规划》和2015年的技能人才培养五年计划中,尤其是后者对东莞市的技能型人才培养进行了全面规划,进行了较大强度的综合改革。

2012年7月,东莞市政府发布《东莞市职业技术教育改革发展十二五规划》,提出全面实施"职教成才"战略,建立符合东莞产业发展与技能人才培养规律的职业教育体系,努力打造广东省职业技术教育改革试验区,使职业教育的经济贡献率和社会作用明显提升,确立东莞职业技术教育在经济社会中的重要地位。在此规划中反复强调东莞职业技术教育要"适应产业发展需要""明确我市职业技术教育的作用定位是加快转型升级、建设现代制造业名城,提供量足、质高的技能人才",发展职业院校的特色专业,整合资源,走"专而强"的发展路径。在资金投入方面,提出"重点扶持与我市支柱产业相配套的中等职业学校建设",建立"以服务产业贡献大小为依据的职业技术教育质量评价体系,把行业规范和职业标准作为学校质量评价的重要依据,逐步建立以行业企业为主导的职业技术教育第三方评价机制"。"十二五"规划提出的六大工程(校企合作工程、师资队伍建设工程、示范院校与能力建设工程、社会技能人才培训工程、实训基地建设工程、特色专业建设工程),特别是在校企合作工程中,东莞市将政府责任明确定位于"主导"。

2015年12月,东莞市政府发布《东莞市技能人才培养五年行动计划》,提出"围绕我市重点产业发展,加大财政扶持力度,实施十项行动计划,激发企业、职业院校、行业协会、科技社团、鉴定机构培养技能人才积极性,构建较为完善的职业培训鉴定体系,将东莞打造成技能人才集聚之地,到2020年,技能人才总量达到100万人,培养电商创业人才10万人,开展企业技能人才评价1万人,培养国际化技能人才5 000人"。这十大行动计划分别是:国内一流职教城建设计划、劳动力技能晋升培训补贴计划、高技能人才国际培养计划、扶持民办学校发展计划、技能鉴定服务计划、职业技能竞赛计划、企业技能人才评价计划、企业首席技师津贴计划、技能大师育才计划以及"一镇一品"和电商创业技能人才培养计划。

1. 建设国内一流职教城计划

职教城集职业教育、职业培训、技能鉴定、科技研发等功能于一体,成为产学研一体、校企合作、功能多元的职教园区。职教城重点发展机械制造与控制、数控机床、计算机软件、动漫设计、现代汽车检测与维修、印刷技术等专业。职教城中的东莞市技师学院全日制在校生已达到8 300人,成为全国首批企业新型学徒制试点单位,获评"国家级高技能人才培训基地"。东莞市高技能公共实训中心作为东莞市政府面向社会全面开设的高技能人才公共服务平台,分别设置计算机高新技术、汽车/电子电工、现代制造业以及现代服务业四个专业实训中心,成为融实训、鉴定、竞赛于一体的综合性基地,为职业技能培训、考核鉴定、训练模式研发、职业技能标准提升以及技能竞赛等提供优质服务。2015年,高训中心完成公益性实训13.4万人次。

2. 扶持民办学校发展计划

主要的措施包括:打破学生地域、户籍限制,充分考虑学科耗材因素,逐步提高民办中职学校(含技工学校)免学费补助标准,力争将所有学生纳入减免学费补助范围,对所有民办中职学校一律每人每年补助3 500元;支持民办学校稳定教师队伍,扎根东莞,对民办学校教师按从教年限发放从教津贴,并根据物价上涨和教师素质等因素,逐步提高民办教师从教津贴标准;推广实施中职学校教学质量奖制度,鼓励民办中职学校毕业生参加职业技能鉴定,考取国家职业资格证书,市财政按初级工150元/人、中级工250元/人、高级工350元/人,给予负责培训的民办中职学校扶持奖励,将民办中职学校纳入全市中职学校奖教奖学范围。

3. 高技能人才国际培养计划

公办高职院校、中职学校(含技工学校)选择与高端制造业、现代服务业、互联网技术关系紧密的骨干专业,通过与境外(含港澳台)职业院校、行业协会合作,采用联合举办国际课程班、师生互换、交流访问、远程教育等多种形式,引进先进的专业课程体系、职业资格认证体系,引进先进的职业教育理念和优质师资,组织派遣高职、中职毕业生赴境外(含港澳台)应用型大学或职业院校留学,计划用五年实践培养5 000名国际职业教育背景的高技能人才。高职、中职学校开办国际课程班的生均经费标准按照高职、中职全口径生均标准提高20%拨付;安排就读国际课程班的高职、中职学生到境外(含港澳台)高等院校实习交流3~6个月,由市财政每人每月最高资助人民币0.5万元;鼓励国际课程班学员学习期间考取国际技能资格证书,学习期满毕业后给予补助0.5万元。鼓励本市企业、职业院校、东莞市高技能公共实训中心与境外(含港澳台)高等院校合作,组织企业职工开展境外(含港澳台)技能专业证书课程培训,市财政对取得境外(含港澳台)技能专业证书的参训学员给予每人0.5万元的培训费用补贴。

东莞市加大引进国际知名职业教育机构到东莞合作办学力度,计划"十三五"期间引进2所以上国际知名职业教育机构;引进国外职业资格认证体系和适应东莞市产业发展的职业课程体系,共同培养具有国际职业教育背景的高技能人才;加强职业院校与东莞外资企业合作,实行订单式培养;引进国际教学团队,利用国际优质职教师资源推广先进职教理念;实施职业院校师生海外培训计划,推进职业院校学生进行海外学习交流和短期培训,搭建学生出国学习交流的平台,加强专业骨干教师和职业学校校长海外培训的力度;利用德国BBW大学中国(东莞)师资培训基地,为东莞市职业教育提供师资培训。

2013年起,东莞市积极推动职业院校与国内外高等院校合作办学。2015年,东莞理工学校等5所学校7个专业开办台湾课程班,首年共招收350名学生。2016年,东莞市汽车技术学校等4所学校6个专业开办德国课程班,连续招收3届学生,每届300人,每个专业50人。"东莞技师学院"自2013年9月起,开始与德英有关职教机构、集团签约合作,全面引进德英职业教育模式,采用德英职业教育的理念、教学标准、教学方法、学习领域、管理方法及考核办法,在全省率先引进德国"双元制"职教模式,与德国德累斯顿工业大学职业教育和继续教育学院合作,引进国际认可的HWK和IHK证书。与英国沃索学院合作,引进"现代学徒制",在东莞建立第一个海外ASFI产业技术认证中心,引进英国ASFI证书。与德国BBW职业教育集团,共建数控技术和机电一体化两个专业德国标准化"学习型工厂",共建"德国BBW大学中国(东莞)师资培训基地",每年超额完成招生任务,4家在东莞的德资企业签约合作开办首届BBW校企双制机电班。开设中德、中英、中美、中加等35个国际合作班,共有机电一体化、数控加工、机械产品设计、模具设计与制造、汽车机电等12个智能制造相关专业,在校生达到972人。另外,还有7所学校开设出国留学班,为中职学生出国深造打通渠道,合作国家有英国、澳大利亚、新西兰和韩国等,在校生 231 人。2016 年市财政局预算 570.2 万元资金用于开展东莞市高技能人才国际培养计划工作,用财政资金支持开展国际课程班的公办职业院校。

东莞高训中心率先引进了香港的专业证书课程。2015 年,联合香港职业训练局、香港电镀业商会举办电镀业环境管理专业证书课程,组织港资企业 25 名技术人员参加培训。所有课程由香港专家授课,共 16 天 90 学时,学习并考试合格的 16 名学员获得香港职业训练局颁发的电镀业专业课程证书,这样,东莞和珠三角区域的港资企业相关人员无需回港即可在莞享受与香港完全同质的专业培训。

4. 劳动力技能晋升培训补贴计划

全面统筹东莞市内外各类培训资源,鼓励市内外培训教育机构、行业组织或企业积极组织学员参加免费培训,为东莞市引进更多优质培训资源,盘活市职业培训市场,着眼东莞的新兴产业、支柱产业、制造产业以及电商行业的技能工种项目的培训需求。鼓励个人积极提升技能,鼓励企业、培训教育机构、行业协会积极组织学员参加技能培训,经考核取得广东省颁发的资格证书,按省劳动力技能晋升培训补贴政策对个人或企业、培训教育机构、行业协会给予补贴。2014 年,东莞市人力资源和社会保障局转发《广东省省级劳动力培训转移就业专项资金管理办法的通知》,并出台《关于进一步加强劳动力技能晋升培训补贴工作的通知》,全面推动劳动力技能晋升培训补贴政策,各行各业人员(全日制在校生、机关事业单位在编人员除外),只要考取广东省内人力资源部门颁发的资格证书且持有社保卡等相关资料,即可申请最高 3 500 元的技能晋升培训补贴,补贴范围涵盖 500 多个职业工种。2014 年 8 月以来,东莞市共组织劳动力技能晋升培训 9.6 万人次,为 5.48 万人次核拨补贴 1.11 亿元。2016 年,广东省下达东莞市劳动力培训转移就业专项资金 5 000 万元。截至 2016 年 4 月份,上述资金已基本使用完毕。根据电脑系统显示的提交申请人数和已申领补贴人数,按照符合补贴要求 80% 比例测算,预计 3.5 万人可获补贴。

5. 技能鉴定优化服务计划

实行政府购买鉴定服务,原则上由市财政按鉴定收费 50% 的标准确定购买鉴定服务经费预算。考评员、考务员、监考员等相关人员费用由市鉴定办每年申请财政预算划拨。鼓励符合条件的企业、职业院校、行业协会(商会)申请设立职业技能鉴定所(站),并强化市鉴定所(站)的监管和指导职能,完善技能鉴定题库建设,鼓励企业、行业协会(商会)、职业技术院校、民办培训机构参与开发新职业标准、新教材和鉴定题库,对开发成功的,由市财政给予经费补贴。加强考评员队伍建设,将考评员工作费用提高到每人每天 500 元,吸引优秀高技能人才充实到考评员队伍中来,完善考评员评价记录制度,建立考评员退出机制。到 2016 年 9 月,东莞全市已发展到 16 家鉴定所,鉴定工种进一步扩大,地域分布更加合理,方便了培训学员参加技能鉴定。

6. 职业技能竞赛计划

鼓励职业院校广泛组织学生开展各专业职业技能竞赛,达到以赛促学、以赛促教的目的;鼓励行业协会选择行业内技术要求高、覆盖面广、通用性强的职业工种举办全市性职工职业技能竞赛活动,并对获奖选手、单位进行奖励,在全社会营造尊重劳动、崇尚技能的良好氛围。市财政根据竞赛项目的参赛规模、耗材使用情况给予 5 万～10 万元补贴;鼓励行业协会、职业院校组织业内拔尖人才代表东莞市参加全省职业技能竞赛,每个竞赛项目补贴 1.5 万元。近几年,市财政每年投入 100 万元举办竞赛。2015 年举办 13 项全市性职工技能竞赛,2 733 人参加市级决赛,468 人获得国家职业资格证书,96 人获得东莞市技术能手称号。首次以微电商创业形式举办电子商务师竞赛,1 706 人参与,开设 187 个电商店铺,总销售量达 133.8 万元。2016 年,市财政预算 120 万元用于职业技能大赛。东莞市已完成叉车司机、咖啡师、智能楼宇管理师、汽车维修钣金工、电线电缆检验工 5 项竞赛,并将陆续开展数控车工、数控铣工、模具设计师、电子商务师、美发师、化妆师、工业机器人技术应用技能 7 项竞赛。东莞市还承办了烘培、工业控制 2 个第 44 届世界技能大赛广东选拔赛项目。

7. 企业技能人才评价计划

结合企业生产特点和岗位要求开展企业技能人才评价,启动企业自主评价试点,由企业和行业协会根据国家职业标准并结合自身生产实际和工序要求制定评价标准,员工通过评价考核获得技能证书,可以享受薪酬增加、职业晋升以及技能人才入户等待遇,探索建立具有东莞特色的技能认证体系。市财政部门配套安排专项资金,按每项目 2 万元的标准补贴开展评价的企业,用于评价命题、建立题库、培训教材开发、专家评审费用及工作人员劳务费用等。2013 年以东莞金杯印刷有限公司平版印刷为试点,完成《企业技能人才评价总体方案》和配套技术文件,组织首批 50 名平版印刷工进行评价考核,其中 28 人取得中级工证书,15 人取得高级工证书。2015 年在全市范围推开自主评价工作,34 家次企业完成评价,涵盖 24 个职业(工种),涉及加工中心、模具、机械设备、电子元器件等一系列智能制造相关行业工种,4 400 多人参加初期资格审核,1 224 人获得职业资格证书,评价规模居全省前列。截至 2016 年 7 月底,全市共有 21 家企业申报参评,资格审查人数达 1 680 人,已完成 5 家企业技能人才评价工作,参评人数达到 845 人,涉及陶瓷产品设计师、陶瓷装饰工、电焊工、用户通信终端维修员、印品整饰工等 9 个职业(工种)。预计到 2020 年,企业技能人才评价达到 1 万人。东莞市还准备出台《企业技能人才评价实施细则》,以推动企业技能人才自主评价规范化、常态化开展。

8. 企业首席技师津贴计划

东莞市鼓励企业在关键岗位、关键工序设立"首席技师",解决企业的生产操作难题,参与技术攻关和技术革新,开展"名师带徒"活动,传授技艺特长及绝技绝活。东莞市政府计划每年从企业中遴选 100 名达到省级领先水平和市级顶尖水平的高技能人才,授予东莞市"首席技师"称号,每人每月享受市政府津贴 1 000 元。2016 年 6 月,东莞市出台《首席技师培养计划实施办法》,考虑到技术技能型、知识技能型、复合技能型等高技能人才的不同特点和行业分布,重点从支柱产业、优势产业以及战略性新兴产业生产一线、从事技能生产的技能工人中遴选产生"首席技师"。截至 2016 年 8 月,已从 244 名高技能人才中通过专家评审选出了 100 名,计划到 2020 年培养 500 名"首席技师"。

9. 技能大师育才计划

推行"强师工程",建立技术名师队伍培养和评价体系,鼓励有条件的企业、行业协会(商会)和职业技术院校建立技能大师工作室(技能工作站),开展带徒传技、技术攻关等活动,加速技能创新成果的传承和推广。对成功建立市级、省级、国家级技能大师工作室(技师工作站)的单位,由市财政分别给予一次性创办补贴10万元、20万元和30万元。对技能大师工作室(技师工作站)实行年度考核制度,对年度绩效考核成效显著的技能大师工作室给予1.5万元工作人员经费补贴。2014年认定东莞供电局板桥培训基地和东莞雀巢有限公司美极分厂作为首批技师工作站;2015年认定东莞市唯美陶瓷工业园有限公司、东莞市酒店餐饮技师协会作为第二批技师工作站。计划到2020年,政府将引导和扶持建立20个技师工作站。在2016年9月调研时,据相关部门介绍,厚街的东莞市金龙珠宝首饰有限公司、清溪的广东普赛达密封粘胶有限公司、塘厦的东莞信柏结构陶瓷股份有限公司和广东坚郎五金制品股份有限公司4家公司已有申请设立技师工作站的意向。

10. "一镇一品"和电商创业技能人才培养计划

东莞市五年技能人才培养计划还鼓励各镇街结合自身产业特点实施"一镇一品"技能人才培养计划,即一个镇街每年自主开展一项符合本镇街产业特点且在本地区有影响力的精品培训课程,借此培养本镇街目前乃至未来一段时间急需的高技能人才,"一镇一品"技能人才培养经费由各镇街自筹解决。为培养电商创业技能人才,东莞市依托知名电商培训机构,结合东莞电商培训实际,制定电商理念培训课程标准和电商讲师标准,按类别开设优质培训班,搭建电商实训基地和创业孵化基地,组织职业院校学生考取电商资格证书,电商创业技能人才培养经费从东莞市电子商务专项资金中解决。各镇街结合东莞市战略,通过电商理念培训、电商基本技能培训、高端网店运营培训等课程,培养社会急需的电商人才;鼓励电商培训人员参加自主创业,引领大众创业、万众创新,以促进电子、毛织、服装、制鞋、家具等传统产业营销方式转型发展。2015年,松山湖联合园区企业与高校建立政产学高技能人才培养模式;横沥镇结合模具特色产业开展8期"模具师傅培训工程";广东智通职业培训学院联合麻涌椰林科技创意园举办2期电子商务创业培训班,共有90名学员参加,重点针对粮油食品、旅游、农家乐美食等麻涌特色产品进行课程设置,使课程内容贴近镇街的实际发展所需;麻涌人力资源分局联合市高技能公共实训中心在椰林科技园举办麻涌镇首届咖啡师和调酒师培训班,吸引22名学员参加。

总的来看,东莞市技能人才培养的十大计划体现出如下特点。

(1)注重从经济收入和社会声望两方面提升技能人才的社会阶层地位。东莞市公布的技能人才培养的十大计划中每项都有明确的财政支持以及具体的操作办法。在奖励机制设计上强调以政府奖励为导向,企业奖励为主体,社会奖励为辅助,引导企业实行技能人才岗位绩效工资、协议工资、技能职务津贴以及年薪制相结合的薪酬制度,鼓励有条件的企业积极试行技术入股、企业年金制度、补充医疗保险等激励机制。东莞市还特别提出政府要承担及时发布技能人才工资指导价位的功能,对取得高级工、技师(高级技师)职业资格证书的职工在政策上分别与大专、本科学历人员同等对待,并探索建立技能人才与专业技术人员享受同等工资福利待遇的机制,以切实提高技能人才待遇等。另外，政府还通过竞赛、评定等方式设置"技术能手""首席技师"和"技能大师"等称号，在东莞市范围内广泛宣传，可有效地提升技能人才的社会声望。近几年来，累计最高额度5 000元的培训资助保证了东莞市中职学校学生的技能考核合格率均保持在85%以上。职业学校还积极参与承办多项国家、省、市职业学校技能大赛项目，在这三项措施的推动下，学生的技能水平明显提升，中职学生在全国广东省技能大赛中获奖数量突破100项，成绩优异，位居广东省前列。

（2）大职业教育、大培训观念。东莞市建立由市政府统筹领导，人力资源部门牵头协调，各相关部门共同参与的技能人才培养联动机制和共商机制，强调各部门要积极指导本行业加强技能人才队伍建设，以发挥协力作用。如：①在技能人才培养中将教育系统所属的中职学校与人社部门所属的技工学校、技师学校一并考虑；②重视对民办中职学校的扶助，将民办中职纳入财政资助范围；③高度重视企业对技能人才的培养，鼓励企业自己对员工技能进行评定，鼓励企业设立大师工作站等。每年着力吸引、遴选和培养一批技能大师、专业教学名师、名班主任和优秀教学团队，把专业建设、课程开发、产学研结合作为职业教育名师培养的工作重点。支持职业院校教师基于学生实习实训和就业创业为目标，参与企业技术研发、产品设计、项目承包，并获取合理回报；完善职业院校聘请能工巧匠任专兼职教师政策，支持学校采用创新举措吸引行业企业高技能人才、管理人才到职业院校任教，提高专业人才培养水平。

（3）普惠性与包容性发展。东莞技能人才培养计划特别重视对于外来工，特别是非户籍人口的新东莞人的覆盖。2012年7月东莞市制定的"十二五"规划明确提出，"逐步扩大"中等职业学校招收新东莞人子女入读的规模，加大中等职业学校招收东西两翼及粤北山区学生的扶持力度，以"1+1""1+2"或"2+1"联合办学方式推动省内劳动力向东莞市转移。在东莞市职业教育"十二五"规划中提出，"开展户籍劳动力资助性技能培训，实施新东莞人资助性技能培训，围绕东莞的产业结构特点，开发新的培训工种，提高培训的针对性和实效性；针对大专院校毕业生开展就业指导、就业见习培训及创业培训，开展退役士兵职业技能培训。东莞市提出利用现代信息技术，筹办慕课职业技术专修学院，寻找课程和师资，免费提供给全市3所高职院校和25所中职学校教职工和在校生学习使用；收集优秀的技能培训资源，免费提供给在职人员学习使用，打破传统成人教育培训的局限，让广大市民突破地域、时间、空间自主学习同一课堂。

特别值得一提的是，东莞市实施新生代产业工人的圆梦计划，主要是针对东莞新生代产业工人上大学的梦想。如2016年面向东莞全市年龄在18到35周岁，具有高中、中专、中职或大专学历，在各类企业工厂务工的产业工人，遴选2 000名与东莞理工学院和东莞职业技术学院合作进行高中起点的升专科、专科起点升本学校的在职继续教育，学费2 000元，在取得毕业资格时可向省圆梦办申报奖学金1 000元。东莞理工学院设立人力资源管理、会计学、工商管理等偏文科专业；东莞职业技术学院则设立机械设计制造及其自动化、电子信息工程技术与计算机应用技术等工科类专业。东莞理工学院负责人陈健解释："今年的学校和专业设置是圆梦办根据东莞实际情况经过长期调研后筛选的，课程和全日制大学本科相比更重视操作和实践"。东莞职业技术学院采用双证制模式,重视实践,学生毕业不仅获得毕业证书,还可获得相关职业技能证书。

(四)东莞市的职教培养方式改革与产教融合

技能型人才的培养关键在于实现深度的产教融合、校企结合和工学结合,东莞市在2012年被省教育厅认定为"广东省职业教育综合改革试验区",2016年初被省教育厅确定为"广东省职业教育综合改革示范市"首批4个创建地市之一。东莞市选择校企深度融合为突破口,在产教融合模式上进行了多种尝试,大体上有以下类型。

1. 与企业共建校外实习基地

这是东莞市职业教育产教融合中最普遍、最常见的模式,每所中职学校都与一定数量的企业签订了合作协议,以解决学生的实训实习问题。在该模式中,学生前2年或前2.5年在校学习文化基础和专业理论,进行基本的实训,后一年或最后半年到企业进行顶岗实习;学校负责学生的培养和培训,企业提供实习实践岗位,帮助学生熟悉工作环境、了解岗位需求和提高专业技能水平。"职业院校定点实习实训基地建设计划"被列入东莞市"十三五"规划,政府争取评定不少于100个具有较大规模的企业作为职业院校师生的校外定点实习实训基地,并力争建设10个省级示范性实习实训企业,在职业院校学生实习实训安排与管理、承接专业教师企业实践任务等方面积累经验。

2. "车间进校"

东莞理工学校引进全国光电联盟LED封装车间,东莞市纺织服装学校引进卡蔓服饰有限公司、东莞市电子科技学校先后引进东莞雷曼电子科技公司的电子加工设备维修车间、台湾精英集团的电脑主板维修车间、东莞市海霖动画制作有限公司。把企业的生产车间引进校园,学生不出校门就可在真实的企业生产环境中学习训练,实现学校教学与企业培训、用人标准与培养目标、实训实习与企业生产有机结合。"东莞技师学院"的模具、会计专业、服装专业与相关企业合作建立三个校企合作学习型工厂,如2014年与深圳麦士德福科技股份公司在校内的实训车间建立起模具、数控实训工厂,可全天候安排学生到工厂实习锻炼,以企业的师傅为导师,带领高年级模具、数控专业的学生进行实训实习,之后,高年级学生带低年级学生进行基本的实训实习,学生不用走出校门就能够实现从模具设计到生产的各岗位的实习锻炼,在校期间就能成为熟练技工。在2015年校园招聘会中,这些学生还未毕业,顶岗实习月工资就已经到5 000元一个月,成为招聘会上很抢手的技能人才。再如东莞职业技术学院的学产服用合作基地包括校内生产性实训(实践)基地、校外实习实训基地、校中厂、厂中校等校企合作平台。在学产服用合作基地中,师生带着课程和工作置身于真实的生产经营环境,实现了工作和学习、授业和生产的对接。还有如安谛校中厂承担机械类专业工学交替的教学任务及"双师"的培养,每学年该校中厂安排技术人员对学生的生产实训进行指导,并根据学生的生产情况,给予相应的劳动报酬。

3. "自办实体"与创新创业

技师学院融合不同专业,开创"学业+创业"模式,已有小高微店、百分商城。小高微店的运营模式是：学院现代服务系学生自创企业"小高微店"，以企业为平台，链条式地培养学生多种能力。学院烹饪专业学生制作的各种点心、蛋糕等产品，通过网络专业学生开发手机平台，由电子商务专业学生进行营销，物流专业学生进行原材料的仓储管理和配送，各专业有效互融，对学生核心能力、创业能力进行培养。2015年9月，小高微店实体店于高训中心正式开业，为学院各专业学生提供网络平台和实体平台。百分商城的运营模式是：学院信息工程系百分商城是学院自主研发的网络销售平台，以销售与学院有合作关系企业的产品为主，实现O2O。百分商城日常运营由电子商务专业学生负责，主要进行项目架构、团队建设、商城推广、企业商务接洽、产品选择、商品上架、接单等；计算机专业学生负责提供网站软件开发、网络安全、日常后台维护、前台网页设计与制作编程等实操类技术支持；艺术类广告专业学生提供网页优化、网页视觉美化、广告宣传策划等支持。

4."企业课堂"

"企业课堂"采用"2+0.5+0.5"课程模式，即"2年（学校学习）+0.5年（企业课程）+0.5年（顶岗实习）"，让学生实现从知识技能到岗位跨越，完成由学生角色到岗位熟练从业人员的完整教育过程。东莞市开办"企业课堂"的校企合作范例有：东莞理工学校与全国LED产业联盟、市机电工程学校与东光劲胜精密组建股份有限公司、市电子商贸学校、南华职业技术学校与虎门"意法"电商城等。

5."企业专班培"、冠名班与订单班培养

由校企双方共同确立培养目标，共同制订人才培养方案，并在师资、技术、设备等办学条件方面合作，采取多种形式组织教学，确保学校的人才培养质量符合企业要求。目前，全市中职学校均开设有5~10个企业专班，比较有代表性的有联想集团、中兴通讯、用友软件、以纯服装、日本电产、台湾精诚集团、沃尔玛集团、中大科技、永强汽车等国内外大型企业在中职学校组建的企业专班；东莞理工学校与市机器人协会、市电子商贸学校与市电子商务协会开办的行业专班。

6."企业学徒制"与"现代学徒制"

一些"企业专班"实行校企联合招生、联合培养，实现"招生即招工""毕业即就业"的双制办学模式，实际上是某种形式的学徒制。如"东莞技师学院"就依据企业用人标准，与企业共同制订招生计划，确定招生规模，联合开班招生，双方签订《校企双制培养协议书》，共同制定《培养实施方案》，结合国家职业标准和岗位技能，明确办学模式、培养方式、专业课程设置、师资配备、教学组织、考核评价等要求。2014级、2015级的庆泰班和天母蓝鸟班，学生在学校是学生，在企业则是学徒或员工，在校期间每人每月发600元生活补助，到企业学习每人每月发1200元生活补助，学生毕业时企业每人每年奖励1万元，工作满一年企业再奖励2万元。企业与学院共同制订的教学计划对在学校学什么，在企业做什么，何时去企业，何时回校上课以及对学生在企业的评价考核都有详细的安排和要求。这种模式得到了冠名企业高度认同，从2014年的3个班发展到2015年的5个班，2016年已经完成洽谈的还有世楷班、荣兴班和天母蓝鸟班。2014年9月，技师学院与德国BBW职业教育集团合作建立数控、机电一体化两个专业的学习型工厂，学生入学第三年全部安排到学院的校企合作企业、学习型工厂进行顶岗实习或实训学习,以完成学校学习与企业就业的无缝对接,在职场有更大的竞争实力。目前,技师学院有 61 个冠名班接近 2 100 名学生,覆盖 6 个专业系,冠名班合作企业达到 40 家。

"东莞技师学院"正式承担在企业推行以"招工即招生,入企即入校,企校双师联合培养"为主要内容的企业新型学徒制是在 2016 年。为进一步发挥企业培训主体作用,"东莞技师学院"通过企校合作等方式,组织有培训需求的企业技能岗位新招用人员和新转岗人员参加新型学徒制培训,探索企业职工培训新模式,完善政策措施和培训服务体系,加快企业后备技能人才的培养。2016 年 5 月,确定广东易事特点源股份有限公司、深圳麦士德福科技股份有限公司两家试点企业的模具工、数控加工、电子技术共 200 名员工成为人社部大力推行的企业新型学徒制的培养学徒。

东莞职业技术学院依托定向培养班,开设 14 个订单班,如嘉荣超市主管订单班、东莞国旅订单班等,开展现代学徒制试点,以企业岗位能力、素质要求为目标,将企业的职业道德和职业精神融入课程的全过程,并在实训、实习中加强企业所需的能力模块学习,累计定向培养学生数达近千人。与华为机器有限公司、东莞市安谛精密机械有限公司等企业合作,相继开设华为技师班、安谛学徒班等定向培养班。如华为技师班由学院与华为机器有限公司共同施教,学院负责专业理论教学与基本技能培训,企业派企业骨干、工程师担任学徒的师傅,按照人才培养方案实施授课指导,帮助学生提高实操技能和专业水平。

7. 混合所有制形式

东莞职业技术学院还与政府机构、企事业单位合作,按照混合所有制模式,共建东莞职业技术学院建筑学院、广东三正酒店管理学院等产业学院。其中,东莞职业技术学院建筑学院由学院牵头,联合市住建局下设的市建筑科学研究所、市建设工程检测中心两家国企和市万科房地产股份有限公司等两家民企,按照混合所有制模式共同建设,开展多主体合作办学,构建"专业共建、课程共担、教材共编、师资共训、基地共享、人才共育"的校企合作人才培养体系。建筑学院还面向社会开展建筑行业的岗位培训和继续教育。该学院还计划在未来结合镇(街)的产业优势,继续深化混合所有制办学模式,在服装、模具、汽车等行业开展联合办学。

8. 组建职教集团

2013 年以来,东莞市职业院校先后组建以纺织服装、模具、LED、财经、汽车、电子商务、电子、家具 8 个专业为纽带的职教集团,以促进职业院校、行业协会、企业等各方面的师资、设备、技术、教学、实习等资源共享,推进产教深度融合。东莞市计划在"十三五"期间推行产教融合校企合作示范工程,实施"示范性职业教育集团建设计划",开展"多元主体共建、多种产权形式并存"的职业教育集团试点,加强体制机制的创新,推动职业教育资源整合和重组,力争 5 年时间创建 5 个以上示范性职业教育集团。

东莞各中职学校依托校企合作,与企业共同开发应用型的校本教材,如东莞市机电工程学校教师和企业师傅针对不同的生产岗位,共同开发出了极具针对性和实用性的"工作页"教材。该校的"岗位学制"案例在全国得以推广,并获 2014 年国家级教学成果奖。为持续提升教师的实操能力,鼓励特色专业教师参与行业协会、到企业顶岗培训、借助学校现有的校企合作平台等形式不断提升教师的实践教学能力。

(五) 东莞职业教育对产业升级、经济发展的促进

职业教育对东莞市经济社会发展的促进作用主要体现在以下五个方面。

第一是技能型人才的培养与供给。近年来,东莞市职业院校累计输送 30 万名中、高职毕业生。自 2010 年起,东莞市连续举办五届校企合作洽谈会,参会学校累计向洽谈企业输送毕业生 21.05 万人。通过校企合作办学模式改革,就业率大幅提升,一些热门专业中职人才供不应求,未毕业便已被拟录现象屡见不鲜。东莞职业技术学院就业服务中心 2012 年曾对 600 家企业进行了调研,发现这些毕业生主要在小企业就业,为这些小企业输送了重要的技术人员。

第二是对企业职工的培训。职业院校承办或参与国家、地方和行业的转向技术培训及认证工作。如东莞理工学校为东莞市开展"百名模具师傅"培训,参与当地交通运输企业安全生产标准化考评工作等,承担东莞市组织的技师、高级技师培训任务,培训东莞市汽车、数控高级工和技师。东莞技师学院根据企业特定岗位,按特定要求专门制定教学大纲、编制教学计划、实施特色培训。此外,东莞技师学院积极将企业在职职工培训嵌入全日制教学中,探索开展在职职工在学校参加技能提升培训,形成"宏大(电器)模式"。东莞卫生学校自 2012 年起,累计承担全科医生、社区护士和乡村医生培训以及住院医师规范化培训共 6 000 人次,为东莞市医学继续教育培训提供有力保障。东莞技师学院为帮助企业在职员工提供岗位技能水平,学院积极将企业在职职工培训嵌入全日制教学中,探索开展在职职工技能提升弹性学制培养模式。在 2015 年,学院与东莞宏大电器制品有限公司(德国美诺)、意拉德电子(东莞)有限公司、奥士达电器(深圳)有限公司三家德资企业开展在职职工技能提升培训,形成"宏大—意拉德—奥士达"的培训模式。在培训人数较少时,参与培训的企业人员可插入学院的全日制班级,与学生共同学习相应课程,为企业大大降低培训成本。

第三,职业院校教师兼任省市行业技术专家、顾问,直接服务于地方行业和企业的发展。比如东莞理工学校鼓励教师加入行业协会,为行业企业服务,创造社会效益,典型例子是该学校的教师赖慧豪等兼任市计算机行业协会技术专家,冯妹娇等兼任汽修安全生产考评员,黄富等任东莞市高技能实训中心高级咨询委员会专家,赖彩霞任全省财政支农培训组长等。又比如,东莞市轻工业学校设立家具人才技能鉴定培训中心,申请设立家具行业人才技能鉴定站,在基地内成立家具人才技能鉴定中心,成员学校为企业和社会提供职业技能培训和职业技能鉴定。

第四,职业院校的教师开展科研技术服务工作,进行技术改造、制定行业标准,引领行业的发展。东莞职业技术学院为激励骨干教师的科研创新能力,规定将科研成果转化所产生收益的 90% 归成果完成团队所有。学校的科研能力增长较快,科研平台和团队建设成效明显,近年来获得市级以上项目立项 183 项,横向课题 121 项,主持参与修订国家行业标准 4 项,获得各类授权专利 118 项,著作权 33 项。学院设置大学生创新创业中心(包括大学生创业实践基地、技术研发与

服务中心、政府财政绩效评价中心、市机器人公共服务平台等校企合作载体),一方面对学生开展创新创业教育,另一方面对政府、行业、企业——尤其是中小微企业开展技术研发与服务,如依托东职融兴印务中心,教师根据企业需求,对企业旧设备进行升级改造,每年为企业节省成本近百万元。

第五,一些职业院校的多个专业已经突破跟随行业发展的被动地位,成为行业标准的制定者。例如,东莞市轻工业学校成立东莞市家具专业建设指导委员会。以基地为依托,组建由职业教育专家、行业专家、企业高工高管、学校专业带动人以及骨干教师组成的家具专业建设指导委员会。再如,东莞市技师学院与全市知名汽车维修企业协商成立了东莞汽车(修)专业建设指导委员会,经常集聚高管及相关专家,共同商定适应汽车维修专业发展的服务要求。

第六,校地结合与校地服务。东莞职业技术学院依托培训机构等校企合作平台,实施"专业强镇"计划,对接镇街、支柱(特色)产业及中职学校;实行对口服务,与东莞市人力资源局牵头成立东莞市职业培训联盟,在东莞市高技能公共实训中心设立4个职教联盟培训基地;在全市10个镇区设立职业培训基地,可鉴定工种29个,年均培训8 000多人次。为促进人才技能提升,服务地方产业转型升级,学院与东莞市人力资源局共同牵头,联合市内大中专院校、行业协会及培训企业成立东莞市职业培训联盟。同时,学院加强与培训企业的合作,在各镇区设立培训中心、培训学院等培训机构,提供学历进修、职业培训、技能鉴定等服务。如虎门服装培训学院近两年承担了虎门服装行业3 000多人次的技术技能、学历提升培训业务,促进了虎门服装行业人才技能的提升。

东莞职业技术学院还设有六个研发和咨询服务中心,政府绩效评价中心在政府有关部门和学院领导的大力支持下,两年来共完成第三方政府绩效评价项目20多项,到账金额120.8万元。评价范围涉及科技东莞、公共服务购买、基建、市政工程及道路养护、新能源照明、人才政策等多领域。评价团队由学院教师、学生、行业专家等构成。评价结果获得东莞市财政局、城管局、教育局、寮步镇财政局、大朗镇财政局、塘厦镇财政局、常平镇财政局等部门的认可,扩大了学院的社会影响力,拓展了学院社会服务领域,在一定程度上提升了学院的社会服务能力,为学院构建政行校企协同创新机制起到了一定的作用。

(六)东莞产业发展与技能人才培养模式小结

东莞职业教育与技能人才培养体系具有一些显著特征,某种程度上代表了发达地区中小城市在技能人才培养方面的某些共同趋势或先进的理念。

1. 融合通整合职业教育资源,推行大职业教育,重视统筹与协调

东莞市不仅重视体制内的职业院校的硬件投入和师资队伍建设,还高度重视民办学校,甚至是职业培训机构、企业等,将这些机构都纳入技能人才培养和培训供给的系统中,大大地扩大了职业教育与培训的供给。有意识地打破学历教育与企业实践中成才的壁垒,鼓励多渠道成才,主要措施有学徒制、圆梦计划以及鼓励企业对员工技能评价后定级,享受政府的相关补助。

2. 实施普惠制与全覆盖，体现包容和共享理念

外来务工人口、常住人口和本地户籍人口都纳入技能人才培养体系中，很大程度上实现了普惠与全覆盖，为当地技能积累储备了大量的人才资源。

3. 重视经济收入与社会声誉双管齐下提升技能人才的地位

收入与社会声誉是社会分层的重要维度，政府有意识地从这两个方面来提升技能型人才的吸引力，如政府规定相应技能人员的工资待遇指导价，将技师学院培养的人才的待遇按照本科毕业生对待，高级工按照专科毕业生对待。

4. 产教深度融合、校企业与校地的有效结合

职业教育需要通过校企结合的方式来培养人才，同时职业教育也必须通过校企结合、校地结合的方式来服务于企业，通过服务来获得企业、行业和地方上的服务。在这方面，东莞市职业学校和企业采用了各种有效的方式，如车间进校，使学生不出校门即成长为熟练的技工；企业课程、企业专班以及更深入的企业新型学徒制、现代学徒制等的推行，使企业成为技能型人才培养的重要主体；职业院校深入当地的行业企业，提供培训，指导和科技服务，甚至成为标准的制定者；校地结合紧密，学校的布局、专业的布局能够针对当地镇街经济的特点。

5. 重视职教的国际化

通过多种方式，积极引入国外优质的职业教育资源，提升本地职业教育的水平。东莞在职业教育国际化方面，走在了全国前列。

6. 重视行业企业第三方评价权

特别是推行企业对员工技能的评价，把工人技能评价权交给企业。这种做法可有效地确保技能人才的培养质量，同时也能够有效地激发企业以及员工的积极性。

7. 重视公共实训中心建设

东莞市政府认识到小微企业在承担实习实训任务上存在一定困难，所以，加强了职教城公共实训中心的建设。这些公共实训中心享受财政的支持，同时也能够向外承接相关的生产任务。

8. 发挥政府主导和政策引导激励作用，刺激社会对公共产品的供给，形成良好的公私合作伙伴关系

在产教融合中，政府应该发挥主导的作用还是引导的作用，常常有不同的争论。在东莞的校企合作工程中，政府明确地将自己定位于主导作用，这种主导更多地体现在统筹规划和指导要求等方面，体现在全局性地推动当地产教融合的发展上；但在具体的方式上则注重通过政策的引导和刺激，并不是简单的行政要求。相对于通用知识来讲，技能教育的私人收益率相对来讲是比较高的，应该由个人或企业负担更多的成本。然而，在一定情况下，倾向个人付费或企业付费的制度设计可能是失灵的，特别是在中低端的技能市场上。个人不愿意或者是无力负担更多的成本，企业也可能因为不能保证教育投入的回报而没有动力对高流动的劳动力进行更高的培训投入。政府如果不能承担更大的责任，就可能会使当地的技能保有和提升陷入恶性循环。东莞在技能教育培育方面，以财政投入方式吸引更多人群参与和接受技能的培养，支持和吸引更多学校，包括民办学校,甚至是社会培训机构提供更多的技能教育,还以财政补贴方式鼓励企业对员工技能进行认证,打破了原来相对割裂的形式,为技能培育吸纳更多资金和资源,形成了公私合作的伙伴关系。

三、佛山:现代职教体系的构建与体系支撑能力

(一)佛山市的产业升级对职教人才发展的需求

1. 佛山的经济特征

佛山位于珠江三角洲腹地,与广州共同构成"广佛都市圈",是"珠江—西江经济带""广佛肇经济圈"的重要组成部分,下辖禅城、南海、顺德、高明、三水五区,在广东省经济社会发展中处于领先地位。改革开放以来,佛山凭借地处改革开放前沿的地缘优势、毗邻港澳台的区位优势、著名侨乡的人缘优势,获得了社会经济的大发展。目前,佛山已成为以工业为主导的制造业名城和"产业强市"。在中国社科院发布的《2015年中国城市竞争力蓝皮书》中,佛山市的综合经济竞争力在中国两岸四地294个大中城市中排名第11位。2015年,佛山实现地区生产总值(GDP)8 003.92亿元,同比增长8.5%,居广东省第3位、全国第16位;一、二、三产业的比值为1.7∶60.5∶37.8;实现财政总收入1 474.80亿元,年均增长7.3%,跻身高收入城市行列。同东莞一样,经济的发展促进了城市化的发展,目前东莞的城市化已达到90%以上。产业发展吸引了大量外来人口的涌入,佛山市的常住人口已达到743万人,外来人口已超过当地户籍人口。从总体看,佛山的经济发展和社会发展呈现出一些明显特点。

一是制造业主导经济发展,工业体系健全,产业配套完善。佛山是全国乃至国际著名的制造业城市,工业经济总量位居全国各大城市第6位,广东省第2位。2015年,佛山市规模以上工业总产值达19 774.93亿元。佛山工业体系健全,涵盖几乎所有制造业行业,形成家用电器、机械装备、金属材料加工及制品、陶瓷建材、纺织服装、电子信息、食品材料、塑料制品、化工医药、家具十个各具优势的行业。近年来,佛山着力推进产业结构调整和转型升级,原有产业得到改造提升,新兴产业得到迅速发展。光电、新材料、新能源、节能环保、新医药等一批新兴产业快速兴起,成为广东省战略性新兴产业的重要核心基地。2015年,佛山市先进制造业和高技术制造业分别实现规模以上工业总产值7 543.51亿元和1 426.46亿元,分别比上年增长15.2%和11.1%。佛山围绕现代制造基地,致力于打造产业服务中心,进一步完善产业配套。目前各行业在本地的产业配套高达90%以上。

二是当地的民营经济是经济发展支柱。首先,市场主体以民营经济为主。截至2016年5月底,佛山市民营市场主体达48.1万户,占全市市场主体总体的95.9%。其次,民营经济对增长的贡献率逐年提升。民营经济对佛山经济增长的贡献率从2010年的61.1%提升至2015年的65%,其中民营工业对全市工业增长的贡献率达81.8%。再次,民营企业生态体系健康完善,形成了"大企业顶天立地、小企业遍地珍珠"的民营企业生态体系,既有美的集团、碧桂园、海天味业等一批年主营业务收入超百亿甚至超千亿的大企业,也有许多发展潜力充足的中小企业,其中不

乏各细分行业领域的"单项冠军""隐形冠军",具有较高的行业内知名度和市场占有率。中小企业在龙头企业的引领带动下开展产业链配套服务,形成良性互动关系,如顺德区以美的、格兰仕等家电龙头企业带动上下游产业协同发展,打造出一条本地配套率超过90%的家电全产业链。

三是在经济发展上区富镇强,区镇的产业集群化程度较高。原广东"四小虎"中,佛山的顺德、南海就是其中的"两小虎"。在经济发展过程中,佛山市坚持分权化经济发展和行政管理模式,将财力、资源和管理权限充分向基层下沉,推动了区和镇(街)经济快速发展。在2015年全国科学发展综合百强区中,佛山五区均位列前50强,其中顺德区、南海区分列第1位、第2位。同时佛山充分依托专业镇优势,培育和打造一批国内外知名的区域品牌,形成各具特色的产业集群,如容桂、北滘的家电,乐从、龙江的家具,石湾、南庄的陶瓷,大沥的铝型材,陈村的花卉,西樵的纺织等。佛山现有中国产业名都、名镇41个,省级专业镇38个,数量位居全省地级市之首。

四是佛山名企名牌众多。2015年,佛山市产值超千亿元企业2家、超百亿元企业12家、超十亿元企业105户,上市公司42家。佛山先后荣获"中国品牌经济城市"和"中国品牌之都",其中顺德区是"中国家电之都""中国家具商贸之都",禅城区是"中国陶瓷之都",三水区是"中国饮料之都"等。全市创建佛山陶瓷、南海铝型材、北滘家电等全国知名品牌示范区7个,数量居全国地级市首位。近些年,注册商标年均增长率超过25%,累计有效注册商标量稳居全省前3位。截至5月底,全市注册商标突破17万件,拥有中国驰名商标153件,位居全国地级市首位;拥有集体(证明)商标28件,广东名牌产品442个,位居全省首位;拥有广东省著名商标471件,位居全省第3。

五是创新能力较强。佛山是"创新型国家十强市""全国科技进步先进市"。截至2015年,全市有国家创新型企业试点2家、省创新型企业试点23家、省创新性企业31家,高新技术企业716家;全市建有10个国家级科技企业孵化器、17个省级科技企业孵化器、5家国家级众创空间、9家省级众创空间,共有省级工程中心288家,市级工程中心463家。近年来,佛山市重点建设产业技术创新平台和研发机构,包括建设佛山中国科学院产业技术研究院、材料设计与检测中心、智能制造与数字化研究所等八大研究中心。佛山的这些创新资源,连同广州的上百所高等院校和科研所成为支撑佛山企业研发的重要平台。2015年,佛山市专利申请量39 790件,增长33.97%,其中发明专利申请量11 504件,增长58.48%;专利授权27 523件,增长26.79%。

民营企业是经济发展的支柱,佛山的企业群体呈现出内资外向型特点,而东莞市的企业主要是借助跨国跨境的大企业,当地民营企业的发展相对较弱,呈现出外资外向型的特点。但是与佛山相一致的是,这两个地方的制造业都强大,同时又都以镇街或区镇经济为特色,由此在当地形成了许多专业镇。

2. 佛山产业转型与挑战

佛山号称是"建构在制造业磐石之上的城市""以制造为命脉、依托制造构建资源配置体系"的城市。佛山制造是以专业镇为基础,可以说专业镇是佛山产业布局的最大特色,但基本以传统产业、劳动密集型产业为主。要做强做大佛山制造,把佛山建设为中国制造业一线城市、珠江装备制造业龙头城市,就需要产业的不断升级。目前,佛山打造珠江西岸先进装备制造产业基地取得了一定的成果，先进装备制造业成为支柱产业，在陶瓷机械、木工机械、塑料机械、纺织机械、医疗机械等领域，形成了一批高市场占有率的特色主导行业，其中陶瓷机械、木工机械、塑料机械分别占全国市场的 90%、60% 和 30%，佛山也已获批为国家制造业转型升级综合改革试点。广东提出在珠江西岸打造"先进装备制造业产业带"，目标是到 2020 年实现 2 万亿元产值，佛山的目标是 1 万亿。要实现从传统制造到智能制造、从工业 2.0 到与工业 3.0、4.0 的并举及其升级，佛山产业面临工业基础不充分性、制造业传统劳动力密集性、地域分散性、智能制造的低端（末端）性等问题。

产业的升级必然会对人才提出新的要求，从中职学校对企业需求调研发现，重点产业、骨干企业人员的招聘一般要求大专以上的为 44%，中职或同等学力的要求为 35%；无技术要求的占 5%，低技术含量的工种占 25%，有技术含量的工种占 50%，高技术含量工种占 20%。可以看出，企业对技术人员需求比较旺盛。要培养适应企业需要的技能技术工人，就需要影响对职业教育进行供给侧方面的改革。

（二）职业教育供给侧改革之一："一镇一校"与"以产业定专业"

2015 年，佛山有市属中等职业技术学校 41 所（其中技工学校 9 所），省属中职学校 7 所，其中国家中等职业教育改革发展示范学校 5 所，国家级重点中职 13 所，省级重点中职 12 所，中职教育优质学位达 80% 以上。其中，市属高等职业技术学院 2 所，分别是佛山职业技术学院和顺德职业技术学院，前者是广东省示范性高职院校创建校，后者是国家骨干高职院校，全日制在校生共 2.4 万人。佛山提出建立专业设置动态调整机制，对接佛山产业发展和区域布局，不断优化专业结构和布局。为适应"工业 4.0"发展要求，佛山市将建设重点放在对接佛山现代产业的专业群上，计划重点推进新一代信息技术、智能制造装备、汽车制造业、新能源及节能环保装备、工业设计、现代物流、电子商务、文化创意、旅游休闲、健康养生等产业发展重点领域和经济社会发展急需领域的相关专业群建设。在职业教育布局结构的调整上，强调要与重点工业园区、特色产业基地、专业镇的建设有机结合起来，优化配置全市职业教育资源，实现职业教育与产业园区、中等职业学校与高等职业院校配套集约发展。这在顺德区、南海区以及三水区都非常明显。

1. 顺德区的中职学校布局

顺德区北临广州，南近港澳，常住人口 248 万人，其中户籍人口只有 120 万人，在世界 20 多个国家和地区拥有 50 万顺德籍港澳台同胞和海外侨胞。2013 年全年实现地区生产总值 2 545.1 亿元，地方财政收入 154.1 亿元，连续两年位列中国市辖区百强首位，获评中国全面小康十大示范县市。顺德的制造业发达，有"中国家电之都""中国燃气具之都""中国家具制造重镇""中国木工机械重镇""中国涂料之乡""世界美食之都"等称号。顺德共有 10 个镇街，均形成自己的产业聚集区，如大良街道的金融和商业、容桂镇的家电（有格兰仕、万家乐、万和、容声、科龙等品牌企业）和涂料、伦教镇的木工机械、勒流镇的五金家电、陈村镇（有中国花卉第一镇的美誉）的花卉和物流、北滘镇（美的集团总部所在地）的家电、乐从镇的家具商贸和钢材贸易、龙江镇的家具制造、均安镇的服装等。

为了更好地适应和促进当地产业发展，顺德区在1997年和2002年对职业教育布局进行大幅度调整：1997年，顺德区撤销普通中学附设的职中班，合并办学条件差、规模小的职业中学，用两年过渡时间，将原来两年制职业学校改为三年制；2002年，进行第二次中职学校布局调整，撤并规模较小的两所职业学校，易地新建6所职业学校，消除了中专、中技和职高的界限，形成全区13所中等职业学校，其中11所学校占地超过100亩，另外2所学校占地面积都超过80亩，每所学校办学规模在2000～5000人。这13所中职学校同时具备三种教育服务功能：正规学历教育、短期非学历教育(社会培训)、终身教育(成人文化学校)。布局调整后，10个镇街形成了"一镇一校"格局。2004年，顺德区规划实施"一校一品"骨干专业，每所职业学校都设有与所在镇街特色产业相对应的专业，针对企业需要培养技能人才。如龙江镇是"中国家具之都"，龙江职校打造家具设计与制造品牌专业；均安镇是"牛仔服装之都"，均安职校设置服装设计品牌专业；再如陈村职校的园艺专业，伦教街道郑敬诒职校的首饰设计专业等，都是针对区域特色产业打造的品牌专业。到2006年底，全区13所中职学校全部成为省重点中职学校。其中，国家级重点学校10所(国家中职示范校3所)，省级重点学校3所，均为优质学校；顺德区的职校在2013年全国技能大赛中获一等奖8个、二等奖10个。2006年，在全国首创中职教育"双零模式"(零学费入学，零距离就业)。2010年10月，国务院批准佛山市顺德区作为国家教育体制改革项目"改革职业教育办学模式，构建现代职业教育体系"的试点地区。

这13所中职学校专业设置紧密结合当地产业，并不断随着产业变化进行调整，为顺德企业培养和培训了大量专业对口的技术技能人才。从1993年至今共培养中职毕业生23万多人，高职毕业生4万多人。这些毕业生90%留在顺德企业的第一线，其中30%成长为顺德企业的技术中坚和管理骨干，是顺德产业发展的重要力量。目前，顺德现有在校中职学生3.2万人，100%为顺德生源；在校高职学生1.5万人，70%为顺德生源[1]。

2. 南海的盐步职校

南海区盐步职校成立于1988年，占地106亩，现有专任教师135人，学生2700多人，有五个专业部，包括服装、机电、模具、酒店管理、电子商务、会计电算化等11个专业，其中服装和模具是省重点专业，电商等四个是市重点专业。据盐步职校的一位领导讲学校还准备压缩专业以突出重点，"上个学期开交流会，我有一个议案，减的是商品经营专业、商务助理专业、金融专业、计算机专业"。之所以要进行这样的调整，这位负责人的理由是，"第一个是考虑全区的专业布局，新艺学校跟我们的发展历程差不多，他们比我们强，比我们大，很多专业他都领先，我们不和他正面PK，我们要错位发展；第二是考虑到本地的产业结构，大沥镇(盐步是大沥镇的一个街道)的产业结构是这样，我们要集中我们的精力办好几个强的专业，如果面面开好，学校精力承受不起，而且规模100亩地想办11个专业，肯定都不会强，不会大，所以我们就根据产业需求，根据南海区的产业布局，定位7个专业"[2]。

盐步职校之所以把服装、模具、机电和电商作为重点发展专业，与当地的内衣产业链分不开。盐步的内衣产业链发达，企业众多，品牌较多，2009年全国15大知名品牌盐步就有7个，占到内衣知名品牌的半壁江山,对服装和拉链的需求很大。随着内衣电商发展,引发盐步区域内衣企业对电子商务人才的巨大需求。电商专业是盐步职校依托拥有完善的产业链以及相关配套服务,集群优势明显的内衣名镇而开设的专业,采用"1+N"的校企合作模式,即"电子商务专业"与内衣产业集群的"多家企业"合作,为服务区域经济发展培养人才。学校其他专业的发展也是围绕着服装内衣产业链设置,"服装内衣产业链是最强大的,从设计、电子商务都是依靠内衣这个行业,包括我们的物流,都是和内衣行业相关的,内衣在本地是最强的,所以这个是围绕的最多的。专业设置和产业链是对应的""盐步本身是内衣之都,设计出来之后要卖内衣,卖内衣我们就有几个专业跟它配上,做电子商务的时候又和它配上了。电子商务里面我们有个计算机平面设计,做电子商务里面有一个营销推广,我们专业都可以配上去,这块是通过产业链配专业链,然后通过适度的调整课程来满足这些产业链的需求,这块我们做得非常多,比如说我们的模具,他会提供模具加工,机械设备的使用和维护,甚至现在是我们需要跟企业一块来改造他的生产流程。模具还有很多的零部件没有标准化,我们给他们做零部件的标准化,我们的标准化程度是非常高的,还要跟他们一起开发教材。现在拉链模具市面上包括我们在知网空间里面查拉链模具,查不到一篇论文。以前是师傅带徒的模式,现在需要学校进入这块,需要学校把这块承继起来。在厂里面有的厂做了拉链的铜木管道做得特别好,以后希望能承接到更大的订单,比如学校,或者他们自己做铜木管"[3]。

3. 南海信息职业技术学校

南海狮山镇被称为广东第一镇,在人口规模、占地面积上都具有相当大的影响力,该镇的特色产业是先进制造业,有500强企业入驻。产业的发展早引来了外地人口的涌入,目前当地的户籍人口已不到常住人口的50%,狮山镇已成为国家新型城镇化试点镇。狮山有两所规模为3 000~5 000学生的职校。其中,南海信息职业技术学校最大,在校生有5 000人,设有加工制造、财经商贸、信息技术类三个专业群共15个专业,其中有13个专业与高校有"3+2"对接的五年制大专教育。2014年,学校以全省第一名成绩通过国家示范校验收。南海信息职业技术学校围绕区域产业特色培养人才,多方位服务本地区经济社会发展。学校专业设置对接产业需求,针对佛山物流电商产业行当小微企业众多现状,物流专业主要培养电商物流专门人才和小微企业目标可控人才,学校以工学结合、产教合一为指导思想,根据各自专业特点和培养规律,与行业企业深度合作,形成各具特色的人才培养模式,建立了适应产业需求的课程体系。学校成立了校企合作办公室,与联想、苏宁等标杆企业合作,组织学生学习企业先进技术和管理,引入企业文化与校园文化融合,试点仿真企业管理班等模式,同时根据佛山地区小微企业多、小而散、小而不完善以及学生更倾向于小微企业的实际,启动小微企业改善项目,形成多方共荣的长效机制,开发了管控等三门核心课程,牵头成立佛山市现代服务业职业教育校企共同体,并牵头制订电商、物流、酒管等五个专业课程标准。

从南海信息职业技术学校的生源主要来自佛山市,占95%,尤其以南海区为主,毕业后99%以上在本地就业,专业对口率较高,很多工科类毕业生活跃在生产一线。学校每年平均毕业1 000多人,如果算上升学的,平均毕业人数1 500~1 600人左右,完全就业的达到50%左右,学生供不应求。学校和周边企业进行校企合作,订单式的、冠名班的等都有,还有一些是深度的,如跟联想集团的合作,整个实训中心和对外服务中心都设在学校,共同承担开发人才培养的课程和方案,还有就是培养师资,尽量去企业培训讲师,这样教师既可以很好地上课,也可以到企业去实践服务。该校负责人说,"我们学生深受企业欢迎,其中一部分还创业,在南海区占的比例稍微大一些,有两个原因:一是民营企业比较多,家族型企业比较多,有部分人是有创业的基础;另一个原因是我们把创业教育植入学生教育当中,并跟当地企业合作予以孵化。所以我们培养的学生契合了当地企业的需要,稳定率也是很高的,这里的稳定率指的不是在一家企业中,而是在南海区域,基本上不会走到其他地方去"[4]。

4. 禅城区华材职业技术学校

禅城区的华材职业技术学校创建于1980年,有121个教学班,17个专业,5个专业集群,有1个国家技能型紧缺人才培养培训基地,有6个专业是省中高职"五年贯通""三二分段"试点。学校根据市场需求及时调整专业,如在2016年就撤销了会计专业,加强了计算机、平面设计、广告、电子商务等专业。目前学校在编教师289人,外聘教师60多人。有双师型教师160人,占91.4%,51人获高级技师以上专业资格证书,行业聘请兼职教师65人。学校的办学思路是"走进园区,对接产业,服务佛山",连续五年蝉联佛山市中职学校学生技能大赛一等奖,连续4年获得广东省中职学校技能竞赛特殊贡献奖。

(三)职业教育供给侧改革之二:"现代学徒制"

职业教育供给侧改革除强调围绕产业办专业外,最关键的是人才培养方式的改革,使得培养毕业生的能力与素质符合行业和企业要求。在这方面佛山市中职教育进行了很多探索。顺德区在2006年就率先提出了零学费入学和零距离就业的双零模式,设置厂中校、校中厂,基于岗位、项目、实训中心建设的专业、课程、师资、评价的校企深度融合。北滘是顺德工业重镇,是美的集团的总部所在,近些年传统制造业与智能制造融合速度很快,美的收购德国库卡,入驻日本东芝,挺进国际机器人先进行列。当地的产业结构不断升级、现代服务业蓬勃发展,高成长的电商企业慧聪家电城、淘商城、潭州会展中心等聚集北滘,广东工业设计城成为国家科技企业孵化器,美的、碧桂园两家千亿企业入选福布斯500强,北滘的产业为北滘的职业教育提供了发展机遇。北滘职业技术学校(创办于1983年,占地151亩,学校集职业教学、成人教育为一体的现代化、综合性学校。现有教师149人,学生2100多人,42个教学班,"双师型"专业教师占96%),开设了计算机应用、计算机网络、数控技术应用、机电技术应用、汽车运用与维修、会计、建筑装饰、会展八个专业。学校校企合作"实(习)就(业)"目前挂牌企业近20家,主要有慧聪家电城、广东省工业设计城、潭州会展中心、美的、碧桂园、浦项、丰明、惠而浦、宝钢、腾越建筑、麦当劳等。这些企业为学校提供了充足的实习实训岗位:广东工业设计城一年能为计算机类专业提供300个岗位;潭州会展中心一年能为会展类专业提供200个岗位;慧聪家电城一年能为计算机、会计和会展类专业提供400个岗位;腾越建筑有限公司一年能为建筑专业提供200个岗位;美的集团能为机电类专业提供

500个岗位；丰明电子一年能为校机电类专业提供100个岗位。学校还与顺德区建筑协会、顺德区计算机协会、北滘水利会、北滘总商会建立密切联系，行业参与了对职业学校的第三方考核，并参与到学校的教学改革中，如建筑协会参与学校人才培养方案的制定，北滘水利会计划与学校共建水利专用设备实验室。

在近些年，佛山市着力推进现代学徒制，加强校企协同育人，推进校企一体化育人改革：建立中职学校校企双专业负责人制度、校企共同制定人才培养方案、开发课程和教材、组织教学和进行教学评价，校企合作从单纯的学生实习就业和为企业提供员工培训的浅层次合作，全面拓展为涵盖学校专业发展规划、课程建设、师资队伍建设、实习实训、教学评价、研究开发、招生就业的全方位、深层次合作。顺德梁銶琚职校的"双元双融共育三结合"模式、南海盐步职校与广东拉链协会现代学徒制人才培养模式为佛山和广东省乃至更大范围校企合作提供了改革发展的样本。2013年佛山市顺德区陈村职业技术学校与广东科达机电股份有限公司、南海区盐步职业技术学校与广东省拉链商会和依黛丽内衣有限公司、三水理工学校与佛山业精机械有限公司合作，开展"双课堂"和"双导师"现代学徒制试点、广东理工职业学院联合佛山市汽车行业协会与中等职业学校开展五年贯通式现代学徒制试点。2015年8月，佛山市获批成为现代学徒制国家级试点单位之一。

1. 顺德陈村职业技术学校与广东科达机电股份有限公司的"双元制"

陈村职业学校从2013年开始与广东科达机电股份有限公司（后改名为广东省科达洁能股份有限公司）合作，共同开展机械加工技术专业、机电技术应用专业的"现代学徒制"人才培养模式试点，将现代学校教育与传统学徒制相互融合，围绕企业用工和现代产业用人标准，以学生（学徒）技能培养为核心，以校企的深度融合为基础，在吸收传统学徒制"边看、边干、边学"的现场学习优势基础上，融合学校（教师）、企业（师傅）深入教学为支撑，形成了"双轨四段制、一体化、八共同"模式。

所谓双轨制是指学生在校期间主要专业课程及考核由企业师傅团队负责跟进与实施考核，学校负责部分实操及理论学习、德育表现的考核；在企业学徒期间，学徒的岗位技能实践由师傅考核和科达学院第三方考核，学徒的行为习惯等德育表现由学校教师考核。双轨运行，各尽其责，共同承担人才培养责任。

所谓四阶段，第一阶段是基础能力学习，在校学习文化基础、专业理论和实操基础（前3学期）。根据校企共同制定的人才培养方案实施课程教学，企业生产、产品制造、生产流程等相关课程由企业主讲，如企业文化及素养课程由企业经理授课，机械制图课程等专业基础由企业师傅到校传授。第二阶段是专门技能培训（第4学期第1个月）。师傅由企业考核挑选具有丰富企业实践经验的工程师担任，学徒由校企双方共同进行选拔考核挑选，测试考核命题、评卷由科达学院组织，实现末尾淘汰制，首批39名学生经考核挑选37名学徒，第二批32人挑选31人进入"一对一"师傅帮带学习阶段。此阶段企业提供一定数额的奖学金。第三阶段是"一对一"企业学徒实践（第4、5学期），企业、学校和学生三方共同签订人才培养协议，师傅"一对一"帮带徒弟学习，学徒时间不少于6个月。此阶段徒弟考核由师傅负责，学校则派出教师协助企业全程跟踪与管理，师傅的考核由校企共同评价绩效。学生在企业做学徒期间，根据专业选择 3 个工作岗位，分别由企业师傅带领实践学习，企业提供住宿、购买工伤保险、创造继续学习机会以及给予一定的生活补助（每天不低于 60 元），每天工作实践不超过 8 小时。学徒在师傅带领下，有权参与企业的各项日常工作和活动。第四阶段是选拔定岗实习阶段（第 6 学期）。由企业制定相应考核内容和考核标准，对学徒进行综合考核，学生考核通过后，由学生和企业进行双向选择，双方签订劳动就业协议，结束学徒，成为企业正式员工，学徒享有进入科达公司工作的优先权。

所谓"一体化"是指围绕"在做中学，学中做"的一体化教学思想，对学校和企业的教育资源进行深入整合，实现"校企一体化育人"。一体化的重点是学校和企业教育资源的融合，包括管理一体化、资源一体化、教学一体化和师资一体化等内容。管理一体化是指校企围绕着人才培养建立统一的管理机制，校企高层之间有协调机制，如现代学徒制项目工作办公室、项目专项资金使用等。一体化的管理团队和管理机制有力地保障了现代学徒制的开展。资源一体化包括学生的师资资源、生源资源、专业资源、实训基地资源和企业的培训资源、师傅资源和品牌资源以及其他社会资源等。教学一体化，围绕人才培养方案和教学计划开展的教学和实习都具备一体化特征，学生学习的专业理论知识和实践操作能力是统一的，校内课堂以理论学习为主，也可以实施一体化教学，企业课程以实践能力培养为主，也可以实施部分理论教学，学生通过边看、边学、边做，将应知的专业理论和应会的操作技能紧密结合在一起，最终获得的是一体化的工作能力，而不是单纯的理论知识或单纯的实践经验。师资一体化，为保证教学质量，校企共同组建了讲师团队，包括学校的专业骨干教师、实习指导教师、企业的经理、高级工程师，以及熟练师傅。学校教师授课时，企业师傅可以在场；企业师傅传授经验时，学校教师也可以在场，企业师傅和学校教师之间进行互相学习。同时每周一次讲师对接，对本周教学进行研讨，随时完善知识点和教学方案，有力保障了人才培养的质量。

"八共同"育人合作是指校企共同制定人才培养目标、共同开发课程、共同制订教学计划、共同编写教材、共同建设实训基地、共同培养师资、共同实施教学、共同进行学生评价。"八个共同"体现了校企双方在就业、教学、科研、技术服务等方面进行有效合作，实现深度融合，建立起职业教育人才培养新模式，提升人才培养质量。

2. 南海区盐步职业技术学校的效率双元制

盐步是中国内衣名镇，学校服装部积极联合内衣行业协会，开展职业教学与内衣产业的精准对接研究，结合学校开展的"工学一体化"课程建设，让企业生产过程转化为一个个教学项目，培养学生形成符合企业需求的专业技能和从事工作的关键能力。该校负责人在谈到学校实行的现代学徒制的特点时说："考察现代学徒制的要素，一个是师傅，一个是项目，也就是说师傅、项目是学徒制的两个要素。我们请的企业的真实师傅，拉回来的是企业的真实项目，我们提出双轮驱动，缺乏这两个因素的学徒制就不叫学徒制。现代学徒制我们学校把这块结合起来了，也就是说我们从企业请师傅进来，然后拉真实的项目，让学生参与这种边缘性的实习实训，这样来培养他。我们当地的内衣企业有新品发布会，服装专业有内衣方向。当地有三四百家内衣企业，中国 2009 年

15大品牌有7个在盐步,这块有很丰富的企业资源。这些企业,特别是一些成长中的中小企业很难请到很好的设计师,但是它可以请不错的设计总监,这样他把他的新品发布和我们学生的毕业作品结合起来,学生设计毕业作品的时候就跟企业紧密结合。企业的总监来发布他的企业要素、企业来年的流行趋势和流行色,然后让学生去设计,设计好之后,企业总监组成一个团队,用原来的设计师团队来评价学生的作品,把优秀的挑出来,然后企业再派这些设计师跟我们的学生一起来修改他们的作品,修改好了进入第二个环节子样。服装设计要做子样,就是做成一个子样的模型,然后去套布料。这时候每个公司就有自己生产的一些要素,一些版型,这样就把企业当前最流行的一些东西流入学校,指导我们学生来做。第三部分,时装有一个成品发布会。这时候企业又派另外一个师傅叫车板师,手把手教我们的学生做车板,就把成品做了出来。做出来之后,还会和我们学校共同发布一个新品发布会,这就是学徒制。服装专业的设计师从广州请过来是30万左右,我们的学生可以20多万,这是最好的。拉链模具出去的话起点在3 000元左右,做到三五年上手之后一般在6 000元以上,这是两个比较好的专业,会计专业一般是做出纳,对口率不高,因为要有一定的关系才能介绍到工作,像本地的就差不多,要有会计证才可以"[5]。

该校目前除内衣外,还在模具及电商两个专业推行学徒制项目。2013年,该校模具制造技术专业与广东省拉链商会实施"师傅进校园、项目进校园"双轮驱动。拉链商会成立项目组,并选派5位拉链专业技术培养小组,该小组承接拉链商会内企业生产订单进行实际生产,形成模具制造加工的六类岗位。拉链商会选派六七个师傅到学校,承接商会的订单,用学校的设备来生产,同时带着学生做。这个项目设计出了模具的所有岗位,直至最后到设计师岗位,各个环节,三年一个流程。这种培养模式跟传统的项目或者订单培养不同的是,该校将之称为"效率学徒制",最重要的一个特点是把企业当前最流行的元素拉进来,以真实项目培养,学生具有很强的专业技能。学校负责人进一步解释了这种效率双元制模式:"这是跟传统的项目(不同的地方),项目可能有提纯,偏向于教学,现在我们偏向于实际生产过程。这些师傅包括服装、电子商务、模具,我们是不给他们任何待遇,是企业自愿派过来帮助老师的。上一年级课的时候会付几百块钱,但是三年级做这个项目的时候是不付费的,他是自愿过来的,生产材料都是企业提供的,接订单生产的产品卖出去支付这部分工人的工资。这个项目是二年级下学期开始的,一二年级还是按照传统的一些课程来上,我们必须保证要开足课程,不影响他的文化课""我们仔细研究过真实生产的东西,任何一个行业、专业,我们学两辈子都学不完,那么这些知识很多学完都没办法用。我是学自动控制出身的,我知道很多东西可能你一辈子都用不上,现在我们改变的是我们传统的传授知识的方式,是通过行动来组织学生技能,学生设计的时候配色配出来好不好,最终他们有一个评价,需要学生自己去评价,在评价过程中,逼着他去学习相关知识,因为我们整个实行的是成果导向的教学法,也就是说他要讲解我为什么这样配色,这样配色有什么好处,有什么坏处,逼着他自己去查找这些东西"[6]。

3. 禅城区华材职校的学徒制项目

禅城区华材职业学校2013年4月学校获批国家中职示范校建设单位,学校组建了佛山市华材职业教育集团、佛山市职教光电制造业校企合作共同体,创新了"站店融通""园中校""社中校""企驻校"等各具特色的人才培养模式,与德国巴斯夫公司开展汽修高技能人才培养国际化合作,形成了四个一体(产教一体开专业、工学一体抓教学、理实一体改课程、学做一体强素质)的专业建设特色,学校感觉最重要的尝试就是进行项目教学,探索现代学徒制。

(四)职业教育供给侧改革之三:公共实训中心

佛山的民营企业,包括中小企业比较多,针对中小企业容易将中职学生作为普工使用,难以发挥人才培养作用的现象,佛山市在推进现代学徒制试点时,积极探索"校企联合培养"和"学校+公共实训中心+企业联合培养"的现代学徒制佛山模式。公共实训中心由具备条件的企业、行业组织联合公办职业院校和第三方评价机构,或职业院校专业实训中心联合企业、行业组织和第三方评价机构组建,其核心职能是依托企业实际生产项目开发实训课程模块,面向全市职业院校开放实岗实训教学,"由校企联合制定人才培养方案和系统设计模块课程,实行模块教学,学生在学校进行文化课、专业理论学习和基础实训,在公共实训中心进行实岗培训,在企业顶岗实习",建立国家现代学徒制的"佛山模式",使现代学徒制逐步从"个别学校单独为个别企业培养技术技能型人才"逐步向"以公共实训中心为核心平台批量输出现代学徒制人才"转变。

"十二五"期间,佛山市建设共19所中职学校、64个集职业教育专业技能实训教学、技术培训、技能鉴定、技能竞赛、教产研发服务为一体的集约化、高水平的现代职业技术教育综合实训中心。如南海信息职业技术学校打造"五位一体"实训中心,强化集实习实训教学、技能考核、师资及企业职工培训、技能竞赛、教产研发服务于一体。改革学生顶岗实习,推行企业跟岗实训和轮岗实习,加强学生技术应用能力和综合职业能力培养。加强实训中心建设,提升职业教育实训中心的服务功能,加快建设集职业教育专业技能实训教学、技术培训、技能鉴定、技能竞赛、教产研发服务为一体,集约化、高水平的现代职业教育"五位一体"综合实训中心,建设一批基于现代学徒制和项目教学的公共实训中心。顺德区建立两个公共实训中心,实现资源共享:区政府投入6 000多万元建梁銶琚中学职业教育实训中心,购买装备机械类先进专业教学设备;投入近7 200万元建设以电子、电工技术为主的顺德中专职业培训中心。

佛山把职业教育集团化办学作为整合教育资源、深化校企合作的有效途径,重点组建行业性职教集团和佛山市职业教育校企合作联盟,面向区域重点发展产业组建了六个由产业行业协会、龙头企业、开设相关专业的职业院校组成市级的行业性校企合作共同体,推动职业教育面向佛山重点产业,跨地域、跨部门、跨学校合作,适应产业的集聚化发展。

(五)职业教育供给侧改革之四:对接区镇和园区的高职人才培养

相对于中职而言,高职处在职业教育体系高端,培养的是高技能技术型人才,对于企业的需要,尤其是对于企业的技术升级和技术进步有着更重要的作用。佛山市内的高职院校共有两所,分别是顺德职业技术学院和佛山职业技术学院。这两所职业院校的建设各有特色,服务面向也各有差异。

1. 顺德职业技术学院

顺德区制造业比较发达,当地的家电、花卉、美食、家具等在全国都有较高知名度。顺德职业技术学院成立于 1999 年,是顺德区政府投资兴建的高职院校,主要服务于顺德地区的产业和企业。学校设有机电工程学院、电子信息工程学院、应用化工技术学院、设计学院、经济管理学院、酒店与旅游管理学院等,专业设置充分考虑了顺德区的家电、机械装备、电子信息、医药保健、家具、涂料、包装印刷、纺织服装八大支柱产业,有 40 多个招生专业,形成了具有较强地方特色的专业群,如机电工程学院设置有制冷与空调技术专业、模具设计与制造专业等,设计学院有雕刻艺术与家具设计专业、装潢艺术设计专业、家具设计与制造专业等。

顺德职业技术学院校企合作培养人才的主要形式有:冠名订单班,如与信昌机器工程公司合作工程机械专业班,与广东星光珠宝金行有限公司合作举办工商企业管理(珠宝店管理)班,与顺德长鹿农庄和顺峰餐饮集团举办酒店管理的长鹿班和顺峰班。校内实训基地以项目实践教学为主线,有 190 多个集教学、培训、生产和科研多项功能为一体的实训室。校外校级的实训基地有 453 个,区级校外实训基地 246 个,省级校外实训基地 8 个。顺德职业学院聘请到许多行业企业的技术人员做兼职教师,每学年根据课程需要聘请兼职教师 750 多人,这些兼职教师所上的课时已经占到专业课时的 50% 以上。顶岗实习与毕业设计是人才培养过程的重要环节,学校要求毕业设计尽量结合生产、科研或实习工作内容进行选题。从 2010 年到 2014 年,共完成毕业设计 18 772 份,其中与企业生产相结合的作品达到 5 557 项。

2. 佛山职业技术学院

佛山职业技术学院最早在禅城区,校园面积比较小,多个校园比较分散,学校真正发展则是搬迁到三水后,利用地处国家级工业园区的区位优势,依靠园区丰富的企业资源,围绕佛山产业转型升级和园区经济发展方式转变,以办学体制机制创新和以校企合作制度建设为重点,按照"政府主导、行业参与、企业协同、服务国家工业园区"的思路,组建园区校企合作育人教育联盟。学校先后与三水区、南海区、高新区、禅城区、佛山市科技局等政府部门或行业签订战略合作协议或合作意向书,同时还与企业共建产学研基地 5 个,厂中校 2 个,工程技术中心 1 个,与一汽大众、青岛海尔、科勒陶瓷、长安福特等企业签订校企订单培养协议。与园区管委会合作,启动园区协同创新中心、协同育人平台、产教合作平台建设,包括园区社会管理服务与研究中心、园区人力资源发展中心、现代服务业咨询策划中心、工业产品设计创意中心、金融服务与创新中心等。

在人才培养改革上,佛职院实施"双元培养、校企联动",坚持企业元素与学校元素共同作用的双元培养模式,以校企合作学校为载体,充分利用园区校企协同合作育人联盟的资源优势,以专业建设与产业发展相结合,强力立足产业办产业;培养目标与企业需求相结合,对准岗位建课程;能力培养与素质教育相结合,顶岗实习与就业岗位相结合为原则,能力为主抓实践,三个结合强素质,积极探索校企结合、顶岗双元的多样化人才培养模式。合作学校教师实行聘任制,由校企共聘共享,共同培养,企业专家校内工作室、专业教师企业工作室,实行现代学徒制、订单班、定向培养模式,共签订30个订单班,教师下企业近100人次。通过产学研合作项目,企业兼职教师进课堂等形式,基本形成责任共担的紧密型合作办学体制机制,校企共建优质教学资源,新能源专业教学资源库2015年获得教育部立项。

(六)职业教育供给侧改革之五:国际合作与人才培养

东南沿海地区经济发达,产业和企业国际化程度高,政府财力雄厚,群众富裕,为当地学校直接同国际上比较先进的职业教育合作,培养国际化人才提供了良好条件。即便是中职学校,也已经把国际化交流作为很重要的内容。佛山市计划依托优质中职学校开展一批"3+2"的国际合作办学项目,南海盐步职业技术学校负责人介绍说,"我们的电工、会计这两个专业都在跟省厅有关部门洽谈,在国内可以读三年,再到国外读两年,'3+2'的这五年时间里面就完成了大专的课程的学习。我们正在对学生进行这样一个意愿调查,一方面做校内的动员工作,另一方面也跟相关的部门洽谈,力求更多的专业能够走国际化合作办学的道路"[7]。

为服务佛山中德工业服务区而建的佛山中德职业技术培训学院和机器人技术推广应用培训中心在佛山市职业规划中占有重要位置。佛山市希望通过这两个项目推进与德国工商会联合的德国职业技术证书培训项目,通过中德两地的双元制培养,培养一批拥有全球通用的德国职业教育证书和技术证书的高技能人才。中德职业技术培训学院是由佛山中德工业服务区(佛山新城)管委会牵头,以佛山职业技术学院、顺德职业技术学院、顺德陈登职业技术学校为主体,整合相关教育和培训资源,与德国相关机构合作,引进德国企业标准、人才标准、师资力量和培养模式,为德国独资企业、中德合资企业及使用德国先进技术装备的企业开展员工培训,是职业院校"双元制"培养、职业院校教师提升的核心平台。2015年完成组织架构和运营机制建设,2016年启动培训工作。机器人技术推广应用培训中心及工程中心则是配合佛山中德工业服务区机器人超市建设,由佛山中德工业服务区(佛山新城)管委会牵头,广泛引用国内外机器人生产和使用企业、研究院所和学校的机器人教育培训机构,建设的开放的、形式多样的公共服务平台。

佛山市还希望将国际合作培养高端人才拓展到本科以及研究生层次,提出依托佛山科学技术学院与德国因戈尔施塔特应用科技大学、德国大众南海生产基地组建二级实体中德工程学院,按照国际课程建设,在汽车制造、电气照明、工程运营管理等领域开展国际化的教育教学,形成中外专家学者和德国工程类学科学生的交流平台,该学院2016年开始招生。此外,佛山市还计划开展与德国、澳洲、日本、韩国等职业教育机构联合培养的衔接课程教学及升学服务 UI,探索开展专业学位研究生联合培养国际合作项目。

(七)职业教育供给改革之六:现代职业教育体系建设

同东莞一样,佛山市也是职业教育综合改革城市,希望通过综合改革将佛山建设成为南方的职业教育基地。但相对于东莞重视中职人才的培养,佛山市更重视职业教育体系的建设。这可能与佛山市在2012年获广东省教育厅批准,成为全省唯一开展现代职业教育体系建设的试点有关。

佛山市希望以此为契机,建立一个从中职、高职、应用本科到专业学位研究生的人才培养体系更加完善,实现中高职衔接、专本协同育人,高等职业教育、本科层次职业教育和专业学位研究生培养规模不断扩大。

佛山市提出完善职业教育学历教育体系,在发展重点上,佛山职业教育的重心不断上移,如要求中等职业学校学生升入高等职业院校的比例达到30%以上,多形式发展市高等职业教育和本科层次职业教育;支持国家示范性中职学校改造提升或通过中高职衔接参与高等职业教育人才培养,支持佛山职业技术学院和顺德职业技术学院通过合作办学、联合培养等方式参与本科层次和专业学位研究生技能人才培养,创造条件试办应用技术本科,全力把佛山科学技术学院建设成为高水平理工科大学,培养创新性、复合型技术技能人才。为完善职业教育体系,要求对接市重点产业建设中职—高职—本科贯通分段培养专业,深入推进中高职贯通分段培养、"专插本"、专本衔接试点招生、评价、人才培养模式等各项改革,完善中高职贯通分段培养的联考机制和过程管理、质量监控机制。探索试点中职本科衔接培养,统筹建设研究生联合培养基地,加快发展专业学位研究生教育。从实践来看,佛山在两年的实践中已构建起中职与高职三二分段衔接、高职院校与应用型本科"3+2"联合培养、中职学校与普通高中开放衔接、中职教育"现代学徒制"等机制,构建起适应技术技能人才可持续发展需求的中职—高职—应用型本科教育贯通衔接、普职融通的职教学历体系,为学生提供多次选择、多条路径发展的立交式成长平台,形成具有佛山特色的现代职业教育体系。

1. 开展"中高职贯通分段培养"试点

按照"高职主导、依托中职、共同实施"原则,佛山职业技术学院选择数控技术、模具设计与制造等8个专业,对接市内11所中职学校,实行"2.5+0.5+2"中高职贯通分段培养,通过中考独立批次录取,中高职独立编班培养。中高职院校共同制定五年一体化人才培养方案,全程参与协同育人,试点学生2 055人。

2. 开展"专插本"本科层次应用型人才培养试点

佛山科学技术学院从2013年起采用"基础文化考试+专业知识综合考试+技能考核"的形式,通过广东省"专插本"统一考试方式,面向全省招收高职院校应届毕业生,单独编班,试点探索高职院校与本科院校相互衔接贯通的本科层次高端技能型人才培养。参与试点招生的学生共285人。

3. 开展"三元校企融合五年贯通培养"试点

2014年起,顺德梁銶琚职业技术学校与广州科技职业技术学院及骨干企业联合,选择数控技术等3个专业,面向佛山市中考考生单独招生,按高职人才培养标准独立编班培养。目前每年招生150人。

4. 开展"三二分段专升本应用型人才培养"

2014年起,佛职院计算机应用技术专业和佛科院计算机科学与技术专业对接,开展学制衔接、分段培养的高职院校与本科高校协同育人试点,由佛职院通过普通高考招收普通高中毕业生,单独编班,三年高职培养后达到相关要求,可升入佛科院继续本科阶段培养。目前每年招生50人。

5. 开展"四年制应用型本科'2＋2'人才培养"高校协同育人

2014年起,佛职院与佛科院开展电子信息工程专业联合培养试点,由佛科院按广东省2A录取分数线通过普通高考招收普通高中毕业生,独立编班,一、二年级由佛科院培养,三、四年级由佛职院培养。每年招生40人。

6. 开展"普职融通"试点

2013年5月开始,为在公办普高和中职学校入读一年的学生提供"二次选择"机会,普通高中与中职学校资源共享、优势互补、学分互认、学籍互换。

为什么佛山市在职业教育规划中有意识地将人才的重心不断上移,着力打造现代职业教育体系呢,这同佛山当地群众的教育期望、教育选择以及产业的升级有着很大的关系。尽管当前佛山的中职生源还是相对充足的,但佛山市教育局领导还是认为中职生源已经显露出潜在危机,并且在2016年把招生问题而非管理问题列为中职教育的第一大问题。在佛山市教育局领导看来,中职生源危机主要是来自以下几个方面。

首先是当地人,尤其是经济发达之后的当地人的教育观念在变化,"现在中职与普高招生的比例按规定是1∶1,但没有可能做到。中国传统观念那里,家长都不希望孩子在这个年龄层面做选择,在这里表现更明显。家长都会尽力去满足小孩的需求,觉得读了高中后可以选高职,选大专,可以选本科以上大学,到那个时候再做选择,这个从招生政策上面去做是调整不了的,现在你不能去做一些强制性的招生方案的"。

第二是高等教育扩招,特别是高职教育扩招以及招生方式对中职学历提升有拉升作用,"国家开始推免入学试点,广东明确提出从2017年开始,高职50%的指标用于1月份学业水平测试后的招生,意味着你可以拿着学业水平测试的成绩去申请高职入学,这对中职是个非常大的冲击"。"高职的免试入学,怎么能跟中职做好对接,不是单一对高中生进行对接,这个口子要打通,不然以后读中职的人真的会越来越少。我们看了德国等的职业教育,他们的体系绝对有别于普通教育的体系,两个方向是不同的,两个的地位都非常高,这个我们做不了"。进行中高职衔接,在很大程度上就是为了应对当地群众教育期望抬升以及高等教育的拉升作用。实际上在2016年,佛山市的一些中职学校已经没有毕业生了。"今年有的中职没有毕业生,为什么? 都去读高职了,他们自己想办法,也有这个意愿去读高职,每次企业给政府提意见就是没有中职生,学生自己看到这个趋势,都会从中职到高职走这条路,然后企业就说严重缺工啊,反过头来就会说你们中职培养有什么问题。实际上,矛盾就是社会需求、产业需求、政府的意志和家长的观念是不能并轨的,这是整个社会体系的问题"。

第三,当地普高的学位相对充足,使当地学生上普高,然后进入高职阶段更顺利,可能会挤压中职生源。"广东南海因为经济收入比较好,家长希望小孩有个更好的选择平台,我们普高的学位相对来说也是比较充足的,民办教育高中发展扩得比较多"。

第四，来自周围更为发达地区中职生源的竞争。到了秋季招生的点，"南海离广州很近，老的中职和高职院校都是吃不饱的，就会到我们这边大规模地招生，所以我们被逼得没办法，就做春招试点"。实行春季招生，也是受到了前两个因素的叠加影响，佛山市教育局的官员介绍说，"为什么要春招，就是因为学生放到秋季招生，他们流失得更严重，当他发现读完这个学期还有高中可读的时候，就不会选择中职，这是一个。""当然，现在整个地区都在这么做了，因为家长看到他们去读中职也希望早点去读，初中教师觉得反正你也不想读高中，不要在里面浪费时间，大家都很接受这种模式。但是这个模式没法和高职名正言顺地打通的，广东有个很特别的做法，就是把中职学校划给高职学校，像广东轻工把石油化工划给它了，成为一体化的学校。"

第五，中职免学费政策"直接影响到我们招收外地生源，因为招过来后本地财政的数量会非常大，我们想招，我们中职条件比许多地方的中职条件要好，但从地方财政的角度来看我们又不能希望太多，因为免费的负担会非常重""我们愿意招北部山区的孩子，包括广西的、贵州的，但你招过来因为免学费政策，所有的学费要由地方财政来负担，那财政就会很有意见，但是他会告诉你100个左右就好了，但实际上，我们要放开招可以招很多"。因为佛山市的城市化率很高，已在90%以上，同时当地外来人口"在我们这里读初中，就相当于本地户籍人口一样，选择读高中还是读初中都是没有问题的。我们这块没有对外来人口放开中职教育的说法，实际上，如果他父母在这边打工，小孩要读中职我们私底下已经放开了，也就是说，我们财政已经负担了很多外来人口的中职教育"。因此，外来人口，特别是已经在当地常住的人口难以带来中职教育学生数量的大增。

第六，从产业界来看，对中高职一体培养学生的效果的需要也在推动着中高职衔接。"从我们看到的产业工人培养来说，中高职一体化比高中到高职对其他技能素养和工作素养的培养是更加有帮助的，因为他比较早地进入了角色，技能培养更有系统性，因为高职的时间还是偏短的。我个人感觉，包括跟企业聊天，觉得中高职一体化希望做得更好，直接从高中到高职的学生企业还不一定是最喜欢的"。

（八）职业教育供给侧改革之七：职业院校师资培养

从全国来看，职业教育发展面临的瓶颈是校企合作，南海盐步职业技术学校的负责人认为影响校企合作发展的最关键因素是师资。南海盐步职业技术学校的负责人谈道："最关键的一点是人，也就是我们的老师。我们的服装专业和模具专业为什么能和企业合作得好，包括电子商务，是因为我们能有老师和企业这样面对面地去谈。如果没有这样的老师，就根本谈不到一块去，我们的老师了解这个行业，对生产工艺了解，然后才能跟企业去谈合作，谈相关的内容，如果没有这样的行业背景或者是懂行业的老师，校企合作根本无从谈起，只能是表面上地去那看一看，请一些师傅过来，深入不了。我感觉在职业教育中职这块，想做好校企合作，想做到产教融合，没有行业名师做不了。所以我跟行政开会的时候讲，要推行业名师，重金奖励行业名师，有了行业名师才能在这个行业里面有话语权，有了话语权就可以跟这些行业里面的老板们、企业家们谈校企合作，如果像计算机的跟模具谈，根本谈不了合作，就算学校有好的设备都没用，不会用它，也利用不好它。像我们的模具的设备,是最开始买的教学用的,但现在这些行业里面像周校(长),像张斌老师,懂这个行业,可以用来做拉链模具,把设备利用到最充分,就是因为他懂这个行业。所以说我就想最关键的人是我们的老师,一定是有行业背景,有企业经验,没有这个产教融合、校企融合无从谈起。"[8]

佛山市把职业院校师资建设列入重点内容,提出要建立健全职业院校专任教师自主聘用和动态调整制度,制定符合职业教育特点的教师准入标准,建立企业能工巧匠进入职业技术院校从事教学和实训工作的绿色通道。按照中职教师专业标准,制定符合中职教育教学规律和教师专业成长规律的教师职称评审实施办法,实行中职教师职称分类评审。到2020年底前,兼职教师专业课任课课时占专业课总课时30%以上,按照在编教师人均全额年薪标准和总编制20%核定设立兼职教师转向人员经费,职业院校对兼职教师实行经费包干、自主管理、建立企业管理人才、技术技能人才与学校领导、骨干教师相互兼职制度。建立职业院校教师系统培养制度,把提升与专业教学相关的职业资格水平纳入职业院校教师专业化计划,把企业实践纳入职业院校教师继续教育课时,与办理转正、续聘、职称晋升和优先评优挂钩。编制职业教育教师培养培训计划时,统筹安排职业教育教师培养培训工作,2018年前,对全市中职学校专任教师轮训一次。制定教师企业实践实施办法,落实教师企业实践制度,专任教师每5年累计不少于6个月到企业或生产服务一线去实践培训或挂职锻炼(其中至少一次连续不少于8周的集中组织的企业实践),公共基础课教师定期到企业进行考察、调研和学习活动,新任专任教师到企业进行半年以上实践在上岗任教。

佛山市还提出加强职业教育的名师队伍,建设中等职业教育专业名师、名校长和职教名家队伍,建立中等职业技术名师培养和评价体系;实施专业带头人培养计划、千名教师企业实践计划、"访问工程师"研修计划,建立职业院校教师技师工作室、名师工作室。设立中等职业教育研究室,聘请兼职教研员,由重点学校重点专业的专业带头人牵头组建专业教学研究共同体,制度化常态化开展基于教育教学改革和教学过程的合作研究,促进中职教师专业化发展。此外,佛山市还提出要建设职业院校教师企业实践基地,政府委托或采购教师企业实践项目,组织实施教师集中性企业实践。

(九)佛山市职业教育对产业发展的促进

职业教育对企业和产业发展的作用主要体现在三个方面:一是向企业输送了所需要的技能人才;二是向企业员工提供技术培训;三是向企业或相关产业提供技术咨询、技术支持,甚至是技术改进。从这三个方面看,佛山市职业教育对产业促进的作用是明显的。

在人才的培养方面,前面已经谈到,以南海的职业技术学校来看,生源主要来自于本地,毕业生就业也主要在本地,中高职的毕业生已经成为当地企业重要的技术人员和管理骨干。佛山市的中职学校同时具有教学、培训和社会服务等多项的职能,五位一体的公共实训基地建设也增强了这些职能的发挥。就南海信息职业技术学校而言,常年为企业员工、农村富余劳动力等开展技能培训和鉴定,如2015年,数控专业就进行620多人次的培训;佛山市第19技能鉴定所就设在该校,年鉴定量达4 736人次;学校还积极开展对外培训工作,培训达62 264人次,培训收入547万元。近几年,学校加工制造类专业通过接单生产,促进教学转变,以适应不断更新的加工技术,使学生学习更接近企业生产所需的技术,接单 22 批次,完成零部件 53 602 件,合格率 98% 以上。物流专业针对小微企业众多的特点,深入推进小微企业大合作,帮助中小企业进行物控改善,已取得显著成效,成功举办多场论坛并形成机制,实现校企无缝对接。计算机专业与联想集团合作,引入人才培养标准,承担学校企业社会服务功能,动漫专业则承担全市中小学文艺展演的标识及视觉布景工程等制作。

构建劳动者终身职业培训体系是佛山市构建现代职教体系的重要内容。佛山市支持社会团体、行业企业或个人投资职业培训市场,以满足社会不同群体对技术技能培训的需求。鼓励建立职业院校、用人单位、社会培训机构协作联动的公共培训体系,通过资源整合、学校主体、联合共建、市场培育的形式建设职业培训公共平台,积极探索政府主导并资助行业企业开发培训方案,职业院校和培训机构开发课程、开展培训的职业培训模式。鼓励职业院校积极面向企业和社区办学,积极开展新型职业农民培养培训和在职职工继续教育。

在技术服务方面,高职院校相对来讲能力更强,顺德职业技术学院和佛山职业技术学院都设科研机构及公共服务平台。顺德职业技术学院有 24 个科研机构和服务平台,其中国家级、省级检验检测中心 3 个(中国餐饮业食品安全和食品营养分析检测中心、广东省家用空调器产品质量监督检验站、广东省制冷产品检测中心);国家级中小企业公共服务示范平台 1 个(佛山市顺德生产力促进中心);省级研发中心 2 个(华南家电研究院家电有害物质替代研发中心、华南家电研究院智能家电研发中心);省级培训学院 1 个(广东顺德创业培训学院);广东省协同创新发展中心 1 个(广东家具工程与装备数字化技术协同创新发展中心);院士工作室 1 个(杨叔子院士工作室);市厅级科研平台 3 个(广东高校热泵工程技术开发中心、广东高校家具制造工程技术开发中心、佛山市机电专业群工程技术开发中心);实践研究基地 1 个(广东实践科学发展观研究基地区域创新体系建设研究基地);企业公共技术服务平台 2 个(顺德高新技术产业孵化基地、顺德区专业技术人员继续教育基地);顺德政府公共服务平台 4 个(高新技术创业服务中心、顺德干部培训网络学院、顺德区退役士兵职业技能培训基地、顺德社区工作学院);社会服务中心 2 个(顺德老年学研究中心、顺德普通话水平测试暨语言文字工作站);工业设计教育机构 1 个(顺德工业设计学院)。通过这些平台,服务中小企业,积极开展技术开发,为企业提供科技服务与支持。

佛山职业技术学院也非常重视与科研院所、知名院校、龙头企业开展产学研协同创新。2013 年以来,学院成立佛山市快速制造工程中心和佛山市工业产品精密检测科研平台等 8 个市级平台项目,获得 350 万元政府科技资金支持;2014 年佛山市科技创新平台和市级工程中心获得立项;2016 年佛山市机械装备业政校企行协同育人基地被认定为广东省协同育人平台,3D 打印技术公共实训中心获得广东省公共实训中心立项。学校通过与相关行业企业合作,共享研究资源和平台,共建科技创新平台及研发基地,包括佛山市分布式太阳能发电综合利用技术公共创新平台、佛山市三水区乐平专业镇生产力促进中心能力提升与功能完善建设。佛职院深入企业、社区,全年承接各类培训 38 570 人次,培训收入达到 177 万元,其中与长安福特汽车公司开展的长安福特公司员工培训、订单人才培养、车身修复技术培训等合作项目的年度培训收入达到80万元。

（十）佛山市技能教育体系的特点

总的来看，佛山市的职教体系具有如下特征。

1. 体系的开放性、整合性与标准衔接

佛山职业教育的开放性与整合性首先体现在对生源无差别的对待上，中职学校已面向全市应届初中毕业生和各类社会青年招生。其次，体现在不同层次不同类型的教育之间的衔接上。佛山市重视现代职业教育体系建设，强调要完善职业教育学历教育体系。具体来说，鼓励当地学校探索中高职衔接、专本衔接，对接佛山重点产业建设中职—高职—本科贯通分段培养专业。在基础教育阶段，提出完善高中阶段普职互通的管理制度，探索建立普通高中与中等职业学校和技工学校、中等职业学校与技工学校"学分互认"制度，制度化推进高中阶段普职、普技、职技双向沟通。探索成人大专教育与高等职业教育相互沟通机制。开展职业预备教育，在初、高中学校开设职业指导课程和开展学生兴趣和能力评价，毕业年级开设或与职业院校联合开设职业教育衔接课程。再次，各层各类教育衔接的关键是标准的衔接。佛山在建设职业教育体系的过程中非常重视各种标准的建立，如职业院校建设标准、专业建设标准、实训基地建设标准、中职教育专业教学实施标准和评价标准体系，中高职、专本贯通衔接的专业标准和专业教学标准体系，开发融通职业教育课程与学科体系课程的专本协同育人课程体系，开发国际化专业标准和课程标准的本土化应用标准，探索建立职业院校（技工院校）专业理论考核与技能鉴定理论考核成绩互认制度，推动职业教育学历证书和技能（职业）证书"双证融通"。

2. 地方政府重视职业教育顶层设计、规划引导、统筹协调能力强

佛山市提出建设五位一体的中职学校，将中职教育、技工教育、社会培训进行整合，并统筹考虑中职、高职、应用型本科，乃至专业研究生教育。佛山市2016年4月颁布《创建现代职业教育综合改革示范市实施方案》，提出到2018年，基本建成具有佛山特色的在省内外有较大影响力的现代职业教育综合改革先进市，形成适应"工业4.0""中国制造2025"和"互联网"发展需要和佛山建设万亿规模先进装备制造业产业基地要求，具有佛山特色、与国际接轨的开放融通的现代职业教育体系。

3. 政府主导下协作式的伙伴关系

在职业技能培养体系及其治理中，政府发挥着重要作用，甚至是主导作用，行业则发挥"指导"作用，企业发挥主体的参与作用。但政府的主导作用并不意味着包揽一切，而是采用各种方式激励或积极促成相关主体的参与与运作，政行企校的关系可以看作是政府主导下的协作式的公私伙伴关系。佛山市制定校企合作实施办法，明确行业部门、行业组织履行指导职业教育、定期发布行业人才需求、参与教育教学、开展质量评价、推进校企合作等责任，企业履行依法足额提取教育培训经费和开展职工教育培训的义务，支持企业积极参与职业教育，引导企业设立学生实习和教师实践岗位，规范校企合作的运作。落实校企合作国家税收优惠政策，企业接受学生实习和教师实

践所实际发生的与取得收入有关的、合理的支出,按现行税收法律规定在计算应纳税所得额时扣除,对职业院校自办的、以服务学生实习实训为主要目的的企业或经营活动,按照国家有关规定享受税收等优惠。企业开展职业教育的情况纳入其社会责任报告,纳入政府扶持、产学研项目投入、评优评先等评价体系。另外,佛山市也强调完善校企合作运行机制,培育具有品牌聚合效应和项目合作功能的职业教育枢纽(联合)型社会组织,整合全市校企合作资源,通过创新引领、孵化培育、协调指导、集约服务,促进职业教育集团化办学和校企合作组织实体化运作。

政府除规划引导、进行相应制度供给外,购买服务的方式也是很重要的间接方式。这种方式不仅仅体现在对于行业资格认证权的许可,甚至是通过资助形式来发展行业认证技术人员等级的能力;政府的其他部分也使用购买服务的方式来支持相关的院校来提供相应的职业服务,如盐步职业技术学校的负责人说道:"学校的经费来源全部是区政府,大沥镇我们有跟它合作,像人社部门,它购买我们的服务,这个刚刚开始,在开始阶段。像科技局呢,我们跟它合作就是创科空间,到时候他帮我们申请经费,支持创科空间运作,2008 年之前我们是镇属学校,2008 年升为区属之后就区里拿钱,但是现在我们想要和当地政府保持良好的关系,因为他们的资源很多,而且我们服务的企业很多都是大沥镇的,所以现在和大沥镇黄镇长都可以打电话,都没有问题。"

4. 企业或行业对技术资格的评价权的问题

佛山市给予企业和行业在职业教育领域很大的自主权,鼓励院校、行业、企业、研究机构和其他社会组织共同参与职业教育管理和评价,建立第三方人才培养质量考核评价机制,对中职学生进行学业水平测试,开展中职学校人才培养专项评估。顺德教育局打破目前中高学历概念,依据职业教育特点和规律,建立职业能力人才等级标准,形成独立的职业能力人才等级体系。2012 年至今,顺德共投入 17 余万元,与行业企业合作共建了 12 个专业的岗位能力标准;2014 年,又投入 51 万元委托佛山市模具协会等三个行会,选定模具、汽修、酒管三个专业试点实施第三方人才培养质量考核评价工作。第三方考核的目的是将职业教育人才培养质量的考核权交给行业企业,实现职业教育让市场说话,从而从根本上破解校企合作难以深化的历史难题。

5. 深度融合的产教关系

佛山市职业教育与产业形成了紧密联系,中职校依据专业镇特点进行布局,实现"一镇一校""以产业定专业",一些中职校积极探索不同形式的学徒制,如陈村的"双轨四段制度"、盐步的"效率双元制"等。高职院校根据当地的产业建立了相应的专业集群,与当地的行业企业或者园区形成了密切的合作关系。顺德职业技术学院在筹建时就得到了当地企业家以及华侨的大力支持,顺德职业技术学院实行理事会制,当地企业进入理事会。通过理事会,政府、企业和学校形成了非常紧密的协作关系;佛山职业技术学院也与所在地的三水科技园区形成了良好的互动关系。佛山鼓励市、区、校行业校企合作共同体、产学联盟、职业教育集团等模式体制创新,在现有职业教育校企合作联盟和职业教育集团的基础上,鼓励高等职业院校、行业协会牵头组建职业教育校企合作实体,职业院校、行业、企业相互开放教育培训资源,开展招生、专业建设、教师互聘、实训实习、技能鉴证等协作。职业院校相同或相近专业与相关行业企业共同组建优势专业群战略发展联盟,创建校企紧密合作产学研结合的协同创新、协同育人平台。佛山职业技术学院和顺德职业技术学院建立了相关的科研创新平台,对当地的企业起到了很强的支撑作用。

四、总结与讨论

(一)如何衡量评价区域性的职业技能教育体系

考察区域性的职业教育可以从五个维度进行,分别是开放性与包容性、灵活性与便利性、增值性与服务性、地方性与职业性、多元性与共治性。①开放性与包容性。强调招生对象要打破应届高中毕业生局限,向常住人口、外地人口,甚至向企业在职职工进行开放。②灵活性与便利性。强调参与途径,能够使更多的人通过各种途径接受职业教育,如中专、中职、成人教育、社区教育和社会培训等的结合,可以在人生不同阶段,以不同方式,灵活地接受这种教育。③增值性与服务性。增值是对接受高职教育对象而言能够获得相应的价值;服务性是指相应的教育或培训机构能以他者需求为导向,而不是提供者导向。④地方性与职业性。所谓地方性主要是指地方政府对这些学校有大量投入,这些学校首先要服务于地方,专业设置、人才培养要体现地方特色;所谓职业性,是指职业教育必须体现出较强的应用技术和技能特点。⑤多元性与共治性。强调职业教育提供者是多元的,政府、行业、企业等都可以提供;同时这些力量可形成合力,尤其是政府、行业、企业、院校要形成在职业教育方面的共治机制,共同参与,形成合力,推动职业教育的发展。东莞和佛山的职业教育与技能体系从这五个维度来看,都达到了较高水平。同时,这两个城市在职业教育与技能培育方面既有共同点,也有些重要的差异。

(二)两个城市在技能培养体系上共同点

总体看,东莞和佛山有一些相同点,如两个城市都是制造业发达的城市,都面临着产业结构调整,特别是企业技术升级问题;两个城市的城市化水平比较高,外来人口较多,均远远超过了当地的户籍人口;两个城市的发展都是以专业镇为基础,到强调区镇经济或镇街经济;两个城市都非常重视职业技术教育。在职业教育与技能培育上,这两个城市在如下方面比较相同。

1. 中职校的管理权上收、布局调整与规范

为使中职教育更好地适应相应的行业和企业的需要,两个城市都将中职校的管理权上收,并重新进行布局调整,做到"一镇一校",并且中职校的特色与相关产业镇的特色产业相匹配;这些学校不必为经费盲目扩大招生而牺牲其对产业的服务质量。为使学校的职业特性更明显,两个城市都明确将中职校称为某某中职学校,东莞甚至将中职校的行业性质也凸显出来。

2. 现代学徒制培养中探索公共实训中心的模式

无论是佛山或者东莞,都很重视中职校的企业现代学徒制培养方式。在这种现代企业学徒的培养中,佛山市明确地提出依托中职校建立五位一体的公共实训中心,东莞重点建设职教城,该职教城的重要部分即是公共实训中心。

3. 探索行业企业的技能人才测评

无论是佛山或者是东莞,都在积极探索行业或企业对相关的人才技能进行测评认证。佛山市顺德区已在三个行业中进行了试点,东莞则直接在企业中进行试点。这种方式可有效地改变将技能鉴定资格权授予学校后,学校对毕业生考证要求不严格而出现"放水"现象。

4. 职教技能教育的普惠性、可及性、融通性比较明显

无论是东莞,或是佛山,接受职业教育的范围已大大扩大,不限于当地户籍人口,甚至也不限于当地常住人口,在职业教育和培训中已包括了外来农民工,职业技能教育具有普惠性。可及性是指地方政府鼓励更多的机构提供更多的职业教育或培训,提供更多的资格认证,使职业教育对于多数人来说是能够容易获得的。融通性是指将教育部门的中职校以及人社部门的技工校融合在一起,一并看待,是探索各个标准的衔接问题。

5. 职业教育的国际性

这两个城市经济发达,与国外交流很多,因此可以看到无论是佛山或者是东莞,都在积极地对接国际,甚至在中职教育层次已经有比较多的国际合作培养项目,同时也能够积极地引入相关的国际认证项目。

6. 产教融合程度都比较深

无论是东莞,或者是佛山,产教融合程度都比较深入。中职校直接与当地的产业企业融合在一起,尤其在中职阶段的学徒制培养,企业真正成为了技能型人才培养的重要主体,发挥了关键的作用。高职能够有效对接当地的产业,并提供技术上的支持。

7. 在职业技能教育体系的治理中,无论是佛山或者是东莞,政府均居于主导地位

但即便如此,两个城市的政府都注重用间接的、引导方式,以激励和吸引行业和企业参与。

(三) 两个城市在职业教育与技能培养体系上的差异

两城市在职业技能体系上的差异主要体现在:东莞职业技能体系重心放在中职层次上;佛山职业教育出现重心上移现象,将重点放在了现代职业教育体系的建设上,放在了各个层次之间的衔接与沟通方面;东莞市人社部门的技能教育得到足够重视,如东莞市技师学院在其中职阶段的职业教育与培训中占有很重要的分量;而在佛山则是以教育部门为主导。

东莞和佛山在职业教育与技能培养上出现这样的差别可能的原因有两个:第一是同当地对教育重视程度不同有关。佛山比较早就更重视教育的投入,当地对教育比较热心,愿意投入。这体现在顺德职业技术学院的兴建上,最初的办学资金中当地的企业家以及侨胞捐赠占了很大的份额。当地群众并不仅仅满足于中职阶段的教育,而是有进一步提升教育层次的愿望,因此在当地职业教育存在着上移的冲动和压力。相对来讲,东莞早期对外来工的需要大而投入少,重视教育的投入也比佛山晚些,如东莞职业技术学院创办于2009年。第二,佛山经济的发展以当地民营企业为主,当地民营企业的创新能力强,产业的升级换代也对人才提出了更高的要求与标准;佛山更希望高端教育能够给当地的产业带来更大的创新能力。这些因素的结合可能促成佛山职业教育的上移倾向。

整体来看，东莞和佛山职业教育与技能体系在五个维度上的表现以及在具体方面呈现出来的共同点在某种程度上代表了东部发达地区中小城市的先进水平，相关经验值得其他地方借鉴和学习。

参考文献：

［1］肖坤,黄巍.职业教育的顺德模式研究[J].高教探索,2016(2):72-75。

［2］［3］［5］［6］［7］［8］中国教育发展战略协会调研组."盐步职校调研"[R].2016.

［4］中国教育发展战略协会调研组."南海信息职校调研"[R].2016.

产教城融合发展机制——成都模式

成都工业职业技术学院课题组[①]

摘要：成都产教城融合发展有三个基点，即产业园区主导型、特色小镇带动型、职业教育驱动型，不同模式存在空间链接、制度链接、功能链接的链接方式分异，及规模效应、内聚性、递归效应的价值诉求差异。从总体来看，成都产教城融合发展有较完整的理念体系、政策与制度体系、组织管理体系和资源保障体系，但从整体结构看，虽然成都产教城融合发展水平整体态势向好，但内部结构还不够稳定，强链、弱链、断链结构仍然存在。其中职业教育与产城间的互动仍然表现为单向的二元驱动，双方关系处于产教城融合结构中的弱链环节；对职业教育的社会认同偏见、社会投融资体系结构性残缺的现实影响成都产教城融合发展的实质成效。未来可争取设立职业教育改革试验区，建立市级统筹的职业教育与产城联席会议平台，通过特殊财税政策引导支持产教城融合发展。

关键词：供给侧改革；产教城融合；新型城镇化；成都模式

随着我国城镇化的不断推进、产业转型升级的不断深入和职业教育的振兴，产教城融合的三重螺旋路径及其影响效应逐渐清晰，产、教、城融合问题成为教育学和经济学界关注的焦点。在公共服务有效供给过程中，政府也不得不考虑以特殊政策规划和制度设计来实现产教城融合发展。从长期看，产教城融合发展是历史必然，但从短期观察，产教城融合的真实状态并不理想，这既是经验世界的观察，亦是理论推演的必然，相互之间并非总是呈显著的线性作用关系，彼此间影响涨落无序是常态，现实中则表现为两化互动的失败，或基于逐利回收差异的职业教育发展滞后，其结果自然是产教城融合强链、弱链、断链分异明显，并没有形成三重螺旋的稳定结构。因此，政府自觉承担产教城融合的推动者、修正者的角色以促成三重螺旋结构形成，是现实的必然选择。

本研究力图在厘清新型产教城融合发展的实质、精准识别其应然状态的基础上，结合成都产教城融合发展实践，系统总结成都模式的实践基点，提炼其宏观机制，明确其挑战，并从理论上对成都模式进行剖析，最后，将其纳入宏观数据的语境中做一些观察和评价，由此提出一些针对性建议。

一、产教城融合发展实质辨识

（一）传统视域下产教城融合发展的实质

从过往实践经验对产教城融合发展的认识和实践来看，侧重于依据传统城市规划原则，完善

[①] 课题负责人：柯玲，成都工业职业技术学院院长、教授；参与人：庞祯敬，西南交通大学经济管理学院博士研究生。

城镇发展规划，统筹旧城改造和新城建设，通过城镇空间布局调整、城镇功能优化，结合教育公共服务配套，使之与城市生产力布局、人口城镇化进程相匹配、相适应，与城市主体形态的发展趋势相吻合，进而达到繁荣城市经济的目的。简言之，这种产教城融合实践，可认定为城镇布局、教育功能对产业发展的匹配与适应的过程。

这种产教城融合的实践或认知有如下特点：一是把"产教城"明确界定为三个独立对象体，或者说划分为三种"性态"，即城镇形态、教育业态和产业状态。二是把"产教城融合"实际规范为一种纯粹的空间组织方式，其主要意涵是"产业集聚、城镇布局合理、教育服务配套"。三是在"产教城融合"的功能关系上，强调城市形态、教育业态变迁对产业状态的完全服从。

传统视域下的产教城关系实质割裂了职业教育与产业、城镇化之间良性互动的三角稳定关系，造成了强弱分异的等级关系，它是对职业教育功能的虚化，使得职业教育人才培养的社会适应性减弱，必然造成两化互动失败。

（二）新型产教城融合发展的应然状态

城镇、产业与职业教育，从原始的产教城分离到如今的产教城融合，是现代产业与社会发展对要素优化组合要求的必然。而理论推演的产教城融合，显然不仅仅只是空间组织方式的问题，它们也不再只是三个独立的对象体或三种简单的"性态"，而是"我中有你，你中有我"，是既相互独立又相互包容的融合体，或是由于交叉渗透而演变成为包含了多个变体的复合体或复合"性态"。城镇和职业教育对于实体产业也不再只是一个配套和适应的关系。可见，产教城融合发展至今，它不再只是一个互为依托、互为促进的简单线性关系，而是可以互为渗透复合发展，创造出更大生产力的一种新的经济社会复合体或新的经济社会形态；它也不只是一个简单的形式问题，即只是一个布局或空间组织方式的问题，而是一个具有新的内容且形式与内容相统一的新事物；它也不再只是一个表象的东西，而是具有丰富内涵和多元价值的新的经济社会融合体。

从经验世界的发展趋势和理论推演的逻辑梳理可知，未来产教城融合发展的最佳状态应是产教城三者的空间组织形式、功能、内涵趋于一个"混生的"状态，这要求我们重新审视传统基于"两化互动、社会融入、人才供需"的产教城功能二元线性互动的认识，要求我们改变惯性的基于"自我更新、单向催生、复试驱动"的产教城独立"性态"认知。发现并把握产教城融合的这种变化趋势，既关乎理论的深化，且对一个经济区域的包括理念定位、发展途径和发展目标等在内的整个发展模式无疑会产生重大而深刻的影响。

二、产教城融合发展机制：成都模式

（一）成都产教城融合发展的三个基点

区域内部复杂的产业发展和城镇化发展的空间差异、结构差异，使得成都产教城融合发展实践不具备产教城某一单一要素驱动主导的条件，而必然走因地制宜与特色要素驱动之路。政府在实践中自觉找准指导者与平衡轮的角色定位,根据区域内的基础条件、经济条件异质性,量体裁衣,因地制宜。从宏观上讲,依托特色小镇、产业规划区和职业教育治理现代化,成都的产教城融合发展形成了三个基点。

1. 产业园区产教城融合发展模式

成都的产业园区产教城融合发展模式,可总结为"产业集聚支撑产教城融合基础、城镇化功能优化产教城融合格局、职教导入提升产教城内涵"。

其中以龙泉驿区经开区汽车城最具代表性。它的原始驱动力在于,通过产业布局先行,建立以强大的现代汽车制造业为支撑、以汽车高新技术产业为先导、以汽车服务业为配套的汽车产业总部经济体系,随后引入"产城一体"的概念,通过"产城间在时间同步演进、空间产城同体、布局上功能分区、产业三产融合"的要求优化产教城融合的格局,形成"职住平衡、功能复合、配套完善、绿色交通、布局融合"的产城空间格局,最后引入汽车职教联盟等职教体系,使得职业教育的空间布局、专业结构、内容层次与汽车产业发展实现时空平衡和结构平衡,并不断为城镇化提供"就地市民化"的动力机制,通过职教培训体系改造当地就业结构所需的生产方式、生活方式、思维方式以适应新的社会角色认同(图1)。

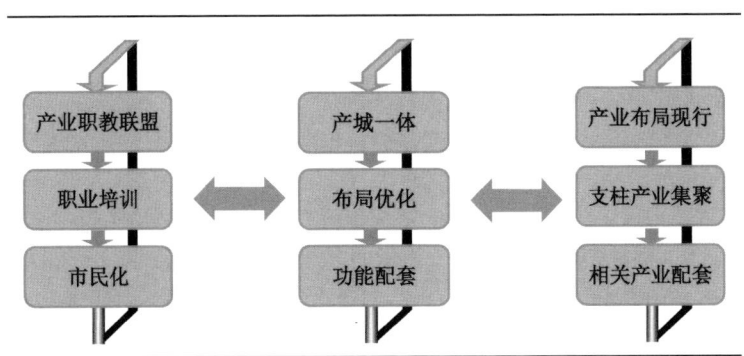

图1 产业园区产教城融合发展模式

2. 特色小镇产教城融合发展模式

成都的特色小镇产教城融合发展模式,可总结为"城镇化引领产教城融合方向,特色产业创造产教城融合支撑、职教培育提升产教城融合丰裕度"。

其中,以蒲江县寿安镇(五金小镇)最具典型。这些小镇往往地处城市经济的外围,城镇化基础薄弱导致产业集聚水平低,思考如何提升城镇化水平是实现产教城融合的逻辑起点,因而"城镇化规划引领"必然成为特色小镇产教城融合的原动力。基本路径可以总结为:首先,通过科学的城镇空间布局规划,优化城镇空间形态,围绕产教城融合的要求和理念,积极进行基础建设、信息化建设和生态建设,为产教城融合创造了良好的基础条件和环境氛围;其次,通过特色产业集聚,以业聚农,以产聚人,形成产城互动的新格局;最后,引进和培育本土的特色职教培训体系,为特色产业发展和城镇化提供人才承载支撑,以此形成产教城良性互动的格局(图2)。

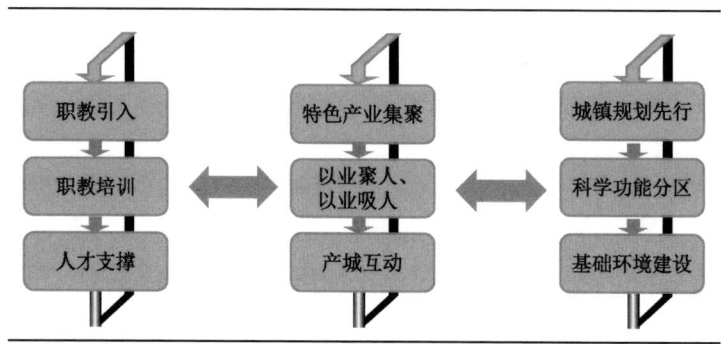

图2 特色小镇产教城融合发展模式

3. 职业教育驱动产教城融合发展模式

成都的职业教育驱动产教城融合发展模式,可总结为"职教治理现代化创新驱动,产学一体,助力城镇化"。

其中,以"3+N职教集团""产学一体,一园一院"为代表。这种模式从本质上是对职业教育社会功能的一种强化,是通过职教治理机制的创新导入与执行主动走入产城互动的"现实场景",从而实现产教城之间以知识集聚、知识共享、知识创新和知识服务为功能的产教城互动圈,强化教育功能对城镇化和产业发展的真实影响,实现职教人才培养与产业发展和公共服务的无缝对接(图3)。

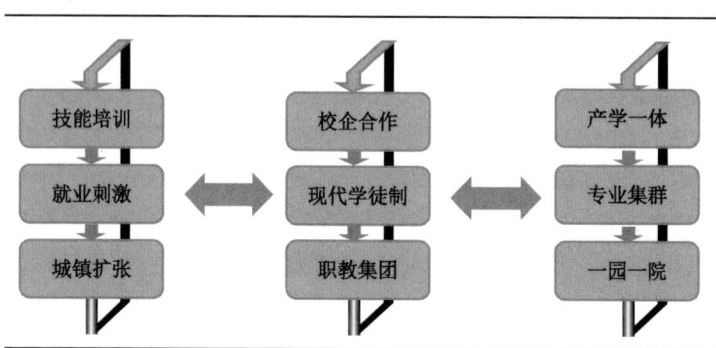

图3 职业教育驱动产教城融合发展模式

三个基点从三条路径构成了成都产教城融合实践的全貌图。从经济社会发展规律的大背景来讲,产教城融合发展之路自然是必然选择,但短期内,自发性的产教城融合结构失衡,又使得有意识的制度力量有序介入产教城融合发展,并对其适当修正,因地制宜、走特色产教融合之路,成为现实的必要选择,这既是理论的推演,也是根据成都案例剖析所得出的经验结论。

（二）成都产教城融合发展宏观机制

若从宏观机制解构成都产教城融合实践，它实则包含完备的思想观念体系、制度执行体系、组织管理体系和资源保障体系。首先，它在思想上根植了一种产教城协同发展理念，重视职业教育的社会功能，建立实现产教城融合发展的长远愿景。成都市在推进产教城融合发展过程中始终立足于经济社会协同发展理念，不断积极探索创新，以统筹规划协同为前提，统筹产业、职业教育、城镇化发展规划，使得产教城成为了一个开放的、无差异的共同体。其次，以政策协同为核心，各地形成了特色的政策与制度保障体系。政策体系注重产教城关系整合，具有系统性、整合性和动态性的特征，在标准一体原则下强调各自区域产教城融合发展、整体发展和动态提高，为推进产教城融合制度创新导入提供了一套持续动力机制。再次，它以组织协同为根本，建立了完备的特色组织管理体系，在组织体系中，市政府是指导者，它以宏观视野、整体考虑、系统思考和大局把握为原则，对产教城融合所面临的复杂问题、变革时机、策略选择和力度把握进行前瞻性把握，不失时机地解读和预测产教城融合的环境变化，修改或出台新的政策，从法律和制度的层面搭建产教城融合平台，各地区则通过组织重构成立具备产教城融合发展管理职能的机构，承担协调、协同职能，如蒲江成立由县领导牵头，经信委、发改委等相关部门为成员单位的"五金小镇"建设领导小组，负责组织规划的实施、监督和考核，组织规划的定期修编，加强产业发展和城市规划建设的指导与协调，这些组织机构起到政府和基层之间产教城融合政策传递、扩散、消化、反馈的作用，并负责协同配套建设土地，并协助处理项目手续、制度建设等相关问题，为产教城融合发展提供了组织保障和智力支持（图4）。

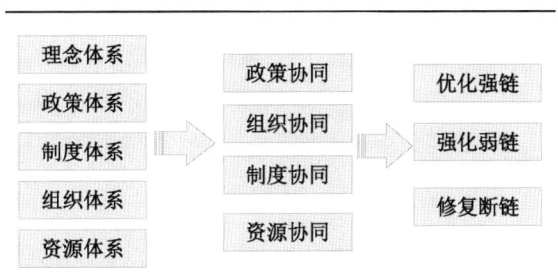

图 4　成都产教城融合发展的宏观机制

总而言之，成都模式注重从整体性和协同性的角度，通过为产教城融合构建完整的理念体系、政策与制度体系、组织管理体系和资源保障体系，以"政策协同、组织协同、制度协同、资源协同"等手段来优化产教城三者的时空关联，优化强链、强化弱链、修复断链。

根据成都产教城融合中政府与市场的角色分异及发育程度，我们不难发现，政府自觉找准指导者与平衡轮的角色定位，产教城融合还处于政府有效治理理念和机制的创新引领、导入、执行、内化，从而形成强大制度支撑系统的过程，产教城融合关系是以空间链接、制度巩固为特征的制度链接和自主功能链接为主，政府的支持和修正作用很明显，追求的是空间临近性的原始规模效应、产教城三者功能的内聚性以及产教城融合的关系结构、外显效应、链接方式深度优化递归效应。

(三)成都产教城融合发展的实质

若从理论上对成都模式进行解构的话,成都因地制宜与特色要素驱动的产教城融合模式,具有交叉性的特征,它整体上不从属于产教城融合的孕育阶段,也不完全处于产教城融合的成长阶段,更未完全达到产教城融合的成熟阶段。产业发展水平和城镇化进程的空间差异、结构差异使其更具复杂性,三种不同的产教城融合发展模式的发育程度和关注焦点是不同的(表1)。

表1　　　　　　　　成都产教城融合发展实践的阶段性特征

成长阶段	链接方式	价值追求
特色小镇模式:孕育阶段	空间链接	空间组合关系优化 空间临近规模效应 政府主导型
职教驱动模式:成长阶段	制度链接	创新制度的导入与执行 产教城功能内聚性 统筹自主型
规划园区模式:成熟阶段	功能链接	产教城混生关系结构 产教城功能递归效应 自主发展型

从产教城关系链接方式看,特色小镇模式因处于产业集聚和城镇化进程的初期,而更加侧重通过产教城空间组合关系的优化实现产教城融合,原始的空间规模效应是其追求的首要目标,属于政府主导型,即政府具有相当的资源配置权限和能力引导产教城实现融合发展。

职业教育驱动模式则力图从制度链接着手,打破产教城融合的壁垒,追求产教城功能的内聚性。其中,职教居于统筹地位,主要通过专项政策和制度建构,改善公共服务环境来支持产教城深度融合发展,同时,它也关注如何借助市场这个纽带,围绕资源生产与转化这个主题,使产教城相互连接在一起,形成三种力量相互影响、抱成一团的关系。

而规划园区模式则是产教城关系深度优化的,以功能自主链接为特征的成熟阶段,它关注的是产教城功能的递归效应,追求产教城混生结构的形成。其中,该模式主要信奉"市场效率典范",强调以市场配置资源,引导产教城间功能嵌入,实现产教城融合,属于产教城融合发展的较高级阶段,当然这是建立在它高度完善的城市公共服务功能、较为成熟的市场经济、相对成熟的职业教育体系基础之上的。

(四)成都产教城融合发展所面临的挑战

1. 对职业教育的社会认同偏见影响产教城融合发展的实质成效

长期以来,职业教育被视为"社会底层教育",是本科教育的"退而求其次"的选择,对职业教育的社会认同偏见,直接导致职业教育长期处于整个教育体系的"末端"而被忽视,特别是高考扩招以后,职业教育的"领地"和地位急剧萎缩、下降,资源投入和制度建构长期落后于改革需要,职业教育的社会功能日趋模糊化,职业教育体系的确定性和完整性受到破坏,或称作"治理信息失真导致治理失败"。对职业教育的社会认同偏见可能直接导致职教体系难以在产教城融合发展中发挥支撑作用,难以嵌入产城发展的现实场景,职业教育的人才培养和公共服务也难以与产城之间达成动态契合,这必将影响产教城融合发展的实质成效。

2. 社会投融资体系的结构性残缺使产教城融合的资源协同面临挑战

产教城融合的资源投入富集程度决定产教城融合的实际效果,现阶段,"以政府为主"资源投入负责制实质是地方政府成为了打造产教城融合发展的主要"承包者",资源供给过度依赖地方政府,渠道单一有限,其结果是产教城融合的现实需求在面对乱象丛生的治理环境和问题时可调控的资源伸缩空间有限,不能调整资源结构以满足治理与公共服务有效性的价值诉求,难以促进改善产教城关系,使由政府主导的制度链接向市场主导的功能链接发展,因此,健全社会投融资体系,吸引社会资源介入产教城融合发展,为实现产教城深度融合提供支持,成为必然选择。

三、成都产教城融合发展水平评价

关于产教城融合问题,学者们已展开了大量研究,对相关文献的总结和归纳表明,研究多集中对诱发问题进行描述和案例分析,而后结合法律、政策提出解决思路。现有研究取得了较为丰富的成果,其共同点都是侧重微观层面的细致观察,宏观视野和历史视角相对缺失,这种研究不能完全反映产教城之间的互动规律。为此,可以动态的视角来考察产教城之间的内在关系,为了论证的科学性与客观性。本研究以成都为例,引入计量经济技术予以辅助,采用熵权法、耦合度模型、相对离差协同度模型、向来自回归模型研究产教城之间单向发展水平、协同发展水平、耦合发展水平和嵌入影响水平,试图做出一些有益探讨。

(一)指标体系及数据处理

1. 指标构建

遵循研究目标,据经验世界和理论推演,笔者选取了城镇化发展水平、职业教育发展水平、产业发展水平作为本研究的主要变量,并构建了一套多层立体变量指标体系(表2)。该指标体系有价值层、目标层、观察层之分,从宏观到中观至微观,内容层次分明,意涵渐次递进,指向清晰明确,既见森林又见树木。

2. 数据来源

为全面反映成都市近阶段产教城间的互动关系,本文研究的时间跨度为2000—2014年,原始数据为地区截面数据,来自历年《成都统计年鉴》《四川统计年鉴》、各年度统计公报、政府工作报告、新闻报道等,个别年份数据缺失,进行了特别统计处理。

表 2　产教城融合发展水平指标体系

价值层	目标层	观察层
产教城融合发展水平指标体系	城镇化发展水平	城镇人口占总人口比重
		非农人口就业比重
		城镇居民人均可支配收入
		人均城市道路面积
		人均公园绿地面积
	产业发展水平	二三产业总产值
		全员劳动生产率
		人均工业废水排放量
		二三产业就业人数
		二三产业就业人员工资总额
		年度外商直接投资金额
		规模以上工业企业个数
	职业教育发展水平	中等专业学校数
		高等专业学校数
		高等专业学校毕业生数
		中等专业学校毕业生数
		中等专业学校教师数
		高等专业学校教师数
		高等专业院校生均教育财政支出
		高等专业学校生均校舍面积

（二）评价方法

1. 熵权法

熵最初是热力学中的重要概念，由热力学的奠基人鲁道夫·克劳修斯（Rudolf Clausius）最初提出，并应用在热力学中。后来，熵的概念被克劳德·艾尔伍德·香农（Claude Elwood Shannon）引入到了信息论中。信息论中的熵表示信息源发出信号状态的无序化程度，是表征物质系统无序化状态的量度（即紊乱程度）。熵越大则无序化程度越低，所能提供的信息参考价值也就越低；熵越小则无序化程度越高，所能提供的信息参考价值就越高。熵权表示某项指标在评估问题的过程中所提供有用信息量的多少，也就是指标的相对重要程度。

2. 耦合度模型

借鉴物理学中的容量耦合（Cpacitive coupling）概念及容量耦合系数模型，可以得到产教城融合发展的耦合度函数。

$$C_n = \left[\frac{u_1 \times u_2 \times u_3 \times \cdots \times u_n}{\Pi(u_i + u_j)} \right]^{\frac{1}{n}}$$

显然耦合度值[0,1]，当 C 趋向 1 时，耦合度最大，系统之间或系统内部要素之间达到良性共振耦合，系统将趋向新的有序结构；当 $C=0$ 时，耦合度极小，系统之间或系统内部要素之间处于无关状态，系统将向无序发展。

3. 相对离差协同度模型

由于产教城存在清晰的协同演化轨迹，最合理的状态是三者变迁水平和速度相当，当然如果两者相差距离在合理范围，也会保持一定的协调状态，而不会完全失调。据此，为了评价产教城协同演化的水平，这里引入相对离差协同发展水平模型。

$$D = \sqrt{C \cdot T} = \sqrt{\left\{ \frac{f(x) \cdot g(y)}{\left[\frac{f(x)+g(y)}{2} \right]^2} \right\}^k \times [\alpha f(x) + \beta g(y)]}$$

$$f(x) = \sum_{i=1}^{n} a_i x_i,\ g(x) = \sum_{j=1}^{m} b_j y_j$$

其中，D 为协同发展水平，C 为协同度，T 为反映产、教、城综合发展水平指数，α、β 为待定权数。若 x 为描述城镇化特征的指标，$f(x)$ 为城镇化的综合发展水平函数，若 y 为描述产业发展特征的指标，$g(y)$ 为产业发展的综合发展水平函数，k 为调节系数，k 大于等于 2，a_i、b_j 分别为产城各指标权重。

4. 向量自回归模型

若把产教城三者平等看待，并考察其内在动态关系，可以采用向量自回归模型对其进行刻画，并通过 Johansen 协整检验考察产教城间的长期均衡关系，若三者存在长期均衡关系，进而可用 Unrestricted VAR 研究二者短期动态关系。

VAR 模型的思想是把系统中的每一个内生变量作为系统中所有内生变量的滞后值的函数来构造模型，可以解释各种经济冲击对经济变量形成的动态影响。根据研究内容，本研究构造如下 VAR(p)模型：

$$y_t = \Phi_1 y_{t-1} + \cdots + \Phi_p y_{t-p} + \varepsilon_t \quad t = 1, 2, \cdots, T$$

y_t 是 k 维内生变量列向量，p 是滞后阶数。T 是样本个数，本研究以年份为考察对象，因此代表年份数。$k \times k$ 维矩阵 $\Phi_1, \cdots, \Phi_p$ 为待估系数矩阵，ε_t 是 k 维扰动列向量，它们相互之间可以同期相关，但不与自己的滞后值相关且不与等式右边的变量相关。

（三）评价结果

实证结果发现，从成都产教城单向发展水平看，虽然产教城三者表现出不同的波动方向和波动幅度,在某些时间节点跌宕起伏、曲折蜿蜒,平滑程度不足,但并不影响他们之间存在相似的长期稳定的向好发展趋势。其中,产业发展水平和城镇化发展水平都表现出很稳定的增长态势,而职业教育发展的阶段性变化明显,前期发展缓慢。从发展的稳定性看,产业发展的稳定性最强,城镇化发展次之,职业教育发展则表现出很强的无序特征(图5)。

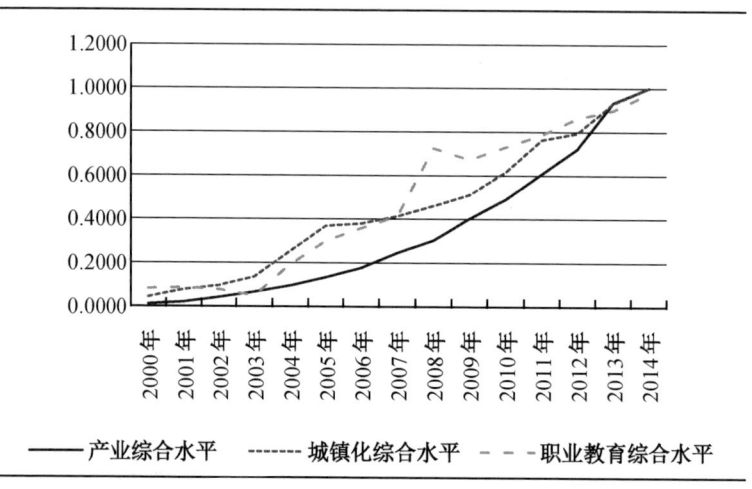

图5　成都产教城单向发展水平趋势图

从耦合度和协同度趋势看,2000—2014年间,成都市产教城融合发展的耦合度总体上呈稳定增长态势,协同演化关系先后经历了"严重失调—中度失调—失调—勉强协调—中度协调—良好协调"六个阶段,表明产教城融合发展始终处于相对进化改善的状态,这与政府有意识地制度供给改善了产教城融合的无序状态有密切关系(图6、图7)。

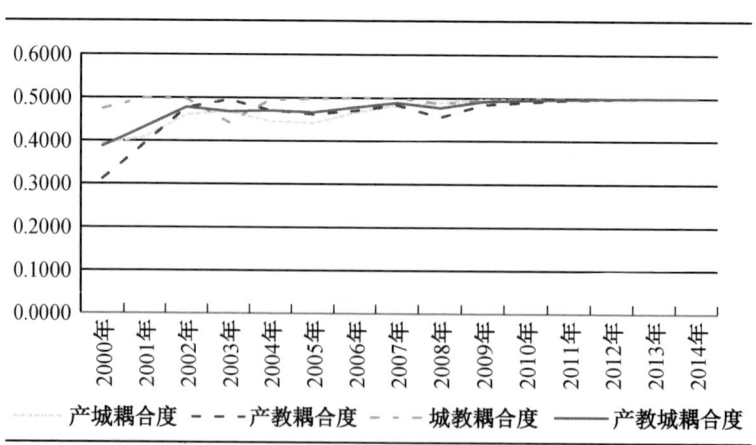

图6　成都产教城融合发展耦合度趋势图

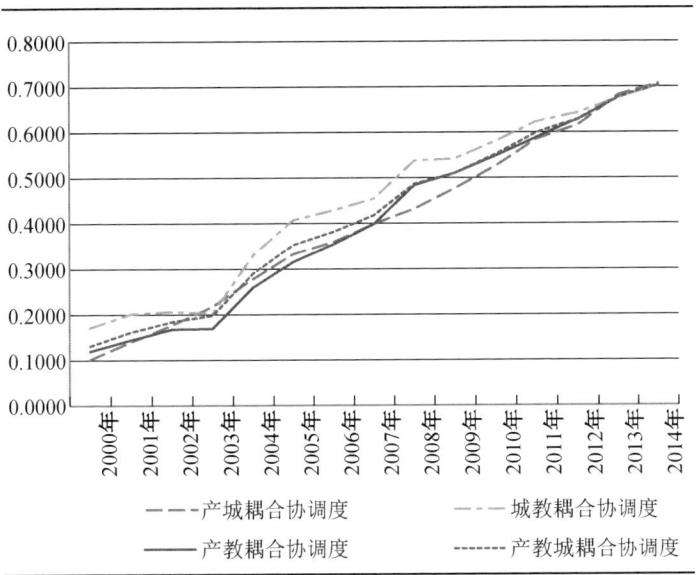

图7 成都产教城融合发展协同度趋势图

从协整检验和误差修正模型所显示的长期均衡与短期均衡关系看(表3),长期内,成都产业发展水平与城镇化发展水平、职业教育发展水平的正向关系是毋庸置疑的,这符合经济社会规律的必然性,因为从历史视角观察,城镇化、现代产业、职业教育都是近代工业化背景下催生的社会结构,三者都需要从较低级、较原始、较朴素、较无序的状态走向较高级、较优化、较复杂状态以适应经济社会进步的需求,这其中,产教城变迁一个共同的内涵——人力资本形态变化,就决定了这三个独特社会系统必然随着彼此的变化呈现相互影响的演化关系。

表3 误差修正模型估计结果

Error Correction:	模型1:D(LNCY)	模型2:D(LNCZ)	模型3:D(LNZJ)
CointEq1	-0.704 297***	-0.302 224***	-0.076 752
D[LNCY(-1)]	0.500 361***	0.003 736	0.064 935
D[LNCY(-2)]	0.372 438**	0.014 558	0.016 042
D[LNCZ(-1)]	1.184 243	0.127 003	0.025 872
D[LNCZ(-2)]	1.025 064*	0.267 282	0.059 419
D[LNZJ(-1)]	1.157 361*	0.543 108**	0.003 848
D[LNZJ(-2)]	1.471 406**	0.025 471	0.097 324
C	0.126 158	0.051 805	0.110 547*
R-squared	0.824 982	0.887 388	0.178 969
Adj. R-squared	0.713 607	0.815 726	0.343 505
F-statistic	7.407 249	12.382 960	0.342 541

注:***,**,*分别代表0.01,0.05,0.1的显著性水平。

但短期内,产业发展和城镇化并没有对职业教育发展产生显著正向影响,职业教育的发展则会对城镇化和产业发展产生较为积极的贡献,职业教育与城镇化、产业发展间的关系具有不对称性,这说明成都产教城融合的结构还不够稳定,强链、弱链、断链结构仍然存在,其中职业教育与产城间的互动仍然表现为单向的二元驱动,双方关系处于产教城融合结构中的弱链环节。

因此如何通过更为有效的政策协同、制度协同、组织协同、资源协同强化城镇化和产业发展对职业教育的支撑作用,成为今后提升成都产教城融合发展活力的关键。

四、优化成都产教城融合发展的政策建议

(一) 争取设立职业教育改革试验区

基于当前改革形势日益复杂,产业转型升级对人才需求的系统性、配套性要求日益迫切,可以考虑争取设立职业教育改革试验配套区,以此全面对接产业结构升级。成都的职业教育在全国是有一定影响的,许多做法都是创造性的,发展基础较好,完全有能力、有基础进行职业教育改革的先行先试。十八届三中全会关于全面深化改革的决定,把职业教育摆在了非常重要的位置,提出"加快现代职业教育体系建设,深化产教融合、校企合作,培养高素质劳动者和技能型人才"。在四川省全面创新改革试验区建设过程中,可以先人一步,将此作为教育改革的一个部分来进行。发挥政府政策引导的"杠杆效应",加快职业教育治理体系和治理能力现代化,加强职业教育办学体制和制度创新,形成社会各方参与职业教育的政策机制,推进产教城更加深入融合和校企更加密切合作,让成都职业教育更符合该区域产业转型升级的要求,与四川创新改革试验区建设相适应,成为全国产业转型升级、城镇化与职业互动的典范,为全国职业教育改革积累经验。

(二) 建立市级统筹的职业教育与产城联席会议平台

通常政府在研究专项政策时,都是独立研究,就产业而研究产业政策,就城镇化而研究城镇化,就职业教育而研究高职教育。目前政府统筹的产教城沟通交流机制与联席会议制度未能有效建立,使职教与产城对接失去重要平台与有效机制,在这种机制下,政府、企业、学校之间难免产生信息不对称的情况,导致对接产业发展、城镇化的职业教育发展滞后,互动效果不明显。因此,要促进职业教育与产城互动取得良好成效,必须在市级层面的议事程序的初始就要注意把握主动。要树立跳出立足职教抓职教,立足产城抓城的观念,推动职业教育深度融入产业链,服务城镇化,有效服务经济社会发展。在市级层面,建立产城发展与职业教育发展联席会议制度,定期研究、协调解决产业转型升级、城镇化发展、职业教育创新发展问题,为企业、政府与职业教育,在政策层面搭建交流沟通的平台。构建这个平台,必须充分发挥其应有的功能与作用,可将教育局、经信委、商务厅、发改委、工商、城建等相关部门纳入会议平台,做到发展中的问题共同商量解决,打破部门界限与壁垒,让职业教育更好把握区域经济特别是地方经济产业结构调整的方向,让企业、行业更好了解职业教育发展现状,共同构建有利于产教城融合发展的体制机制。

（三）通过特殊财税政策引导企业支持职业教育的机制

企业与职业教育的合作原本是市场自发行为,但要在社会上形成企业支持、参与职业教育的浓厚氛围,政府必须要有鲜明的政策导向,积极鼓励企业关注和支持职业教育。目前一些企业对于职业教育不太支持或存在偏见。要打破这个局面,就要充分利用四川创新改革试验区建设的优势,积极利用政策杠杆,充分调动企业投入职业教育的积极性,可以出台免税政策,为支持跟职业院校进行校企合作的企业,为高职院校教师培训、学生顶岗实习提供机会的企业免税。进一步明确发展现代职业教育在营业税、企业所得税、个人所得税等九个税种方面的优惠政策。具体而言,市级政府可联合教育、财政、税收等部门,出台有关政策,在税收政策上,让企业给予顶岗实习学生的报酬,可以在企业缴纳所得税之前就扣除掉,退给企业。在企业参与职业教育过程中,在高职院校人才培养环节过程中为学生实习和实训建立的实训基地,政府应当按照公益事业相关政策,让企业享受比较优惠的税收政策。在校企合作中企业给予职业院校的捐赠支出,可以在所得税方面予以优惠,或者采取捐赠退税制度。在校企合作中,双方在研制新技术、新工艺时产生的研究开发费用,可享受企业所得税优惠政策。此外,还可以设立专项资金和企业高级技术人员定期到职业院校从教津贴,激励鼓励企业方面技术人员参与职业教育,这样会加大企业支持职业教育的积极性,为加强职业教育与产业转型升级的互动提供动力。

参考文献:

[1] 刘洪波.基于产教融合的高职多元化创新创业人才培养模式重构[J].教育与职业,2016,(13):83-85.
[2] 牛士华,陈福明.新常态下深化高职教育产教融合研究[J].教育与职业,2016,(04):25-27.
[3] 杜俊文.职业教育深化产教融合的缺失与优化路径分析[J].教育与职业,2016,(04):28-30.
[4] 谢呈阳,胡汉辉,周海波.新型城镇化背景下"产城融合"的内在机理与作用路径[J].财经研究,2016,(01):72-82.
[5] 阚大学,吕连菊.普通教育与职业教育对城镇化规模结构的影响——基于城市动态面板数据的分析[J].教育发展研究,2015,(21):36-44.
[6] 刘立新.德国职业教育产教融合的经验及对我国的启示[J].中国职业技术教育,2015,(30):18-23,37.
[7] 辜胜阻,刘磊,李睿.新型城镇化下的职业教育转型思考[J].中国人口科学,2015,(05):2-9,126.
[8] 阚大学,吕连菊.职业教育与城镇化质量的协调发展——基于2005年和2013年的省级层面数据[J].职业技术教育,2015,(27):56-63.
[9] 林章悦,王云龙.新常态下金融支持产城融合问题研究——以天津市为例[J].管理世界,2015,(08):178-179.
[10] 阚大学.职业教育对中部地区城镇化水平影响的实证分析:基于城市动态面板数据[J].清华大学教育研究,2015,(03):95-103.
[11] 王雪琴,武毅英.从"人的城镇化"视域看职业教育路径选择[J].现代教育管理,2015,(03):98-102.
[12] 谭璐.新型城镇化视阈下农村职业教育的功能导向——基于农民"市民化"视角[J].职业技术教育,2015,(04):53-58.
[13] 季跃东.基于产教融合的高职创业教育机制研究[J].现代教育管理,2015,(01):114-118.
[14] 王丹中.基点·形态·本质:产教融合的内涵分析[J].职教论坛,2014,(35):79-82.
[15] 杨善江."产教融合"的院校、企业、政府角色新探——基于"三重螺旋"理论框架[J].高等农业教育,2014,(12):117-119.
[16] 杨善江.产教融合:产业深度转型下现代职业教育发展的必由之路[J].教育与职业,2014,(33):8-10.

［17］王迎英,甄延临.产城融合理念下的科技创新平台规划探讨——以嘉兴科技创新平台战略规划为例［J］.规划师,2014,(11):49-53.
［18］陈绍友,田洪.城市社会背景下的"产城融合"发展问题研究［J］.重庆师范大学学报(自然科学版),2014,(05):132-137.
［19］贺伟,李艳文.市场经济背景下高职产教融合育人模式的统整研究［J］.现代教育管理,2014,(08):75-80.
［20］陈年друг,周常青,吴祝平.产教融合的内涵与实现途径［J］.中国高校科技,2014,(08):40-42.
［21］和震.建立现代职业教育治理体系 推动产教融合制度创新［J］.中国职业技术教育,2014,(21):138-142.
［22］王霞,王岩红,苏林,等.国家高新区产城融合度指标体系的构建及评价——基于因子分析及熵值法［J］.科学学与科学技术管理,2014,(07):79-88.
［23］陈凤英,李杰,朱德全.职业教育促进新型城镇化建设:动力与模式——发展社会学视角［J］.中国职业技术教育,2014,(18):32-36.
［24］李照清.城镇化背景下职业教育转型发展研究［J］.现代教育管理,2014,(06):34-37.
［25］李文彬,张昀.人本主义视角下产城融合的内涵与策略［J］.规划师,2014,(06):10-16.
［26］欧阳东,李和平,李林,等.产业园区产城融合发展路径与规划策略——以中泰(崇左)产业园为例［J］.规划师,2014,(06):25-31.
［27］杨运鑫,罗频频,陈鹏.职业教育产教深度融合机制创新研究［J］.职业技术教育,2014,(04):39-43.
［28］阚大学,吕连菊.职业教育对中国城镇化水平影响的实证研究［J］.中国人口科学,2014,(01):66-75+127.
［29］高鸿,赵昕.城镇化进程下职业教育发展策略研究［J］.职教论坛,2013,(36):19-21+25.
［30］任聪敏,石伟平.城镇化进程中农村职业教育的新型定位与发展策略［J］.教育发展研究,2013,(23):53-57.
［31］王霞,苏林,郭兵,等.基于因子聚类分析的高新区产城融合测度研究［J］.科技进步与对策,2013,(16):26-29.
［32］孔翔,杨帆."产城融合"发展与开发区的转型升级——基于对江苏昆山的实地调研［J］.经济问题探索,2013,(05):124-128.
［33］李文彬,陈浩.产城融合内涵解析与规划建议［J］.城市规划学刊,2012,(S1):99-103.
［34］蒋华东.产城融合发展及其城市建设的互融性探讨——以四川省天府新区为例［J］.经济体制改革,2012,(06):43-47.
［35］曹晔.城镇化与职业教育发展［J］.职业技术教育,2010,(10):5-9.

特色小镇建设背景下高技能人才开发策略研究

——以浙江为例

刘 辉 雷兴国[①]

摘要：特色小镇是新型城镇化的新样态，特色小镇建设仍处于探索发展过程之中。在特色小镇建设过程中，高技能人才需求呈现出多样性、复杂性、高端性等特点。特色小镇的建设经验告诉我们，当下我国的特色小镇应该遵循本土的建设规律，高技能人才开发也应该体现出本土实际。浙江依托自身优势，发展出一批产业"特而强"、功能"聚而合"、形态"小而美"、机制"新而活"的特色小镇。浙江龙坞茶村特色小镇和筹划建设中的大江东职教小镇，对高技能人才有着独特需求。特色小镇已逐渐成为浙江省内高端人才的首选集聚地。研究结果表明，高技能人才应该成为特色小镇建设的中坚力量，相应的高技能人才开发也应在探索中不断革新。

关键词：特色小镇；高技能人才；开发策略

一、背景

2014年10月17日，在杭州市西湖区云栖小镇的阿里云开发者大会上，浙江省省长李强提道："让杭州多一个美丽的特色小镇，让杭州的天空多飘几朵创新之云"，"特色小镇"这个词被首次提出，之后在浙江得到广泛推广。2015年4月22日，浙江省政府正式出台了《关于加快特色小镇规划建设的指导意见》(浙政发〔2015〕8号)[1]，规划提出要在未来三年内，浙江省重点培育100个左右的特色小镇，在产业上要落脚在旅游、时尚、信息、环保、健康、金融、高端装备制造等七大浙江着力发展的产业，同时要兼顾茶叶、丝绸、黄酒、中药、青瓷、木雕、根雕、石雕、文房等历史经典产业。特色小镇规划面积一般控制在3平方公里左右，相当于半个西湖；而建设面积一般控制在1平方公里左右。特色小镇原则上3年内要完成固定资产投资50亿元左右(不含住宅和商业综合体项目)，其中第一年投资不少于10亿元。所有特色小镇要建设成为3A级以上景区，其中旅游类特色小镇要按照5A级景区标准来建。创建方式上，特色小镇采取"宽进严定"的录用标准，即通过"自愿申报、分批审核、年度考核、验收命名"四个步骤实现最终的创建。

---

① 刘辉，浙江工业大学职业技术教育学院副教授；雷兴国，浙江工业大学职业技术教育学院研究生。

2015年6月1日,浙江省特色小镇规划建设工作联席会议办公室(设在省发改委)发布了浙江省37个首批省级特色小镇创建名单。[2]2016年1月24日,浙江省《政府工作报告》[3]再次指出,加快规划建设一批特色小镇。按照"企业主体、资源整合、项目组合、产业融合"的原则,在全省建设一批聚焦七大产业、兼顾历史经典产业、具有独特文化内涵和旅游功能的特色小镇,以新理念、新机制、新载体推进产业集聚、产业创新和产业升级。2016年1月28日,浙江省发改委发布了浙江省第二批省级特色小镇创建名单[4],同时发布的还有省级特色小镇培育名单。2016年5月26日,浙江省级特色小镇规划建设工作联席会议主任办公会议讨论研究,并报省政府同意,将"上城玉皇山南基金小镇、西湖云栖小镇、余杭梦想小镇、宁海智能汽车小镇、吴兴美妆小镇、秀洲光伏小镇、嘉善巧克力小镇、诸暨袜艺小镇、龙游红木小镇、龙泉青瓷小镇"正式确定为浙江省级十大示范小镇。

(一)现实驱动

"特色小镇"的政策推进和实施告诉我们,构建特色小镇是贯彻落实习近平总书记对浙江"干在实处永无止境、走在前列要谋新篇"指示精神的具体实践;是推进供给侧结构性改革和新型城市化的有效路径;是经济新常态下加快区域创新发展的战略部署;是浙江地区经济转型升级的必由之选;是加快"两美浙江"建设的一项战略举措;是浙江旅游"十百千"工程(即创建10个以上旅游经济强县、重点培育100个旅游强镇和1000个特色旅游村)的实施路径。这些都充分彰显了国家及浙江省政府对于打造高规格特色小镇的决心和耐心,同时也为高技能人才开发在特色小镇中发挥重要作用提供了可靠的支撑和保障。

(二)广泛价值

高技能人才的开发不仅是特色小镇建设过程中的重要一环,也承载了太多社会群体的愿望和个人价值的实现。首先,"特色小镇"的构建及高技能人才开发资源的合理开发有利于帮助当地实现更高层次的脱贫致富,促进他们对于浙江省"特色小镇"规划的了解和认同。同时,有利于帮助他们开辟一条适合自我生存和发展的渠道。其次,对于浙江地区的经济发展而言,随着"特色小镇"在数量上和质量上的不断发展壮大,可以为浙江省新型城镇化建设找到适合的发展出路,也是推进新型城市化的有效路径。有利于加快浙江省在优势产业要素方面的集聚、转型升级及对历史文化形式的传承。最后,对于国家总体经济建设而言,浙江地区"特色小镇"模式的成功,有助于为国家区域经济的发展提供新的发展思路和可靠依据,有助于为我国其他类似地区的特色经济发展提供参照,同时提高我国城市化和现代化的推进效率和质量。

党的十八大以来,浙江省委、省政府坚持以"八八战略"为总纲,在深刻把握浙江发展阶段性特征和浙江省情的基础上,把"特色小镇"作为学习贯彻习近平总书记系列重要讲话精神和治国理政新理念新思想新战略的重大战略,作为践行新发展理念、深化供给侧结构性改革的示范地,助推转型升级、加快"两个高水平"建设的生力军,承接全球新一轮科技和产业革命的先行者。"特色小镇"成为浙江着力打造改革强省、创新强省、开放强省和人才强省的重要阵地。

十九大报告提出了要推进工业化、信息化、城镇化、农业现代化"四化同步"发展;要以城市群为主体构建大中小城市和小城镇协调发展的城镇格局等一系列重大战略。这些都为新时代特色小镇、特色小城镇发展提供了广阔的空间,同时也提出了更高的技能人才要求。"特色小镇"背景下,围绕"综合服务型"高技能人才短缺和培养培训现状,浙江有着先行优势和典型尝试。

二、前期经验——特色小镇透视

特色小镇建设在国外有着较为悠久的历史。横向比较当前比较成熟的小镇,它们特色明显、发展历史悠久、发展环境特殊、成长过程较慢。

(一)国际知名小镇

当前比较有影响力的小镇有:英国的海伊、美国的格林尼治镇、法国的普罗旺斯、瑞士的达沃斯、日本的柯南小镇、西班牙的隆达小镇。这些小镇从功能上来看,分别属于文化小镇、产业特色小镇、风情小镇、经济论坛之都、特色产业和传统文化小镇。而德国的赫尔佐根赫若拉赫则是全球体育用品公司总部所在地,既有历史感,又处于中心历史城区。

在这一系列的小镇中,创新是这些小镇发展的内在驱动力。例如由内陆型工业城镇成功转型的法国威特雷,是小型内陆城市发展的典型代表。而瑞士的朗根塔尔则是全球纺织品企业总部所在地,经历了产业结构调整,将重点放在了市场拓展和产品创新上。

(二)我国台湾模式——"休闲农业"特色小镇

我国台湾地区的休闲农业与乡村旅游起步较早,发展迅速,并形成一定程度上的规模经济。农业经营具有三农(农业、农民、农村)和三生(生产、生活、生态)的双重优势。这不仅促进了当地休闲农业与乡村旅游的良性开发与利用,也在很大程度上提高了农业现代化的水平。当前台湾休闲农业依靠深耕细作已经发展成为具有高观光品质、高服务质量、高附加值的农业经营模式,对乡村特色小镇建设及政策法规、运行体系、群众参与等方面都有很强的示范和借鉴作用。

台湾在休闲农业专业人才培养方面有着自己的一套培养机制。农业各级主管部门和机构,都侧重对休闲农业与乡村旅游管理和经营人才方面的培养。农业科研发展机构重点加快创业型人才的培训,将休闲农业技能人才培训纳入阳光培训工程,并组织休闲农业推广人员在个体创业、专业服务知识、风土人情掌握、诚信及法律意识、标准化管理与行业服务规范等方面进行专题性培训。在农业旅游推广的基层,注重对从业人员的市场营销能力、旅游服务意识、经营管理水平方面的培训。让从业人员树立"市场是休闲农业发育程度高低的决定性因素"的观念,从而促使农业旅游从业人员积极开动脑筋,合理运用规则,创新性地提供温馨、舒适的服务,不断提高台湾地区乡村旅游服务专业人员的整体素质水平和服务质量。

总之，我国台湾地区休闲农业特色小镇建设已经进入较为发达的高级发展阶段，它们更加注重服务质量的提高，追求国际化的服务标准，重视一、二、三产业间的协同发展与互相融合。浙江地区作为我国大陆地区经济较发达地区，与台湾一样，均具有土地资源紧缺、需要提高资源利用率的特点。在特色小镇的要求上，也与台湾地区休闲农业的发展方向有着很大的相同之处。因而，台湾地区休闲农业特色小镇的发展经验，很值得学习和采纳。

（三）小镇特点分析

总体上来看，前期特色小镇有以下几个特点。

1. 拥有较大的自主权和自治权

① 独立的财政权利。瑞士中小城镇的大部分收入来自居民和企业的税收，每个城镇可以设定各自的税率，因此可吸引更多的居民和企业进驻。

② 总规划师制度。如德国所有中小城镇的地方政府管理机构都雇有专业城市设计师，负责指导当地的土地发展，颁发建筑许可，调解相关的法律纠纷，为当地发展寻求公众支持，参与区域规划战略，与市民沟通并了解其需要。

③ 重视对公共服务领域的投资。如德国设立公共设施的等级配给制度，完善各级中心相应的属性成为地方公共管理机构职责的重要组成部分，保证了地方政府在发展和运营公共服务中能够得到相应的支持等。

2. 专业化的产业集聚氛围

① 具有悠久的手工艺传统，对私营企业和个体经营的重视和支持，使这些企业各自活跃于地方、区域或全球市场。

② 拥有合格的人才，注重对年轻技术人才的培养和素质的提升，使雇员具有可靠、勤奋、高素质等优秀品质。

③ 较高的服务水平，由中小企业形成的互补、灵活、创新能力强的工业肌理以及自上而下与自下而上体制的互动和政治环境，使企业在全球化市场中凭借城市网络的聚集效应增强自身竞争力。

3. 重视与大城市的合作疏通

在"大都市化"历史背景之下，小城镇成为大都市区域和地方空间的交界点，扮演着"枢纽角色"。特色小镇起到了"衔接功能"，让所有的地方都能和向世界经济开放的大都市相联系，故而国家的医疗政策、高等教育政策和交通政策都给予这些"中介城市"以极大关注。国家通过"城市契约"推动地方性项目的进程并促进了中小型城市的基础设施发展。

三、现实审视——特色小镇建设带来的新挑战

2012年十八大报告提出，"全面落实经济建设、政治建设、文化建设、社会建设、生态文明建设'五位一体'总体布局，促进现代化建设各方面相协调"。2017年十九大报告进一步提出，"为把我

国建设成为富强民主文明和谐美丽的社会主义现代化强国而奋斗"。社会主义现代化奋斗目标从"富强民主文明和谐"进一步拓展为"富强民主文明和谐美丽"。在建设美丽中国的宏伟目标下,特色小镇更应秉持"小而美"战略,进行产业选择及整体建设。

特色小镇之"小",在于产业定位精准,特色产业有规划、有建设、可持续,更应强调与环境"协调发展"。十九大报告中指出"构建市场导向的绿色技术创新体系,发展绿色金融,壮大节能环保产业、清洁生产产业、清洁能源产业"。这为特色小镇产业定位提供了新思路。在聚焦休闲旅游、商贸物流、现代制造、教育科技、传统文化等特色时,可对当地生态环境等资源进行挖掘与结合,构建特色环保产业,实现社会效益、经济效益、生态效益的统一。在此基础上,建设产业可持续、生态可持续的特色小镇。

特色小镇之"美",在于建设中对地域特色的充分了解,对地域传统文化的良好继承,将空间布局与自然环境相协调,精致简约,因地制宜,突出特色。十九大报告中指出,"必须坚持节约优先、保护优先、自然恢复为主的方针,形成节约资源和保护环境的空间格局、产业结构、生产方式、生活方式,还自然以宁静、和谐、美丽"。"美丽建设"不仅是新型空间格局的选择创造,更是对小镇现有格局的尊重、宜居尺度的把控及传统文化的继承。在此基础上,建设环境美、文化美的美丽小镇。

(一) 特色小镇建设带来"综合效应"

近几年,国内许多省市开始看好特色小镇带来的综合效应,纷纷利用本地资源优势,借助国家城镇化建设的政策助推力,先后启动了特色小镇建设工程。

2015年11月8日,首届中国特色小镇发展论坛在杭州举行。该论坛意在筹备"中国特色小镇联盟",从而为中国特色小镇的建设与发展出谋划策。2016年7月1日,国家发展改革委员会、城乡住房建设部、财政部共同发布了《关于开展特色小镇培育工作的通知》,指出要在全国范围开展特色小镇培育工作,提出到2020年,全国要打造出1 000个左右各具特色、活力休闲、商贸物流、现代制造、科技教育、传统文化、舒适宜居的特色小镇。2016年7月12日,第二届中国特色小镇发展论坛移师广东深圳。论坛主要议题是探讨特色小镇的发展模式,展望新型城镇化的发展趋势,把特色小镇作为提升城市品位、丰富城市文化内涵、完善城市功能的关键。2016年10月14日,中国住房城乡建设部公布了第一批中国特色小镇名单,共127个,涉及32省份。排名前五的省份分别是浙江(8个)、江苏(7个)、山东(7个)、四川(7个)以及广东(6个)。

国家培育特色小镇的主要目的是为了促进有条件、经济实力强、资源潜力大的小镇更好地发展。因此挖掘一部分有潜力、有特色的小镇,通过产业性的合理发展,既带动当地及周围地区经济的发展,也可以吸纳小镇周边一部分农村劳动力就业,缓解我国的就业压力和养老压力。这样既促进了城市的发展,又使乡村更加舒适宜居,并为工业反哺农业、城市服务农村创造了有利条件,提供了宝贵平台。据了解,下一步住房城乡建设部还将研究特色小镇金融扶持政策,以更好地推动特色小镇建设与发展。

总之,2016年是我国特色小镇建设跨越式发展的一年。具体有以下两点原因:一是党中央对特色小镇做出了明确的指示和支持态度；二是在我国的"十三五"规划中，首次明确提出，特色小镇成为未来五年内国家加快发展的目标，并且对特色小镇提出了"特色鲜明、产城融合、充满魅力"的具体发展要求。这标志着国家把建设特色小镇正式上升到国家战略高度，对于特色小镇建设的每一个亲历者而言，可谓意义重大。

（二）特色小镇为高技能人才开发提出的新要求

2016年是国家"十三五"规划实施的开局年。随着特色小镇建设被正式纳入国家战略规划，特色小镇的建设和发展的热度直升并拥有了广阔的发展前景。这对于各地特色小镇的打造都是一个难得的机会。浙江地区高技能人才开发的发展和壮大离不开特色小镇做依靠和提供保障。因而，特色小镇的出现势必为杭州的高技能人才开发推广带来全新的面貌，这既是一次难得的机遇，也是一个不小的挑战。

1. 对人才规格和组织提出更高要求

从浙江特色小镇建设的历程中我们不难发现，不论是国家还是浙江省政府及各相关管理部门，在特色小镇建设的规划和政策出台上，都拿出了比以往更高的要求和更多的投入热情。这对于高技能人才开发来说，也相应地提出了更高的要求。当前阶段，高技能人才开发推广的目标不再是传统的人才培养目标，不再是传统区域的各家各户自给自足的人才需求和使用模式。在特色小镇建设要求背景下，高技能人才规格具有多样性、全局性、可持续发展性。因而，不论是对人才培养的有效性及对应性，还是对企业等用人单位的组织专业化程度，都提出了更高的标准。

2. 对人才社会支持成熟度提出更高要求

特色小镇建设具有很明显的个性化、服务性、地域性的特点。因而相比其他类型的人才需求，它需要更加完善和合理的人才配套支持的资源，从而创造经济价值。这就要求旅游推广需要提高自己的社会支持成熟度。在高技能人才开发推广上，既要借鉴其他地区的优秀发展成果，还要结合自身的实际情况，在技能人才社会支持的成熟度上下足功夫，才能真正将特色小镇建设实施好。

3. 对人才培养参与度和人才专业性提出更高要求

其一，从高技能人才培养参与度来讲。高技能人才大多为高校培养。当前高校毕业生对特色小镇建设内涵及实施步骤的认识不足。许多毕业生误以为特色小镇就是普通的观光旅游。其二，人才专业水平不强。当前特色小镇建设者的专业知识存在不对称的现象。这对于高技能人才发展和提升带来很大的困难。

四、浙江案例——两个特色小镇的技能人才现状

（一）龙坞茶村特色小镇及其技能人才状况

1. 小镇坐拥庞大的高技能人才储备系统

杭州之所以被誉为中国的"茶都"，是有一定客观说服力的。不仅因为杭州有西湖龙井茶，还

在于杭州这座城市汇聚了众多国内外著名关于茶的科研教育机构、生产机构、协会、民间组织以及著名茶人。

其一,中国农业科学院茶叶研究所、中国国际茶文化研究会、中国茶叶学会、浙江大学茶学系、中国茶叶博物馆、国际茶人村等众多国字号涉茶机构均建立于此。这里不仅集中了全国近一半的顶级茶学专家,而且中国茶叶博物馆还是我国唯一一家以茶和茶文化为主题的国家级专题博物馆,它于1991年4月24日正式对外开放。

其二,杭州是我国茶文化领域内众多高级别盛会的举办地。自1998年起,中国国际茶叶交易博览会就在杭州举办。全国每年来杭州进行茶和茶文化交流的人士至少有20万人。全世界每年有几十个国家的两万余人次外国游客来杭州进行各种茶事活动。这些活动的内容和理念先后传播至全国各地乃至全世界,对杭州地区茶文化事业的发展起到了明显的推动作用。

其三,杭州拥有数量众多的茶馆、茶艺厅、茶叶交易市场等。自1980年杭州最早建立起"茶人之家",到杭州茶人社团的成立,《茶人之家》内刊的创刊发行,再到洪春桥茶人之家茶馆的开张,全省各地相继建立起形形色色的茶馆、茶楼,使得茶艺表演成为一种旅游的新时尚。这些都为杭州进一步发展茶产业、弘扬茶文化、促进茶旅游推广提供了坚强的后盾和广阔的空间。

2. 小镇面临的高技能人才短缺

到2016年,杭州作为我国的"茶都"已经有11年的历史。近些年来,杭州在各个领域对高技能人才开发进行了相应的开发和探索。这其中包括茶的生产及交易场所、茶文化主题博物馆、茶园观光浏览、茶事茶会等。但在适应特色小镇建设的高技能人才开发的过程中,仍存在着不少的问题。

(1)小镇工作者素质参差不齐。在对当地茶农的调查中发现,当地的茶农并不是很关注国家对于高技能人才开发、特色小镇建设方面的政策与实施内容。究其原因,我们可以从以下几个方面得到答案。

当地茶农仍普遍不了解国家的政策动向以及当地政府对于茶文化开发和推广的规划。这在一定程度上不利于当地高技能人才开发的整体开发和合理布局,不利于提高茶叶类技能人才开发地区的整体环境接待能力,不利于高技能人才开发推广过程中的不断创新,也不利于炒茶这项传统手工技艺的传承和发展。

与茶艺相关的技术推广人员的技术推广能力不强。当地的茶文化推广站及推广人员数量很少且相关人员构成有限。其一,这使得茶农生产出的产品与外界的销售联系多是靠自己常年积累的人脉和老的合作伙伴来进行。这在很大程度上影响了茶农追求经济利益的最大化以及成本节约的最小化。其二,造成高技能人才开发的创新力不足,推广宣传程度不够,进步空间缩小等。其三,不利于当地茶文化特色产业的发展和壮大,不利于当地茶农打破块状经济的思路,发挥规模效益。

(2)小镇就业机会再造能力有限。一个地区的旅游资源包括很多实体类型。杭州茶文化特色小镇在旅游资源的利用率和整合机制方面还存在很大的上升空间。小镇虽然有不少副产品的销售,但大都缺少与杭州地方特色及当地民俗文化的设计和融入,致使与我国其他茶休闲旅游区的副产品大同小异,缺少对游客消费的吸引力。这明显体现出了杭州地区在高技能人才配给方面的力度不够,文化创意严重不足的弊端。

就杭州茶叶特色小镇经济发展程度而言,如能合理开发好这些茶区,加强资源整合,环境保护和生态建设,必然为社会增加不少就业岗位。在推进茶文化特色小镇建设过程中,其中一个重要的目的就在于帮助劳动力增加就业机会。但是,以茶文化为主题的特色小镇并未显示出高技能人才就业机会的增加。

据访谈,一位当地茶农指出:"在农忙季节,家家户户都会选择召回自己的亲戚来帮忙收茶,或是雇佣一些外地来的短工参与采茶。一来采茶不需要很强的技术性;二来比较方便,省事;三来茶叶真正的品质是由炒茶所决定的,现在村里懂炒茶、会炒茶的人只剩下我的父辈及我这一代人中的少数,连我们自己的晚辈都不会或是不愿意去学习这项手工技艺。因而雇来的短工多是做些不需要技术含量的农活。"

这反映了当地在茶文化特色小镇建设中,特定的产业链条并未完全建立,相关高技能人才的创新创业的氛围和发展空间均存在一系列问题。在特色小镇建设中,由于对于产茶从业人员的要求较低,很少有懂炒茶的专业人士及茶文化推广人员参与到龙井茶的"种植——生产——销售——包装——运输"这一过程中来。这不仅不利于高技能人才开发产业对剩余劳动力的吸纳,也不利于西湖龙井制茶这项非遗传统手工技艺的传承和发展。

(二)大江东职教小镇及其技能人才状况

1. 小镇规划设计情况

经过长期探索和研究,杭州大江东产业集聚区拟定建设"大江东职业教育校企合作共同体示范小镇"(以下简称"职教小镇")。大江东职教小镇,位于大江东中部、钱塘江南岸,紧邻大江东城市核心区,规划面积3平方公里。围绕大江东产业集聚区"魅力大江东、智慧生态城"的总体目标,以职业教育支撑产业转型升级为主题,突出"职业教育升级版"特色,着力建设具有核心竞争力的国内领先的校企合作共同体示范小镇,打造全国现代职业教育实验区,把大江东职教小镇建设成为"自然生态小镇、工业2025小镇、人才创业小镇、钱江风情小镇"。

为实现大江东产业集聚区跨越式发展,为大江东产业集聚区集聚人才、技术、资本等高端要素,推进产业转型升级,根据夏宝龙书记考察大江东的指示、李强省长关于职业教育发展的讲话精神和张鸿铭市长的批示,大江东管委会着力建设具有核心竞争力的国内领先的校企合作共同体示范小镇,打造全国现代职业教育实验区,把大江东职教小镇建设成为"自然生态小镇、工业2025小镇、人才创业小镇、钱江风情小镇"。

(1)现状基础

大江东产业集聚区位于杭州市东部,环杭州湾"V"字形产业带的拐点。规划控制总面积约427平方公里,其中陆域面积348平方公里,钱塘江水域面积79平方公里,区域内常住人口约

28万人。大江东产业集聚区将全力发展"1+2+X"的产业体系,"1"是指新能源运输装备制造业,"2"是指智能装备制造和新能源产业,"X"是指航空航天、电子信息、生物医药、公共安全、现代服务业等关联产业,重点发展汽车及零部件、高端装备制造、新能源、新材料、现代物流等产业。在产业发展上,重点打造"7+X"产业园,积极推进汽车及零部件产业园、新能源新材料产业园、轨道交通产业园、机器人及自动化产业园、生命健康产业园、航空航天产业园和临空产业园7大主导产业园和科技创新产业园、总部经济产业园、文化创意产业园、职业培训产业园等X个战略培育产业园。截至目前,已累计引进世界500强项目25个、中国500强项目9个、民营500强项目8个,共有高新技术企业149家、规上工业企业239家,涌现了一大批行业龙头企业,如长安福特、东风裕隆、费列罗巧克力、西子航空、东方电气、华东医药、顾家家居、富丽达、百合花、中科新松等,初步形成了以新能源运输装备产业为主导,以智能装备制造和新能源为特色的重点支柱产业体系。大江东紧紧围绕建设"智慧大江东、魅力生态城",中期战略目标是"六年翻两番,五年见新城,全面创一流",至2020年实现工业总产值4 000亿元,力争领跑全省15个产业集聚区。远景战略目标是"两个再造",即"再造一个杭州新城,再造一个杭州工业",到2030年工业总产值实现1万亿元,人口集聚达到80万左右。

大江东地处中国最具经济活力的长三角地区南翼、杭州湾西端、钱塘江下游、京杭大运河南端,享有中国东南部交通枢纽的区位优势。高铁网络高度发达,拥有杭州唯一的空港和出海码头,是长三角立体化交通综合枢纽,与上海、南京、宁波等城市形成"1小时经济生活圈"。

规划建设了智能装备产业园、智慧轨道交通产业园、汽车整车及零部件产业园、航空产业园、健康产业园、新能源新材料产业园等六大产业平台,集聚了一大批最具国际竞争力、代表最先进生产力的优势产业。

职教小镇位于大江东城市核心区周边,未来核心区将集聚商业、教育、文体、医疗、居住等综合服务,成为小镇发展重要的配套功能依托。尤其是大江东目前基础教育硬件设施齐全,各中小学、幼儿园与杭州主城区的五个主城区名校名园战略结对,教育服务能力发展迅速。

(2) 小镇定位

深入贯彻落实全国职业教育会议和浙江省职教大会精神,以坚持打造浙江经济升级版为统领,紧紧围绕大江东产业集聚区"魅力大江东、智慧生态城"的总体目标,以职业教育支撑产业转型升级为主题,突出"职业教育升级版"特色,着力建设具有核心竞争力的国内领先的校企合作共同体示范小镇,打造全国现代职业教育实验区,把大江东职教小镇建设成为"自然生态小镇、工业2025小镇、人才创业小镇、钱江风情小镇"。

(3) 发展目标

发展愿景:实现职业教育从初级形态向中高级形态跨越、破边界、跨产业,加快校企合作模式升级,探索实践"引企入校""引校入企""企业学校"等深度合作模式,紧扣七大产业,在大江东打造"职教小镇",在用地、用房、用人、资金和制度五个方面将各级各类的中高职院校(包括技工学校)、公办和民办的院校同步发展,挖存量、提增量、资源共享、创新体制、机制,创建产学研融合、一体化的高级形态。努力在大江东打造出省内外领先、有特色、有影响力的现代职业教育示范实验区。

经济目标：三年完成总投资 65.5 亿元。其中 2016 年 15 亿元，2017 年 32 亿元，2018 年 18.5 亿元。分别是中策职业学校建设投资 5.5 亿元，11 万平方米，占地 300 亩；杭州市轻工高级技工学院建设投资 7 亿元，20 万平方米，占地 300 亩；浙江育英职业技术学院建设投资 10 亿元，35 万平方米，占地 500 亩；杭州科技职业技术学院建设投资 7 亿元，20 万平方米，占地 300 亩；中国计量学院国家大学科技园建设投资 15 亿元，50 万平方米，占地 800 亩。一所民办中等职业学校建设投资 2 亿元，6 万平方米，占地 100 亩。现代职业教育联合体内设共享综合服务区块，建设投资 4 亿元。建设现代职业教育联合体文化支撑区块。产学研中心建设投资 2 亿元。"互联网＋"青少年职业体验（感知）中心建设投资 2 亿元。"360"职业十里长廊/游步道（中国职业博物馆）建设投资 2 亿元。现代制造业博物馆建设投资 3 亿元。现代制造业创客空间建设投资 3 亿元。"7＋X"产业公共实训基地建设投资 5 亿元。

产业支撑目标：预计 2020 年实现技术技能人才培养 10 000 人，各级各类在职人员培训、进修 15 000 人次；高级技能（领军）人才引进和培育 200 人；"1＋7＋X"产业公共实训基地 15 个；校企合作研发并申请专利 300 项；创新创业成功企业 50 家。

（4）投资主体

大江东产业集聚区统筹职教小镇建设，主要由大江东产业集聚区、杭州市教育局、杭州市人力资源与社会保障局、职业院校、企业等共同投资建设，职教小镇的建设始终坚持"政府引领、院校主体、名企注入、社会参与"的原则，形成政府提供政策支持，建设配套设施，营造软硬环境，院校与企业多家主体营运的建设生态格局。

（5）功能布局

职教小镇的职业教育办学主体是"一体多星"。"一体"是指现代职业教育联合体，坐落在大江东不同产业区块间的核心位置。"多星"是指在企业内部建立的公共实训基地。

——现代职业教育联合体。联合体包括中策职业学校、杭州市轻工高级技工学院、浙江育英职业技术学院、杭州科技职业技术学院、民办中等职业学校等院校，位于大江东中部、钱塘江南岸，紧邻大江东城市核心区。总体规划北至宏信北横河，东至规划沪乍杭铁路，南至江东大道，西至规划义蓬东二路，规划面积 3 平方公里，建设用地面积 1 890 亩。

——现代职业教育公共实训基地。遵循教学实训实习与生产实践相结合的原则，根据大江东现有企业优势，通过共享企业公共实训基地，达到优化资源利用、提高产学研质量的目的。基地建设以统筹布局、合作建设、成本分担、委托管理、资源共享、有效使用的原则进行建设、管理与使用。

（6）项目设计

编制职教小镇规划。职教小镇规划按照"一体多星"设计，强调现代职业教育联合体及其文化支撑区块对周边的辐射作用，联合体选址于大江东产业集聚区块的核心位置，即江东大道、青六线、苏绍高速和江东一路范围内。小镇规划建设分为两期进行。公共实训基地建设在优质、规上企业内部，或多家同类规模较小企业的周边。小镇计划于 2015 年底启动《职教小镇概念规划和城市设计》国际方案征集活动。明确规划方案设计理念,立足当前,放眼未来,一张蓝图绘到底,为实现小镇中长期建设目标服务。

打造现代职业教育联合体。第一期联合体的打造包括中国计量学院国家大学科技园、中策职业学校、杭州市轻工高级技工学院、浙江育英职业技术学院、杭州科技职业技术学院、民办中等职业学校等院校等新校区或新专业的设计与规划,以及共享综合服务区块的整体设计与建设。联合体将遵循"中心—轴线—组团"的整体布局规划结构,采取同心圆层状结构,将功能接近的建筑集中布置,图书馆、居住区等公共服务空间集中布局,以实现资源共享最大化。

建设"1+7+X"产业公共实训基地。"1+7+X"产业公共实训基地建设遵循教学实训实习与生产实践相结合,鼓励并引导规模企业突出资源整合,优先在汽车与零部件、机器人及自动化企业内部或周边建立多个公共实训基地;规划布点根据相似空间或设备需求集中设置,集中建设,集中管理,确保公共实训基地的师资、设备、图书资料等资源共享。

建成现代制造业产学研中心。根据大江东技术技能人才需求和技术技能革新需求,吸引国内外科研院所高端人才入驻,以现代制造业革新为载体,强调产学研协同创新,突出普通高校与中高等职业技术学校的有效衔接和融通,助推产业转型升级。

打造一体化科技孵化中心。以中国计量学院国家大学科技园建设为契机,打造一个硬件设施完备、软件服务体系健全、环境优美的高新科技培育、孵化、产业一体化科技园;打造创业苗圃(优秀科技项目培育)—孵化器(科技中小微企业孵化)—加速器(科技规模企业走向新三板创业板主板上市企业)链条,发展国家大学科技园和国家及国际科技企业孵化器。

打造计量检测技术仪器设备大江东中心。利用中国计量学院的技术优势,联合全国知名计量检测机构入驻,建设较大规模计量检测技术仪器设备展示及交易服务中心。

建设"互联网+"职业体验(感知)中心。根据大江东职教小镇氛围营造需要,以互联网技术为基础,将工作现场创设和职业体验紧密结合,最大可能为社会尤其是园区内企业员工及学校学生提供职业体验与感知,实现多维职业体验,丰富职业享受,浓厚职业教育氛围。

建设"360"职业十里长廊/游步道(中国职业博物馆)。围绕"职业变迁"这一充满文化底蕴和现实关照的概念,展示"三百六十行,行行出状元"的传统职业文化,在现代职业教育联合体和公共实训基地周边建设"360"职业十里长廊(游步道),全景展示各个职业门类特色和典型职业或行业文化故事,形成开放式"中国职业博物馆",以3A景区建设规格展示职业变迁风情。

建设现代制造业博物馆。以"中国制造2025"概念为指导,建设现代制造业博物馆,展示大江东工业智造的突出成果,围绕大江东汽车、航空、机器人、制药等优势产业要素的沉淀,提升园区品位。

打造现代产业创客空间。以创新创业为引领,吸引"创客"入驻产学研中心,推动园区内外协同创新。运用互联网计算、开源硬件、开源软件,推动技术创新,实现知识分享、创意交流以及协同创造,营造创业氛围。

办好"浪淘沙"高峰博览会。以设置并承办西湖博览会分会场为切入点,展示大江东职业教育和产业发展最新成就,打造大江东"浪淘沙"品牌,借力会展经济,创办职教小镇建设论坛,形成文化合力,强化职教小镇文化辐射。

根据小镇规划,小镇的建设将根据上级政府获批情况具体开展。

2. 小镇高技能人才培养及需求情况

围绕小镇建设的总体规划和设想,课题组在产业集聚区的支持下,对高技能人才需求进行了深入调研。通过座谈会、访谈和调研问卷的形式,了解了小镇筹备建设过程中的人才培养及需求状况。

(1) 相关院校参与小镇建设和人才培养的意愿

当前,技能人才培养单位有着强烈的愿望,期望在有先期合作的基础上,深入开展高技能人才培养的合作。有的人才培养院校想借大江东的建设举校搬迁,为高技能人才培养提供条件,为就业提供出路。

作为拥有与小镇有前期合作单位的院校,杭州职业技术学院拥有西子航空这样的合作办学的单位,长安福特在杭州也有与杭职院的合作,对接较为深入。当前已经有实习员工进入了福特公司。杭州职业技术学院期望在职教小镇模式下,特色小镇能够将高级技能人才培养设计成"中高职+本科"一体化的人才培养体系。在"7+X"产业下,学校的专业设置更是贴近产业,也就是说要细化某个专业。例如可以在精细化工等专业上下功夫,在与西子航空、长安福特等较大企业的合作上加大力度,分层次培养高技能人才,丰富小镇建设中的各类人才培养成果。

作为技能人才培养的主阵地,杭州技师学院承担着非常重要的培训功能。在此基础上,杭州技师学院指出应该大力发挥技师学院或技工学校开展技能培训的突出优势,让学校的培训模式紧贴小镇建设需要。让生产过程更加贴近培训过程,以培训来提升高级产业技术人员的服务水平和能力。

(2) 企业参与职教小镇建设和人才开发的意愿

企业方面,入驻职教小镇的企业普遍面临着招工难、用工难、培训难的三难情况。为了解决用工问题,企业需要招收急需的专业人才,采用培养和培训双管齐下的战略,尽快获得高技能人才。企业更为关注的是期望通过短期培训,尽快解决当前用工困难等现实问题。

根据小镇入驻企业的实际,长安福特公司期望大江东职教小镇能够成为满足公司对员工技能水平提升的需要。当前,入驻小镇企业所招聘员工仍然存在着"匹配度不高"的情况。今后,随着产业转型升级速度的加快,企业的高技能人才需求和管理服务需求均需要进一步提升和开发。小镇建设过程中,应该提升"企业培训"的分量,同时,加大规划力度,为建立适当的人才预警制度。

对于大江东职教小镇的设计与规划,南阳制药企业也从高技能人才开发的角度指出了当下企业困境:企业面临着大面积技工荒。职教小镇应该担当起"企业人力资源部"的职能,定期、定量、定向向企业输送高技能人才,承担起企业中层管理及相关在职人员的再教育和再提升工程。校企也应该建立起互相学习、跨企业兼职的制度,政府通过政策和资金支持,"营造政府搭台、企业唱戏、高技能人才闪光"的氛围。

(3) 教育与人力资源部门参与小镇建设和人才开发的意愿

当前,职教小镇尚处在规划和设计中。从高技能人才培养和管理的角度来看职教小镇建设,它是一个复合体。从经济增长的角度,是活力小镇、经济新极小镇;从教育的角度,是教育现代化小镇、创新创业园小镇、现代职业教育体系试验小镇、学习型社区、继续教育、社区教育、终身教育小镇;从生活角度,是幸福小镇、绿色小镇、生态小镇、和谐小镇、风情小镇。

教育主管部门强调,应该挖掘企业力量、对企业人才需求进行预测,强调大规模开展企业调研,注重人才培养的经济效益,立足长远,精准定位,小镇建设要立足大江东,放眼杭州乃至全省,实现城镇建设和经济发展的协调和统一。尤其是强调注重效益,大力扩建实训中心,鼓励企业建实训工厂。探索小镇建设中股份制、混合所有制等模式的推行。在人才培养上瞄准全体系引进,推崇中高职一体化,实现人才培养向上发展。

五、政策建言——让综合型高技能人才成为中坚力量

"特色小镇"在我国出现的时间不是很长,关于它在我国实践过程中的理论研究并不是很多,对于"特色小镇"的构建还处在初步发展期。而在高技能人才培养与开发领域,研究的内容较为大体和模糊,缺少一定的时代性和针对性。因而我国高技能人才开发的理论与实践研究尚处于初级阶段。

以构建"特色小镇"为研究背景,以高技能人才开发为研究视角,找到高技能人才开发在其背景下的发展路径,探寻出一条适合我国高技能人才开发的有效机制,需要从以下几个方面考虑。

(一) 完善政策支持,为综合型高技能人才保驾护航

高技能人才的开发不是一朝一夕便可通过追赶完成的任务。首先,需要国家及地方政府拿出更多的保障和支持政策来,为高技能人才开发推广提供坚实,可靠的基础和保障,彻底打消从业者的后顾之忧,为小镇建设及发展保驾护航。

1. 统筹资源合理规划,构建高技能人才开发产业链

发达国家和地区的休闲农业特色小镇发展比较注重在同一生产区域及拥有共同生产属性的区域进行组织联合,资源共享。每一家民宿都具有自己的特色,可以大大节约生产成本,促进产业衔接与融合,从而增加经济收入和提高环境效益。因此,我们需要将这些闲散在各个特色小镇的资源尽可能地整合在一起,以发挥出其最大的效益,尽可能让其兼具资源节约性、环保性、开放性、文化性、传承性、经济性等特征。

首先,从地域分布上看,"一村、一镇、一区"是浙江特色小镇资源区分布规律。按照这样的布局,高技能人才开发也要因势利导,因地制宜,不能一蹴而就。

其次,从小镇构成上看,高技能人才开发的特色小镇通常处于城市的郊区或城市的交汇地带或边缘地带,这些地方往往基础设施建设薄弱。因此,在高技能人才开发之前,一定要通过当地政

府的政策支持,来筹集景区及周边相关公共基础设施建设的资金。这是体验经济时代下高技能人才开发得以生存和发展的前提条件,包括道路修缮、停车位及公共卫生间建设、水电、餐饮、住宿、购物、医疗卫生、景区娱乐设施等配套设施。

2. 出台相关法律法规,为高技能人才提供良好发展环境

从整体上看,我国特色小镇建设及相关人才开发的发展仍处于起步阶段。不管是政府的行政管理还是企业的运营管理,都需要制定一套完整的政策体系,以规范运行环境。毕竟"没有规矩,难成方圆"。

需要在特色小镇高技能人才开发方面出台相应法律法规。技能人才开发的尺度是一切后续人才使用行为的前提条件。因而,加强人才开发标准方面的开发,有利于规范高技能人才的开发尺度和形式。政府应在小镇建设项目立项条件、申请程序、审批办法、经营管理等方面制定相应规章,规范发展。制定小镇高技能人才的市场准入政策。根据市场定位的不同确定小镇项目规模、占地面积、资金投入、管理人员数量和游客容量等,并在这些方面制定相应的规章制度和管理条例。

3. 加强宣传力度,增强市场营销人才培养

特色小镇要充分利用"新型城镇化"这张名片,打响"新型小镇、特色小镇、拔尖人才"这个品牌。发挥浙江特色小镇建设在全国具有的地位和影响力,促成特色小镇的综合发展。在节庆活动方面,特色小镇要通过开办有特色活动,适当开展产品营销和宣传。可以在机场、火车站设置统一识别标志的旅游服务中心,大力拓展特色小镇需要人才、吸引人才的广告和媒体空间。

营销人才和复合型经济领域的精英人才是特色小镇建设过程中极为紧缺的人才。特色小镇需要营销,特色小镇的高技能人才本身更需要营销素质和技能。为此,小镇建设和人才规划中应该强调对"营销类"紧缺人才的需求和供给的预测,大胆与相关院校合作,完成合作培养人才的整体架构和设计。

(二)吸纳先进经验,为高技能人才成长出谋划策

现代经济是创新、创意经济。以杭州为代表的经济发展已经成为一种新态势。2007年杭州提出打造"全国文化创意产业中心"之后,文化创意产业跃然成为杭州新的经济增长点,不断助力着区域经济的转型升级。2015年,杭州市文化创意产业总增加值达2 232亿元,文化创意产业在杭州整个国民生产总值中的所占比重高达22%,与2014年相较提高了4.7%。因此,通过文化创意产业的优势来发展杭州地区的高技能人才开发推广可谓是"近水楼台先得月"。

1. 以"创新、创意"引领高技能人才发展

特色小镇的建设往往以附加产品的研发和推广为增长点,这需要建立专业的创新创意研究机构,进而推进并影响高技能人才发展。要加强培养发展创新创意专业技术人才,以及创新创意设计团队,从项目策划、市场定位、设计施工、创意培训、经验管理等各个方面为创新、创意项目开发提供人力和技术支撑。创新创意产业和创业教育是特色小镇的孪生兄弟。创业产业确能够为特

色小镇的特色产业的发展提供强大的支持和间接的经济效益。因而,我们需要更加学会利用其所能够提供的直接的或是间接的帮助。

2. 加强传统技艺培训,培养传统手工技艺传承人

高技能人才开发,不仅需要在硬实力上进行大力开发和建设,在软实力方面更要追求卓越,精益求精。只有这样,才能保证高技能人才开发推广的质量和效率,才能真正做到让特色小镇的特色的影响源远流长,深留人心。

工匠精神既是一种技能,也是一种精神品质。放大了看,工匠精神更关乎着一个国家的工业文明,对于特色小镇建设无疑是一针强心剂。毫无疑问,中国已成为世界上最令人瞩目的制造大国之一,我们需要在特色小镇建设中,尤其在手工技艺的传承相关特色项目上,更加重视起来,将工匠文化真正融入实际的政策应用。

对于浙江特色小镇建设而言,首先,要加强对茶文化、江南文化、创意文化的专业技能培训。为了让我国传统手工技艺传承下去,寻找到一批传统文化手工技艺的传承人,国家和地方政府需要将这个重任承担起来,在小镇建设中建立非物质文化遗产的国家基金项目及扶持政策,为其提供技术上、资金上的支持,从而真正实现"匠人之心传工匠精神"。

综上所述,特色小镇建设背景下高技能人才开发的开展是一个长期、复杂、系统的推广过程,牵涉到政府、行业、企业、社会各界等方方面面的利益关系,迫切需要各方的共同协商和一致努力。

参考文献:

[1] 浙江省人民政府关于加快特色小镇规划建设的指导意见[J]. 浙江省人民政府,2015,13:6-8.
[2] 浙江省首批省级特色小镇创建名单[N]. 浙特镇办,2015.
[3] 浙江省人民政府. 政府工作报告[R]. 浙江省人民政府,2016.
[4] 浙江省第二批省级特色小镇创建名单[N]. 浙特镇办,2016.

黑龙江省职业教育培训适应传统产业转换研究

黑龙江省教育科学研究院[①]

摘要：目前，黑龙江省职业教育培训还存在诸多问题，如：管理体制条块分割造成资源浪费、学校建设滞后社会经济发展、专业设置雷同现象严重、培养模式略显陈旧、职业教育校际间、区域间缺少合作与交流、校企合作较薄弱、职教师资队伍不强、职业教育功能拓展不好、评价体系不健全等问题。未来，黑龙江省构建适应传统产业转换职业培训体系思路与策略：一是科学预测，合理规划；二是政府主导多方参与形成合力；三是以就业为导向科学设置专业与课程；四是探索"互联网＋"背景下职业技能培训路径和方法；五是完善现代职业教育结构体系；六是加强心理干预和人文关怀提升培训实效；七是创新职业教育培训体制机制；八是落实职业教育培训政策和法规；九是提高职教培训师资队伍水平；十是建立第三方考核评估机制。

关键词：黑龙江；职业教育；培训；产业转换

习近平总书记在十九大报告中指出，我国社会主要矛盾已转化为人民日益增长的美好生活需要和不平衡不充分的发展之间的矛盾。这是对现阶段我国社会主要矛盾做出的重大新判断。这一主要矛盾的重要阐述，对黑龙江省传统工业产业有效识别主要矛盾、战略重构产业优势、科学实现发展目标，具有纲领性和全局性的指导意义。黑龙江省作为资源大省，能源经济占经济比重过半。在能源枯竭，资源优势减弱的大背景下，以装备、石化、能源、食品等支柱产业为代表的传统优势产业必须转型升级。2016年5月，习近平总书记在黑龙江省考察时指出："要坚持把转方式调结构作为振兴经济发展的重中之重，推动供给侧结构性改革"。黑龙江省部署创新实施"五大规划"发展战略，大力发展十大重点产业，加快建设"龙江丝路带"。为振兴黑龙江经济、产业升级改造和创新发展服务，黑龙江省的职业教育培训应抢抓机遇，促进职业教育的供给侧结构性改革，努力提高人才培养和科技服务的能力和水平。

[①] 崔永平，黑龙江省教科院副院长、研究员；朱红，黑龙江省教科院基础教育研究所所长、研究员；孙士富，黑龙江省教科院基础教育研究所副所长；董慧，黑龙江省教科院基础教育研究所副研究员；赵亮，黑龙江省教科院基础教育研究所助理研究员。

一、黑龙江省经济社会发展和产业结构基本情况

(一) 黑龙江省经济社会发展概况

2017年,全省实现国民生产总值(GDP)16 199.9亿元,按可比价计算,比上年增长6.4%,增幅提高0.3个百分点,为近5年来最高,平均年增长3.3%。其中第一、二、三产业增加值分别增长5.4%、2.9%和8.7%。第一产业和第三产业增幅分别高于全国平均水平(3.9%)1.5和(8.0%)0.7个百分点。

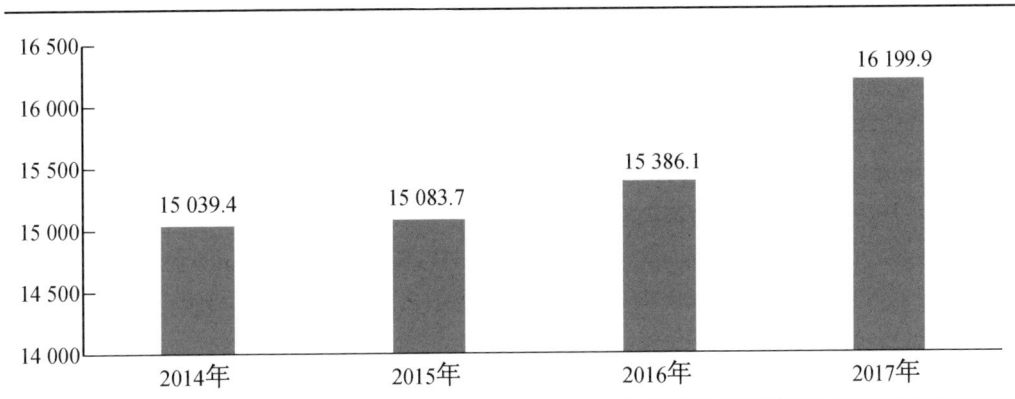

图1 黑龙江省地区生产总值GDP(单位:亿元)

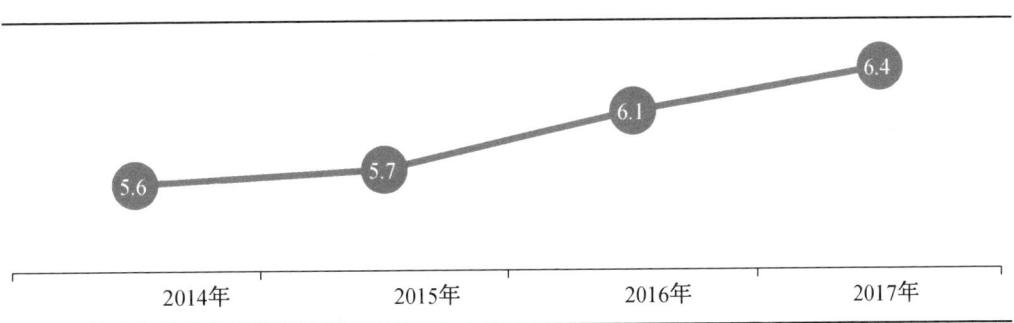

图2 黑龙江省地区生产总值GDP增速(单位:%)

黑龙江省自然资源得天独厚,依托自然资源发展起来的煤炭、石油、农业、林业等产业一直是黑龙江经济的传统产业,黑龙江省冰雪旅游项目依靠得天独厚的优势资源闻名全国。虽然黑龙江省粮食总产量多,林业资源丰富,但第一产业并不是黑龙江省的优势产业。

表1　1995—2017 年黑龙江省三次产业产值占 GDP 比重

年份	GDP/亿元	一产/亿元	比例	二产/亿元	比例	三产/亿元	比例
1995	1 991.4	371.2	18.6%	1 048.6	52.7%	571.6	28.7%
1996	2 370.5	444.2	18.7%	1 270.5	53.6%	655.8	27.7%
1997	2 667.5	460.2	17.3%	1 432.9	53.7%	774.4	29.0%
1998	2 774.4	429.1	15.5%	1 482.3	53.4%	863.0	31.1%
1999	2 866.3	377.2	13.2%	1 556.7	54.3%	932.4	32.5%
2000	3 151.4	383.2	12.2%	1 731.7	55%	1 036.6	32.9%
2001	3 390.1	435.6	12.8%	1 773.4	52.3%	1 181.2	34.8%
2002	3 637.2	474.2	13.0%	1 843.6	50.7%	1 319.4	36.3%
2003	4 057.4	504.8	12.4%	2 084.7	51.4%	1 467.9	36.2%
2004	4 750.6	593.3	12.5%	2 487.0	52.4%	1 670.3	35.2%
2005	5 513.7	684.6	12.4%	2 971.7	53.9%	1 857.4	33.7%
2006	6 211.8	750.1	12.1%	3 365.3	54.2%	2 096.4	33.7%
2007	7 104.0	915.4	12.9%	3 695.6	52.0%	2 493.0	35.1%
2008	8 314.4	1 088.9	13.1%	4 319.8	52.0%	2 905.7	34.9%
2009	8 587.0	1 154.3	13.4%	4 060.7	47.3%	3 372.0	39.3%
2010	10 368.6	1 302.9	12.6%	5 025.2	48.4%	4 040.6	39.0%
2011	12 582.0	1 701.5	13.5%	5 962.4	47.4%	4 918.1	39.1%
2012	13 691.6	2 113.7	15.4%	6 037.6	44.1%	5 540.3	40.5%
2013	14 454.9	2 474.1	17.1%	5 846.7	40.5%	6 134.1	42.4%
2014	15 039.4	2 611.4	17.3%	5 544.4	36.9%	6 883.6	45.8%
2015	15 083.7	2 633.5	17.5%	4 798.1	31.8%	7 652.1	50.7%
2016	15 386.1	2 670.5	17.4%	4 441.4	28.9%	8 274.2	53.8%
2017	16 999.9	3 036.2	18.7%	4 064.5	25.1%	9 099.2	56.2%

资料来源:黑龙江省统计年鉴 2016 年(中国统计出版社);2017 年黑龙江经济运行情况分析。

(二)黑龙江省三次产业结构

1. 产业结构变化特征

经济结构不断优化。一、三次产业产值的相对增长态势:第一产业增速较慢;第二产业呈现逐年下滑式的递减,其增长速度慢于 GDP 的增速,说明第二产业逐渐在萎缩;而第三产业呈现超速增长,与第二产业形成鲜明对比。说明黑龙江省产业结构由第二产业为主向第三产业为主转变。

产业结构持续优化,第一产业与第三产业比重逐年提升。2017 年第三产业增加值占 GDP 比重为 56.2%,比上年提高 0.4 个百分点,第三产业比重在 2013 年一跃超过第二产业并逐年提升,其经济发展地位不断加强,经济贡献率达到 74.7%。

工业结构进一步优化,能源工业比重下降,食品和高技术制造业得到快速发展。2017 年,全省规模以上工业增加值比上年增长 2.7%,增幅同比提高 0.7 个百分点,为近三年来最高。其中装备工业增长15.8%,食品工业增长5.8%。2017年,全省能源工业增加值占工业的比重为42.7%,比2012年减少15.0个百分点。新动能投资较快增长。2017年,全省高技术产业完成投资648.9亿元,比上年增长13.1%。全省战略性新兴产业完成投资4 210.6亿元,增长10.4%。总体看,2017年黑龙江省经济结构不断优化,新动能逐渐显效,新技术、新业态、新商业模式广泛应用,新增长领域不断发展,宏观经济继续保持了总体平稳、稳中向好的良好态势。

黑龙江省三次产业增加值中,第三产业增加值比重最高,第二产业增加值区域中间,第一产业增加值占比最低,形成三、二、一产业结构发展态势。黑龙江省三产业中的服务业、制造业、资源加工型产业对经济增长的贡献率最高。第一产业中农业效率最低,影响对经济增长的贡献率。第三产业在加速发展中不断发展壮大,对经济增长的贡献力日益加强。还应看到,黑龙江省的经济下行压力较大,在全国省份中排名中处于落后地位。

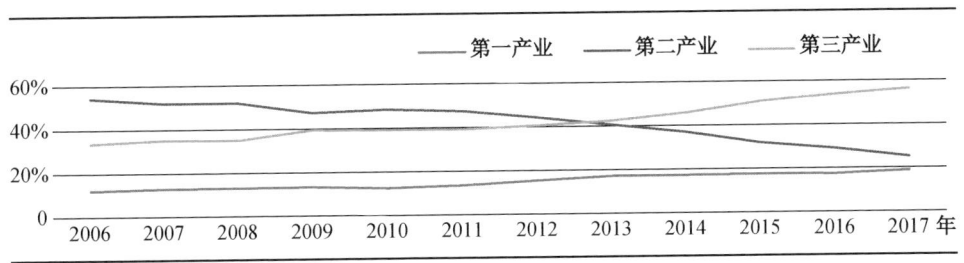

图3 2006—2017年黑龙江省三次产业产值占GDP的比重示意图

2. 三次产业占全国比重结构分析

2000—2017年黑龙江省三次产业GDP占全国比重如下:黑龙江省经济总量占全国比重处于下降态势,从2000—2017年数据看,比重下降了1.73个百分点,减幅达46.9%。黑龙江省三产业GDP与全国三产业GDP占比总体上表现为持续下降态势,其中第二产业下降最多。

表2　　　　　　　　　　　　黑龙江省三次产业产值占全国相应比重

年份	全省与全国GDP占比	一产GDP占比	二产GDP占比	三产GDP占比
2000	3.69%	2.44%	4.16%	3.44%
2001	3.72%	2.66%	4.10%	3.48%
2002	3.74%	2.77%	4.09%	3.51%
2003	3.80%	2.93%	4.13%	3.59%
2004	3.48%	2.86%	3.44%	3.85%
2005	3.02%	3.01%	3.45%	2.53%
2006	2.97%	3.04%	3.30%	2.53%
2007	2.88%	3.17%	3.56%	2.59%
2008	2.77%	3.20%	2.96%	2.41%
2009	2.56%	3.25%	2.59%	2.36%

续表

年份	全省与全国 GDP 占比	一产 GDP 占比	二产 GDP 占比	三产 GDP 占比
2010	2.61%	3.22%	2.69%	2.36%
2011	2.66%	3.58%	2.71%	2.40%
2012	2.64%	4.04%	2.57%	2.39%
2013	2.54%	4.34%	2.34%	2.34%
2014	2.37%	4.48%	2.04%	2.24%
2015	2.23%	4.38%	1.75%	2.24%
2016	2.07%	4.19%	1.50%	2.21%
2017	1.96%	4.64%	1.21%	2.13%

资料来源：黑龙江省统计年鉴 2017 年（中国统计出版社）；国民经济和社会发展统计公报 2000—2017 年。

3. 产业结构对比分析

（1）2012 年与 2017 年度占比情况分析

2017 年，黑龙江省经济呈现下行的发展态势。在转方式、调结构中，加快新旧动能转换，加快老工业基地振兴步伐，全省地区生产总值实现增长速度达到 6.4%。以 2012 年与 2017 年的三次产业结构为例，两年产业结构百分比对比如图 4 所示。

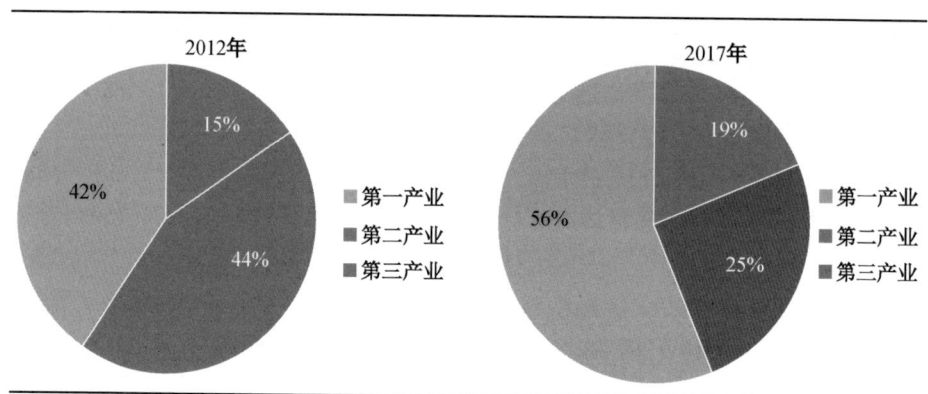

图 4 2012 年与 2017 年黑龙江省产业结构百分比对比示意图

（2）黑龙江省与部分省市间产业产值情况分析

2017 年，黑龙江省三次产业结构为 18.7∶25.1∶56.2，相对于经济发达省份，第一产业增加值高于其他省份，且高于全国平均水平；全省第一产业增加值占生产总值比重高于全国平均水平，但在总量上却没有明显的优势。第二产业增加值却远低于其他省份，与全国平均水平相比具有较大差距；第二产业增加值占生产总值比重低于全国平均水平。而第三产业增加值与其他省份间并无明显差异；而第三产业增加值占生产总值比重高于全国平均水平，增加值在总量上与发达省份相比还有较大的差距。

经济发达的北京、上海第一产业产值所占比重极少,工业产值不足32%,所占比重多集中在第三产业,符合经济发展与产业结构变化规律。经济相对发达的广东省、辽宁省农业产值所占的比重也较低,工业产值比重最高,尤其广东省的第三产业发展迅速,已超过了第二产业比重,逐步成为经济的增长点。黑龙江产业结构与其他省份相比较,农业产值比重较大,工业产值比重较适度,第三产业产值已超过第二产业比重,产业结构越来越趋于向合理方向发展。

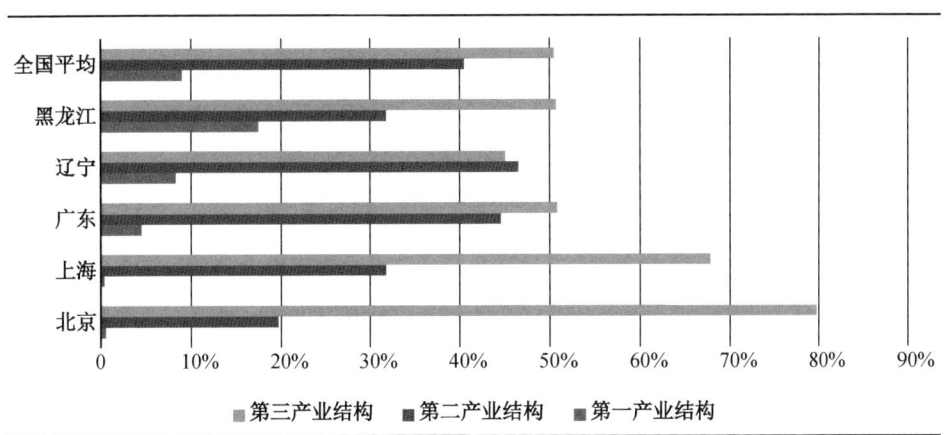

图5　2017年全国省市间三次产业结构对比

(三)劳动力产业结构分析

1. 劳动力情况分析

劳动力在产业间的分布情况是衡量产业结构优劣的重要标志。黑龙江省是农业大省,产业结构经过改革开放的不断调整,就业人员逐步从第一产业、第二产业向第三产业转移,其中第三产业增幅最大。其次是劳动力受教育的程度在产业结构中的分布情况。随着受教育程度对就业的影响,劳动力人员接受教育的程度不断提高。

黑龙江省劳动力受教育程度具有学历偏低、受教育程度提升较慢的特点,产业产值与劳动力就业之间存在偏差,第一产业就业结构滞后于产值结构,第二、第三产业产值结构超前于就业结构。

受人才外流等因素的影响,劳动力人员整体受教育水平仍然较低,中等受教育者占绝大多数,中等以上就业人员学历占其少数,其中接受以初中文化程度居多;接受大专以上高等教育的人员有所增加。根据习近平总书记在党的十九大报告提出的"从现在到2020年,是全面建成小康社会决胜期"的要求,今后就业人员受教育层次或职业培训是今后提高和加强的主要任务。

2. 劳动力供给对三次产业结构的影响

劳动力供给资源是黑龙江省发展的重要依据。劳动力供给对于产业结构影响具有推动作用,且可以优化产业结构,拉动经济增长。应保证黑龙江省劳动力供给,推动产业结构优化,使其劳动力配比结构合理化。

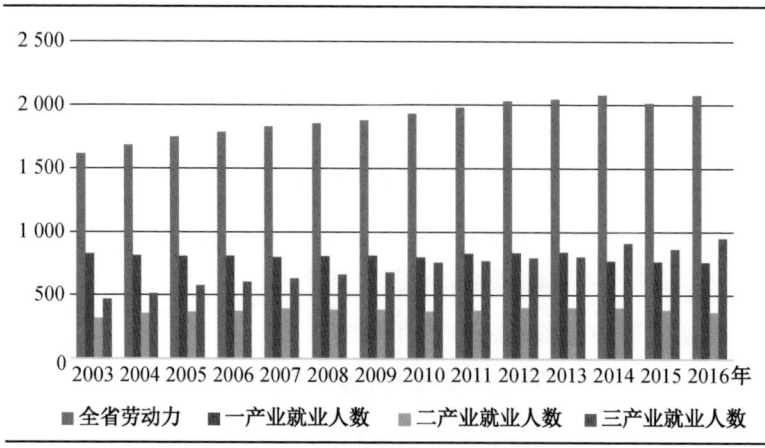

图6　2003—2016年黑龙江省三次产业就业情况

产业结构发展水平决定劳动者就业规模大小。产业规模、产业结构调整,直接影响劳动力就业构成。从图6占比分析得出:一产业就业人员从2003年的827.7万人下降到2016年的760.7万人,就业人员占比从51.3%下降到2016年的36.6%;二产业从316.9万人增加到369.4万人,但劳动力总量增加,就业人员占比并没有增加,从19.6%下降到17.8%;三产业从469.4万人增加到947.2万人,就业人员从29.1%增加到45.6%。说明第三产业增长,就业人员也随之增长,第一、二产业产值下降,就业劳动力就会缩减。

劳动力受教育水平将影响产业结构调整,随着产业结构的调整对较高素质的劳动力需求将大大提高。为此,产业结构调整要与劳动力人才的培养、职业教育培训相结合,劳动力供给的潜力逐步转化为就业。加快产业步伐调整,为更多接受高等教育大学生提供就业机会,实现劳动力对产业结构调整最大优质化。教育需要与劳动力市场接轨,发展中等职业教育,满足产业结构调整对劳动力需求,使人才培养结构与劳动力市场需求相匹配。随着黑龙江省产业结构的调整,农村剩余劳动力发生了大量转移和流动,由第一产业向第三产业转移,尤其向劳动密集型产业转移。

在三产业中,农民工在第一产业就业的比例是最高的,其次是第三产业,最后是第二产业。第三产业的发展一方面离不开农民工的支持,或者说第三产业吸纳了大量的农村剩余劳动力,另一方面也说明农民工距离成为产业工人的距离还很大,受教育程度普遍偏低,需要加强职业教育培训。

(四)黑龙江省部分传统优势产业现状及发展趋势

党的十九大报告明确提出,"促进我国产业迈向全球价值链中高端,培育若干世界级先进制造业集群"。黑龙江省是资源大省,经济增长在很大程度上靠资源支持,发挥产业集群的资源集聚优势和产业协同优势。一方面我们对资源的开发利用不够,直接出售资源多,资源初加工、粗加工多,资源加工的产业链条没有拉长;另一方面,过分依赖资源,高科技含量、高附加值、高市场占有率的产业、产品发展不够。为此,黑龙江"原字号"传统产业亟待转型、"老字号"老工业基地调整改造面临体制以及机制上的转变。这就需要转换观念,培育市场经济,彻底摆脱计划经济时代以原煤、原木、原油、原粮为核心的发展理念,对"原字号"产品进行转型升级。

1. 制造业现状及发展趋势

黑龙江省是东北老工业基地之一,在"一五"与"二五"时期由国家投资建立了门类全、配套齐的产业体系。工业制造业对于黑龙江省经济发展具有重要作用。

如今,黑龙江省已形成以哈尔滨、齐齐哈尔为核心的两个装备制造业集聚地,大庆、佳木斯、鸡西等地特色优势装备工业区,重点培育工业园区。

未来制造业仍将是黑龙江省经济发展的重要动力,转型升级、结构调整将是未来黑龙江省制造业的主旋律,绿色制造、智能制造、服务型制造、融合型制造、超常态制造将成为黑龙江省制造业的方向。将黑龙江省有基础和竞争优势的发电装备、输变电装备、飞机、航空发动机、航天装备、轨道交通装备、高档数控机床与基础制造装备、机器人、海洋工程装备、节能汽车、新能源汽车、农机装备、先进基础材料、关键战略材料、前沿新材料、生物制药、操作系统和工业软件十七个细分行业作为发展重点,将通过高端制造业的发展,带动产业加快向中高端迈进。

表3 黑龙江省高端制造领域重点产业分布情况

地区	基地和区域	未来发展重点
哈尔滨	哈尔滨高新区机电产业园、发电设备产业基地	核电、风电、水电、火电等电站成套装备
	航天及汽车产业城	新型微型汽车、新款轿车、直升机、中小型通用飞机和支线飞机、航空传动系统、航空专业零部件、发动机等主导产业
齐齐哈尔	重型机械装备制造产业基地、富拉尔基民营科技企业示范区	新一代短流程大型薄板连铸连轧成套设备,大型热壁加氢反应器,1 000 MW级核电站核岛主设备、各种冶金轧辊、大型发电设备铸锻件、大型火电配套辅机散料机械和全液压港口起重运输设备
	齐齐哈尔高新技术产业开发区	大型精密、高速数控加工设备和数控系统以及适应铁路提速要求的快速重载铁路货车和大型铁路起重机
大庆	大庆石油石化装备制造产业基地	采油装备、钻井装备、炼化装备、节能装备以及井下作业装备等为主的石油石化装备
牡丹江	石油钻采装备产业基地	PDC钻头产品、修井工艺、节能型抽烟机、测井仪器等
佳木斯	佳木斯高新区	大型农业机械设备、汽车配件、煤矿机戒设备、电动设备等
鸡西、双鸭山、七台河、鹤岗	东部煤电化基地	煤矿机械装备

2. 特色农业、林业现状及发展趋势

黑龙江省垦区农业发展现状已接近现代化农业标准。一是农机装备水平已经达到全国领先水平;二是科技贡献率接近现代农业标准,高于全国平均水平;三是农产品商品率接近现代农业标准。黑龙江省垦区已成为国家重要的商品粮基地,粮食战略后备基地和现代农业示范基地。

黑土地的特色农业发展趋势是绿色生态,是黑龙江省最大的优势,也是发展特色农业的潜力所在。结合"菜篮子""米袋子"工程,加快农业科技进步,打造生态农业。加快发展特色产业,推动农产品的产业化发展步伐,提高农产品附加值,实现打造特色农业品牌的目标。加快林区综合开发,发展"林下经济",在保护森林生态环境的前提下,达到利用效率和经济效益最大化。此外,发展庄园经济,采取转包、流转、出租、互换、股份合作等方式,培育一批在全省乃至全国叫得响的农业龙头企业,带动农业农村组织方式和生活方式变革,推动农业大省向农业强省迈进。打造特色产业链,构建粮食精深加工、畜禽深加工和绿色、有机特色产品加工等产业集群。

3. 新兴产业现状及发展趋势

自2009年以来黑龙江省重视新兴产业项目建设工作,相继出台《黑龙江省生物产业发展规划》《黑龙江省新材料产业发展规划》《黑龙江省新能源和可再生能源产业发展规划》《黑龙江省战略性新兴产业发展"十二五"规划》等专项规划,制定并实施了《黑龙江省新兴产业发展三年倍增行动计划》《黑龙江省关于促进战略性新兴产业加快发展的若干政策措施》《黑龙江省培育和发展新兴产业三年实施方案》,有力保障了战略性新兴产业的发展。

(1)战略新兴产业呈现加快发展趋势

截至2017年,黑龙江省规模以上工业增加值比上年增长2.7%,增幅同比提高0.7个百分点,为近年来最高。其中装备工业增长15.8%,食品工业增长5.8%。2017年,有8.4万户新登记企业,增长15.8%;有5 204家新注册成立科技型企业,增长66.8%;新动能投资较快增长。高技术产业完成投资648.9亿元,比上年增长13.1%。其中,高技术制造业完成150.4亿元,增长8.0%;高技术服务业完成498.5亿元,增长14.7%。全省战略性新兴产业完成投资4 210.6亿元,增长10.4%。其中生物产业完成投资1 500.7亿元,增长28.6%;新能源产业完成投资241.2亿元,增长4.3%;新材料产业完成投资308.1亿元,增长29.9%。新产业、新业态、新商业模式不断出现。以石墨产业为代表的新产业发展较快,2017年全省规模以上工业石墨产业完成产值37.4亿元,比上年增长21.2%。

(2)云计算产业初具规模,信息技术产业发展

电商产业园建成94个、电商孵化器、黑龙江大米网等电商平台335家,电商与配套企业2 083家。电商交易额、网络零售额达到2 387.2亿元、225.9亿元,与2015年相比增长39.5%、88.3%。

未来,新兴产业将依托产业基础和技术储备,加强技术逻辑与市场逻辑的结合,重点培育发展卫星应用、新一代信息技术、传感器、动力锂离子电池、空间探测技术外溢等若干项成长性好的战略性新兴产业和高新技术产业的发展。对此,政府对于新兴战略产业发展出台引导政策,最大限度地为新兴战略产业发展提供便利条件和发展优惠政策。改造传统产业,发展新兴产业,突出黑龙江省的冰雪特色和休闲度假养生两大主导产业,大力发展现代服务业。服务业在黑龙江省经济中发展速度最快、对经济增长的贡献也越来越多,成为新发展中的亮点。习总书记称赞黑龙江的绿水青山是金山银山,冰天雪地也是金山银山。黑龙江省服务业经济总量发展空间大,依托黑龙江省独特的气候、环境和生态优势,既积极发展现代服务业,提高服务业市场化服务程度,实现市

场与资源的协调发展。促进传统服务业转型升级,又要加强旅游文化基础设施建设,创新发展休闲、度假、养生等服务,培育休闲、度假及养生新兴产业。

二、黑龙江省职业教育职业培训基本情况

党的十八大以来,黑龙江省深入贯彻落实习近平总书记系列重要讲话精神,全面贯彻党的教育方针,全省职业教育事业发展以习近平总书记对职业教育重要批示和对黑龙江重要讲话为指导,相继出台一系列相关配套政策措施,克服经济下行压力带来的困难,加大职业教育经费保障力度,力保职教专项经费按时足额下拨,并落实了地方投入责任,明确了省级统筹、市县为主、社会参与的职业教育多元投入方式。通过落实一系列举措,全省职业教育实现了大跨越、可持续发展,取得了优异的成绩,进一步满足了人民群众对职业教育的需求,为全省输送了大量人力资源,为全省经济发展提供了高水平多样化的人才保障。

(一)职业教育培训基本情况

截至 2016 年底,黑龙江省共有各类中高等职业和成人院校 431 所,其中高职(专科)院校 42 所,成人高等学校 21 所,中等职业学校 368 所;其中高职(专科)在校生 22.19 万人,成人高等教育学生 12.58 万人,中等职业教育学生 27.9 万人;中等职业教育与普通高中教育比例为 3∶7。

2012 年至 2016 年全省培养中高技能人才 113.38 万人。"十二五"期间全省新增劳动力平均受教育年限从 13.7 年增加到 14.7 年,完成高技能人才培训 35.92 万人;完成就业技能培训 226.22 万人,培训后实现就业人数 154.54 万人;完成岗位技能提升培训 152.97 万人;完成新型职业农民和现代农业创业与"互联网+"骨干培训 2.6 万余人。全省职业院校平均每年输送近 23 万技术技能人才,进入农业、工业、交通、通讯、建筑、商业服务等物质生产和服务部门与行业,以及教育、文化、信息、艺术、体育等精神产品的生产和服务部门的第一线,成为支撑全省实体经济持续发展产业大军中的主体力量。全省中等职业学校毕业生一次性就业率近年连续稳定在 95% 以上。职业教育在培养落地人才,服务地方经济社会发展上作出了积极贡献,在稳定就业、促进公平、改善民生等方面发挥着越来越重要的作用。

黑龙江省是国家重要的商品粮基地、国家"两大平原"现代农业综合配套改革试验省份,肩负着保障国家粮食安全、探索农业现代化路子的重要责任和使命。为此全省上下十分重视对农民的培训工作。2015 年,黑龙江省开始启动实施新型职业农民培育试点工作,将新型职业农民培育工作作为全省 10 个重点项目之一进行建设,项目建设的牵头单位确定为省农委,截至 2016 年 11 月末,全省已有 20 个县(市)开展新型职业农民培养工作,已注册新型职业农民学员 20 090 人,其中 2016 年新注册 8 519 名学员,17 个"试验区试点县"在籍新型职业农民学员 11 072 人,为新农村建设培养了大批留得住、用得上的实用型人才,有力推进了黑龙江农业强省建设和粮食千亿斤产能工程顺利实施。

(二)职业院校改革及发展情况

2014年开始,黑龙江省优化职业院校布局,整合职业教育资源,积极开展中职办学能力评估、高职服务社会能力评估及职业院校教学整改工作,推进全国诊改试点院校建设,建成了一批高水平的示范骨干院校。截至2017年,全省基本建成国家、省两级示范骨干院校体系,其中有国家级示范骨干高职院校7所,省级示范骨干高职院校13所;国家级中职改革发展示范校25所,省级中职改革发展示范校9所。全省统筹规划、合理布局,示范骨干院校建设基本涵盖全省各地市。距离大城市较远的黑龙江农业经济职业技术学院(牡丹江市温春镇)、黑龙江农垦机械化学校(黑河市北安市赵光镇前进村)和五大连池市职业教育中心学校(黑河市五大连池市青山镇)3所学校,因办学规模大、质量高、改革发展意识强烈,也相继成为国家级示范院校,切实提高了本省基层职教办学水平。通过撤销、合并、转型、停办等方式,优化了全省中等职业教育布局,基本形成了一个县(区)建一所职教中心的办学格局。据统计,截至2016年底,全省高等职业院校精简到42所,仅教育部门主管的中职学校已由361所减至237所。优化资源、合理布局的同时办学质量也得到了显著提升,涌现出黑龙江职业学院和黑龙江林业卫生学校这样有特色、规模大、质量高、资源优的"万人强校"。建设了全国唯一以冰雪体育为主要特色的高等职业院校——黑龙江冰雪体育职业学院。

在学校建设及改革过程中,各职业类院校都十分重视专业及学科建设,不断优化专业结构,建立专业设置动态调整机制。近几年,各高职院校加强产业对接,撤销或停办了150余个供大于求、就业不理想的专业点,新增云计算、对俄经贸、现代智能农机装备技术、老年服务与管理、家政、智能家居安保等150余个专业点。2015年,黑龙江省向教育部及相关部委推荐全国职业院校养老服务类、健康服务类、民族文化传承类示范专业点15个,其中养老护理、老年康复等四个专业被确定为全国职业院校专业示范点。2017年,向教育部及相关部委推荐了机械加工类、邮政和快递类、交通运输类、旅游类示范专业点28个。供热通风与空调工程技术、旅游服务与管理、焊接技术及自动化、农业装备技术专业四个专业先后获批国家级职业教育专业教学资源库建设项目,职业院校重点专业建设水平得到进一步提升。

2016年7月15日,全国高职高专校长联席会议委托上海市教育科学研究院和麦可思研究院编写的《2016中国高等职业教育质量年度报告》在北京发布,报告首次发布高等职业院校"服务贡献表",按照"服务发展、促进就业"的办学方针,排出高等职业院校服务贡献50强,我省哈尔滨职业技术学院、黑龙江职业学院分列第8位和第10位。

(三)经费投入及保障情况

据统计,2012至2016年的5年间职业教育经费逐年递增(2012至2016年分别为66.9亿元、65.1亿元、75.8亿元、84亿元、84.05亿元),全省职业教育经费总投入375.55亿元,为全省现代职业教育体系建设奠定了坚实基础。黑龙江省职业教育生均经费保障机制,将高职院校生均财政拨款水平提高到1.2万元标准,公办中等职业学校生均公用经费标准最低不少于3 000元。职业教育助学金的标准从1 500元提高到了2 000元。

(四) 师资队伍建设情况

"十二五"期间,黑龙江省下大力气提高职教教师队伍素质。通过骨干教师、专业带头人、青年教师企业实践、出国进修四种培训形式,完成专业骨干教师国家级培训3 009人,省级培训7 991人。截至2016年12月,中职学校参加国家、省级专业骨干教师培训10 815人,占专任教师总数的76.5%,骨干教师受训率达100%。各职业学校采取挂职、顶岗等方式培训"双师型"教师5 699人,占专任教师比例达到42%;2017年,组织职业院校高级管理人员赴瑞士学习国外先进的职教理念和办学模式,拓宽了管理者国际视野,提升了办学治校能力。2017年,原本分设的中学、小学教师职称(职务)系列被统一为初、中、高级,并设置正高级职称,打破了基层中职教师的职业"天花板",让中职老师也有机会评上"教授级"职称,拓展了职业发展空间、提升了职业地位。职教教师队伍的师德素质、思想政治素质、职业教育专业素质、职业生涯规划与就业指导素质以及法律和职业精神素质得到大幅提高,在学校立德树人、专业建设、示范院校建设以及技能大赛、教师信息化教学大赛中,突出展示了职教人的风采。近三年,黑龙江省职业院校教师在全国教师信息化大赛中取得一等奖12项36人、二等奖30项90人、三等奖61项183人的好成绩。

(五) 校企合作及创新创业情况

省政府通过政策引导、设立专项资金、支付学生实习报酬和办理保险等一系列举措,进一步提升行业指导与企业参与度。近年来,黑龙江省职教专项资金重点用于改善办学条件和实训条件,职业院校基础能力水平显著提升。2015年实施的《黑龙江省科学技术进步条例》鼓励企业与职业学校联合建立实习、实训基地,建立职工继续教育制度,企业职工教育经费支出按照国家有关规定享受税收优惠,建立了23个行业专家参与的专业教学指导委员会,基本覆盖了黑龙江省主要产业。组建省级职业教育集团12个,地方性职业教育集团6个,共有667个行业企业及科研机构参与,惠及中、高职及本科在校生143万人,建成"校中厂"298个和"厂中校"995个,学徒、订单培养学生总数达28 166人。中铁、中建、中兴、中石油、宝马、哈尔滨电站、农垦北大荒集团、农垦九三集团等一大批行业领军企业纷纷入驻黑龙江省职业院校,联办混合所有制二级学院,构建了"现代学徒制""校企双主体""多元订单"等各具特色的校企协同育人机制,4所院校成为国家首批现代学徒制试点,提高了人才培养的针对性和先进性。2016年,黑龙江省3所高职院校和7所中职学校获批国家级产教融合发展工程项目,2所院校获批教育部工业机器人领域职业教育项目,共获得中央资金、设备支持近1.5亿元,目前部分项目已投入建设,项目单位的基础条件和产教融合水平进一步得到提升。

(六) 职业教育精准扶贫情况

黑龙江省是边疆大省,有18个边境县;有28个扶贫开发工作重点县,其中国家级14个、省级14个;有11个集中连片特殊困难县,脱贫攻坚任务相当艰巨。省委、省政府高度重视教育扶贫,将职业教育作为"造血式"教育扶贫的重要手段。通过落实职业院校生均拨款制度,贫困学生全免学费、提供助学金、奖学金、生活补助等政策,落实职业教育帮扶计划和职业教育圆梦专项行动。通过实现"四个精准":"精准改变",让贫困户子女不仅有学可上,而且能上好学校;"精准资助",让贫困户子女不仅上得起学,而且免费上学;"精准就业",让贫困户子女不仅有业可就,而且能够持续发展;"精准培训",让贫困农民拥有一技之长,提升贫困家庭自我发展的"造血"能力,能够脱贫致富,实现"培训一人,脱贫一户,带动一片"的目标。

黑龙江省职业教育面向贫困地区、贫困人口,采取送教下乡、订单培养等形式,走乡入户,精准对接,开展农业新技术培训,培育新型职业农民。帮助建档立卡,贫困户依靠技能脱贫,变"输血"为"造血",让贫困群众由"伸手要"转为"动手干",共培养致富带头人 350 余名,各类农业技术人才 26 万人、农业科技推广人员 2.7 万人,培训农村党员干部近 12 万人,农村实用技术培训 299.54 万人次,农村劳动力转移培训 625.57 万人次,推广农村实用技术 300 余项。

(七)对接发展,服务引领龙江经济

长期以来,黑龙江省职业教育遵循发展规律和内在要求,主动服务地方经济,为黑龙江省经济社会发展提供了技术技能人才。近年来,黑龙江省职业院校始终坚持需求导向,撤销或停办不符合时代发展需求的高职专业点,新增紧密对接我省重大产业需要的云计算、对俄经贸、现代智能农机装备技术、老年服务与管理、家政、智能家居安保等中高职专业点,优先服务"中国制造 2025""互联网+"、对俄经贸、"龙江丝路带"、振兴老工业基地及公共服务等重大战略,不断增强黑龙江省经济社会发展提质增效和创新驱动新常态下所需的技术技能人才培养能力。

习近平总书记提出"黑龙江的冰天雪地也是金山银山",这一论断为黑龙江省利用冰雪生态资源优势向经济优势转化提供了新方向和新思路。2015 年,经黑龙江省政府批准、教育部备案,黑龙江省建立了全国唯一以冰雪体育为主要特色的高等职业院校——黑龙江冰雪体育职业学院。学院专业建设以冰雪运动特色项目为突破口,坚持从惠及黑龙江省体育经济发展,满足黑龙江省体育公共服务及全国体育产业发展需求出发,牢牢把握发展机遇,担当发展冰雪产业和黑龙江体育职业教育的重任。

服务三农,省部共建国家现代农村职业教育改革试验区。黑龙江省是国家重要的商品粮基地、国家"两大平原"现代农业综合配套改革试验省份,肩负着保障国家粮食安全、探索农业现代化路子的重要责任和使命。2012 年 7 月,省政府与教育部签署了《省部共建国家现代农村职业教育改革试验区协议》,成为全国唯一以农村现代职业教育改革为主题的省部共建试验区。省政府先后印发了《省部共建国家现代农村职业教育改革试验区实施方案》(黑政发〔2014〕27 号)、《黑龙江省现代农村职业教育改革试验区试点县实施意见》等一系列相关制度文件。各试点市、试点县出台了 100 余个指导性强的地方性政策文件,如《中共齐齐哈尔市委办公厅齐齐哈尔市人民政府办公厅印发关于深化农村四项改革推进措施的通知》(齐政发〔2014〕15 号)。讷河市整合市直部门、乡镇培训项目、职业教育资源,将各类培训项目统一归口到职教中心学校;将电大并入职教中心学校,使职教中心一套班子、一块牌子、七项职能。

构建现代农村职教体系。试验区建设按照"目标引领、试点探索、政策指导、阶段评估、完善方案、持续改进"的建设路径,投入 7.2 亿元,建设试验区试点市 1 个,试点县 17 个,其中 10 个县被确定为国家级示范县项目建设单位,3 个县被认定为国家级示范县;打造了 17 个职教集团,其中涉农省级职教集团 6 个;建设涉农类中高职国家级示范(骨干)校 7 所、省级示范(骨干)校 15 所;推进了 21 所高等院校 50 个卓越农业人才教育培养项目建设;在 25 个专业实施了中高职贯通培养试点,探索涉农技术技能人才系统培养;全省涉农类中高职院校达 116 所,涉农类专业 54 个,在校生近 5 万人;涉农类职业院校与各市县、垦区各农牧场、企业、科研院所广泛合作,建设标准化核心农业科技示范园区 34 处,科技示范园 469 处,示范田 5 287 块。试验区试点单位与 105 个农场开展场县共建,推广高产栽培模式 1 032 万亩,科技进步对农业增长的贡献率达到 70% 以上,试验区建设有力推进了全省农村职业教育改革与发展,有力推进了黑龙江农业强省建设和粮食千亿斤产能工程顺利实施。

三、黑龙江省职业教育职业培训发展存在的问题

1. 管理体制条块分割造成资源浪费

目前,教育、人社、扶贫、行业各自为政,各个部门都在搞职业教育培训,互相沟通整合的力度不够,缺少一个统筹机制,造成有限资源的分散和浪费。而且,经费大都投向学历职业教育,对职后短期培训的投入力度不够。

2. 学校建设滞后社会经济发展

职业院校过度集中于大城市,一县一职教中心、一市一高职的政策导向也显得简单化。部分职业类院校办学形式单一,没有形成具有服务地方办学特色,沿用的是传统普通教育的办学模式和管理制度,专业无特色,教学内容、方法陈旧,与经济社会发展和劳动力市场需求脱节。不能深入、有效地开展学校发展情况调研,不能敏锐跟踪黑龙江省经济社会产业结构调整的新动向。这就导致新材料、新能源、节能环保等新兴专业的设置不足,而且新设专业的师资队伍建设、课程改革、教材建设、教学资源库建设等专业内涵建设都较为薄弱,导致人才培养质量不高。

3. 专业设置雷同现象严重

近年来,随着黑龙江省经济结构的不断调整优化,计算机应用、会计、旅游等第三产业专业招生火热,有些中职院校只顾"效益",不顾自身办学条件及人才培养质量,盲目设置,盲目建设,跟风建设争办一些"热门"专业,缺乏行业与企业需求分析、教育与人才市场分析,同时对自身办学条件、专业设置的经济论证、本专业发展的远期效应、师资力量是否充足等因素缺乏调研与分析,专业设置不尽合理,缺乏持续发展潜力,导致"热门"难热,难以形成规模效益,教育资源不能得到合理利用。

4. 培养模式略显陈旧

黑龙江省大多院校采用前两年在校理论学习，第三年校外实习的培养模式，在一定程度上仍遵循了普通高等教育的培养模式。又由于实践教学条件和"双师型"师资的不足，高职教育仍未能突出学生实践能力的培养，现在仍有不少高职院校的培养计划缺乏职业技术教育特点，专业设置不合理导致高职生就业率不高，而社会真正大量需要的技能型人才却供不应求。要坚持职业教育是面向就业的教育，而不是面向升学的教育，曾经一段时期我们要求中职升学的比例控制在5%，而今却达到50%以上。

5. 职业教育校际间、区域间缺少合作与交流

突出表现在职业学校普遍办学规模小、专业面窄，有些学校只有一墙之隔，专业相近，但各校实训基地、教学设施建设仍各自进行，各建一套，低水平的小而全现象严重，教学设施利用率不高，优质师资也因所属学校不同而无法得到充分利用，导致生均培养成本过高，学校难以承受。如此一来，使原本紧张的教育经费投入更显得捉襟见肘，难以满足教学需要。

6. 校企合作较薄弱

行业协会作用发挥不好，校企合作浮于形式，职教集团过于松散。学校实训基地市场化运作机制不健全，自我造血能力弱。相当一部分职业学校与企业脱钩，企业很难真正地介入职业学校办学过程，直接导致职业学校对于企业人才需求状况，对于就业人员素质、技能需求情况缺乏足够的了解。此外，因为制度的制约以及缺少真正意义的校企内部合作，导致职业院校不能有效利用企业内具备一定理论素养，操作技能突出的技师作为师资，不能利用企业生产设备以供实习训练，职业学校往往很难培养出真正具备较强操作技能、符合企业需要的人才。

7. 职教师资队伍不强

职业高中多是从普高教师转化而来，善于知识教学，技能操作能力不强，而且队伍年龄老化，专业发展后劲不足。受体制机制的限制，不能面向社会招收能工巧匠，兼职老师作用发挥不好。

8. 职业教育功能拓展不好

职业教育局限于学历教育，不能很好地拓展成人教育、社区教育、老年教育等，职教中心可以存在，可能要向培训中心、培训中心、实训基地、创业中心、创客空间、社区教育、综合实践基地、校外活动中心等转移重心。

9. 评价体系不健全

评价是检验教育发展的重要指标，教育评价体系建设完善与否直接影响着教育的发展。黑龙江省的职业教育发展目前仍缺少系统的评价体系，职业教育质量标准不健全。黑龙江省现有的评价体系，大多都是各职业院校根据自身特点制定的评价标准，对自身的教育教学进行评价，这样导致职业学校以个体为单位，按照自己的标准去评价自己的学生，缺乏政府、社会和企业的参与，评价缺乏公开性、真实性、比较性、科学性。这就导致职业教育的评价缺少可信度和有效性。

四、黑龙江省构建适应传统产业转换职业培训体系的对策建议

(一) 科学预测,合理规划

1. 规划先行

职业教育培训要更好地适应传统产业转型升级的需要,应科学规划和早做安排,结合国家和省的规划意见,制定专门的职业教育培训规划,更好地为国家和省重大战略落实推进提供服务,为经济社会发展服务。利用和发挥好黑龙江优势,需要职业教育培训超前规划,在培训内容和形式上适时调整,更好地为产业转型升级提供人才培训服务。

2. 建立人才培训体系

加大高技能人才培训,完善以企业为主体、职业院校为基础、学校教育与企业培养紧密联系、政府推动与社会支持相结合的高技能人才培养培训体系。开展各种形式的职业技能竞赛和岗位练兵活动。制定高技能人才与工程技术人才职业发展贯通办法。完善高技能人才评选表彰制度,进一步提高技能人才经济待遇和社会地位。适应走新型工业化道路、加快产业结构优化升级的需要,通过建设一批高技能人才培训基地、技能大师工作室和公共实训鉴定基地、建立高技能人才库等渠道,有针对性地培养一大批具有精湛技艺的高技能人才。

3. 加快农村实用人才培训

适应现代农业和社会主义新农村建设的需要,以提高科技素质、职业技能和经营能力为核心,以农村实用人才带头人和农村生产经营型人才为重点,着力打造一支服务农村经济社会发展、数量充足的农村实用人才队伍。深入实施农村实用人才带头人素质提升计划、新农村实用人才培训工程、场县共建人力资源共享工程,重点实施现代农业人才支撑计划、乡村农业技术人员培养计划,充分发挥农村现代远程教育网络、各类农民教育培训项目、农业技术推广体系、各类职业学校和培训机构的主渠道作用,大规模开展农村实用人才培训。鼓励和支持农村实用人才带头人牵头建立专业合作组织、专业技术协会和农业企业,加快培养农业产业化发展急需的企业经营管理人员、农民专业合作组织带头人和农村经纪人。在创业培训、项目审批、信贷发放、土地使用等方面制定优惠政策,积极扶持农村实用人才创业兴业。开展农村实用人才技能职称评定,加大对农村实用人才的表彰激励和宣传力度,提高农村实用人才社会地位。开展城乡人才对口扶持,加大公共财政对农村发展急需的农业技术推广、教育、卫生等方面人才培养的支持力度。依托黑龙江省垦区机械化水平高、科技力量强、现代农业发展快的优势,充分发挥农垦人才作用,大力推进场县共建,实现农村人才资源共享共用,带动地方实用人才队伍建设。紧紧围绕现代农业和新农村建设,坚持突出重点与整体推进相结合,加大农业人才资源开发投入力度,通过选拔农业科研杰出人才、有突出贡献的农业技术推广人才、农业产业化龙头企业和专业合作组织负责人等活动,带动农村实用人才队伍建设。充分发挥农业技术推广体系、各类职业学校和培训机构的主渠道作用,加大对致富带头人、科技带头人、经营带头人等拔尖农村实用人才的培育力度,重点培养一批长于经

营、精于管理、勇于创业、能够带领群众致富的复合型人才。加大专项资金投入力度,以乡村农业技术人员为重点,开展实用技术和新技术培训,扩大培训覆盖面,使农村实用人才都能够掌握1~2门实用技术,兴办一个项目,经营一种产业。以农村各类职业学校、成人文化技术学校以及各种农业技术培训机构为依托,大范围开展农村科技、教育、生产、经营等多方面的实用人才培训,努力构建完善开放型、多功能、多元化的农村实用人才教育培训体系。

4. 利用好生态优势,增强绿色自信

黑龙江省在避暑养老、冰雪旅游、林下经济、现代大农业等产业上具有资源优势,与广东、江苏等经济发达省份比具有比较优势,要增强绿色自信,采取差异化发展策略。转型发展的关键是要加强农林产品的深加工和市场营销,做好夏季避暑养老、冬季冰雪旅游,有针对性地、灵活多样地培训相关人才,提高旅游养老服务质量。

5. 利用好重工业优势,坚持改革创新

发挥哈尔滨三大动力、齐齐哈尔重工等传统优势,以信息化带动工业化,在推进工业4.0、实现中国制造2025目标方面有所突破。

6. 利用好能源产业优势,加快转型升级

黑龙江经济增速回落,问题出在第二产业上。陆昊省长指出:"统计数据压力在大庆,工作挑战在煤城,但并没有影响黑龙江的整体繁荣"。加强"油头化尾、煤头化尾、煤头电尾"的转型升级,将能源产业对经济的下行压力转化为发展新动能,加强石油化工和煤炭深加工,推进技术创新。大庆油田围绕"持续有效发展、创建百年油田",优化产量结构,建立新的生产组织管理模式,提高油田整体开发效益。龙煤集团发展煤炭精深加工"延伸煤",并分流培训安置职工,把握转型新机遇。

7. 利用好人才优势,发展新兴产业

《黑龙江省培育和发展新兴产业三年实施方案》提出,依托哈尔滨、齐齐哈尔、大庆、鸡西、鹤岗等市的产业、资源、科技、人才优势,打造生物医药、机器人、石墨新材料、清洁能源装备、云计算等重点新兴产业集群。

(二)政府主导多方参与形成合力

职业教育是面向经济社会发展和生产服务一线,培养高素质劳动者和技术技能人才,并促进全体劳动者可持续发展的教育类型。应树立大职业教育观,职业教育不只是教育系统一家的事儿,政府要出面统筹教育、发改、财政、人社、农业、扶贫、编委、计生、建设、国土等多个系统部门,充分发挥职业教育工作联席会议制度的作用,整合资源、协同推进,及时解决职业教育改革发展中遇到的新情况新问题。逐步将县域内各级各类职业培训的职能统一到县级职业教育机构,通过资源整合,使县级职业教育中心成为职业教育学历教育中心、职后继续教育中心、就业培训服务中心,最大限度地集中县域的财力,避免职业教育资源的浪费。

政府主动搭台,通过政策引导,充分调动企业参与职业教育培训的积极性,促进产教融合、校企合作，形成行业企业和职业院校共同推进技术技能积累创新的机制。政府兴办高技能培训实训基地，由职业院校负责日常管理，政府各部门和行业企业共享资源，发挥职业教育实训基地的作用。也可以引进民营资本办生产性实训基地，建立成本分担机制，政府给予适当补贴。建设职业教育行业指导委员会和职业教育集团，并支持和引导其实质性参与职业教育培训活动。

支持示范性骨干职业院校联合中央企业和行业龙头企业充实和壮大职业教育集团，提升职业教育集团为黑龙江省主导产业服务的能力，提升职业教育集团服务促进就业企业的能力。

（三）以就业为导向科学设置专业与课程

1. 完善职业教育科类专业的调节机制

科类专业设置应在社会经济发展的需要和科学规划的基础上，结合职业教育院校自身的教学设施和教师素质因素，结合职业院校所在地区的市场环境与经济环境，发挥市场对于科类专业的调节机制与学校的自主权，保证人才培养与科类专业的合理化、专业化及灵活化。

2. 推进职业教育科类专业建设的合理化

合理调节职业教育院校科类专业布局，大力提升科类专业的聚集程度。加快科类专业群的建设，进一步提高教学实践活动设备的利用率和办学效益，使人才质量的培养得到提升，降低科类专业分散给职业教育后续的培训发展带来的不利因素。积极建立综合型专业，控制专业设置重复的局面，加强特色专业的建立，逐步稳定专业结构。为此，职业教育培训体制机制要与时俱进，不断加强对科类专业的控制度。同时拓宽专业口径，提高综合科类专业的建设力度。提高职业教育科类专业设置对产业转型、结构调整发展服务的力度。职业教育培训的科类专业设置要充分结合区域产业结构，通过市场调研和科学分析进行专业调整，并与职业教育培训自身的办学条件及产业结构现状、专业结构的设置与发展相结合。黑龙江省产业结构调整与改革中，职业教育培训机构应开展调研，主动地适应区域经济的发展，根据区域主导产业对人才的需求，结合办学情况，构建自身特色的专业，使专业调整的方向与劳动技术结构的变化趋势相适应，努力建设符合当前经济发展所需要的科类专业，培养市场所需的高技术型人才。职业院校的科类专业设置要充分结合当地的区域经济需求，关注产业结构调整中的新工种、新岗位，充分联系黑龙江省农业现代化和工业化的步伐，建立适应市场的科类专业。

（四）探索"互联网+"背景下职业技能培训路径和方法

1. 创设良好的信息化学习环境

加强信息化软硬件建设，提高信息化服务水平，增加学生线上学习时间，培育学生"互联网+"背景下的新型学习方式，养成学生的互联网学习思维及习惯，提高学生利用信息化手段的自主学习能力与创造性学习能力。

2. 政府应加强统筹、协调、管理

整合包括政府、主管部门、培训机构、参培人员等在内的多方资源，着力构建互联网时代职业

教育集团化的大培训格局,对"互联网+"背景下职业技能培训工作进行系统、全面的规划与指导,以互联网平台为主渠道,构筑与国家、地方经济发展相匹配的全时段、跨区域、多行业、动态化的职业技能培训公共资源库。

3. 开发数字化培训资源

应组织职业院校集中力量统一开发职业技能培训数字化资源,建立相对完善的资源共享共建模式,吸纳每一所职业院校在办学历程中所积累的优势资源和特色资源,将各院校教育资源按类别划分,或是以院校为单位提供优质资源,不仅可以为跨院校分享资源提供方便,也能进一步改革教育教学管理方式。

(五)完善现代职业教育结构体系

1. 建立贯通的培养体系

随着产业转型升级,"中国制造2025""工业4.0"、机器换人背景下,职业教育及培训也要有一个转型和供给侧结构改革的问题。建立初等、中等、高等和应用技术本科、研究生层次完整贯通的培养体系,职业辅导教育、职业继续教育、劳动者终身学习的终身一体的职业教育,政府办学、企业办学和社会办学,学历教育与非学历教育相结合的多样化办学类型。建议将高校类型划分为两类:学术研究大学和应用技术大学,应用技术大学的主要职责就是为地方经济社会发展服务。黑龙江省应以重点建设的6所特色应用型本科院校为引领,引导一批普通本科高等学校向应用技术类型本科院校发展,鼓励2000年以来新设本科学校和独立学院转设为独立设置的高等学校,定位为应用技术类型高等学校。

2. 加大职后技能培训力度

政府把大量资金投入到职前学历教育培养当中,而在很多规划中对职业技能培训提得不够、做得不实。未来中职学历教育要向高职层次转移,招生的面向要拓宽,面向社会和行业企业招生,由职业学历教育投入转向职后技能培训,开展形式多样的短期培训。培训的内容不囿于单一技能培训,要重视通用技术培训和基本素养培养。

3. 以调整高中阶段教育结构为契机,扩大中等职业教育规模

鼓励优质职业学校通过兼并、托管、合作办学等形式,整合现有资源,优化布局结构,推进县级中等职业学校与城市院校、科研机构对口合作,实施学历教育、技术推广、扶贫开发、劳动力转移培训和社会生活教育,并创新发展高等职业教育,使专科高等职业院校密切产学研合作,重点培养服务国家粮食安全战略、生态保护与经济转型、沿边开发开放、老工业基地调整改造和资源型城市可持续发展的技术技能人才。

4. 完善人才多样化成长渠道

黑龙江省应健全"文化素质+职业技能"、单独招生、中高职衔接、综合评价招生和技能拔尖人才免试等考试招生办法,为学生接受不同层次高等职业教育提供多种机会,并推进专科高等职业院校考试招生与普通高校相对分开,建立职业教育春季高考制度,对于报考农林、水利、地矿、石油等艰苦行业及少数民族类专业的考生，采取综合评价方式择优录取。

（六）加强心理干预和人文关怀提升培训实效

党的十八大报告中明确指出："注重人文关怀和心理疏导，培育自尊自信、理性平和、积极向上的社会心态"。在城镇化过程中，转移到城市的农民和企业分流的职工在心理上会出现一些浮动，要加强人文关怀和心理疏导，提高培训的实效。职业院校应针对学生个性特点营造人文关怀的校园氛围，构建一支综合素质高的人文关怀工作队伍，建立人文关怀开展平台，健全服务学生的工作体系。

（七）创新职业教育培训体制机制

政府应给职业教育培训更大自主权，围绕黑龙江省产业转型升级和区域经济发展方式转变，以办学体制机制创新及校企合作制度建设为重点，采取校企合作、订单式培养等方式创新人才培养模式，服务地方经济发展。依靠龙江企业资源，把突出实践能力培养作为改革的重点，坚持学校元素与企业元素共同作用的"双元"培养模式，充分利用校企协同合作育人的资源优势，以专业建设与产业发展相结合、培养目标与企业需求相结合、能力培养与素质教育相结合、顶岗实习与就业岗位相结合为原则，推进校企双元、工学结合的多样化人才培养模式。

通过产学研项目合作，企业兼职教师进课堂等形式，基本形成责任共担的紧密型合作办学体制机制。深入企业、社区承接各类培训，为企业解决人才培养的后顾之忧。为规范、引导、支持社会力量举办的职业教育健康发展，创新民办职业教育办学模式，支持引导各类办学主体通过独资、合资、合作等多种形式举办适合地方经济发展的民办职业教育，允许以资本、知识、技术、管理等要素参与办学并享有相应权利，并依法规范民办职业院校在招生、教育教学等方面的办学行为，引导社会力量参与教学过程。

（八）落实职业教育培训政策和法规

严格执行《职业教育法》《职业教育条例》《就业准入制度》等，做到有法必依、执法必严，为职业教育培训良性发展提供制度保障。

加大对《职业教育法》的宣传力度，形成全社会重视、关心和支持职业教育的良好环境。人事、工商、政法、教育等部门要联合成立就业准入制度监督管理组织机构，加大对就业的监察管理力度。严格执行"先培训、后就业""先培训、后上岗"的就业准入制度。初、高中毕业生、社会青年和农民工经职教中心培训1~2年或经过短期培训，取得职业资格证书方可上岗，引导用人单位使用有职业资格证书的人员。

职业院校应依法制定体现职业教育特色的章程和制度，建立学校、行业、企业、社区等共同参与的学校理事会或董事会，同时，发挥职业教育集团在促进教育链和产业链有机融合中的重要作用,对接我省重点产业发展,组建覆盖全产业链的职业教育集团,开展多元投资主体依法共建职业教育集团的改革试点,鼓励国有大中型企业和行业龙头企业牵头组建职业教育集团。

(九)提高职教培训师资队伍水平

适应老工业基地振兴、走新型工业化道路和产业结构优化升级的需要,以提升职业素质和职业技能为核心,以中、高等职业院校"双师型"教师队伍为主体,以技师和高级技师为重点,建设一支数量充足、门类齐全、梯次合理、技艺精湛的高技能人才队伍。完善符合学校实际的教师管理制度,明确教师的专业标准和任职条件,明确教师专业发展方向。在制定教师专业标准时突出教师的"应用技能",强化教师的专业"应用能力",强调具有在相关企业或行业技术部门生产第一线技术和管理工作经历,要求具有丰富的实践经验,能够熟练解决生产技术问题等。深化人事制度改革,为职教教师素质的提高创造良好的条件。职业教育主管部门可以在"总量控制,微观放权"的原则下,对职业院校教师的编制实行灵活的管理办法,扩大职业院校人事管理权。对职教教师积极推行教师系列和专业技术人员系列评聘互通的制度,鼓励教师拥有双系列的专业技术职务或取得职业资格证书。职业院校主动与企业签订长期的合作协议,搭建校企合作平台,有计划地安排教师到企业进行实践锻炼,并为企业解决生产中的实践问题,共建"双师型"师资队伍。

(十)建立第三方考核评估机制

建立现代职业教育治理体系,推进管办评分离。建设第三方职业教育评估机构,由社会来监测评估职业院校办学质量,促进职业教育培训质量提高。成立职业教育评价的行业组织,发挥其在评价机构的资格准入、业务指导、监督管理等方面的作用。政府对所委托的教育评价,要加强监督和管理,加强质量监控。评价机构要将评价的实施方案、指标体系、对象和样本选择、数据来源及计算、结果分析等向评价委托方(包括政府、学校)和评价对象反馈,逐步做到向全社会公开,接受广泛的监督和质询。

职业教育混合办学体制与校企合作实践创新研究

——以苏州健雄职业技术学院为例

魏晓峰[①]

摘要： 苏州健雄职业技术学院（以下简称苏州健雄学院）顺应新型城镇化背景下产业发展与人才需求，探寻职业教育各方的"利益共同点"，通过教学产业园这个共建载体，把地方政府、行业企业与职业院校"捆绑"在一起，为混合办学体制改革和校企合作长效机制的建立开辟一条新路。

关键词： 混合所有制办学；教学产业园；职业教育；新型城镇化

一、背景与基础

1. 混合所有制的提出

"混合所有制"是经济学领域的专业术语，是财产权分属于不同所有者的一种经济组织形式。在我国，"混合所有制"这一概念在1997年党的"十五大"报告中提出。这次大会确立了以公有制为主体、多种所有制经济共同发展的基本经济制度；党的十八届三中全会又进一步提出"积极发展混合所有制经济"，指出"国有资本、集体资本、非公有资本等交叉持股，相互融合的混合所有制经济，是基本经济制度的重要实现形式"。发展混合所有制经济是我国经济体制改革中的一项重要举措，随着社会主义市场经济发展，混合所有制经济越来越成为国民经济的重要组成部分，并在各种所有制资本取长补短、相互促进、共同发展中发挥着积极作用。

2. 教育领域混合所有制探索

在国外，混合所有制办学推行较早。20世纪70—80年代，新公共管理理论、新自由主义理论、公共选择理论兴起。这些理论认为，政府的功能是相当有限的，要实现"3E"（Economy, Efficiency and Effectiveness，即经济、效率和效益）目标，必须把市场竞争机制引入公共管理领域，打破政府对公共产品与服务的垄断，强调市场机制在资源配置中的作用，强调在公共管理中运用私营部门即商业管理的理论、方法、技术和模式，以转变僵化的官僚组织形式。这些理论对西方教

[①] 魏晓峰，苏州健雄职业技术学院院长，教授。

育民营化产生深远影响,如:美国将公立学校的办学权授予一些社会团体、企业、教育团体、家长团体、教师、个人或其他机构,由这些非政府组织或个人来申办经营特许学校;英国对公立学校的管理权向社会公开招标,允许和支持工商企业、学校、家长、地方教育当局和其他教育机构组成一个联合体。目前,美国职业教育"混合制"办学十分普遍,公立学校有市场参与,私立学校也有政府参与。特别是20世纪90年代以来,很多企业、社团和个人纷纷承办公立学校,政府的力量与市场的资源相互渗透成为常态,公中有私、私中有公的混合办学体制既保障了教育的公益性与公平性,又实现了教育的市场性与效益性,成为提升教育质量与满足社会需求的重要途径。

在国内,混合所有制办学体制改革不断拓展。20世纪90年代中小学率先探索"公办民助""民办公助"等混合办学体制,大批"转制"学校如雨后春笋继相成立,一定程度上化解了我国基础教育经费投入不足的问题。但是"转制"过程也出现了国有资产流失、资源过度集中和新的教育不公等一系列问题,说明"转制"不是简单的"卖学校"或者"买学校",如果不能实现不同资源的混合、管理的联合、利益的融合,依然解决不了我国教育的活力和竞争力问题。因此,在与市场、社会联系最为紧密的职业教育领域,混合所有制成为教育体制机制改革的新方向。2014年,《国务院关于加快发展现代职业教育的决定》首次将"混合所有制"概念引入职业教育,指出"激发职业教育办学活力,探索发展股份制、混合所有制职业院校"。《决定》明确了混合所有制办学模式是由政府、社会、企业或个人与院校共同投资、共同组建、共同治理、共同发展的一种新型办学模式。

近年来,国内职业院校对混合办学体制改革进行了积极探索。在具体的办学模式上,有混合共建的托管模式,即国有、私营及民办教育主体委托相关职业教育集团对新组建的教育实体进行管理,如:黑龙江东亚学团按照多元主体、市场办学等原则,采用委托管理方式,由职教集团对学校进行管理,实现了不依赖政府财政支持的扭亏为盈。还有民办公助的融合模式,即民办职业院校与国有机关或事业单位融合,以民办职业院校为主体,吸纳国有事业单位资本进入学校办学而形成的混合所有制办学模式。如:现已升格为本科的江苏紫琅职业技术学院引入国有事业单位资本,形成混合所有制办学模式。国有事业单位占股虽在20%以下,但作为股东之一,也选派相关人员进入董事会,监督学校办学情况,并在关键时候给予资金、协调等帮助,这一模式有效促进了学校发展。再如苏州工业园区职业技术学院引入苏州工业园区管委会这一行政单位,帮助学校进行事务管理或协调,最终通过双方共同努力,学校成为国家示范性高职院校。混合办学促进了职业院校快速发展,如沈阳职业技术学院与当地一家大型民营企业合作办学,双方通过建立董事会形式,各持股50%,学校投入校舍、师资、设备,企业投入6 000万元,在校内建设相对独立的融教学、实训于一体的区域,并向企业招聘技术技能型师资,采取"做中学"模式,将学校发展成为有名的软件示范校。

在混合办学实践基础上,有关混合办学理论研究也在不断深化。如:无锡职业技术学院俞林博士的论文《现代职业教育混合所有制办学模式的理论探索》,从对混合所有制经济学概念的理解、职业教育领域引入混合所有制的必然性分析出发,探讨了其形成过程、办学模式及其治理结构;深圳职业技术学院闫飞龙博士的论文《高等职业教育混合所有制改革的理论探索》,从历史的视角考察了我国高等职业教育的发展模式及其制度特点,探讨了高等职业教育混合所有制改革的理论基础和现实需求,并构建起高等职业教育混合所有制的"四元三维"权力结构体系;河南机电专科学校孙文琦教授的论文《探索发展混合所有制职业院校的几点思考》对混合所有制职业院校的概念、内涵进行了界定与释析,并在归纳先行尝试混合所有制办学成功经验的基础上,提出了吸引更多社会力量举办职业教育,真正实现校企深度融合,创新办学体制、激发办学活力的建议等。

3. 职业教育混合办学意义与存在问题

混合所有制引入职业教育,是职业教育体制改革的重要方向,它有助于在我国经济建设转型、社会深化发展的过程中进一步扩大国有教育资本的效能,构建起办学主体多元、教育产权多元,并能进行高效、自主、规范管理的现代职业教育办学模式;有助于职业教育集聚社会力量,激活社会资本活力,提升职业教育办学质量;有助于解决职业教育校企深度融合困境的体制性障碍;有助于激发职业院校本身的办学活力,构建起现代职业教育体系。

我国职业教育混合办学改革近年来取得了一些成效,但从总体上来说,依然是讲的多、做的少,大多在观望等待,还缺少具有普遍指导意义和推广价值的系统理论和实践路径。究其原因,一是在外部环境上,保障社会参与职业教育的法律不健全、政策支撑不到位,很多地方职业院校不敢轻举妄动、不愿承担政策风险,勉强"改革"了也是缩手缩脚、瞻前顾后;二是从教育本身来说,教育的公益性和社会的趋利性两者价值追求不同,不同所有制如何混合、产权如何界定、责权利如何明晰、公有资产如何保值增值、非公资产如何获得收益等敏感问题要处理好绝非易事;三是就职业教育管理者来说,特别是公办院校的院校长们,在公办教育体制下的计划思维、体制优越感依然存在,面向社会的融入意识、服务地方的使命意识、适应市场的经营意识均不强,以学校为中心的传统办学模式很难找到不同合作主体的共同利益点,缺乏合作的利益机制,混合办学就会流于形式、不可持续。

二、苏州健雄职业技术学院混合办学体制实践探索

苏州健雄职业技术学院(以下简称"健雄学院")地处全国发达县域——苏州太仓,是一所县办高职院校。县办高职具有与地方经济相生相伴、地方政府关心支持等天然优势,同时又受地方管理和财力所限,一直存在办学自主权不大、财政投入不稳定等体制性困扰。如何在公办体制下,发挥市场在资源配置中的基础性作用,借助企业资源和市场机制助推职业教育发展,成为健雄人始终思索实践的重要课题。

实现混合所有制办学,必须在不同办学主体、不同所有制之间找到"利益共同点",唯有互利才能合作,当然这种互利,不是简单的投入资本回报,而是包含资源、智力等各方面的"利益交换"。如:学校通过给企业定岗培养急需人才、培训企业在职员工、服务企业技术革新产品升级,让企业"获利",企业通过给学校提供设备、实验实训条件、捐资助学等让学校"获利";学校通过服务企业带动产业发展,通过社会培训为在岗转岗就业服务,通过科研创新带动产业转型升级,让政府"获

利",政府通过投资和政策支持让学校"获利",等等。所有这些利益点都需要通过系统的制度性安排来保障,因此,大学章程的颁布、董事会(理事会)的建设、合作协议的签订以及一整套考核评价分配制度必不可少。为了推进办学体制改革和校企合作,健雄学院在实践探索中,遵循市场经济规律和职业教育规律,通过教学产业园这个共建载体,把地方政府、行业企业与高职院校"捆绑"在一起,为混合办学体制改革找到了一条新路。

(1)根据产业需求建设教学产业园,让政府看到发展职业教育的"用处",提高政府的支持度,为混合办学体制创造良好的外部环境。职业教育承载着为我国产业转型升级提供"大国工匠"支撑的时代使命,但是这种支撑必须具有地域性和现实性,要让政府看到职业教育给产业发展带来的实实在在的"用处",感受到职业教育是产业发展人才供应链中不可缺少的一环,才会为职业教育提供源源不断的财力和政策支持。有了政府支持的职业教育发展就有了基本保障。教学产业园不是传统的校内实训场室,不是服务单个企业的实训车间,而是服务政府重点发展产业的产教联合体。因此,教学产业园建设有三大原则:按专业群独立设置;契合地方重点产业;服务地方产业发展。在三大原则指导下,健雄学院陆续建设了精密机械、生物医药、服务外包、电子信息、文化数字五大教学产业园,每个产业园都有学院骨干专业群支撑,依据当地重点发展的产业,为地方产业发展提供了不可替代的人才支撑和科技贡献。

图1 契合区域重点产业的五大教学产业园实景图

(2)根据企业需要建设教学产业园,让企业看到参与职业教育的"好处",提高企业的参与度,为混合办学体制提供重要办学主体。企业参与是办学职业教育的必要条件。要让企业成为职业教育办学主体,必须解决利益机制(想参与)、企业平台(能参与)、管理体制(长参与)三个关键问题。因此,教学产业园体制机制设计中,有三个重点:一是采用市场化运行机制,让企业付出有回报。如,投资分红、税费减免,为职业院校提供教学软硬件可优先获得学校科技成果转化和优秀毕业生等;二是按照企业化氛围建设,让企业适应新平台。教学产业园是兼具学校特征和企业氛围的跨界组织,避免了企业设备学生用不上、学校师资企业用不了等行业差异导致的不适应现象,为职业教育引入企业资源提供了适宜土壤;三是实行董事会管理体制,让企业拥有话语权。教学产业园董事会由政府、行业、企业和学校共同组成,

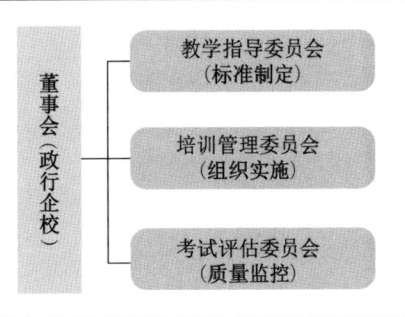

图 2　混合办学组织管理体制

企业在重大事项上有表决权,在运行管理上有参与权,在质量评价上有一票否决权。如健雄学院精密机械教学产业园(中德培训中心)董事会由太仓市政府、德国工商行会上海代表处、德资企业和学校四方组成,德国工商行会和德资企业在董事会中发挥了重要作用,该园区已成为国内首个中德双元制示范推广基地,成为太仓对德合作战略的重要组成部分。

(3)根据学生诉求建设教学产业园,让学生看到参加职业教育的"前途",提高学生的满意度,为混合办学体制增强内生发展动力。学生是否满意是检验办学成败的唯一标准,"学到真本领、找到好工作"是每一位职校生的"初心",但是,没有企业参与的职业教育不可能培养出企业需要的人才。健雄学院建设的教学产业园不单是产教融合的纽带、校企联合的平台,也是工学结合的载体。通过教学产业园这个"中间体",在学校—园区—企业之间开展"三站互动、螺旋提升"培养(图3):学生在学校以学生身份学习基本理论、在教学产业园以学徒身份训练专业技能、在企业以员工身份顶岗实训。通过教学产业园,在强化专业理论的同时强化实用性、实践性和实战性教学,避免了高职教育"矮化"为中职、"异化"为社会培训的倾向。同时,借助教学产业园开展创新辅导、引导创业企业孵化,满足不同兴趣特长的职校生发展诉求,为学生打开了个性化、多层次发展通道。目前,教学产业园已成为人才培养的主阵地和学生创新创业的热土。

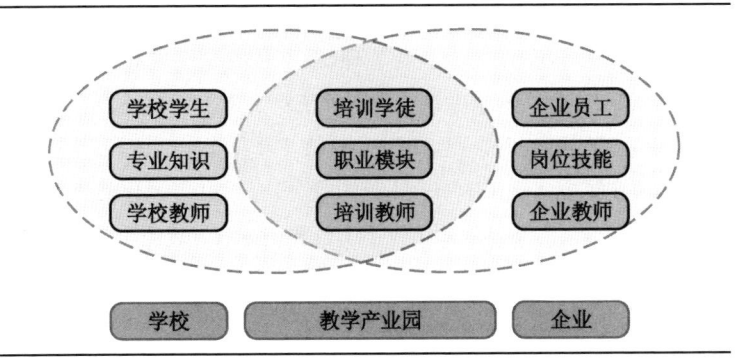

图 3　依托教学产业园的混合办学教学"三站互动、螺旋提升"模式

三、创新与成效

(一) 创新

教学产业园是在传统的高职教育实践教学载体（场室、工厂、基地等）建设经验基础上，汲取双元制教育精髓发展起来的一种新型实践教学组织形式，其主要突破创新之处体现在三个方面。

1. 多元化共建体制

传统的实践教学载体一般由学校根据教学需要投资兴建，学校建设、学校管理、学校使用，主体的单一性、资源的有限性必然导致很多高职院校陷入"实践教学投入不足、设施设备老化、利用率不高"等困境。教学产业园以"服务地方产业发展"为宗旨、以"创设企业生存环境"为重点，政府和企业都成为职业教育的受益者，因此能够吸引政府支持和企业参与。多元化共建体制为双元制教育创造了"企业化"教学平台，补齐了国内双元制教育企业这"一元"的短板，分担了职业教育成本，为混合办学体制改革经验辐射推广提供了物质基础和根本保障。

2. 市场化运行机制

有了多元主体共建体制，但如果没有市场化运行机制，这样的教育产业园发展也不可持续。市场化是职业教育改革的必然趋势，也是教学产业园运行机制建设的必然选择，具体包括：一是政府导向机制，政府根据产业发展需要，通过规划、财税等措施，对教学产业园建设进行宏观引导，确保专业建设始终符合产业发展需要；二是利益共享机制，采取混合所有制形式，地方政府、行业企业等利益相关方利用自身资源参与教学产业园建设、管理，并拥有相应的权利（主要以硬件投入换人才支撑、科技支持等），责权利统一；三是互相监督机制，采用一董三委管理体制，董事会为教学产业园决策机构，由政行企校共同派代表组成，重大事项必须共同讨论、统一决策。董事会下设教学指导委员会、培训管理委员会和考试评估委员会，实现管办分离、教考分离。适应地方需要的导向机制、顺应市场经济的激励机制、体现现代管理的监督机制，使高职教育焕发了新的生机，为混合办学体制打开了新的局面。

3. 一体化培养模式

教学产业园创设企业化环境、采用企业化管理，根本目的是实现高职教育工学一体化教学。德国双元制教育的本质是工学结合，学生在企业和学校双主体下联合培养。在德国，大企业通过企业培训中心、中小企业通过共建跨企业培训中心实现工学结合。在我国，企业培训的不足、校企空间距离等客观因素决定了要实现工学结合十分困难，只有通过多元化共建、市场化运行的教学产业园才可以实现工学结合。教学产业园汇聚了学校和企业双方优质资源，为工学一体化教育提供了便利，学生在企业环境中熏陶、在教师指导下实训，做中学、学中研、研中创，突破了传统的碎片化、补丁型实践教学理念，丰富了混合办学教育内涵，形成校企一体化人才培养的"六双"特色（图4）。

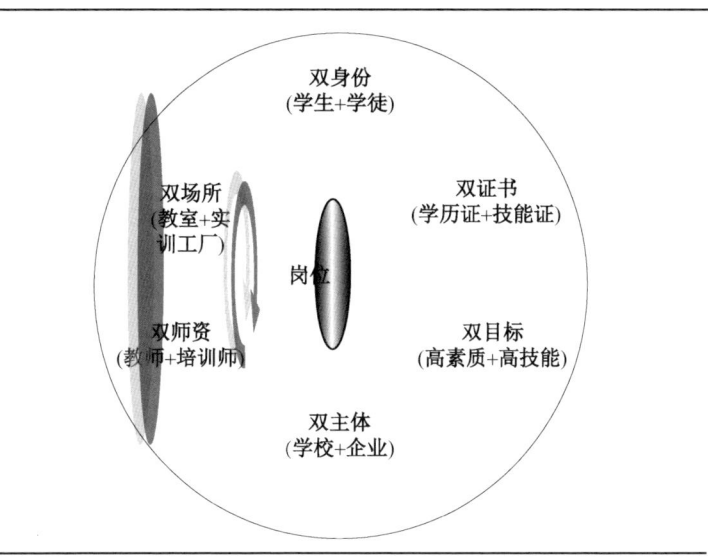

图 4　教学产业园人才培养"六双"特色

（二）成效

健雄学院教学产业园创建以来，经历了三个阶段。2007—2009 年（探索阶段）：政行企校共建中德培训中心，服务周边德资企业，形成教学产业园建设初步构想；2010—2013 年（实践阶段）：多方共建精密机械、生物医药两大教学产业园，支撑了学院骨干专业群建设，推进了教育教学改革和区域新兴产业发展，形成教学产业园建设理论框架；2014—2016 年（推广阶段）：新建服务外包、电子信息、文化数字三大教学产业园，形成教学产业园建设系统理论，指导兄弟院校实训基地改造，在省内外产生良好反响。教学产业园建设促进了学院专业建设，服务了区域产业发展，收到了很好的社会效益和经济效益，在同类院校中起到了积极示范作用。2015 年学院跻身江苏省示范性高职院校建设单位行列。

依托教学产业园建设，增强了学校办学活力。一是办学资源有了"源头活水"：在 2006 年政府投资 5 亿元建设健雄学院新校区的基础上，2010 年又投入 3 亿多元建设学院二期工程，重点打造服务太仓高端制造业发展的精密机械教学产业园。企业成为主体，企业在教学产业园建设中提供硬件设备、管理服务，设立奖助学金，实现了企业资源转化为教育资源，平均每生无偿享受企业培养资源近 3 万元，补充了学院办学经费的不足，增强了学院自我造血能力。二是专业建设水平不断提高：在多方共建体制下，相继建成央财支持专业 2 个、省级品牌特色专业 1 个、省级重点专业群 2 个、苏州市优秀新专业 1 个，建有央财支持实训基地 2 个、省级实训基地 3 个、省级人才培养模式创新实验基地 1 个。三是教育教学改革不断深化：近年来，校企合作开发省级精品课程 3 门、精品教材 5 部、重点教材 1 部、国家规划教材 9 部，设立省级教改项目 19 个，先后获得省级、国家级教育教学成果二等奖两项、一等奖一项、特等奖一项。四是人才培养质量显著提高:教学产业园企业文化与大学文化融合,促进了学生创新精神、工匠精神、团队精神等职业素质的养成;校企共同培养,促进了学生能力螺旋式提升,学生在省级以上技能大赛获奖 60 多项,德国 AHK 资格证书的通过率连续 4 年保持在 97% 以上。通过教学产业园培养的毕业生就业竞争力、就业满意度均进入全省高职院校前 3 位,平均月薪进入前 10 位,就业率连续 5 年超过 98%。

通过教学产业园建设,服务了地方经济发展。近三年五大教学产业园为相关产业培养输送工匠人才 4 500 名,为在职员工开展高新技术培训 2 万人次,合作科技转化 100 多项,产生专利 100 多项(其中发明专利 47 项),孵化高新企业 20 多家(2 家拟上市)。对应的太仓五大产业快速发展,成为地方支柱产业。教学产业园支撑区域产业发展成效显著,学院高职与地方经济相生相伴发展案例入选中国高职教育人才培养质量年度报告。

城镇化背景下县域中职学校"双师"师资队伍建设路径研究

——以江苏省太仓市中等专业学校为例

东北师范大学课题组[①]

摘要：城镇化背景下，构建有效的"双师"师资队伍已成为职业教育教师队伍建设的当务之急。本文以"双师型"教师为切入点，考察江苏太仓中等专业学校"双师"师资队伍的现状，分析当地"双师型"教师队伍建设的特点、成功经验及困境。在太仓基于教师个体发展的"专业培训打基础，企业实践练技能"之路；基于教师群体发展的"双师"教师队伍建设之路；基于经费激励与制度保障的"双师型"教师队伍稳定之路的基础上，反思形成中职学校"双师型"师资队伍建设内生式发展＋外援式发展的双轮驱动路径。

关键词：城镇化；中职学校；"双师"；师资队伍建设

城镇化是我国现代化的一个重要进程，已成为经济社会发展的必然趋势，是国家未来长期发展的战略抉择。职业教育作为经济发展的助推器，是城镇化背景下多元人才培养的现实选择。县域中等职业教育作为现代职业教育体系中的重要一环，为决胜全面建成小康社会、开启全面建设社会主义现代化强国新征程提供坚实人才支持和智力保障。职业教育对理论性与实践性的双重要求决定了任教教师需要具有扎实的理论知识与熟练的操作技能。随着全球化、信息化的发展，社会分工越来越细，对专业技术要求也越来越高，因而建设一支理论知识与操作技能兼备的高素质、优结构"双师型"教师队伍成为新时代职业教育发展的内在要求。对此，大力发展中等职业教育，关注中职学校师资队伍建设，优化"双师"教师队伍素质与结构成为中职学校师资队伍建设的关键。因而，加强"双师"教师队伍建设是中等职业教育发展的重要支撑，也是新型城镇化稳步发展的内在要求。

一般地，国家政策和学术话语对"双师型"教师队伍建设的探讨具体围绕"双师型"教师展开，而很少针对职业教育自身的特殊性，关注职业教育教师队伍结构问题。我们的调研发现，"双师型"教师队伍建设不仅包括"双师型"教师素质的提升，还应加强职业学校教师队伍结构的"双师"化。"双

[①] 课题负责人：邬志辉，教育部人文社科重点研究基地东北师范大学中国农村教育发展研究院院长、教授、博士生导师。课题参与者：李伯玲，教育部人文社科重点研究基地东北师范大学中国农村教育发展研究院副院长、教授；沙珂夷，硕博连读生。

师型"教师是指在资质上取得中等职业学校教师资格证书和职业资格等级证书,在能力上可以将职业教育教学理论与专业技术理论有效融合,有专业技术岗位工作经验和能力,能有效指导学生专业学习与实践的教师,其核心强调"双证+双能"。[1]"双师"队伍结构合理化旨在于凸显职业教育的技能性,关注教师队伍中理论型教师与技能型教师的比例,在专业技能上吸引企业兼职教师到校任教,优化提升学校教师队伍的实践技能。"双师型"教师队伍建设结构合理化一方面有利于理论型教师加深实践认识,另一方面也有利于提升技能型教师的理论化水平,形成服务于学校教育教学活动的"命运共同体"。因而,"双师型"师资队伍建设应分为个体和群体两个层面,个体"双师"是职业教育对教师素质本身的要求,群体"双师"是职业学校对教师队伍内部结构与功能的要求。

目前,我国职业教育"双师型"教师队伍建设虽然受到重视程度,相继开展了一系列职业教师专业发展与培训项目,采取相应措施鼓励"双师"专业化,但是在具体操作环节上缺乏长效性与保障力度,致使"双师型"教师发展成效甚微。因此,构建有效的"双师型"教师队伍发展路径遂成为职业教育教师队伍建设的当务之急。本文以太仓市中等职业学校为个案,对县域中等职业学校"双师型"教师队伍建设的现状、问题及可能路径进行探讨。

一、研究方法

(一)调研对象选择

为全面深入探究职业教育"双师型"教师队伍建设路径与发展历程,本报告采用"实地调研+典型剖析"的形式,对职业教育发展良好地区的典型学校进行全方位考察。依托教育部人文社科重点研究基地东北师范大学中国农村教育发展研究院实地调研经验以及对中等职业学校的了解,综合考量职业教育的地区发展程度以及调研样本的典型性与代表性,在调研地点上,按照省—市—校三级标准进行选择。

在省级层面,综合考虑人均 GDP、城镇化率、职业教育发展水平等因素,选择了历史积淀厚、经济发展优、城镇化进程快、职业教育发展好的江苏省。江苏省位于东部沿海地区中部,长江、淮河下游,地形以平原为主,地势较低,交通便利,是长江三角洲地区的重要组成部分。江苏省人均GDP、综合竞争力、地区发展与民生指数均位于全国前列。近十几年来,江苏省城镇化水平发展迅猛,"十二五"期间新型城镇化和城乡发展一体化成效明显,城镇化率达到66.5%。中心城市辐射功能显著增强,县域经济实力大幅提升,新农村建设扎实推进,高标准农田比重超过50%,农业科技进步贡献率提高到65%,家庭农场、农民合作社分别达到2.8万家和7.2万个。[2]职业教育方面,2015年江苏省共有中等职业学校(不含技工学校)254所,其中普通中专174所(五年制高职32所、中等技术学校133所,五年制高师校9所)、成人中专29所,职业高中51所。全省中等职业学校(不包括成人中专、技工学校)共招生21.36万人,其中普通中专17.72万人,职业高中3.64万人;在校生62.91万人,其中普通中专51.89万人,职业高中11.02万人。2016年江苏省职业教育再创佳绩,中高职"3+3"分段培养项目390个、中职与本科"3+4"分段培养项目96个,首批认定44个职业学校现代化专业群,实现全国职业院校技能大赛"八连冠"。[3]

在市级层面,综合考虑城市地理区位、人口、经济和中等职业学校的代表性,选择居全国综合实力百强县市前列的太仓市作为样本。太仓市位于江苏省东南部,长江口南岸,是苏州市所辖的县级市。2017年末,太仓市常住人口为71.58万人,人口数保持稳定增长态势;城镇化率达67.19%。太仓市临近上海,交通便利,经济发达,是中国近代资本主义发展最早的地方,受传统工业影响较大。2017年,太仓市全年实现地区生产总值1 240.96亿元,其中第一产业增加值36.04亿元,第二产业增加值627.88亿元,第三产业增加值577.04亿元。按常住人口计算,人均地区生产总值173 828元。[4]20世纪末,太仓市形成了具有苏南模式的新经济体系,职业教育比较发达。在全国,有高等教育的县级市凤毛麟角,但太仓由于地处长三角的地理优势和经济发展优势,建立了自己的职业教育品牌,全市有中等职业学校1所,高等职业技术学院1所。值得一提的是,太仓聚集数以百计的德国企业,校企合作理念扎根于本土学校,德国"双元制"教学模式较为普遍。2017年太仓市职业教育工作要点强调"加强与德国职业教育双元课程、评价标准、职业资格考核标准的对接与消化吸收。继续加强双师型教师建设与培养,完善企业实践制度,以省级示范性实训基地建设为标准,提升实训基地、培训中心的建设水平。"[5]

在学校层面,因太仓市共有2所职业学校,考虑到调研样本的典型性与代表性,我们选择江苏省太仓中等专业学校作为研究对象。江苏省太仓中等专业学校是一所国家级重点中等职业学校,前身是于1984年开办的江苏省首所县办中专——太仓市工业技术学校(后更名为太仓工业学校)和1985年开办的太仓县娄东职业高级中学(后更名为江苏省太仓职业高级中学)。1997年太仓工业学校迁址太仓职业高级中学,共创太仓职教中心;2002年太仓电大迁入并合署办公;2004年太仓电大、太仓工业学校及太仓师范学校共建健雄职业技术学院,职教中心暂停运作;2006年中高职分离,太仓职教中心恢复独立运作;2010年3月学校正式更名为江苏省太仓中等专业学校。学校坚持以就业为导向,主动适应地方经济、社会和企业的发展需要,坚定不移地走校企融合之路。太仓中等专业学校是我国当代特色学校、省四星级中等职业学校、省高水平示范性中等职业学校,是全国中等职业学校德育工作先进集体、省职业教育与社会教育先进单位、省双拥示范基地。太仓目前有省第四届职业教育教科研中心组成员3人(其中2人为副组长),苏州市职业教育教科研中心组成员15名,建有省级职业教育名师工作室1个。因此,本次调研选择太仓市——一个职业教育发展良好的地区,具有一定的代表性。太仓中等专业学校在师资队伍建设上,特别是"双师型"教师培养上积累了许多成功经验,值得借鉴和推广。同时,该校在教师队伍建设上也存在一些普遍性问题,值得深入研究与探讨。

(二)调研工具与方法

本次实地调研采用定量与定性相结合的混合式研究方法,以"问卷调查+深入访谈"的方式,运用"教师问卷"和"访谈提纲"两种调研工具,对江苏省太仓中等专业学校"双师型"教师队伍状进行调查。问卷主要涵盖以下几个方面:其一,学校教师队伍结构情况,主要调查学校教师的学历、年龄、职称等基本信息,以便对整体教师队伍有一个宏观把握;其二,学校"双师型"教师队伍建设情况,主要调查教师来源、"双师型"教师认证标准,教师培训情况及企业实践效果等,以便了解教师队伍建设路径信息;其三,"双师型"教师意愿及政策保障情况,主要调查教师发展动力及影响因素,以及政府对于"双师型"教师队伍建设的政策支持与保障,以便从深层次挖掘"双师型"教师队伍建设面临的挑战、问题及成因。

调查过程中,按照教师的年龄结构、任教身份随机发放调查问卷100份,回收100份,回收率为100%。访谈对象包括两类:一类是校长,主要目的是从宏观上了解学校师资队伍建设的整体样态;另一类是教师,主要目的是从教师角度出发,了解教师自我专业发展的规划状况。本次访谈对象为校长1位,教师6位。

二、研究结果

(一)"双师型"教师队伍建设经验

调研发现,太仓中等专业学校对师资队伍建设比较重视,尤其是在"双师型"教师培养及队伍建设上,积极采取措施,不断总结经验,形成了独具特色的"双师型"教师队伍建设路径。

1. "双师型"教师队伍的建设基础

学校发展之初,多数教师任职前技术基础较为薄弱。通过对教师任教之前身份数据的分析发现,普通大学毕业生直接任教的占49%,由中小学教师转为职业学校教师的占42%,由高校教师转为职业学校教师的占5%,引进的企业技术和管理人员非常少,各占2%。由此可见,在学校发展之初,该校出身"科班"、有实践经验的教师较少。由于职业教育的专业性强,对操作技能和实践经验要求较高,这就要求职业教育教师应该具备较为丰富的实践经验,而刚毕业的大学生和普通中学教师在这一点上明显不足。在访谈中一位老师提道:"虽然我们是职业院校,但毕竟是一个学校,来这儿当老师的多数还是师范院校毕业的学生,很多教学上的东西他们还要慢慢地锻炼与学习,就更别说在技能操作上会有什么优势了,个别技术性较强专业毕业的学生,他们上学的时候也多学的是理论,实操不是很熟练。我们这儿还有很大一部分教师是从小学和初中调过来的,他们原来主要教教数学、语文这样的课,技能水平也基本为零。"

2. "双师型"教师队伍的建设过程

(1)制定了"双师型"教师可操作性认定标准

太仓市对"双师型"教师的认定标准采取院校内部自主统一的办法。据校长介绍,太仓中等专业学校"双师型"教师的认定依据为:同时具备职业资格等级证书和教师资格证书,其中职业资格证书有特别种类的规定。工科类专业需要相关的技能技师证书,其他类专业可以是职业资格等级证书,一般需要比较高的级别,认定标准比较清晰,具有较强的可操作性。太仓中等专业学校出台具体文件对"双师型"教师标准予以认定。《江苏省中等职业学校教师专业技术资格条件》明确指出:为引导广大中等职业学校教师进一步加强教学改革和专业实践,提高"双师"素质,教师专业技术资格条件适用于从事中等职业教育教学研究工作,并已取得相应教师资格的在职在岗教师和教研人员;且专业课教师须有在行业、企业相关职业岗位的实践经历,具有非教师系列相关专业技术职务或相关专业(工种)职业资格证书或行业执业资格证书。

(2) 建构了"双师型"师资团体式培养模式

学校大力开展"双元制"本土化实践,成功融合建构了"双师型"师资培养模式,主要特征是"三方"协同式培养和理实团队式培养。"三方"协同式培养,即政府以"政策引导、经费支持、典型引路"来全方位主导"双师型"师资队伍建设;企业以"人力支持、实践保障、培训参与"来全力支撑"双师型"师资建设;学校以"机制驱动、团队齐动、平台互动"来全面推动"双师型"师资队伍建设。理实团队式培养,即优化理论教学与实践教学的教师配置,明确团队成员互动要求,规范团队成员合作教学行为,促成同伴互助、自主成长,为学校的可持续发展提供强大的智力支撑(图1)。[6]

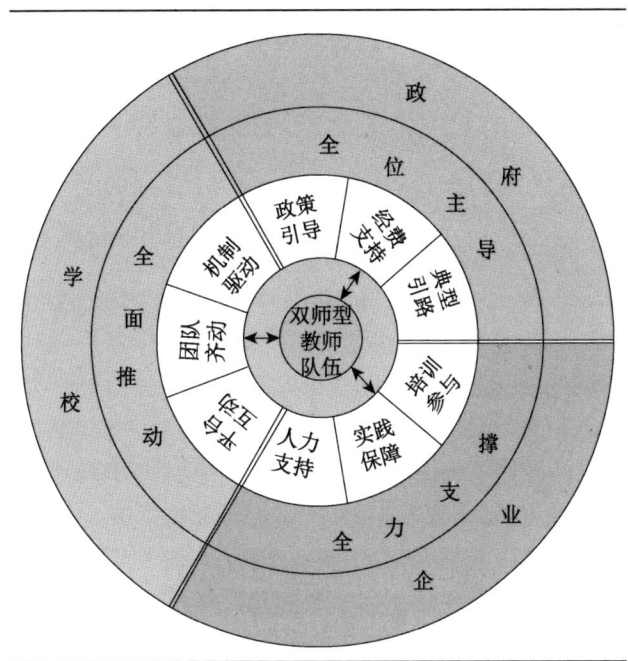

图1 "双师型"师资团体式培养模式

(3) 设计了"双师型"教师三维度发展路径

学校从教师队伍实际情况出发,结合发展需要,设计了基于教师个体发展、整体建设、稳定发展三维一体的发展路径。

第一,基于教师个体发展的"专业培训打基础,企业实践练技能"之路。"双师型"教师要想更好地发展,专业基础必须打好。为提升教师队伍素质,学校成立了以校长为核心的师资队伍建设领导小组,全面负责全校教师的培训工作。学校党总支、工会、质量控制与督导室对教师培训工作起监督保障作用。教学管理处(联合各系部)具体负责教师的业务培训,提高教师的课堂教学能力和专业发展水平。学生工作处(联合各系部)负责德育队伍培训工作,增强班主任德育工作能力。科研信息处(联合各系部)具体负责教师教科研和信息化能力提升培训,提高教科研素养和信息化应用。通过不断完善教师培训机制,加强教师培养力度。近2年共投入师资培训经费245.5万元,占公用经费的18.9%,出国培训9人次,学历进修14人次,省级培训81人次,平均每年省级及以上培训教师占25%。[7]

"双师型"教师需要有较强的专业技能。学校利用与企业的合作建立了双向发展阶梯式平台。一方面学校与当地企业合作,让企业优秀技术工人作为老师来培训学校教师的技能;另一方面学校对教师到企业实践、提升专业技能做出具体明确要求。首先,聘优秀技术工人为"师之师"。到与学校有合作的企业聘用优秀技术工人,这些技术工人都是公司公开招聘来的优秀技术工人,他们专业技能水平过硬、实践操作能力超强。在学校的诉求下,企业会派优秀技术工人定期为学校专业教师进行技能操作培训,以弥补学校教师技能短板。如与学校合作的德国工商行会上海代表处,为了给企业培养车间主管类人才,让车辆专业教师定期到企业参加培训,向一线优秀工人学习技术操作等。在访谈中校长提到,因为这里地方经济的发展,我们特定教师到企业培训都与特色专业合作项目一致,由企业优秀技术工人为教师做培训,还有辅导员进课堂,就是找专业人员进入课堂来讲座,通过专业指导来弥补理论课教师经验上的不足。其次,学校坚持"任务导向"保障企业实践落实。在访谈中了解到,不论是国家、省里还是学校本身,对于教师到企业去实践的相关制度和规定都比较明确,管理办法也具有较高的可操作性。学校会不定时检查出勤率以保证教师在岗,实践结束后教师需要填写"实践总结与收获"报告,以提升教师的培训效果。在访谈中有教师提道:"每个老师都有机会下企业,专业教师每年不少于一个月在企业,对表现优秀的老师会有奖励,这些都是下企业实践的有关规定。"在问到具体做法时,该老师表示:"比如有任务书,记录完成的目标和任务,就像日志一样;学校还会有临时抽查,直接去企业找人确认是否在岗;回来之后的成果整理和汇报,由学校和企业双方评判绩效,并作为评职称的依据。学校希望老师真的在企业解决一些问题,而不是走马观花。"调研显示,教师下企业实践的最大收获是深化了对专业知识的认识和理解,提高了实践的能力(表1)。由此可见,专业教师下企业实践的收获比较明显。

表1　　　　　　　　　　　　教师到企业实践获得的能力

获得的能力	频数(人次)	个案百分比
深化了对专业知识的认识和理解	67	94.3%
提高了实践操作能力	56	78.8%
了解了市场对学生的专业素质要求	54	76.1%
掌握了新技术,了解了行业发展形势	45	63.3%

注:表格中的百分比为个案百分比,由于题目为多选题,故个案百分比之和大于100%。

第二,基于教师群体发展的"分工合作,优势互补"之路。太仓经济发展较快,企业聚集,德国企业占较大比例,这些企业多为加工制造产业,需要大量技术工人,因此与职业院校合作是必然选择。太仓中等专业学校在与企业合作过程中引进了德国"双元制"理念,在本土化过程中,改革了教学模式,"双师型"教师队伍结构由学校教师和企业培训师组成,学校教师负责专业理论课,企业培训师负责专业实练课,这种教师合作教学模式符合了群体"双师型"队伍结构优化的内在要求。在同校长的访谈中了解到,当地企业聚集,一些大企业会在企业内部建立人才培训中心,培训中心由企业一线员工承担学生的技能培训任务,即充当学校技能教师的角色;许多中小企业没有资本在企业内部设置培训中心,为了满足人才培训需要,因此几个企业联合成立加工中心,加工中心的培训师由几个企业分别派出,企业会将培训师带徒弟的时间算作工时,按绩效工资发放。例如机电加工专业比较热门,由于产业强大、就业稳定、薪资待遇较高,学生都很有兴趣,也是学校的优势专业,因此与企业合作而建立的培训中心也较多,相应的企业一线员工充当技能导师做得也较好。校长说:"我们目前一共有三个培训中心。在管理和教学方面,由教研室主任和对方培训中心主任共同形成管理团队,其中企业一线员工负责承担学生的技能培养,也就是学生的技能导师;学校教师则承担专业课文化课这些基础知识、理论知识和基本技能的教学,也就是学生的理论教师。一个是太仓德资企业专业工人培训中心,由太仓中专和开发区政府以及两个德国企业建立,每年会招收40名学生;另一个是舍夫勒中国培训中心,专门负责制造轴承,每年招收80人,其中有60个来自我们太仓中等专业学校,另外20个来自健雄高等专业学校;还有一个是海瑞恩太仓培训中心,每年招收24人,全是出自本校。这些学生先在学校上一年的理论课,由学校教师带,然后签订企业,算是开始实习了,这时候就由企业中有一线操作经验的培训师带他们了。这样下来再一年多时间,毕业后就可以直接进入公司工作。"

第三,基于教师稳定发展的"经费激励与制度保障并行"之路。校内许多教师为了提高自身素质,选择进行学历提升,学校也鼓励教师继续深造。对此,学校都会给予一定的经费支持。近年来,约有10%的教师将本科学历提升为研究生学历,第一学历较低的教师也会通过在职、函授等方式逐步提升自身学历。对于省县校三级培训,以及教师下企业实践,学校都给予相应的经费保障。在访谈中一名教师说道:"学校每年有5%的经费用于全体教师的继续教育培训,这是规定。每个教师每年都有100学时的继续教育培训,其中50学时是学校组织的,50学时是县级及以上部门组织的。一般前者都是在校培训,利用开学和期末时间进行,平时则是以教研活动和专业部培训为主。县级和省级培训主要利用假期时间。比如暑假我就去参加省里组织的培训,住宿费和培训费都是由省里承担的,我们只需要自己出差旅费。"笔者对6名教师进行访谈后了解到,他们对成为"双师型"教师抱有较高的积极性,有教师表示"我还是愿意争取成为'双师型'教师的,因为社会对职业学校本就认可度不高,感觉不是很受重视。'双师'头衔能增加职业成就感。"

3. "双师型"教师队伍的建设成效

数据显示,2017年太仓中等专业学校在职在编教师258名,中青年教师是学校教师队伍的中坚力量,为学校教师队伍发展积蓄了力量。教师学历层次较高,硕士(研究生)及以上学历教师有54名,占在职在编教师总数的20.93%,本科学历有204名,占比高达79.07%(表2)。职称方面,高级83名、中级85名、初级及以下90名,高级职称教师占在职在编教师的比例达32.17%,约为专任教师人数的三分之一(表3)。

表2 教师学历分布

学年	专任教师数	硕士及以上		本科		大专及以下	
		人数	比例	人数	比例	人数	比例
2015—2016	213	40	18.78%	172	80.75%	1	0.47%
2016—2017	258	54	20.93%	204	79.07%		

数据来源:《江苏省太仓中等专业学校2017年年度报告》。

表3 教师职称分布

学年	专任教师数	高级		中级		初级及以下		双师素质	
		人数	比例	人数	比例	人数	比例	人数	比例
2015—2016	213	79	37.09	81	38.03%	50	23.47%	101	84.20%
2016—2017	258	83	32.17	85	32.95%	90	34.88%	110	42.60%

数据来源:《江苏省太仓中等专业学校2017年年度报告》。

值得一提的是,该校"双师型"教师已达到110名,占专任教师总数42.6%,比《中等职业院校设置标准》规定的"双师型教师数量不低于本校专任教师的30%"的标准高出12个百分点。在保证"双师型"教师队伍数量的同时,该校把专业课教师作为"双师型"教师群体的主要来源,又保证了"双师型"教师队伍的质量。数据显示,由专业课教师取得技能证而成为"双师型"教师的人数占45%,远超过其他教师群体(文化课取得技能证的占12%,任职前或企业转制成为"双师型"教师的占14%,其他占2%)。该校教师也提到,"我原来是专业课教师,后来取得了技师证才成为双师型教师的。我们大部分教师都有技师证,也就是所谓'具备双师素质的教师'。双师型教师基本都是理论教师提升专业能力后获得成绩才评上的。"可见,在该校培养模式下,专业课教师具备了扎实的理论知识与熟练的专业技能,继而才成长为"双师型"教师的,"双师型"教师有较好的质量保障。

目前,太仓中等专业学校有省第四届职业教育教科研中心组成员3人(其中2人为副组长),省职教领军人才3人,苏州市职业教育教科研中心组成员15人;建有省级职业教育名师工作室1个,苏州市级名师工作室3个,太仓市级名师工作室3个。良好的师资队伍带来了较为丰硕的教学成果,其中《机电类专业教学组织结构化的实践与研究》《校企共建"教学工厂"的实践研究》获2017年省教育厅教学成果一等奖;《"三主四化八融合"高素质人才培养模式的建构与实践》获2017年江苏联合职业技术学院教学成果一等奖。[8]

总的来看,江苏省太仓中等专业学校教师队伍整体素质较高,结构合理。从教师学历层次来看,最高学历均是本科以上,师资队伍的整体素质较高;从教师的年龄和职称分布来看,均属于橄榄型结构,中坚层次教师占大多数,属于健康、良性、可持续发展的教师队伍;从校企融合情况来看,学校注重理论课的学习讲解,同时支持企业兼职教师提升操作技能,理论型教师和操作型教师能均衡发展。深入访谈发现,太仓中等专业学校原来隶属健雄职业学院,后来独立建立职业中专。在恢复建校初期,师资紧缺,尤其"双师型"教师数量几乎为零,但学校近几年将工作重心放在师资队伍建设上,通过组织培训、技能大赛等鼓励教师考取相关职业技能证书,"双师型"教师不仅实现了从无到有,而且接近占专任教师的半壁江山,成效显著。

(二)"双师"师资队伍建设困境

任何事物的发展都不可能一帆风顺。县域中职学校的"双师型"教师队伍建设是一个长期工程,受多种因素影响。调研发现,太仓市中等职业学校在发展过程中遭遇四重困境,受到教师个体、学校、政府三个层面因素的影响。太仓中等专业学校作为国家级重点中等职业学校、省四星级中等职业学校、省职业教育与社会教育先进单位,是我国中等职业教育发展的领头羊,其发展过程中遇到的瓶颈阻碍不是其自身问题,而是我国中等职业教育政策环境的共性短板。在此,仅以太仓中等专业学校作为个案加以说明。

1. "双师型"师资队伍建设的四重困境

(1)"双师型"教师认证标准困境。当前,太仓中等专业学校虽然在招聘新教师时开始关注实际工作经验和专业技能水平,可是在具体执行过程中却无法找到一个有效的衡量标准,只能以是否拥有职业资格等级证书或技能证书去判定。现如今,职业学校教师在教育教学过程中仍然存在"重理论、轻实践"的现象,相当一部分专业课教师偏重理论。调查显示,近80%教师在企业工作的时间不到一年,5年以上的仅为5%(图2)。这说明学校缺少真正从生产一线走入学校,既拥有丰富实践经验又具备教师资格的"双师型"从业人员。由于"双师型"教师的标准规定相对简单,只要具备教师资格证和特定技能证就可认定为"双师型"教师,"双证"几乎等于"双师",门槛较低。"双证"虽然从形式上规定了教师的技能要求,但实际上却不能代表实践操作能力与教育教学能力。事实上,谁是"双师型"教师、具备怎样的条件才可称之为"双师型"教师是"双师型"师资队伍

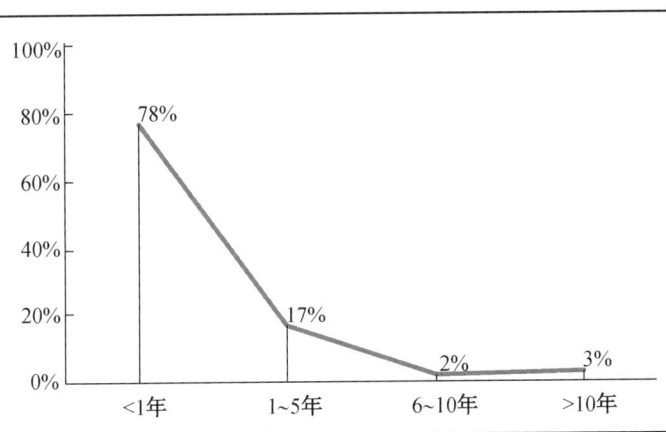

图2 教师的企业工作经验

建设的逻辑起点。"双师型"教师强调理论性与技能性,既可来自学校也可来自企业,学校既鼓励理论型教师到企业交流锻炼,也支持企业技术人员到校兼职指导,互惠互利,从而造就一支素质优良、结构合理的中等职业教育教师队伍。

(2)"双师型"教师素质提升困境。职业院校人才培养评估指标明确规定了"双师型"教师的比例,为达到指定要求,各地院校纷纷加强建设"双师型"师资队伍,这在一定程度上促进了职业教育师资队伍结构的完善,但"双师型"教师素质的提升还需要一个缓慢的过程。其一,"双师型"教师培训效果有待增强。太仓中等专业学校"双师型"教师培训内容分为师德理想、教学规范、教师能力、改革理念、心理健康、团队工作六大模块,根据学习阶段、专业学科分阶段逐步实施。学校针对青年教师举办系列培训活动,积极打造德才兼备、开拓创新、务实高效的"双师型工作团队"。教师培训内容多元、形式多样,却忽略了教师群体对于培训的意见反馈。培训周期短、技能性培训缺乏实践操作、工时矛盾等问题成为影响培训效果的重要因素。其二,地方企业参与度有待提高。"双师型"教师的技能培养与培训不同于一般学科的理论培养,如果仅凭学校和各层级的常规化培训只能停留在理论层面。要想真正培养出技能型复合人才,最好的办法是让教师从学校里走出来,进入到实际生产管理服务一线实地学习与操作,只有这样才会带来成效。《中职学校教师到企业实践管理制度》提出要"进一步推进职业教育的深化改革,完成职业教育教师向技能型方向发展的要求,创造条件与时间积极鼓励教师下企业实践,以提高教师的实操技能"。通过考察教师下企业实践的形式可知,67.6%的教师下企业实践的形式为现场观摩,顶岗实习只占7%左右。地方企业对于"双师型"教师实践岗位难以保证,责任意识不足,参与频度和深度有待提高。

(3)"双元制"模式教师交流困境。学校借助与德国企业合作的机会,弥补教师专业技能薄弱的短板。这种做法促进了学校教师与企业培训师的优势互补,但是由于外在客观因素的限制,双方教师交流壁垒重重,具体表现为交流形式单一、交流时间有限等。"双元制"模式下的教师交流应基于共同的培养目标,形成全方位的培养模式,然而企业参与度不足,难免造成教师在教授学生过程中对理论知识和专业技能操作的衔接与融会贯通存在欠缺。访谈中校长提道:"我们学校与企业合作需要人才输入,需要教育配套,所以我们引进德国双元制教育,在管理和教学方面,由教研室主任和对方培训中心主任共同形成管理团队,其中企业方面负责承担学生的技能培养,也就是实践部分;学校方面承担专业课文化课这些基础知识技能培训。成立的专业课教师队伍相对固定,人员变动较小,企业也有技能培训团队,但是两个团队互相交流和协调的机会比较少,所以这个过程要想融合实践经验和教学理念,让双方的知识和专业技能都得以提升还存在一些障碍。"另外,兼职教师补充不足也不利于教师群体之间进行理论与实践的交流,影响专任教师教学水平提升和"双师型"教师队伍结构优化。

(4)"双师型"教师队伍待遇困境。中等职业学校教师工资由财政部门统一拨款,遵循统一的薪资标准,学校难以针对"双师型"教师设置专门的经费和津贴。访谈中多位教师提到,拥有"双师"资格的教师在工资待遇方面和其他老师并无差别,自然会使"双师型"教师产生心理落差和价值迷失,阻碍"双师型"教师的进一步成长,制约学校教师团队的整体建设。校长建议政府在学校发展过程中制定合理的政策规范引导行业,加大中等职业教育财政支持,激发"双师型"教师内在活力,从而更好地促进中等职业教育发展。此外,企业兼职教师工资待遇拨付问题成为"双师型"师资队伍建设的重要阻碍。中等职业学校财政经费有限,企业兼职教师工资、福利待遇难以持续保障,无法对其形成有效的吸引力,引发"双师型"师资队伍建设的内生困境。

2. "双师型"师资队伍建设的影响因素

(1) 个体层面:低认同与职业倦怠。职业院校特别是中职院校教师的社会认同感普遍偏低。访谈中有教师表示:如果有机会选择,他会做普高老师,因为那样职业成就感会高一些,并表示现在做好本职工作就可以,去做名师的愿望并不强烈。这种职业倦怠感源于人们对于职业教育工作者的偏见和轻视,由于高校扩招等因素导致中职学校地位不断下降,被社会视为"落后低等"的教育,中职教师的社会地位也因此被边缘化,难以获得社会大众的了解和认同。即使是职教教师中的佼佼者——"双师型"教师,大众也普遍不了解,更谈不上尊重。"双师型"教师无法感受到尊重和认同,做出的成绩不被肯定,因而缺乏进步的动力。

(2) 学校层面:僵化的评价指标与行政管理。目前,太仓中等专业学校对教师的管理与评价较为固化,把管理作为目标而非手段,教师的晋升机制和奖励评判主要以资历和学历这些硬指标为参考依据,单纯以职称和职务体现其价值,并没有真正地评价教师。教师的专业成长更多地取决于管理者的意志,没有给"双师型"教师表达意见和诉求的空间。因此,学校必须打破这种僵化的行政体系,将固化的评价指标灵活体现,使学校成为教师发展的良好平台,以全新有效的管理模式助力教师成长。

(3) 政府层面:投入不足与评价内容偏颇。国家和地方相关部门已经针对"双师型"教师颁布了一些政策规定、提出了部分规范要求,毫无疑问,这是"双师型"教师个体和群体应该去努力的大方向和目标,也使教师队伍建设和发展有了合法性依据,在一定程度上为"双师型"教师队伍建设发展提供了政策保障。尽管如此,"双师型"教师发展仍然面临种种阻碍。调查发现,虽然《中等职业学校设置标准》对"双师型"教师提出了数量要求,太仓中等专业学校也对"双师型"教师的认证标准、聘用和管理办法做出了必要规定,但是该校在政策执行过程中一味注重数量上达标、学历层次上达标、资格证书上达标这些硬性的量化指标。这种主观上急于求成的愿望使教师自身也过分注重证书、注重学历,将专业素养的衡量标准僵硬化和简单化。另外,教育部门与其他协调部门或是企业还存在着人事等一系列制度性障碍,导致学校与其他部门无法顺利开展合作与沟通,无法有效地整合利用社会资源。同时,政府对中职学校的经费投入不足更是制约着"双师型"教师队伍建设。虽然从对校长的访谈中得知,当地政府对教师培训、下企业实践给予了一些资金保障与补贴,但校长坦言,就学校发展所需而言,仍存在经费短缺问题,很多时候还要合作企业出钱,在一定程度上影响了"双师型"教师的工作积极性。

三、政策建议

我国"双师型"教师队伍建设发展一直处于相对薄弱状态,尤其是县域中职院校,师资队伍建设存在诸多困境。太仓中等专业学校属于全国百强县中职学院,"双师型"教师队伍建设方面存在的问题是我国职业教育"双师型"教师培养及队伍建设方面存在问题的缩影。为了使"双师型"教师队伍建设得更好,让"双师型"教师实现长足发展,归纳起来有"内生式"和"外援式"两条路径可寻。

(一)"双师型"师资队伍建设的内生式路径

1. 教师层面:强化发展意识和行动

第一,树立正确的职业教师观。需要让教师正确看待自己所从事的职业教育。职业本身就是社会化、经济化的产物,职业随着市场需求的变化而变化,相应的职业教育更应适应变化,积极进行技术革新、知识革新。如果职业教育对学生的教育教学是不断进步的,那么教师本身就要有一个正确的、发展的教师观,让职业教育与市场变化、经济发展步伐相一致,为社会输送高质量的职业技术人才。第二,树立终身学习的意识。要不断发现问题、解决问题,把终身学习的理念贯彻到行动上,形成自主学习与发展的行为习惯。在不断反思、培训和实践中进步,通过参与专业建设及专业活动来提高自身的"双师"能力和素质。第三,增强自身责任意识。要了解社会发展、市场经济新动态,了解职业需求新变化,懂得将职业教育知识传授与市场需求有效对接。明确职业教育在当今经济发展和社会建设中的重要地位,培养个人的使命感、责任感和荣誉感,增强个人的事业心,以实现个人价值,激发个人热情,从而在职业教育岗位上做出成绩。

"双师型"教师队伍的思想建设,终身学习是核心。学习的目的在于发展,只有帮助教师制定相应的发展规划并有效落实,才能使教师的知识结构和能力结构有本质的改善与提高。教师可以采取不同的方式完善和提高自我,在实际教学过程中不断学习,实现自我发展。首先,扎实学习专业理论知识。"双师型"教师不仅要掌握专业的理论知识,还要掌握扎实的教育理论方法,了解国内外职业教育的最新动态,能够有效整合理论知识的内在联系,更好地传授给学生。其次,全面提升个人实践操作技能。"双师型"教师要明确自身教学理论框架,在此基础上有针对性地寻求实践机会。如参与企业加工生产管理,或操作一线设备,以便更好地在教学中运用案例进行讲解与分析。"双师型"教师需将实践教学与知识传授相结合,使知识课堂逐渐过渡成为实践课堂。再次,运用现代手段创新教学模式。职业教育的教学尤其注重实操训练。随着教育技术的不断革新,现代的教学工具也应运而生。职教教师应该熟练掌握先进的教育技术与教育工具,打破传统模式的教学方式,更好地指导学生学习与实践。最后,不断提高职业教育科研能力。中职院校教师应积极与高职院校教师在学术上进行交流,通过听专家讲座、联合开展课题攻关等形式来提高自身科研能力,通过撰写报告和论文来不断总结和反思自我教学过程。

2. 学校层面：开展务实技能培训与考核

教师的成长培养，不仅要通过日常的各类培训，还要有相应的考核手段来检验培训成果。在加强培训水平的同时，也要注重考核的科学化。比如企业实践就是教师培训的重要环节，但实践后的考核同等重要，只有确定教师真正掌握了培训知识技能，培训才算真正达到目的。所以对于教师的培训，要从下两个方向来发展：首先，形成多层次的技能培训内容。在日常教研活动中，根据不同专业、不同层次的教师需要开展不同内容的培训课程。将各专业开设的技能课程进行综合考量，根据需要开展相关专业的实操训练教学课堂，让教师在学校就能进行实践训练。除了培训之外，定期开展生产线实地操作、校企交流课程、教学汇报研讨会等活动，全方位提高教师的专业技能，让每一位专业教师至少掌握一项专业技能。此外，还可以通过展示课、公开课等教学展示平台，使各层次各类型教师能够充分交流，激发学习兴趣，实现资源共享。其次，采取灵活有效的培训考核方式。根据以往经验，学校对教师培训效果的重视程度不高，多数采取不考核或是简单的理论答题形式，这无疑会使教师对培训内容产生懈怠，走马观花。为了提高教师的培训效果，学校可以以多种方式综合考核教师的培训成果，如举办相应的技能大赛，给教师搭建展示技能成果的平台。

3. 企业层面：校企融合与优势互补

太仓中等专业学校借助优越的外部市场环境，与当地部分企业达成了特定专业的校企合作项目，学校与企业采取"订单式"培养，其对象除了学生还包括教师。对"双师型"教师而言，能够做到产学交替才是提高"双师"素养的关键。教师若对所教课程的专业技能没有实践上的操作经历，就不会从认识上深层了解所教授的理论，相应地，培养出来学生的专业技能水平也会差强人意，并不能更好地适应企业工作。产学交替的实质就是将学生的学习与就业市场相对接，掌握行业动态，了解用人单位要求，进行有时效性和针对性的培养，为企业以及就业市场培养优质的技能型人才。另一方面，企业应承担一定的实操培训责任，尽可能地为职校学生和教师提供便利条件，创造实践机会。在学校专业课程的教学目标上，根据实际需求提出建议和具体教学任务，以便学校教学和企业实际工作衔接，从而达到较为理想的校企共赢状态。

"双师型"教师队伍建设不仅要突出教师素质，更要优化中职教师队伍内部结构。职业教育教师队伍结构建设有其自身的特殊性，既要保证理论型教师，又要持续补充实践操作型教师。在校企合作中，可以聘请一些具备兼职资格的在职人员作为学校教师队伍的补充，将他们发展成为稳定的校外兼职教师，以弥补实践操作教师不足等问题。此外，兼职教师的职责不仅在于授课，同时还肩负着给专业课教师传授技术经验、相互交流实训经验的任务。兼职教师的授课内容可以更灵活地与生产实践结合起来，提升应用性、针对性以更好地满足师生所需。例如太仓就努力打破编制束缚，提供有竞争力的薪资来吸引企业兼职教师，企业与学校之间本着"互利互惠"原则达成一致协议，明确校企双方的义务与权力，确定兼职教师的保障制度，建立人才资源库。太仓中等专业学校实施动态管理，对兼职教师的选聘、考核、评价及工作职责提出具体要求，从而达到与学校教师的优势互补。

（二）"双师型"师资队伍建设的外援式路径

1. 行业导向：拓宽社会支持渠道

从一些发达国家职业教育的经验来看，行业协会对职业教育的发展起着重要的作用。一方面，行业协会使校企深度融合井然有序，对于行业的发展、学校教师的培养培训都有标杆的作用。另一方面，对于学校本身以及企业的发展有着科学的方向指导意义，以便促进信息对称。[9]因而，对于我国职业教育发展，相关行业管理机构和组织也可以建立行业协会等部门，发挥职能促进学校专业和企业岗位对接，专业教师的培养培训和企业实践融合，学习内容和实际生产要求相一致。同时，各类组织需加强网络平台建设，促进信息交流，及时更新行业发展动态。

学校专业培养方向乃至教师专业发展方向要与当地行业产业相适应、相对接，要以应用型为主，突出实用与高效特色。太仓当地经济以机械加工和农业为主，如农科类专业可以围绕创建果树实验基地、园艺良种苗木场、食品加工厂、实用菌高效栽培示范场、畜牧养殖场等，办好校外特色实习基地，扩大师生实践范围，让其直接参与到生产实践中来，提高专业素质，为就业铺路。[10]

2. 政府支持：认证标准改进与独立薪酬政策

我国"双师型"教师概念模糊、认定标准不统一是制约其发展的重要因素。各职业院校很难采取完善统一的标准去指引"双师型"教师的发展方向。结果"双证"即"双师"的机械化评定在各职业院校泛滥。合理的"双师型"教师认定标准除了相应的职业资格证书和教师资格证书外，还应要求有相应的企业工作实践经历和丰富的实践经验，或者拥有相应的企业科研项目成果，或拥有一定的教育从业资历，掌握教学技能，只有这样才能认定为"双师型"人才。

在职业教育发展良好的发达国家，均有职业教育法来规定职业教师义务，保障职业教师权益。比如1999年日本颁布的《雇佣—能力开发机构法》、德国2005年颁布的《职业训练法》等，都以法律的形式规定了职业教师应达到的能力标准、教师培养与实践的内容和方式方法。因此，吸取他国成功经验，我国政府及教育相关部门也应健全职业教育的相关法律法规，对"双师型"教师的社会地位、任用标准做出明确规定，对参与职业教师培养培训的相关主体明确规定其责任、权利和义务，用法律的形式规定教师义务，保障"双师型"教师的权益，使"双师型"教师队伍建设有章可循，有法可依。

给予"双师型"教师以独立的薪酬标准，"双师型"教师队伍建设才能有效推进。相关部门可以参考中职学校关于"双师型"教师的标准，制定符合实际的、独立的考核方法，把技能考核作为中职学校专业教师职称评定的指标之一，为"双师型"教师量身定做奖励政策。在推进"双师型"教师发展时，要健全完善激励机制，一方面增加教师对于双向发展的主动性和积极性，另一方面根据教师成绩实施奖惩措施，肯定教师的自身价值，形成模范效应。因此，政府应建立和完善"双师型"教师独立的薪酬制度，使"双师型"教师发展走上规范化和制度化的道路。

参考文献：

[1] 肖凤翔,张弛."双师型"教师的内涵解读[J].中国职业技术教育,2012(15):69-74.

［2］杨丽,袁涛,叶真."十二五"期间江苏城镇化率提升到66.5%,1667万农村人口喝上放心水[EB/OL].2016-01-24.中国江苏网.

［3］江苏省教育厅.江苏教育基本情况[EB/OL].2015-3-19.江苏教育网.

［4］太仓市人民政府.2017年太仓市国民经济和社会发展统计公报[EB/OL].2018-2-26.太仓市政府网.

［5］太仓市教育局.2017年度教育工作要点[EB/OL].2017-2-16.太仓市教育信息网.

［6］江苏省太仓中等专业学校.江苏省太仓中等专业学校教育质量年度报告(2016年)[EB/OL].2016-11-15.江苏省太仓中等专业学校官网.

［7］江苏省太仓中等专业学校.2017年太仓市中等职业教育质量年度报告[EB/OL].2017-12-29.江苏省太仓中等专业学校官网.

［8］江苏省太仓中等专业学校.江苏省太仓中等专业学校教育质量年度报告(2016年)[EB/OL].2016-11-15.江苏省太仓中等专业学校官网.

［9］郑富."双师型"教师的专业发展阶段与成长策略[J].中国人力资源开发,2012(4):42.

［10］朱江宏."双师型"师资队伍建设与校企合作[J].职业教育研究,2006(10):39-40.

民办高等教育服务于区域新型城镇化初探

现代管理大学课题组[①]

摘要：新型城镇化需要职业教育在新型城镇化建设中承担着培养高素质劳动者的重要使命。而当前包括民办高职院校在内的职业教育面对新型城镇化的需求，存在诸多的不适应。本课题提出五个方面的不适应。要主动适应新型城镇化的需求，高职院校只能通过深化学校内部的教育教学改革来解决本课题提出了五个方面的改革措施。本课题还指出了民办高校为新型城镇化服务中的困难与问题，并提出了解决问题的建议。

关键词：新型城镇化；高职教育；改革适应

党的十九大报告提出："优先发展教育事业""办好人民满意的教育""完善职业教育和培训体系，深化产教融合、校企合作"，为各类教育指明了方向，对职业教育也提出新的要求。新型城镇化需要职业教育，职业教育必须主动适应新型城镇化的需求。在我国当前承担职业教育的主力军是高职院校，大都在专科层次，在高职院校中多数为公办院校，民办院校大都也属职业教育类型。民办高校是高等教育的一支生力军，也是新型城镇化职业教育供给的重要力量。一方面为地域经济建设和社会发展输送人才、服务地方是民办高校的第一要务，这是高等教育办学宗旨使然。服务地方经济建设和社会发展是高等学校包括民办高校义不容辞的责任；另一方面服务地方也是民办高校自身生存和发展的需要。民办学校的办学、发展、学生的就业等都离不开当地政府的支持和关照，故回报社会、满足区域对各类人才的需要也是民办高校自身发展的必然需求。如何使职业教育适应新型城镇化的要求？说来容易，做起来并不简单。因为新型城镇化，提高劳动者素质和能力的教育是多元化的，需求是多方面的，教育方式是多样性的，故学校内部从院系布局、专业设置、课程设置、师资队伍到教育方式方法等一系列教育教学工作都得进行改革创新，以使教育更加贴近和适应所服务的城镇、社区的现实，人才培养的质量和规格更加符合城镇化后的职业岗位的需求。如何改革创新？正是本课题重点研究的问题。现代管理大学在这方面进行了一些调研和实践探讨，在这里我们将介绍首都特别是区域新型城镇化对人才的需求情况及部分民办高校特别

[①] 课题负责人：杨广泽，现代管理大学校理事会理事长、研究员；孙权，现代管理大学校长兼党委书记、教授。成员：孟昭国，现代管理大学督导室主任、副教授；宋文，现代管理大学教务处执行处长、副教授；侯丽洁，现代管理大学校办副主任、讲师；苏秀丽，现代管理大学校宣传中心副主任、讲师。

是现代管理大学服务于首都经济建设和新型城镇化的工作实际。

现代管理大学是具有30多年建校历史的一所地处首都房山区的民办高校,30多年来为首都各行业输送了近四万名各类人才,为首都的经济建设和社会发展做出了重要的贡献。学校的办学定位为"立足房山、服务首都、面向京津冀、辐射全国,依托行业、企业培养生产、建设、管理一线需要,具有良好职业素养和较强岗位适应能力的创新型、应用型、技能型人才",服务首都,服务于区域经济建设和社会发展的需要是我们义不容辞的责任。取得了一定的成效。新型城镇化建设以来,我们又加大了服务于首都区域城镇化建设需求的步伐,以北京市房山区为服务对象,开展了一系列教育及相关的培训活动实践证明,民办高校服务于区域经济建设社会发展以及新型城镇化是大有可为的。是一支独特的有生力量,各级政府应当给予充分的肯定,并给予大力关心和支持。但当前民办高校在服务区域方面还存在一些实际困难和问题,本课题做了一些归纳,希望能引起重视。对于如何解决存在的困难和问题,本课题也提出了一些建设性的意见。

一、新型城镇化与职业教育研究方法

(一)调研对象选择

在学校层面,本课题选择了京南地区大兴区和房山区内四所民办高校进行了调研。其中包括现代管理大学、中国信息大学、北京民族大学和北京财经专修学院。这四所民办高校具有职教性质,都培养为首都服务的应用型、技能型人才,而且校地均处首都郊区,也即地处首都新型城镇化任务较重地域。这四所学校都承担着为首都郊区新型城镇化服务的责任,各学校也都不同程度进行了这方面的思考与探索,所以本课题调研在学校层面,就选择了该四所学校为研究对象。重点是现代管理大学,一方面该校是本课题组的所在校,另一方面该校在为新型城镇化服务方面的确做了不少实际工作,也取得了一定成效。

在社会层面,重点选择了房山区。房山区地处京西南,系北京市远郊区,新型城镇化任务较重,选择该区作为调研重点,针对性、可行性强。房山区已列为国家发改委等11个部门联合确定的第二批国家级新型城镇化综合试点区。北京市房山区制定了《房山区国家新型城镇化综合试点建设实施方案》,提出"坚持以人为核心的新型城镇化,做好产业绿色转型、本地农民就近城镇化、提升城市建设和社会治理水平"四项重点任务。计划到2020年,常住人口城镇化率达到75%,基本形成"区域协同合作、空间布局合理、产业创新高端、设施完备便捷、服务优质均衡、环境优美宜居"的城镇化发展格局。

房山区作为国家发改委等11个部门联合确定的第二批国家级新型城镇化综合试点区,规划在良乡、长沟、张坊等6个乡镇,因地制宜打造差异化特色小镇。六个小镇功能各有不同。城乡接合部的良乡镇,建设健康颐养小镇。长沟镇全力打造成北京基金小镇、文化硅谷,小镇建成后,将使4个村近4 000农民就地城镇化。山区张坊镇,将打造成运动休闲小镇。青龙湖镇将围绕山水田园做文化创意小镇。琉璃河镇定位都市型现代农业示范镇。周口店镇打造成根祖文化、帝陵文化、山水文化小镇。房山区委书记讲到"特色小镇既要宜居,也要宜业",建设特色小镇相当于把城市搬到了农民身边,就地就近实现城市化进程。

(二)调研方法

采取定量与定性相结合的研究方法,以访谈为主,访谈不同层面人群,并采集一定的数据,进行分析。在访谈中课题组提供访谈提纲。在学校层面,调研人群重点在校领导、机关干部和二级学院领导等层面。调研内容重点涵盖以下几方面:①对服务地方经济社会发展的认识;②学校现有专业与新型城镇化需求的契合度;③教师队伍适应职业教育的情况;④教育方法与教学方式的适应情况;⑤教学评价体系的状况等。

在社会层面,重点选择了房山区的三个镇和11个社区。采取请进来、走出去的方式进行摸底调研,主要以访谈为主进行调研。重点调研题目是:①房山新型城镇化对人才类型的需求;②房山区急需何种专业的技能型人才;③社会对学校教育的意见建议;④校企合作的路径等。调研组重点采访了三镇领导、社区领导以及区政协有关领导。在调研基础上,课题组进行了专题分析研究、归纳提炼。

二、新型城镇化与职业教育研究结果

(一)目前职业教育存在诸多不适应新型城镇化需求的问题

新型城镇化,不仅是人口的集中转移,也是人的"集中升级",更是地区产业的更新换代,是社会的巨大变革。面对这种变革,现有的职业教育学校还有许多不适应的方面。

1. 思想行动上的不适应

服务地方经济社会发展对我国职业教育来说不是个新概念,多数职业教育机构有为区域服务的思想意识,也能把适应当地社会需求作为自己的办学宗旨。但新型城镇化建设是个新事物,它虽然与服务当地经济社会发展是一致的,可毕竟还不完全是一回事,有很多需要研究和探索的东西。从课题组所调研的四所京南民办高校校领导层面看,能把适应当地社会需求作为自己办学宗旨的占8%,而在机关中层干部层面占60%,学院领导层面占50%,他们大都把学生就业放在主要的思考点上。在落实过程中,也存在一些思想认识方面的不足,从而导致一些行动上的不适应:大家都知道城镇化建设主要是"人的城镇化",但针对哪些人、哪些方面、以哪些方式服务、教育有哪些责任等事务却认识不够,导致后续措施不具体不得力;口号上适应城镇化建设,但在自我改变方面缺乏深刻的"思想动力源",不能"大破大立",故在专业设置、教学模式、教学内容和教学方法等方面仍然以原有习惯为主,动作不大;主观上对本地区新型城镇化建设持积极态度,但对城镇化建设缺乏必要的了解和分析,导致在行动上方向不明确、措施上可操作性不强。

2. 现有专业设置不适应

不少原有职业教育的专业设置受观念和体制的影响，基本属于普通高等教育的辅助和补充，或者是已有所改革但还不是具有服务城镇化功能的职业教育。要改变这种状况，职业教育的专业设置就必须跳出原有框架按市场需求重新调整或补充才能真正满足新型城镇化需求。新型城镇化建设的发展，将产生大量新的就业方向、就业岗位和用工需求。就房山区而言，几个乡镇和社区的干部都提出新型城镇，特别需要应用型、技能型人才，尤其是以服务业为主的第三产业，如快递、医疗养老服务、物业管理、学前教育、交通服务、家政服务等行业。这些行业用工需求量增大，亟需职业教育培养大批技能型人才和高素质劳动者。但放眼北京，有护理专业、交通服务、乘务专业或者安保等专业的职教学校却很少。

3. 职业教育教师队伍建设不适应

就京南四所民办高校情况看，目前职业教育教师队伍建设严重滞后，民办高校尤为突出。主要表现在数量不足、师生比例偏低。专业骨干教师特别是汽修、学前教育、交通服务、医护等专业的"双师型"教师紧缺，有实际经验的教师学历和教学资质不够，有学历有资质的教师专业实践经验不足，出现师资断层现象。另外教师待遇偏低以及人事制度改革方案滞后导致教师职称评定难，也给"双师型"教师队伍的建设带来一定的影响，这种现象在民办职业院校表现得更为突出。职业教育机构应打破旧的束缚，建立新型教师评价体系标准，以利于教师队伍的建设。

4. 教育方法与教学模式不适应

从所调研的四所民办院校办学实际来看，"重技术轻个性""重理论轻素质"的现象一直存在于职业教育中。"重技术轻个性"指职业教育重视向学生传授系统的职业理论和技术知识，忽视学生的个性差异等非智力因素，难以做到差异化培养。部分民办院校在教育方法上仍以传统的"三段式"教学法为主导。在教学内容和课时分配上，对学生的理论知识教育、职业技能培训、创新能力培养、职业素养培育等各部分比例的安排不合理，不太重视培育学生的创新能力和职业素养。"重理论轻素质"也是职业教学中的一大问题。职业教育本应重视实践课程，培养学生的动手能力，但在现实教学中，很多职业院校受考核指标、教学条件等方面限制，重视传授显性知识而忽视隐性知识、程序性知识，不利于提升学生的职业技能水平和综合素质。要解决这个问题，就需要学校与企业对接，组织学校教师与企业管理人员换岗培训。

5. 教学质量考核评价体系不适应

城镇化发展本身就是我国社会发展的新事物，对人员转换的职业教育肯定会遇到许多新问题，考核指标体系必须反映新形势、新问题的要求。目前我国在职业教育人才评价方面还有很多不完善之处，亟待完善。从所调研的四所民办高校看，教学质量考核评价方面主要存在以下几方面问题：一是职业教育学生考评方式往往延续普通教育的考试方式，重视考核学生掌握的理论知识而忽视了实践技能的掌握情况。学生往往经过试卷考试及格而不是操作合格就毕业结业。二是考核指标比较单一，不能全面真实地考核学生水平。一般是侧重理论，轻视技能，忽视思想素质。三是缺乏对应于新型城镇化服务的短期培训教育的考核体系。四是轻视考核后的反馈。无论是学校还是教师都不能根据考核结果及时纠正学生的学习行为,更不能依据参加工作后的表现调整教学方法和内容等。这些都需要在实践中不断探索加以改进和完善,使职业院校为地域经济社会发展和新型城镇化服务提升到一个新水平。

(二)民办高校适应城镇化发展的改革措施

面对新型城镇化建设的需求和职业院校的诸多不适应,只能通过深化学校内部的教育教学改革解决。所调研的四所民办高校都有不同程度的改革举措。以现代管理大学为例,近几年,为适应首都经济社会发展的需求,不断进行学校内部深化改革的探索。国家推行新型城镇化建设以来,学校把城镇化作为一个发展机遇和服务地方的契机,主动纳入推动城镇化发展的大潮中,利用自身办学灵活的特点和优势,发挥自己独特的作用。为适应新需求,学校有针对性地进行了一系列新改革。如:通过各种渠道广开门路,以校企合作、校校合作等多种方式开展多向合作,实行开放式办学;深化教学改革,实行转型发展,搞多类型办学等多方面改革取得了一定成效。

1. 按新型城镇化要求更加明确树立为地方服务的办学思想

新型城镇化为民办职业教育的发展提供了一个广阔的舞台,但想不想上这个台、怎么唱好这出戏,民办职业教育学校首先应该有个清醒的认识和思路。新型城镇化提供的机遇有其特殊性,一是地方性明显,多为由农村转城镇。二是人口转型的人基本上是农民,属基础型职业的转型。民办学校必须依托地理优势,树立为地方服务的思想,把为地方新型城镇化服务放在学校中长期发展的重要日程中。根据社会需要结合自身条件,把学校办成有鲜明地方特色的具有职业培训职能的民办学校。

为适应新需求,现代管理大学在教育教学改革上实行了两项重要举措,一是实行"三个转变"的改革,其中包括"以应试教育向职业教育方向的转变"和"以单一类型办学向多元化办学转变"。这项改革工作得到了实质性的拓展。一个包括培训在内的多类型、多层次、多途径、多模式的办学格局正在逐步向前推进。

另一项改革是转型发展,即在学校发展上着力两个板块。现代管理大学"二五发展规划"明确了学校的发展将把全日制学历教育和短期培训两个板块作为重点,齐头并进。全日制学历教育的着力点在专业建设和教学改革,进一步推进向职业教育模式的转变。为适应新型城镇化需要,短期培训的力度要加大,在学生的比重上要占到本校生的一半左右。着力点在优势项目和急需项目的发展建设上。不断整合社会办学资源,探索与政府、地域的乡镇、社区、行业企业合作的新途径、新模式,通过购买服务、项目合作以及自主研发等途径以及"走出去、请进来"的发展模式,建设极具市场潜力和竞争优势的培训项目。长短结合使现代管理大学职业教育不仅在形式上与新型城镇化建设适应,更在内容上与新型城镇化建设服务衔接。几年来,凭借全日制职业教育的发展,现代管理大学培养了一批"双师型"教师队伍,积累了丰富的职业教育经验;通过安保、交通、乘务、计算机软件等短期培训的发展,为大批谋业青年和新居民提供了城镇化就业岗位,为本地区新型城镇化建设做出了实实在在的贡献。

2. 按新型城镇化要求适当调整学院和专业设置

目前,现代管理大学以建设特色专业为重点,加强专业发展与首都发展新定位和京津冀一体化发展的耦合度。学校由教学主管部门牵头,指导各学院的专业建设,把为首都经济社会发展和服务与为首都新型城镇化发展结合起来进行。一是鼓励各学院对接行业企业需求,深化校企合作办学。二是针对周边新型城镇化要求办新学院、开设新专业。办学资源向针对性强、需求旺盛、优势突出、特色明显的专业和专业集群倾斜。在专业建设上不求过多,只求实效。比如,城镇化的发展,使金融服务业、交通运输业、医疗服务等产业飞速发展,这些行业急需大量的岗位人才。现代管理大学瞄准这些行业需求,发挥民办学校办学灵活的优势,及时成立轨道交通学院,专门培养铁路(含地铁)工作人员;成立护理学院专门培养地域需要的护理人才;针对金融行业的发展,成立金融专业,专门培养银行前厅经理和操作员;针对城乡幼教人员紧缺的现状,成立幼教学院学前教育专业,培养方向就是幼儿园教师;城镇化发展需要安全稳定的社会环境,学校又成立了安保学院;针对房山中关村南部创新城的发展需求学校成立了汽车工程学院和计算机学院。这些新学院、新专业专业都有企业合作,在人才培养方案方面,根据企业岗位需求,植入了企业需要的教学内容和实践课程,教学与未来工作结合紧密,得到了企业和学生的极大欢迎。这些学院和专业顺应城镇化发展而生,招生就业前景就非常乐观。

经过几年的调整,现代管理大学专业设置基本符合地方经济社会发展及城镇化要求,专业及专业群结构布局合理、稳定,形成以计算机软件、护理、交通、航乘等10个拳头专业为主,会计、美术、幼教等30个专业为辅的专业群体,切实做到了专业设置与地方经济社会发展及新型城镇化需求相适应。

3. 按新型城镇化要求改善人才培养方案

根据城镇化对人员转移的要求,现代管理大学对职业岗位所需要的理论知识、综合素质、岗位能力方面的教学方案进行调研整理,建立了模块化、系统化的教学内容体系和人才培养体系。教学主管部门按照新型城镇化要求重新制定了人才培养方案指导方案,明确指导原则、人才规格要求、内容体系组成及标准等。

在人才培养方案的改进过程中,现代管理大学坚持以职业岗位能力为主线,推进各专业进行教学内容改革。根据新型城镇化形势要求,侧重职业发展和新知识新技能的培养,社会需要什么就教授什么。实用性的职业教育实操性很强,对理论知识要求不那么高,对动手能力要求比较严格。根据社会方方面面的反映,学校还创造条件,改善实习实训条件,增加实习实训课的课时和考核比重。目前现代管理大学职业教育类学院的实习实训课占比平均在40%左右,为学生在校掌握实际工作技能创造了有利条件。在教学方法改革上充分体现出应用型、技能型能力培养方向,在考核评价方面探索多样化尝试。

针对就业市场对文凭的要求,学校把学历教育专业课的课程体系融入校内职业教育的人才培养体系里面,积极构建了富有职业教育特点的模块化课程体系。以专业能力的通用标准为基础,根据职业岗位对知识、能力、素质的要求对教学内容进行优化整合,全面提升学生的岗位适应性。

这样既能让学生掌握职业技能,又能取得相应的学历文凭和技能证书。

思想素质也是职业教育的一项重要内容。为了把思想政治教育、文化素质教育、专业教育有机结合,学校还专门开设了第二课堂活动,重点培养和提高学生的思想素质和职业素质,加强学生的心理健康和人格教育。现代管理大学的第二课堂开展得丰富多彩,有声有色,曾经受到市评估专家的好评。

4. 按新型城镇化要求加强师资队伍建设

学校是办学单位,师资队伍是教学质量的根本保障。职业学校要适应新型城镇化的要求,就必须有一支适应新型城镇化职业教育的师资队伍。职业教育加强师资队伍建设的内涵十分广泛,现代管理大学在这方面突出"双师型"教师队伍的建设。各专业至少有一名高级职称教师担任专业带头人和不少于3名"双师型"教师组建教研团队,并且要能正常开展教学工作和学科研究工作。各教育培训项目均有一名通晓业务的负责人负责项目的建设及运营管理,并配备了适量专家团队。

随着新型城镇化发展,城镇人口比例不断提高,新融入城镇里的这部分人群有待加强培训。他们是人力资源的低端部分。针对这部分市场的职业教育,具有具体、细致、专业化明显的特点,而且技能性、可操作性的要求更鲜明更突出。这就要求职业教育学校具备一批既懂教学精通专业知识又有较强的实际操作和实践能力的"双师型"教师。比如航空乘务专业,对形体礼仪非常重视,而这方面的授课任务一般的教授专家讲不好和讲不了。面对这种局面,采取走出去、请进来的方法。首先是聘请外部企业、事业单位专业人员授课,他们实践知识丰富,动手能力强,示范作用突出,但教学经验不足,在授课过程中学校帮助他们提高教学技能,逐步渗透正规教学理念和方法,使之提高专业教学能力,而后产生了十分良好的教学效果。比如护理学院聘请燕山石化医院的护师讲授护理技术知识;安保学院请机场专业人员讲解包裹拆检技术等,都收到十分好的教学效果。同时选拔有潜力的校内教师在校内或校外参加相关学习和培训,特别是到校企合作的企业,强化自己动手能力的学习和提高,掌握专业相关操作技能,胜任专业实践性教学。

经过一段时间的努力,现代管理大学已经逐步建设成一支队伍稳定、与规模发展相匹配、与专业发展规模相适应、师德高尚、业务精湛、动手能力强、结构合理、充满活力的专任教师队伍。稳定了一批基础理论扎实、教学实践能力突出的专业带头人和骨干教师队伍。当前现代管理大学"双师型"队伍已经初见规模,占教师队伍43%,并能较好地完成学校职业教育的教学任务。

5. 按新型城镇化要求强化实习实训基地建设

实训基地建设是保证职业教育教学顺利进行的物质条件。为强化对学生实践能力的培养,现代管理大学下大力建设校内、校外实训基地。

在校外,各学院主要通过校企合作形式结合学生就业,建设了几十个校外实习实训基地。比如,学校与长安汽车北京公司等多家企业建立定向培训关系,招收农村学生,按照长安要求进行专项培训,学生培训合格后直接入厂就业。在学习培训过程中,学生按照学习要求定期去工厂车间上课、实习实训,利用长安汽车的场地与设备作为学生的实习实训基地。与中关村软件园等单位建立合作关系,利用他们的资源和就业渠道进行计算机软件开发培训,学生在学习过程中就定期去公司接受技术骨干的帮助带动、培养教育,学生也参与公司项目开发等实践活动,毕业后不少同学自然转入公司上岗。

在校内,学校也建立了文科实训基地、工科实训基地、民航模拟舱、影视表演实训室、排演厅、画室、化妆室、体育训练室、钢琴房、安保实训室等一系列实习实训基地。校内实训基地,从无到有,呈现出良好的发展态势。

三、民办高校服务于地方经济社会发展和新型城镇化有作为(以现代管理大学为例)

为地方经济社会发展和新型城镇化建设服务,是社会经济、科技发展到一定阶段而赋予高校的重要使命,也是地方高校包括民办高校义不容辞的责任。如何发挥好民办高校为地方经济社会发展和新型城镇化服务的职责,是一个新课题,也是一种新挑战。近几年现代管理大学围绕着如何服务的问题进行了一些探索和实践,也取得了一些初步成效。我们着重从三个方面进行:一方面是直接输入应用型、技能型人才,即向所在地域输送以专科层次为主地接受了职业教育的毕业生;二是开展培训,即针对提升城镇化后新居民的职业技能的需求,大力开展的各类培训项目;三是深入社区、乡镇开展便民、利民、为民的公益性社会服务活动。

(一)为区域经济建设、社会发展输送应用型人才

现代管理大学办学30多年,已为首都和学校所在地房山区输送了近4万毕业生,这些毕业生大都是专科层次,接受学校的高等职业教育,学校着重培养区域经济建设和社会发展第一线急需的生产、管理、建设、服务的应用型、技能型人才,为提升区域劳动者的整体素质做出了贡献。

表1

去向	比例	分类			
		企事业单位第一线	科研单位	自主创业	其他
留京	60%	80%	5%	10%	5%
回原籍或外省市	40%				

根据学校调查,现代管理大学留京的80%的毕业生在企事业单位一线岗位工作,他们和首都其他职业院校的毕业生一道填补了公办高校,特别是985、211高校学生在这个层面的就业盲区。学校往所在区域大量输送技能型、应用型人才,本身就是为地域城镇化建设提供了人力资源服务并奠定了人才基础。例如学校有个叫王全智的毕业生,他到房山区的苏庄社区就业,负责宣传文化工作,上任没多久就组织社区新居民编写出版了一本《阳光、大地、家园》文集,这里的居民绝大多数是"农改居"的新居民,在书中百姓结合他们的现实生活,展现了他们作为新居民的喜悦心情

和新生活的快乐幸福状况。他的行动受到了当地干部群众的一致好评。再如,现代管理大学与房山区中关村南部创新城的大型企业长安汽车公司建立了校企合作关系。现代管理大学开设"长安班",为长安汽车定向培养学生,尽可能在当地招生、当地就业。在培养过程中企业安排有经验的技术人员担任部分专业课程、操作课程的教学,学生实习实训直接到企业实训基地进行。学校所设专业与岗位对接,教学过程与生产流程对接,人才培养与用人企业对接,形成了一种新型人才培养模式。同时也解决了当地子女上学和就业的问题。再例如现代管理大学的护理学院,与房山的燕化医院、房山区中医院等几个区域医院进行合作,毕业生也是订单培养、定向就业,供不应求。学校为区域直接输送具备了一定文化科技知识和掌握了一技之长的毕业生,不仅解决了当地急需的多类型人才,也提升了当地劳动者的文化素质、知识构成,还会带出更多高附加值"产品",为推进城镇化奠定了人才基础。

(二) 加大培训力度,提升当地人民的职业技能

1. 开展"房山区'十村百户'就业培训帮扶计划"项目

2012年以来,房山区抓住城南地区发展和促进西部地区转型发展等重大机遇,大力实施"三化两区"发展战略,举全区之力推进"一区一城新房山"建设,开始了城镇化建设的初型。在此过程中涌现了大量失地农民和社会富余劳动力,他们大多文化水平偏低,缺少技能,存有就业障碍。大量农村劳动者转移就业,成为房山区转型发展的突出问题。为协助解决此问题,现代管理大学发挥了民办高校培训的优势,深入乡村开展调查研究,准确了解帮扶对象的培训需求,大力开展培训性的教育服务。2013年现代管理大学组织师生深入房山区3个镇11个社区为当地人民开展了以计算机、酒店服务、行政管理、文秘、育婴师、会计、汽车修理工、车工为代表的近50多种类型的免费技能培训。同时学校还针对"6类"弱势人群(经残疾等级评定机构评定为残疾的,女满四十周岁以上、男满五十周岁以上的;享受城乡居民最低生活保障待遇的,属于零就业家庭成员的,连续失业一年以上的,市政府规定的其他情形)开展一对一帮扶,并协助落实有关就业政策。学校为区域人口转移就业技能培训开了个好头,起了个好步。

2. 开展"房山区'三新'居民'十百千万'幸福生活工程"活动

2014年房山区开始大力推进新型城镇化建设以来,房山区"三新"居民更是大量涌现,同时出现了与城镇化生活不协调的种种现象:小区楼院中的"膀爷"、楼道里放置舍不得丢弃的杂物、楼前楼后围圈绿地种菜养鸡养兔子等状况大量出现。面对农民进了城的新情况、新问题,现代管理大学再一次开展了大型培训工程,即"十百千万"幸福生活工程(进入十个新社区,完成100场培训,动员1 000名师生志愿者,培训新居民10 000人次)。通过深入调查、剖析问题,有针对性地开展了公共文明宣讲等不同形式不同类别的教育服务活动,如举办文艺演出、办宣传专栏、张贴标语海报、发放学习资料、入户交流等多种途径的宣传活动。倡导和谐,树立新风,激发新居民的学习需求。另一方面为了提高新居民的再就业能力,举办技能性的培训。如通过举办就业创业培训、网络技术培训、家电使用培训、理财投资赏识讲座、健康养生讲座、兴趣爱好培训、计算机基础知识培

训、法律基础知识培训、声乐表演培训等一系列的培训活动,大大促进了新居民新生活的乐趣和提高了再就业的技能。通过培训将知识内化于心、外化于行,最终使当地人民尽快融入城市、适应城市生活,成为具有新思维、新观念、新方式的新居民。如太平庄西里社区大部分居民是由大山里迁徙居住,由于文化生活缺乏,显得冷清沉寂,现代管理大学志愿者了解这个情况后,立即深入社区积极指导居民开展文化活动、激发新居民文化生活兴趣,倡导居民文明生活习惯,学校派艺术类教师帮助组织排练文艺节目并组织演出,最后还把他们请到学校来与学校师生进行了两次联欢演出。这项活动受到当地居民的极好评价。这个社区聋哑人较多、居民与聋哑人之间交流十分困难,为此志愿者请来手语教师,让居民学会手语与聋哑人的交流也让聋哑人对生活充满信心。

现代管理大学志愿者服务活动还根据社区居民实际需要,利用学校资源采取"走出去请进来"的活动方式,实实在在帮扶居民开展活动。2014年将所在区域的碧桂园、金鑫苑、京南家园、沁馥园社区居民组织350余人,请进学校开展"计算机学习与运用"培训班。经过志愿者一对一的帮学指导,使居民初步掌握了一些计算机应用的知识。一位受益的社区居民十分开心地说:"我虽然没有什么文化,咱也尝到了现代文化生活的甜头,不出家门,打开电脑便知天下事,不去剧场,网上一点就能看上大戏,真的感谢现代管理大学的志愿者教会我们的电脑技术。"

3. 加大校企合作力度,提升区域企业文化内涵

现代管理大学积极加强与企业合作,积极与企业结盟和科研单位对接。先后与窦店"北京高端制造业基地"、长安汽车公司、长沟镇"北京文化硅谷"、长阳镇(新型城镇化试点镇)"中央休闲购物区(CSD)"等所在区域几十个企业建立联系,为企业培养大量符合各功能区相关岗位条件的新型工人,形成了双赢的局面。如学校在2013年6—8月,承接了房山区重点建设项目之一的长沟特色小镇"北京文化硅谷第一、二期管理培训生"的入职岗前培训任务。文化硅谷正是后来房山区先行试点的新型城镇化建设的6个特色小镇之一。培训分两期进行,以旅游服务行业为主,共有600余人参加,是学校较早为地域城镇化直接做的一件实事,收到了良好效果。

4. 开展保安技能培训项目,保障区域安全稳定

根据首都社会经济发展需要特别是房山区"一区一城新房山"建设需要,现代管理大学又成立了北京市房山区职业技能培训学校,面向安保服务等市场急需行业培养人才。致力于提高当地从业人员及岗前人员的职业技能水平,提升保安队伍的综合素质及社会地位,加强区域社会管理,维护和谐稳定,学校开始举办保安职业技能培训班。从2014年开始至今,保安职业技能培训共培训保安员850余人次。

因受各方面条件因素制约,保安职业技能培训在校进行受益人数有限,为更多、更好地服务于区域保安行业,提升区域保安员队伍的整体素质,维护首都和谐稳定。学校于2016年8月开展了"北京保安公益大课堂"这一社会公益活动。深入北京市盛世中保保安服务有限公司、北京市华远卫士保安服务有限公司、北京市京武吉业保安服务有限公司、北京市首卫保安服务有限公司、北京市戎威远保安服务有限公司、北京市华泰永安保安服务有限公司等10余家保安公司,开展30余场保安公益大讲堂讲座,进行职业道德、保安员职业规划、情绪管理与自我激励、礼仪与沟通、传统

文化以及法制安全教育、信息技术发展与应用、职业英语等方面课程以及组织优秀保安员事迹宣讲和心理、法律咨询等服务，受益人数达4 000人。

通过公益大课堂活动，了解并帮助企业疏解保安员的不良情绪，激发保安员工作热情，切实帮助所服务区域的保安公司及其驻勤点保安员增强职业认同感、职业责任感及职业忠诚度，在一定程度上提升其文化素养和业务素质，提升保安企业的人力资源价值，为维护首都的和谐稳定和社会安宁做出贡献。

（三）开展公益性社会服务活动

1. "红烛"行动之"大手拉小手"项目工程

现代管理大学多年来，一直把重视公益事业当作一项非常重要的工作来抓，并且十分重视弱势学校、弱势群体的帮扶工作。近年来，连续几年开展了大手拉小手的红烛行动，首批参加大手拉小手帮扶工程的红烛行动师生志愿者130人，组织活动20余次，收益人次2 300余人。开展了感恩活动、心理辅导讲座、公益活动、身体素质拓展训练等活动。

2016年，大手拉小手帮扶工程在巩固一期项目工程成果的基础上，继续组织师生志愿者238人，通过搞启动仪式、主题班会、社团演出、心理健康讲座、心理健康辅导、感恩教育、思想品德教育、关爱教育·关心他人讲座、文艺演出、绘画辅导、拓展训练、讲传统文化、进行书法辅导、组织兴趣班、开展学雷锋志愿活动、搞书画展等活动来丰富帮扶内容、提高帮扶效果，使受帮扶的房山区打工子弟学生、贫困学生、存在心理问题的113名学生从中受益，增强了自信心、健康、快乐地成长。扩大工作面后，让房山区1 710名学生在此大手拉小手帮扶工程二期项目中获益。目前"大手拉小手"帮扶工作已步入了常态化的轨道，并将继续走下去。

2. 为房山区旅游事业发展做贡献

房山区旅游资源丰富，但缺乏统一规划，2015年学校与房山旅游委合作了两个课题：一是强化京津冀协同发展项目，即房山区与河北涿州等五市县的旅游资源开发调研，学校组织教授、专家开展调研，跑遍了五市县所有景点，并写出了调研报告；二是协助房山区做出了旅游"十三五"期间的发展规划，组织有关学者教授走遍了包括新型城镇化的几个试点镇在内的房山区山山水水，考察了所有的旅游资源，最后提出了房山区旅游规划建设方案，为房山区的发展和推进新型城镇化办了实事。

3. 发挥大学生力量，参与区域重要社会服务活动

学校共青团和学生会组织作为积极的有生力量参与地方和社区城镇化建设，是地方和社区发展的新动力。

现代管理大学共青团在服务社会方面冲在了一线。他们成了房山地区社会活动不可缺少的生力军。比如他们组织学生参加了北京市房山区"农民健身运动展示周""高校篮球赛""北京市第九届IDSA国际国标舞锦标赛""中日友好书法交流"及"中、日、韩"三国文化交流，参加了"房山区红十字会造血干细胞捐献活动""志愿者献血活动"，到窦店"福港公寓""福星养老院"等十几个养老院进行关爱老人、献爱心服务，参加"房山区长走大会"的组织，"北京市民办高校环保公益大赛"，并且取得了大赛的二等奖及三等奖；还参加了"北京市第十届读书爱好者学习周"、"共青团房山区诗歌朗诵"、北京市民办教育协会组织的第九届园丁奖，获得了"北京市民办教育协会园丁奖"等多项殊荣。

四、民办高校为新型城镇化服务中的困难与问题

如何用好民办高校这笔丰富的教育资源，充分发挥其在地域经济建设、社会发展及新型城镇化中的作用，是值得各级政府重视的一件重要事情。实事求是地分析看待民办高校在服务地方过程中存在的困难和问题，并帮助他们解决实际困难和问题，应当引起各级政府重视。本课题组在调研过程中了解到，民办学校在服务过程中主要存在的问题有以下几方面。

（一）民办高校的发展未列入区域经济社会发展的统一规划中

民办高校是地方政府批准举办的，在其发展过程中，政府更多的是关注其办学规范性、依法性和自主性，以及学校的维稳状况、对地方的贡献力大小等。政府对民办高校的工作更多的是监管、考核、评估，这也无可厚非，但对于其如何发展、如何为地方服务，各地发展不平衡，不是所有的政府部门都能高度关注精心指导。不少地方政府也不把民办高校的发展列入区域经济社会发展的大盘子中一并规划、协同发展。多数民办学校是在规划外运行。民办高校的发展往往是处在国家民办教育政策的阳光普照下，独自摸爬滚打摸索前进，不少民办学校经常考虑的是学生好不好招、就业难不难、学生出路何在等自身的生存发展问题。主动为区域服务的意识并不十分强烈或者不放到重要办学议程来考虑。

（二）新型城镇化的任务，政府和教育不对接

《国家新型城镇化规划（2014—2020年）》强调指出："鼓励高等学校、各类职业院校和培训机构，积极开展职业教育和技能培训"。在"农民工职业技能培训计划"中，提出了就业技能培训等各类培训的任务时也强调指出"组织中高等职业院校、普通高校、技工院校开展面向农民工的公益性教育培训，与街道、社区合作，举办灵活多样的培训"。而从当前的落实情况看，政府提出的城镇化任务特别广，着重解决农业转移人口落户城镇，农民工市民化这个"重中之重"的问题，并没有和教育口有机地对接起来，呈现出政府提出任务，高校自主选择，自我门路的态势，缺乏牵线搭桥者、组织协调者。导致以下后果：一是政府只提出任务，实际并未扎扎实实地落到实处，处于等人承接的状态。另一方面学校为区域新型城化服务靠自觉，主动者有事可干，不自觉、不主动者可以旁若无事，各干其事，出不了力，干不了活，服不了务，为区域服务全靠学校自觉性、主动性，可持续性不强。再一方面民办高校若不能紧贴当地经济社会发展和新型城镇化的需求而发展，校内教育教学改革就偏离为区域服务的办学宗旨，陷入盲目性和自发性的境地，其实，这也并非高校所期待的。

（三）经费不足缺乏有力的支持

现时期我国民办高校办学经营来源比较单一，主要是靠学生的学费收入，自我滚动发展。学费收高了学生不来，收低了基本教学难以维持。在我国，企业及其他社会力量支持民办教育的氛围还没有形成，政府支持的经费也有限，故学校办学举步维艰，为社会服务和为新型城镇化做贡献，缺乏有力的经费支持保障，在一定程度上影响着学校为社会服务的积极性、主动性和该项工作的可持续性。不少学校处于心有余而力不足的状况。只好按照自己易生存、好发展的模式去办学，而不关心区域的想法和做法。新型城镇化建设若有人找上门来，学校就去做，没人找就罢了。

五、需要研究解决的问题及建议

民办学校自身发展需要研究和解决的问题较多，本课题组主要针对民办高校为区域新型城镇化服务问题提几点建议。

（一）将民办高校的办学纳入新型城镇化规划

民办高校办学为地方经济建设和社会发展服务与为现代新型城镇化服务是一致的。各省、自治区的地、市、县、直辖市的区县政府，应当把当地的民办高校与当地的职业院校一并纳入当地新型城镇化规划的范畴，将有关职业教育和培训的任务分解到各相关院校，赋予他们一定的责任和义务，各院校可以按区域、按类别领任务，实行"承包责任制"模式，去完成相应的任务。充分发挥政府和学校在新型城镇化建设过程中的两个积极性。避免那种规划得"头头是道"，具体落实是"空头支票"的情况，以及那种学校想干，但无人来安排；学校不想干，也无人问津的状态。

（二）政府要为民办高校服务于新型城镇化牵线搭桥

在各级政府将民办高校的办学纳入区域新型城镇化建设规划的基础上，要进一步为学校牵线搭桥，帮助学校找城镇、找社区、找街道、找企业、找教育对象，与学校进行对接，把学校的教育服务落实在具体地域、具体项目、具体人员上。使学校可以做到服务目标明确，任务明确，对象明确，并据此来安排好教学计划，组织好课程设置，师资配置，教学运行等一系列相关工作。当然学校也不能坐等现成，也要主动出击，在政府规划的框架下，充分发挥自身的主观能动性，主动配合政府与服务地域有关部门对接，共同完成好政府新型城镇化规划的落实。

（三）政府应给予适当的经费支持

如前所述，民办高校资金（办学经费）来源单一，办学经费比较紧张。为区域经济建设和社会发展以及新型城镇化建设服务，缺乏强有力的经费支撑。故希望各级政府应当给予适当的经费支持。支持办法建议有如下几种。

后 记

在中国教育发展战略学会和国经基金领导的大力支持下,中国教育发展战略学会和国经研究院签署战略合作协议,联合开展新型城镇化与教育发展战略研究。2016—2017年度确定研究主题为:"新型城镇化进程中的技能需求与职业教育供给侧结构性改革"。这是一项定位于理论和学术研究基础上、问题导向的实证研究和政策研究,报告基于新型城镇化背景下产城人融合发展产生的多元技能需求,着重从供给侧角度探究职业教育改革的路径、政策和制度保障,促进职业教育技能供给质量和效率的提升。中国教育发展战略学会名誉会长郝克明,中国教育发展战略学会会长、北京大学原党委书记闵维方,著名经济学家、北京大学资深教授厉以宁,中国城镇化促进会执行会长、中国国际经济交流中心副理事长、中共中央政策研究室原副主任郑新立担任学术顾问,密切关注和精心指导课题的研究。基于职业教育的跨界特性,课题组将职业教育问题放在城镇化背景下经济社会结构变迁过程中来研究,课题组成员吸收了国家教育发展研究中心、教育部职业技术教育中心研究所、北京大学、同济大学、华中师范大学、华东师范大学、东北师范大学、浙江大学、浙江工业大学以及成都工业职业技术学院、中央农村广播电视学校、杨凌职业技术学院、苏州市、青岛市、佛山市、黑龙江省等部属以及地方科研究所的专家进行跨学科、跨领域、跨部门研究。2016年5月,课题组在北京进行开题,特别邀请厉以宁和郑新立两位先生分别就"加强职业技术教育和中国蓝领中产阶级的成长""德国双元制职业教育与制造业强国建设"作开题辅导报告,就课题研究意义、研究目标、总体框架、研究内容、研究方法和研究组织进行讨论,会后承担课题研究任务的单位和个人积极开展工作。2016年11月,课题组在苏州召开研讨会,各子课题组围绕新型城镇化进程中的技能需求变化与职业教育供给侧结构性改革进行有关专题汇报,总结交流课题前期研究成果,总课题组对专题报告和案例研究提出了具体意见,要求突出新型城镇化与职业教育改革主线,突出问题导向,突出地方特色,突出应用性和学术性的结合,对初步研究成果充实完善,最后在此基础上形成总报告。

本丛书即为课题组专家学者的研究报告,按文责自负的原则,课题组先后反馈作者修改和审校,有不当之处,敬请谅解。

同济大学出版社对该书的出版给予了积极的支持,编辑们为该书进行了精心的编辑加工和审校。

为此,谨向以上有关部门领导、专家学者,以及关注该丛书的广大读者,致以衷心的感谢和崇高的敬意。

编者

2018年6月

（1）将教育服务纳入新型城镇化的经费预算之内，实行专款专用、实报实销。保证教育服务在没有资金（经费）忧虑的情况下进行。

（2）通过政府向社会力量购买服务的方式进行。当今各级政府都有购买社会服务的专项资金，可以抽出一部分纳入新型城镇化（购买）教育服务之用。学校可以按项目进行申请，获批后实施。

（3）学校进行公益性服务。学校组织师生，通过志愿者服务活动及参加社会实践等形式，围绕新型城镇化建设的需求，做一些力所能及的一定范围、一定内容、一定人员的教育服务。

后记